MW01715487

GUIDES DE VOYAGE BERLITZ

Des petits guides de voyage qui couvrent le monde entier – discrets, puisqu'ils tiennent dans votre poche, et, de plus, économiques. 128 pages – illustrées de photos et de cartes en couleurs – qui vous disent que voir, que faire, comment acheter, que manger. Un compagnon indispensable.

Afrique
Algérie (256 p.)*
Kenya
Maroc
Tunisie

Allemagne/Autriche
Berlin
Munich
Vallée du Rhin
Vienne

Amérique Latine
Mexico
Rio de Janeiro

Antilles
Antilles françaises
Bahamas
Caraïbes du Sud-Est
Jamaïque

Belgique/Pays-Bas
Bruxelles
Amsterdam

Chypre

Espagne
Barcelone et Costa Dorada
Costa Blanca
Costa Brava
Costa del Sol
et Andalousie
Ibiza et Formentera
Iles Canaries
Madrid
Majorque et Minorque

Etats-Unis/Canada
Californie
Floride
Miami
New York
USA (256 p.)
Canada (256 p.)*
Montréal

Extrême-Orient
Chine (256 p.)
Hong Kong
Inde (256 p.)
Japon (256 p.)
Singapour
Sri Lanka
Thaïlande

France
Côte d'Azur
Paris
Val de Loire

Grande-Bretagne
Ecosse
Iles Anglo-Normandes
Londres
Oxford et Stratford

Grèce
Athènes
Corfou
Crète
Iles grecques
Rhodes
Salonique et la Grèce
du Nord

Hongrie
Budapest
Hongrie (192 p.)

Irlande

Italie/Malte
Florence
Italie (256 p.)
Riviera italienne
Rome
Sicile
Venise
Malte

Proche-Orient
Egypte
Jérusalem

Portugal
Algarve
Lisbonne
Madère

Scandinavie
Copenhague
Helsinki
Oslo
Stockholm

Suisse
Suisse (192 p.)

Tchécoslovaquie
Prague

Turquie
Istanbul/Côte égéenne
Turquie (192 p.)

URSS
Moscou et Leningrad

Yougoslavie
Dubrovnik et Dalmatie
méridionale
Istrie et Côte croate
Split et Dalmatie

*en préparation

Berlitz Dictionaries

Dansk	Engelsk, Fransk, Italiensk, Spansk, Tysk
Deutsch	Dänisch, Englisch, Finnisch, Französisch, Italienisch, Niederländisch, Norwegisch, Portugiesisch, Schwedisch, Spanisch
English	Danish, Dutch, Finnish, French, German, Italian, Norwegian, Portuguese, Spanish, Swedish
Espãnol	Alemán, Danés, Finlandés, Francés, Holandés, Inglés, Noruego, Sueco
Français	Allemand, Anglais, Danois, Espagnol, Finnois, Italien, Néerlandais, Norvégien, Portugais, Suédois
Italiano	Danese, Finlandese, Francese, Inglese, Norvegese, Olandese, Svedese, Tedesco
Nederlands	Duits, Engels, Frans, Italiaans, Portugees, Spaans
Norsk	Engelsk, Fransk, Italiensk, Spansk, Tysk
Português	Alemão, Francês, Holandês, Inglês, Sueco
Suomi	Englanti, Espanja, Italia, Ranska, Ruotsi, Saksa
Svenska	Engelska, Finska, Franska, Italienska, Portugisiska, Spanska, Tyska

BERLITZ®

dictionnaire
italien-français
français-italien

---

dizionario
italiano-francese
francese-italiano

By the Staff of Berlitz Guides

Copyright © 1974, 1979 by Berlitz Guides,
a division of Macmillan S.A., Avenue d'Ouchy 61,
1000 Lausanne 6, Switzerland

All rights reserved. No part of this book may be reproduced or transmitted in any form or by any means, electronic or mechanical, including photocopying, recording or by any information storage and retrieval system, without permission in writing from the publisher.

Revised edition 1979
Library of Congress Catalog Card Number: 78-78093

9th printing 1990
Printed in Switzerland

Berlitz Trademark Reg. U.S. Patent Office
and other countries—Marca Registrada

Table des matières

Indice

Préface

En choisissant 12 500 mots-concepts dans chacune des langues de ce dictionnaire, nos rédacteurs se sont souciés des besoins essentiels du voyageur. Cet ouvrage s'avérera indispensable aux millions de touristes, globe-trotters, hommes ou femmes d'affaires qui apprécient l'appoint qu'apporte un dictionnaire pratique et de format réduit. Il leur offre, ainsi qu'aux débutants et aux étudiants, tout le vocabulaire qu'ils seront amenés à rencontrer et à utiliser; il leur propose des mots-clés et des expressions leur permettant de faire face aux situations courantes.

A l'instar de nos manuels de conversation et de nos guides de voyage déjà fort appréciés, nos dictionnaires - réalisés grâce à une banque de données sur ordinateur - sont conçus pour se glisser dans une poche ou dans un sac, assumant ainsi leur rôle de compagnons à tout moment.

Outre tous les éléments contenus dans n'importe quel dictionnaire, nos ouvrages proposent:

- une transcription phonétique à côté de chaque entrée afin d'en faciliter la lecture, apport non négligeable lorsque le mot étranger semble à priori imprononçable
- un lexique pratique visant à simplifier la lecture du menu dans un restaurant et révélant tous les mystères de plats jusqu'alors inconnus
- des informations précieuses sur la façon d'exprimer le temps, de compter, sur les verbes irréguliers, sur les abréviations courantes, en plus des expressions usuelles.

Aucun dictionnaire de ce format ne peut prétendre être exhaustif, mais le but de cet ouvrage est de permettre à son utilisateur d'affronter avec confiance un voyage à l'étranger. Nous n'en serions pas moins très heureux de recevoir de nos lecteurs tous commentaires, critiques et suggestions qui nous permettraient de compléter nos futures rééditions.

Prefazione

Selezionando le 12.500 parole-concetti in ogni lingua di questo dizionario, i nostri redattori hanno tenuto conto innanzitutto delle necessità di chi viaggia. Questo libro si rivelerà prezioso per i milioni di turisti, viaggiatori, uomini d'affari che apprezzano il contributo che può dare un dizionario pratico e di formato ridotto. Di grande utilità sarà anche per i principianti e gli studenti, perchè contiene tutti i vocaboli di base che sentiranno e dovranno usare, oltre a parole-chiave ed espressioni che permettono di affrontare situazioni correnti.

Come i nostri manuali di conversazione e le nostre guide turistiche, già molto apprezzate, questi dizionari - realizzati grazie a una banca dei dati su ordinatore - hanno la dimensione giusta per scivolare in una tasca o in una borsetta, diventando così i compagni indispensabili di ogni momento.

Oltre a tutto quanto si trova normalmente in un dizionario, i nostri volumetti contengono:

- una trascrizione fonetica accanto a ogni lemma, al fine di facilitarne la lettura; ciò si rivela particolarmente utile per quelle parole che sembrano impronunciabili
- un pratico lessico gastronomico, inteso a semplificare la lettura del menù in un ristorante straniero e a svelare i misteri di pietanze complicate e di nomi indecifrabili sui conti
- preziose informazioni sul modo di esprimere il tempo, di contare, sui verbi irregolari, sulle abbreviazioni e le conversioni nel sistema metrico, oltre alle espressioni più correnti.

Nessun dizionario di questo formato può pretendere di essere completo, ma il suo scopo è di permettere a chi lo usa di affrontare con fiducia un viaggio all'estero. Naturalmente saremo lieti di ricevere commenti, critiche e suggerimenti che potrebbero essere di aiuto nella preparazione di future edizioni.

italien-français

---

italiano-francese

Introduction

Ce dictionnaire a été conçu dans un but pratique. Vous n'y trouverez donc pas d'information linguistique inutile. Les adresses sont classées par ordre alphabétique, sans tenir compte du fait qu'un mot peut être simple ou composé, avec ou sans trait d'union. Seule exception à cette règle: quelques expressions idiomatiques qui ont été classées en fonction du terme le plus significatif.

Lorsqu'une adresse est suivie d'adresses secondaires (p. ex. expressions usuelles ou locutions), ces dernières sont également rangées par ordre alphabétique sous l'adresse principale.

Chaque mot souche est suivi d'une transcription phonétique (voir le Guide de prononciation) et, s'il y a lieu, de l'indication de la catégorie grammaticale (substantif, verbe, adjectif, etc.). Lorsqu'un mot souche peut avoir plusieurs catégories grammaticales, les traductions qui s'y réfèrent sont groupées derrière chacune d'elles.

Les pluriels irréguliers des substantifs sont indiqués entre parenthèses après l'indication de la catégorie grammaticale.

Pour éviter toute répétition, nous avons utilisé un tilde (~) en lieu et place de l'adresse principale.

Un astérisque (*) signale les verbes irréguliers. Pour plus de détails, consulter la liste de ces verbes.

Abréviations

adj	adjectif
adv	adverbe
art	article
conj	conjonction
f	féminin
fpl	féminin pluriel
m	masculin
mpl	masculin pluriel
num	numéral
pl	pluriel
pref	préfixe
prep	préposition
pron	pronom
v	verbe

Guide de prononciation

Chaque article de cette partie du dictionnaire est accompagné d'une transcription phonétique qui vous indique la prononciation des mots. Vous la lirez comme si chaque lettre ou groupe de lettres avait la même valeur qu'en français. Au-dessous figurent uniquement les lettres et les symboles ambigus ou particulièrement difficiles à comprendre. *Toutes* les consonnes, y compris celles placées à la fin d'une syllabe ou d'un mot, doivent être prononcées.

Les traits d'union séparent chaque syllabe. Celles que l'on doit accentuer sont imprimées en *italique*.

Les sons de deux langues ne coïncident jamais parfaitement; mais si vous suivez soigneusement nos indications, vous pourrez prononcer les mots étrangers de façon à vous faire comprendre. Pour faciliter votre tâche, nos transcriptions simplifient parfois légèrement le système phonétique de la langue, mais elles reflètent néanmoins les différences de son essentielles.

Consonnes

gh	comme **g** dans **g**ai
l^{y}	comme **lli** dans a**lli**é
ng/nng	comme dans campi**ng**; ou comme le dernier son de pai**n** prononcé avec l'accent du Midi
r	roulé comme dans le Midi
s	toujours comme dans **s**i
y	toujours comme dans **y**eux

Voyelles et diphtongues

1) Les voyelles longues sont indiquées par un dédoublement (p. ex. **oo**) ou par un accent circonflexe (p. ex. **oû**).

2) Nos transcriptions comprenant un **ï** doivent être lues comme des diphtongues; le **ï** ne doit pas être séparé de la voyelle qui le précède (comme dans tr**ahi**), mais doit se fondre dans celle-ci (comme dans **ai**l).

3) Les lettres imprimées en petits caractères et dans une position surélevée doivent être prononcées d'une façon assez faible et rapide (p.ex. $^{\mathbf{ou}}$**a**, **é**$^{\mathbf{ou}}$).

A

a (a) *prep* à
abbagliante (ab-ba-*lʸann*-té) *adj* éblouissant
abbagliare (ab-ba-*lʸââ*-ré) *v* aveugler
abbaiare (ab-ba-*yââ*-ré) *v* aboyer
abbandonare (ab-bann-dô-*nââ*-ré) *v* abandonner
abbassare (ab-bass-*sââ*-ré) *v* baisser
abbastanza (ab-ba-*stann*-tsa) *adv* assez; plutôt, passablement
abbattere (ab-*bat*-té-ré) *v* *abattre; décourager
abbattuto (ab-ba-*toû*-tô) *adj* déprimé
abbigliamento sportivo (ab-bi-lʸa-*mén*-tô spôr-*tii*-vô) vêtements de sport
abbigliare (ab-bi-*lʸââ*-ré) *v* *vêtir
abbonamento (ab-bô-na-*mén*-tô) *m* abonnement *m*; carte d'abonnement
abbonato (ab-bô-*nââ*-tô) *m* abonné *m*
abbondante (ab-bôn-*dann*-té) *adj* abondant
abbondanza (ab-bôn-*dann*-tsa) *f* abondance *f*
abbottonare (ab-bôt-tô-*nââ*-ré) *v* boutonner
abbozzare (ab-bôt-*tsââ*-ré) *v* esquisser
abbracciare (ab-brat-*tchââ*-ré) *v* *étreindre
abbraccio (ab-*brat*-tchô) *m* enlacement *m*, étreinte *f*
abbreviazione (ab-bré-vya-*tsyôô*-né) *f* abréviation *f*
abbronzato (ab-brôn-*dzââ*-tô) *adj* hâlé
abbronzatura (ab-brôn-dza-*toû*-ra) *f* coup de soleil
aberrazione (a-bér-ra-*tsyôô*-né) *f* aberration *f*
abete (a-*béé*-té) *m* conifère *m*, sapin *m*
abile (*ââ*-bi-lé) *adj* capable; habile
abilità (a-bi-li-*ta*) *f* compétence *f*, capacité *f*; habileté *f*
abilitare (a-bi-li-*tââ*-ré) *v* *permettre
abisso (a-*biss*-sô) *m* abîme *m*
abitabile (a-bi-*tââ*-bi-lé) *adj* habitable
abitante (a-bi-*tann*-té) *m* habitant *m*
abitare (a-bi-*tââ*-ré) *v* habiter; résider
abitazione (a-bi-ta-*tsyôô*-né) *f* habitation *f*; demeure *f*
abito (*ââ*-bi-tô) *m* robe *f*; costume *m*; ~ **da sera** tenue de soirée; ~ **femminile** robe *f*
abituale (a-bi-*tᵒᵘââ*-lé) *adj* habituel, ordinaire
abitualmente (a-bi-tᵒᵘal-*mén*-té) *adv* habituellement
abituare (a-bi-*tᵒᵘââ*-ré) *v* familiariser; **abituato** accoutumé, habitué
abitudine (a-bi-*toû*-di-né) *f* habitude *f*; routine *f*

abolire (a-bô-*lii*-ré) *v* abolir
aborto (a-*bor*-tô) *m* fausse couche; avortement *m*
abramide (a-bra-*mii*-dé) *m* brème *f*
abuso (a-*boû*-zô) *m* abus *m*
accademia (ak-ka-*dèè*-mya) *f* académie *f*
***accadere** (ak-ka-*déé*-ré) *v* *survenir, se *produire
accamparsi (ak-kamm-*par*-si) *v* camper
accanto (ak-*kann*-tô) *adv* à côté; ~ **a** à côté de
accappatoio (ak-kap-pa-*tôô*-yô) *m* peignoir *m*
accelerare (at-tché-lé-*râââ*-ré) *v* accélérer
accelerato (at-tché-lé-*râââ*-tô) *m* omnibus *m*
acceleratore (at-tché-lé-ra-*tôô*-ré) *m* accélérateur *m*
***accendere** (at-*tchèn*-dé-ré) *v* allumer
accendino (at-tchén-*dii*-nô) *m* briquet *m*
accennare (at-tchén-*nââ*-ré) *v* *faire signe; ~ **a** *faire allusion à
accensione (at-tchén-*syôô*-né) *f* allumage *m*; contact *m*; **bobina di** ~ bobine d'allumage
accento (at-*tchèn*-tô) *m* accent *m*
accerchiare (at-tchér-*kyââ*-ré) *v* encercler
accertare (at-tchér-*tââ*-ré) *v* s'assurer de
accessibile (at-tchéss-*sii*-bi-lé) *adj* accessible
accesso (at-*tchèss*-sô) *m* accès *m*
accessori (at-tchéss-*sôô*-ri) *mpl* accessoires *mpl*
accessorio (at-tchéss-*sôô*-ryô) *adj* accessoire
accettare (at-tchét-*tââ*-ré) *v* accepter
acchiappare (ak-kyap-*pââ*-ré) *v* attraper
acciaio (at-*tchââ*-yô) *m* acier *m*; ~ **inossidabile** acier inoxydable
accidentato (at-tchi-dén-*tââ*-tô) *adj* cahoteux
acciuga (at-*tchoû*-gha) *f* anchois *m*
acclamare (ak-kla-*mââ*-ré) *v* acclamer
***accludere** (ak-*kloû*-dé-ré) *v* *inclure
accoglienza (ak-kô-*lyèn*-tsa) *f* accueil *m*
***accogliere** (ak-*koo*-lyé-ré) *v* *accueillir; accepter
accomodamento (ak-kô-mô-da-*mén*-tô) *m* règlement *m*
accompagnare (ak-kôm-pa-*gnââ*-ré) *v* accompagner; *conduire
acconciatura (ak-kôn-tcha-*toû*-ra) *f* coiffure *f*
acconsentire (ak-kôn-sén-*tii*-ré) *v* approuver
accontentato (ak-kôn-tén-*tââ*-tô) *adj* satisfait
acconto (ak-*kôn*-tô) *m* acompte *m*
accordare (ak-kôr-*dââ*-ré) *v* accorder; **accordarsi** *v* *être d'accord
accordo (ak-*kor*-dô) *m* accord *m*; transaction *f*; **d'accordo!** d'accord!
***accorgersi di** (ak-*kor*-djér-si) noter
***accorrere** (ak-*kôr*-ré-ré) *v* *accourir
accreditare (ak-kré-di-*tââ*-ré) *v* créditer
***accrescersi** (ak-kréch-*chér*-si) *v* *croître
accudire a (ak-kou-*dii*-ré) s'occuper de
accumulatore (ak-kou-mou-la-*tôô*-ré) *m* accumulateur *m*
accurato (ak-kou-*rââ*-tô) *adj* attentif, précis; soigné
accusa (ak-*koû*-za) *f* accusation *f*
accusare (ak-kou-*zââ*-ré) *v* accuser
accusato (ak-kou-*zââ*-tô) *m* prévenu *m*
acero (*a*-tché-rô) *m* érable *m*
aceto (a-*tchéé*-tô) *m* vinaigre *m*
acido (a-*tchii*-dô) *m* acide *m*

acne (*ak*-né) *f* acné *f*
acqua (*ak*-k^{ou}a) *f* eau *f*; ~ **corrente** eau courante; ~ **dentifricia** eau dentifrice; ~ **di mare** eau de mer; ~ **di seltz** eau de Seltz, eau gazeuse; ~ **dolce** eau douce; ~ **ghiacciata** eau glacée; ~ **minerale** eau minérale; ~ **ossigenata** *m* eau oxygénée; ~ **potabile** eau potable
acquaforte (ak-k^{ou}a-*for*-té) *f* eau-forte *f*
acquazzone (ak-k^{ou}at-*tsôô*-né) *m* averse *f*
acquerello (ak-k^{ou}é-*rèl*-lô) *m* couleur à l'eau; aquarelle *f*
acquisizione (ak-koui-zi-*tsyôô*-né) *f* acquisition *f*
acquistare (ak-koui-*stââ*-ré) *v* *acquérir
acquisto (ak-*koui*-stô) *m* achat *m*
acuto (a-*koû*-tô) *adj* aigu
adattare (a-dat-*tââ*-ré) *v* adapter; ajuster, adapter à
adatto (a-*dat*-tô) *adj* adéquat, approprié, convenable; juste
addestramento (ad-dé-stra-*mén*-tô) *m* entraînement *m*
addestrare (ad-dé-*strââ*-ré) *v* former, entraîner
addio (ad-*dii*-ô) *m* adieu *m*
***addirsi** (ad-*dir*-si) *v* bien *aller; *être qualifié
additare (ad-di-*tââ*-ré) *v* montrer du doigt
addizionare (ad-di-tsyô-*nââ*-ré) *v* additionner
addizionatrice (ad-di-tsyô-na-*trii*-tché) *f* calculatrice *f*
addizione (ad-di-*tsyôô*-né) *f* addition *f*
addolcitore (ad-dôl-tchi-*tôô*-ré) *m* adoucisseur d'eau
addomesticare (ad-dô-mé-sti-*kââ*-ré) *v* apprivoiser
addormentato (ad-dôr-mén-*tââ*-tô) *adj* endormi
adeguato (a-dé-*gh^{ou}ââ*-tô) *adj* adéquat; qui convient
adempiere (a-*dèm*-pyé-ré) *v* accomplir
adempimento (a-dém-pi-*mén*-tô) *m* performance *f*
adesso (a-*dèss*-sô) *adv* à l'heure actuelle
adiacente (a-dya-*tchèn*-té) *adj* avoisinant
adolescente (a-dô-léch-*chèn*-té) *m* adolescent *m*
adoperare (a-dô-pé-*rââ*-ré) *v* employer
adorabile (a-dô-*rââ*-bi-lé) *adj* adorable
adottare (a-dôt-*tââ*-ré) *v* adopter; emprunter
adulto (a-*doul*-tô) *adj* adulte; *m* adulte *m*
aerare (aé-*rââ*-ré) *v* aérer
aerazione (aé-ra-*tsyôô*-né) *f* aération *f*
aereo (a-*èè*-ré-ô) *m* avion *m*, appareil *m*; ~ **a reazione** turboréacteur *m*
aerodromo (aé-*ro*-dro-mô) *m* terrain d'aviation
aeroplano (aé-rô-*plââ*-nô) *m* avion *m*
aeroporto (aé-rô-*por*-tô) *m* aéroport *m*
affabile (af-*fââ*-bi-lé) *adj* gentil
affacciarsi (af-fat-*tchar*-si) *v* se montrer
affamato (af-fa-*mââ*-tô) *adj* affamé
affare (af-*fââ*-ré) *m* affaire *f*; bonne affaire; **affari** affaires *fpl*; ***fare affari con** *faire des affaires avec; **per affari** pour affaires
affascinante (af-fach-chi-*nann*-té) *adj* enchanteur, charmant, splendide, séduisant
affascinare (af-fach-chi-*nââ*-ré) *v* fasciner
affastellare (af-fa-stél-*lââ*-ré) *v* lier ensemble
affaticato (af-fa-ti-*kââ*-tô) *adj* las, fati-

gué
affatto (af-*fat*-tô) *adv* du tout
affermare (af-fér-*mââ*-ré) *v* déclarer
affermativo (af-fér-ma-*tii*-vô) *adj* affirmatif
afferrare (af-fér-*rââ*-ré) *v* saisir; *comprendre
affettato (af-fét-*tââ*-tô) *adj* affecté
affetto (af-*fèt*-tô) *m* affection *f*
affettuoso (af-fét-*t^{ou}ôô*-sô) *adj* affectueux
affezionato a (af-fé-tsyô-*nââ*-tô a) attaché à
affezione (af-fé-*tsyôô*-né) *f* affection *f*
affidare (af-fi-*dââ*-ré) *v* *remettre
affilare (af-fi-*lââ*-ré) *v* affiler, aiguiser
affilato (af-fi-*lââ*-tô) *adj* aigu
affinché (af-finng-*ké*) *conj* pour que
affisso (af-*fiss*-sô) *m* affiche *f*
affittacamere (af-fit-ta-*kââ*-mé-ré) *m* logeur *m*; *f* logeuse *f*
affittare (af-fit-*tââ*-ré) *v* louer
affitto (af-*fit*-tô) *m* loyer *m*; ***dare in ~** louer; ***prendere in ~** louer
***affliggersi** (af-flid-*djér*-si) *v* *avoir de la peine
afflitto (af-*flit*-tô) *adj* affligé
afflizione (af-fli-*tsyôô*-né) *f* affliction *f*
affogare (af-fô-*ghââ*-ré) *v* noyer; **affogarsi** *v* se noyer
affollato (af-fôl-*lââ*-tô) *adj* animé, bondé
affondare (af-fôn-*dââ*-ré) *v* s'enfoncer
affrancare (af-franng-*kââ*-ré) *v* affranchir
affrancatura (af-franng-ka-*toû*-ra) *f* port *m*
affrettarsi (af-frét-*tar*-si) *v* se presser, se hâter
affrontare (af-frôn-*tââ*-ré) *v* aborder, affronter
Africa (*ââ*-fri-ka) *f* Afrique *f*; **Africa del Sud** Afrique du Sud
africano (a-fri-*kââ*-nô) *adj* africain; *m* Africain *m*
agenda (a-*djèn*-da) *f* agenda *m*; ordre du jour
agente (a-*djèn*-té) *m* agent de police; agent *m*; **~ di viaggio** agent de voyages; **~ immobiliare** agent immobilier
agenzia (a-djén-*tsii*-a) *f* agence *f*; **~ viaggi** bureau de voyages
agevolazione (a-djé-vô-la-*tsyôô*-né) *f* facilité *f*
aggeggio (ad-*djéd*-djô) *m* gadget *m*
aggettivo (ad-djét-*tii*-vô) *m* adjectif *m*
aggiudicare (ad-djou-di-*kââ*-ré) *v* décerner
***aggiungere** (ad-*djoun*-djé-ré) *v* ajouter
aggiunta (ad-*djoun*-ta) *f* addition *f*; **in ~ a** outre
aggiustamento (ad-djou-sta-*mén*-tô) *m* arrangement *m*
aggredire (agh-ghré-*dii*-ré) *v* violer
aggressivo (agh-ghréss-*sii*-vô) *adj* agressif
agiato (a-*djââ*-tô) *adj* aisé
agile (*a*-dji-lé) *adj* souple
agio (*ââ*-djô) *m* bien-être *m*, aise *f*
agire (a-*djii*-ré) *v* agir; opérer
agitare (a-dji-*tââ*-ré) *v* secouer
agitazione (a-dji-ta-*tsyôô*-né) *f* agitation *f*
aglio (*ââ*-l^{y}ô) *m* ail *m*
agnello (a-*gnèl*-lô) *m* agneau *m*
ago (*ââ*-ghô) *m* aiguille *f*
agosto (a-*ghô*-stô) août
agricolo (a-*ghrii*-kô-lô) *adj* agraire
agricoltura (a-ghri-kôl-*toû*-ra) *f* agriculture *f*
agro (*ââ*-ghrô) *adj* aigre
aguzzo (a-*ghout*-tsô) *adj* aigu
aiola (aï-*oo*-la) *f* plate-bande *f*
airone (aï-*rôô*-né) *m* héron *m*
aiutante (a-you-*tann*-té) *m* aide *m*
aiutare (a-you-*tââ*-ré) *v* aider

aiuto (a-*yoû*-tô) *m* secours *m*, aide *f*; soutien *m*
ala (*ââ*-la) *f* aile *f*
alba (*al*-ba) *f* aube *f*
albergatore (al-bér-gha-*tôô*-ré) *m* aubergiste *m*
albergo (al-*bèr*-ghô) *m* hôtel *m*
albero (*al*-bé-rô) *m* arbre *m*; mât *m*; ~ **a camme** arbre à cames; ~ **a gomiti** vilebrequin *m*
albicocca (al-bi-*kok*-ka) *f* abricot *m*
album (*al*-boum) *m* album *m*; ~ **da disegno** cahier de croquis; ~ **per ritagli** album de collage
alce (*al*-tché) *m* élan *m*
alcool (*al*-kô-ôl) *m* alcool *m*; ~ **metilico** alcool à brûler
alcoolico (al-*koo*-li-kô) *adj* alcoolique
alcuno (al-*koû*-nô) *adj* n'importe quel; **alcuni** *adj* quelques; *pron* certains
alfabeto (al-fa-*bèè*-tô) *m* alphabet *m*
algebra (*al*-djé-bra) *f* algèbre *f*
Algeria (al-djé-*rii*-a) *f* Algérie *f*
algerino (al-djé-*rii*-nô) *adj* algérien; *m* Algérien *m*
aliante (a-*lyann*-té) *m* planeur *m*
alimentari (a-li-mén-*tââ*-ri) *mpl* articles d'épicerie, aliments *mpl*
alimento (a-li-*mén*-tô) *m* aliment *m*; **alimenti** pension alimentaire
allacciare (al-lat-*tchââ*-ré) *v* attacher
allargare (al-lar-*ghââ*-ré) *v* élargir; agrandir; déployer
allarmante (al-lar-*mann*-té) *adj* inquiétant
allarmare (al-lar-*mââ*-ré) *v* alarmer
allarme (al-*lar*-mé) *m* alerte *f*; ~ **d'incendio** alarme d'incendie
allattare (al-lat-*tââ*-ré) *v* allaiter
alleanza (al-lé-*ann*-tsa) *f* alliance *f*
alleato (al-lé-*ââ*-tô) *m* allié *m*; **Alleati** Alliés
allegare (al-lé-*ghââ*-ré) *v* *joindre
allegato (al-lé-*ghââ*-tô) *m* annexe *f*, pièce jointe
allegria (al-lé-*ghrii*-a) *f* gaîté *f*
allegro (al-*léé*-ghrô) *adj* joyeux, content, gai
allenatore (al-lé-na-*tôô*-ré) *m* entraîneur *m*
allergia (al-lér-*djii*-a) *f* allergie *f*
allevare (al-lé-*vââ*-ré) *v* élever
allibrare (al-li-*brââ*-ré) *v* enregistrer
allievo (al-*lyèè*-vô) *m* élève *m*
allodola (al-*loo*-dô-la) *f* alouette *f*
alloggiare (al-lôd-*djââ*-ré) *v* loger
alloggio (al-*lod*-djô) *m* logement *m*; appartement *m*; ~ **e colazione** chambre et petit déjeuner
allontanare (al-lôn-ta-*nââ*-ré) *v* enlever; **allontanarsi** s'éloigner; s'écarter
allora (al-*lôô*-ra) *adv* alors; **da** ~ depuis
allungare (al-loung-*ghââ*-ré) *v* allonger
almanacco (al-ma-*nak*-kô) *m* almanach *m*
almeno (al-*méé*-nô) *adv* au moins
alpinismo (al-pi-*ni*-zmô) *m* alpinisme *m*
alquanto (al-*k*^ou^*ann*-tô) *adv* assez, passablement; quelque peu
alt! (alt) stop!
altalena (al-ta-*léé*-na) *f* balançoire *f*
altare (al-*tââ*-ré) *m* autel *m*
alternativa (al-tér-na-*tii*-va) *f* alternative *f*
alternato (al-tér-*nââ*-tô) *adj* alternatif
altezza (al-*tét*-tsa) *f* hauteur *f*
altezzoso (al-tét-*tsôô*-sô) *adj* hautain
altitudine (al-ti-*toû*-di-né) *f* altitude *f*
alto (*al*-tô) *adj* haut; grand; fort
altoparlante (al-tô-par-*lann*-té) *m* haut-parleur *m*
altopiano (al-tô-*pyââ*-nô) *m* (pl altipiani) plateau *m*, hautes terres
altrettanto (al-trét-*tann*-tô) *adv* autant

altrimenti (al-tri-*mén*-ti) *adv* autrement; *conj* sinon

altro (*al*-trô) *adj* autre; **l'un l'altro** l'un l'autre; **l'uno o l'altro** l'un ou l'autre; **tra l'altro** entre autres; **un ~** un autre; encore un

d'altronde (dal-*trôn*-dé) d'ailleurs

altrove (al-*trôô*-vé) *adv* ailleurs

altura (al-*toû*-ra) *f* élévation *f*

alveare (al-vé-*ââ*-ré) *m* ruche *f*

alzare (al-*tsââ*-ré) *v* soulever; **alzarsi** se lever

amabile (a-*mââ*-bi-lé) *adj* doux

amaca (a-*mââ*-ka) *f* hamac *m*

amante (a-*mann*-té) *m* amant *m*; *f* maîtresse *f*

amare (a-*mââ*-ré) *v* aimer

amaro (a-*mââ*-rô) *adj* amer

amato (a-*mââ*-tô) *adj* aimé

ambasciata (amm-bach-*chââ*-ta) *f* ambassade *f*

ambasciatore (amm-bach-cha-*tôô*-ré) *m* ambassadeur *m*

ambiente (amm-*byén*-té) *m* milieu *m*, environnement *m*

ambiguo (amm-*bii*-gh^{ou}ô) *adj* ambigu

ambizioso (amm-bi-*tsyôô*-sô) *adj* ambitieux

ambra (*amm*-bra) *f* ambre *m*

ambulante (amm-bou-*lann*-té) *adj* ambulant

ambulanza (amm-bou-*lann*-tsa) *f* ambulance *f*

America (a-*mèè*-ri-ka) *f* Amérique *f*; ~ **Latina** Amérique latine

americano (a-mé-ri-*kââ*-nô) *adj* américain; *m* Américain *m*

ametista (a-mé-*ti*-sta) *f* améthyste *f*

amianto (a-*myann*-tô) *m* amiante *m*

amica (a-*mii*-ka) *f* amie *f*

amichevole (a-mi-*kéé*-vô-lé) *adj* amical

amicizia (a-mi-*tchii*-tsya) *f* amitié *f*

amico (a-*mii*-kô) *m* ami *m*

amido (*ââ*-mi-dô) *m* amidon *m*

ammaccare (amm-mak-*kââ*-ré) *v* contusionner

ammaccatura (amm-mak-ka-*toû*-ra) *f* bosse *f*

ammaestrare (amm-maé-*strââ*-ré) *v* dresser

ammainare (amm-maï-*nââ*-ré) *v* amener

ammalato (amm-ma-*lââ*-tô) *adj* malade

ammazzare (amm-mat-*tsââ*-ré) *v* tuer

***ammettere** (amm-*mét*-té-ré) *v* *admettre

amministrare (amm-mi-ni-*strââ*-ré) *v* administrer

amministrativo (amm-mi-ni-stra-*tii*-vô) *adj* administratif

amministrazione (amm-mi-ni-stra-*tsyôô*-né) *f* gestion *f*, administration *f*

ammiraglio (amm-mi-*ra*-l^{y}ô) *m* amiral *m*

ammirare (amm-mi-*rââ*-ré) *v* admirer

ammirazione (amm-mi-ra-*tsyôô*-né) *f* admiration *f*

ammissione (amm-miss-*syôô*-né) *f* accès *m*, admission *f*

ammobiliare (amm-mô-bi-*l^{y}ââ*-ré) *v* meubler

ammollare (amm-môl-*lââ*-ré) *v* tremper

ammoniaca (amm-mô-*nii*-a-ka) *f* ammoniaque *f*

ammonire (amm-mô-*nii*-ré) *v* avertir

ammontare (amm-môn-*tââ*-ré) *m* montant *m*

ammontare a (amm-môn-*tââ*-ré) se monter à

ammorbidire (amm-môr-bi-*dii*-ré) *v* adoucir

ammortizzatore (amm-môr-tid-dza-*tôô*-ré) *m* amortisseur *m*

ammucchiare (amm-mouk-*kyââ*-ré) *v*

entasser
ammuffito (amm-mouf-*fii*-tô) *adj* moisi
ammutinamento (amm-mou-ti-na-*mén*-tô) *m* mutinerie *f*
amnistia (amm-ni-*stii*-a) *f* amnistie *f*
amo (*ââ*-mô) *m* hameçon *m*
amore (a-*môô*-ré) *m* amour *m*; trésor *m*, mon amour, chéri *m*
amoretto (a-mô-*rét*-tô) *m* affaire de cœur
ampio (*amm*-pyô) *adj* considérable, vaste
ampliamento (amm-plya-*mén*-tô) *m* agrandissement *m*
ampliare (amm-*plyââ*-ré) *v* étendre
amuleto (a-mou-*léé*-tô) *m* amulette *f*
analfabeta (a-nal-fa-*bèè*-ta) *m* illettré *m*
analisi (a-*nââ*-li-zi) *f* analyse *f*
analista (a-na-*li*-sta) *m* analyste *m*
analizzare (a-na-lid-*dzââ*-ré) *v* analyser
analogo (a-*nââ*-lô-ghô) *adj* analogue
ananas (*a*-na-nass) *m* ananas *m*
anarchia (a-nar-*kii*-a) *f* anarchie *f*
anatomia (a-na-tô-*mii*-a) *f* anatomie *f*
anche (*anng*-ké) *adv* aussi, également; même
ancora[1] (anng-*kôô*-ra) *adv* encore; encore un peu; ~ **una volta** une fois de plus
ancora[2] (*anng*-kô-ra) *f* ancre *f*
***andare** (ann-*dââ*-ré) *v* se rendre, *aller; ~ **a prendere** *aller prendre, *aller chercher; ~ **carponi** ramper; ~ **in macchina** rouler; ***andarsene** *partir, s'en *aller
andata (ann-*dââ*-ta) *f* allure *f*
andatura (ann-da-*toû*-ra) *f* démarche *f*; allure *f*
andirivieni (ann-di-ri-*vyèè*-ni) *m* remue-ménage *m*
anello (a-*nèl*-lô) *m* bague *f*; ~ **di fidanzamento** bague de fiançailles; ~ **per stantuffo** segment de piston
anemia (a-né-*mii*-a) *f* anémie *f*
anestesia (a-né-sté-*sii*-a) *f* anesthésie *f*
anestetico (a-né-*stèè*-ti-kô) *m* anesthésique *m*
angelo (*ann*-djé-lô) *m* ange *m*
angolo (*anng*-ghô-lô) *m* coin *m*; angle *m*
angora (*anng*-gho-ra) *f* mohair *m*
anguilla (anng-*ghouil*-la) *f* anguille *f*
anguria (anng-*ghoû*-rya) *f* pastèque *f*
angusto (anng-*ghou*-stô) *adj* étroit; serré
anima (*ââ*-ni-ma) *f* âme *f*; nature *f*
animale (a-ni-*mââ*-lé) *m* animal *m*; bête *f*; ~ **da preda** bête de proie; ~ **domestico** animal familier
animato (a-ni-*mââ*-tô) *adj* animé
animo (*ââ*-ni-mô) *m* cœur *m*; intention *f*; courage *m*
anitra (*ââ*-ni-tra) *f* canard *m*
***annettere** (ann-*nèt*-té-ré) *v* annexer; *joindre
anniversario (ann-ni-vér-*sââ*-ryô) *m* anniversaire *m*
anno (*ann*-nô) *m* année *f*; **all'anno** par année; ~ **bisestile** année bissextile; ~ **nuovo** Nouvel An
annodare (ann-nô-*dââ*-ré) *v* nouer
annoiare (ann-nô-*yââ*-ré) *v* fâcher; ennuyer
annotare (ann-nô-*tââ*-ré) *v* noter
annuale (ann-*n*^{ou}*ââ*-lé) *adj* annuel
annuario (ann-*n*^{ou}*ââ*-ryô) *m* annuaire *m*
annuire (ann-*nouii*-ré) *v* opiner de la tête
annullamento (ann-noul-la-*mén*-tô) *m* annulation *f*
annullare (ann-noul-*lââ*-ré) *v* annuler
annunziare (ann-noun-*tsyââ*-ré) *v* annoncer
annunzio (ann-*noun*-tsyô) *m* annonce

f; ~ **pubblicitario** annonce publicitaire
anonimo (a-*noo*-ni-mô) *adj* anonyme
anormale (a-nôr-*mââ*-lé) *adj* anormal
ansia (*ann*-sya) *f* souci *m*
ansietà (ann-syé-*ta*) *f* anxiété *f*, souci *m*
ansimare (ann-si-*mââ*-ré) *v* haleter
ansioso (ann-*syôô*-sô) *adj* désireux, impatient
d'anteguerra (dann-té-*gh^ou^èr*-ra) d'avant-guerre
antenato (ann-té-*nââ*-tô) *m* ancêtre *m*
antenna (ann-*tén*-na) *f* antenne *f*
anteriore (ann-té-*ryôô*-ré) *adj* antérieur
anteriormente (ann-té-ryôr-*mén*-té) *adv* antérieurement
antibiotico (ann-ti-*byoo*-ti-kô) *m* antibiotique *m*
anticaglia (ann-ti-*kââ*-l^y^a) *f* antiquité *f*
antichità (ann-ti-ki-*ta*) *fpl* antiquités; **Antichità** *f* Antiquité
anticipare (ann-ti-tchi-*pââ*-ré) *v* anticiper
anticipatamente (ann-ti-tchi-pa-ta-*mén*-té) *adv* à l'avance
anticipo (ann-*tii*-tchi-pô) *m* avance *f*; **in** ~ d'avance
antico (ann-*tii*-kô) *adj* ancien; antique, démodé
anticoncezionale (ann-ti-kôn-tché-tsyô-*nââ*-lé) *m* contraceptif *m*
anticongelante (ann-ti-kôn-djé-*lann*-té) *m* antigel *m*
antipasto (ann-ti-*pa*-stô) *m* hors-d'œuvre *m*
antipatia (ann-ti-pa-*tii*-a) *f* antipathie *f*
antipatico (ann-ti-*pââ*-ti-kô) *adj* antipathique
antiquario (ann-ti-*k^ou^ââ*-ryô) *m* antiquaire *m*
antiquato (ann-ti-*k^ou^ââ*-tô) *adj* vieilli, démodé; vieillot
antisettico (ann-ti-*sèt*-ti-kô) *m* antiseptique *m*
antologia (ann-tô-lô-*djii*-a) *f* anthologie *f*
anzi (*ann*-tsi) *adv* plutôt, au contraire
anziano (ann-*tsyââ*-nô) *adj* vieux, âgé
ape (*ââ*-pé) *f* abeille *f*
aperitivo (a-pé-ri-*tii*-vô) *m* apéritif *m*
aperto (a-*pèr*-tô) *adj* ouvert; **all'aperto** dehors
apertura (a-pér-*toû*-ra) *f* ouverture *f*
apice (*ââ*-pi-tché) *m* apogée *m*
appagamento (ap-pa-gha-*mén*-tô) *m* satisfaction *f*
apparato (ap-pa-*rââ*-tô) *m* appareil *m*; apparat *m*
apparecchio (ap-pa-*rék*-kyô) *m* appareil *m*
apparente (ap-pa-*rèn*-té) *adj* apparent
apparentemente (ap-pa-rén-té-*mén*-té) *adv* apparemment
apparenza (ap-pa-*rèn*-tsa) *f* apparence *f*
***apparire** (ap-pa-*rii*-ré) *v* *apparaître, *paraître
apparizione (ap-pa-ri-*tsyôô*-né) *f* apparition *f*
appartamento (ap-par-ta-*mén*-tô) *m* appartement *m*; étage *m*; **blocco di appartamenti** immeuble d'habitation
***appartenere** (ap-par-té-*néé*-ré) *v* *appartenir
appassionato (ap-pass-syô-*nââ*-tô) *adj* passionné
appello (ap-*pèl*-lô) *m* appel *m*
appena (ap-*pèè*-na) *adv* à peine; **non** ~ dès que
***appendere** (ap-*pèn*-dé-ré) *v* suspendre
appendice (ap-pén-*dii*-tché) *f* appendice *m*
appendicite (ap-pén-di-*tchii*-té) *f* ap-

pendicite *f*
appetito (ap-pé-*tii*-tô) *m* appétit *m*
appetitoso (ap-pé-ti-*tôô*-sô) *adj* appétissant
appezzamento (ap-pét-tsa-*mén*-tô) *m* lopin *m*
appiccicare (ap-pit-tchi-*kââ*-ré) *v* coller
appiccicaticcio (ap-pit-tchi-ka-*tit*-tchô) *adj* gluant
applaudire (ap-plaou-*dii*-ré) *v* applaudir
applauso (ap-*plaou*-zô) *m* applaudissements *mpl*
applicare (ap-pli-*kââ*-ré) *v* appliquer; se *servir de
applicazione (ap-pli-ka-*tsyôô*-né) *f* application *f*
appoggiare (ap-pôd-*djââ*-ré) *v* supporter; **appoggiarsi** s'appuyer
apposta (ap-*po*-sta) *adv* intentionnel
***apprendere** (ap-*prèn*-dé-ré) *v* *apprendre
apprezzamento (ap-prét-tsa-*mén*-tô) *m* appréciation *f*
apprezzare (ap-prét-*tsââ*-ré) *v* apprécier
approfittare (ap-prô-fit-*tââ*-ré) *v* profiter
appropriato (ap-prô-*pryââ*-tô) *adj* approprié, adéquat
approssimativo (ap-prôss-si-ma-*tii*-vô) *adj* approximatif
approvare (ap-prô-*vââ*-ré) *v* approuver; *être d'accord avec
approvazione (ap-prô-va-*tsyôô*-né) *f* approbation *f*; consentement *m*
appuntamento (ap-poun-ta-*mén*-tô) *m* rendez-vous *m*
appuntare (ap-poun-*tââ*-ré) *v* épingler
appuntato (ap-poun-*tââ*-tô) *adj* pointu
appunto (ap-*poun*-tô) *m* note *f*; **blocco per appunti** bloc-notes *m*
apribottiglie (a-pri-bôt-*tii*-lʸé) *m* ouvre-bouteille *m*
aprile (a-*prii*-lé) avril
***aprire** (a-*prii*-ré) *v* *ouvrir
apriscatole (a-pri-*skââ*-tô-lé) *m* ouvre-boîte *m*
aquila (*a*-koui-la) *f* aigle *m*
Arabia Saudita (a-*rââ*-bya saou-*dii*-ta) Arabie Séoudite
arabo (*a*-ra-bô) *adj* arabe; *m* Arabe *m*
arachide (a-*rââ*-ki-dé) *f* cacahuète *f*
aragosta (a-ra-*ghô*-sta) *f* homard *m*
aragostina (a-ra-ghô-*stii*-na) *f* crevette rose
arancia (a-*rann*-tcha) *f* orange *f*
arancione (a-rann-*tchôô*-né) *adj* orange
arare (a-*rââ*-ré) *v* labourer
aratro (a-*rââ*-trô) *m* charrue *f*
arazzo (a-*rat*-tsô) *m* tapisserie *f*
arbitrario (ar-bi-*trââ*-ryô) *adj* arbitraire
arbitro (*ar*-bi-trô) *m* arbitre *m*
arbusto (ar-*bou*-stô) *m* arbuste *m*
arcata (ar-*kââ*-ta) *f* voûte *f*; arcade *f*
arcato (ar-*kââ*-tô) *adj* arqué
archeologia (ar-ké-ô-lô-*djii*-a) *f* archéologie *f*
archeologo (ar-ké-*o*-lô-ghô) *m* archéologue *m*
architetto (ar-ki-*tét*-tô) *m* architecte *m*
architettura (ar-ki-tét-*toû*-ra) *f* architecture *f*
archivio (ar-*kii*-vyô) *m* archives *fpl*
arcivescovo (ar-tchi-*vé*-skô-vô) *m* archevêque *m*
arco (*ar*-kô) *m* arc *m*; arche *f*
arcobaleno (ar-kô-ba-*léé*-nô) *m* arc-en-ciel *m*
***ardere** (*ar*-dé-ré) *v* brûler; briller
ardesia (ar-*déé*-sya) *f* ardoise *f*
ardore (ar-*dôô*-ré) *m* éclat *m*
area (*ââ*-ré-a) *f* surface *f*; région *f*
arena (a-*réé*-na) *f* arène *f*

argenteria (ar-djén-té-*rii*-a) *f* argenterie *f*
argentiere (ar-djén-*tyèè*-ré) *m* orfèvre *m*
Argentina (ar-djén-*tii*-na) *f* Argentine *f*
argentino (ar-djén-*tii*-nô) *adj* argentin; *m* Argentin *m*
argento (ar-*djèn*-tô) *m* argent *m*; **d'argento** en argent
argilla (ar-*djil*-la) *f* argile *f*
argine (*ar*-dji-né) *m* digue *f*, barrage *m*; rive *f*, berge *f*
argomentare (ar-ghô-mén-*tââ*-ré) *v* argumenter
argomento (ar-ghô-*mén*-tô) *m* argument *m*; sujet *m*
aria (*ââ*-rya) *f* air *m*; **ad ~ condizionata** climatisé; **a tenuta d'aria** hermétique; **condizionamento dell'aria** climatisation *f*
arido (*ââ*-ri-dô) *adj* aride
arieggiare (a-ryéd-*djââ*-ré) *v* aérer
aringa (a-*rinng*-gha) *f* hareng *m*
arioso (a-*ryôô*-sô) *adj* aéré
aritmetica (a-rit-*mèè*-ti-ka) *f* arithmétique *f*
arma (*ar*-ma) *f* (pl armi) arme *f*
armadio (ar-*mââ*-dyô) *m* placard *m*; garde-robe *f*
armare (ar-*mââ*-ré) *v* armer
armatore (ar-ma-*tôô*-ré) *m* armateur *m*
armonia (ar-mô-*nii*-a) *f* harmonie *f*
arnese (ar-*néé*-sé) *m* outil *m*; **cassetta degli arnesi** boîte à outils
aroma (a-*roo*-ma) *m* arôme *m*
arpa (*ar*-pa) *f* harpe *f*
arrabbiato (ar-rab-*byââ*-tô) *adj* irrité
arrampicare (ar-ramm-pi-*kââ*-ré) *v* grimper
arrangiarsi con (ar-rann-*djar*-si) se débrouiller avec
arredare (ar-ré-*dââ*-ré) *v* installer
***arrendersi** (ar-*rèn*-dér-si) *v* se rendre
arrestare (ar-ré-*stââ*-ré) *v* arrêter
arresto (ar-*rè*-stô) *m* arrestation *f*
arretrato (ar-ré-*trââ*-tô) *adj* arriéré
arricciacapelli (ar-rit-tcha-ka-*pél*-li) *m* fer à friser
arricciare (ar-rit-*tchââ*-ré) *v* friser
arrischiare (ar-ri-*skyââ*-ré) *v* risquer
arrivare (ar-ri-*vââ*-ré) *v* arriver
arrivederci (ar-ri-vé-*dér*-tchi) au revoir
arrivo (ar-*rii*-vô) *m* arrivée *f*; venue *f*; **in ~** attendu
arrogante (ar-rô-*ghann*-té) *adj* snob
arrossire (ar-rôss-*sii*-ré) *v* rougir
arrostire (ar-rô-*stii*-ré) *v* rôtir
arrotondato (ar-rô-tôn-*dââ*-tô) *adj* arrondi
arrugginito (ar-roud-dji-*nii*-tô) *adj* rouillé
arte (*ar*-té) *f* art *m*; **arti e mestieri** arts et métiers; **opera d'arte** œuvre d'art
arteria (ar-*tèè*-rya) *f* artère *f*
articolazione (ar-ti-kô-la-*tsyôô*-né) *f* articulation *f*
articolo (ar-*tii*-kô-lô) *m* article *m*; **articoli da toeletta** articles de toilette
artificiale (ar-ti-fi-*tchââ*-lé) *adj* artificiel
artificio (ar-ti-*fii*-tchô) *m* ruse *f*
artigianato (ar-ti-dja-*nââ*-tô) *m* artisanat *m*
artiglio (ar-*tii*-lʸô) *m* griffe *f*
artista (ar-*ti*-sta) *m* artiste *m/f*
artistico (ar-*ti*-sti-kô) *adj* artistique
***ascendere** (ach-*chén*-dé-ré) *v* *faire l'ascension de
ascensione (ach-chén-*syôô*-né) *f* montée *f*
ascensore (ach-chén-*sôô*-ré) *m* ascenseur *m*
ascesa (ach-*chéé*-sa) *f* essor *m*; ascension *f*; montée *f*
ascesso (ach-*chèss*-sô) *m* abcès *m*

ascia (*ach*-cha) *f* hache *f*
asciugacapelli (ach-chou-gha-ka-*pél*-li) *m* sèche-cheveux *m*
asciugamano (ach-chou-gha-*mââ*-nô) *m* serviette *f*, serviette de bain
asciugare (ach-chou-*ghââ*-ré) *v* sécher; essuyer
asciutto (ach-*chout*-tô) *adj* sec
ascoltare (a-skôl-*tââ*-ré) *v* écouter
ascoltatore (a-skôl-ta-*tôô*-ré) *m* auditeur *m*
asfalto (a-*sfal*-tô) *m* asphalte *m*
Asia (*ââ*-zya) *f* Asie *f*
asiatico (a-*zyââ*-ti-kô) *adj* asiatique; *m* Asiatique *m*
asilo (a-*zii*-lô) *m* hospice *m*, asile *m*; ~ **infantile** école maternelle
asino (*ââ*-si-nô) *m* âne *m*
asma (*a*-zma) *f* asthme *m*
asola (*ââ*-zô-la) *f* boutonnière *f*
asparago (a-*spââ*-ra-ghô) *m* asperge *f*
aspettare (a-spét-*tââ*-ré) *v* attendre
aspettativa (a-spét-ta-*tii*-va) *f* espérance *f*
aspetto (a-*spèt*-tô) *m* apparence *f*, aspect *m*; **di bell'aspetto** joli
aspirapolvere (a-spi-ra-*pôl*-vé-ré) *m* aspirateur *m*; **pulire con l'aspirapolvere** passer l'aspirateur
aspirare (a-spi-*rââ*-ré) *v* inhaler; aspirer; ~ **a** rechercher
aspirazione (ass-pi-ra-*tsyôô*-né) *f* aspiration *f*
aspirina (a-spi-*rii*-na) *f* aspirine *f*
aspro (*a*-sprô) *adj* âpre
assaggiare (ass-sad-*djââ*-ré) *v* goûter
assai (ass-*saï*) *adv* très
***assalire** (ass-sa-*lii*-ré) *v* attaquer
assassinare (ass-sass-si-*nââ*-ré) *v* assassiner
assassinio (ass-sass-*sii*-gnô) *m* assassinat *m*
assassino (ass-sass-*sii*-nô) *m* meurtrier *m*
asse (*ass*-sé) *m* essieu *m*; *f* planche *f*
assedio (ass-*séé*-dyô) *m* siège *m*
assegnare (ass-sé-*gnââ*-ré) *v* assigner
assegno (ass-*séé*-gnô) *m* allocation *f*; chèque *m*; ~ **turistico** chèque de voyage; **libretto di assegni** carnet de chèques
assemblea (ass-sém-*blèè*-a) *f* assemblée *f*
assennato (ass-sén-*nââ*-tô) *adj* pondéré
assente (ass-*sèn*-té) *adj* absent
assenza (ass-*sèn*-tsa) *f* absence *f*
asserire (ass-sé-*rii*-ré) *v* prétendre
assetato (ass-sé-*tââ*-tô) *adj* assoiffé
assicurare (ass-si-kou-*rââ*-ré) *v* assurer
assicurazione (ass-si-kou-ra-*tsyôô*-né) *f* assurance *f*; ~ **sulla vita** assurance-vie *f*; ~ **viaggi** assurance-voyages *f*
assieme (ass-*syèè*-mé) *m* jeu *m*
assistente (ass-si-*stèn*-té) *m* assistant *m*
assistenza (ass-si-*stèn*-tsa) *f* assistance *f*
***assistere** (ass-*si*-sté-ré) *v* assister
associare (ass-sô-*tchââ*-ré) *v* associer; **associarsi** *v* adhérer à
associato (ass-sô-*tchââ*-tô) *adj* affilié
associazione (ass-sô-tcha-*tsyôô*-né) *f* association *f*
assolutamente (ass-sô-lou-ta-*mén*-té) *adv* absolument
assoluto (ass-sô-*loû*-tô) *adj* absolu
assoluzione (ass-sô-lou-*tsyôô*-né) *f* acquittement *m*
assomigliare a (ass-sô-mi-*lʸââ*-ré) ressembler à
assonnato (ass-sôn-*nââ*-tô) *adj* somnolent
assortimento (ass-sôr-ti-*mén*-tô) *m* assortiment *m*
assortire (ass-sôr-*tii*-ré) *v* classer; ranger

assortito (ass-sôr-*tii*-tô) *adj* varié
***assumere** (ass-*soû*-mé-ré) *v* supposer; engager
assurdo (ass-*sour*-dô) *adj* absurde
asta (*a*-sta) *f* vente aux enchères
astemio (a-*stèè*-myô) *m* antialcoolique *m*
***astenersi da** (a-sté-*nér*-si) s'*abstenir de
astore (a-*stôô*-ré) *m* faucon *m*
astratto (a-*strat*-tô) *adj* abstrait
astronomia (a-strô-nô-*mii*-a) *f* astronomie *f*
astuccio (a-*stout*-tchô) *m* étui *m*; ~ **di toeletta** nécessaire de toilette; ~ **per tabacco** blague à tabac
astuto (a-*stoû*-tô) *adj* malin
astuzia (a-*stoû*-tsya) *f* ruse *f*
ateo (*ââ*-té-ô) *m* athée *m*
Atlantico (at-*lann*-ti-kô) *m* Océan Atlantique
atleta (at-*lèè*-ta) *m* athlète *m*
atletica (at-*lèè*-ti-ka) *f* athlétisme *m*
atmosfera (at-mô-*sfèè*-ra) *f* atmosphère *f*; ambiance *f*
atomico (a-*too*-mi-kô) *adj* nucléaire, atomique
atomizzatore (a-tô-mid-dza-*tôô*-ré) *m* vaporisateur *m*
atomo (*ââ*-tô-mô) *m* atome *m*
atrio (*ââ*-tryô) *m* vestibule *m*
atroce (a-*trôô*-tché) *adj* atroce
attaccapanni (at-tak-ka-*pann*-ni) *m* porte-manteau *m*; cintre *m*
attaccare (at-tak-*kââ*-ré) *v* fixer, attacher; attaquer
attacco (at-*tak*-kô) *m* attaque *f*; ~ **cardiaco** crise cardiaque
atteggiamento (at-téd-dja-*mén*-tô) *m* attitude *f*
attempato (at-tém-*pââ*-tô) *adj* âgé
***attendere** (at-*tèn*-dé-ré) *v* attendre; ~ **a** s'occuper de
attento (at-*tèn*-tô) *adj* attentif; prudent; ***stare** ~ *prendre garde
attenzione (at-tén-*tsyôô*-né) *f* attention *f*; ***fare** ~ *faire attention; **prestare** ~ **a** *faire attention à, prêter attention à
atterrare (at-tér-*rââ*-ré) *v* renverser; atterrir
attesa (at-*téé*-sa) *f* attente *f*
attestato (at-té-*stââ*-tô) *m* certificat *m*
attillato (at-til-*lââ*-tô) *adj* étroit
attimo (*at*-ti-mô) *m* instant *m*
attinenza (at-ti-*nèn*-tsa) *f* relation *f*
attitudine (at-ti-*toû*-di-né) *f* talent *m*, don *m*; attitude *f*
attività (at-ti-vi-*ta*) *f* activité *f*
attivo (at-*tii*-vô) *adj* actif
atto (*at*-tô) *m* acte *m*; document *m*
attore (at-*tôô*-ré) *m* acteur *m*
attorno (at-*tôr*-nô) *adv* autour; ~ **a** autour de
attraccare (at-trak-*kââ*-ré) *v* accoster
attraente (at-tra-*èn*-té) *adj* séduisant
***attrarre** (at-*trar*-ré) *v* attirer
attrattiva (at-tra-*tii*-va) *f* attraction *f*
attraversare (at-tra-vér-*sââ*-ré) *v* traverser
attraverso (at-tra-*vèr*-sô) *prep* à travers
attrazione (at-tra-*tsyôô*-né) *f* attrait *m*; attraction *f*
attrezzatura (at-trét-tsa-*toû*-ra) *f* équipement *m*
attrezzo (at-*trét*-tsô) *m* instrument *m*; **attrezzi da pesca** attirail de pêche
attribuire a (at-tri-*bouii*-ré) attribuer à
attrice (at-*trii*-tché) *f* actrice *f*
attrito (at-*trii*-tô) *m* friction *f*
attuale (at-*t*ou*ââ*-lé) *adj* actuel
attualmente (at-tou al-*mén*-té) *adv* actuellement
attuare (at-*t*ou*ââ*-ré) *v* réaliser
audace (aou-*dââ*-tché) *adj* courageux
audacia (aou-*dââ*-tcha) *f* vaillance *f*; audace *f*

auditorio (aou-di-*tôô*-ryô) *m* auditorium *m*
augurare (aou-ghou-*râà*-ré) *v* souhaiter
aula (*aou*-la) *f* salle de classe
aumentare (aou-mén-*tââ*-ré) *v* augmenter; relever
aumento (aou-*mén*-tô) *m* augmentation *f*; augmentation de salaire
aureo (*aou*-ré-ô) *adj* en or
aurora (aou-*roo*-ra) *f* lever du jour, aurore *f*; lever du soleil
Australia (aou-*strââ*-lʸa) *f* Australie *f*
australiano (aou-stra-*lʸââ*-nô) *adj* australien; *m* Australien *m*
Austria (*aou*-strya) *f* Autriche *f*
austriaco (aou-*stri*-a-kô) *adj* autrichien; *m* Autrichien *m*
autentico (aou-*tèn*-ti-kô) *adj* authentique; vrai
autista (aou-*ti*-sta) *m* conducteur *m*, chauffeur *m*
autobus (*aou*-tô-bouss) *m* (pl ~) autobus *m*; car *m*
autocarro (aou-tô-*kar*-rô) *m* camion *m*
autogoverno (aou-tô-ghô-*vèr*-nô) *m* autonomie *f*
automatico (aou-tô-*mââ*-ti-kô) *adj* automatique
automazione (aou-tô-ma-*tsyôô*-né) *f* automatisation *f*
automobile (aou-tô-*moo*-bi-lé) *f* auto *f*, automobile *f*; ~ **club** club automobile
automobilismo (aou-tô-mô-bi-*li*-zmô) *m* automobilisme *m*
automobilista (aou-tô-mô-bi-*li*-sta) *m* automobiliste *m*
autonoleggio (aou-tô-nô-*léd*-djô) *m* location de voitures
autonomo (aou-*too*-nô-mô) *adj* autonome
autore (aou-*tôô*-ré) *m* auteur *m*
autorità (aou-tô-ri-*ta*) *f* autorité *f*
autoritario (aou-tô-ri-*tââ*-ryô) *adj* autoritaire
autorizzare (aou-tô-rid-*dzââ*-ré) *v* autoriser
autorizzazione (aou-tô-rid-dza-*tsyôô*-né) *f* autorisation *f*
autostello (aou-tô-*stèl*-lô) *m* motel *m*
autostoppista (aou-tô-stôp-*pi*-sta) *m* auto-stoppeur *m*; ***fare l'autostop** *faire de l'auto-stop
autostrada (aou-tô-*strââ*-da) *f* autoroute *f*
autunno (aou-*toun*-nô) *m* automne *m*
avanti (a-*vann*-ti) *adv* en avant; ~ **dritto** tout droit
avant'ieri (a-vann-*tyèè*-ri) *adv* avant-hier
avanzamento (a-vann-tsa-*mén*-tô) *m* avancement *m*
avanzare (a-vann-*tsââ*-ré) *v* avancer; progresser
avanzo (a-*vann*-tsô) *m* restant *m*
avaria (a-va-*rii*-a) *f* panne *f*
avaro (a-*vââ*-rô) *adj* avare
avena (a-*véé*-na) *f* avoine *f*
***avere** (a-*véé*-ré) *v* *avoir
avido (*ââ*-vi-dô) *adj* cupide
aviogetto (a-vyô-*djèt*-tô) *m* avion à réaction
avorio (a-*voo*-ryô) *m* ivoire *m*
avvelenare (av-vé-lé-*nââ*-ré) *v* empoisonner
avvenente (av-vé-*nèn*-té) *adj* beau
avvenimento (av-vé-ni-*mén*-tô) *m* événement *m*
avvenire (av-vé-*nii*-ré) *m* avenir *m*
***avvenire** (av-vé-*nii*-ré) *v* se passer
avventato (av-vén-*tââ*-tô) *adj* impétueux
avventore (av-vén-*tôô*-ré) *m* client *m*
avventura (av-vén-*toû*-ra) *f* aventure *f*
avverbio (av-*vèr*-byô) *m* adverbe *m*
avversario (av-vér-*sââ*-ryô) *m* adversaire *m*

avversione (av-vér-*syôô*-né) *f* aversion *f*
avversità (av-vér-si-*ta*) *f* malheur *m*
avverso (av-*vèr*-sô) *adj* opposé
avvertimento (av-vér-ti-*mén*-tô) *m* avertissement *m*
avvertire (av-vér-*tii*-ré) *v* *prévenir; *percevoir
avviatore (av-vya-*too*-ré) *m* démarreur *m*
avvicinare (av-vi-tchi-*nââ*-ré) *v* approcher
avvisare (av-vi-*zââ*-ré) *v* *prévenir, avertir
avviso (av-*vii*-zô) *m* avis *m*, annonce *f*; publicité *f*
avvitare (av-vi-*tââ*-ré) *v* visser
avvocato (av-vô-*kââ*-tô) *m* avocat *m*
***avvolgere** (av-*vol*-djé-ré) *v* enrouler; envelopper
avvolgibile (av-vôl-*djii*-bi-lé) *m* store *m*
avvoltoio (av-vôl-*tôô*-yô) *m* vautour *m*
azienda (a-*dzyèn*-da) *f* entreprise *f*
azione (a-*tsyôô*-né) *f* action *f*
azoto (a-*dzoo*-tô) *m* azote *m*
azzardo (ad-*dzar*-dô) *m* hasard *m*
azzurro (ad-*dzour*-rô) *adj* bleu ciel

B

babbo (*bab*-bô) *m* papa *m*
babordo (ba-*bôr*-dô) *m* bâbord *m*
baby-pullman (*béï*-bi-poul-mann) *m* berceau de voyage
bacca (*bak*-ka) *f* baie *f*
baccano (bak-*kââ*-nô) *m* fracas *m*
bacheca (ba-*kèè*-ka) *f* vitrine *f*
baciare (ba-*tchââ*-ré) *v* embrasser
bacino (ba-*tchii*-nô) *m* bol *m*; dock *m*; bassin *m*
bacio (*bââ*-tchô) *m* baiser *m*
badare a (ba-*dââ*-ré) soigner, *prendre soin de; prêter attention à
badia (ba-*dii*-a) *f* abbaye *f*
baffi (*baf*-fi) *mpl* moustache *f*
bagagliaio (ba-gha-*lʸââ*-yô) *m* fourgon *m*; coffre *m*
bagaglio (ba-*gnââ*-lʸô) *m* bagage *m*; ~ **a mano** bagage à main
bagliore (ba-*lʸôô*-ré) *m* éclat *m*
bagnarsi (ba-*gnar*-si) *v* se baigner
bagnato (ba-*gnââ*-tô) *adj* mouillé; moite
bagno (*bââ*-gnô) *m* bain *m*; ~ **turco** bain turc; **costume da** ~ maillot de bain; **cuffia da** ~ bonnet de bain; ***fare il** ~ se baigner
baia (*bââ*-ya) *f* baie *f*
balbettare (bal-bét-*tââ*-ré) *v* balbutier
balconata (bal-kô-*nââ*-ta) *f* balcon *m*
balcone (bal-*kôô*-né) *m* balcon *m*
balena (ba-*léé*-na) *f* baleine *f*
baleno (ba-*léé*-nô) *m* éclair *m*
ballare (bal-*lââ*-ré) *v* danser
balletto (bal-*lét*-tô) *m* ballet *m*
ballo (*bal*-lô) *m* danse *f*; bal *m*
balzare (bal-*dzââ*-ré) *v* bondir
bambina (bamm-*bii*-na) *f* petite fille
bambinaia (bamm-bi-*nââ*-ya) *f* bonne d'enfants; baby-sitter *m*
bambino (bamm-*bii*-nô) *m* enfant *m*; gosse *m*
bambola (*bamm*-bô-la) *f* poupée *f*
bambù (bamm-*bou*) *m* bambou *m*
banana (ba-*nââ*-na) *f* banane *f*
banca (*banng*-ka) *f* banque *f*
bancarella (banng-ka-*rèl*-la) *f* étal *m*
banchetto (banng-*két*-tô) *m* banquet *m*
banchina (banng-*kii*-na) *f* quai *m*
banco (*banng*-kô) *m* banc *m*; comptoir *m*; barre *f*; stand *m*; récif *m*; ~ **di scuola** banc d'école
banconota (banng-kô-*noo*-ta) *f* billet

de banque
banda (*bann*-da) *f* bande *f*; orchestre *m*
bandiera (bann-*dyèè*-ra) *f* drapeau *m*
bandito (bann-*dii*-tô) *m* bandit *m*
bar (bar) *m* bar *m*; café *m*, bistrot *m*
baracca (ba-*rak*-ka) *f* réduit *m*; échoppe *f*
baratro (*bââ*-ra-trô) *m* crevasse *f*
barattare (ba-rat-*tââ*-ré) *v* troquer
barattolo (ba-*rat*-tô-lô) *m* boîte *f*, boîte métallique
barba (*bar*-ba) *f* barbe *f*
barbabietola (bar-ba-*byèè*-tô-la) *f* betterave *f*
barbiere (bar-*byèè*-ré) *m* coiffeur *m*
barbone (bar-*bôô*-né) *m* vagabond *m*
barca (*bar*-ka) *f* bateau *m*; ~ **a remi** bateau à rames; ~ **a vela** bateau à voiles
barchetta (bar-*két*-ta) *f* canot *m*
barcollante (bar-kôl-*lann*-té) *adj* branlant
bar-emporio (bar-ém-*poo*-ryô) *m* droguerie *f*
barile (ba-*rii*-lé) *m* baril *m*
bariletto (ba-ri-*lét*-tô) *m* baril *m*
barista (ba-*ri*-sta) *m* barman *m*; *f* barmaid *f*
baritono (ba-*rii*-tô-nô) *m* bariton *m*
barocco (ba-*rok*-kô) *adj* baroque
barometro (ba-*roo*-mé-trô) *m* baromètre *m*
barra (*bar*-ra) *f* barre *f*
barriera (bar-*ryèè*-ra) *f* barrière *f*; ~ **di sicurezza** glissière de sécurité
basamento (ba-za-*mén*-tô) *m* carter *m*
basare (ba-*zââ*-ré) *v* baser
base (*bââ*-zé) *f* base *f*
baseball (*béz*-bôl) *m* base-ball *m*
basette (ba-*zét*-té) *fpl* favoris
basilica (ba-*zii*-li-ka) *f* basilique *f*
basso (*bass*-sô) *adj* bas; profond; petit; *m* basse *f*
bassopiano (bass-sô-*pyââ*-nô) *m* plaine *f*
bastante (ba-*stann*-té) *adj* adéquat
bastardo (ba-*star*-dô) *m* bâtard *m*
bastare (ba-*stââ*-ré) *v* *suffire
bastone (ba-*stôô*-né) *m* bâton *m*; canne *f*; ~ **da passeggio** canne *f*; **bastoni da sci** bâtons de ski
battaglia (bat-*tââ*-lʸa) *f* bataille *f*
battello (bat-*tèl*-lô) *m* navire *m*
battere (*bat*-té-ré) *v* *battre; ~ **le mani** applaudir
batteria (bat-té-*rii*-a) *f* pile *f*
batterio (bat-*tèè*-ryô) *m* bactérie *f*
battesimo (bat-*téé*-zi-mô) *m* baptême *m*
battezzare (bat-téd-*dzââ*-ré) *v* baptiser
baule (ba-*oû*-lé) *m* coffre *m*; malle *f*
becco (*bék*-kô) *m* bec *m*; bouc *m*
beffare (béf-*fââ*-ré) *v* *faire marcher
beige (bèèj) *adj* beige
belga (*bèl*-gha) *adj* (pl belgi) belge; *m* Belge *m*
Belgio (*bèl*-djô) *m* Belgique *f*
bellezza (bél-*lét*-tsa) *f* beauté *f*
bellino (bél-*lii*-nô) *adj* joli
bello (*bèl*-lô) *adj* beau; joli
benché (bèng-*ké*) *conj* quoique
benda (*bén*-da) *f* lien *m*
bendare (bén-*dââ*-ré) *v* panser
bene (*bèè*-né) *adv* bien; **va bene!** d'accord!, bien!
***benedire** (bé-né-*dii*-ré) *v* bénir
benedizione (bé-né-di-*tsyôô*-né) *f* bénédiction *f*
beneficiario (bé-né-fi-*tchââ*-ryô) *m* bénéficiaire *m*
beneficio (bé-né-*fii*-tchô) *m* bénéfice *m*
benessere (bé-*nèss*-sé-ré) *m* bien-être *m*
benevolenza (bé-né-vô-*lèn*-tsa) *f* bienveillance *f*
benevolo (bé-*nèè*-vô-lô) *adj* aimable

benvenuto (bèn-vé-*noû*-tô) *adj* bienvenu
benzina (bén-*dzii*-na) *f* essence *f*
***bere** (*béé*-ré) *v* *boire
berretto (bér-*rét*-tô) *m* casquette *f*; béret *m*
bersaglio (bér-*sââ*-lʸô) *m* cible *f*; objectif *m*
bestemmia (bé-*stém*-mya) *f* juron *m*
bestemmiare (bé-stém-*myââ*-ré) *v* jurer
bestia (*bè*-stya) *f* bête *f*
bestiame (bé-*styââ*-mé) *m* bétail *m*
betulla (bé-*toul*-la) *f* bouleau *m*
bevanda (bé-*vann*-da) *f* boisson *f*; **bevande alcooliche** boissons alcoolisées, spiritueux *mpl*
biancheria (byanng-ké-*rii*-a) *f* linge *m*; lingerie *f*; ~ **da letto** literie *f*; ~ **personale** sous-vêtements *mpl*
bianco (*byanng*-kô) *adj* blanc
biasimare (bya-zi-*mââ*-ré) *v* donner la faute à
biasimo (*byââ*-zi-mô) *m* blâme *m*
bibbia (*bib*-bya) *f* Bible *f*
bibita (*bii*-bi-ta) *f* boisson *f*; ~ **analcoolica** boisson non alcoolisée
biblioteca (bi-blyô-*tèè*-ka) *f* bibliothèque *f*
bicchiere (bik-*kyèè*-ré) *m* verre *m*; gobelet *m*
bicicletta (bi-tchi-*klét*-ta) *f* bicyclette *f*
biforcarsi (bi-fôr-*kar*-si) *v* bifurquer
biglietteria (bi-lʸét-té-*rii*-a) *f* guichet *m*; ~ **automatica** distributeur de billets
biglietto (bi-*lʸét*-tô) *m* note *f*; billet *m*; ~ **da visita** carte de visite; ~ **gratuito** billet gratuit
bigodino (bi-ghô-*dii*-nô) *m* bigoudi *m*
bilancia (bi-*lann*-tcha) *f* bascule *f*, balance *f*
bilancio (bi-*lann*-tchô) *m* budget *m*; bilan *m*
bile (*bii*-lé) *f* bile *f*
biliardo (bi-*lʸar*-dô) *m* billard *m*
bilingue (bi-*linng*-ghᵒᵘé) *adj* bilingue
bimbetto (bimm-*bét*-tô) *m* bambin *m*
bimbo (*bimm*-bô) *m* bambin *m*
binario (bi-*nââ*-ryô) *m* voie *f*
binocolo (bi-*noo*-kô-lô) *m* jumelles *fpl*
biologia (byô-lô-*djii*-a) *f* biologie *f*
bionda (*byôn*-da) *f* blonde *f*
biondo (*byôn*-dô) *adj* blond
birbante (bir-*bann*-té) *m* coquin *m*
birichinata (bi-ri-ki-*nââ*-ta) *f* espièglerie *f*
birra (*bir*-ra) *f* bière *f*
birreria (bir-ré-*rii*-a) *f* brasserie *f*
bisaccia (bi-*zat*-tcha) *f* havresac *m*
biscottino (bi-skôt-*tii*-nô) *m* biscuit *m*
biscotto (bi-*skot*-tô) *m* biscuit *m*
bisognare (bi-zô-*gnââ*-ré) *v* *avoir besoin de
bisogno (bi-*zôô*-gnô) *m* besoin *m*; misère *f*
bistecca (bi-*sték*-ka) *f* bifteck *m*
bivio (*bii*-vyô) *m* bifurcation *f*
bizzarro (bid-*dzar*-rô) *adj* bizarre, drôle, étrange
bloccare (blôk-*kââ*-ré) *v* bloquer
blu (blou) *adj* bleu
blusa (*bloû*-za) *f* chemisier *m*
boa (*boo*-a) *f* bouée *f*
bocca (*bôk*-ka) *f* bouche *f*; gueule *f*
boccale (bôk-*kââ*-lé) *m* gobelet *m*
boccaporto (bôk-ka-*por*-tô) *m* hublot *m*
bocchino (bôk-*kii*-nô) *m* fume-cigarettes *m*
bocciare (bôt-*tchââ*-ré) *v* échouer
bocciolo (bôt-*tchoo*-lô) *m* bourgeon *m*
boccone (bôk-*kôô*-né) *m* bouchée *f*
boia (*boï*-a) *m* (pl ~) bourreau *m*
Bolivia (bô-*lii*-vya) *f* Bolivie *f*
boliviano (bô-li-*vyââ*-nô) *adj* bolivien; *m* Bolivien *m*
bolla (*bôl*-la) *f* bulle *f*; ampoule *f*,

cloque *f*
bollettino meteorologico (bôl-lét-*tii*-nô mé-té-ô-rô-*loo*-dji-kô) bulletin météorologique
bollire (bôl-*lii*-ré) *v* *bouillir
bollitore (bôl-li-*tôô*-ré) *m* bouilloire *f*
bomba (*bôm*-ba) *f* bombe *f*
bombardare (bôm-bar-*dââ*-ré) *v* bombarder
bordello (bôr-*dèl*-lô) *m* bordel *m*
bordo (*bôr*-dô) *m* rebord *m*; bord *m*
borghese (bôr-*ghéé*-sé) *adj* bourgeois; *m* civil *m*
borsa[1] (*bôr*-sa) *f* sac à main; ~ **da ghiaccio** sac à glace; ~ **dell'acqua calda** bouillotte *f*; ~ **per la spesa** sac à provisions
borsa[2] (*bôr*-sa) *f* bourse *f*; ~ **di studio** bourse d'études
borsa[3] (*bôr*-sa) *f* bourse *f*; marché des valeurs
borsellino (bôr-sél-*lii*-nô) *m* bourse *f*, porte-monnaie *m*
borsetta (bôr-*sét*-ta) *f* sac à main
boschetto (bô-*skét*-tô) *m* bosquet *m*
bosco (*bo*-skô) *m* bois *m*
boscoso (bô-*skôô*-sô) *adj* boisé
botanica (bô-*tââ*-ni-ka) *f* botanique *f*
botola (*bo*-tô-la) *f* trappe *f*
botte (*bôt*-té) *f* tonneau *m*
bottega (bôt-*téé*-gha) *f* magasin *m*
botteghino (bôt-té-*ghii*-nô) *m* guichet de location
bottiglia (bôt-*tii*-lʸa) *f* bouteille *f*
bottone (bôt-*tôô*-né) *m* bouton *m*
boy-scout (*boï*-skaout) *m* scout *m*
a braccetto (a brat-*tchét*-tô) bras-dessus bras-dessous
braccialetto (brat-tcha-*lét*-tô) *m* bracelet *m*
braccio[1] (*brat*-tchô) *m* (pl le braccia) bras *m*
braccio[2] (*brat*-tchô) *m* (pl bracci) bras *m*; affluent *m*
brachetta (bra-*két*-ta) *f* braguette *f*
braciola (bra-*tchoo*-la) *f* côtelette *f*
bramare (bra-*mââ*-ré) *v* désirer
bramosia (bra-mô-*zii*-a) *f* envie *f*
branchia (*branng*-kya) *f* branchie *f*
branda (*brann*-da) *f* lit de camp
brano (*brââ*-nô) *m* extrait *m*, passage *m*
branzino (brann-*dzii*-nô) *m* perche *f*
Brasile (bra-*zii*-lé) *m* Brésil *m*
brasiliano (bra-zi-*lʸââ*-nô) *adj* brésilien; *m* Brésilien *m*
bravo (*brââ*-vô) *adj* habile; brave
breccia (*brét*-tcha) *f* brèche *f*
bretelle (bré-*tèl*-lé) *fpl* bretelles *fpl*
breve (*bréé*-vé) *adj* bref; concis; **tra** ~ prochainement
brevetto (bré-*vét*-tô) *m* brevet *m*
brezza (*bréd*-dza) *f* brise *f*
briciola (*brii*-tchô-la) *f* miette *f*
bridge (bridj) *m* bridge *m*
brillante (bril-*lann*-té) *adj* brillant
brillantina (bril-lann-*tii*-na) *f* crème capillaire
brillare (bril-*lââ*-ré) *v* briller
brindisi (*brinn*-di-zi) *m* toast *m*
britannico (bri-*tann*-ni-kô) *adj* britannique
britanno (bri-*tann*-nô) *m* Britannique *m*
brivido (*brii*-vi-dô) *m* frisson *m*
brocca (*brok*-ka) *f* cruche *f*
bronchite (brông-*kii*-té) *f* bronchite *f*
brontolare (brôn-tô-*lââ*-ré) *v* grogner
bronzeo (*brôn*-dzé-ô) *adj* en bronze
bronzo (*brôn*-dzô) *m* bronze *m*
bruciare (brou-*tchââ*-ré) *v* brûler
bruciatura (brou-tcha-*toû*-ra) *f* brûlure *f*
brughiera (brou-*ghyéé*-ra) *f* bruyère *f*
bruna (*broû*-na) *f* brunette *f*
bruno (*broû*-nô) *adj* brun
brutale (brou-*tââ*-lé) *adj* brutal
brutto (*brout*-tô) *adj* laid; grave, mau-

vais

buca (*boû*-ka) *f* fosse *f*, trou *m*; ~ **delle lettere** boîte aux lettres

bucato (bou-*kââ*-tô) *adj* crevé; *m* lessive *f*

bucatura (bou-ka-*toû*-ra) *f* pneu crevé, crevaison *f*

buccia (*bout*-tcha) *f* peau *f*, pelure *f*

buco (*boû*-kô) *m* trou *m*; ~ **della serratura** trou de la serrure

budella (bou-*dèl*-la) *fpl* intestins

bue (*boû*-é) *m* bœuf *m*

buffé (bouf-*fè*) *m* buffet *m*

buffo (*bouf*-fô) *adj* drôle

buffonata (bouf-fô-*nââ*-ta) *f* farce *f*

buio (*boû*-yô) *adj* sombre, obscur; *m* ténèbres *fpl*

bulbo (*boul*-bô) *m* bulbe *m*; oignon *m*; ampoule *f*

Bulgaria (boul-gha-*rii*-a) *f* Bulgarie *f*

bulgaro (*boul*-gha-rô) *adj* bulgare; *m* Bulgare *m*

bullone (boul-*lôô*-né) *m* boulon *m*

buongustaio (b^ou^onn-ghou-*stââ*-yô) *m* gourmet *m*

buono (*b^ou^oo*-nô) *adj* bon; sage; *m* reçu *m*

burocrazia (bou-rô-kra-*tsii*-a) *f* bureaucratie *f*

burrasca (bour-*ra*-ska) *f* tempête *f*

burro (*bour*-rô) *m* beurre *m*

bussare (bouss-*sââ*-ré) *v* frapper

bussola (*bouss*-sô-la) *f* boussole *f*

busta (*bou*-sta) *f* enveloppe *f*; housse *f*

busto (*bou*-stô) *m* buste *m*; corset *m*, gaine *f*

buttare (bout-*tââ*-ré) *v* lancer

C

cabaret (ka-ba-*ré*) *m* boîte de nuit; cabaret *m*

cabina (ka-*bii*-na) *f* cabine *f*; ~ **di coperta** cabine de pont; ~ **telefonica** cabine téléphonique

caccia (*kat*-tcha) *f* chasse *f*

cacciare (kat-*tchââ*-ré) *v* chasser; ~ **di frodo** braconner

cacciatore (kat-tcha-*tôô*-ré) *m* chasseur *m*

cacciavite (kat-tcha-*vii*-té) *m* tournevis *m*

cadavere (ka-*dââ*-vé-ré) *m* cadavre *m*

***cadere** (ka-*déé*-ré) *v* tomber; ***far** ~ laisser tomber

caduta (ka-*doû*-ta) *f* chute *f*

caffè (kaf-*fè*) *m* café *m*

caffeina (kaf-fé-*ii*-na) *f* caféine *f*

cagna (*ka*-gna) *f* chienne *f*

calamità (ka-la-mi-*ta*) *f* calamité *f*

calare (ka-*lââ*-ré) *v* amener

calce (*kal*-tché) *f* chaux *f*

calcestruzzo (kal-tché-*strout*-tsô) *m* béton *m*

calcio (*kal*-tchô) *m* coup de pied; football *m*; calcium *m*; ~ **d'inizio** coup d'envoi; ~ **di rigore** penalty *m*; ***prendere a calci** donner des coups de pied

calcolare (kal-kô-*lââ*-ré) *v* calculer

calcolo (*kal*-kô-lô) *m* calcul *m*; **calcolo biliare** calcul biliaire; ***fare i calcoli** calculer

caldo (*kal*-dô) *adj* chaud; *m* chaleur *f*

calendario (ka-lén-*dââ*-ryô) *m* calendrier *m*

callista (kal-*li*-sta) *m* pédicure *m*

callo (*kal*-lô) *m* cal *m*; cor au pied

calma (*kal*-ma) *f* calme *m*

calmare (kal-*mââ*-ré) *v* calmer

calmo (*kal*-mô) *adj* calme; serein
calore (ka-*lôô*-ré) *m* chaleur *f*
caloria (ka-lô-*rii*-a) *f* calorie *f*
calunnia (ka-*loun*-gna) *f* calomnie *f*
calvinismo (kal-vi-*ni*-zmô) *m* calvinisme *m*
calvo (*kal*-vô) *adj* chauve
calza (*kal*-tsa) *f* chaussette *f*; bas *m*; **calze elastiche** bas élastiques
calzamaglia (kal-tsa-*mââ*-lʸa) *f* collants *mpl*
calzatura (kal-tsa-*toû*-ra) *f* chaussures
calzolaio (kal-tsô-*lââ*-yô) *m* cordonnier *m*
calzoleria (kal-tsô-lé-*rii*-a) *f* magasin de chaussures
calzoncini (kal-tsôn-*tchii*-ni) *mpl* short *m*; culotte de gymnastique
calzoni (kal-*tsôô*-ni) *mpl* pantalon *m*; ~ **da sci** pantalon de ski
cambiamento (kamm-bya-*mén*-tô) *m* changement *m*, modification *f*
cambiare (kamm-*byââ*-ré) *v* changer; ~ **marcia** changer de vitesse
cambio (*kamm*-byô) *m* changement *m*; troc *m*; change *m*; ~ **di velocità** boîte de vitesse; **corso del** ~ cours du change; ***dare il** ~ relayer
camera (*kââ*-mé-ra) *f* pièce *f*; ~ **a un letto** chambre pour une personne; ~ **blindata** chambre forte; ~ **da letto** chambre à coucher; ~ **d'aria** chambre à air; ~ **degli ospiti** chambre d'ami
cameriera (ka-mé-*ryèè*-ra) *f* bonne *f*; femme de chambre; serveuse *f*
cameriere (ka-mé-*ryèè*-ré) *m* valet *m*; garçon *m*
camerino (ka-mé-*rii*-nô) *m* loge *f*
camicia (ka-*mii*-tcha) *f* chemise *f*; ~ **da notte** chemise de nuit
camino (ka-*mii*-nô) *m* cheminée *f*
camionetta (ka-myô-*nét*-ta) *f* camionnette *f*
cammello (kamm-*mèl*-lô) *m* chameau *m*
cammeo (kamm-*mèè*-ô) *m* camée *m*
camminare (kamm-mi-*nââ*-ré) *v* marcher; faire des randonnées
campagna (kamm-*pââ*-gna) *f* campagne *f*
campana (kamm-*pââ*-na) *f* cloche *f*
campanello (kamm-pa-*nèl*-lô) *m* sonnette *f*
campanile (kamm-pa-*nii*-lé) *m* clocher *m*
campeggiatore (kamm-péd-dja-*tôô*-ré) *m* campeur *m*
campeggio (kamm-*péd*-djô) *m* camping *m*; terrain de camping
campione (kamm-*pyôô*-né) *m* champion *m*; échantillon *m*
campo (*kamm*-pô) *m* champ *m*; camp *m*; ~ **di gioco** terrain de jeux; ~ **di golf** terrain de golf; ~ **di grano** champ de blé; ~ **di tennis** court de tennis
camposanto (kamm-pô-*sann*-tô) *m* cimetière *m*
Canadà (ka-na-*da*) *m* Canada *m*
canadese (ka-na-*déé*-zé) *adj* canadien; *m* Canadien *m*
canale (ka-*nââ*-lé) *m* canal *m*
canapa (*ka*-na-pa) *f* chanvre *m*
canarino (ka-na-*rii*-nô) *m* canari *m*
cancello (kann-*tchèl*-lô) *m* grille *f*; porte *f*
cancro (*kanng*-krô) *m* cancer *m*
candela (kann-*déé*-la) *f* bougie *f*; ~ **d'accensione** bougie d'allumage
candelabro (kann-dé-*lââ*-brô) *m* candélabre *m*
candidato (kann-di-*dââ*-tô) *m* candidat *m*
cane (*kââ*-né) *m* chien *m*; ~ **guida** chien d'aveugle
canguro (kanng-*ghoû*-rô) *m* kangourou *m*

canile (ka-*nii*-lé) *m* chenil *m*
canna (*kann*-na) *f* canne *f*; ~ **da pesca** canne à pêche
cannella (kann-*nèl*-la) *f* cannelle *f*
cannone (kann-*nôô*-né) *m* canon *m*
canoa (ka-*nôô*-a) *f* canot *m*
cantante (kann-*tann*-té) *m* chanteur *m*; *f* chanteuse *f*
cantare (kann-*tââ*-ré) *v* chanter
canticchiare (kann-tik-*kyââ*-ré) *v* fredonner
cantina (kann-*tii*-na) *f* cave *f*
cantiniere (kann-ti-*nyèè*-ré) *m* sommelier *m*
canto (*kann*-tô) *m* chant *m*
canzonare (kann-tsô-*nââ*-ré) *v* se moquer de
canzone (kann-*tsôô*-né) *f* chanson *f*
caos (*kââ*-ôss) *m* chaos *m*
caotico (ka-*oo*-ti-kô) *adj* chaotique
capace (ka-*pââ*-tché) *adj* en mesure; capable
capacità (ka-pa-tchi-*ta*) *f* capacité *f*; don *m*
capanna (ka-*pann*-na) *f* hutte *f*; cabane *f*
caparbio (ka-*par*-byô) *adj* opiniâtre
capello (ka-*pél*-lô) *m* cheveu *m*; **fissatore per capelli** fixateur *m*
capigliatura (ka-pi-l^y^a-*toû*-ra) *f* coiffure *f*
capire (ka-*pii*-ré) *v* *comprendre, *concevoir
capitale (ka-pi-*tââ*-lé) *m* capital *m*; *f* capitale *f*; *adj* essentiel
capitalismo (ka-pi-ta-*li*-zmô) *m* capitalisme *m*
capitano (ka-pi-*tââ*-nô) *m* capitaine *m*
capitare (ka-pi-*tââ*-ré) *v* se *produire
capitolazione (ka-pi-tô-la-*tsyôô*-né) *f* capitulation *f*
capitolo (ka-*pii*-tô-lô) *m* chapitre *m*
capo (*kââ*-pô) *m* tête *f*; chef *m*; cap *m*; ~ **di stato** chef d'Etat

capocameriere (ka-pô-ka-mé-*ryèè*-ré) *m* maître d'hôtel
capocuoco (ka-pô-*k^ou^oo*-kô) *m* chef cuisinier
capogiro (ka-pô-*djii*-rô) *m* vertige *m*
capolavoro (ka-pô-la-*vôô*-rô) *m* chef-d'œuvre *m*
capomastro (ka-pô-*ma*-strô) *m* contremaître *m*
capostazione (ka-pô-sta-*tsyôô*-né) *m* chef de gare
capoverso (ka-pô-*vèr*-sô) *m* paragraphe *m*
***capovolgere** (ka-pô-*vol*-djé-ré) *v* retourner
cappella (kap-*pèl*-la) *f* chapelle *f*
cappellano (kap-pél-*lââ*-nô) *m* chapelain *m*
cappello (kap-*pèl*-lô) *m* chapeau *m*
cappotto (kap-*pot*-tô) *m* pardessus *m*; ~ **di pelliccia** manteau de fourrure
cappuccio (kap-*pout*-tchô) *m* capuchon *m*
capra (*kââ*-pra) *f* chèvre *f*
capretto (ka-*prét*-tô) *m* chevreau *m*
capriccio (ka-*prit*-tchô) *m* caprice *m*, lubie *f*
capsula (*ka*-psou-la) *f* capsule *f*
caraffa (ka-*raf*-fa) *f* carafe *f*
caramella (ka-ra-*mèl*-la) *f* caramel *m*; bonbon *m*
carato (ka-*rââ*-tô) *m* carat *m*
carattere (ka-*rat*-té-ré) *m* caractère *m*
caratteristica (ka-rat-té-*ri*-sti-ka) *f* caractéristique *f*
caratteristico (ka-rat-té-*ri*-sti-kô) *adj* caractéristique
caratterizzare (ka-rat-té-rid-*dzââ*-ré) *v* caractériser
carbone (kar-*bôô*-né) *m* charbon *m*
carburatore (kar-bou-ra-*tôô*-ré) *m* carburateur *m*
carcere (*kar*-tché-ré) *m* prison *f*
carceriere (kar-tché-*ryèè*-ré) *m* geôlier

m
carciofo (kar-*tchoo*-fô) *m* artichaut *m*
cardinale (kar-di-*nââ*-lé) *m* cardinal *m*; *adj* cardinal
cardine (*kar*-di-né) *m* charnière *f*
cardo (*kar*-dô) *m* chardon *m*
carenza (ka-*rèn*-tsa) *f* carence *f*
caricare (ka-ri-*kââ*-ré) *v* charger; remonter
carico (*kââ*-ri-kô) *m* chargement *m*, cargaison *f*, fret *m*; charge *f*
carillon (ka-ri-*yóa*) *m* carillon *m*
carino (ka-*rii*-nô) *adj* gentil; joli
carità (ka-ri-*ta*) *f* charité *f*
carnagione (kar-na-*djôô*-né) *f* teint *m*
carne (*kar*-né) *f* chair *f*; viande *f*
carnevale (kar-né-*vââ*-lé) *m* carnaval *m*
caro (*kââ*-rô) *adj* cher; *m* chéri *m*
carota (ka-*roo*-ta) *f* carotte *f*
carovana (ka-rô-*va*-na) *f* caravane *f*
carpa (*kar*-pa) *f* carpe *f*
carriera (kar-*ryèè*-ra) *f* carrière *f*
carriola (kar-*ryoo*-la) *f* brouette *f*
carro (*kar*-rô) *m* charrette *f*
carrozza (kar-*rot*-tsa) *f* carrosse *m*; voiture *f*
carrozzeria (kar-rôt-tsé-*rii*-a) *f* carrosserie *f*
carrozzina (kar-rôt-*tsii*-na) *f* voiture d'enfant; poussette *f*
carrozzone (kar-rôt-*tsôô*-né) *m* roulotte *f*
carrucola (kar-*rou*-kô-la) *f* poulie *f*
carta (*kar*-ta) *f* papier *m*; carte *f*; ~ **assorbente** papier buvard; ~ **carbone** papier carbone; ~ **da gioco** carte de jeu; ~ **da imballaggio** papier d'emballage; ~ **da lettere** papier à lettres; papier à écrire; ~ **da macchina** papier à machine; ~ **da parati** papier peint; ~ **di credito** carte de crédit; ~ **d'identità** carte d'identité; ~ **igienica** papier hygiénique; ~ **nautica** carte marine; ~ **stradale** carte routière; ~ **verde** carte verte; ~ **vetrata** papier de verre; **di** ~ en papier
cartella (kar-*tèl*-la) *f* serviette *f*; cartable *m*
cartello indicatore (kar-*tèl*-lô inn-di-ka-*tôô*-ré) poteau indicateur
cartellone (kar-tél-*lôô*-né) *m* affiche *f*
cartilagine (kar-ti-*lââ*-dji-né) *f* cartilage *m*
cartoleria (kar-tô-lé-*rii*-a) *f* papeterie *f*
cartolina (kar-tô-*lii*-na) *f* carte postale; ~ **illustrata** carte postale illustrée
cartoncino (kar-tôn-*tchii*-nô) *m* carte *f*
cartone (kar-*tôô*-né) *m* carton *m*; ~ **animato** dessins animés; **di** ~ en carton
cartuccia (kar-*tout*-tcha) *f* cartouche *f*
casa (*kââ*-sa) *f* maison *f*; **a** ~ chez soi; ~ **di campagna** maison de campagne; ~ **di riposo** maison de repos; ~ **galleggiante** maison-bateau; ~ **padronale** manoir *m*; **in** ~ à la maison
casalinga (ka-sa-*linng*-gha) *f* ménagère *f*
casalingo (ka-sa-*linng*-ghô) *adj* fait à la maison
cascata (ka-*skââ*-ta) *f* cascade *f*
cascina (ka-*chii*-na) *f* ferme *f*
casco (*ka*-skô) *m* casque *m*
caseggiato (ka-séd-*djââ*-tô) *m* immeuble d'habitation
caserma (ka-*zèr*-ma) *f* caserne *f*
casinò (ka-si-*nô*) *m* casino *m*
caso *m* hasard *m*; cas *m*; ~ **di emergenza** cas d'urgence; **in** ~ **di** en cas de; **in ogni** ~ de toute façon; **per** ~ par hasard
cassa (*kass*-sa) *f* caisse *f*; ~ **di risparmio** caisse d'épargne; ~ **mobile** conteneur *m*

cassaforte (kass-sa-*for*-té) *f* coffre-fort
casseruola (kass-sé-*r^ou^oo*-la) *f* poêle *f*
cassetta postale (kass-*sét*-ta pô-*stââ*-lé) boîte aux lettres
cassetto (kass-*sét*-tô) *m* tiroir *m*
cassettone (kass-sét-*tôô*-né) *m* commode *f*
cassiera (kass-*syèè*-ra) *f* caissière *f*
cassiere (kass-*syèè*-ré) *m* caissier *m*
castagna (ka-*stââ*-gna) *f* marron *m*
castano (ka-*stââ*-nô) *adj* châtain
castello (ka-*stèl*-lô) *m* château *m*
casto (*ka*-stô) *adj* chaste, pur
castoro (ka-*stoo*-rô) *m* castor *m*
catacomba (ka-ta-*kôm*-ba) *f* catacombe *f*
catalogo (ka-*tââ*-lô-ghô) *m* catalogue *m*
catarro (ka-*tar*-rô) *m* catarrhe *m*
catastrofe (ka-*ta*-strô-fé) *f* sinistre *m*, catastrophe *f*
categoria (ka-té-ghô-*rii*-a) *f* catégorie *f*
categorico (ka-té-*ghoo*-ri-kô) *adj* formel
catena (ka-*téé*-na) *f* chaîne *f*
catino (ka-*tii*-nô) *m* bassin *m*
catrame (ka-*trââ*-mé) *m* goudron *m*
cattedra (*kat*-té-dra) *f* pupitre *m*
cattedrale (kat-té-*drââ*-lé) *f* cathédrale *f*
cattivo (kat-*tii*-vô) *adj* mauvais; méchant; polisson, vilain
cattolico (kat-*too*-li-kô) *adj* catholique
cattura (kat-*toû*-ra) *f* capture *f*
catturare (kat-tou-*râ*-ré) *v* capturer
caucciù (kaou-*tchou*) *m* caoutchouc *m*
causa (*kaou*-za) *f* cause *f*; affaire *f*; procès *m*; **a ~ di** en raison de; à cause de
causare (kaou-*zââ*-ré) *v* causer
cautela (kaou-*tèè*-la) *f* prudence *f*
cauto (*kaou*-tô) *adj* prudent
cauzione (kaou-*tsyôô*-né) *f* caution *f*
cava (*kââ*-va) *f* carrière *f*
cavalcare (ka-val-*kââ*-ré) *v* monter à cheval
cavaliere (ka-va-*l^y^èè*-ré) *m* chevalier *m*
cavalla (ka-*val*-la) *f* jument *f*
cavallerizzo (ka-val-lé-*rit*-tzô) *m* cavalier *m*
cavalletta (ka-val-*lét*-ta) *f* sauterelle *f*
cavallino (ka-val-*lii*-nô) *m* poney *m*
cavallo (ka-*val*-lô) *m* cheval *m*; **~ da corsa** cheval de course; **~ vapore** cheval-vapeur *m*
cavatappi (ka-va-*tap*-pi) *m* tire-bouchon *m*
caverna (ka-*vèr*-na) *f* caverne *f*, grotte *f*
caviale (ka-*vyââ*-lé) *m* caviar *m*
caviglia (ka-*vii*-l^y^a) *f* cheville *f*
cavità (ka-vi-*ta*) *f* cavité *f*
cavo (*kââ*-vô) *m* câble *m*
cavolfiore (ka-vôl-*fyôô*-ré) *m* chou-fleur
cavolini (ka-vô-*lii*-ni) *mpl* choux de Bruxelles
cavolo (*kââ*-vô-lô) *m* chou *m*
ceco (*tchèè*-kô) *adj* tchèque; *m* Tchèque *m*
Cecoslovacchia (tché-kô-zlô-*vak*-kya) *f* Tchécoslovaquie *f*
cedere (*tchèè*-dé-ré) *v* céder
cedola (*tchèè*-dô-la) *f* ticket *m*
cedro (*tchéé*-drô) *m* limette *f*
ceffone (tchéf-*fôô*-né) *m* claque *f*
celare (tché-*lââ*-ré) *v* dissimuler
celebrare (tché-lé-*brââ*-ré) *v* célébrer
celebrazione (tché-lé-bra-*tsyôô*-né) *f* célébration *f*
celebre (*tchèè*-lé-bré) *adj* célèbre
celebrità (tché-lé-bri-*ta*) *f* célébrité *f*
celibato (tché-li-*bââ*-tô) *m* célibat *m*
celibe (*tchèè*-li-bé) *adj* célibataire; *m* célibataire *m*
cella (*tchèl*-la) *f* cellule *f*

cellofan (*tchèl*-lô-fann) *m* cellophane *f*
cemento (tché-*mén*-tô) *m* ciment *m*
cena (*tchéé*-na) *f* dîner *m*, souper *m*
cenere (*tchéé*-né-ré) *f* cendre *f*
cenno (*tchén*-nô) *m* signe *m*
censura (tchén-*soû*-ra) *f* censure *f*
centigrado (tchén-*tii*-ghra-dô) *adj* centigrade
centimetro (tchén-*tii*-mé-trô) *m* centimètre *m*
cento (*tchèn*-tô) *num* cent
centrale (tchén-*trââ*-lé) *adj* central; ~ **elettrica** centrale *f*
centralinista (tchén-tra-li-*ni*-sta) *f* standardiste *f*
centralino (tchén-tra-*lii*-nô) *m* central téléphonique
centralizzare (tchén-tra-lid-*dzââ*-ré) *v* centraliser
centro (*tchèn*-trô) *m* centre *m*; ~ **commerciale** centre commercial; ~ **di ricreazione** centre de loisirs; ~ **sanitario** dispensaire *m*
ceppo (*tchép*-pô) *m* bloc *m*; bûche *f*
cera (*tchéé*-ra) *f* cire *f*
ceramica (tché-*rââ*-mi-ka) *f* faïence *f*, céramique *f*, poterie *f*
cerbiatto (tchér-*byat*-tô) *m* faon *m*
cercare (tchér-*kââ*-ré) *v* chercher
cerchio (*tchér*-kyô) *m* cercle *m*
cerchione (tchér-*kyôô*-né) *m* jante *f*
cerimonia (tché-ri-*moo*-gna) *f* cérémonie *f*
cerotto (tché-*rot*-tô) *m* sparadrap *m*
certamente (tchér-ta-*mén*-té) *adv* sûrement
certezza (tchér-*tét*-tsa) *f* certitude *f*
certificato (tchér-ti-fi-*kââ*-tô) *m* attestation *f*, certificat *m*; ~ **di sanità** certificat médical
certo (*tchèr*-tô) *adj* certain
cervello (tchér-*vèl*-lô) *m* cerveau *m*
cervo (*tchèr*-vô) *m* daim *m*
cespuglio (tché-*spoû*-l^{y}ô) *m* buisson *m*
cessare (tchéss-*sââ*-ré) *v* finir; cesser
cestino (tché-*stii*-nô) *m* corbeille à papier
ceto (*tchèè*-tô) *m* grade *m*; ~ **medio** classe moyenne
cetriolo (tché-*tryoo*-lô) *m* concombre *m*
che (ké) *pron* qui; que; *conj* que
chi (ki) *pron* qui
chiacchierare (kyak-kyé-*rââ*-ré) *v* bavarder
chiacchierata (kyak-kyé-*rââ*-ta) *f* bavardage *m*
chiacchierone (kyak-kyé-*rôô*-né) *m* moulin à paroles
chiamare (kya-*mââ*-ré) *v* appeler
chiamata (kya-*mââ*-ta) *f* coup de téléphone, appel téléphonique; ~ **locale** communication locale
chiarificare (kya-ri-fi-*kââ*-ré) *v* clarifier
chiarire (kya-*rii*-ré) *v* éclaircir, expliquer
chiaro (*kyââ*-rô) *adj* clair; pâle; net
chiasso (*kyass*-sô) *m* vacarme *m*
chiave (*kyââ*-vé) *f* clé *f*; ~ **di casa** clé de la maison; ~ **fissa** clé à écrous
chiavistello (kya-vi-*stèl*-lô) *m* verrou *m*
chiazza (*kiat*-tsa) *f* tache *f*
chiazzato (kyat-*tsââ*-tô) *adj* tacheté
***chiedere** (*kyèè*-dé-ré) *v* prier; demander
chieric (*kyèè*-ri-kô) *m* ecclésiastique *m*
chiesa (*kyèè*-za) *f* église *f*
chiglia (*kii*-l^{y}a) *f* quille *f*
chilo (*kii*-lô) *m* kilo *m*
chilometraggio (ki-lô-mé-*trad*-djô) *m* kilométrage *m*
chilometro (ki-*loo*-mé-trô) *m* kilomètre *m*
chimica (*kii*-mi-ka) *f* chimie *f*
chimico (*kii*-mi-kô) *adj* chimique

chinarsi (ki-*nar*-si) *v* se pencher
chinino (ki-*nii*-nô) *m* quinine *f*
chiocciola di mare (*kyot*-tchô-la di *mââ*-ré) bigorneau *m*
chiodo (*kyoo*-dô) *m* clou *m*
chiosco (*kyo*-skô) *m* kiosque *m*
chirurgo (ki-*rour*-ghô) *m* chirurgien *m*
chitarra (ki-*tar*-ra) *f* guitare *f*
***chiudere** (*kyoû*-dé-ré) *v* fermer; ~ **a chiave** fermer à clé; enfermer
chiunque (*kyoung*-k^ou^é) *pron* n'importe qui, quiconque; chacun
chiusa (*kyoû*-sa) *f* écluse *f*
chiuso (*kyoû*-sô) *adj* fermé, clos
chiusura lampo (kyou-*soû*-ra *lamm*-pô) fermeture éclair
ci (tchi) *pron* nous
ciabatta (tcha-*bat*-ta) *f* pantoufle *f*
cialda (*tchal*-da) *f* gaufre *f*
ciancia (*tchann*-tcha) *f* causette *f*
ciao! (*tchââ*-ô) bonjour!
ciarlare (tchar-*lââ*-ré) *v* causer
ciarlata (tchar-*lââ*-ta) *f* bavardage *m*
ciarlatano (tchar-la-*tââ*-nô) *m* charlatan *m*
ciascuno (tcha-*skoû*-nô) *adj* tout, chaque
cibo (*tchii*-bô) *m* nourriture *f*; ~ **surgelato** aliments surgelés
cicatrice (tchi-ka-*trii*-tché) *f* cicatrice *f*
ciclista (tchi-*kli*-sta) *m* cycliste *m*
ciclo (*tchii*-klô) *m* cycle *m*; vélo *m*
cicogna (tchi-*kôô*-gna) *f* cigogne *f*
cieco (*tchèè*-kô) *adj* aveugle
cielo (*tchèè*-lô) *m* ciel *m*
cifra (*tchii*-fra) *f* chiffre *m*
ciglio (*tchii*-l^y^ô) *m* (pl le ciglia) cil *m*
cigno (*tchii*-gnô) *m* cygne *m*
cigolare (tchi-ghô-*lââ*-ré) *v* grincer
Cile (*tchii*-lé) *m* Chili *m*
cileno (tchi-*léé*-nô) *adj* chilien; *m* Chilien *m*
ciliegia (tchi-*l^y^éé*-dja) *f* cerise *f*
cilindro (tchi-*linn*-drô) *m* cylindre *m*
cima (*tchii*-ma) *f* sommet *m*; apogée *m*; **in ~ a** au-dessus de
cimice (*tchii*-mi-tché) *f* coléoptère *m*, punaise *f*
cimitero (tchi-mi-*tèè*-rô) *m* cimetière *m*
Cina (*tchii*-na) *f* Chine *f*
cinegiornale (tchi-né-djôr-*nââ*-lé) *m* actualités
cinema (*tchii*-né-ma) *m* cinéma *m*
cinematografo (tchi-né-ma-*too*-ghra-fô) *m* cinéma *m*
cinepresa (tchi-né-*préé*-sa) *f* caméra *f*
cinese (tchi-*néé*-sé) *adj* chinois; *m* Chinois *m*
***cingere** (*tchinn*-djé-ré) *v* encercler
cinghia (*tchinng*-ghya) *f* courroie *f*; ceinture *f*; ~ **del ventilatore** courroie de ventilateur
cinquanta (tchinng-*k^ou^ann*-ta) *num* cinquante
cinque (*tchinng*-k^ou^é) *num* cinq
ciò (tcho) *pron* cela, ceci
cioccolata (tchôk-kô-*lââ*-ta) *f* chocolat *m*
cioccolatino (tchôk-kô-la-*tii*-nô) *m* praline *f*
cioccolato (tchôk-kô-*lââ*-tô) *m* chocolat *m*
cioè (tchô-*èè*) *adv* notamment
ciottolo (*tchot*-tô-lô) *m* galet *m*
cipolla (tchi-*pôl*-la) *f* oignon *m*
cipollina (tchi-pôl-*lii*-na) *f* ciboulette *f*
cipria (*tchii*-prya) *f* poudre de riz; **piumino da ~** houppette *f*
circa (*tchir*-ka) *adv* à peu près; *prep* concernant
circo (*tchir*-kô) *m* cirque *m*
circolazione (tchir-kô-la-*tsyôô*-né) *f* circulation *f*; ~ **del sangue** circulation *f*
circolo (*tchir*-kô-lô) *m* cercle *m*; club *m*; ~ **nautico** yacht-club *m*
circondare (tchir-kôn-*dââ*-ré) *v* entou-

rer
circonvallazione (tchir-kôn-val-la-*tsyôô*-né) *f* route d'évitement
circostante (tchir-kô-*stann*-té) *adj* environnant
circostanza (tchir-kô-*stann*-tsa) *f* circonstance *f*
cistifellea (tchi-sti-*fèl*-lé-a) *f* vésicule biliaire
cistite (tchi-*stii*-té) *f* cystite *f*
citare (tchi-*tââ*-ré) *v* citer
citazione (tchi-ta-*tsyôô*-né) *f* mention *f*, citation *f*; convocation *f*
città (tchit-*ta*) *f* cité *f*, ville *f*
cittadinanza (tchit-ta-di-*nann*-tsa) *f* citadins *mpl*; citoyenneté *f*
cittadino (tchit-ta-*dii*-nô) *m* citoyen *m*
civico (*tchii*-vi-kô) *adj* civique
civile (tchi-*vii*-lé) *adj* civil
civilizzato (tchi-vi-lid-*dzââ*-tô) *adj* civilisé
civiltà (tchi-vil-*ta*) *f* civilisation *f*
clacson (*klak*-sôn) *m* klaxon *m*
classe (*klass*-sé) *f* classe *f*; grade *m*; ~ **turistica** classe touriste
classico (*klass*-si-kô) *adj* classique
classificare (klass-si-fi-*kââ*-ré) *v* classer
clausola (*klaou*-zô-la) *f* clause *f*
clava (*klââ*-va) *f* gourdin *m*
clavicembalo (kla-vi-*tchém*-ba-lô) *m* clavecin *m*
clavicola (kla-*vii*-kô-la) *f* clavicule *f*
clemenza (klé-*mèn*-tsa) *f* clémence *f*
cliente (*klyèn*-té) *m* client *m*
clima (*klii*-ma) *m* climat *m*
clinica (*klii*-ni-ka) *f* clinique *f*
cloro (*kloo*-rô) *m* chlore *m*
coagulare (kô-a-ghou-*lââ*-ré) *v* coaguler
cocaina (kô-ka-*ii*-na) *f* cocaïne *f*
cocciuto (kôt-*tchoû*-tô) *adj* têtu
cocco (*kok*-kô) *m* chouchou *m*
coccodrillo (kôk-kô-*dril*-lô) *m* crocodile *m*
coda (*kôô*-da) *f* queue *f*; ***fare la** ~ *faire la queue
codardo (kô-*dar*-dô) *m* lâche *m*
codice (*koo*-di-tché) *m* code *m*; ~ **postale** code postal
coerenza (kô-é-*rèn*-tsa) *f* cohérence *f*
cofano (*koo*-fa-nô) *m* capot *m*
***cogliere** (*koo*-lʸé-ré) *v* *cueillir; *surprendre
cognata (kô-*gnââ*-ta) *f* belle-sœur *f*
cognato (kô-*gnââ*-tô) *m* beau-frère *m*
cognome (kô-*gnôô*-mé) *m* nom de famille; ~ **da nubile** nom de jeune fille
coincidenza (kô-inn-tchi-*dèn*-tsa) *f* communication *f*, correspondance *f*
***coincidere** (kô-inn-*tchii*-dé-ré) *v* coïncider
***coinvolgere** (kô-inn-*vol*-djé-ré) *v* impliquer
colapasta (kô-la-*pa*-sta) *m* passoire *f*
colazione (kô-la-*tsyôô*-né) *f* déjeuner *m*; **prima** ~ petit déjeuner; **seconda** ~ déjeuner *m*
colla (*kôl*-la) *f* colle *f*
collaborazione (kôl-la-bô-ra-*tsyôô*-né) *f* collaboration *f*
collana (kôl-*lââ*-na) *f* collier *m*
collare (kôl-*lââ*-ré) *m* collier *m*
collega (kôl-*lèè*-gha) *m* collègue *m*
collegare (kôl-lé-*ghââ*-ré) *v* *mettre en communication, brancher, relier
collegio (kôl-*lèè*-djô) *m* collège *m*
collera (*kol*-lé-ra) *f* colère *f*
collettivo (kôl-lét-*tii*-vô) *adj* collectif
colletto (kôl-*lét*-tô) *m* col *m*; **bottoncino per** ~ bouton de col
collettore (kôl-lét-*tôô*-ré) *m* quêteur *m*
collezione (kôl-lé-*tsyôô*-né) *f* collection *f*; ~ **d'arte** collection d'art
collezionista (kôl-lé-tsyô-*ni*-sta) *m* collectionneur *m*

collina (kôl-*lii*-na) *f* colline *f*
collinoso (kôl-li-*nôô*-sô) *adj* accidenté
collisione (kôl-li-*zyôô*-né) *f* collision *f*; abordage *m*
collo (*kol*-lô) *m* gorge *f*, cou *m*
collocare (kôl-lô-*kââ*-ré) *v* placer
colmo (*kôl*-mô) *adj* complet; *m* sommet *m*
Colombia (kô-*lôm*-bya) *f* Colombie *f*
colombiano (kô-lôm-*byââ*-nô) *adj* colombien; *m* Colombien *m*
colonia (kô-*loo*-gna) *f* colonie *f*; ~ **di vacanze** camp de vacances
colonna (kô-*lonn*-na) *f* pilier *m*, colonne *f*
colonnello (kô-lôn-*nèl*-lô) *m* colonel *m*
colore (kô-*lôô*-ré) *m* peinture *f*; couleur *f*
colorito (kô-lô-*rii*-tô) *adj* coloré
colpa (*kôl*-pa) *f* culpabilité *f*, faute *f*, blâme *m*
colpetto (kôl-*pét*-tô) *m* coup *m*
colpevole (kôl-*péé*-vô-lé) *adj* coupable
colpire (kôl-*pii*-ré) *v* frapper; toucher
colpo (*kôl*-pô) *m* coup *m*, claque *f*; attaque *f*; ~ **di sole** insolation *f*
coltello (kôl-*tèl*-lô) *m* couteau *m*
coltivare (kôl-ti-*vââ*-ré) *v* cultiver
colto (*kôl*-tô) *adj* cultivé
coltura (kôl-*toû*-ra) *f* culture *f*
coma (*koo*-ma) *m* coma *m*
comandante (kô-mann-*dann*-té) *m* commandant *m*
comandare (kô-mann-*dââ*-ré) *v* commander
comando (kô-*mann*-dô) *m* commandement *m*; direction *f*
combattere (kôm-*bat*-té-ré) *v* lutter, se *battre, *combattre
combattimento (kôm-bat-ti-*mén*-tô) *m* combat *m*; lutte *f*
combinare (kôm-bi-*nââ*-ré) *v* combiner
combinazione (kôm-bi-na-*tsyôô*-né) *f* combinaison *f*
combustibile (kôm-bou-*stii*-bi-lé) *m* combustible *m*
come (*kôô*-mé) *adv* tel que, comme; comment; ~ **pure** aussi bien; aussi bien que; ~ **se** comme si
comico (*koo*-mi-kô) *adj* comique; *m* comique *m*, animateur *m*
cominciare (kô-minn-*tchââ*-ré) *v* commencer
comitato (kô-mi-*tââ*-tô) *m* comité *m*, commission *f*
commedia (kôm-*mèè*-dya) *f* comédie *f*; ~ **musicale** comédie musicale
commediante (kôm-mé-*dyann*-té) *m* comédien *m*
commemorazione (kôm-mé-mô-ra-*tsyôô*-né) *f* commémoration *f*
commentare (kôm-mén-*tââ*-ré) *v* commenter
commento (kôm-*mén*-tô) *m* commentaire *m*; note *f*
commerciale (kôm-mér-*tchââ*-lé) *adj* commercial
commerciante (kôm-mér-*tchann*-té) *m* marchand *m*, commerçant *m*
commerciare (kôm-mér-*tchââ*-ré) *v* *faire du commerce
commercio (kôm-*mèr*-tchô) *m* commerce *m*; ~ **al minuto** commerce de détail
commessa (kôm-*méss*-sa) *f* vendeuse *f*
commesso (kôm-*méss*-sô) *m* vendeur *m*; ~ **d'ufficio** employé de bureau
commestibile (kôm-mé-*stii*-bi-lé) *adj* comestible
***commettere** (kôm-*mét*-té-ré) *v* *commettre
commissione (kôm-miss-*syôô*-né) *f* commission *f*
commovente (kôm-mô-*vèn*-té) *adj* touchant

commozione (kôm-mô-*tsyôô*-né) *f* émoi *m*; ~ **cerebrale** commotion *f*
***commuovere** (kôm-*m^{ou}oo*-vé-ré) *v* *émouvoir
comò (kô-*mo*) *m* (pl ~) commode *f*
comodità (kô-mô-di-*ta*) *f* commodité *f*
comodo (*koo*-mô-dô) *adj* approprié; pratique, confortable, commode; *m* aise *f*
compagnia (kôm-pa-*gnii*-a) *f* compagnie *f*
compagno (kôm-*pââ*-gnô) *m* compagnon *m*; partenaire *m*; camarade *m*; ~ **di classe** camarade de classe
***comparire** (kôm-pa-*rii*-ré) *v* *paraître; *comparaître
compassione (kôm-pass-*syôô*-né) *f* compassion *f*; **provare ~ per** *avoir pitié de
compatire (kôm-pa-*tii*-ré) *v* compatir
compatriota (kôm-pa-*tryoo*-ta) *m* compatriote *m*
compatto (kôm-*pat*-tô) *adj* compact
compensare (kôm-pén-*sââ*-ré) *v* compenser
compensazione (kôm-pén-sa-*tsyôô*-né) *f* compensation *f*
compera (*kôm*-pé-ra) *f* acquisition *f*
competente (kôm-pé-*tèn*-té) *adj* compétent
competere (kôm-*pèè*-té-ré) *v* *concourir
competizione (kôm-pé-ti-*tsyôô*-né) *f* concours *m*
compiacente (kôm-pya-*tchèn*-té) *adj* disposé
compiere (*kôm*-pyé-ré) *v* achever; *commettre; accomplir
compilare (kôm-pi-*lââ*-ré) *v* compiler; dresser; remplir
compitare (kôm-pi-*tââ*-ré) *v* épeler
compito (*kôm*-pi-tô) *m* tâche *f*
compleanno (kôm-plé-*ann*-nô) *m* anniversaire *m*
complesso (kôm-*plèss*-sô) *adj* complexe; *m* complexe *m*
completamente (kôm-plé-ta-*mén*-té) *adv* entièrement, complètement, tout à fait
completare (kôm-plé-*tââ*-ré) *v* achever; remplir
completo (kôm-*plèè*-tô) *adj* complet, entier
complicato (kôm-pli-*kââ*-tô) *adj* compliqué
complice (*komm*-pli-tché) *m* complice *m*
complimentare (kôm-pli-mén-*tââ*-ré) *v* complimenter
complimento (kôm-pli-*mén*-tô) *m* compliment *m*
complotto (kôm-*plot*-tô) *m* complot *m*
componimento (kôm-pô-ni-*mén*-tô) *m* composition *f*
***comporre** (kôm-*pôr*-ré) *v* composer
comportamento (kôm-pôr-ta-*mén*-tô) *m* comportement *m*
comportare (kôm-pôr-*tââ*-ré) *v* comporter
compositore (kôm-pô-zi-*tôô*-ré) *m* compositeur *m*
composizione (kôm-pô-zi-*tsyôô*-né) *f* composition *f*
composto (kôm-*pô*-stô) *adj* posé
comprare (kôm-*prââ*-ré) *v* acheter
compratore (kôm-pra-*tôô*-ré) *m* acheteur *m*
***comprendere** (kôm-*prèn*-dé-ré) *v* *comprendre
comprensione (kôm-prén-*syôô*-né) *f* compréhension *f*
comprensivo (kôm-prén-*sii*-vô) *adj* étendu; compatissant
compreso (kôm-*préé*-sô) *adj* compris
compromesso (kôm-prô-*méss*-sô) *m* compromis *m*
computare (kôm-pou-*tââ*-ré) *v* calculer

comune (kô-*moû*-né) *adj* commun
comunicare (kô-mou-ni-*kââ*-ré) *v* communiquer
comunicato (kô-mou-ni-*kââ*-tô) *m* communiqué *m*
comunicazione (kô-mou-ni-ka-*tsyôô*-né) *f* communication *f*
comunione (kô-mou-*nyôô*-né) *f* communauté *f*
comunismo (kô-mou-*ni*-zmô) *m* communisme *m*
comunista (kô-mou-*ni*-sta) *m* communiste *m*
comunità (kô-mou-ni-*ta*) *f* communauté *f*
comunque (kô-*moung*-k^{ou}é) *adv* quoiqu'il en soit, n'importe comment; pourtant, toutefois
con (kôn) *prep* avec; en, par
***concedere** (kôn-*tchèè*-dé-ré) *v* concéder
concentrare (kôn-tchén-*trââ*-ré) *v* concentrer
concentrazione (kôn-tchén-tra-*tsyôô*-né) *f* concentration *f*
concepimento (kôn-tché-pi-*mén*-tô) *m* conception *f*
concepire (kôn-tché-*pii*-ré) *v* *concevoir
concernere (kôn-*tchèr*-né-ré) *v* concerner
concerto (kôn-*tchèr*-tô) *m* concert *m*
concessione (kôn-tchéss-*syôô*-né) *f* concession *f*
concetto (kôn-*tchèt*-tô) *m* concept *m*
concezione (kôn-tché-*tsyôô*-né) *f* conception *f*
conchiglia (kông-*kii*-l^{y}a) *f* coquillage *m*, coquille *f*
concime (kôn-*tchii*-mé) *m* fumier *m*
conciso (kôn-*tchii*-zô) *adj* concis
***concludere** (kông-*kloû*-dé-ré) *v* *conclure
conclusione (kông-klou-*zyôô*-né) *f* conclusion *f*
concordanza (kông-kôr-*dann*-tsa) *f* entente *f*
concorrente (kông-kôr-*rèn*-té) *m* concurrent *m*
concorrenza (kông-kôr-*rèn*-tsa) *f* concurrence *f*, compétition *f*
concorso (kông-*kôr*-sô) *m* coïncidence *f*
concreto (kông-*krèè*-tô) *adj* concret
concupiscenza (kông-kou-pich-*chèn*-tsa) *f* concupiscence *f*
condanna (kôn-*dann*-na) *f* condamnation *f*
condannare (kôn-dann-*nââ*-ré) *v* condamner
condannato (kôn-dann-*nââ*-tô) *m* condamné *m*
condire (kôn-*dii*-ré) *v* assaisonner
condito (kôn-*dii*-tô) *adj* épicé
***condividere** (kôn-di-*vii*-dé-ré) *v* partager
condizionale (kôn-di-tsyô-*nââ*-lé) *adj* conditionnel
condizione (kôn-di-*tsyôô*-né) *f* condition *f*
condotta (kôn-*dôt*-ta) *f* conduite *f*
***condurre** (kôn-*dour*-ré) *v* *conduire
conduttore (kôn-dout-*tôô*-ré) *m* conducteur *m*
confederazione (kôn-fé-dé-ra-*tsyôô*-né) *f* confédération *f*
conferenza (kôn-fé-*rèn*-tsa) *f* conférence *f*; ~ **stampa** conférence de presse
conferma (kôn-*fér*-ma) *f* confirmation *f*
confermare (kôn-fér-*mââ*-ré) *v* confirmer
confessare (kôn-féss-*sââ*-ré) *v* confesser
confessione (kôn-féss-*syôô*-né) *f* confession *f*
confezionare (kôn-fé-tsyô-*nââ*-ré) *v* fa-

briquer
confezionato (kôn-fé-tsyô-*nââ*-tô) *adj* de confection
confidente (kôn-fi-*dèn*-té) *adj* confiant
confidenziale (kôn-fi-dén-*tsyââ*-lé) *adj* confidentiel; familier
confine (kôn-*fii*-né) *m* frontière *f*
confiscare (kôn-fi-*skââ*-ré) *v* confisquer
conflitto (kôn-*flit*-tô) *m* conflit *m*
***confondere** (kôn-*fôn*-dé-ré) *v* confondre
in conformità con (inn kôn-fôr-mi-*ta* kôn) conformément à
confortevole (kôn-fôr-*téé*-vô-lé) *adj* confortable
conforto (kôn-*for*-tô) *m* confort *m*
confronto (kôn-*frôn*-tô) *m* comparaison *f*; confrontation *f*
confusione (kôn-fou-*zyôô*-né) *f* confusion *f*
confuso (kôn-*foû*-zô) *adj* confus
congedare (kôn-djé-*dââ*-ré) *v* *renvoyer
congedo (kôn-*djèè*-dô) *m* permission *f*
congelarsi (kôn-djé-*lar*-si) *v* geler
congelato (kôn-djé-*lââ*-tô) *adj* congelé
congelatore (kôn-djé-la-*tôô*-ré) *m* congélateur *m*
congettura (kôn-djét-*toû*-ra) *f* conjecture *f*
congetturare (kôn-djét-tou-*rââ*-ré) *v* supposer
congiunto (kôn-*djoun*-tô) *adj* conjoint; apparenté
congiura (kôn-*djoû*-ra) *f* conspiration *f*
congratularsi (kông-ghra-tou-*lar*-si) *v* congratuler
congratulazione (kông-ghra-tou-la-*tsyôô*-né) *f* félicitation *f*
congregazione (kông-ghré-gha-*tsyôô*-né) *f* congrégation *f*
congresso (kông-*ghrèss*-sô) *m* congrès *m*
coniglio (kô-*nii*-lʸô) *m* lapin *m*
coniugi (*koo*-gnou-dji) *mpl* couple marié
connessione (kôn-néss-*syôô*-né) *f* rapport *m*
***connettere** (kôn-*nèt*-té-ré) *v* *joindre; brancher
connotati (kôn-nô-*tââ*-ti) *mpl* signalement *m*
conoscenza (kô-nôch-*chèn*-tsa) *f* connaissance *f*
***conoscere** (kô-*nôch*-ché-ré) *v* *connaître
conquista (kông-*koui*-sta) *f* conquête *f*
conquistare (kông-koui-*stââ*-ré) *v* *conquérir
conquistatore (kông-koui-sta-*tôô*-ré) *m* conquérant *m*
consapevole (kôn-sa-*péé*-vô-lé) *adj* conscient
conscio (*konn*-chô) *adj* conscient
consegna (kôn-*séé*-gna) *f* remise *f*, livraison *f*
consegnare (kôn-sé-*gnââ*-ré) *v* livrer; confier
conseguentemente (kôn-sé-ghᵒᵘén-té-*mén*-té) *adv* par conséquent
conseguenza (kôn-sé-*ghᵒᵘèn*-tsa) *f* effet *m*, conséquence *f*; **in ~ di** en raison de
conseguibile (kôn-sé-*ghouii*-bi-lé) *adj* accessible
conseguire (kôn-sé-*ghouii*-ré) *v* se procurer
consenso (kôn-*sèn*-sô) *m* assentiment *m*; consentement *m*
consentire (kôn-sén-*tii*-ré) *v* *consentir
conservare (kôn-sér-*vââ*-ré) *v* conserver; garder
conservatore (kôn-sér-va-*tôô*-ré) *adj* conservateur

conservatorio (kôn-sér-va-*too*-ryô) *m* conservatoire *m*
conserve (kôn-*sèr*-vé) *fpl* conserves *fpl*
considerare (kôn-si-dé-*râà*-ré) *v* considérer; estimer; envisager
considerato (kôn-si-dé-*râà*-tô) *prep* vu
considerazione (kôn-si-dé-ra-*tsyôô*-né) *f* considération *f*
considerevole (kôn-si-dé-*réé*-vô-lé) *adj* important, considérable
consigliare (kôn-si-*l^{y}ââ*-ré) *v* conseiller, donner des conseils
consigliere (kôn-si-*l^{y}èè*-ré) *m* conseiller *m*
consiglio (kôn-*sii*-l^{y}ô) *m* conseil *m*; avis *m*
consistere in (kôn-*si*-sté-ré) consister en
consolare (kôn-sô-*lââ*-ré) *v* consoler
consolato (kôn-sô-*lââ*-tô) *m* consulat *m*
consolazione (kôn-sô-la-*tsyôô*-né) *f* réconfort *m*
console (*konn*-sô-lé) *m* consul *m*
consorte (kôn-*sor*-té) *f* épouse *f*
constante (kôn-*stann*-té) *adj* constant
constatare (kôn-sta-*tââ*-ré) *v* constater
consueto (kôn-*s^{ou}èè*-tô) *adj* habituel
consulta (kôn-*soul*-ta) *f* consultation *f*
consultare (kôn-soul-*tââ*-ré) *v* consulter
consultazione (kôn-soul-ta-*tsyôô*-né) *f* consultation *f*
consultorio (kôn-soul-*too*-ryô) *m* cabinet de consultations
consumare (kôn-sou-*mââ*-ré) *v* user
consumato (kôn-sou-*mââ*-tô) *adj* usé
consumatore (kôn-sou-ma-*tôô*-ré) *m* utilisateur *m*, consommateur *m*
contadino (kôn-ta-*dii*-nô) *m* paysan *m*
contagioso (kôn-ta-*djôô*-sô) *adj* contagieux, infectieux
contaminazione (kôn-ta-mi-na-*tsyôô*-né) *f* pollution *f*
contanti (kôn-*tann*-ti) *mpl* argent liquide, argent comptant
contare (kôn-*tââ*-ré) *v* compter
contattare (kôn-tat-*tââ*-ré) *v* contacter
contatto (kôn-*tat*-tô) *m* contact *m*
conte (*kôn*-té) *m* comte *m*
contea (kôn-*tèè*-a) *f* comté *m*
contemporaneo (kôn-tém-pô-*râà*-né-ô) *adj* contemporain; *m* contemporain *m*
***contenere** (kôn-té-*néé*-ré) *v* *contenir; *inclure
contento (kôn-*tèn*-tô) *adj* satisfait; content
contenuto (kôn-té-*noû*-tô) *m* contenu *m*
contessa (kôn-*téss*-sa) *f* comtesse *f*
contiguo (kôn-*tii*-gh^{ou}ô) *adj* contigu
continentale (kôn-ti-nén-*tââ*-lé) *adj* continental
continente (kôn-ti-*nèn*-té) *m* continent *m*
continuamente (kôn-ti-n^{ou}a-*mén*-té) *adv* continuellement
continuare (kôn-ti-*n^{ou}ââ*-ré) *v* continuer; durer
continuazione (kôn-ti-n^{ou}a-*tsyôô*-né) *f* suite *f*
continuo (kôn-*tii*-n^{ou}ô) *adj* continuel, ininterrompu
conto (*kôn*-tô) *m* compte *m*; addition *f*, note *f*; ~ **bancario** compte en banque; **per ~ di** au nom de; ***rendere ~ di** rendre compte de
contorno (kôn-*tôr*-nô) *m* contour *m*
contrabbandare (kôn-trab-bann-*dââ*-ré) *v* passer en contrebande
***contraddire** (kôn-trad-*dii*-ré) *v* *contredire
contraddittorio (kôn-trad-dit-*too*-ryô) *adj* contradictoire
contraffatto (kôn-traf-*fat*-tô) *adj* faux
contralto (kôn-*tral*-tô) *m* contralto *m*

contrario (kôn-*trââ*-ryô) *adj* opposé; *m* contraire *m*; **al ~** au contraire
***contrarre** (kôn-*trar*-ré) *v* attraper
contrasto (kôn-*tra*-stô) *m* contraste *m*
contratto (kôn-*trat*-tô) *m* contrat *m*; **~ di affitto** location *f*
contravvenzione (kôn-trav-vén-*tsyôô*-né) *f* contravention *f*
contribuire (kôn-tri-*bouii*-ré) *v* contribuer
contributo (kôn-tri-*boû*-tô) *m* contribution *f*
contribuzione (kôn-tri-bou-*tsyôô*-né) *f* contribution *f*
contro (*kôn*-trô) *prep* contre
controllare (kôn-trôl-*lââ*-ré) *v* contrôler
controllo (kôn-*trol*-lô) *m* contrôle *m*; **~ passaporti** contrôle des passeports
controllore (kôn-trôl-*lôô*-ré) *m* contrôleur *m*
controversia (kôn-trô-*vèr*-sya) *f* litige *m*
controverso (kôn-trô-*vèr*-sô) *adj* discuté, controversé
contusione (kôn-tou-*zyôô*-né) *f* contusion *f*
conveniente (kôn-vé-*gnèn*-té) *adj* qui convient, pertinent; commode
***convenire** (kôn-vé-*nii*-ré) *v* *convenir
convento (kôn-*vèn*-tô) *m* couvent *m*
conversazione (kôn-vér-sa-*tsyôô*-né) *f* conversation *f*
convertire (kôn-vér-*tii*-ré) *v* convertir; toucher
***convincere** (kôn-*vinn*-tché-ré) *v* *convaincre
convinzione (kôn-vinn-*tsyôô*-né) *f* conviction *f*
convitto (kôn-*vit*-tô) *m* internat *m*
convulsione (kôn-voul-*syôô*-né) *f* convulsion *f*
cooperante (kô-ô-pé-*rann*-té) *adj* coopérant
cooperativa (kô-ô-pé-ra-*tii*-va) *f* coopérative *f*
cooperativo (kô-ô-pé-ra-*tii*-vô) *adj* coopératif
cooperatore (kô-ô-pé-ra-*tôô*-ré) *adj* coopérant
cooperazione (kô-ô-pé-ra-*tsyôô*-né) *f* collaboration *f*, coopération *f*
coordinare (kô-ôr-di-*nââ*-ré) *v* coordonner
coordinazione (kô-ôr-di-na-*tsyôô*-né) *f* coordination *f*
coperchio (kô-*pèr*-kyô) *m* couvercle *m*
coperta (kô-*pèr*-ta) *f* couverture *f*; courtepointe *f*; pont *m*
copertina (kô-pér-*tii*-na) *f* couverture *f*, jaquette *f*
coperto (kô-*pèr*-tô) *adj* nuageux
copertone (kô-pér-*tôô*-né) *m* pneu *m*
copia (*koo*-pya) *f* copie *f*; exemplaire *m*; **~ fotostatica** photocopie *f*
copiare (kô-*pyââ*-ré) *v* copier
coppa (*kop*-pa) *f* coupe *f*
coppia (*kop*-pya) *f* couple *m*
copriletto (kô-pri-*lèt*-tô) *m* couvre-lit *m*
***coprire** (kô-*prii*-ré) *v* *couvrir
coraggio (kô-*rad*-djô) *m* cran *m*, courage *m*
coraggioso (kô-rad-*djôô*-sô) *adj* courageux; brave, audacieux
corallo (kô-*ral*-lô) *m* corail *m*
corazza (kô-*rat*-tsa) *f* armure *f*
corda (*kor*-da) *f* corde *f*
cordiale (kôr-*dyââ*-lé) *adj* cordial
cordicella (kôr-di-*tchèl*-la) *f* fil *m*
cordoglio (kôr-*doo*-lʸô) *m* chagrin *m*
cornacchia (kôr-*nak*-kya) *f* corneille *f*
cornice (kôr-*nii*-tché) *f* cadre *m*
corno[1] (*kor*-nô) *m* (pl le corna) corne *f*
corno[2] (*kor*-nô) *m* (pl i corni) cor *m*

coro (*koo*-rô) *m* chœur *m*
corona (kô-*rôô*-na) *f* couronne *f*
coronare (kô-rô-*nââ*-ré) *v* couronner
corpo (*kor*-pô) *m* corps *m*
corpulento (kôr-pou-*lèn*-tô) *adj* corpulent
corredo (kôr-*rèè*-dô) *m* trousseau *m*
***correggere** (kôr-*rèd*-djé-ré) *v* corriger
corrente (kôr-*rèn*-té) *adj* courant; *f* courant *m*; **con la** ~ en aval; **contro** ~ en amont; ~ **alternata** courant alternatif; ~ **continua** courant continu; ~ **d'aria** courant d'air
***correre** (*kôr*-ré-ré) *v* *courir; foncer; *~ **troppo** rouler trop vite
correttezza (kôr-rét-*tét*-tsa) *f* exactitude *f*
corretto (kôr-*rèt*-tô) *adj* juste, correct
correzione (kôr-ré-*tsyôô*-né) *f* correction *f*
corrida (kôr-*rii*-da) *f* corrida *f*
corridoio (kôr-ri-*dôô*-yô) *m* corridor *m*
corriera *f* autocar *m*
corrispondente (kôr-ri-spôn-*dèn*-té) *m* correspondant *m*; reporter *m*
corrispondenza (kôr-ri-spôn-*dèn*-tsa) *f* correspondance *f*
***corrispondere** (kôr-ri-*spôn*-dé-ré) *v* *être conforme, concorder; correspondre
***corrompere** (kôr-*rôm*-pé-ré) *v* *corrompre
corrotto (kôr-*rôt*-tô) *adj* corrompu; vicieux
corruzione (kôr-rou-*tsyôô*-né) *f* corruption *f*
corsa (*kôr*-sa) *f* course *f*; ~ **di cavalli** course de chevaux
corsia (kôr-*sii*-a) *f* voie *f*
corso (*kôr*-sô) *m* cours *m*; promenade *f*; ~ **accelerato** cours accéléré; ~ **del cambio** cours du change
corte (*kôr*-té) *f* cour *f*
corteccia (kôr-*tét*-tcha) *f* écorce *f*
corteo (kôr-*tèè*-ô) *m* cortège *m*
cortese (kôr-*téé*-zé) *adj* poli, courtois
cortile (kôr-*tii*-lé) *m* cour *f*; ~ **di ricreazione** terrain de jeux
corto (*kôr*-tô) *adj* court; ~ **circuito** court-circuit *m*
corvo (*kor*-vô) *m* corbeau *m*
cosa (*koo*-sa) *f* chose *f*; **che** ~ quoi; **qualunque** ~ n'importe quoi
coscia (*koch*-cha) *f* cuisse *f*
coscienza (kôch-*chèn*-tsa) *f* conscience *f*
coscritto (kô-*skrit*-tô) *m* conscrit *m*
così (kô-*si*) *adv* si, ainsi, tellement; aussi; ~ **che** de manière que, afin que; **e** ~ **via** et ainsi de suite
cosiddetto (kô-sid-*dét*-tô) *adj* soi-disant
cosmetici (kô-*zmèè*-ti-tchi) *mpl* cosmétiques *mpl*, produits de beauté
cospirare (kô-spi-*rââ*-ré) *v* conspirer
costa (*ko*-sta) *f* côte *f*
costante (kô-*stann*-té) *adj* constant
costare (kô-*stââ*-ré) *v* coûter
costatare (kô-sta-*tââ*-ré) *v* constater
costernato (kô-stér-*nââ*-tô) *adj* bouleversé
costituire (kô-sti-*touii*-ré) *v* constituer
costituzione (kô-sti-tou-*tsyôô*-né) *f* constitution *f*
costo (*ko*-stô) *m* coût *m*; prix *m*
costola (*ko*-stô-la) *f* côte *f*
costoletta (kô-stô-*lét*-ta) *f* côtelette *f*
costoso (kô-*stôô*-sô) *adj* coûteux
***costringere** (kô-*strinn*-djé-ré) *v* *contraindre, obliger
costruire (kô-*strouii*-ré) *v* *construire, bâtir
costruzione (kô-strou-*tsyôô*-né) *f* construction *f*
costume (kô-*stoû*-mé) *m* coutume *f*; ~ **da bagno** maillot de bain; ~ **nazionale** costume national; **costumi** *mpl* mœurs *fpl*

cotoletta (kô-tô-*lét*-ta) *f* côte *f*
cotone (kô-*tôô*-né) *m* coton *m*; **di ~** en coton
cozza (*kôt*-tsa) *f* moule *f*
cozzare (kôt-*tsââ*-ré) *v* entrer en collision, tamponner
crampo (*kramm*-pô) *m* crampe *f*
cranio (*krââ*-gnô) *m* crâne *m*
cratere (kra-*tèè*-ré) *m* cratère *m*
cravatta (kra-*vat*-ta) *f* cravate *f*; **~ a farfalla** nœud papillon
cravattino (kra-vat-*tii*-nô) *m* nœud papillon
creare (kré-*ââ*-ré) *v* créer
creatura (kré-a-*toû*-ra) *f* créature *f*
credenza (kré-*dèn*-tsa) *f* placard *m*
credere (*kréé*-dé-ré) *v* *croire; supposer
credibile (kré-*dii*-bi-lé) *adj* croyable
credito (*kréé*-di-tô) *m* crédit *m*
creditore (kré-di-*tôô*-ré) *m* créditeur *m*
credulo (*krèè*-dou-lô) *adj* crédule
crema (*krèè*-ma) *f* crème *f*; **~ da barba** crème à raser; **~ di bellezza** crème de beauté; **~ idratante** crème hydratante; **~ per la notte** crème de nuit; **~ per la pelle** crème de beauté; **~ per le mani** crème pour les mains
cremare (kré-*mââ*-ré) *v* incinérer
cremazione (kré-ma-*tsyôô*-né) *f* crémation *f*
cremisino (kré-mi-*zii*-nô) *adj* cramoisi
cremoso (kré-*môô*-sô) *adj* crémeux
crepa (*krèè*-pa) *f* fente *f*
crepuscolo (kré-*pou*-skô-lô) *m* crépuscule *m*
***crescere** (*kréch*-ché-ré) *v* grandir
crescione (kréch-*chôô*-né) *m* cresson *m*
crescita (*kréch*-chi-ta) *f* croissance *f*
cresta (*kré*-sta) *f* arête *f*
creta (*kréé*-ta) *f* craie *f*
cricco (*krik*-kô) *m* cric *m*
criminale (kri-mi-*nââ*-lé) *adj* criminel; *m* criminel *m*
criminalità (kri-mi-na-li-*ta*) *f* criminalité *f*
crimine (*krii*-mi-né) *m* crime *m*
crisi (*krii*-zi) *f* crise *f*
cristallino (kri-stal-*lii*-nô) *adj* en cristal
cristallo (kri-*stal*-lô) *m* cristal *m*
cristiano (kri-*styââ*-nô) *adj* chrétien; *m* chrétien *m*
Cristo (*kri*-stô) *m* Christ *m*
critica (*krii*-ti-ka) *f* critique *f*
criticare (kri-ti-*kââ*-ré) *v* critiquer
critico (*krii*-ti-kô) *adj* critique; délicat; *m* critique *m*
croccante (krôk-*kann*-té) *adj* croustillant
croce (*krôô*-tché) *f* croix *f*
crocevia (krô-tché-*vii*-a) *m* jonction *f*, croisement *m*
crociata (krô-*tchââ*-ta) *f* croisade *f*
crocicchio (krô-*tchik*-kyô) *m* carrefour *m*
crociera (krô-*tchèè*-ra) *f* croisière *f*
***crocifiggere** (krô-tchi-*fid*-djé-ré) *v* crucifier
crocifissione (krô-tchi-fiss-*syôô*-né) *f* crucifixion *f*
crocifisso (krô-tchi-*fiss*-sô) *m* crucifix *m*
crollare (krôl-*lââ*-ré) *v* s'effondrer, s'écrouler
cromo (*kroo*-mô) *m* chrome *m*
cronico (*kroo*-ni-kô) *adj* chronique
cronologico (krô-nô-*loo*-dji-kô) *adj* chronologique
crosta (*kro*-sta) *f* croûte *f*
crostaceo (krô-*stââ*-tché-ô) *m* crustacé *m*
crostino (krô-*stii*-nô) *m* toast *m*
crudele (krou-*dèè*-lé) *adj* cruel
crudo (*kroû*-dô) *adj* cru
cruscotto (krou-*skot*-tô) *m* tableau de

bord
Cuba (*koû*-ba) *f* Cuba *m*
cubano (kou-*bââ*-nô) *adj* cubain; *m* Cubain *m*
cubo (*koû*-bô) *m* cube *m*
cuccetta (kout-*tchét*-ta) *f* couchette *f*
cucchiaiata (kouk-kya-*yââ*-ta) *f* cuillerée *f*
cucchiaino (kouk-kya-*ii*-nô) *m* cuillère à thé; cuillerée à thé
cucchiaio (kouk-*kyââ*-yô) *m* cuillère *f*; ~ **da minestra** cuillère à soupe
cucina (kou-*tchii*-na) *f* cuisine *f*; cuisinière *f*; ~ **a gas** cuisinière à gaz
cucinare (kou-tchi-*nââ*-ré) *v* *cuire; ~ **alla griglia** griller
cucire (kou-*tchii*-ré) *v* *coudre
cucitura (kou-tchi-*toû*-ra) *f* couture *f*
cuculo (*koû*-kou-lô) *m* coucou *m*
cugina (kou-*djii*-na) *f* cousine *f*
cugino (kou-*djii*-nô) *m* cousin *m*
cui (koui) *pron* dont; à qui; auquel
culla (*koul*-la) *f* berceau *m*
culmine (*koul*-mi-né) *m* apogée *m*
culto (*koul*-tô) *m* culte *m*
cultura (koul-*toû*-ra) *f* culture *f*
cumulo (*kou*-mou-lô) *m* amoncellement *m*
cuneo (*koû*-né-ô) *m* cale *f*
cunetta (kou-*nét*-ta) *f* caniveau *m*
cuoco (*kouoo*-kô) *m* cuisinier *m*
cuore (*kouoo*-ré) *m* cœur *m*
cupidigia (kou-pi-*dii*-dja) *f* cupidité *f*
cupo (*koû*-pô) *adj* sombre
cupola (*koû*-pô-la) *f* dôme *m*
cura (*koû*-ra) *f* soin *m*; cure *f*; ***aver** ~ **di** *prendre soin de; ~ **di bellezza** soins de beauté
curapipe (kou-ra-*pii*-pé) *m* cure-pipe *m*
curare (kou-*rââ*-ré) *v* soigner; guérir; ~ **le unghie** soigner les ongles
curato (kou-*rââ*-tô) *adj* soigné
curiosità (kou-ryô-si-*ta*) *f* curiosité *f*
curioso (kou-*ryôô*-sô) *adj* curieux
curry (*kour*-ri) *m* curry *m*
curva (*kour*-va) *f* virage *m*, courbe *f*
curvare (kour-*vââ*-ré) *v* courber; **curvato** courbe
curvatura (kour-va-*toû*-ra) *f* courbe *f*
curvo (*kour*-vô) *adj* courbe, courbé
cuscinetto (kouch-chi-*nét*-tô) *m* coussinet *m*
cuscino (kouch-*chii*-nô) *m* coussin *m*; ~ **elettrico** coussin chauffant
custode (kou-*stoo*-dé) *m* surveillant *m*; gardien *m*
custodia (kou-*stoo*-dya) *f* garde *f*
custodire (kou-stô-*dii*-ré) *v* surveiller

D

da (da) *prep* de; chez; à partir de; depuis; par
dabbasso (dab-*bass*-sô) *adv* en bas; vers le bas
dacché (dak-*ké*) *adv* depuis que
dado (*dââ*-dô) *m* écrou *m*
daltonico (dal-*too*-ni-kô) *adj* daltonien
danese (da-*néé*-sé) *adj* danois; *m* Danois *m*
Danimarca (da-ni-*mar*-ka) *f* Danemark *m*
danneggiare (dann-néd-*djââ*-ré) *v* endommager
danno (*dann*-nô) *m* dommage *m*; mal *m*
dannoso (dann-*nôô*-sô) *adj* préjudiciable
dappertutto (dap-pér-*tout*-tô) *adv* partout
***dare** (*dââ*-ré) *v* donner
data (*dââ*-ta) *f* date *f*
dato (*dââ*-tô) *m* donnée *f*
dattero (*dat*-té-rô) *m* datte *f*
dattilografa (dat-ti-*loo*-ghra-fa) *f* dac-

tylo *f*
dattilografare (dat-ti-lô-ghra-*fââ*-ré) *v* taper à la machine, dactylographier
dattiloscritto (dat-ti-lô-*skrit*-tô) *adj* dactylographié
davanti (da-*vann*-ti) *prep* devant
davanzale (da-vann-*tsââ*-lé) *m* rebord de fenêtre
davvero (dav-*véé*-rô) *adv* vraiment
dazio (*dââ*-tsyô) *m* droit de douane, droit d'importation
dea (*dèè*-a) *f* déesse *f*
debito (*dèè*-bi-tô) *m* dette *f*; débit *m*
debole (*déé*-bô-lé) *adj* faible; défaillant; indistinct
debolezza (dé-bô-*lét*-tsa) *f* faiblesse *f*
decaffeinizzato (dé-kaf-féï-nit-*tsââ*-tô) *adj* décaféiné
deceduto (dé-tché-*doû*-tô) *adj* décédé
decente (dé-*tchèn*-té) *adj* décent, convenable
decenza (dé-*tchèn*-tsa) *f* décence *f*
***decidere** (dé-*tchii*-dé-ré) *v* décider
decimo (*dèè*-tchi-mô) *num* dixième
decisione (dé-tchi-*zyôô*-né) *f* décision *f*
deciso (dé-*tchii*-zô) *adj* déterminé
decollare (dé-kôl-*lââ*-ré) *v* décoller
decollo (dé-*kol*-lô) *m* décollage *m*
decrepito (dé-*krèè*-pi-tô) *adj* délabré
***decrescere** (dé-*kréch*-ché-ré) *v* diminuer
dedicare (dé-di-*kââ*-ré) *v* dédier; consacrer
***dedurre** (dé-*dour*-ré) *v* *déduire
deferenza (dé-fé-*rèn*-tsa) *f* considération *f*
deficienza (dé-fi-*tchèn*-tsa) *f* déficience *f*, imperfection *f*
deficit (*dèè*-fi-tchit) *m* déficit *m*
definire (dé-fi-*nii*-ré) *v* définir
definitivo (dé-fi-ni-*tii*-vô) *adj* définitif
definizione (dé-fi-ni-*tsyôô*-né) *f* définition *f*
deformato (dé-fôr-*mââ*-tô) *adj* contrefait
deforme (dé-*fôr*-mé) *adj* difforme
degno di (*dé*-gnô di) digne de
delegato (dé-lé-*ghââ*-tô) *m* délégué *m*
delegazione (dé-lé-gha-*tsyôô*-né) *f* délégation *f*
deliberare (dé-li-bé-*rââ*-ré) *v* discuter
deliberazione (dé-li-bé-ra-*tsyôô*-né) *f* délibération *f*
delicato (dé-li-*kââ*-tô) *adj* délicat; tendre
delinquente (dé-linng-*k*[ou]*èn*-té) *m* délinquant *m*
delizia (dé-*lii*-tsya) *f* plaisir *m*
deliziare (dé-li-*tsyââ*-ré) *v* enchanter
delizioso (dé-li-*tsyôô*-sô) *adj* délicieux
delucidare (dé-lou-tchi-*dââ*-ré) *v* élucider
***deludere** (dé-*loû*-dé-ré) *v* *décevoir, désenchanter; *être décevant
delusione (dé-lou-*zyôô*-né) *f* déception *f*
democratico (dé-mô-*krââ*-ti-kô) *adj* démocratique
democrazia (dé-mô-kra-*tsii*-a) *f* démocratie *f*
demolire (dé-mô-*lii*-ré) *v* démolir
demolizione (dé-mô-li-*tsyôô*-né) *f* démolition *f*
denaro (dé-*nââ*-rô) *m* argent *m*
denominazione (dé-nô-mi-na-*tsyôô*-né) *f* dénomination *f*
denso (*dèn*-sô) *adj* dense, épais
dente (*dèn*-té) *m* dent *f*
dentiera (dén-*tyèè*-ra) *f* dentier *m*
dentifricio (dén-ti-*frii*-tchô) *m* pâte dentifrice
dentista (dén-*ti*-sta) *m* dentiste *m*
dentro (*dén*-trô) *adv* dedans, à l'intérieur; *prep* dans
denutrizione (dé-nou-tri-*tsyôô*-né) *f* dénutrition *f*
deodorante (dé-ô-dô-*rann*-té) *m* dés-

odorisant *m*
deperibile (dé-pé-*rii*-bi-lé) *adj* périssable
depositare (dé-pô-zi-*tââ*-ré) *v* déposer
deposito (dé-*poo*-zi-tô) *m* consigne *f*; dépôt *m*; ~ **bagagli** consigne *f*
depressione (dé-préss-*syôô*-né) *f* dépression *f*
depresso (dé-*prèss*-sô) *adj* déprimé
deprimente (dé-pri-*mén*-té) *adj* déprimant
***deprimere** (dé-*prii*-mé-ré) *v* déprimer
deputato (dé-pou-*tââ*-tô) *m* député *m*
derisione (dé-ri-*zyôô*-né) *f* moquerie *f*
derivare (dé-ri-*vââ*-ré) *v* dériver
***descrivere** (dé-*skrii*-vé-ré) *v* *décrire
descrizione (dé-skri-*tsyôô*-né) *f* description *f*
deserto (dé-*zèr*-tô) *adj* désert; *m* désert *m*
desiderabile (dé-si-dé-*rââ*-bi-lé) *adj* désirable
desiderare (dé-si-dé-*rââ*-ré) *v* désirer, souhaiter; *avoir envie de
desiderio (dé-si-*dèè*-ryô) *m* vœu *m*, désir *m*, souhait *m*; envie *f*
desideroso (dé-si-dé-*rôô*-sô) *adj* désireux
designare (dé-si-*gnââ*-ré) *v* désigner
desistere (dé-*si*-sté-ré) *v* renoncer
destarsi (dé-*star*-si) *v* s'éveiller
destinare (dé-sti-*nââ*-ré) *v* destiner
destinatario (dé-sti-na-*tââ*-ryô) *m* destinataire *m*
destinazione (dé-sti-na-*tsyôô*-né) *f* destination *f*
destino (dé-*stii*-nô) *m* destin *m*, sort *m*
destro (*dè*-strô) *adj* droit; à droite, de droite; adroit
detenuto (dé-té-*noû*-tô) *m* détenu *m*
detenzione (dé-tén-*tsyôô*-né) *f* détention *f*
detergente (dé-tér-*djèn*-té) *m* détergent *m*
determinare (dé-tér-mi-*nââ*-ré) *v* déterminer
determinazione (dé-tér-mi-na-*tsyôô*-né) *f* détermination *f*
detersivo (dé-tér-*sii*-vô) *m* savon en poudre
detestare (dé-té-*stââ*-ré) *v* détester
dettagliante (dét-ta-*lʸann*-té) *m* détaillant *m*
dettagliato (dét-ta-*lʸââ*-tô) *adj* détaillé
dettaglio (dét-*tââ*-lʸô) *m* détail *m*
dettare (dét-*tââ*-ré) *v* dicter
dettato (dét-*tââ*-tô) *m* dictée *f*
deviare (dé-*vyââ*-ré) *v* dévier
deviazione (dé-vya-*tsyôô*-né) *f* déviation *f*
di (di) *prep* de
diabete (dya-*bèè*-té) *m* diabète *m*
diabetico (dya-*bèè*-ti-kô) *m* diabétique *m*
diagnosi (*dyââ*-gnô-zi) *f* diagnostic *m*
diagnosticare (dya-gnô-sti-*kââ*-ré) *v* diagnostiquer
diagonale (dya-ghô-*nââ*-lé) *adj* diagonale; *f* diagonale *f*
diagramma (dya-*ghramm*-ma) *m* graphique *m*; diagramme *m*
dialetto (dya-*lèt*-tô) *m* dialecte *m*
diamante (dya-*mann*-té) *m* diamant *m*
diapositiva (dya-pô-zi-*tii*-va) *f* diapositive *f*
diario (*dyââ*-ryô) *m* journal *m*
diarrea (dyar-*rèè*-a) *f* diarrhée *f*
diavolo (*dyââ*-vô-lô) *m* diable *m*
dibattere (di-*bat*-té-ré) *v* *débattre
dibattito (di-*bat*-ti-tô) *m* débat *m*
dicembre (di-*tchèm*-bré) décembre
diceria (di-tché-*rii*-a) *f* rumeur *f*
dichiarare (di-kya-*rââ*-ré) *v* déclarer
dichiarazione (di-kya-ra-*tsyôô*-né) *f* déclaration *f*

diciannove (di-tchann-*noo*-vé) *num* dix-neuf
diciannovesimo (di-tchann-nô-*vèè*-zi-mô) *num* dix-neuvième
diciassette (di-tchass-*sèt*-té) *num* dix-sept
diciassettesimo (di-tchass-sét-*tèè*-zi-mô) *num* dix-septième
diciottesimo (di-tchôt-*tèè*-zi-mô) *num* dix-huitième
diciotto (di-*tchot*-tô) *num* dix-huit
didietro (di-*dyèè*-trô) *m* postérieur *m*
dieci (*dyèè*-tchi) *num* dix
dieta (*dyèè*-ta) *f* régime *m*
dietro (*dyèè*-trô) *prep* derrière
***difendere** (di-*fèn*-dé-ré) *v* défendre
difensore (di-fén-*sôô*-ré) *m* défenseur *m*
difesa (di-*féé*-sa) *f* défense *f*; plaidoyer *m*
difetto (di-*fèt*-tô) *m* défaut *m*
difettoso (di-fét-*tôô*-sô) *adj* défectueux; imparfait
differente (dif-fé-*rèn*-té) *adj* différent
differenza (dif-fé-*rèn*-tsa) *f* différence *f*
differire (dif-fé-*rii*-ré) *v* différer, varier
difficile (dif-*fii*-tchi-lé) *adj* difficile
difficoltà (dif-fi-kôl-*ta*) *f* difficulté *f*
diffidare di (dif-fi-*dââ*-ré) se méfier de
***diffondere** (dif-*fôn*-dé-ré) *v* répandre
diffusione (dif-fou-*zyôô*-né) *f* diffusion *f*
difterite (dif-té-*rii*-té) *f* diphtérie *f*
diga (*dii*-gha) *f* digue *f*
digeribile (di-djé-*rii*-bi-lé) *adj* digestible
digerire (di-djé-*rii*-ré) *v* digérer
digestione (di-djé-*styôô*-né) *f* digestion *f*
dignità (di-gni-*ta*) *f* dignité *f*; rang *m*
dignitoso (di-gni-*tôô*-sô) *adj* digne
dilazione (di-la-*tsyôô*-né) *f* répit *m*
dilettevole (di-lét-*téé*-vô-lé) *adj* délicieux
diletto (di-*lèt*-tô) *adj* cher; *m* délice *m*, agrément *m*
diligente (di-li-*djèn*-té) *adj* assidu
diligenza (di-li-*djèn*-tsa) *f* application *f*
diluire (di-*louii*-ré) *v* diluer
diluito (di-*louii*-tô) *adj* léger
dimagrire (di-ma-*ghrii*-ré) *v* maigrir
dimensione (di-mén-*syôô*-né) *f* dimension *f*, grandeur *f*
dimenticare (di-mén-ti-*kââ*-ré) *v* oublier
***dimettersi** (di-*mét*-tér-si) *v* démissionner
dimezzare (di-méd-*dzââ*-ré) *v* diviser en deux
diminuire (di-mi-*nouii*-ré) *v* diminuer; *réduire
diminuzione (di-mi-nou-*tsyôô*-né) *f* diminution *f*
dimissioni (di-miss-*syôô*-ni) *fpl* démission *f*
dimostrare (di-mô-*strââ*-ré) *v* démontrer
dimostrazione (di-mô-stra-*tsyôô*-né) *f* manifestation *f*, démonstration *f*; ***fare una** ~ manifester
dinamo (*dii*-na-mô) *f* dynamo *f*
dinanzi a (di-*nann*-tsi a) devant
dintorni (dinn-*tôr*-ni) *mpl* environs *mpl*, alentours *mpl*
dio (*dii*-ô) *m* (pl dei) dieu *m*
dipendente (di-pén-*dèn*-té) *adj* dépendant
dipendenza (di-pén-*dèn*-tsa) *f* annexe *f*
***dipendere da** (di-*pèn*-dé-ré) dépendre de
diploma (di-*ploo*-ma) *m* diplôme *m*
diplomarsi (di-plô-*mar*-si) *v* *obtenir un diplôme
diplomatico (di-plô-*mââ*-ti-kô) *m* diplomate *m*

***dire** (*dii*-ré) *v* *dire; ***voler** ~ *vouloir dire
direttamente (di-rét-ta-*mén*-té) *adv* directement
direttiva (di-rét-*tii*-va) *f* directive *f*
diretto (di-*rèt*-tô) *adj* direct; ~ **a** en route pour
direttore (di-rét-*tôô*-ré) *m* directeur *m*; exécutif *m*; ~ **di scuola** directeur d'école; ~ **d'orchestra** chef d'orchestre
direzione (di-ré-*tsyôô*-né) *f* direction *f*; **indicatore di** ~ indicateur de direction
dirigente (di-ri-*djèn*-té) *m* dirigeant *m*
***dirigere** (di-*rii*-djé-ré) *v* diriger; *mettre en scène
diritto (di-*rit*-tô) *adj* droit; *m* droit *m*; ~ **amministrativo** droit administratif; ~ **civile** droit civil; ~ **commerciale** droit commercial; ~ **elettorale** droit de vote; ~ **penale** droit pénal; **sempre** ~ tout droit
dirottare (di-rôt-*tââ*-ré) *v* détourner
disabitato (di-za-bi-*tââ*-tô) *adj* inhabité
disadatto (di-za-*dat*-tô) *adj* impropre
disapprovare (di-zap-prô-*vââ*-ré) *v* désapprouver
disastro (di-*za*-strô) *m* désastre *m*, catastrophe *f*
disastroso (di-za-*strôô*-sô) *adj* désastreux
discendente (dich-chén-*dèn*-té) *m* descendant *m*
discendenza (dich-chén-*dèn*-tsa) *f* descendance *f*
discernimento (dich-chér-ni-*mén*-tô) *m* bon sens
discesa (dich-*chéé*-sa) *f* descente *f*; **in** ~ vers le bas
disciplina (dich-chi-*plii*-na) *f* discipline *f*
disco (*di*-skô) *m* disque *m*
discorso (di-*skôr*-sô) *m* allocution *f*, discours *m*; entretien *m*
discussione (di-skouss-*syôô*-né) *f* discussion *f*, délibération *f*
***discutere** (di-*skoû*-té-ré) *v* discuter; se disputer
disdegno (diz-*déé*-gnô) *m* mépris *m*
***disdire** (diz-*dii*-ré) *v* annuler; *partir
disegnare (di-sé-*gnââ*-ré) *v* dessiner
disegno (di-*séé*-gnô) *m* dessin *m*; motif *m*; dessein *m*; **puntina da** ~ punaise *f*
disertare (di-zér-*tââ*-ré) *v* déserter
***disfare** (di-*sfââ*-ré) *v* *défaire; déballer
disgelarsi (diz-djé-*lar*-si) *v* dégeler, fondre
disgelo (diz-*djèè*-lô) *m* dégel *m*
***disgiungere** (diz-*djoun*-djé-ré) *v* *disjoindre
disgrazia (diz-*ghrââ*-tsya) *f* malheur *m*; disgrâce *f*
disgraziatamente (diz-ghra-tsya-ta-*mén*-té) *adv* hélas
disgustoso (diz-ghou-*stôô*-sô) *adj* répugnant, dégoûtant
disimparare (di-zimm-pa-*rââ*-ré) *v* *désapprendre
disinfettante (di-zinn-fét-*tann*-té) *m* désinfectant *m*
disinfettare (di-zinn-fét-*tââ*-ré) *v* désinfecter
disinserire (di-zinn-sé-*rii*-ré) *v* débrancher
disinteressato (di-zinn-té-réss-*sââ*-tô) *adj* désintéressé
disinvoltura (di-zinn-vôl-*toû*-ra) *f* aisance *f*
disoccupato (di-zôk-kou-*pââ*-tô) *adj* en chômage
disoccupazione (di-zôk-kou-pa-*tsyôô*-né) *f* chômage *m*
disonesto (di-zô-*nè*-stô) *adj* malhonnête, inéquitable

disonore (di-zô-*nôô*-ré) *m* déshonneur *m*
disordinato (di-zôr-di-*nââ*-tô) *adj* désordonné
disordine (di-*zôr*-di-né) *m* désordre *m*, gâchis *m*
disossare (di-zôss-*sââ*-ré) *v* désosser
dispari (*di*-spa-ri) *adj* impair
dispensa (di-*spèn*-sa) *f* garde-manger *m*
dispensare (di-spén-*sââ*-ré) *v* dispenser
disperare (di-spé-*rââ*-ré) *v* désespérer
disperato (di-spé-*rââ*-tô) *adj* désespéré
disperazione (di-spé-ra-*tsyôô*-né) *f* désespoir *m*
dispiacere (di-spya-*tchéé*-ré) *m* chagrin *m*
***dispiacere** (di-spya-*tchéé*-ré) *v* *déplaire
disponibile (di-spô-*nii*-bi-lé) *adj* disponible
***disporre di** (di-*spôr*-ré) disposer de
dispositivo (di-spô-zi-*tii*-vô) *m* dispositif *m*
disposizione (di-spô-zi-*tsyôô*-né) *f* disposition *f*
disprezzare (di-sprét-*tsââ*-ré) *v* mépriser
disprezzo (di-*sprèt*-tsô) *m* dédain *m*, mépris *m*
disputa (*di*-spou-ta) *f* dispute *f*, discussion *f*
disputare (di-spou-*tââ*-ré) *v* disputer; contester
dissenteria (diss-sén-té-*rii*-a) *f* dysenterie *f*
dissentire (diss-sén-*tii*-ré) *v* *être en désaccord
dissimile (diss-*sii*-mi-lé) *adj* différent
***dissuadere** (diss-s^{ou}a-*déé*-ré) *v* dissuader
distante (di-*stann*-té) *adj* éloigné
distanza (di-*stann*-tsa) *f* distance *f*
***distinguere** (di-*stinng*-gh^{ou}é-ré) *v* distinguer, discerner
distinto (di-*stinn*-tô) *adj* distinct; distingué
distinzione (di-stinn-*tsyôô*-né) *f* distinction *f*
***distogliere** (di-*stoo*-l^{y}é-ré) *v* détourner
distorsione (di-stôr-*syôô*-né) *f* foulure *f*
distretto (di-*strét*-tô) *m* district *m*
distribuire (di-stri-*bouii*-ré) *v* distribuer
distributore (di-stri-bou-*tôô*-ré) *m* concessionnaire *m*; distributeur *m*; ~ **automatico** appareil à jetons; ~ **di benzina** poste d'essence, station-service *f*
distribuzione (di-stri-bou-*tsyôô*-né) *f* distribution *f*; disposition *f*
***distruggere** (di-*stroud*-djé-ré) *v* *détruire, dévaster
distruzione (di-strou-*tsyôô*-né) *f* destruction *f*
disturbare (di-stour-*bââ*-ré) *v* déranger; **disturbarsi** s'efforcer
disturbo (di-*stour*-bô) *m* dérangement *m*
ditale (di-*tââ*-lé) *m* dé *m*
dito (*dii*-tô) *m* (pl le dita) doigt *m*; ~ **del piede** orteil *m*
ditta (*dit*-ta) *f* entreprise *f*, firme *f*; affaire *f*
dittafono (dit-*tââ*-fô-nô) *m* dictaphone *m*
dittatore (dit-ta-*tôô*-ré) *m* dictateur *m*
divano (di-*vââ*-nô) *m* canapé *m*
***divenire** (di-vé-*nii*-ré) *v* *devenir
diventare (di-vén-*tââ*-ré) *v* *devenir
diversione (di-vér-*syôô*-né) *f* diversion *f*
diverso (di-*vèr*-sô) *adj* différent
divertente (di-vér-*tèn*-té) *adj* amu-

sant, divertissant, agréable, plaisant
divertimento (di-vér-ti-*mén*-tô) *m* divertissement *m*, plaisir *m*, amusement *m*
divertire (di-vér-*tii*-ré) *v* divertir, amuser
***dividere** (di-*vii*-dé-ré) *v* diviser
divieto (di-*vyèè*-tô) *m* interdiction *f*; ~ **di sorpasso** défense de doubler; ~ **di sosta** stationnement interdit
divino (di-*vii*-nô) *adj* divin
divisa estera (di-*vii*-za *è*-sté-ra) monnaie étrangère
divisione (di-vi-*zyôô*-né) *f* séparation *f*, division *f*; bureau *m*
divisorio (di-vi-*zoo*-ryô) *m* cloison *f*
divorziare (di-vôr-*tsyââ*-ré) *v* divorcer
divorzio (di-*vor*-tsyô) *m* divorce *m*
dizionario (di-tsyô-*nââ*-ryô) *m* dictionnaire *m*
doccia (*dôt*-tcha) *f* douche *f*
docente (dô-*tchèn*-té) *m* professeur *m*
documento (dô-kou-*mén*-tô) *m* document *m*
dodicesimo (dô-di-*tchèè*-zi-mô) *num* douzième
dodici (*dôô*-di-tchi) *num* douze
dogana (dô-*ghââ*-na) *f* douane *f*
doganiere (dô-gha-*gnèè*-ré) *m* douanier *m*
doglie (*doo*-lʸé) *fpl* douleurs
dolce (*dôl*-tché) *adj* sucré; gentil; doux, délicat; *m* gâteau *m*; dessert *m*
dolciumi (dôl-*tchoû*-mi) *mpl* douceurs *fpl*, bonbons; confiserie *f*
***dolere** (dô-*léé*-ré) *v* *faire mal
dolore (dô-*lôô*-ré) *m* douleur *f*
doloroso (dô-lô-*rôô*-sô) *adj* douloureux
domanda (dô-*mann*-da) *f* question *f*; demande *f*
domandare (dô-mann-*dââ*-ré) *v* demander; s'informer
domani (dô-*mââ*-ni) *adv* demain
domenica (dô-*méé*-ni-ka) *f* dimanche *m*
domestica (dô-*mè*-sti-ka) *f* bonne *f*
domestico (dô-*mè*-sti-kô) *adj* domestique; *m* domestique *m*; **faccende domestiche** travaux ménagers
domicilio (dô-mi-*tchii*-lyô) *m* domicile *m*
dominante (dô-mi-*nann*-té) *adj* dominant
dominare (dô-mi-*nââ*-ré) *v* maîtriser; régner
dominazione (dô-mi-na-*tsyôô*-né) *f* domination *f*
dominio (dô-*mii*-gnô) *m* règne *m*
donare (dô-*nââ*-ré) *v* donner
donatore (dô-na-*tôô*-ré) *m* donateur *m*
donazione (dô-na-*tsyôô*-né) *f* don *m*, donation *f*
dondolare (dôn-dô-*lââ*-ré) *v* balancer
donna (*donn*-na) *f* femme *f*
dono (*dôô*-nô) *m* cadeau *m*
dopo (*doo*-pô) *prep* après; derrière; ~ **che** après que
doppio (*dôp*-pyô) *adj* double
dorato (dô-*rââ*-tô) *adj* doré
dormire (dôr-*mii*-ré) *v* *dormir
dormitorio (dôr-mi-*too*-ryô) *m* dortoir *m*
dorso (*door*-sô) *m* dos *m*
dose (*doo*-zé) *f* dose *f*
dotato (dô-*tââ*-tô) *adj* doué
dottore (dôt-*tôô*-ré) *m* docteur *m*
dove (*dôô*-vé) *adv* où; *conj* où
dovere (dô-*véé*-ré) *m* devoir *m*
***dovere** (dô-*véé*-ré) *v* *devoir, *falloir
dovunque (dô-*voung*-kᵒᵘé) *adv* n'importe où; *conj* partout où
dovuto (dô-*voû*-tô) *adj* payable
dozzina (dôd-*dzii*-na) *f* douzaine *f*
drago (*drââ*-ghô) *m* dragon *m*

dramma (*dramm*-ma) *m* drame *m*
drammatico (dramm-*mââ*-ti-kô) *adj* dramatique
drammaturgo (dramm-ma-*tour*-ghô) *m* dramaturge *m*
drapperia (drap-pé-*rii*-a) *f* étoffes *fpl*
drenare (dré-*nââ*-ré) *v* drainer
dritto (*drit*-tô) *adj* droit; *adv* directement
drogheria (drô-ghé-*rii*-a) *f* épicerie *f*
droghiere (drô-*ghyèè*-ré) *m* épicier *m*
dubbio (*doub*-byô) *m* doute *m*
dubbioso (doub-*byôô*-sô) *adj* douteux
dubitare (dou-bi-*tââ*-ré) *v* douter
duca (*doû*-ka) *m* (pl duchi) duc *m*
duchessa (dou-*késs*-sa) *f* duchesse *f*
due (*doû*-é) *num* deux; **tutti e ~** les deux
duna (*doû*-na) *f* dune *f*
dunque (*doung*-k^ou^é) *conj* donc; alors
duomo (*d^ou^oo*-mô) *m* cathédrale *f*
durante (dou-*rann*-té) *prep* pendant, durant
durare (dou-*rââ*-ré) *v* durer
durata (dou-*rââ*-ta) *f* durée *f*
duraturo (dou-ra-*toû*-rô) *adj* durable
durevole (dou-*réé*-vô-lé) *adj* durable
duro (*doû*-rô) *adj* coriace, dur

E

e (é) *conj* et
ebano (*èè*-ba-nô) *m* ébène *f*
ebbene! (éb-*bèè*-né) bien!
ebraico (é-*brââ*-i-kô) *adj* juif; *m* hébreu *m*
ebreo (é-*brèè*-ô) *m* juif *m*
eccedenza (ét-tché-*dèn*-tsa) *f* surplus *m*
eccedere (ét-*tchèè*-dé-ré) *v* excéder
eccellente (ét-tchél-*lèn*-té) *adj* excellent
***eccellere** (ét-*tchèl*-lé-ré) *v* exceller
eccentrico (ét-*tchèn*-tri-kô) *adj* excentrique
eccessivo (ét-tchéss-*sii*-vô) *adj* excessif
eccesso (ét-*tchèss*-sô) *m* excès *m*
eccetera (ét-*tchèè*-té-ra) et cætera
eccetto (ét-*tchèt*-tô) *prep* excepté
eccezionale (ét-tchéss-syô-*nââ*-lé) *adj* exceptionnel
eccezione (ét-tchéss-*syôô*-né) *f* exception *f*
eccitante (ét-tchi-*tann*-té) *adj* passionnant
eccitare (ét-tchi-*tââ*-ré) *v* exciter
eccitazione (ét-tchi-ta-*tsyôô*-né) *f* excitation *f*
ecco (*èk*-kô) voilà; *adv* voici
eclissi (é-*kliss*-si) *f* éclipse *f*
eco (*èè*-kô) *m/f* écho *m*
economia (é-kô-nô-*mii*-a) *f* économie *f*
economico (é-kô-*noo*-mi-kô) *adj* économique; bon marché, avantageux, économe
economista (é-kô-nô-*mi*-sta) *m* économiste *m*
economizzare (é-kô-nô-mid-*dzââ*-ré) *v* économiser
Ecuador (*é*-k^ou^a-dôr) *m* Equateur *m*
ecuadoriano (é-k^ou^a-dô-*ryââ*-nô) *m* Ecuadorien *m*
eczema (ék-*djèè*-ma) *m* eczéma *m*
edera (*èè*-dé-ra) *f* lierre *m*
edicola (é-*dii*-kô-la) *f* kiosque à journaux, stand de livres
edificare (é-di-fi-*kââ*-ré) *v* bâtir
edificio (é-di-*fii*-tchô) *m* édifice *m*, construction *f*
editore (é-di-*tôô*-ré) *m* éditeur *m*
edizione (é-di-*tsyôô*-né) *f* édition *f*; **~ del mattino** édition du matin
educare (é-dou-*kââ*-ré) *v* éduquer; élever

educazione (é-dou-ka-*tsyôô*-né) *f* éducation *f*
effervescenza (éf-fér-véch-*chèn*-tsa) *f* pétillement *m*
effettivamente (éf-fét-ti-va-*mén*-té) *adv* effectivement; en effet
effetto (éf-*fèt*-tô) *m* effet *m*; **effetti personali** affaires *fpl*
effettuare (éf-fét-*t*ouâ*â*-ré) *v* réaliser, effectuer; accomplir
efficace (éf-fi-*kââ*-tché) *adj* efficace, effectif
efficiente (éf-fi-*tchèn*-té) *adj* efficace
Egitto (é-*djit*-tô) *m* Egypte *f*
egiziano (é-dji-*tsyââ*-nô) *adj* égyptien; *m* Egyptien *m*
egli (*éé*-lʸi) *pron* il; ~ **stesso** lui-même
egocentrico (é-ghô-*tchèn*-tri-kô) *adj* égocentrique
egoismo (é-ghô-*i*-zmô) *m* égoïsme *m*
egoista (é-ghô-*i*-sta) *adj* égoïste
egoistico (é-ghô-*i*-sti-kô) *adj* égoïste
elaborare (é-la-bô-*rââ*-ré) *v* élaborer
elasticità (é-la-sti-tchi-*ta*) *f* élasticité *f*
elastico (é-*la*-sti-kô) *adj* élastique; *m* élastique *m*
elefante (é-lé-*fann*-té) *m* éléphant *m*
elegante (é-lé-*ghann*-té) *adj* élégant
eleganza (é-lé-*ghann*-tsa) *f* élégance *f*
***eleggere** (é-*lèd*-djé-ré) *v* *élire
elementare (é-lé-mén-*tââ*-ré) *adj* élémentaire
elemento (é-lé-*mén*-tô) *m* élément *m*
elencare (é-léng-*kââ*-ré) *v* *inscrire
elenco (é-*lèng*-kô) *m* liste *f*; ~ **telefonico** annuaire téléphonique, bottin *m*
elettricista (é-lét-tri-*tchi*-sta) *m* électricien *m*
elettricità (é-lét-tri-tchi-*ta*) *f* électricité *f*
elettrico (é-*lèt*-tri-kô) *adj* électrique
elettronico (é-lét-*troo*-ni-kô) *adj* électronique
elevare (é-lé-*vââ*-ré) *v* élever
elevazione (é-lé-va-*tsyôô*-né) *f* butte *f*
elezione (é-lé-*tsyôô*-né) *f* élection *f*
elica (*èè*-li-ka) *f* hélice *f*
eliminare (é-li-mi-*nââ*-ré) *v* éliminer
ella (*él*-la) *pron* elle
elogio (é-*loo*-djô) *m* éloge *m*
emancipazione (é-mann-tchi-pa-*tsyôô*-né) *f* émancipation *f*
emblema (ém-*blèè*-ma) *m* emblème *m*
emergenza (é-mér-*djèn*-tsa) *f* urgence *f*
***emergere** (é-*mèr*-djé-ré) *v* *apparaître, émerger; exceller
***emettere** (é-*mét*-té-ré) *v* *émettre
emicrania (é-mi-*krââ*-gna) *f* migraine *f*
emigrante (é-mi-*ghrann*-té) *m* émigrant *m*
emigrare (é-mi-*ghrââ*-ré) *v* émigrer
emigrazione (é-mi-ghra-*tsyôô*-né) *f* émigration *f*
eminente (é-mi-*nèn*-té) *adj* éminent
emissione (é-miss-*syôô*-né) *f* émission *f*
emorragia (é-môr-ra-*djii*-a) *f* hémorragie *f*
emorroidi (é-môr-*roo*-i-di) *fpl* hémorroïdes *fpl*
emozione (é-mô-*tsyôô*-né) *f* émotion *f*
emporio (ém-*poo*-ryô) *m* bazar *m*
enciclopedia (én-tchi-klô-pé-*dii*-a) *f* encyclopédie *f*
energia (é-nér-*djii*-a) *f* énergie *f*; puissance *f*; ~ **nucleare** énergie nucléaire
energico (é-*nèr*-cji-kô) *adj* énergique
enigma (é-*nigh*-ma) *m* énigme *f*
enorme (é-*nor*-mé) *adj* énorme
ente (*èn*-té) *m* être *m*; société *f*
entrambi (én-*tramm*-bi) *adj* les deux
entrare (én-*trââ*-ré) *v* entrer
entrata (én-*trââ*-ta) *f* entrée *f*; **entra-**

te recettes
entro (*én*-trô) *prep* dans
entusiasmo (én-tou-*zya*-zmô) *m* enthousiasme *m*
entusiastico (én-tou-*zya*-sti-kô) *adj* enthousiaste
epico (*èè*-pi-kô) *adj* épique
epidemia (é-pi-dé-*mii*-a) *f* épidémie *f*
epilessia (é-pi-léss-*siia*) *f* épilepsie *f*
epilogo (é-*pii*-lô-ghô) *m* épilogue *m*
episodio (é-pi-*zoo*-dyô) *m* épisode *m*
epoca (*èè*-pô-ka) *f* époque *f*
eppure (ép-*poû*-ré) *conj* pourtant, cependant
equatore (é-k^{ou}a-*tôô*-ré) *m* équateur *m*
equilibrio (é-koui-*lii*-bryô) *m* équilibre *m*
equipaggiamento (é-koui-pad-dja-*mén*-tô) *m* équipement *m*
equipaggiare (é-koui-pad-*djââ*-ré) *v* équiper
equipaggio (é-koui-*pad*-djô) *m* équipage *m*
equitazione (é-koui-ta-*tsyôô*-né) *f* équitation *f*
equivalente (é-koui-va-*lèn*-té) *adj* équivalent
equivoco (é-*koui*-vô-kô) *adj* équivoque
equo (*èè*-k^{ou}ô) *adj* équitable
erba (*èr*-ba) *f* herbe *f*
erbaccia (ér-*bat*-tcha) *f* mauvaise herbe
eredità (é-ré-di-*ta*) *f* héritage *m*
ereditare (é-ré-di-*tââ*-ré) *v* hériter
ereditario (é-ré-di-*tââ*-ryô) *adj* héréditaire
erica (*èè*-ri-ka) *f* bruyère *f*
***erigere** (é-*ri*-djé-ré) *v* ériger
ernia (*èr*-gna) *f* hernie *f*
eroe (é-*roo*-é) *m* héros *m*
errare (ér-*râ*-ré) *v* errer; se tromper
erroneo (ér-*roo*-né-ô) *adj* erroné, impropre
errore (ér-*rôô*-ré) *m* erreur *f*
erudito (é-rou-*dii*-tô) *m* érudit *m*
eruzione (é-rou-*tsyôô*-né) *f* éruption *f*
esagerare (é-za-djé-*rââ*-ré) *v* exagérer
esalare (é-za-*lââ*-ré) *v* expirer
esame (é-*zââ*-mé) *m* examen *m*; épreuve *f*
esaminare (é-za-mi-*nââ*-ré) *v* examiner
esantema (é-zann-*tèè*-ma) *m* éruption *f*
esattamente (é-*zat*-ta-mén-té) *adv* juste
esatto (é-*zat*-tô) *adj* juste, exact
esaurire (é-zaou-*rii*-ré) *v* exténuer; **esaurito** épuisé; **esausto** surmené
esca (*é*-ska) *f* amorce *f*
esclamare (é-skla-*mââ*-ré) *v* exclamer
esclamazione (é-skla-ma-*tsyôô*-né) *f* exclamation *f*
***escludere** (é-*skloû*-dé-ré) *v* *exclure
esclusivamente (é-sklou-zi-va-*mén*-té) *adv* exclusivement
esclusivo (é-sklou-*zii*-vô) *adj* exclusif
escogitare (é-skô-dji-*tââ*-ré) *v* *concevoir
escoriazione (é-skô-rya-*tsyôô*-né) *f* égratignure *f*
escrescenza (é-skréch-*chèn*-tsa) *f* tumeur *f*
escursione (é-skour-*syôô*-né) *f* excursion *f*
esecutivo (é-zé-kou-*tii*-vô) *adj* exécutif
esecuzione (é-zé-kou-*tsyôô*-né) *f* exécution *f*
eseguire (é-zé-*ghouii*-ré) *v* exécuter, accomplir, réaliser
esempio (é-*zém*-pyô) *m* exemple *m*; **per** ~ par exemple
esemplare (é-zém-*plââ*-ré) *m* spécimen *m*
esentare (é-zén-*tââ*-ré) *v* exempter
esente (é-*zèn*-té) *adj* exempt; ~ **da**

tassa exempt d'impôts
esenzione (é-zén-*tsyôô*-né) *f* exemption *f*
esercitare (é-zér-tchi-*tââ*-ré) *v* exercer
esercito (é-*zèr*-tchi-tô) *m* armée *f*
esercizio (é-zér-*tchii*-tsyô) *m* exercice *m*
esibire (é-zi-*bii*-ré) *v* exhiber; exposer
esigente (é-zi-*djèn*-té) *adj* exigeant
esigenza (é-zi-*djèn*-tsa) *f* demande *f*; exigence *f*
***esigere** (é-*zii*-djé-ré) *v* exiger
esiguo (é-*zii*-gh^ou^ô) *adj* menu
esilio (é-*zii*-l^y^ô) *m* exile *m*
esistenza (é-zi-*stèn*-tsa) *f* existence *f*
***esistere** (é-*zi*-sté-ré) *v* exister
esitare (é-zi-*tââ*-ré) *v* hésiter
esito (*èè*-zi-tô) *m* résultat *m*; fin *f*
esonerare da (é-zô-né-*rââ*-ré) dispenser de
esotico (é-*zoo*-ti-kô) *adj* exotique
***espandere** (é-*spann*-dé-ré) *v* étendre
***espellere** (é-*spèl*-lé-ré) *v* expulser
esperienza (é-spé-*ryèn*-tsa) *f* expérience *f*
esperimento (é-spé-ri-*mén*-tô) *m* expérience *f*
esperto (é-*spèr*-tô) *adj* expérimenté; habile, expert; *m* expert *m*
espirare (é-spi-*rââ*-ré) *v* expirer
esplicazione (é-spli-ka-*tsyôô*-né) *f* explication *f*
esplicito (é-*splii*-tchi-tô) *adj* explicite
***esplodere** (é-*sploo*-dé-ré) *v* exploser
esplorare (é-splô-*rââ*-ré) *v* explorer
esplosione (é-splô-*zyôô*-né) *f* explosion *f*
esplosivo (é-splô-*zii*-vô) *adj* explosif; *m* explosif *m*
***esporre** (é-*spôr*-ré) *v* exposer, étaler
esportare (é-spôr-*tââ*-ré) *v* exporter
esportazione (é-spôr-ta-*tsyôô*-né) *f* exportation *f*
esposimetro (é-spô-*zii*-mé-trô) *m* photomètre *m*
esposizione (é-spô-zi-*tsyôô*-né) *f* exposition *f*
espressione (é-spréss-*syôô*-né) *f* expression *f*
espresso (é-*sprèss*-sô) *adj* exprès
***esprimere** (é-*sprii*-mé-ré) *v* exprimer
essa (*éss*-sa) *pron* elle; ~ **stessa** elle-même
essenza (éss-*sèn*-tsa) *f* essence *f*
essenziale (éss-sén-*tsyââ*-lé) *adj* essentiel
essenzialmente (éss-sén-tsyal-*mén*-té) *adv* essentiellement
essere (*èss*-sé-ré) *m* être *m*; ~ **umano** être humain
***essere** (*èss*-sé-ré) *v* *être
essi (*éss*-si) *pron* ils; ~ **stessi** eux-mêmes
essiccatoio (éss-si-t^y^a-*tôô*-yô) *m* séchoir *m*
est (èst) *m* est *m*
estasi (*è*-sta-zi) *f* extase *m*
estate (é-*stââ*-té) *f* été *m*
***estendere** (é-*stèn*-dé-ré) *v* étendre
esteriore (é-sté-*ryôô*-ré) *adj* extérieur; *m* extérieur *m*
esterno (é-*stèr*-nô) *adj* externe, extérieur; *m* extérieur *m*
all'estero (al-*lè*-sté-rô) à l'étranger
esteso (é-*stéé*-sô) *adj* étendu
***estinguere** (é-*stinng*-gh^ou^é-ré) *v* *éteindre
estintore (é-stinn-*tôô*-ré) *m* extincteur *m*
***estorcere** (é-*stor*-tché-ré) *v* extorquer
estorsione (é-stôr-*syôô*-né) *f* extorsion *f*
estradare (é-stra-*dââ*-ré) *v* extrader
estraneo (é-*strââ*-né-ô) *adj* étranger; *m* inconnu *m*
***estrarre** (é-*strar*-ré) *v* arracher; *extraire
estremità (é-stré-mi-*ta*) *f* bout *m*

estremo (é-*stréé*-mô) *adj* extrême; *m* extrême *m*
estuario (é-*st^{ou}ââ*-ryô) *m* estuaire *m*
esuberante (é-zou-bé-*rann*-té) *adj* exubérant
esule (*èè*-zou-lé) *m* exilé *m*
età (é-*ta*) *f* âge *m*
etere (*èè*-té-ré) *m* éther *m*
eternità (é-tér-ni-*ta*) *f* éternité *f*
eterno (é-*tèr*-nô) *adj* éternel
eterosessuale (é-té-rô-séss-*s^{ou}ââ*-lé) *adj* hétérosexuel
etichetta (é-ti-*két*-ta) *f* étiquette *f*
etichettare (é-ti-két-*tââ*-ré) *v* étiqueter
Etiopia (é-*tyoo*-pya) *f* Ethiopie *f*
etiopico (é-*tyoo*-pi-kô) *adj* éthiopien; *m* Ethiopien *m*
Europa (é^{ou}-*roo*-pa) *f* Europe *f*
europeo (é^{ou}-rô-*pèè*-ô) *adj* européen; *m* Européen *m*
evacuare (é-va-*k^{ou}ââ*-ré) *v* évacuer
evaporare (é-va-pô-*rââ*-ré) *v* évaporer
evasione (é-va-*zyôô*-né) *f* évasion *f*
evento (é-*vèn*-tô) *m* événement *m*
eventuale (é-vén-*t^{ou}ââ*-lé) *adj* éventuel
evidente (é-vi-*dèn*-té) *adj* évident
evidentemente (é-vi-dèn-té-*mén*-té) *adv* manifestement
evitare (é-vi-*tââ*-ré) *v* éviter
evoluzione (é-vô-lou-*tsyôô*-né) *f* évolution *f*

F

fa (fa) *adv* il y a
fabbrica (*fab*-bri-ka) *f* usine *f*
fabbricante (fab-bri-*kann*-té) *m* fabricant *m*
fabbricare (fab-bri-*kââ*-ré) *v* édifier; fabriquer
fabbricazione (fab-bri-ka-*tsyôô*-né) *f* édification *f*
fabbro (*fab*-brô) *m* forgeron *m*
faccenda (fat-*tchèn*-da) *f* affaire *f*; **faccende di casa** ménage *m*
facchino (fak-*kii*-nô) *m* porteur *m*
faccia (*fat*-tcha) *f* visage *m*; **in ~ a** *prep* en face de
facciata (fat-*tchââ*-ta) *f* façade *f*; face *f*
facile (*fââ*-tchi-lé) *adj* facile
facilità (fa-tchi-li-*ta*) *f* aisance *f*
facilone (fa-tchi-*lôô*-né) *adj* décontracté
facoltà (fa-kôl-*ta*) *f* aptitude *f*; faculté *f*
facoltativo (fa-kôl-ta-*tii*-vô) *adj* facultatif
faggio (*fad*-djô) *m* hêtre *m*
fagiano (fa-*djââ*-nô) *m* faisan *m*
fagiolo (fa-*djoo*-lô) *m* haricot *m*
fagotto (fa-*ghot*-tô) *m* paquet *m*
falcone (fal-*kôô*-né) *m* faucon *m*
falegname (fa-lé-*gnââ*-mé) *m* menuisier *m*
fallace (fal-*lââ*-tché) *adj* faux
fallimento (fal-li-*mén*-tô) *m* échec *m*
fallire (fal-*lii*-ré) *v* échouer
fallito (fal-*lii*-tô) *adj* en faillite
fallo (*fal*-lô) *m* méprise *f*
falsificare (fal-si-fi-*kââ*-ré) *v* *contrefaire, falsifier
falsificazione (fal-si-fi-ka-*tsyôô*-né) *f* falsification *f*
falso (*fal*-sô) *adj* faux
fama (*fââ*-ma) *f* célébrité *f*; renom *m*; **di ~ mondiale** de renommée mondiale
fame (*fââ*-mé) *f* faim *f*
famigerato (fa-mi-djé-*rââ*-tô) *adj* notoire
famiglia (fa-*mii*-l^{y}a) *f* famille *f*
familiare (fa-mi-*l^{y}ââ*-ré) *adj* familier
famoso (fa-*môô*-sô) *adj* fameux
fanale (fa-*nââ*-lé) *m* phare *m*; ~ **anti-**

nebbia phare anti-brouillard; **fanalino posteriore** feu arrière
fanatico (fa-nââ-ti-kô) *adj* fanatique
fanciulla (fann-*tchoul*-la) *f* jeune fille
fanciullo (fann-*tchoul*-lô) *m* gosse *m*
fanfara (fann-*fââ*-ra) *f* fanfare *f*
fango (*fanng*-ghô) *m* boue *f*
fangoso (fanng-*ghôô*-sô) *adj* boueux
fantasia (fann-ta-*zii*-a) *f* fantaisie *f*
fantasma (fann-*ta*-zma) *m* esprit *m*, fantôme *m*
fantastico (fann-*ta*-sti-kô) *adj* fantastique
fante (*fann*-té) *m* valet *m*
fanteria (fann-té-*rii*-a) *f* infanterie *f*
fantino (fann-*tii*-nô) *m* jockey *m*
***fare** (*fââ*-ré) *v* *faire; rendre
farfalla (far-*fal*-la) *f* papillon *m*
farina (fa-*rii*-na) *f* farine *f*
farmacia (far-ma-*tchii*-a) *f* pharmacie *f*; droguerie *f*
farmacista (far-ma-*tchi*-sta) *m* pharmacien *m*
farmaco (*far*-ma-kô) *m* médicament *m*
farmacologia (far-ma-kô-lô-*djii*-a) *f* pharmacologie *f*
faro (*fââ*-rô) *m* phare *m*
farsa (*far*-sa) *f* farce *f*
fasciatura (fach-cha-*toû*-ra) *f* pansement *m*
fascino (*fach*-chi-nô) *m* charme *m*
fascismo (fach-*chi*-zmô) *m* fascisme *m*
fascista (fach-*chi*-sta) *m* fasciste *m*
fascistico (fach-*chi*-sti-kô) *adj* fasciste
fase (*fââ*-zé) *f* phase *f*; étape *f*
fastidioso (fa-sti-*dyôô*-sô) *adj* gênant, fastidieux
fata (*fââ*-ta) *f* fée *f*
fatale (fa-*tââ*-lé) *adj* néfaste, fatal
fatica (fa-*tii*-ka) *f* effort *m*
faticare (fa-ti-*kââ*-ré) *v* peiner
faticoso (fa-ti-*kôô*-sô) *adj* fatigant
fato (*fââ*-tô) *m* destin *m*
fatto (*fat*-tô) *m* fait *m*
fattore (fat-*tôô*-ré) *m* facteur *m*; fermier *m*
fattoressa (fat-tô-*réss*-sa) *f* fermière *f*
fattoria (fat-tô-*rii*-a) *f* ferme *f*
fattorino d'albergo (fat-tô-*rii*-nô dal-*bèr*-ghô) chasseur *m*
fattura (fat-*toû*-ra) *f* facture *f*
fatturare (fat-tou-*rââ*-ré) *v* facturer
fauci (*faou*-tchi) *fpl* gueule *f*
favola (*fa*-vô-la) *f* fable *f*
favore (fa-*vôô*-ré) *m* faveur *f*; **a ~ di** en faveur de; **per ~** s'il vous plaît
favorevole (fa-vô-*réé*-vô-lé) *adj* favorable
favorire (fa-vô-*rii*-ré) *v* favoriser
favorito (fa-vô-*rii*-tô) *adj* favori; *m* favori *m*
fazzoletto (fat-tsô-*lét*-tô) *m* mouchoir *m*; **~ di carta** mouchoir de papier
febbraio (féb-*brââ*-yô) février
febbre (*fèb*-bré) *f* fièvre *f*; **~ del fieno** rhume des foins
febbricitante (féb-bri-tchi-*tann*-té) *adj* fiévreux
fecondo (fé-*kôn*-dô) *adj* fécond
fede (*féé*-dé) *f* croyance *f*, foi *f*; alliance *f*
fedele (fé-*déé*-lé) *adj* fidèle
federa (*fèè*-dé-ra) *f* taie d'oreiller
federale (fé-dé-*rââ*-lé) *adj* fédéral
federazione (fé-dé-ra-*tsyôô*-né) *f* fédération *f*
fegato (*féé*-gha-tô) *m* foie *m*
felice (fé-*lii*-tché) *adj* heureux
felicissimo (féli-*tchiss*-si-mô) *adj* enchanté
felicità (fé-li-tchi-*ta*) *f* bonheur *m*
felicitarsi con (fé-l -tchi-*tar*-si) féliciter
felicitazione (fé-li-tchi-ta-*tsyôô*-né) *f* félicitation *m*
feltro (*fél*-trô) *m* feutre *m*
femmina (*fém*-mi-na) *f* femelle *f*: fille *f*

femminile (fém-mi-*nii*-lé) *adj* féminin
***fendere** (*fén*-dé-ré) *v* fendre
fenicottero (fé-ni-*kot*-té-rô) *m* flamant *m*
fenomeno (fé-*noo*-mé-nô) *m* phénomène *m*
ferie (*fèè*-ryé) *fpl* vacances; **in ~** en vacances
ferire (fé-*rii*-ré) *v* blesser
ferita (fé-*rii*-ta) *f* blessure *f*
ferito (fé-*rii*-tô) *adj* blessé
fermaglio (fér-*mââ*-lʸô) *m* fermeture *f*; **~ per capelli** pince à cheveux
fermarsi (fér-*mar*-si) *v* s'arrêter
fermata (fér-*mââ*-ta) *f* arrêt *m*
fermentare (fér-mén-*tââ*-ré) *v* fermenter
fermo (*fér*-mô) *adj* ferme; **~ posta** poste restante
feroce (fé-*rôô*-tché) *adj* féroce
ferramenta (fér-ra-*mén*-ta) *fpl* quincaillerie *f*
ferriera (fér-*ryèè*-ra) *f* fonderie *f*
ferro (*fèr*-rô) *m* fer *m*; **di ~** en fer; **~ da stiro** fer à repasser; **~ di cavallo** fer à cheval; **rottame di ~** ferraille *f*
ferrovia (fér-rô-*vii*-a) *f* chemin de fer, voie ferrée
fertile (*fèr*-ti-lé) *adj* fertile
fessura (féss-*soû*-ra) *f* fissure *f*; fente *f*
festa (*fè*-sta) *f* jour de fête; fête *f*; surprise-partie *f*
festival (*fé*-sti-val) *m* festival *m*
festivo (fé-*stii*-vô) *adj* de fête
fetta (*fét*-ta) *f* tranche *f*
feudale (féᵒᵘ-*dââ*-lé) *adj* féodal
fiaba (*fyââ*-ba) *f* conte de fées
fiacco (*fyak*-kô) *adj* faible
fiamma (*fyamm*-ma) *f* flamme *f*
fiammifero (fyamm-*mi*-fé-rô) *m* allumette *f*
fianco (*fyanng*-kô) *m* hanche *f*
fiato (*fyââ*-tô) *m* souffle *m*
fibbia (*fib*-bya) *f* boucle *f*
fibra (*fii*-bra) *f* fibre *f*
fico (*fii*-kô) *m* figue *f*
fidanzamento (fi-dann-tsa-*mén*-tô) *m* fiançailles *fpl*
fidanzata (fi-dann-*tsââ*-ta) *f* fiancée *f*
fidanzato (fi-dann-*tsââ*-tô) *adj* fiancé; *m* fiancé *m*
fidarsi (fi-*dar*-si) *v* *faire confiance
fidato (fi-*dââ*-tô) *adj* digne de confiance; **non ~** douteux
fiducia (fi-*doû*-tcha) *f* confiance *f*
fieno (*fyèè*-nô) *m* foin *m*
fiera (*fyèè*-ra) *f* foire *f*
fierezza (fyé-*rét*-tsa) *f* orgueil *m*
fiero (*fyèè*-rô) *adj* fier
figlia (*fii*-lʸa) *f* fille *f*
figliastro (fi-*lʸa*-strô) *m* enfant d'un autre lit
figliata (fi-*lʸââ*-ta) *f* portée *f*
figlio (*fii*-lʸô) *m* fils *m*
figliolo (fi-*lʸoo*-lô) *m* fils *m*; garçon *m*
figura (fi-*ghoû*-ra) *f* forme *f*; image *f*
figurarsi (fi-ghou-*rar*-si) *v* se figurer; s'imaginer
fila (*fii*-la) *f* rang *m*, file *f*, rangée *f*
filare (fi-*lââ*-ré) *v* filer
filippino (fi-lip-*pii*-nô) *adj* philippin; *m* Philippin *m*
film (film) *m* (pl ~) film *m*
filmare (fil-*mââ*-ré) *v* filmer
filo (*fii*-lô) *m* fil *m*
filobus (fi-lô-*bouss*) *m* trolleybus *m*
filosofia (fi-lô-zô-*fii*-a) *f* philosophie *f*
filosofo (fi-*loo*-zô-fô) *m* philosophe *m*
filtrare (fil-*trââ*-ré) *v* filtrer
filtro (*fil*-trô) *m* filtre *m*; percolateur *m*; **~ dell'aria** filtre à air; **~ dell'olio** filtre à huile
finale (fi-*nââ*-lé) *adj* final
finalmente (fi-nal-*mén*-té) *adv* en fin de compte, enfin

finanze (fi-*nann*-tsé) *fpl* finances *fpl*
finanziare (fi-nann-*tsyââ*-ré) *v* financer
finanziario (fi-nann-*tsyââ*-ryô) *adj* financier
finanziatore (fi-nann-tsya-*tôô*-ré) *m* investisseur *m*
finché (finng-*ké*) *conj* jusqu'à, jusqu'à ce que; ~ **non** jusqu'à ce que
fine (*fii*-né) *f* fin *f*; *m* but *m*; **finesettimana** week-end *m*
finestra (fi-*né*-stra) *f* fenêtre *f*
***fingere** (*finn*-djé-ré) *v* *feindre
finire (fi-*nii*-ré) *v* finir; se terminer; **finito** terminé; fini
finlandese (finn-lann-*déé*-sé) *adj* finlandais; *m* Finlandais *m*
Finlandia (finn-*lann*-dya) *f* Finlande *f*
fino (*fii*-nô) *adj* fin
fino a (*fii*-nô a) *prep* jusqu'à, jusque
finora (fi-*nôô*-ra) *adv* jusqu'à maintenant, jusqu'à présent
finzione (finn-*tsyôô*-né) *f* fiction *f*
fioraio (fyô-*râô*-yô) *m* fleuriste *m*
fiore (*fyôô*-ré) *m* fleur *f*
fiorente (fyô-*rèn*-té) *adj* prospère
firma (*fir*-ma) *f* signature *f*
firmare (fir-*mââ*-ré) *v* signer
fischiare (fi-*skyââ*-ré) *v* siffler
fischio (*fi*-skyô) *m* sifflet *m*
fisica (*fii*-zi-ka) *f* physique *f*
fisico (*fii*-zi-kô) *adj* physique; *m* physicien *m*
fisiologia (fi-zyô-lô-*djii*-a) *f* physiologie *f*
fissare (fiss-*sââ*-ré) *v* fixer; arranger
fisso (*fiss*-sô) *adj* fixe
fitta (*fit*-ta) *f* point de côté
fiume (*fyoû*-mé) *m* fleuve *m*
flacone (fla-*kôô*-né) *m* flacon *m*
flagello (fla-*djèl*-lô) *m* fléau *m*
flanella (fla-*nèl*-la) *f* flanelle *f*
flauto (*flaou*-tô) *m* flûte *f*
flessibile (fléss-*sii*-bi-lé) *adj* flexible
floscio (*floch*-chô) *adj* flasque
flotta (*flot*-ta) *f* flotte *f*
fluente (*flouèn*-té) *adj* couramment
fluido (*floû*-i-dô) *adj* fluide; *m* liquide *m*
flusso (*flouss*-sô) *m* marée haute
foca (*foo*-ka) *f* phoque *m*
foce (*foo*-tché) *f* embouchure *f*
focolare (fô-kô-*lââ*-ré) *m* cheminée *f*
fodera (*foo*-dé-ra) *f* doublure *f*
foglia (*foo*-lya) *f* feuille *f*
foglio (*foo*-lyô) *m* feuille *f*; ~ **di registrazione** formulaire d'inscription
fogna (*fôô*-gna) *f* égout *m*
folklore (fôl-*kloo*-ré) *m* folklore *m*
folla (*fol*-la) *f* foule *f*
folle (*fol*-lé) *adj* fou
folletto (fôl-*lét*-tô) *m* elfe *m*
fondamentale (fôn-da-mén-*tââ*-lé) *adj* fondamental
fondamento (fôn-da-*mén*-tô) *m* fondement *m*; base *f*
fondare (fôn-*dââ*-ré) *v* fonder, établir; **fondato** bien fondé
fondazione (fôn-da-*tsyôô*-né) *f* fondation *f*
***fondere** (*fôn*-dé-ré) *v* fondre
fondo (*fôn*-dô) *m* fond *m*; **fondi** fonds *mpl*; ~ **tinta** fond de teint
fonetico (fô-*nèè*-ti-kô) *adj* phonétique
fontana (fôn-*tââ*-na) *f* fontaine *f*
fonte (*fôn*-té) *f* source *f*
foratura (fô-ra-*toû*-ra) *f* crevaison *f*
forbici (*for*-bi-tchi) *fpl* ciseaux *mpl*; **forbicine per le unghie** ciseaux à ongles
forca (*fôr*-ka) *f* gibet *m*
forchetta (fôr-*két*-ta) *f* fourchette *f*
forcina (fôr-*tchii*-na) *f* épingle à cheveux, pince à cheveux
foresta (fô-*rè*-sta) *f* bois *m*, forêt *f*
forestiero (fô-ré-*styèè*-rô) *m* étranger *m*
forfora (*fôr*-fô-ra) *f* pellicules
forma (*fôr*-ma) *f* forme *f*; stature *f*

formaggio (fôr-*mad*-djô) *m* fromage *m*
formale (fôr-*mââ*-lé) *adj* cérémonieux
formalità (fôr-ma-li-*ta*) *f* formalité *f*
formare (fôr-*mââ*-ré) *v* former
formato (fôr-*mââ*-tô) *m* format *m*
formazione (fôr-ma-*tsyôô*-né) *f* formation *f*
formica (fôr-*mii*-ka) *f* fourmi *f*
formidabile (fôr-mi-*dââ*-bi-lé) *adj* formidable
formula (*for*-mou-la) *f* formule *f*
formulario (fôr-mou-*lââ*-ryô) *m* formulaire *m*
fornace (fôr-*nââ*-tché) *f* fournaise *f*
fornello (fôr-*nèl*-lô) *m* cuisinière *f*; ~ **a gas** cuisinière à gaz; ~ **a spirito** réchaud à alcool
fornire (fôr-*nii*-ré) *v* fournir
fornitura (fôr-ni-*toû*-ra) *f* fourniture *f*
forno (*fôr*-nô) *m* four *m*
forse (*fôr*-sé) *adv* peut-être
forte (*for*-té) *adj* fort; *m* fort *m*
fortezza (fôr-*tét*-tsa) *f* forteresse *f*
fortuito (fôr-*toû*-i-tô) *adj* fortuit, accidentel
fortuna (fôr-*toû*-na) *f* sort *m*; chance *f*
fortunato (fôr-tou-*nââ*-tô) *adj* chanceux, heureux
foruncolo (fô-*roung*-kô-lô) *m* furoncle *m*
forza (*for*-tsa) *f* puissance *f*, force *f*; ~ **motrice** force motrice; **forze militari** force armée; **per** ~ forcément
forzare (fôr-*tsââ*-ré) *v* forcer
foschia (fô-*skii*-a) *f* brume *f*
fosco (*fô*-skô) *adj* brumeux
fossato (fôss-*sââ*-tô) *m* fossé *m*; douve *f*
fosso (*fôss*-sô) *m* fossé *m*
foto (*foo*-tô) *f* photo *f*; ~ **per passaporto** photo d'identité
fotografare (fô-tô-ghra-*fââ*-ré) *v* photographier
fotografia (fô-tô-ghra-*fii*-a) *f* photographie *f*
fotografo (fô-*too*-ghra-fô) *m* photographe *m*
fra (fra) *prep* au milieu de; entre
fragile (*frââ*-dji-lé) *adj* fragile
fragola (*frââ*-ghô-la) *f* fraise *f*
***fraintendere** (fra-inn-*tèn*-dé-ré) *v* mal *comprendre
frammento (framm-*mén*-tô) *m* fragment *m*
francese (frann-*tchéé*-zé) *adj* français; *m* Français *m*
Francia (*frann*-tcha) *f* France *f*
franco (*franng*-kô) *adj* franc; ~ **di dazio** exempt de droits; ~ **di porto** port payé
francobollo (franng-kô-*bôl*-lô) *m* timbre-poste *m*
frangia (*frann*-dja) *f* frange *f*
frase (*frââ*-zé) *f* phrase *f*; locution *f*
fratello (fra-*tèl*-lô) *m* frère *m*
fraternità (fra-tér-ni-*ta*) *f* fraternité *f*
frattanto (frat-*tann*-tô) *adv* entretemps
nel frattempo (nél frat-*tèm*-pô) entretemps
frattura (frat-*toû*-ra) *f* fracture *f*
fratturare (frat-tou-*rââ*-ré) *v* fracturer
frazione (fra-*tsyôô*-né) *f* fraction *f*; hameau *m*
freccia (*frét*-tcha) *f* flèche *f*; clignotant *m*
freddino (fréd-*dii*-nô) *adj* frais
freddo (*fréd*-dô) *adj* froid; *m* froid *m*
freno (*fréé*-nô) *m* frein *m*; ~ **a mano** frein à main; ~ **a pedale** frein à pédale
frequentare (fré-k^ou^én-*tââ*-ré) *v* fréquenter
frequente (fré-*k^ou^èn*-té) *adj* courant, fréquent
frequenza (fré-*k^ou^èn*-tsa) *f* fréquence

f; assistance *f*
fresco (*fré*-skô) *adj* frais
fretta (*frét*-ta) *f* hâte *f*; **in** ~ en vitesse
frettoloso (frét-tô-*lôô*-sô) *adj* précipité
***friggere** (*frid*-djé-ré) *v* *faire sauter, *frire
frigorifero (fri-ghô-*rii*-fé-rô) *m* frigidaire *m*, réfrigérateur *m*, frigo *m*
fringuello (frinng-*gh^ou^èl*-lô) *m* pinson *m*
frittata (frit-*tââ*-ta) *f* omelette *f*
frizione (fri-*tsyôô*-né) *f* embrayage *m*
frode (*froo*-dé) *f* fraude *f*
fronte (*frôn*-té) *f* front *m*; **di** ~ **a** devant; en face de; ***far** ~ **a** affronter
frontiera (frôn-*tyèè*-ra) *f* frontière *f*
frontone (frôn-*tôô*-né) *m* pignon *m*
frullatore (froul-la-*tôô*-ré) *m* mixeur *m*
frumento (frou-*mén*-tô) *m* céréale *f*, blé *m*
frusta (*frou*-sta) *f* fouet *m*
frutta (*frout*-ta) *f* fruits
frutteto (frout-*téé*-tô) *m* verger *m*
fruttivendolo (frout-ti-*vén*-dô-lô) *m* marchand de légumes
frutto (*frout*-tô) *m* fruit *m*
fruttuoso (frout-*t^ou^ôô*-sô) *adj* profitable
fucile (fou-*tchii*-lé) *m* fusil *m*
fuga (*foû*-gha) *f* fuite *f*
fuggire (foud-*djii*-ré) *v* *fuir
fuggitivo (foud-dji-*tii*-vô) *m* fugitif *m*
fulvo (*foul*-vô) *adj* fauve
fumare (fou-*mââ*-ré) *v* fumer
fumatore (fou-ma-*tôô*-ré) *m* fumeur *m*; **compartimento per fumatori** compartiment fumeurs
fumo (*foû*-mô) *m* fumée *f*
funerale (fou-né-*rââ*-lé) *m* funérailles *fpl*
fungo (*foung*-ghô) *m* champignon *m*
funzionamento (foun-tsyô-na-*mén*-tô) *m* fonctionnement *m*
funzionare (foun-tsyô-*nââ*-ré) *v* fonctionner
funzionario (foun-tsyô-*nââ*-ryô) *m* fonctionnaire *m*
funzione (foun-*tsyôô*-né) *f* fonction *f*
fuoco (*f^ou^oo*-kô) *m* feu *m*; foyer *m*
fuori (*f^ou^oo*-ri) *adv* hors; dehors; **al di** ~ vers l'extérieur; ~ **di** hors de, en dehors de
furbo (*four*-bô) *adj* rusé
furfante (four-*fann*-té) *m* scélérat *m*
furgone (four-*ghôô*-né) *m* camion de livraison, fourgon *m*
furibondo (fou-ri-*bôn*-dô) *adj* furibond
furioso (fou-*ryôô*-sô) *adj* furieux
furore (fou-*rôô*-ré) *m* fureur *f*
furto (*four*-tô) *m* vol *m*
fusibile (fou-*zii*-bi-lé) *m* fusible *m*
fusione (fou-*zyôô*-né) *f* fusion *f*
futile (*foû*-ti-lé) *adj* futile
futuro (fou-*toû*-rô) *m* avenir *m*; *adj* futur

G

gabbia (*ghab*-bya) *f* cage *f*; ~ **da imballaggio** caisse *f*
gabbiano (ghab-*byââ*-nô) *m* mouette *f*; goéland *m*
gabinetto (gha-bi-*nét*-tô) *m* toilettes *fpl*, cabinet *m*; ~ **per signore** toilettes pour dames; ~ **per signori** toilettes pour hommes
gaiezza (gha-*yét*-tsa) *f* gaîté *f*
gaio (*ghââ*-yô) *adj* joyeux
galleggiante (ghal-léd-*djann*-té) *m* flotteur *m*
galleggiare (ghal-léd-*djââ*-ré) *v* flotter
galleria (ghal-lé-*rii*-a) *f* tunnel *m*; galerie *f*; ~ **d'arte** galerie d'art
gallina (ghal-*lii*-na) *f* poule *f*
gallo (*ghal*-lô) *m* coq *m*
galoppo (gha-*lop*-pô) *m* galop *m*

gamba (*ghamm*-ba) *f* jambe *f*
gamberetto (ghamm-bé-*rét*-tô) *m* crevette *f*
gambero (*ghamm*-bé-rô) *m* crevette *f*
gambo (*ghamm*-bô) *m* tige *f*
gancio (*ghann*-tchô) *m* patère *f*
gara (*ghââ*-ra) *f* compétition *f*; course *f*
garante (gha-*rann*-té) *m* garant *m*
garantire (gha-rann-*tii*-ré) *v* garantir
garanzia (gha-rann-*tsii*-a) *f* garantie *f*
gargarizzare (ghar-gha-rid-*dzââ*-ré) *v* se gargariser
garza (*ghar*-dza) *f* gaze *f*
gas (ghaz) *m* gaz *m*; ~ **di scarico** gaz d'échappement
gastrico (*gha*-stri-kô) *adj* gastrique
gatto (*ghat*-tô) *m* chat *m*
gazza (*ghad*-dza) *f* pie *f*
gelare (djé-*lââ*-ré) *v* geler
gelatina (djé-la-*tii*-na) *f* gelée *f*
gelato (djé-*lââ*-tô) *m* crème glacée; glace *f*
gelo (*djèè*-lô) *m* gel *m*
gelone (djé-*lôô*-né) *m* engelure *f*
gelosia (djé-lô-*sii*-a) *f* jalousie *f*
geloso (djé-*lôô*-sô) *adj* jaloux
gemelli (djé-*mèl*-li) *mpl* jumeaux *mpl*; boutons de manchettes
gemere (*djèè*-mé-ré) *v* gémir
gemma (*djèm*-ma) *f* pierre précieuse; bijou *m*
generale (djé-né-*rââ*-lé) *adj* général; global; *m* général *m*; **in** ~ en général
generare (djé-né-*rââ*-ré) *v* *produire
generatore (djé-né-ra-*tôô*-ré) *m* générateur *m*
generazione (djé-né-ra-*tsyôô*-né) *f* génération *f*
genere (*djèè*-né-ré) *m* catégorie *f*, genre *m*
genero (*djèè*-né-rô) *m* gendre *m*
generosità (djé-né-rô-si-*ta*) *f* générosité *f*
generoso (djé-né-*rôô*-sô) *adj* généreux
gengiva (djén-*djii*-va) *f* gencive *f*
genio (*djèè*-gnô) *m* génie *m*
genitale (djé-ni-*tââ*-lé) *adj* génital
genitori (djé-ni-*tôô*-ri) *mpl* parents
gennaio (djén-*nââ*-yô) janvier
gente (*djèn*-té) *f* gens *mpl/fpl*
gentile (djén-*tii*-lé) *adj* de bon caractère; gentil
genuino (djé-*nouii*-nô) *adj* authentique
geografia (djé-ô-ghra-*fii*-a) *f* géographie *f*
geologia (djé-ô-lô-*djii*-a) *f* géologie *f*
geometria (djé-ô-mé-*trii*-a) *f* géométrie *f*
gerarchia (djé-rar-*kii*-a) *f* hiérarchie *f*
Germania (djér-*mââ*-nya) *f* Allemagne *f*
germe (*djèr*-mé) *m* germe *m*; microbe *m*
gesso (*djèss*-sô) *m* plâtre *m*
gesticolare (djé-sti-kô-*lââ*-ré) *v* gesticuler
gestione (djé-*styôô*-né) *f* gestion *f*
gesto (*djè*-stô) *m* geste *m*
gettare (djét-*tââ*-ré) *v* lancer, jeter
getto (*djèt*-tô) *m* jet *m*
gettone (djét-*tôô*-né) *m* jeton *m*
ghiacciaio (ghyat-*tchââ*-yô) *m* glacier *m*
ghiaccio (*ghyat*-tchô) *m* glace *f*
ghiaia (*ghyââ*-ya) *f* gravier *m*
ghianda (*ghyann*-da) *f* gland *m*
ghiandola (*ghyann*-dô-la) *f* glande *f*
ghiottoneria (ghyôt-tô-né-*rii*-a) *f* délicatesse *f*
ghiribizzo (ghi-ri-*bid*-dzô) *m* lubie *f*
ghisa (*ghii*-za) *f* fonte *f*
già (dja) *adv* déjà; auparavant
giacca (*djak*-ka) *f* veston *m*, veste *f*; ~ **e calzoni** ensemble-pantalon; ~ **sportiva** veste de sport, blazer *m*

giacché (djak-*ké*) *conj* puisque
giacchetta (djak-*két*-ta) *f* veste *f*; ~ **sportiva** veston sport
giaccone (djak-*kôô*-né) *m* cardigan *m*
giacimento (dja-tchi-*mén*-tô) *m* dépôt *m*
giada (*djââ*-da) *f* jade *m*
giallo (*djal*-lô) *adj* jaune
Giappone (djap-*pôô*-né) *m* Japon *m*
giapponese (djap-pô-*néé*-sé) *adj* japonais; *m* Japonais *m*
giara (*djââ*-ra) *f* jarre *f*
giardiniere (djar-di-*gnèè*-ré) *m* jardinier *m*
giardino (djar-*dii*-nô) *m* jardin *m*; ~ **d'infanzia** école maternelle; ~ **pubblico** jardin public; ~ **zoologico** jardin zoologique, zoo *m*
gigante (dji-*ghann*-té) *m* géant *m*
gigantesco (dji-ghann-*té*-skô) *adj* gigantesque
giglio (*djii*-lʸô) *m* lis *m*
ginecologo (dji-né-*koo*-lô-ghô) *m* gynécologue *m*
ginnasta (djinn-*na*-sta) *m* gymnaste *m*
ginnastica (djinn-*na*-sti-ka) *f* gymnastique *f*
ginocchio (dji-*nok*-kyô) *m* (pl le ginocchia) genou *m*
giocare (djô-*kââ*-ré) *v* jouer
giocatore (djô-ka-*tôô*-ré) *m* joueur *m*
giocattolo (djô-*kat*-tô-lô) *m* jouet *m*
gioco (*djoo*-kô) *m* jeu *m*; **carta da** ~ carte de jeu; ~ **della dama** jeu de dames; ~ **delle bocce** jeu de quilles
giogo (*djôô*-ghô) *m* joug *m*
gioia (*djoo*-ya) *f* joie *f*; **gioie** bijoux
gioielliere (djô-yél-*lʸèè*-ré) *m* bijoutier *m*
gioiello (djô-*yèl*-lô) *m* joyau *m*, bijou *m*; **gioielli** joaillerie *f*
gioioso (djô-*yôô*-sô) *adj* joyeux
Giordania (djôr-*dââ*-gna) *f* Jordanie *f*
giordano (djôr-*dââ*-nô) *adj* jordanien; *m* Jordanien *m*
giornalaio (djôr-na-*lââ*-yô) *m* marchand de journaux
giornale (djôr-*nââ*-lé) *m* journal *m*; périodique *m*; ~ **del mattino** journal du matin
giornaliero (djôr-na-*lʸèè*-rô) *adj* journalier
giornalismo (djôr-na-*li*-zmô) *m* journalisme *m*
giornalista (djôr-na-*li*-sta) *m* journaliste *m*
giornata (djôr-*nââ*-ta) *f* journée *f*
giorno (*djôr*-nô) *m* jour *m*; **al** ~ par jour; ~ **feriale** jour de la semaine; ~ **lavorativo** jour ouvrable; **quindicina di giorni** quinze jours; **un** ~ une fois; **un** ~ **o l'altro** un jour ou l'autre
giostra (*djo*-stra) *f* chevaux de bois
giovane (*djôô*-va-né) *adj* jeune; *m* garçon *m*; ~ **esploratore** scout *m*; ~ **esploratrice** scout *m*
giovanile (djô-va-*nii*-lé) *adj* juvénile
giovanotto (djô-va-*not*-tô) *m* jeune homme
giovare (djô-*vââ*-ré) *v* *servir
giovedì (djô-vé-*di*) *m* jeudi *m*
gioventù (djô-vén-*tou*) *f* jeunesse *f*
giovinezza (djô-vi-*nét*-tsa) *f* jeunesse *f*
giradischi (dji-ra-*di*-ski) *m* tourne-disque *m*
girare (dji-*rââ*-ré) *v* tourner; endosser; ~ **intorno a** contourner
giro (*djii*-rô) *m* tour *m*; excursion *f*; détour *m*; ~ **d'affari** chiffre d'affaires
gita (*djii*-ta) *f* excursion *f*; ~ **turistica** excursion *f*
giù (djou) *adv* au-dessous, en dessous, en bas; ~ **da** de; **in** ~ vers le bas, en bas
giudicare (djou-di-*kââ*-ré) *v* apprécier; juger

giudice (*djoû*-di-tché) *m* juge *m*
giudizio (djou-*dii*-tsyô) *m* jugement *m*
giugno (*djoû*-gnô) juin
giunco (*djoung*-kô) *m* roseau *m*; jonc *m*
***giungere** (*djoun*-djé-ré) *v* arriver
giungla (*djoung*-ghla) *f* jungle *f*
giuoco (*dj^ou^oo*-kô) *m* jeu *m*
giuramento (djou-ra-*mén*-tô) *m* serment *m*
giurare (djou-*râê*-ré) *v* jurer
giuria (djou-*rii*-a) *f* jury *m*
giuridico (djou-*rii*-di-kô) *adj* juridique
giurista (djou-*ri*-sta) *m* juriste *m*
giustamente (djou-sta-*mén*-té) *adv* justement
giustificare (djou-sti-fi-*kââ*-ré) *v* justifier
giustizia (djou-*stii*-tsya) *f* justice *f*; droit *m*
giusto (*djou*-stô) *adj* juste, honnête; légitime
glaciale (ghla-*tchââ*-lé) *adj* glacial
gli (l^y^i) *pron* lui
globale (ghlô-*bââ*-lé) *adj* total
globo (*ghloo*-bô) *m* globe *m*
gloria (*ghloo*-rya) *f* gloire *f*
glossario (ghlôss-*sââ*-ryô) *m* vocabulaire *m*
goccia (*ghôt*-tcha) *f* goutte *f*
godere (ghô-*déé*-ré) *v* jouir de
godimento (ghô-di-*mén*-tô) *m* plaisir *m*
goffo (*ghof*-fô) *adj* maladroit
gola (*ghôô*-la) *f* gorge *f*
golf (ghôlf) *m* chandail *m*; golf *m*; **campo di ~** terrain de golf
golfo (*ghôl*-fô) *m* golfe *m*
goloso (ghô-*lôô*-sô) *adj* gourmand
gomito (*ghoo*-mi-tô) *m* coude *m*
gomma (*ghôm*-ma) *f* gomme *f*; **~ da masticare** chewing-gum *m*; **~ per cancellare** gomme *f*
gommapiuma (ghôm-ma-*pyoû*-ma) *f* caoutchouc mousse
gondola (*ghôn*-dô-la) *f* gondole *f*
gonfiabile (ghôn-*fyââ*-bi-lé) *adj* gonflable
gonfiare (ghôn-*fyââ*-ré) *v* gonfler; enfler
gonfiore (ghôn-*fyôô*-ré) *m* enflure *f*
gonna (*ghôn*-na) *f* jupe *f*
gotta (*ghôt*-ta) *f* goutte *f*
governante (ghô-vér-*nann*-té) *f* gouvernante *f*
governare (ghô-vér-*nââ*-ré) *v* gouverner; naviguer
governatore (ghô-vér-na-*tôô*-ré) *m* gouverneur *m*
governo (ghô-*vèr*-nô) *m* régime *m*, gouvernement *m*
gradevole (ghra-*déé*-vô-lé) *adj* agréable, plaisant
gradire (ghra-*dii*-ré) *v* aimer, bien aimer
grado (*ghrââ*-dô) *m* degré *m*; ***essere in ~ di** *être capable de
graduale (ghra-*d^ou^ââ*-lé) *adj* graduel
graffetta (ghraf-*fét*-ta) *f* agrafe *f*
graffiare (ghraf-*fyââ*-ré) *v* gratter
graffio (*ghraf*-fyô) *m* égratignure *f*
grafico (*ghrââ*-fi-kô) *adj* graphique; *m* diagramme *m*, graphique *m*
grammatica (ghramm-*mââ*-ti-ka) *f* grammaire *f*
grammaticale (ghramm-ma-ti-*kââ*-lé) *adj* grammatical
grammo (*ghramm*-mô) *m* gramme *m*
grammofono (ghramm-*moo*-fô-nô) *m* phonographe *m*
granaio (ghra-*nââ*-yô) *m* grange *f*
Gran Bretagna (ghrann bré-*tââ*-gna) Grande-Bretagne *f*, Angleterre *f*
granchio (*ghranng*-kyô) *m* crabe *m*
grande (*ghrann*-dé) *adj* grand; vaste
grandezza (ghrann-*dét*-tsa) *f* taille *f*
grandine (*ghrann*-di-né) *f* grêle *f*
grandioso (ghrann-*dyôô*-sô) *adj* gran-

diose
granello (ghra-*nèl*-lô) *m* grain *m*
graniglia (ghra-*nii*-lʸa) *f* gravillon *m*
granito (ghra-*nii*-tô) *m* granit *m*
grano (*ghrââ*-nô) *m* blé *m*, céréale *f*
granturco (ghrann-*tour*-kô) *m* maïs *m*; **pannocchia di** ~ maïs en épi
grasso (*ghrass*-sô) *adj* gros; gras; graisseux; *m* graisse *f*
grassottello (ghrass-sôt-*tèl*-lô) *adj* potelé
grata (*ghrââ*-ta) *f* grille *f*
gratis (*ghrââ*-tiss) *adj* gratuit
gratitudine (ghra-ti-*toû*-di-né) *f* gratitude *f*
grato (*ghrââ*-tô) *adj* reconnaissant
grattacielo (ghrat-ta-*tchèè*-lô) *m* gratte-ciel *m*
grattugia (ghrat-*toû*-dja) *f* râpe *f*
gratuito (ghra-*toû*-i-tô) *adj* à titre gracieux, gratuit
grave (*ghrââ*-vé) *adj* grave
gravità (ghra-vi-*ta*) *f* gravité *f*
grazia (*ghrââ*-tsya) *f* grâce *f*
grazie (*ghrââ*-tsyé) merci
grazioso (ghra-*tsyôô*-sô) *adj* charmant, gracieux
Grecia (*ghrèè*-tcha) *f* Grèce *f*
greco (*ghrèè*-kô) *adj* (pl greci) grec; *m* Grec *m*
gregge (*ghréd*-djé) *m* troupeau *m*
grembiule (ghrém-*byoû*-lé) *m* tablier *m*
gremito (ghré-*mii*-tô) *adj* plein à craquer
gridare (ghri-*dââ*-ré) *v* crier; appeler
grido (*ghrii*-dô) *m* cri *m*; appel *m*
grigio (*ghrii*-djô) *adj* gris
griglia (*ghrii*-lʸa) *f* grill *m*
grilletto (ghril-*lét*-tô) *m* gâchette *f*
grillo (*ghril*-lô) *m* grillon *m*
grinza (*ghrinn*-tsa) *f* faux pli
grossa (*ghross*-sa) *f* grosse *f*
grossista (ghrôss-*si*-sta) *m* grossiste *m*
grosso (*ghross*-sô) *adj* gros
grossolano (ghrôss-sô-*lââ*-nô) *adj* grossier
grotta (*ghrot*-ta) *f* grotte *f*
gru (ghrou) *f* grue *f*
grullo (*ghroul*-lô) *adj* bête
grumo (*ghroû*-mô) *m* grumeau *m*
grumoso (ghrou-*môô*-sô) *adj* grumeleux
gruppo (*ghroup*-pô) *m* groupe *m*; bande *f*
guadagnare (ghᵒᵘa-da-*gnââ*-ré) *v* gagner
guadagno (ghᵒᵘa-*dââ*-gnô) *m* profit *m*
guadare (ghᵒᵘa-*dââ*-ré) *v* patauger
guado (*ghᵒᵘââ*-dô) *m* gué *m*
guaio (*ghᵒᵘââ*-yô) *m* dérangement *m*
guancia (*ghᵒᵘann*-tcha) *f* joue *f*
guanciale (ghᵒᵘann-*tchââ*-lé) *m* oreiller *m*
guanto (*ghᵒᵘann*-tô) *m* gant *m*
guardare (ghᵒᵘar-*dââ*-ré) *v* regarder; contempler; **guardarsi** *prendre garde
guardaroba (ghᵒᵘar-da-*roo*-ba) *m* garde-robe *f*; vestiaire *m*
guardia (*ghᵒᵘar*-dya) *f* gardien *m*; ~ **del corpo** garde du corps; ~ **forestale** forestier *m*
guardiano (ghᵒᵘar-*dyââ*-nô) *m* garde *m*, gardien *m*
guarigione (ghᵒᵘa-ri-*djôô*-né) *f* guérison *f*
guarire (ghᵒᵘa-*rii*-ré) *v* guérir; se *remettre
guastare (ghᵒᵘa-*stââ*-ré) *v* gâter; **guastarsi** tomber en panne
guasto (*ghᵒᵘa*-stô) *adj* cassé, en dérangement; *m* panne *f*
guerra (*ghᵒᵘèr*-ra) *f* guerre *f*; ~ **mondiale** guerre mondiale
gufo (*ghoû*-fô) *m* hibou *m*
guglia (*ghoû*-lʸa) *f* aiguille *f*
guida (*ghouii*-dâ) *f* conduite *f*; guide

m; **patente di** ~ permis de conduire
guidare (ghoui-*dââ*-ré) *v* *conduire, accompagner
guinzaglio (ghouinn-*tsââ*-lʸô) *m* laisse *f*
guscio (*ghouch*-chô) *m* coquille *f*; ~ **di noce** coquille de noix
gustare (ghou-*stââ*-ré) *v* *prendre plaisir
gusto (*ghou*-stô) *m* goût *m*; saveur *f*; entrain *m*
gustoso (ghou-*stôô*-sô) *adj* bon, succulent

H

hobby (*ob*-bi) *m* passe-temps *m*
hockey (*ok*-ki) *m* hockey *m*
hostess (o-*stéss*) *f* hôtesse de l'air

I

icona (i-*kôô*-na) *f* icône *f*
idea (i-*dèè*-a) *f* idée *f*
ideale (i-dé-*ââ*-lé) *adj* idéal; *m* idéal *m*
identico (i-*dèn*-ti-kô) *adj* identique
identificare (i-dén-ti-fi-*kââ*-ré) *v* identifier
identificazione (i-dén-ti-fi-ka-*tsyôô*-né) *f* identification *f*
identità (i-dén-ti-*ta*) *f* identité *f*
idillio (i-*dil*-lʸô) *m* idylle *f*
idioma (i-*dyoo*-ma) *m* idiome *m*
idiomatico (i-dyô-*mââ*-ti-kô) *adj* idiomatique
idiota (i-*dyoo*-ta) *adj* idiot; *m* idiot *m*
idolo (*ii*-dô-lô) *m* idole *f*
idoneo (i-*doo*-né-ô) *adj* approprié
idraulico (i-*draou*-li-kô) *m* plombier *m*
idrogeno (i-*droo*-djé-nô) *m* hydrogène *m*
ieri (*yèè*-ri) *adv* hier
igiene (i-*djèè*-né) *f* hygiène *f*
igienico (i-*djèè*-ni-kô) *adj* hygiénique
ignorante (i-gnô-*rann*-té) *adj* ignorant
ignorare (i-gnô-*rââ*-ré) *v* ignorer
ignoto (i-*gnoo*-tô) *adj* inconnu
il (il) *art* (f la;pl i, gli, le) le *art*
illecito (il-*léé*-tchi-tô) *adj* illicite
illegale (il-lé-*ghââ*-lé) *adj* illicite, illégal
illeggibile (il-léd-*djii*-bi-lé) *adj* illisible
illimitato (il-li-mi-*tââ*-tô) *adj* illimité
illuminare (il-lou-mi-*nââ*-ré) *v* illuminer
illuminazione (il-lou-mi-na-*tsyôô*-né) *f* éclairage *m*, illumination *f*
illusione (il-lou-*zyôô*-né) *f* illusion *f*
illustrare (il-lou-*strââ*-ré) *v* illustrer
illustrazione (il-lou-stra-*tsyôô*-né) *f* illustration *f*
illustre (il-*lou*-stré) *adj* illustre
imballaggio (imm-bal-*lad*-djô) *m* emballage *m*
imballare (imm-bal-*lââ*-ré) *v* emballer
imbarazzante (imm-ba-rat-*tsann*-té) *adj* embarrassant
imbarazzare (imm-ba-rat-*tsââ*-ré) *v* embarrasser; **imbarazzato** confus, gêné
imbarcare (imm-bar-*kââ*-ré) *v* embarquer
imbarco (imm-*bar*-kô) *m* embarquement *m*
imbiancare (imm-byanng-*kââ*-ré) *v* décolorer
imboscata (imm-bô-*skââ*-ta) *f* embuscade *f*
imbrogliare (imm-brô-*lʸââ*-ré) *v* duper
imbroglio (imm-*broo*-lʸô) *m* fouillis *m*, pagaille *f*
imbronciato (imm-brôn-*tchââ*-tô) *adj*

fâché
imbuto (imm-*boû*-tô) *m* entonnoir *m*
imitare (i-mi-*tââ*-ré) *v* imiter
imitazione (i-mi-ta-*tsyôô*-né) *f* imitation *f*
immacolato (imm-ma-kô-*lââ*-tô) *adj* immaculé
immagazzinare (imm-ma-ghad-dzi-*nââ*-ré) *v* emmagasiner
immaginare (imm-ma-dji-*nââ*-ré) *v* imaginer; s'imaginer
immaginario (imm-ma-dji-*nââ*-ryô) *adj* imaginaire
immaginazione (imm-ma-dji-na-*tsyôô*-né) *f* imagination *f*
immagine (imm-*mââ*-dji-né) *f* image *f*
immangiabile (imm-mann-*djââ*-bi-lé) *adj* immangeable
immediatamente (imm-mé-dya-ta-*mén*-té) *adv* immédiatement
immediato (imm-mé-*dyââ*-tô) *adj* immédiat
immenso (imm-*mèn*-sô) *adj* immense
immigrante (imm-mi-*ghrann*-té) *m* immigrant *m*
immigrare (imm-mi-*ghrââ*-ré) *v* immigrer
immigrazione (imm-mi-ghra-*tsyôô*-né) *f* immigration *f*
imminente (imm-mi-*nèn*-té) *adj* proche
immobile (imm-*moo*-bi-lé) *m* immeuble *m*
immodesto (imm-mô-*dè*-stô) *adj* immodeste
immondizia (imm-môn-*dii*-tsya) *f* détritus *m*, rebut *m*, ordures *fpl*
immunità (imm-mou-ni-*ta*) *f* immunité *f*
immunizzare (imm-mou-nid-*dzââ*-ré) *v* immuniser
impalcatura (imm-pal-ka-*toû*-ra) *f* échafaudage *m*
imparare (imm-pa-*rââ*-ré) *v* *apprendre; ~ **a memoria** *apprendre par cœur
imparziale (imm-par-*tsyââ*-lé) *adj* impartial
impasticciare (imm-pa-stit-*tchââ*-ré) *v* embrouiller
impasto (imm-*pa*-stô) *m* pâte *f*
impaurito (imm-paou-*rii*-tô) *adj* apeuré, effrayé
impaziente (imm-pa-*tsyèn*-té) *adj* impatient
impeccabile (imm-pék-*kââ*-bi-lé) *adj* impeccable
impedimento (imm-pé-di-*mén*-tô) *m* entrave *f*
impedire (imm-pé-*dii*-ré) *v* empêcher; entraver
impegnare (imm-pé-*gnââ*-ré) *v* donner en gage, *mettre en gage; **impegnarsi** s'engager
impegno (imm-*péé*-gnô) *m* engagement *m*
imperatore (imm-pé-ra-*tôô*-ré) *m* empereur *m*
imperatrice (imm-pé-ra-*trii*-tché) *f* impératrice *f*
imperfetto (imm-pér-*fèt*-tô) *adj* imparfait
imperfezione (imm-pér-fé-*tsyôô*-né) *f* imperfection *f*
imperiale (imm-pé-*ryââ*-lé) *adj* impérial
impermeabile (imm-pér-mé-*ââ*-bi-lé) *adj* imperméable; *m* imperméable *m*
impero (imm-*pèè*-rô) *m* empire *m*
impersonale (imm-pér-sô-*nââ*-lé) *adj* impersonnel
impertinente (imm-pér-ti-*nèn*-té) *adj* insolent, impertinent
impertinenza (imm-pér-ti-*nèn*-tsa) *f* impertinence *f*
impetuoso (imm-pé-*t^{ou}ôô*-sô) *adj* violent

impianto (imm-*pyann*-tô) *m* usine *f*
impiegare (imm-pyé-*ghââ*-ré) *v* employer
impiegato (imm-pyé-*ghââ*-tô) *m* employé de bureau, employé *m*
impiego (imm-*pyèè*-ghô) *m* emploi *m*, poste *m*; **domanda d'impiego** candidature *f*
implicare (imm-pli-*kââ*-ré) *v* impliquer
imponente (imm-pô-*nèn*-té) *adj* imposant, sublime
impopolare (imm-pô-pô-*lââ*-ré) *adj* peu aimé, impopulaire
***imporre** (imm-*pôr*-ré) *v* imposer; ordonner
importante (imm-pôr-*tann*-té) *adj* important, capital
importanza (imm-pôr-*tann*-tsa) *f* importance *f*; ***avere** ~ *avoir de l'importance
importare (imm-pôr-*tââ*-ré) *v* importer
importatore (imm-pôr-ta-*tôô*-ré) *m* importateur *m*
importazione (imm-pôr-ta-*tsyôô*-né) *f* importation *f*
importunare (imm-pôr-tou-*nââ*-ré) *v* déranger, tracasser
impossibile (imm-pôss-*sii*-bi-lé) *adj* impossible
imposta[1] (imm-*po*-sta) *f* persienne *f*
imposta[2] (imm-*pô*-sta) *f* taxation *f*; ~ **sul reddito** impôt sur le revenu
impostare (imm-pô-*stââ*-ré) *v* *mettre à la poste, poster
impostazione (imm-pô-sta-*tsyôô*-né) *f* approche *f*
impotente (imm-pô-*tèn*-té) *adj* impuissant; impotent
impotenza (imm-pô-*tèn*-tsa) *f* impotence *f*
impraticabile (imm-pra-ti-*kââ*-bi-lé) *adj* impraticable
imprenditore (imm-prén-di-*tôô*-ré) *m* entrepreneur *m*
impresa (imm-*préé*-sa) *f* entreprise *f*
impressionante (imm-préss-syô-*nann*-té) *adj* impressionnant; frappant
impressionare (imm-préss-syô-*nââ*-ré) *v* *faire impression sur, impressionner
impressione (imm-préss-*syôô*-né) *f* impression *f*
imprigionamento (imm-pri-djô-na-*mén*-tô) *m* emprisonnement *m*
imprigionare (imm-pri-djô-*nââ*-ré) *v* emprisonner
improbabile (imm-prô-*bââ*-bi-lé) *adj* improbable
improprio (imm-*proo*-pryô) *adj* impropre
improvvisamente (imm-prôv-vi-za-*mén*-té) *adv* soudain
improvvisare (imm-prôv-vi-*zââ*-ré) *v* improviser
improvviso (imm-prôv-*vii*-zô) *adj* soudain
impudente (imm-pou-*dèn*-té) *adj* insolent
impugnare (imm-pou-*gnââ*-ré) *v* saisir
impugnatura (imm-pou-gna-*toû*-ra) *f* poignée *f*
impulsivo (imm-poul-*sii*-vô) *adj* impulsif
impulso (imm-*poul*-sô) *m* impulsion *f*
in (inn) *prep* en, dans; à
inabilitato (i-na-bi-li-*tââ*-tô) *adj* handicapé
inabitabile (i-na-bi-*tââ*-bi-lé) *adj* inhabitable
inaccessibile (i-nat-tchéss-*sii*-bi-lé) *adj* inaccessible
inaccettabile (i-nat-tchét-*tââ*-bi-lé) *adj* inacceptable
inadatto (i-na-*dat*-tô) *adj* inadéquat
inadeguato (i-na-dé-*ghouââ*-tô) *adj* inadéquat
inamidare (i-na-mi-*dââ*-ré) *v* amidonner

inaspettato (i-na-spét-*tââ*-tô) *adj* inattendu
inatteso (i-nat-*téé*-sô) *adj* imprévu
inaugurare (i-naou-ghou-*rââ*-ré) *v* inaugurer, inaugurer
incantare (inng-kann-*tââ*-ré) *v* enchanter
incantevole (inng-kann-*téé*-vô-lé) *adj* ravissant
incanto (inng-*kann*-tô) *m* enchantement *m*, attraits
incapace (inng-ka-*pââ*-tché) *adj* incapable
incaricare (inng-ka-ri-*kââ*-ré) *v* charger; **incaricarsi di** se charger de; **incaricato di** chargé de
incarico (inng-*kââ*-ri-kô) *m* tâche assignée
incassare (inng-kass-*sââ*-ré) *v* encaisser
incauto (inng-*kaou*-tô) *adj* imprudent
incendio (inn-*tchèn*-dyô) *m* incendie *m*
incenso (inn-*tchèn*-sô) *m* encens *m*
incerto (inn-*tchèr*-tô) *adj* incertain
inchiesta (inng-*kyè*-sta) *f* enquête *f*
inchinare (inng-ki-*nââ*-ré) *v* courber
inchiostro (inng-*kyo*-strô) *m* encre *f*
inciampare (inn-tchamm-*pââ*-ré) *v* trébucher
incidentale (inn-tchi-dén-*tââ*-lé) *adj* fortuit, en passant
incidente (inn-tchi-*dèn*-té) *m* accident *m*; incident *m*; ~ **aereo** accident d'avion
***incidere** (inn-*tchii*-dé-ré) *v* graver
incinta (inn-*tchinn*-ta) *adj* enceinte
incisione (inn-tchi-*zyô*-né) *f* incision *f*; gravure *f*
incisore (inn-tchi-*zôô*-ré) *m* graveur *m*
incitare (inn-tchi-*tââ*-ré) *v* inciter
inclinare (inng-kli-*nââ*-ré) *v* s'incliner; **inclinato** incliné, en pente
inclinazione (inng-kli-na-*tsyôô*-né) *f* inclinaison *f*; penchant *m*, inclination *f*
***includere** (inng-*kloû*-dé-ré) *v* *inclure
incollare (inng-kôl-*lââ*-ré) *v* coller
incolto (inng-*kôl*-tô) *adj* sauvage, en friche, inculte; ignorant
incolume (inng-*koo*-lou-mé) *adj* indemne
incombustibile (inng-kôm-bou-*stii*-bi-lé) *adj* ignifuge; qui va au four
incompetente (inng-kôm-pé-*tèn*-té) *adj* incompétent
incompleto (inng-kôm-*plèè*-tô) *adj* incomplet
inconcepibile (inng-kôn-tché-*pii*-bi-lé) *adj* inconcevable
incondizionato (inng-kôn-di-tsyô-*nââ*-tô) *adj* inconditionnel
inconscio (inng-*konn*-chô) *adj* inconscient
inconsueto (inng-kôn-*s^{ou}èè*-tô) *adj* inhabituel
incontrare (inng-kôn-*trââ*-ré) *v* rencontrer
incontro (inng-*kôn*-trô) *m* rencontre *f*
inconveniente (inng-kôn-vé-*gnèn*-té) *adj* inopportun; *m* inconvénient *m*
incoraggiare (inng-kô-rad-*djââ*-ré) *v* encourager
incoronare (inng-kô-rô-*nââ*-ré) *v* couronner
incosciente (inng-kôch-*chèn*-té) *adj* inconscient
incredibile (inng-kré-*dii*-bi-lé) *adj* incroyable
incremento (inng-kré-*mén*-tô) *m* relèvement *m*
increscioso (inng-kréch-*chôô*-sô) *adj* ennuyeux
increspare (inng-kré-*spââ*-ré) *v* froisser
incrinarsi (inng-kri-*nar*-si) *v* craquer
incrocio (inng-*krôô*-tchô) *m* carrefour

m

incurabile (inngkou-*rââ*-bi-lé) *adj* incurable

indaffarato (inn-daf-fa-*rââ*-tô) *adj* affairé

indagare (inn-da-*ghââ*-ré) *v* enquêter; s'informer

indagine (inn-*dââ*-dji-né) *f* enquête *f*; examen *m*

indecente (inn-dé-*tchèn*-té) *adj* indécent

indefinito (inn-dé-fi-*nii*-tô) *adj* indéfini

indemoniato (inn-dé-mô-*gnââ*-tô) *adj* possédé

indennità (inn-dén-ni-*ta*) *f* indemnité *f*

indesiderabile (inn-dé-si-dé-*rââ*-bi-lé) *adj* indésirable

India (*inn*-dya) *f* Inde *f*

indiano (inn-*dyââ*-nô) *adj* indien; *m* Indien *m*

indicare (inn-di-*kââ*-ré) *v* indiquer

indicazione (inn-di-ka-*tsyôô*-né) *f* indication *f*; instruction *f*

indice (*inn*-di-tché) *m* index *m*; table des matières

indietro (inn-*dyèè*-trô) *adv* en arrière; **all'indietro** en arrière

indifferente (inn-dif-fé-*rèn*-té) *adj* indifférent

indigeno (inn-*dii*-djé-nô) *m* indigène *m*

indigestione (inn-di-djé-*styôô*-né) *f* indigestion *f*

indignazione (inn-di-gna-*tsyôô*-né) *f* indignation *f*

indipendente (inn-di-pén-*dèn*-té) *adj* indépendant

indipendenza (inn-di-pén-*dèn*-tsa) *f* indépendance *f*

indiretto (inn-di-*rèt*-tô) *adj* indirect

indirizzare (inn-di-rit-*tsââ*-ré) *v* adresser

indirizzo (inn-di-*rit*-tsô) *m* adresse *f*

indispensabile (inn-di-spén-*sââ*-bi-lé) *adj* indispensable

indisposto (inn-di-*spô*-stô) *adj* indisposé

individuale (inn-di-vi-*d^ou^ââ*-lé) *adj* individuel

individuo (inn-di-*vii*-d^ou^ô) *m* individu *m*

indiziato (inn-di-*tsyââ*-tô) *m* suspect *m*

indizio (inn-*dii*-tsyô) *m* signe *m*

indole (*inn*-dô-lé) *f* nature *f*

indolenzito (inn-dô-lén-*djii*-tô) *adj* douloureux

indolore (inn-dô-*lôô*-ré) *adj* sans douleur

Indonesia (inn-dô-*nèè*-zya) *f* Indonésie *f*

indonesiano (inn-dô-né-*zyââ*-nô) *adj* indonésien; *m* Indonésien *m*

indossare (inn-dôss-*sââ*-ré) *v* *mettre; porter

indossatrice (inn-dôss-sa-*trii*-tché) *f* mannequin *m*

indovinare (inn-dô-vi-*nââ*-ré) *v* deviner

indovinello (inn-dô-vi-*nèl*-lô) *m* énigme *f*

indubbiamente (inn-doub-bya-*mén*-té) *adv* sans doute

indugio (inn-*doû*-djô) *m* retard *m*

***indurre a** (inn-*dour*-ré) *faire

industria (inn-*dou*-strya) *f* industrie *f*; ~ **mineraria** exploitation minière

industriale (inn-dou-*stryââ*-lé) *adj* industriel

inefficace (inn-éf-fi-*kââ*-tché) *adj* inefficace

ineguale (i-né-*gh^ou^ââ*-lé) *adj* inégal

inesatto (i-né-*zat*-tô) *adj* inexact, incorrect

inesperto (i-né-*spèr*-tô) *adj* inexpérimenté

inesplicabile (i-né-spli-*kââ*-bi-lé) *adj*

inexplicable
inestimabile (i-né-sti-*mââ*-bi-lé) *adj* inestimable
inevitabile (i-né-vi-*tââ*-bi-lé) *adj* inévitable
infastidire (inn-fa-sti-*dii*-ré) *v* agacer; gêner
infatti (inn-*fat*-ti) *conj* en fait, de fait
infedele (inn-fé-*dèè*-lé) *adj* infidèle
infelice (inn-fé-*lii*-tché) *adj* malheureux
inferiore (inn-fé-*ryôô*-ré) *adj* inférieur; moindre
infermeria (inn-fér-mé-*rii*-a) *f* infirmerie *f*
infermiera (inn-fér-*myèè*-ra) *f* infirmière *f*
inferno (inn-*fèr*-nô) *m* enfer *m*
inferriata (inn-fér-*ryââ*-ta) *f* rampe *f*
infettare (inn-fét-*tââ*-ré) *v* infecter
infezione (inn-fé-*tsyôô*-né) *f* infection *f*
infiammabile (inn-fyamm-*mââ*-bi-lé) *adj* inflammable
infiammarsi (inn-fyamm-*mar*-si) *v* s'infecter
infiammazione (inn-fyamm-ma-*tsyôô*-né) *f* inflammation *f*
infierire (inn-fyé-*rii*-ré) *v* rager, sévir
infilare (inn-fi-*lââ*-ré) *v* enfiler
infine (inn-*fii*-né) *adv* enfin
infinito (inn-fi-*nii*-tô) *adj* infini; *m* infinitif *m*
inflazione (inn-fla-*tsyôô*-né) *f* inflation *f*
influente (inn-*flouèn*-té) *adj* influent
influenza (inn-*flouèn*-tsa) *f* influence *f*; grippe *f*
influenzare (inn-flou-én-*tsââ*-ré) *v* affecter
influire (inn-*flouii*-ré) *v* influencer
informale (inn-fôr-*mââ*-lé) *adj* sans cérémonie, sans façons
informare (inn-fôr-*mââ*-ré) *v* informer; **informarsi** se renseigner
informazione (inn-fôr-ma-*tsyôô*-né) *f* information *f*
infornare (inn-fôr-*nââ*-ré) *v* *cuire au four
infrangibile (inn-frann-*djii*-bi-lé) *adj* incassable
infrarosso (inn-fra-*rôss*-sô) *adj* infrarouge
infreddolito (inn-fréd-dô-*lii*-tô) *adj* frissonnant
infrequente (inn-fré-*kouèn*-té) *adj* peu fréquent
infruttuoso (inn-frout-*touôô*-sô) *adj* infructueux
ingannare (inng-ghann-*nââ*-ré) *v* tromper, tricher
inganno (inng-*ghann*-nô) *m* tromperie *f*; illusion *f*
ingegnere (inn-djé-*gnèè*-ré) *m* ingénieur *m*
ingente (inn-*djèn*-té) *adj* gigantesque
ingenuo (inn-*djèè*-nouô) *adj* ingénu, naïf
Inghilterra (inng-ghil-*tèr*-ra) *f* Angleterre *f*
inghiottire (inng-ghyôt-*tii*-ré) *v* avaler
inginocchiarsi (inn-dji-nôk-*kyar*-si) *v* s'agenouiller
ingiuriare (inn-djou-*ryââ*-ré) *v* injurier
ingiustizia (inn-djou-*stii*-tsya) *f* injustice *f*
ingiusto (inn-*djou*-stô) *adj* injuste
inglese (inng-*ghléé*-sé) *adj* anglais; britannique; *m* Anglais *m*
ingoiare (inng-ghô-*yââ*-ré) *v* avaler
ingorgo (inng-*ghôr*-ghô) *m* embouteillage *m*; goulot d'étranglement
ingrandimento (inng-ghrann-di-*mén*-tô) *m* agrandissement *m*
ingrandire (inng-ghrann-*dii*-ré) *v* agrandir
ingrato (inng-*ghrââ*-tô) *adj* ingrat
ingrediente (inng-ghré-*dyèn*-té) *m* in-

grédient *m*
ingresso (inng-*ghrèss*-sô) *m* admission *f*; entrée *f*; prix d'entrée
ingrosso (inng-*ghross*-sô) *m* vente en gros
inguine (*inng*-ghoui-né) *m* aine *f*
iniettare (i-gnét-*tââ*-ré) *v* injecter
iniezione (i-gné-*tsyôô*-né) *f* injection *f*, piqûre *f*
ininterrotto (i-ninn-tér-*rôt*-tô) *adj* continu
iniziale (i-ni-*tsyââ*-lé) *adj* initial; *f* initiale *f*; ***apporre le iniziali** parapher
iniziare (i-ni-*tsyââ*-ré) *v* débuter, commencer
iniziativa (i-ni-tsya-*tii*-va) *f* initiative *f*
inizio (i-*nii*-tsyô) *m* commencement *m*, début *m*
innalzare (inn-nal-*tsââ*-ré) *v* ériger
innamorato (inn-na-mô-*rââ*-tô) *adj* amoureux
innanzi (inn-*nann*-tsi) *adv* en avant; auparavant; ~ **a** devant
innato (inn-*nââ*-tô) *adj* inné
inno (*inn*-nô) *m* hymne *m*; ~ **nazionale** hymne national
innocente (inn-nô-*tchèn*-té) *adj* innocent
innocenza (inn-nô-*tchèn*-tsa) *f* innocence *f*
innocuo (inn-*noo*-k[ou]ô) *adj* inoffensif
inoculare (i-nô-kou-*lââ*-ré) *v* inoculer
inoculazione (i-nô-kou-la-*tsyôô*-né) *f* inoculation *f*
inoltrare (i-nôl-*trââ*-ré) *v* *faire suivre
inoltre (i-*nôl*-tré) *adv* d'ailleurs, de plus, en outre; également
inondazione (i-nôn-da-*tsyôô*-né) *f* inondation *f*
inopportuno (i-nôp-pôr-*toû*-nô) *adj* inopportun
inquieto (inng-koui-*èè*-tô) *adj* agité, mal à l'aise
inquietudine (inng-koui-é-*toû*-di-né) *f* inquiétude *f*
inquilino (inng-koui-*lii*-nô) *m* locataire *m*; sous-locataire *m*
inquinamento (inng-koui-na-*mén*-tô) *m* pollution *f*
inquisitivo (inng-koui-zi-*tii*-vô) *adj* curieux
insalata (inn-sa-*lââ*-ta) *f* salade *f*
insano (inn-*sââ*-nô) *adj* fou
insegnamento (inn-sé-gna-*mén*-tô) *m* enseignement *m*; enseignements
insegnante (inn-sé-*gnann*-té) *m* instituteur *m*, maître *m*
insegnare (inn-sé-*gnââ*-ré) *v* *apprendre, enseigner
inseguire (inn-sé-*ghouii*-ré) *v* pourchasser
insenatura (inn-sé-na-*toû*-ra) *f* baie *f*, crique *f*
insensato (inn-sén-*sââ*-tô) *adj* dénué de sens
insensibile (inn-sén-*sii*-bi-lé) *adj* insensible
inserire (inn-sé-*rii*-ré) *v* insérer
insetticida (inn-sét-ti-*tchii*-da) *m* insecticide *m*
insettifugo (inn-sét-ti-*foû*-ghô) *m* insectifuge *m*
insetto (inn-*sèt*-tô) *m* insecte *m*
insieme (inn-*syèè*-mé) *adv* ensemble; conjointement
insignificante (inn-si-gni-fi-*kann*-té) *adj* insignifiant; discret
insipido (inn-*sii*-pi-dô) *adj* insipide
insistere (inn-*si*-sté-ré) *v* insister
insoddisfacente (inn-sôd-di-sfa-*tchèn*-té) *adj* insatisfaisant
insolente (inn-sô-*lèn*-té) *adj* insolent, effronté
insolenza (inn-sô-*lèn*-tsa) *f* insolence *f*
insolito (inn-*soo*-li-tô) *adj* inhabituel, insolite
insomma (inn-*sôm*-ma) *adv* bref

insonne (inn-*sonn*-né) *adj* sans sommeil
insonnia (inn-*sonn*-gna) *f* insomnie *f*
insonorizzato (inn-sô-nô-rid-*djââ*-tô) *adj* insonorisé
insopportabile (inn-sôp-pôr-*tââ*-bi-lé) *adj* insupportable
instabile (inn-*stââ*-bi-lé) *adj* instable
installare (inn-stal-*lââ*-ré) *v* installer
installazione (inn-stal-la-*tsyôô*-né) *f* installation *f*
insuccesso (inn-sout-*tchèss*-sô) *m* échec *m*
insufficiente (inn-souf-fi-*tchèn*-té) *adj* insuffisant
insultante (inn-soul-*tann*-té) *adj* désobligeant
insultare (inn-soul-*tââ*-ré) *v* insulter
insulto (inn-*soul*-tô) *m* insulte *f*
insuperato (inn-sou-pé-*rââ*-tô) *adj* sans pareil
insurrezione (inn-sour-ré-*tsyôô*-né) *f* insurrection *f*
intagliare (inn-ta-*lyââ*-ré) *v* entailler, tailler
intanto (inn-*tann*-tô) *adv* en attendant
intatto (inn-*tat*-tô) *adj* intact
intelletto (inn-tél-*lèt*-tô) *m* intelligence *f*; intellect *m*
intellettuale (inn-tél-lét-*touââ*-lé) *adj* intellectuel
intelligente (inn-tél-li-*djèn*-té) *adj* intelligent; alerte
intelligenza (inn-tél-li-*djèn*-tsa) *f* intelligence *f*
***intendere** (inn-*tèn*-dé-ré) *v* *avoir l'intention de
intenditore (inn-tén-di-*tôô*-ré) *m* connaisseur *m*
intensità (inn-tén-si-*ta*) *f* intensité *f*
intenso (inn-*tèn*-sô) *adj* intense
intento (inn-*tèn*-tô) *m* but *m*
intenzionale (inn-tén-tsyô-*nââ*-lé) *adj* intentionnel
intenzione (inn-tén-*tsyôô*-né) *f* intention *f*
interamente (inn-té-ra-*mén*-té) *adv* entièrement
interessamento (inn-té-réss-sa-*mén*-tô) *m* intérêt *m*
interessante (inn-té-réss-*sann*-té) *adj* intéressant
interessare (inn-té-réss-*sââ*-ré) *v* intéresser; **interessato** concerné
interesse (inn-té-*rèss*-sé) *m* intérêt *m*
interferenza (inn-tér-fé-*rèn*-tsa) *f* ingérence *f*
interferire (inn-tér-fé-*rii*-ré) *v* *intervenir
interim (*inn*-té-rimm) *m* intérim *m*
interiora (inn-té-*ryôô*-ra) *fpl* entrailles *fpl*
interiore (inn-té-*ryôô*-ré) *m* intérieur *m*
intermediario (inn-tér-mé-*dyââ*-ryô) *m* intermédiaire *m*; ***fare da ~** *servir d'intermédiaire
intermezzo (inn-tér-*mèd*-dzô) *m* interlude *m*
internazionale (inn-tér-na-tsyô-*nââ*-lé) *adj* international
interno (inn-*tèr*-nô) *adj* intérieur, interne; *m* intérieur *m*; **all'interno** à l'intérieur
intero (inn-*téé*-rô) *adj* entier
interpretare (inn-tér-pré-*tââ*-ré) *v* interpréter
interprete (inn-*tèr*-pré-té) *m* interprète *m*
interrogare (inn-tér-rô-*ghââ*-ré) *v* interroger
interrogativo (inn-tér-rô-gha-*tii*-vô) *adj* interrogatif
interrogatorio (inn-tér-rô-gha-*too*-ryô) *m* interrogatoire *m*
interrogazione (inn-tér-rô-gha-*tsyôô*-né) *f* interrogatoire *m*
***interrompere** (inn-tér-*rôm*-pé-ré) *v*

*interrompre
interruttore (inn-tér-rout-*tôô*-ré) *m* commutateur *m*
interruzione (inn-tér-rou-*tsyôô*-né) *f* interruption *f*
intersezione (inn-tér-sé-*tsyôô*-né) *f* intersection *f*
interurbana (inn-té-rour-*bââ*-na) *f* appel interurbain
intervallo (inn-tér-*val*-lô) *m* intervalle *m*; entracte *m*, pause *f*; mi-temps *f*
***intervenire** (inn-tér-vé-*nii*-ré) *v* *intervenir
intervista (inn-tér-*vi*-sta) *f* entrevue *f*, interview *f*
intestino (inn-té-*stii*-nô) *m* intestin *m*; intestins
intimità (inn-ti-mi-*ta*) *f* intimité *f*, vie privée
intimo (*inn*-ti-mô) *adj* intime
intirizzito (inn-ti-rid-*dzii*-tô) *adj* engourdi
intollerabile (inn-tôl-lé-*rââ*-bi-lé) *adj* intolérable
intonarsi con (inn-tô-*nar*-si) s'accorder avec
intorno (inn-*tôr*-nô) *adv* autour; ~ **a** autour de
intorpidito (inn-tôr-pi-*dii*-tô) *adj* engourdi
intossicazione alimentare (inn-tôss-si-ka-*tsyôô*-né a-li-mén-*tââ*-ré) intoxication alimentaire
***intraprendere** (inn-tra-*prèn*-dé-ré) *v* *entreprendre
***intrattenere** (inn-trat-té-*néé*-ré) *v* amuser
***intravvedere** (inn-trav-vé-*déé*-ré) *v* *entrevoir
intricato (inn-tri-*kââ*-tô) *adj* complexe
intrigo (inn-*trii*-ghô) *m* intrigue *f*
***introdurre** (inn-trô-*dour*-ré) *v* *introduire
introduzione (inn-trô-dou-*tsyôô*-né) *f* introduction *f*
intromettersi in (inn-trô-*mét*-tér-si) se mêler de
intuire (inn-*touii*-ré) *v* *comprendre
inumidire (i-nou-mi-*dii*-ré) *v* humecter, humidifier
inutile (i-*noû*-ti-lé) *adj* inutile; vain
inutilmente (i-nou-til-*mén*-té) *adv* inutilement
***invadere** (inn-*vââ*-dé-ré) *v* envahir
invalido (inn-*vââ*-li-dô) *adj* invalide, infirme; *m* infirme *m*
invano (inn-*vââ*-nô) *adv* en vain
invasione (inn-va-*zyôô*-né) *f* invasion *f*
invece di (inn-*véé*-tché di) au lieu de
inveire (inn-vé-*ii*-ré) *v* insulter
inventare (inn-vén-*tââ*-ré) *v* inventer
inventario (inn-vén-*tââ*-ryô) *m* inventaire *m*
inventivo (inn-vén-*tii*-vô) *adj* inventif
inventore (inn-vén-*tôô*-ré) *m* inventeur *m*
invenzione (inn-vén-*tsyôô*-né) *f* invention *f*
inverno (inn-*vèr*-nô) *m* hiver *m*
inverso (inn-*vèr*-sô) *adj* inverse
invertire (inn-vér-*tii*-ré) *v* intervertir
investigare (inn-vé-sti-*ghââ*-ré) *v* enquêter
investigatore (inn-vé-sti-gha-*tôô*-ré) *m* détective *m*
investigazione (inn-vé-sti-gha-*tsyôô*-né) *f* investigation *f*
investimento (inn-vé-sti-*mén*-tô) *m* placement *m*, investissement *m*
investire (inn-vé-*stii*-ré) *v* placer, investir
inviare (inn-*vyââ*-ré) *v* *envoyer
inviato (inn-*vyââ*-tô) *m* envoyé *m*
invidia (inn-*vii*-dya) *f* envie *f*
invidiare (inn-vi-*dyââ*-ré) *v* envier
invidioso (inn-vi-*dyôô*-sô) *adj* envieux
invio (inn-*vii*-ô) *m* expédition *f*

invisibile (inn-vi-*zii*-bi-lé) *adj* invisible
invitare (inn-vi-*tââ*-ré) *v* prier, demander, inviter
invito (inn-*vii*-tô) *m* invitation *f*
invocare (inn-vô-*kââ*-ré) *v* invoquer
involontario (inn-vô-lôn-*tââ*-ryô) *adj* involontaire
inzuppare (inn-tsoup-*pââ*-ré) *v* tremper
io (*ii*-ô) *pron* je; ~ **stesso** moi-même
iodio (*yoo*-dyô) *m* iode *m*
ipocrisia (i-pô-kri-*sii*-a) *f* hypocrisie *f*
ipocrita (i-*poo*-kri-ta) *m* hypocrite *m*; *adj* hypocrite, fourbe
ipoteca (i-pô-*tèè*-ka) *f* hypothèque *f*
ipotesi (i-*poo*-té-zi) *f* hypothèse *f*
ippodromo (ip-*poo*-drô-mô) *m* hippodrome *m*
ippoglosso (ip-pô-*ghloss*-sô) *m* flétan *m*
ira (*ii*-ra) *f* fureur *f*
iracheno (i-ra-*kéé*-nô) *adj* irakien; *m* Irakien *m*
Iran (*ii*-rann) *m* Iran *m*
iraniano (i-ra-*nyââ*-nô) *adj* iranien; *m* Iranien *m*
Iraq (*ii*-rak) *m* Irak *m*
irascibile (i-rach-*chii*-bi-lé) *adj* irascible, coléreux
irato (i-*rââ*-tô) *adj* en colère
Irlanda (ir-*lann*-da) *f* Irlande *f*
irlandese (ir-lann-*déé*-sé) *adj* irlandais; *m* Irlandais *m*
ironia (i-rô-*nii*-a) *f* ironie *f*
ironico (i-*roo*-ni-kô) *adj* ironique
irragionevole (ir-ra-djô-*néé*-vô-lé) *adj* déraisonnable
irreale (ir-ré-*ââ*-lé) *adj* irréel
irregolare (ir-ré-ghô-*lââ*-ré) *adj* irrégulier
irreparabile (ir-ré-pa-*rââ*-bi-lé) *adj* irréparable
irrequieto (ir-ré-koui-*èè*-tô) *adj* inquiet
irrestringibile (ir-ré-strinn-*djii*-bi-lé) *adj* irrétrécissable
irrevocabile (ir-ré-vô-*kââ*-bi-lé) *adj* irrévocable
irrilevante (ir-ri-lé-*vann*-té) *adj* sans importance
irrisorio (ir-ri-*zoo*-ryô) *adj* ridicule
irritabile (ir-ri-*tââ*-bi-lé) *adj* irritable
irritare (ir-ri-*tââ*-ré) *v* agacer, irriter
irruzione (ir-rou-*tsyôô*-né) *f* invasion *f*, raid *m*
***iscrivere** (i-*skrii*-vé-ré) *v* *inscrire; **per iscritto** par écrit
iscrizione (i-skri-*tsyôô*-né) *f* inscription *f*
Islanda (i-*zlann*-da) *f* Islande *f*
islandese (i-zlann-*déé*-sé) *adj* islandais; *m* Islandais *m*
isola (*ii*-zô-la) *f* île *f*
isolamento (i-zô-la-*mén*-tô) *m* isolement *m*; isolation *f*
isolare (i-zô-*lââ*-ré) *v* isoler
isolato (i-zô-*lââ*-tô) *adj* isolé; *m* pâté de maisons
isolatore (i-zô-la-*tôô*-ré) *m* isolateur *m*
Isole Filippine (*ii*-zô-lé fi-lip-*pii*-né) Philippines *fpl*
ispessire (i-spéss-*sii*-ré) *v* épaissir
ispettore (i-spét-*tôô*-ré) *m* inspecteur *m*; surveillant *m*
ispezionare (i-spé-tsyô-*nââ*-ré) *v* inspecter
ispezione (i-spé-*tsyôô*-né) *f* inspection *f*
ispirare (i-spi-*rââ*-ré) *v* inspirer
Israele (i-zra-*èè*-lé) *m* Israël *m*
israeliano (i-zra-é-*lyââ*-nô) *adj* israélien; *m* Israélien *m*
issare (iss-*sââ*-ré) *v* hisser
istantanea (i-stann-*tââ*-né-a) *f* instantané *m*
istante (i-*stann*-té) *m* instant *m*; moment *m*; **all'istante** instantanément
isterico (i-*stèè*-ri-kô) *adj* hystérique

istinto (i-*stinn*-tô) *m* instinct *m*
istituire (i-sti-*touii*-ré) *v* instituer; fonder
istituto (i-sti-*toû*-tô) *m* institut *m*; institution *f*
istituzione (i-sti-tou-*tsyôô*-né) *f* institution *f*
istmo (*ist*-mô) *m* isthme *m*
istruire (i-*strouii*-ré) *v* *instruire; former
istruttivo (i-strout-*tii*-vô) *adj* instructif
istruttore (i-strout-*tôô*-ré) *m* instructeur *m*
istruzione (i-strou-*tsyôô*-né) *f* instruction *f*; formation *f*; **istruzioni per l'uso** mode d'emploi
Italia (i-*tââ*-lʸa) *f* Italie *f*
italiano (i-ta-*lʸââ*-nô) *adj* italien; *m* Italien *m*
itinerario (i-ti-né-*rââ*-ryô) *m* itinéraire *m*
itterizia (it-té-*rii*-tsya) *f* jaunisse *f*
Iugoslavia (you-ghô-*zlââ*-vya) *f* Yougoslavie *f*
iugoslavo (you-ghô-*zlââ*-vô) *adj* yougoslave; *m* Yougoslave *m*

K

kaki (*kââ*-ki) *m* kaki *m*
Kenia (*kèè*-nya) *m* Kenya *m*

L

la (la) *pron* la
là (la) *adv* là; **al di** ~ au delà; **al di** ~ **di** au delà de; **di** ~ là
labbro (*lab*-brô) *m* (pl le labbra) lèvre *f*; **pomata per le labbra** pommade pour les lèvres
labirinto (la-bi-*rinn*-tô) *m* labyrinthe *m*
laboratorio (la-bô-ra-*too*-ryô) *m* laboratoire *m*; ~ **linguistico** laboratoire de langues
laborioso (la-bô-*ryôô*-sô) *adj* industrieux
lacca (*lak*-ka) *f* vernis *m*; laque *f*; ~ **per capelli** laque capillaire
laccio (*lat*-tchô) *m* lacet *m*
lacrima (*lââ*-kri-ma) *f* larme *f*
ladro (*lââ*-drô) *m* voleur *m*
laggiù (lad-*djou*) *adv* là-bas
lagnanza (la-*gnann*-tsa) *f* plainte *f*
lagnarsi (la-*gnar*-si) *v* se *plaindre
lago (*lââ*-ghô) *m* lac *m*
laguna (la-*ghoû*-na) *f* lagune *f*
lama (*lââ*-ma) *f* lame *f*; ~ **di rasoio** lame de rasoir
lamentevole (la-mén-*téé*-vô-lé) *adj* lamentable
lamiera (la-*myèè*-ra) *f* plaque *f*
lamina (*lââ*-mi-na) *f* plaque *f*
lampada (*lamm*-pa-da) *f* lampe *f*; ~ **da tavolo** lampe de travail; ~ **flash** ampoule de flash; ~ **portatile** lampe de poche
lampadina (lamm-pa-*dii*-na) *f* ampoule *f*; ~ **tascabile** lampe de poche
lampante (lamm-*pann*-té) *adj* évident
lampione (lamm-*pyôô*-né) *m* lampadaire *m*
lampo (*lamm*-pô) *m* éclair *m*
lampone (lamm-*pôô*-né) *m* framboise *f*
lana (*lââ*-na) *f* laine *f*; **di** ~ en laine; ~ **da rammendo** laine à repriser; ~ **pettinata** laine peignée
lancia (*lann*-tcha) *f* lance *f*
lanciare (lann-*tchââ*-ré) *v* jeter, lancer
lancio (*lann*-tchô) *m* jet *m*
landa (*lann*-da) *f* lande *f*
lanterna (lann-*tèr*-na) *f* lanterne *f*; ~ **vento** lampe-tempête *f*

lanugine (la-*noû*-dji-né) *f* duvet *m*
lapide (*lââ*-pi-dé) *f* pierre tombale
lardo (*lar*-dô) *m* lard *m*
larghezza (lar-*ghét*-tsa) *f* largeur *f*
largo (*lar*-ghô) *adj* large; ***farsi** ~ pousser
laringite (la-rinn-*djii*-té) *f* laryngite *f*
lasca (*la*-ska) *f* gardon *m*
lasciare (lach-*chââ*-ré) *v* abandonner, quitter; laisser; autoriser à
lassativo (lass-sa-*tii*-vô) *m* laxatif *m*
lassù (lass-*sou*) *adv* là-haut
lastricare (la-stri-*kââ*-ré) *v* paver
lateralmente (la-té-ral-*mén*-té) *adv* de côté
laterizio (la-té-*rii*-tsyô) *m* brique *f*
latino americano (la-*tii*-nô a-mé-ri-*kââ*-nô) sud-américain
latitudine (la-ti-*toû*-di-néé) *f* latitude *f*
lato (*lââ*-tô) *m* côté *m*
latrare (la-*trââ*-ré) *v* aboyer
latta (*lat*-ta) *f* boîte *f*
lattaio (lat-*tââ*-yô) *m* laitier *m*
latte (*lat*-té) *m* lait *m*
latteo (*lat*-té-ô) *adj* laiteux
latteria (lat-té-*rii*-a) *f* laiterie *f*
lattuga (lat-*toû*-gha) *f* laitue *f*
lavabile (la-*vââ*-bi-lé) *adj* lavable
lavaggio (la-*vad*-djô) *m* lavage *m*; **inalterabile al** ~ lavable
lavagna (la-*vââ*-gna) *f* tableau noir
lavanderia (la-vann-dé-*rii*-a) *f* blanchisserie *f*; ~ **automatica** laverie automatique
lavandino (la-vann-*dii*-nô) *m* lavabo *m*
lavare (la-*vââ*-ré) *v* laver; ~ **i piatti** *faire la vaisselle
lavatrice (la-va-*trii*-tché) *f* machine à laver
lavello (la-*vèl*-lô) *m* évier *m*
lavorare (la-vô-*rââ*-ré) *v* travailler; ~ **all'uncinetto** *faire du crochet; ~ **a maglia** tricoter; ~ **sodo** bûcher; ~ **troppo** se surmener
lavoratore (la-vô-ra-*tôô*-ré) *m* ouvrier *m*
lavoro (la-*vôô*-rô) *m* travail *m*; labeur *m*; boulot *m*; **datore di** ~ employeur *m*; **lavori domestici** travaux ménagers; ~ **fatto a mano** travail artisanal
Le (lé) *pron* vous
le (lé) *pron* lui
leale (lé-*ââ*-lé) *adj* loyal
lebbra (*léb*-bra) *f* lèpre *f*
leccare (lék-*kââ*-ré) *v* lécher
leccornia (lék-*kôr*-gna) *f* épicerie fine
lega (*léé*-gha) *f* ligue *f*
legale (lé-*ghââ*-lé) *adj* légal; **procuratore** ~ avoué *m*
legalizzazione (lé-gha-lid-dza-*tsyôô*-né) *f* légalisation *f*
legame (lé-*ghââ*-mé) *m* lien *m*
legare (lé-*ghââ*-ré) *v* lier, attacher; ~ **insieme** relier
legato (lé-*ghââ*-tô) *m* legs *m*
legatura (lé-gha-*toû*-ra) *f* reliure *f*
legazione (lé-gha-*tsyôô*-né) *f* légation *f*
legge (*lèd*-djé) *f* loi *f*; droit *m*
leggenda (léd-*djèn*-da) *f* légende *f*
***leggere** (*lèd*-djé-ré) *v* *lire
leggero (léd-*djèè*-rô) *adj* léger
leggibile (léd-*djii*-bi-lé) *adj* lisible
leggio (léd-*djii*-ô) *m* pupitre *m*
legittimazione (lé-djit-ti-ma-*tsyôô*-né) *f* légitimation *f*
legittimo (lé-*djit*-ti-mô) *adj* légitime
legname (lé-*gnââ*-mé) *m* bois d'œuvre
legno (*léé*-gnô) *m* bois *m*; **di** ~ en bois
Lei (*lèè*-i) *pron* vous; ~ **stesso** vous-même
lente (*lèn*-té) *f* lentille *f*; ~ **d'ingrandimento** verre grossissant; **lenti a contatto** verres de contact
lento (*lèn*-tô) *adj* lent

lenza (*lèn*-tsa) *f* ligne de pêche
lenzuolo (lén-*ts^ou oo*-lô) *m* drap *m*
leone (lé-*ôô*-né) *m* lion *m*
lepre (*lèè*-pré) *f* lièvre *m*
lesione (lé-*zyôô*-né) *f* lésion *f*, blessure *f*
letale (lé-*tââ*-lé) *adj* fatal
letamaio (lé-ta-*mââ*-yô) *m* tas de fumier
letame (lé-*tââ*-mé) *m* fumier *m*
lettera (*lèt*-té-ra) *f* lettre *f*; **carta da lettere** papier à lettres; ~ **di credito** lettre de crédit; ~ **di raccomandazione** lettre de recommandation
letterario (lét-té-*rââ*-ryô) *adj* littéraire
letteratura (lét-té-ra-*toû*-ra) *f* littérature *f*
letto (*lèt*-tô) *m* lit *m*; **letti gemelli** lits jumeaux; **lettino da campeggio** lit de camp
lettura (lét-*toû*-ra) *f* lecture *f*
leva (*léé*-va) *f* levier *m*; ~ **del cambio** levier de vitesse
levare (lé-*vââ*-ré) *v* enlever
levata (lé-*vââ*-ta) *f* levée *f*
levatrice (lé-va-*trii*-tché) *f* sage-femme *f*
levigato (lé-vi-*ghââ*-tô) *adj* uni
levriere (lé-*vryèè*-ré) *m* lévrier *m*
lezione (lé-*tsyôô*-né) *f* leçon *f*, cours *m*
li (li) *pron* (f le) les *art/pron*
lì (li) *adv* là
libanese (li-ba-*néé*-sé) *adj* libanais; *m* Libanais *m*
Libano (*lii*-ba-nô) *m* Liban *m*
libbra (*lib*-bra) *f* livre *f*
liberale (li-bé-*rââ*-lé) *adj* large; libéral
liberare (li-bé-*rââ*-ré) *v* délivrer
liberazione (li-bé-ra-*tsyôô*-né) *f* libération *f*; délivrance *f*
Liberia (li-*bèè*-rya) *f* Libéria *m*
liberiano (li-bé-*ryââ*-nô) *adj* libérien; *m* Libérien *m*
libero (*lii*-bé-rô) *adj* libre
libertà (li-bér-*ta*) *f* liberté *f*
libraio (li-*brââ*-yô) *m* libraire *m*
libreria (li-bré-*rii*-a) *f* librairie *f*
libro (*lii*-brô) *m* livre *m*; ~ **dei reclami** cahier de doléances; ~ **di cucina** livre de cuisine; ~ **in brossura** livre de poche
licenza (li-*tchèn*-tsa) *f* licence *f*, permis *m*
licenziare (li-tchén-*tsyââ*-ré) *v* licencier
lieto (*l^y èè*-tô) *adj* content, joyeux
lieve (*l^y èè*-vé) *adj* léger
lievito (*l^y èè*-vi-tô) *m* levure *f*
lilla (*lil*-la) *adj* mauve
lima (*lii*-ma) *f* lime *f*; **limetta per le unghie** lime à ongles
limitare (li-mi-*tââ*-ré) *v* limiter
limite (*lii*-mi-té) *m* limite *f*; ~ **di velocità** limitation de vitesse
limonata (li-mô-*nââ*-ta) *f* limonade *f*
limone (li-*môô*-né) *m* citron *m*
limpido (*limm*-pi-dô) *adj* limpide
lindo (*linn*-dô) *adj* soigné
linea (*lii*-néa) *f* ligne *f*; ~ **aerea** ligne aérienne; ~ **di navigazione** compagnie de navigation; ~ **principale** ligne principale
lineetta (li-né-*ét*-ta) *f* tiret *m*; trait d'union
lingua (*linng*-gh^ou a) *f* langue *f*; ~ **materna** langue maternelle
linguaggio (linng-*gh^ou ad*-djô) *m* langage *m*
lino (*lii*-nô) *m* toile *f*
liquido (*lii*-koui-dô) *adj* liquide
liquirizia (li-koui-*rii*-tsya) *f* réglisse *f*
liquore (li-*k^ou oo*-ré) *m* liqueur *f*; **spaccio di liquori** magasin de spiritueux
lisca (*li*-ska) *f* arête *f*
liscio (*lich*-chô) *adj* lisse
liso (*lii*-zô) *adj* usé
lista (*li*-sta) *f* bande *f*; liste *f*; ~ **dei**

vini carte des vins ; ~ **di attesa** liste d'attente ; **listino prezzi** prix-courant *m*
lite (*lii*-té) *f* querelle *f*
litigare (li-ti-*ghââ*-ré) *v* se quereller, se disputer
litigio (li-*tii*-djô) *m* querelle *f*
litorale (li-tô-*rââ*-lé) *m* littoral *m*
litro (*lii*-trô) *m* litre *m*
livella (li-*vèl*-la) *f* niveau *m*
livellare (li-vél-*lââ*-ré) *v* niveler
livello (li-*vèl*-lô) *m* niveau *m* ; ~ **di vita** niveau de vie
livido (*lii*-vi-dô) *m* bleu *m*
lo (lô) *pron* le
locale (lô-*kââ*-lé) *adj* local
località (lô-ka-li-*ta*) *f* lieu *m*, localité *f*
localizzare (lô-ka-lid-*dzââ*-ré) *v* localiser
locanda (lô-*kann*-da) *f* auberge *f*
locazione (lô-ka-*tsyôô*-né) *f* bail *m*
locomotiva (lô-kô-mô-*tii*-va) *f* locomotive *f*
locomotrice (lô-kô-mô-*trii*-tché) *f* locomotive *f*
lodare (lô-*dââ*-ré) *v* louer
lode (*loo*-dé) *f* louange *f*
loggione (lôd-*djôô*-né) *m* galerie *f*
logica (*loo*-dji-ka) *f* logique *f*
logico (*loo*-dji-kô) *adj* logique
logorare (lô-ghô-*rââ*-ré) *v* user
lombaggine (lôm-*bad*-dji-né) *f* lumbago *m*
longitudine (lôn-dji-*toû*-di-né) *f* longitude *f*
lontano (lôn-*tââ*-nô) *adj* lointain, loin, éloigné
loquace (lô-*k*^ou^*ââ*-tché) *adj* bavard
lordo (*lôr*-dô) *adj* brut
loro (*lôô*-rô) *adj* leur ; *pron* leur
lotta (*lot*-ta) *f* lutte *f*, combat *m*, lutte
lottare (lôt-*tââ*-ré) *v* *combattre, lutter
lotteria (lôt-té-*rii*-a) *f* loterie *f*
lozione (lô-*tsyôô*-né) *f* lotion *f* ; ~ **dopo barba** after-shave *m*
lubrificante (lou-bri-fi-*kann*-té) *m* lubrifiant *m*
lubrificare (lou-bri-fi-*kââ*-ré) *v* graisser, huiler, lubrifier
lubrificazione (lou-bri-fi-ka-*tsyôô*-né) *f* lubrification *f*
lucchetto (louk-*két*-tô) *m* cadenas *m*
luccio (*lout*-tchô) *m* brochet *m*
luce (*loû*-tché) *f* lumière *f* ; ~ **del giorno** lumière du jour ; ~ **del sole** soleil *m*, lumière du soleil ; ~ **di posizione** feu de position ; ~ **laterale** lumière latérale ; ~ **posteriore** feu arrière ; **luci di arresto** stops *mpl*
lucentezza (lou-tchén-*tét*-tsa) *f* lustre *m*
lucidare (lou-tchi-*dââ*-ré) *v* polir
lucido (*loû*-tchi-dô) *adj* brillant ; luisant
luglio (*loû*-l^y^ô) juillet
lui (loui) *pron* lui
lumaca (lou-*mââ*-ka) *f* escargot *m*
lume (*loû*-mé) *m* lumière *f* ; lampe *f*
luminoso (lou-mi-*nôô*-sô) *adj* lumineux
luna (*loû*-na) *f* lune *f* ; ~ **di miele** lune de miel
lunedì (lou-né-*di*) *m* lundi *m*
lunghezza (loung-*ghét*-tsa) *f* longueur *f* ; ~ **d'onda** longueur d'onde
lungo (*loung*-ghô) *adj* long ; grand ; *prep* le long de ; **di gran lunga** de beaucoup ; **per il** ~ en long
lungofiume (loung-ghô-*fyoû*-mé) *m* bord de la rivière
luogo (*l*^ou^*oo*-ghô) *m* endroit *m* ; **in nessun** ~ nulle part ; ~ **di nascita** lieu de naissance ; ~ **di riunione** lieu de rencontre ; ~ **di villeggiatura** villégiature *f*
lupo (*loû*-pô) *m* loup *m*
luppolo (*loup*-pô-lô) *m* houblon *m*

lusso (*louss*-sô) *m* luxe *m*
lussuoso (louss-s^{ou}*ôô*-sô) *adj* luxueux
lutto (*lout*-tô) *m* deuil *m*

M

ma (ma) *conj* mais; pourtant
macchia (*mak*-kya) *f* tache *f*; souillure *f*
macchiare (mak-*kyââ*-ré) *v* tacher
macchina (*mak*-ki-na) *f* machine *f*; voiture *f*; ~ **da cucire** machine à coudre; ~ **da scrivere** machine à écrire; ~ **fotografica** appareil photographique; ~ **sportiva** voiture de sport
macchinario (mak-ki-*nââ*-ryô) *m* machinerie *f*
macchiolina (mak-kyô-*lii*-na) *f* tache *f*
macellaio (ma-tchél-*lââ*-yô) *m* boucher *m*
macinare (ma-tchi-*nââ*-ré) *v* *moudre
macinino (ma-tchi-*nii*-nô) *m* moulin *m*
madre (*mââ*-dré) *f* mère *f*
madreperla (ma-dré-*pèr*-la) *f* nacre *f*
maestro (ma-*è*-strô) *m* maître *m*; maître d'école
magari (ma-*ghââ*-ri) *adv* même; *conj* même si
magazzinaggio (ma-ghad-dzi-*nad*-djô) *m* emmagasinage *m*
magazzino (ma-ghad-*dzii*-nô) *m* entrepôt *m*, magasin *m*; **grande** ~ grand magasin; ***tenere in** ~ *avoir en stock
maggio (*mad*-djô) mai
maggioranza (mad-djô-*rann*-tsa) *f* majorité *f*
maggiore (mad-*djôô*-ré) *adj* majeur; aîné, plus âgé; le plus âgé
maggiorenne (mad-djô-*rèn*-né) *adj* majeur
magia (ma-*djii*-a) *f* magie *f*
magico (*mââ*-dji-kô) *adj* magique
magistrato (ma-dji-*strââ*-tô) *m* magistrat *m*
maglia (*mââ*-l^{y}a) *f* maillon *m*; maille *f*; chemise *f*
maglieria (ma-l^{y}é-*rii*-a) *f* bonneterie *f*
maglietta (ma-*l^{y}ét*-ta) *f* tricot de corps
maglio (*mââ*-l^{y}ô) *m* maillet *m*
maglione (ma-*l^{y}ôô*-né) *m* chandail *m*, pull-over *m*
magnete (ma-*gnèè*-té) *m* magnéto *f*
magnetico (ma-*gnèè*-ti-kô) *adj* magnétique
magnetofono (ma-gné-*too*-fô-nô) *m* magnétophone *m*
magnifico (ma-*gnii*-fi-kô) *adj* magnifique, formidable
magro (*mââ*-ghrô) *adj* maigre
mai (maï) *adv* jamais; **non**... ~ ne ... jamais
maiale (ma-*yââ*-lé) *m* cochon *m*
maiuscola (ma-*you*-skô-la) *f* majuscule *f*
malacca (ma-*lak*-ka) *f* rotin *m*
malagevole (ma-la-*djéé*-vô-lé) *adj* rugueux
malaria (ma-*lââ*-rya) *f* malaria *f*
malato (ma-*lââ*-tô) *adj* malade
malattia (ma-lat-*tii*-a) *f* maladie *f*; ~ **venerea** maladie vénérienne
male (*mââ*-lé) *m* mal *m*, tort *m*; maladie *f*; **mal d'aria** mal de l'air; **mal di denti** mal aux dents; **mal di gola** mal de gorge; **mal di mare** mal de mer; **mal di pancia** mal au ventre; **mal di schiena** mal au dos; **mal di stomaco** mal d'estomac; **mal di testa** mal de tête; **mal d'orecchi** mal d'oreille
***maledire** (ma-lé-*dii*-ré) *v* *maudire
malese (ma-*léé*-sé) *adj* malaisien; *m* Malais *m*

Malesia (ma-*lèè*-zya) *f* Malaysia *m*
malessere (ma-*lèss*-sé-ré) *m* gueule de bois
malevolo (ma-*léé*-vô-lô) *adj* malveillant
malfermo (mal-*fér*-mô) *adj* instable
malfido (mal-*fii*-dô) *adj* sujet à caution
malgrado (mal-*ghrââ*-dô) *prep* malgré
maligno (ma-*lii*-gnô) *adj* malin
malinconia (ma-linng-kô-*nii*-a) *f* mélancolie *f*
malinconico (ma-linng-*koo*-ni-kô) *adj* mélancolique
malinteso (ma-linn-*téé*-sô) *m* malentendu *m*
malizia (ma-*lii*-tsya) *f* malice *f*
malizioso (ma-li-*tsyôô*-sô) *adj* malicieux
malsano (mal-*sââ*-nô) *adj* malsain
malsicuro (mal-si-*koû*-rô) *adj* dangereux
malvagio (mal-*vââ*-djô) *adj* mauvais, méchant
mamma (*mamm*-ma) *f* maman *f*
mammifero (mamm-*mii*-fé-rô) *m* mammifère *m*
mammut (mamm-*mout*) *m* mammouth *m*
mancante (manng-*kann*-té) *adj* manquant
mancanza (manng-*kann*-tsa) *f* manque *m*; défaut *m*
mancare (manng-*kââ*-ré) *v* manquer
mancia (*mann*-tcha) *f* pourboire *m*
manciata (mann-*tchââ*-ta) *f* poignée *f*
mancino (mann-*tchii*-nô) *adj* gaucher
mandare (mann-*dââ*-ré) *v* expédier
mandarino (mann-da-*rii*-nô) *m* mandarine *f*
mandato (mann-*dââ*-tô) *m* mandat *m*
mandorla (*mann*-dôr-la) *f* amande *f*
maneggevole (ma-néd-*djéé*-vô-lé) *adj* commode
maneggiabile (ma-néd-*djââ*-bi-lé) *adj* maniable
maneggiare (ma-néd-*djââ*-ré) *v* manipuler
manette (ma-*nét*-té) *fpl* menottes *fpl*
mangiare (mann-*djââ*-ré) *v* manger; *m* manger *m*
mangiatoia (mann-dja-*tôô*-ya) *f* mangeoire *f*
mania (ma-*nii*-a) *f* rage *f*
manica (*mââ*-ni-ka) *f* manche *f*; **La Manica** La Manche
manico (*mââ*-ni-kô) *m* manche *m*
manicure (ma-ni-*koû*-ré) *f* manucure *f*
maniera (ma-*gnéé*-ra) *f* manière *f*; **maniere** savoir-vivre *m*
manifestare (ma-ni-fé-*stââ*-ré) *v* manifester
manifestazione (ma-ni-fé-sta-*tsyôô*-né) *f* expression *f*
mano (*mââ*-nô) *f* main *f*; **fatto a ~** fait à la main
manopola (ma-*noo*-pô-la) *f* bouton *m*
manoscritto (ma-nô-*skrit*-tô) *m* manuscrit *m*
mansueto (mann-*s*^ou^*èè*-tô) *adj* domestiqué
mantella (mann-*tèl*-la) *f* cape *f*
mantello (mann-*tèl*-lô) *m* manteau *m*
***mantenere** (mann-té-*néé*-ré) *v* *maintenir; garder
mantenimento (mann-té-ni-*mén*-tô) *m* entretien *m*
manuale (ma-*n*^ou^*ââ*-lé) *adj* manuel; *m* manuel *m*; **~ di conversazione** manuel de conversation
manutenzione (ma-nou-tén-*tsyôô*-né) *f* entretien *m*
manzo (*mann*-dzô) *m* bœuf *m*
mappa (*map*-pa) *f* carte *f*
marca (*mar*-ka) *f* marque *f*
marcare (mar-*kââ*-ré) *v* marquer
marchio (*mar*-kyô) *m* marque *f*
marcia (*mar*-tcha) *f* marche *f*

marciapiede (mar-tcha-*pyèè*-dé) *m* trottoir *m*
marciare (mar-*tchââ*-ré) *v* marcher
marcio (*mar*-tchô) *adj* pourri
mare (*mââ*-ré) *m* mer *f*; **riva del ~** bord de la mer
marea (ma-*rèè*-a) *f* marée *f*; **alta ~** marée haute; **bassa ~** marée basse
margarina (mar-gha-*rii*-na) *f* margarine *f*
margine (*mar*-dji-né) *m* bord *m*; marge *f*; **~ della strada** bord de la route
marina (ma-*rii*-na) *f* marine *f*
marinaio (ma-ri-*nââ*-yô) *m* marin *m*
marito (ma-*rii*-tô) *m* époux *m*, mari *m*
marittimo (ma-*rit*-ti-mô) *adj* maritime
marmellata (mar-mél-*lââ*-ta) *f* marmelade *f*, confiture *f*
marmo (*mar*-mô) *m* marbre *m*
marocchino (ma-rôk-*kii*-nô) *adj* marocain; *m* Marocain *m*
Marocco (ma-*rok*-kô) *m* Maroc *m*
martedì (mar-té-*di*) *m* mardi *m*
martello (mar-*tèl*-lô) *m* marteau *m*
martire (*mar*-ti-ré) *m* martyr *m*
marzo (*mar*-tsô) mars
mascalzone (ma-skal-*tsôô*-né) *m* salaud *m*
mascara (ma-*skââ*-ra) *m* cosmétique pour les cils
mascella (mach-*chèl*-la) *f* mâchoire *f*
maschera (*ma*-ské-ra) *f* masque *m*; ouvreuse *f*; **~ di bellezza** masque de beauté
maschile (ma-*skii*-lé) *adj* masculin
maschio (*ma*-skyô) mâle
massa (*mass*-sa) *f* tas *m*, masse *f*
massaggiare (mass-sad-*djââ*-ré) *v* masser
massaggiatore (mass-sad-dja-*tôô*-ré) *m* masseur *m*
massaggio (mass-*sad*-djô) *m* massage *m*; **~ facciale** massage facial
massiccio (mass-*sit*-tchô) *adj* massif
massimo (*mass*-si-mô) *adj* le plus grand
masso (*mass*-sô) *m* rocher *m*
masticare (ma-sti-*kââ*-ré) *v* mâcher
matematica (ma-té-*mââ*-ti-ka) *f* mathématiques *fpl*
matematico (ma-té-*mââ*-ti-kô) *adj* mathématique
materasso (ma-té-*rass*-sô) *m* matelas *m*
materia (ma-*tèè*-rya) *f* matière *f*; **~ prima** matière première
materiale (ma-té-*ryââ*-lé) *adj* physique, matériel; *m* matériel *m*
matita (ma-*tii*-ta) *f* crayon *m*
matrice (ma-*trii*-tché) *f* souche *f*
matrigna (ma-*trii*-gna) *f* belle-mère *f*
matrimoniale (ma-tri-mô-*gnââ*-lé) *adj* matrimonial
matrimonio (ma-tri-*moo*-gnô) *m* mariage *m*
mattina (mat-*tii*-na) *f* matin *m*
mattino (mat-*tii*-nô) *m* matin *m*
matto (*mat*-tô) *adj* dément
mattone (mat-*tôô*-né) *m* brique *f*
mattonella (mat-tô-*nèl*-la) *f* carreau *m*
mattutino (mat-tou-*tii*-nô) *adj* tôt
maturità (ma-tou-ri-*ta*) *f* maturité *f*
maturo (ma-*toû*-rô) *adj* mûr
mausoleo (maou-zô-*lèè*-ô) *m* mausolée *m*
mazza (*mat*-tsa) *f* massue *f*; **~ da golf** club de golf
mazzo (*mat*-tsô) *m* bouquet *m*
me (mé) *pron* me
meccanico (mék-*kââ*-ni-kô) *adj* mécanique; *m* monteur *m*, mécanicien *m*
meccanismo (mék-ka-*ni*-zmô) *m* mécanisme *m*
medaglia (mé-*dââ*-lʸa) *f* médaille *f*
medesimo (mé-*déé*-zi-mô) *adj* même
media (*mèè*-dya) *f* moyenne *f*; **in ~**

en moyenne
mediante (mé-*dyann*-té) *prep* au moyen de
mediatore (mé-dya-*tôô*-ré) *m* médiateur *m*; courtier *m*
medicamento (mé-di-ka-*mén*-tô) *m* médicament *m*
medicina (mé-di-*tchii*-na) *f* médecine *f*
medico (*mèè*-di-kô) *adj* médical; *m* médecin *m*; ~ **generico** médecin généraliste
medicone (mé-di-*kôô*-né) *m* guérisseur *m*
medievale (mé-dyé-*vââ*-lé) *adj* médiéval
medio (*mèè*-dyô) *adj* moyen
mediocre (mé-*dyoo*-kré) *adj* modéré, moyen
medioevo (mé-dyô-*èè*-vô) *m* moyen-âge *m*
meditare (mé-di-*tââ*-ré) *v* méditer
Mediterraneo (mé-di-tér-*rââ*-né-ô) *m* Méditerranée *f*
medusa (mé-*doû*-za) *f* méduse *f*
meglio (*mèè*-lʸô) *adv* mieux; le mieux
mela (*méé*-la) *f* pomme *f*
melanzana (mé-lann-*tsââ*-na) *f* aubergine *f*
melma (*mél*-ma) *f* gadoue *f*
melodia (mé-lô-*dii*-a) *f* air *m*, mélodie *f*
melodioso (mé-lô-*dyôô*-sô) *adj* harmonieux
melodramma (mé-lô-*dramm*-ma) *m* mélodrame *m*
melone (mé-*lôô*-né) *m* melon *m*
membrana (mém-*brââ*-na) *f* membrane *f*
membro[1] (*mèm*-brô) *m* (pl le membra) membre *m*
membro[2] (*mèm*-brô) *m* (pl i membri) membre *m*; **qualità di** ~ affiliation *f*
memorabile (mé-mô-*rââ*-bi-lé) *adj* mémorable
memoria (mé-*moo*-rya) *f* mémoire *f*; souvenir *m*; **a** ~ par cœur
ménage (mé-*nââj*) *m* ménage *m*
mendicante (mén-di-*kann*-té) *m* mendiant *m*
mendicare (mén-di-*kââ*-ré) *v* mendier
meno (*méé*-nô) *adv* moins; moins; **a** ~ **che** à moins que; ***fare a** ~ **di** se passer de
mensa (*mén*-sa) *f* cantine *f*
mensile (mén-*sii*-lé) *adj* mensuel
menta (*mén*-ta) *f* menthe *f*; ~ **peperina** menthe *f*
mentale (mén-*tââ*-lé) *adj* mental
mente (*mén*-té) *f* esprit *m*
mentire (mén-*tii*-ré) *v* *mentir
mento (*mén*-tô) *m* menton *m*
mentre (*mén*-tré) *conj* tandis que
menu (mé-*nou*) *m* menu *m*
menzionare (mén-tsyô-*nââ*-ré) *v* mentionner
menzione (mén-*tsyôô*-né) *f* mention *f*
menzogna (mén-*tsôô*-gna) *f* mensonge *m*
meraviglia (mé-ra-*vii*-lʸa) *f* surprise *f*; merveille *f*
meravigliarsi (mé-ra-vi-*lʸar*-si) *v* s'émerveiller
meraviglioso (mé-ra-vi-*lʸôô*-sô) *adj* merveilleux
mercante (mér-*kann*-té) *m* commerçant *m*, marchand *m*; ~ **di vini** négociant en vins
mercanteggiare (mér-kann-téd-*djââ*-ré) *v* marchander
mercanzia (mér-kann-*tsii*-a) *f* marchandise *f*
mercato (mér-*kââ*-tô) *m* marché *m*; **a buon** ~ bon marché; ~ **nero** marché noir
merce (*mèr*-tché) *f* marchandise *f*
merceria (mér-tché-*rii*-a) *f* mercerie *f*
mercoledì (mér-kô-lé-*di*) *m* mercredi

m
mercurio (mér-*koû*-ryô) *m* mercure *m*
merenda (mé-*rèn*-da) *f* thé *m*
meridionale (mé-ri-dyô-*nââ*-lé) *adj* méridional
meritare (mé-ri-*tââ*-ré) *v* mériter
merito (*mèè*-ri-tô) *m* mérite *m*
merlano (mér-*lââ*-nô) *m* merlan *m*
merletto (mér-*lét*-tô) *m* dentelle *f*
merlo (*mèr*-lô) *m* merle *m*
merluzzo (mér-*lout*-tsô) *m* morue *f*; aiglefin *m*
meschino (mé-*skii*-nô) *adj* mesquin; borné
mescolare (mé-skô-*lââ*-ré) *v* mélanger, mêler; remuer; *battre
mese (*méé*-sé) *m* mois *m*
messa (*méss*-sa) *f* messe *f*
messaggero (méss-sad-*djèè*-rô) *m* messager *m*
messaggio (méss-*sad*-djô) *m* message *m*
messicano (méss-si-*kââ*-nô) *adj* mexicain; *m* Mexicain *m*
Messico (*mèss*-si-kô) *m* Mexique *m*
mestiere (mé-*styèè*-ré) *m* métier *m*; occupation *f*
mesto (*mè*-stô) *adj* malheureux
mestruazione (mé-str^ou^a-*tsyôô*-né) *f* menstruation *f*
metà (mé-*ta*) *f* moitié *f*; **a ~** à moitié
metallico (mé-*tal*-li-kô) *adj* métallique
metallo (mé-*tal*-lô) *m* métal *m*
meticoloso (mé-ti-kô-*lôô*-sô) *adj* méticuleux
metodico (mé-*too*-di-kô) *adj* méthodique
metodo (*mèè*-tô-dô) *m* méthode *f*
metrico (*mèè*-tri-kô) *adj* métrique
metro (*mèè*-trô) *m* mètre *m*; compteur *m*; **~ a nastro** centimètre *m*
metropolitana (mé-trô-pô-li-*tââ*-na) *f* métro *m*
***mettere** (*mét*-té-ré) *v* poser, *mettre; **~ in imbarazzo** déconcerter
mezzanino (méd-dza-*nii*-nô) *m* entresol *m*
mezzanotte (méd-dza-*not*-té) *f* minuit
mezzo (*mèd*-dzô) *adj* demi; du milieu; *m* milieu *m*; moyen *m*; **in ~ a** au milieu de; entre
mezzogiorno (méd-dzô-*djôr*-nô) *m* midi *m*
mi (mi) *pron* moi; me
miccia (*mit*-tcha) *f* mèche *f*
micia (*mii*-tcha) *f* minet *m*
microfono (mi-*kroo*-fô-nô) *m* microphone *m*
micromotore (mi-krô-mô-*tôô*-ré) *m* vélomoteur *m*
microsolco (mi-krô-*sôl*-kô) *m* microsillon *m*
midollo (mi-*dôl*-lô) *m* moelle *f*
miele (*myèè*-lé) *m* miel *m*
miglio (*mii*-l^y^ô) *m* (pl le miglia) mille *m*
miglioramento (mi-l^y^ô-ra-*mén*-tô) *m* amélioration *f*
migliorare (mi-l^y^ô-*rââ*-ré) *v* améliorer
migliore (mi-*l^y^ôô*-ré) *adj* meilleur; supérieur
mignolo (*mii*-gnô-lô) *m* auriculaire *m*
milionario (mi-l^y^ô-*nââ*-ryô) *m* millionnaire *m*
milione (mi-*l^y^ôô*-né) *m* million *m*
militare (mi-li-*tââ*-ré) *adj* militaire; *m* soldat *m*
mille (*mil*-lé) *num* mille
minaccia (mi-*nat*-tcha) *f* menace *f*
minacciare (mi-nat-*tchââ*-ré) *v* menacer
minaccioso (mi-nat-*tchôô*-sô) *adj* menaçant
minatore (mi-na-*tôô*-ré) *m* mineur *m*
minerale (mi-né-*rââ*-lé) *m* minéral *m*; minerai *m*
minestra (mi-*nè*-stra) *f* soupe *f*
miniatura (mi-gna-*toû*-ra) *f* miniature

f
miniera (mi-*gnèè*-ra) *f* mine *f*
minimo (*mii*-ni-mô) *adj* moindre; *m* minimum *m*
ministero (mi-ni-*stèè*-rô) *m* ministère *m*
ministro (mi-*ni*-strô) *m* ministre *m*; **primo** ~ premier ministre
minoranza (mi-nô-*rann*-tsa) *f* minorité *f*
minore (mi-*nôô*-ré) *adj* mineur; cadet
minorenne (mi-nô-*rèn*-né) *adj* mineur; *m* mineur *m*
minuscolo (mi-*nou*-skô-lô) *adj* minuscule
minuto (mi-*noû*-tô) *adj* minuscule; *m* minute *f*
minuzioso (mi-nou-*tsyôô*-sô) *adj* minutieux
mio (*mii*-ô) *adj* (f mia; pl miei, mie) mon
miope (*mii*-ô-pé) *adj* myope
miracolo (mi-*rââ*-kô-lô) *m* miracle *m*
miracoloso (mi-ra-kô-*lôô*-sô) *adj* miraculeux
mirare a (mi-*rââ*-ré) viser; aspirer à
mirino (mi-*rii*-nô) *m* viseur *m*
miscuglio (mi-*skoû*-lʸô) *m* mélange *m*
miserabile (mi-zé-*rââ*-bi-lé) *adj* malheureux
miseria (mi-*zèè*-rya) *f* détresse *f*, misère *f*
misericordia (mi-zé-ri-*kor*-dya) *f* miséricorde *f*
misericordioso (mi-zé-ri-kôr-*dyôô*-sô) *adj* miséricordieux
misero (*mii*-zé-rô) *adj* misérable; indigent
missione (miss-*syôô*-né) *f* mission *f*
misterioso (mi-sté-*ryôô*-sô) *adj* mystérieux
mistero (mi-*stèè*-rô) *m* mystère *m*
misto (*mi*-stô) *adj* mélangé, divers; mêlé
misura (mi-*zoû*-ra) *f* mesure *f*; **fatto su** ~ fait sur commande, fait sur mesure
misurare (mi-zou-*rââ*-ré) *v* mesurer
misuratore (mi-zou-ra-*tôô*-ré) *m* jauge *f*
mite (*mii*-té) *adj* doux
mitigare (mi-ti-*ghââ*-ré) *v* soulager
mito (*mii*-tô) *m* mythe *m*
mobile (*moo*-bi-lé) *adj* mobile
mobilia (mô-*bii*-lʸa) *f* meubles
moda (*moo*-da) *f* mode *f*; **fuori** ~ démodé
modellare (mô-dél-*lââ*-ré) *v* façonner
modello (mô-*dèl*-lô) *m* modèle *m*
moderato (mô-dé-*rââ*-tô) *adj* modéré
moderno (mô-*dèr*-nô) *adj* moderne
modestia (mô-*dè*-stya) *f* modestie *f*
modesto (mô-*dè*-stô) *adj* modeste
modifica (mô-*dii*-fi-ka) *f* modification *f*
modificare (mô-di-fi-*kââ*-ré) *v* modifier
modista (mô-*di*-sta) *f* modiste *f*
modo (*moo*-dô) *m* façon *f*, mode *m*; **ad ogni** ~ de toute façon; **in nessun** ~ aucunement; en aucun cas; **in ogni** ~ n'importe comment; **nello stesso** ~ de la même manière
moglie (*môô*-lʸé) *f* femme *f*
molare (mô-*lââ*-ré) *m* molaire *f*
molesto (mô-*lè*-stô) *adj* gênant
molla (*mol*-la) *f* ressort *m*
molleggio (môl-*léd*-djô) *m* suspension *f*
molo (*moo*-lô) *m* jetée *f*; quai *m*
moltiplicare (môl-ti-pli-*kââ*-ré) *v* multiplier
moltiplicazione (môl-ti-pli-ka-*tsyôô*-né) *f* multiplication *f*
molto (*môl*-tô) *adj* beaucoup de; *adv* très; beaucoup
momentaneo (mô-mén-*tââ*-né-ô) *adj* momentané

momento (mô-*mén*-tô) *m* moment *m*; **a momenti** tout à l'heure
monaca (*moo*-na-ka) *f* religieuse *f*
monaco (*moo*-na-kô) *m* moine *m*
monarca (mô-*nar*-ka) *m* monarque *m*
monarchia (mô-nar-*kii*-a) *f* monarchie *f*
monastero (mô-na-*stèè*-rô) *m* cloître *m*, monastère *m*
mondiale (môn-*dyââ*-lé) *adj* mondial
mondo (*môn*-dô) *m* monde *m*
monello (mô-*nèl*-lô) *m* fripon *m*
moneta (mô-*néé*-ta) *f* pièce de monnaie; ~ **spicciola** petite monnaie
monetario (mô-né-*tââ*-ryô) *adj* monétaire
monologo (mô-*noo*-lô-ghô) *m* monologue *m*
monopattino (mô-nô-*pat*-ti-nô) *m* patinette *f*
monopolio (mô-nô-*poo*-lyô) *m* monopole *m*
monotono (mô-*noo*-tô-nô) *adj* monotone, ennuyeux
montagna (môn-*tââ*-gna) *f* montagne *f*
montagnoso (môn-ta-*gnôô*-sô) *adj* montagneux
montare (môn-*tââ*-ré) *v* monter; assembler
montatura (môn-ta-*toû*-ra) *f* monture *f*
monte (*môn*-té) *m* mont *m*
montone (môn-*tôô*-né) *m* mouton *m*
monumento (mô-nou-*mén*-tô) *m* monument *m*; ~ **commemorativo** mémorial *m*
mora (*moo*-ra) *f* mûre *f*
morale (mô-*rââ*-lé) *adj* moral; *f* morale *f*; *m* moral *m*
moralità (mô-ra-li-*ta*) *f* moralité *f*
morbido (*mor*-bi-dô) *adj* mou, doux
morbillo (môr-*bil*-lô) *m* rougeole *f*
***mordere** (*mor*-dé-ré) *v* mordre
morfina (môr-*fii*-na) *f* morphine *f*
***morire** (mô-*rii*-ré) *v* *mourir
mormorare (môr-mô-*rââ*-ré) *v* chuchoter
morsa (*mor*-sa) *f* mordache *f*
morsetto (môr-*sét*-tô) *m* crampon *m*
morso (*mor*-sô) *m* morsure *f*
mortale (môr-*tââ*-lé) *adj* mortel
morte (*mor*-té) *f* mort *f*
morto (*mor*-tô) *adj* mort
mosaico (mô-*zââ*-i-kô) *m* mosaïque *f*
mosca (*mô*-ska) *f* mouche *f*
moschea (mô-*skèè*-a) *f* mosquée *f*
mossa (*moss*-sa) *f* tour *m*; pas *m*
mostra (*mô*-stra) *f* exposition *f*; exhibition *f*; ***mettere in** ~ étaler
mostrare (mô-*strââ*-ré) *v* montrer; **mostrarsi** se révéler
motivo (mô-*tii*-vô) *m* motif *m*; **a** ~ **di** en raison de
moto (*moo*-tô) *m* mouvement *m*
motocicletta (mô-tô-tchi-*klét*-ta) *f* motocyclette *f*
motonave (mô-tô-*nââ*-vé) *f* bateau à moteur
motore (mô-*tôô*-ré) *m* moteur *m*
motorino (mô-tô-*rii*-nô) *m* vélomoteur *m*
motoscafo (mô-tô-*skââ*-fô) *m* canot automobile
motto (*mot*-tô) *m* devise *f*
movente (mô-*vèn*-té) *m* motif *m*
movimento (mô-vi-*mén*-tô) *m* mouvement *m*
mozione (mô-*tsyôô*-né) *f* motion *f*
mucchio (*mouk*-kyô) *m* tas *m*
muffa (*mouf*-fa) *f* moisissure *f*
muffole (*mouf*-fô-lé) *fpl* moufles *fpl*
mugghiare (mough-*ghyââ*-ré) *v* mugir
mugnaio (mou-*gnââ*-yô) *m* meunier *m*
mulino a vento (mou-*lii*-nô a *vén*-tô) moulin à vent
mulo (*moû*-lô) *m* mulet *m*, mule *f*
multa (*moul*-ta) *f* amende *f*

municipale (mou-ni-tchi-*pââ*-lé) *adj* municipal
municipalità (mou-ni-tchi-pa-li-*ta*) *f* municipalité *f*
municipio (mou-ni-*tchii*-pyô) *m* hôtel de ville
munifico (mou-*nii*-fi-kô) *adj* large
***muovere** (*m*ou*oo*-vé-ré) *v* bouger
murare (mou-*rââ*-ré) *v* maçonner
muratore (mou-ra-*tôô*-ré) *m* maçon *m*
muro (*moû*-rô) *m* mur *m*
muschio (*mou*-skyô) *m* mousse *f*
muscolo (*mou*-skô-lô) *m* muscle *m*
muscoloso (mou-skô-*lôô*-sô) *adj* musclé
museo (mou-*zèè*-ô) *m* musée *m*; ~ **delle cere** musée des figures de cire
musica (*moû*-zi-ka) *f* musique *f*
musicale (mou-zi-*kââ*-lé) *adj* musical
musicista (mou-zi-*tchi*-sta) *m* musicien *m*
muso (*moû*-zô) *m* museau *m*
mussolina (mouss-sô-*lii*-na) *f* mousseline *f*
mutamento (mou-ta-*mén*-tô) *m* changement *m*
mutande (mou-*tann*-dé) *fpl* caleçon *m*; culotte *f*
mutandine (mou-tann-*dii*-né) *fpl* culotte *f*, caleçon *m*; slip *m*; ~ **da bagno** caleçon de bain
mutare (mou-*tââ*-ré) *v* changer
muto (*moû*-tô) *adj* muet; interloqué
mutuo (*moû*-tou*ô*) *adj* mutuel

N

nafta (*naf*-ta) *f* mazout *m*
nailon (*naï*-lôn) *m* nylon *m*
nano (*nââ*-nô) *m* nain *m*
narciso (nar-*tchii*-zô) *m* jonquille *f*
narcosi (nar-*koo*-zi) *f* narcose *f*
narcotico (nar-*koo*-ti-kô) *m* narcotique *m*, drogue *f*
narice (na-*rii*-tché) *f* narine *f*
***nascere** (*nach*-ché-ré) *v* *naître
nascita (*nach*-chi-ta) *f* naissance *f*
***nascondere** (na-*skôn*-dé-ré) *v* cacher; dissimuler
naso (*nââ*-sô) *m* nez *m*
nastro (*na*-strô) *m* ruban *m*; cordon *m*, bande *f*; ~ **adesivo** ruban adhésif
Natale (na-*tââ*-lé) Noël
natica (*nââ*-ti-ka) *f* fesse *f*
nativo (na-*tii*-vô) *adj* indigène
nato (*nââ*-tô) *adj* né
natura (na-*toû*-ra) *f* nature *f*
naturale (na-tou-*rââ*-lé) *adj* naturel
naturalmente (na-tou-ral-*mén*-té) *adv* évidemment, bien sûr, naturellement
nausea (*naou*-zé-a) *f* nausée *f*, mal au cœur
nauseante (naou-zé-*ann*-té) *adj* répugnant
nauseato (naou-zé-*ââ*-tô) *adj* ayant mal au cœur
navale (na-*vââ*-lé) *adj* naval; **cantiere** ~ chantier naval
nave (*nââ*-vé) *f* navire *m*; vaisseau *m*; ~ **di linea** paquebot *m*
navigabile (na-vi-*ghââ*-bi-lé) *adj* navigable
navigare (na-vi-*ghââ*-ré) *v* naviguer
navigazione (na-vi-gha-*tsyôô*-né) *f* navigation *f*
nazionale (na-tsyô-*nââ*-lé) *adj* national
nazionalità (na-tsiô-na-li-*ta*) *f* nationalité *f*
nazionalizzare (na-tsyô-na-lid-*dzââ*-ré) *v* nationaliser
nazione (na-*tsyôô*-né) *f* nation *f*
ne (né) *pron* en; de lui
né... né (né) ni ... ni

neanche (né-*anng*-ké) *adv* même pas; *conj* non plus
nebbia (*néb*-bya) *f* brouillard *m*
nebbioso (néb-*byôô*-sô) *adj* brumeux, nébuleux
necessario (né-tchéss-*sââ*-ryô) *adj* nécessaire
necessità (né-tchéss-si-*ta*) *f* nécessité *f*; besoin *m*
necroscopia (né-krô-skô-*pii*-a) *f* autopsie *f*
negare (né-*ghââ*-ré) *v* nier; dénier
negativa (né-gha-*tii*-va) *f* négatif *m*
negativo (né-gha-*tii*-vô) *adj* négatif
negligente (né-ghli-*djèn*-té) *adj* négligent
negligenza (né-ghli-*djèn*-tsa) *f* négligence *f*
negoziante (né-ghô-*tsyann*-té) *m* négociant *m*; commerçant *m*; ~ **di stoffe** drapier *m*
negoziare (né-ghô-*tsyââ*-ré) *v* négocier
negozio (né-*ghoo*-tsyô) *m* boutique *f*; ~ **di ferramenta** quincaillerie *f*; ~ **di fiori** fleuriste *m*; ~ **di giocattoli** magasin de jouets
negro (*néé*-ghrô) *m* noir *m*
nemico (né-*mii*-kô) *m* ennemi *m*
nemmeno (ném-*méé*-nô) *adv* même pas; *conj* non plus
neon (*nèè*-ôn) *m* néon *m*
neonato (né-ô-*nââ*-tô) *m* nourrisson *m*
neppure (nép-*poû*-ré) *adv* même pas; *conj* non plus
nero (*néé*-rô) *adj* noir
nervo (*nèr*-vô) *m* nerf *m*
nervoso (nér-*vôô*-sô) *adj* nerveux
nessuno (néss-*soû*-nô) *adj* aucun; *pron* aucun, ne ... personne
nettare (nét-*tââ*-ré) *v* nettoyer
netto (*nét*-tô) *adj* net
neutrale (né^ou^-*trââ*-lé) *adj* neutre
neutro (*nè^ou^*-trô) *adj* neutre
neve (*néé*-vé) *f* neige *f*; ~ **fangosa** boue *f*
nevicare (né-vi-*kââ*-ré) *v* neiger
nevoso (né-*vôô*-sô) *adj* neigeux
nevralgia (né-vral-*djii*-a) *f* névralgie *f*
nevrosi (né-*vroo*-zi) *f* névrose *f*
nichelio (ni-*kèè*-l^y^ô) *m* nickel *m*
nicotina (ni-kô-*tii*-na) *f* nicotine *f*
nido (*nii*-dô) *m* nid *m*; crèche *f*
niente (*gnèn*-té) *pron* ne ... rien; rien
Nigeria (ni-*djèè*-rya) *f* Nigeria *m*
nigeriano (ni-djé-*ryââ*-nô) *adj* nigérien; *m* Nigérien *m*
nipote (ni-*pôô*-té) *m* petit-fils *m*; neveu *m*; *f* petite-fille *f*; nièce *f*
nipotina (ni-pô-*tii*-na) *f* petite-fille *f*
nipotino (ni-pô-*tii*-nô) *m* petit-fils *m*
no (no) non
nobile (*noo*-bi-lé) *adj* noble
nobiltà (nô-bil-*ta*) *f* noblesse *f*
nocca (*nok*-ka) *f* jointure *f*
nocciola (nôt-*tchoo*-la) *f* noisette *f*
nocciolo (*not*-tchô-lô) *m* noyau *m*; fond *m*, cœur *m*
noce (*nôô*-tché) *f* noix *f*; ~ **di cocco** noix de coco; ~ **moscata** muscade *f*
nocivo (nô-*tchii*-vô) *adj* nuisible
nodo (*noo*-dô) *m* nœud *m*; morceau *m*; ~ **scorsoio** boucle *f*
noi (noï) *pron* nous; ~ **stessi** nous-mêmes
noia (*noo*-ya) *f* ennui *m*; tracas *m*
noioso (nô-*yôô*-sô) *adj* fastidieux, ennuyeux
noleggiare (nô-léd-*djââ*-ré) *v* louer
a nolo (a *noo*-lô) à louer
nome (*nôô*-mé) *m* nom *m*; prénom *m*; substantif *m*; **a** ~ **di** au nom de; ~ **di battesimo** prénom *m*
nomignolo (nô-*mii*-gnô-lô) *m* surnom *m*
nomina (*noo*-mi-na) *f* nomination *f*
nominale (nô-mi-*nââ*-lé) *adj* nominal

nominare (nô-mi-*nââ*-ré) *v* mentionner, nommer
non (nôn) ne ... pas; ~... **mai** ne ... jamais; ~... **più** ne ... plus
nonché (nông-*ké*) *conj* ainsi que
noncurante (nông-kou-*rann*-té) *adj* inattentif
nonna (*nonn*-na) *f* mémé *f*, bonne-maman *f*, grand-mère *f*
nonno (*nonn*-nô) *m* pépé *m*, bon-papa *m*, grand-père *m*, grand-papa *m*; **nonni** grands-parents *mpl*
nono (*noo*-nô) *num* neuvième
nonostante (nô-nô-*stann*-té) *prep* en dépit de, malgré
nord (nord) *m* nord *m*; **polo Nord** pôle nord
nord-est (nor-*dèst*) *m* nord-est *m*
nordico (*nor*-di-kô) *adj* septentrional
nord-ovest (nor-*doo*-vést) *m* nord-ouest *m*
norma (*nor*-ma) *f* norme *f*; **di** ~ en général
normale (nôr-*mââ*-lé) *adj* normal; standard, ordinaire
norvegese (nôr-vé-*djéé*-sé) *adj* norvégien; *m* Norvégien *m*
Norvegia (nôr-*véé*-dja) *f* Norvège *f*
nostalgia (nô-stal-*djii*-a) *f* mal du pays
nostro (*no*-strô) *adj* notre
nota (*noo*-ta) *f* mémorandum *m*
notaio (nô-*tââ*-yô) *m* notaire *m*
notare (nô-*tââ*-ré) *v* constater; remarquer
notevole (nô-*téé*-vô-lé) *adj* sensible, remarquable, frappant
notificare (nô-ti-fi-*kââ*-ré) *v* notifier
notizia (nô-*tii*-tsya) *f* nouvelle *f*; **notizie** nouvelles, actualités
notiziario (nô-ti-*tsyââ*-ryô) *m* nouvelles
noto (*noo*-tô) *adj* connu
notte (*not*-té) *f* nuit *f*
notturno (nôt-*tour*-nô) *adj* nocturne; **locale** ~ boîte de nuit
novanta (nô-*vann*-ta) *num* quatre-vingt-dix
nove (*noo*-vé) *num* neuf
novembre (nô-*vèm*-bré) novembre
novità (nô-vi-*ta*) *f* nouvelle *f*
nozione (nô-*tsyôô*-né) *f* notion *f*
nubifragio (nou-bi-*frââ*-djô) *m* rafale de pluie
nuca (*noû*-ka) *f* nuque *f*
nucleare (nou-klé-*ââ*-ré) *adj* nucléaire
nucleo (*noû*-klé-ô) *m* cœur *m*, noyau *m*
nudo (*noû*-dô) *adj* nu; *m* nu *m*
nulla (*noul*-la) *m* rien
nullo (*noul*-lô) *adj* nul
numerale (nou-mé-*rââ*-lé) *m* nombre *m*
numero (*noû*-mé-rô) *m* nombre *m*; chiffre *m*, numéro *m*; ~ **di targa** numéro d'immatriculation
numeroso (nou-mé-*rôô*-sô) *adj* nombreux
***nuocere** (*n^ou^oo*-tché-ré) *v* *faire du mal
nuotare (n^ou^ô-*tââ*-ré) *v* nager
nuotatore (n^ou^ô-ta-*tôô*-ré) *m* nageur *m*
nuoto (*n^ou^oo*-tô) *m* natation *f*; ~ **a farfalla** brasse papillon; ~ **a rana** brasse *f*
nuovamente (n^ou^ô-va-*mén*-té) *adv* de nouveau
Nuova Zelanda (*n^ou^oo*-va tsé-*lann*-da) Nouvelle-Zélande *f*
nuovo (*n^ou^oo*-vô) *adj* nouveau; **di** ~ de nouveau; ~ **fiammante** flambant neuf
nutriente (nou-*tryèn*-té) *adj* nutritif, nourrissant
nutrire (nou-*trii*-ré) *v* nourrir
nuvola (*noû*-vô-la) *f* nuage *m*
nuvoloso (nou-vô-*lôô*-sô) *adj* couvert, nuageux

O

o (ô) *conj* ou ; ~... **o** ou ... ou, soit ... soit
oasi (*oo*-a-zi) *f* oasis *f*
obbligare (ôb-bli-*ghââ*-ré) *v* obliger
obbligatorio (ôb-bli-gha-*too*-ryô) *adj* obligatoire
obbligazione (ôb-bli-gha-*tsyôô*-né) *f* obligation *f*
obbligo (*ob*-bli-ghô) *m* obligation *f*
obeso (ô-*bèè*-zô) *adj* obèse
obiettare (ô-byét-*tââ*-ré) *v* objecter
obiettivo (ô-byét-*tii*-vô) *m* objectif *m*
obiezione (ô-byé-*tsyôô*-né) *f* objection *f*
obliquo (ô-*blii*-k^ou^ô) *adj* oblique
oblungo (ô-*bloung*-ghô) *adj* oblong
oca (*oo*-ka) *f* oie *f*
occasionalmente (ôk-ka-zyô-nal-*mén*-té) *adv* de temps en temps
occasione (ôk-ka-*zyôô*-né) *f* occasion *f*; **d'occasione** d'occasion
occhiali (ôk-*kyââ*-li) *mpl* lunettes *fpl* ; ~ **da sole** lunettes de soleil ; ~ **di protezione** lunettes de plongée
occhiata (ôk-*kyââ*-ta) *f* aperçu *m*, coup d'œil ; ***dare un'occhiata** jeter un coup d'œil
occhio (*ok*-kyô) *m* œil *m* ; ~ **di pernice** durillon *m* ; ***tenere d'occhio** surveiller
occidentale (ôt-tchi-dén-*tââ*-lé) *adj* occidental
occidente (ôt-tchi-*dèn*-té) *m* occident *m*
***occorrere** (ôk-*kôr*-ré-ré) *v* *falloir
occupante (ôk-kou-*pann*-té) *m* occupant *m*
occupare (ôk-kou-*pââ*-ré) *v* occuper ; **occuparsi di** s'occuper de, veiller sur
occupazione (ôk-kou-pa-*tsyôô*-né) *f* occupation *f*; emploi *m*
oceano (ô-*tchèè*-a-nô) *m* océan *m* ; **Oceano Pacifico** Océan Pacifique
oculista (ô-kou-*li*-sta) *m* oculiste *m*
odiare (ô-*dyââ*-ré) *v* *haïr
odio (*oo*-dyô) *m* haine *f*
odorare (ô-dô-*rââ*-ré) *v* *sentir
odore (ô-*dôô*-ré) *m* odeur *f*
***offendere** (ôf-*fèn*-dé-ré) *v* offenser, blesser
offensiva (ôf-fén-*sii*-va) *f* offensive *f*
offensivo (ôf-fén-*sii*-vô) *adj* offensif
offerta (ôf-*fèr*-ta) *f* offre *f*
offesa (ôf-*féé*-sa) *f* offense *f*
officina (ôf-fit-*tchii*-na) *f* atelier *m* ; ~ **del gas** usine à gaz
***offrire** (ôf-*frii*-ré) *v* *offrir
offuscato (ôf-fou-*skââ*-tô) *adj* terne
oggettivo (ôd-djét-*tii*-vô) *adj* objectif
oggetto (ôd-*djèt*-tô) *m* objet *m* ; **oggetti smarriti** objets trouvés
oggi (*od*-dji) *adv* aujourd'hui
oggigiorno (ôd-dji-*djôr*-nô) *adv* actuellement
ogni (*ôô*-gni) *adj* chaque
ogniqualvolta (ô-gni-k^ou^al-*vol*-ta) *conj* n'importe quand
ognuno (ô-*gnoû*-nô) *pron* chacun, tout le monde
Olanda (ô-*lann*-da) *f* Hollande *f*
olandese (ô-lann-*déé*-sé) *adj* néerlandais, hollandais ; *m* Néerlandais *m*, Hollandais *m*
oleoso (ô-lé-*ôô*-sô) *adj* huileux
olio (*oo*-l^y^ô) *m* huile *f* ; ~ **abbronzante** huile solaire ; ~ **da tavola** huile de table ; ~ **d'oliva** huile d'olive ; ~ **per capelli** huile capillaire
oliva (ô-*lii*-va) *f* olive *f*
olmo (*ôl*-mô) *m* orme *m*
oltraggio (ôl-*trad*-djô) *m* outrage *m*
oltre (*ôl*-tré) *prep* au delà de ; passé ;

~ **a** outre
oltremarino (ôl-tré-ma-*rii*-nô) *adj* d'outre-mer
oltrepassare (ôl-tré-pass-*sââ*-ré) *v* dépasser; doubler
omaggio (ô-*mad*-djô) *m* hommage *m*
ombelico (ôm-bé-*lii*-kô) *m* nombril *m*
ombra (*ôm*-bra) *f* ombre *f*
ombreggiato (ôm-bréd-*djââ*-tô) *adj* ombragé
ombrellino (ôm-brél-*lii*-nô) *m* parasol *m*
ombrello (ôm-*brèl*-lô) *m* parapluie *m*
ombretto (ôm-*brét*-tô) *m* ombre à paupières
***omettere** (ô-*mét*-té-ré) *v* *omettre; sauter
omosessuale (ô-mô-séss-*s^ou^ââ*-lé) *adj* homosexuel
onda (*ôn*-da) *f* vague *f*
ondulare (ôn-dou-*lââ*-ré) *v* boucler
ondulato (ôn-dou-*lââ*-tô) *adj* ondulé
onestà (ô-né-*sta*) *f* honnêteté *f*
onesto (ô-*nè*-stô) *adj* honnête; juste, droit
onice (*oo*-ni-tché) *f* onyx *m*
onnipotente (ôn-ni-pô-*tèn*-té) *adj* omnipotent
onorare (ô-nô-*rââ*-ré) *v* honorer
onorario (ô-nô-*rââ*-ryô) *m* honoraires *mpl*
onore (ô-*nôô*-ré) *m* honneur *m*
onorevole (ô-nô-*réé*-vô-lé) *adj* honorable
opaco (ô-*pââ*-kô) *adj* mat, terne
opale (ô-*pââ*-lé) *m* opale *f*
opera (*oo*-pé-ra) *f* opéra *m*
operaio (ô-pé-*rââ*-yô) *m* travailleur *m*, ouvrier *m*
operare (ô-pé-*ra*-ré) *v* opérer
operazione (ô-pé-ra-*tsyôô*-né) *f* opération *f*
operetta (ô-pé-*rét*-ta) *f* opérette *f*
opinione (ô-pi-*gnôô*-né) *f* opinion *f*
***opporsi** (ôp-*pôr*-si) *v* s'opposer
opportunità (ôp-pôr-tou-ni-*ta*) *f* chance *f*, occasion *f*
opportuno (ôp-pôr-*toû*-nô) *adj* opportun
opposizione (ôp-pô-zi-*tsyôô*-né) *f* opposition *f*
opposto (ôp-*pô*-stô) *adj* contraire
***opprimere** (ôp-*prii*-mé-ré) *v* oppresser; opprimer
oppure (ôp-*poû*-ré) *conj* ou bien
opuscolo (ô-*pou*-skô-lô) *m* brochure *f*
ora (*ôô*-ra) *f* heure *f*; *adv* maintenant; **d'ora innanzi** dorénavant; ~ **di arrivo** heure d'arrivée; ~ **di partenza** heure de départ; **ore d'ufficio** heures de bureau; **quarto d'ora** quart d'heure
orale (ô-*rââ*-lé) *adj* oral
oramai (ô-ra-*maï*) *adv* maintenant; à ce moment-là
orario (ô-*rââ*-ryô) *m* horaire *m*; ~ **di apertura** heures d'ouverture; ~ **di ricevimento** heures de consultation; ~ **estivo** heure d'été
orchestra (ôr-*kè*-stra) *f* orchestre *m*
ordinare (ôr-di-*nââ*-ré) *v* classer; commander
ordinario (ôr-di-*nââ*-ryô) *adj* habituel; ordinaire
ordinato (ôr-di-*nââ*-tô) *adj* ordonné
ordinazione (ôr-di-na-*tsyôô*-né) *f* commande *f*; **modulo di** ~ bon de commande
ordine (*ôr*-di-né) *m* ordre *m*; **in** ~ en règle; ***mettere in** ~ arranger
orecchino (ô-rék-*kii*-nô) *m* boucle d'oreille
orecchio (ô-*rék*-kyô) *f* oreille *f*
orecchioni (ô-rék-*kyôô*-ni) *mpl* oreillons *mpl*
orefice (ô-*réé*-fi-tché) *m* orfèvre *m*
orfano (*or*-fa-nô) *m* orphelin *m*
organico (ôr-*ghââ*-ni-kô) *adj* organi-

que
organismo (ôr-gha-*ni*-zmô) *m* organisme *m*
organizzare (ôr-gha-nid-*dzââ*-ré) *v* organiser; préparer
organizzazione (ôr-gha-nid-dza-*tsyôô*-né) *f* organisation *f*
organo (*or*-gha-nô) *m* organe *m*; orgue *m*; **organetto di Barberia** orgue de Barbarie
orgoglio (ôr-*ghoo*-lʸô) *m* orgueil *m*
orgoglioso (ôr-ghô-*lʸôô*-sô) *adj* orgueilleux
orientale (ô-ryén-*tââ*-lé) *adj* oriental
orientarsi (ô-ryén-*tar*-si) *v* s'orienter
oriente (ô-*ryèn*-té) *m* est *m*; orient *m*
originale (ô-ri-dji-*nââ*-lé) *adj* original
originariamente (ô-ri-dji-na-rya-*mén*-té) *adv* originairement
origine (ô-*rii*-dji-né) *f* origine *f*
origliare (ô-ri-*lʸââ*-ré) *v* écouter aux portes
orizzontale (ô-rid-dzôn-*tââ*-lé) *adj* horizontal
orizzonte (ô-rid-*dzôn*-té) *m* horizon *m*
orlo (*ôr*-lô) *m* rebord *m*, bord *m*; ourlet *m*
orlon (*or*-lôn) *m* orlon *m*
ornamentale (ôr-na-mén-*tââ*-lé) *adj* ornemental
ornamento (ôr-na-*mén*-tô) *m* décoration *f*, ornement *m*
oro (*oo*-rô) *m* or *m*; ~ **laminato** or en feuille
orologiaio (ô-rô-lô-*djââ*-yô) *m* horloger *m*
orologio (ô-rô-*loo*-djô) *m* montre *f*; horloge *f*; **cinturino da** ~ bracelet pour montre; ~ **da polso** bracelet-montre *m*; ~ **da tasca** montre de gousset
orrendo (ôr-*rèn*-dô) *adj* hideux
orribile (ôr-*rii*-bi-lé) *adj* horrible, horrifiant
orrore (ôr-*rôô*-ré) *m* horreur *f*
orso (*ôr*-sô) *m* ours *m*
orticoltura (ôr-ti-kôl-*toû*-ra) *f* horticulture *f*
orto (*or*-tô) *m* jardin potager
ortodosso (ôr-tô-*doss*-sô) *adj* orthodoxe
ortografia (ôr-tô-ghra-*fii*-a) *f* orthographe *f*
orzo (*or*-dzô) *m* orge *f*
osare (ô-*zââ*-ré) *v* oser
osceno (ôch-*chèè*-nô) *adj* obscène
oscurità (ô-skou-ri-*ta*) *f* ténèbres *fpl*, obscurité *f*
oscuro (ô-*skoû*-rô) *adj* obscur; vague
ospedale (ô-spé-*dââ*-lé) *m* hôpital *m*
ospitale (ô-spi-*tââ*-lé) *adj* hospitalier
ospitalità (ô-spi-ta-li-*ta*) *f* hospitalité *f*
ospitare (ô-spi-*tââ*-ré) *v* *recevoir
ospite (*o*-spi-té) *f* hôtesse *f*, hôte *m*; *m* invité *m*; **camera degli ospiti** chambre d'ami
ospizio (ô-*spii*-tsyô) *m* asile *m*, foyer *m*
osservare (ôss-sér-*vââ*-ré) *v* observer; considérer; remarquer
osservatorio (ôss-sér-va-*tôô*-ryô) *m* observatoire *m*
osservazione (ôss-sér-va-*tsyôô*-né) *f* observation *f*; remarque *f*
ossessione (ôss-séss-*syôô*-né) *f* obsession *f*
ossia (ôss-*sii*-a) *conj* à savoir; ou plutôt
ossigeno (ôss-*sii*-djé-nô) *m* oxygène *m*
osso (*oss*-sô) *m* (pl le ossa) os *m*
ostacolare (ô-sta-kô-*lââ*-ré) *v* gêner
ostacolo (ô-*stââ*-kô-lô) *m* obstacle *m*
ostaggio (ô-*stad*-djô) *m* otage *m*
ostello (ô-*stèl*-lô) *m* auberge *f*; ~ **della gioventù** auberge de jeunesse
ostia (*o*-stya) *f* gaufrette *f*
ostile (ô-*stii*-lé) *adj* hostile

ostinato (ô-sti-*nââ*-tô) *adj* obstiné
ostrica (*o*-stri-ka) *f* huître *f*
ostruire (ô-*strouii*-ré) *v* obstruer
ottanta (ôt-*tann*-ta) *num* quatre-vingts
ottavo (ôt-*tââ*-vô) *num* huitième
***ottenere** (ôt-té-*néé*-ré) *v* *obtenir; *acquérir
ottenibile (ôt-té-*nii*-bi-lé) *adj* disponible
ottico (*ot*-ti-kô) *m* opticien *m*
ottimismo (ôt-ti-*mi*-zmô) *m* optimisme *m*
ottimista (ôt-ti-*mi*-sta) *m* optimiste *m*
ottimistico (ôt-ti-*mi*-sti-kô) *adj* optimiste
ottimo (*ot*-ti-mô) *adj* supérieur, de premier ordre, formidable; le meilleur
otto (*ot*-tô) *num* huit
ottobre (ôt-*tôô*-bré) octobre
ottoname (ôt-tô-*nââ*-mé) *m* cuivres
ottone (ôt-*tôô*-né) *m* laiton *m*; cuivre *m*, cuivre jaune
otturazione (ôt-tou-ra-*tsyôô*-né) *f* plombage *m*
ottuso (ôt-*toû*-zô) *adj* émoussé; lent, bête
ovale (ô-*vââ*-lé) *adj* ovale
ovatta (ô-*vat*-ta) *f* ouate *f*
ovest (*oo*-vést) *m* ouest *m*
ovunque (ô-*voung*-k^ou^é) *adv* n'importe où, partout
ovvio (*ov*-vyô) *adj* évident, apparent
ozioso (ô-*tsyôô*-sô) *adj* oisif

P

pacchetto (pak-*két*-tô) *m* paquet *m*
pacco (*pak*-kô) *m* colis *m*
pace (*pââ*-tché) *f* paix *f*
pachistano (pa-ki-*stââ*-nô) *adj* pakistanais; *m* Pakistanais *m*
pacifico (pa-*tchii*-fi-kô) *adj* paisible
pacifismo (pa-tchi-*fi*-zmô) *m* pacifisme *m*
pacifista (pa-tchi-*fi*-sta) *m* pacifiste *m*; *adj* pacifiste
padella (pa-*dèl*-la) *f* poêle à frire
padiglione (pa-di-*l^y^ôô*-né) *m* pavillon *m*
padre (*pââ*-dré) *m* père *m*
padrino (pa-*drii*-nô) *m* parrain *m*
padrona (pa-*drôô*-na) *f* patronne *f*
padrone (pa-*drôôné*) *m* patron *m*; ~ **di casa** propriétaire *m*
paesaggio (paé-*zad*-djô) *m* paysage *m*
paese (pa-*éé*-zé) *m* pays *m*; ~ **natio** pays natal
Paesi Bassi (pa-*éé*-zi *bass*-si) Pays-Bas *mpl*
paga (*pââ*-gha) *f* paye *f*
pagamento (pa-gha-*mén*-tô) *m* paiement *m*
pagano (pa-*ghââ*-nô) *adj* païen; *m* païen *m*
pagare (pa-*ghââ*-ré) *v* payer; ~ **a rate** payer à tempérament; **pagato in anticipo** payé d'avance
paggio (*pad*-djô) *m* page *m*
pagina (*pââ*-dji-na) *f* page *f*
paglia (*pââ*-l^y^a) *f* paille *f*
pagliaccio (pa-*l^y^at*-tchô) *m* clown *m*
pagnotta (pa-*gnot*-ta) *f* miche *f*
paio (*pââ*-yô) *m* (pl le paia) paire *f*
Pakistan (pa-ki-*stann*) *m* Pakistan *m*
pala (*pââ*-la) *f* pelle *f*
palazzo (pa-*lat*-tsô) *m* palais *m*; manoir *m*
palco (*pal*-kô) *m* andouiller *m*
palestra (pa-*lè*-stra) *f* gymnase *m*
palla (*pal*-la) *f* ballon *m*, balle *f*
pallido (*pal*-li-dô) *adj* pâle; terne, mat
pallina (pal-*lii*-na) *f* bille *f*
pallino (pal-*lii*-nô) *m* dada *m*
palloncino (pal-lôn-*tchii*-nô) *m* ballon

m
pallone (pal-*lôô*-né) *m* ballon *m*
pallottola (pal-*lot*-tô-la) *f* balle *f*
palma (*pal*-ma) *f* palme *f*; paume *f*
palo (*pââ*-lô) *m* poteau *m*
palpabile (pal-*pââ*-bi-lé) *adj* palpable
palpare (pal-*pââ*-ré) *v* palper
palpebra (*pal*-pé-bra) *f* paupière *f*
palpitazione (pal-pi-ta-*tsyôô*-né) *f* palpitation *f*
palude (pa-*loû*-dé) *f* marais *m*
paludoso (pa-lou-*dôô*-sô) *adj* marécageux
pancia (*pann*-tcha) *f* ventre *m*
panciotto (pann-*tchot*-tô) *m* gilet *m*
pane (*pââ*-né) *m* pain *m*; ~ **integrale** pain complet
panetteria (pa-nét-té-*rii*-a) *f* boulangerie *f*
panettiere (pa-nét-*tyèè*-ré) *m* boulanger *m*
panfilo (*pann*-fi-lô) *m* yacht *m*
panico (*pââ*-ni-kô) *m* panique *f*
paniere (pa-*gnèè*-ré) *m* panier *m*
panino (pa-*nii*-nô) *m* petit pain, brioche *f*
panna (*pann*-na) *f* crème fraîche
pannello (pann-*nèl*-lô) *m* panneau *m*; **rivestimento a pannelli** lambrissage *m*
panno (*pann*-nô) *m* chiffon *m*
pannolino (pann-nô-*lii*-nô) *m* couche *f*; ~ **igienico** serviette hygiénique
pantaloni (pann-ta-*lôô*-ni) *mpl* pantalon *m*
pantofola (pann-*too*-fô-la) *f* pantoufle *f*
Papa (*pââ*-pa) *m* pape *m*
papà (pa-*pa*) *m* papa *m*
papavero (pa-*pââ*-vé-rô) *m* pavot *m*
pappagallo (pap-pa-*ghal*-lô) *m* perroquet *m*
parabrezza (pa-ra-*bréd*-dza) *m* pare-brise *m*
parafango (pa-ra-*fanng*-ghô) *m* garde-boue *m*
paragonare (pa-ra-ghô-*nââ*-ré) *v* comparer
paragone (pa-ra-*ghôô*-né) *m* comparaison *f*
paragrafo (pa-*rââ*-ghra-fô) *m* paragraphe *m*
paralitico (pa-ra-*lii*-ti-kô) *adj* paralysé
paralizzare (pa-ra-lid-*dzââ*-ré) *v* paralyser
parallela (pa-ral-*lèè*-la) *f* parallèle *m*
parallelo (pa-ral-*lèè*-lô) *adj* parallèle
paralume (pa-ra-*loû*-mé) *m* abat-jour *m*
parata (pa-*rââ*-ta) *f* parade *f*
paraurti (pa-ra-*our*-ti) *m* pare-choc *m*
parcheggio (par-*kèd*-djô) *m* stationnement *m*; parc de stationnement; parking *m*
parchimetro (par-*kii*-mé-trô) *m* parcomètre *m*
parco (*par*-kô) *m* parc *m*; ~ **nazionale** parc national
parecchi (pa-*rék*-ki) *adj* plusieurs, divers
pareggiare (pa-réd-*djââ*-ré) *v* égaliser
parente (pa-*rèn*-té) *m* parent *m*
parere (pa-*réé*-ré) *m* point de vue, idée *f*
***parere** (pa-*réé*-ré) *v* sembler
parete (pa-*réé*-té) *f* cloison *f*
pari (*pââ*-ri) *adj* pair
parlamentare (par-la-mén-*tââ*-ré) *adj* parlementaire
parlamento (par-la-*mén*-tô) *m* parlement *m*
parlare (par-*lââ*-ré) *v* parler
parola (pa-*roo*-la) *f* mot *m*; parole *f*; ~ **d'ordine** mot de passe
parrocchetto (par-rôk-*két*-tô) *m* perruche *f*
parrocchia (par-*rok*-kya) *f* paroisse *f*
parrucca (par-*rouk*-ka) *f* perruque *f*

parrucchiere (par-rouk-*kyèè*-ré) *m* coiffeur *m*
parsimonioso (par-si-mô-*nyôô*-sô) *adj* parcimonieux
parte (*par*-té) *f* part *f*, partie *f*; parti *m*; **dall'altra** ~ de l'autre côté; **da** ~ de côté, à part; **in** ~ en partie, partiellement; **una** ~ un peu
partecipante (par-té-tchi-*pann*-té) *m* participant *m*
partecipare (par-té-tchi-*pââ*-ré) *v* participer
partenza (par-*tèn*-tsa) *f* départ *m*
particolare (par-ti-kô-*lââ*-ré) *adj* particulier; *m* particularité *f*; **in** ~ en particulier
particolareggiato (par-ti-kô-la-réd-*djââ*-tô) *adj* détaillé
particolarmente (par-ti-kô-lar-*mén*-té) *adv* particulièrement
partire (par-*tii*-ré) *v* *partir; **a** ~ **da** à partir de
partita (par-*tii*-ta) *f* lot *m*; match *m*; ~ **di calcio** match de football; ~ **di pugilato** match de boxe
partito (par-*tii*-tô) *m* parti *m*
parto (*par*-tô) *m* accouchement *m*
parziale (par-*tsyââ*-lé) *adj* partiel; partial
pascolare (pa-skô-*lââ*-ré) *v* *paître
pascolo (*pa*-skô-lô) *m* pâture *f*
Pasqua (*pa*-sk^{ou}a) Pâques
passaggio (pass-*sad*-djô) *m* passage *m*; ~ **a livello** passage à niveau; ~ **pedonale** passage *m*, passage clouté; passage pour piétons
passante (pass-*sann*-té) *m* passant *m*
passaporto (pass-sa-*por*-tô) *m* passeport *m*
passare (pass-*sââ*-ré) *v* passer; réussir; ~ **accanto** passer à côté
passarella (pass-sa-*rèl*-la) *f* passerelle *f*
passatempo (pass-sa-*tèm*-pô) *m* divertissement *m*, amusement *m*; hobby *m*
passato (pass-*sââ*-tô) *adj* passé; *m* passé *m*
passeggero (pass-séd-*djéé*-rô) *m* passager *m*
passeggiare (pass-séd-*djââ*-ré) *v* se promener, flâner
passeggiata (pass-séd-*djââ*-ta) *f* promenade *f*
passera di mare (*pass*-sé-ra di *mââ*-ré) plie *f*
passero (*pass*-sé-rô) *m* moineau *m*
passione (pass-*syôô*-né) *f* passion *f*
passivo (pass-*sii*-vô) *adj* passif
passo (*pass*-sô) *m* démarche *f*, pas *m*; col *m*; fragment *m*; ***stare al** ~ **con** *être à la hauteur de
pasta (*pa*-sta) *f* pâte *f*
pasticca (pa-*stik*-ka) *f* tablette *f*
pasticceria (pa-stit-tché-*rii*-a) *f* pâtisserie *f*; confiserie *f*
pasticciare (pa-stit-*tchââ*-ré) *v* gâcher
pasticciere (pa-stit-*tchèè*-ré) *m* confiseur *m*
pasticcio (pa-*stit*-tchô) *m* confusion *f*
pasto (*pa*-stô) *m* repas *m*
pastore (pa-*stôô*-ré) *m* berger *m*; pasteur *m*, recteur *m*
patata (pa-*tââ*-ta) *f* pomme de terre; **patatine fritte** pommes frites
patria (*pââ*-trya) *f* patrie *f*
patrigno (pa-*trii*-gnô) *m* beau-père *m*
patriota (pa-*tryoo*-ta) *m* patriote *m*
patrocinatore (pa-trô-tchi-na-*tôô*-ré) *m* partisan *m*
pattinaggio (pat-ti-*nad*-djô) *m* patinage *m*; ~ **a rotelle** patinage à roulettes
pattinare (pat-ti-*nââ*-ré) *v* patiner
pattino (*pat*-ti-nô) *m* patin *m*
patto (*pat*-tô) *m* accord *m*; condition *f*
pattuglia (pat-*toû*-l^{y}a) *f* patrouille *f*

pattugliare (pat-tou-*lʸâ*-ré) *v* patrouiller
pattumiera (pat-tou-*myèè*-ra) *f* poubelle *f*, boîte à ordures
paura (pa-*oû*-ra) *f* peur *f*
pausa (*paou*-za) *f* pause *f*
pavimentare (pa-vi-mén-*tââ*-ré) *v* paver
pavimento (pa-vi-*mén*-tô) *m* sol *m*; pavage *m*
pavoncella (pa-vôn-*tchèl*-la) *f* vanneau *m*
pavone (pa-*vôô*-né) *m* paon *m*
paziente (pa-*tsyèn*-té) *adj* patient; *m* patient *m*
pazienza (pa-*tsyèn*-tsa) *f* patience *f*
pazzia (pat-*tsii*-a) *f* démence *f*, folie *f*
pazzo (*pat*-tsô) *adj* fou, insensé; *m* aliéné mental
peccato (pék-*kââ*-tô) *m* péché *m*; **peccato!** dommage!
pecora (*pèè*-kô-ra) *f* mouton *m*
pedaggio (pé-*dad*-djô) *m* péage *m*
pedale (pé-*dââ*-lé) *m* pédale *f*
pedata (pé-*dââ*-ta) *f* coup de pied
pedicure (pé-di-*koû*-ré) *m* pédicure *m*
pedina (pé-*dii*-na) *f* pion *m*
pedone (pé-*dôô*-né) *m* piéton *m*
peggio (*pèd*-djô) *adv* pire; le pire
peggiore (péd-*djôô*-ré) *adj* pire
pelle (*pèl*-lé) *f* peau *f*; cuir *m*; **di ~** en cuir; **~ di cinghiale** peau de porc; **~ di vacca** peau de vache; **~ di vitello** veau *m*; **~ d'oca** chair de poule; **~ scamosciata** daim *m*
pellegrinaggio (pél-lé-ghri-*nad*-djô) *m* pèlerinage *m*
pellegrino (pél-lé-*ghrii*-nô) *m* pèlerin *m*
pellicano (pél-li-*kââ*-nô) *m* pélican *m*
pelliccia (pél-*lit*-tcha) *f* fourrure *f*; pelage *m*
pellicciaio (pél-li-*tchââ*-yô) *m* fourreur *m*
pellicola (pél-*lii*-kô-la) *f* pellicule *f*; **~ a colori** film en couleurs
peloso (pé-*lôô*-sô) *adj* chevelu
peltro (*pél*-trô) *m* étain *m*
pena (*péé*-na) *f* peine *f*
penalità (pé-na-li-*ta*) *f* amende *f*
pendente (pén-*dèn*-té) *adj* en pente; *m* pendentif *m*
pendere (*pèn*-dé-ré) *v* pendre; décliner
pendio (pén-*dii*-ô) *m* pente *f*, coteau *m*, versant *m*
pendolare (pén-dô-*lââ*-ré) *m* navetteur *m*
penetrare (pé-né-*trââ*-ré) *v* pénétrer
penetrazione (pé-né-tra-*tsyôô*-né) *f* compréhension *f*
penicillina (pé-ni-tchil-*lii*-na) *f* pénicilline *f*
penisola (pé-*nii*-zô-la) *f* péninsule *f*
penna (*pén*-na) *f* plume *f*; **~ a sfera** crayon à bille, stylo à bille; **~ stilografica** stylo *m*
pennello (pén-*nèl*-lô) *m* pinceau *m*; **~ da barba** blaireau *m*
penoso (pé-*nôô*-sô) *adj* douloureux
pensare (pén-*sââ*-ré) *v* penser
pensatore (pén-sa-*tôô*-ré) *m* penseur *m*
pensiero (pén-*syèè*-rô) *m* pensée *f*
pensieroso (pén-syé-*rôô*-sô) *adj* pensif
pensionante (pén-syô-*nann*-té) *m* pensionnaire *m*
pensionato (pén-syô-*nââ*-tô) *adj* retraité
pensione (pén-*syôô*-né) *f* pension *f*
Pentecoste (pén-té-*ko*-sté) *f* Pentecôte *f*
pentimento (pén-ti-*mén*-tô) *m* repentir *m*
pentola (*pèn*-tô-la) *f* pot *m*; **~ a pressione** cocotte à pression
penuria (pé-*noû*-rya) *f* pénurie *f*
pepe (*péé*-pé) *m* poivre *m*

per (pér) *prep* pour; de, par; fois
pera (*péé*-ra) *f* poire *f*
percento (pér-*tchèn*-tô) *m* pour cent
percentuale (pér-tchén-*t^ou^ââ*-lé) *f* pourcentage *m*
percepire (pér-tché-*pii*-ré) *v* *percevoir
percettibile (pér-tchét-*tii*-bi-lé) *adj* perceptible
percezione (pér-tché-*tsyôô*-né) *f* perception *f*
perché (pér-*ké*) *adv* pourquoi; *conj* parce que
perciò (pér-*tcho*) *conj* c'est pourquoi
***percorrere** (pér-*kôr*-ré-ré) *v* *parcourir
***percuotere** (pér-*k^ou^oo*-té-ré) *v* marteler
perdente (pér-*dèn*-té) *adj* ayant une fuite
***perdere** (*pèr*-dé-ré) *v* perdre
perdita (*pèr*-di-ta) *f* perte *f*
perdonare (pér-dô-*nââ*-ré) *v* pardonner
perdono (pér-*dôô*-nô) *m* pardon *m*; clémence *f*
perfetto (pér-*fèt*-tô) *adj* parfait
perfezione (pér-fé-*tsyôô*-né) *f* perfection *f*
perfido (*pèr*-fi-dô) *adj* infâme
perforare (pér-fô-*rââ*-ré) *v* percer
pericolo (pé-*rii*-kô-lô) *m* danger *m*; péril *m*; détresse *f*
pericoloso (pé-ri-kô-*lôô*-sô) *adj* périlleux, dangereux
periodico (pé-*ryoo*-di-kô) *adj* périodique; *m* périodique *m*
periodo (pé-*rii*-ô-dô) *m* période *f*
perire (pé-*rii*-ré) *v* périr
perito (pé-*rii*-tô) *m* spécialiste *m*
perla (*pèr*-la) *f* perle *f*
perlina (pér-*lii*-na) *f* perle *f*
perlustrare (pér-lou-*strââ*-ré) *v* fouiller
permanente (pér-ma-*nèn*-té) *adj* permanent; *f* permanente *f*
permesso (pér-*méss*-sô) *m* permission *f*; permis *m*; ***avere il ~ di** *être autorisé à; **~ di soggiorno** permis de séjour
***permettere** (pér-*mét*-té-ré) *v* autoriser, *permettre
pernice (pér-*nii*-tché) *f* perdrix *f*
però (pé-*rô*) *conj* cependant
perorare (pé-rô-*rââ*-ré) *v* plaider
perpendicolare (pér-pén-di-kô-*lââ*-ré) *adj* perpendiculaire
perquisire (pér-koui-*zii*-ré) *v* fouiller
perseguire (pér-sé-*ghouii*-ré) *v* aspirer à; *poursuivre
perseverare (pér-sé-vé-*rââ*-ré) *v* persévérer
Persia (*pèr*-sya) *f* Perse *f*
persiana (pér-*syââ*-na) *f* volet *m*, persienne *f*
persiano (pér-*syââ*-nô) *adj* persan; *m* Persan *m*
persistere (pér-*si*-sté-ré) *v* persister
persona (pér-*sôô*-na) *f* personne *f*; **per ~** par personne
personaggio (pér-sô-*nad*-djô) *m* personnalité *f*; personnage *m*
personale (pér-sô-*nââ*-lé) *adj* personnel; *m* personnel *m*
personalità (pér-sô-na-li-*ta*) *f* personnalité *f*
perspicace (pér-spi-*kââ*-tché) *adj* astucieux
***persuadere** (pér-s^ou^a-*déé*-ré) *v* persuader
pesante (pé-*sann*-té) *adj* lourd
pesare (pé-*sââ*-ré) *v* peser
pesca[1] (*pè*-ska) *f* pêche *f*
pesca[2] (*pé*-ska) *f* pêche *f*
pescare (pé-*skââ*-ré) *v* pêcher; **~ con l'amo** pêcher à la ligne
pescatore (pé-ska-*tôô*-ré) *m* pêcheur *m*
pesce (*péch*-ché) *m* poisson *m*; ~

persico perche *f*
pescecane (péch-ché-*kââ*-né) *m* requin *m*
pescheria (pé-ské-*rii*-a) *f* poissonnerie *f*
pesciolino (péch-chô-*lii*-nô) *m* blanchaille *f*
peso (*péé*-sô) *m* poids *m*; fardeau *m*
pessimismo (péss-si-*mi*-zmô) *m* pessimisme *m*
pessimista (péss-si-*mi*-sta) *m* pessimiste *m*
pessimistico (péss-si-*mi*-sti-kô) *adj* pessimiste
pessimo (*pèss*-si-mô) *adj* le plus mauvais
pestare (pé-*stââ*-ré) *v* piétiner
petalo (*pèè*-ta-lô) *m* pétale *m*
petizione (pé-ti-*tsyôô*-né) *f* pétition *f*
petroliera (pé-trô-*lʸèè*-ra) *f* bateau-citerne *m*
petrolio (pé-*troo*-lʸô) *m* pétrole *m*
pettegolare (pét-té-ghô-*lââ*-ré) *v* *faire des commérages
pettegolezzo (pét-té-ghô-*lét*-tsô) *m* commérage *m*
pettinare (pét-ti-*nââ*-ré) *v* peigner
pettine (*pèt*-ti-né) *m* peigne *m*; ~ **tascabile** peigne de poche
pettirosso (pét-ti-*rôss*-sô) *m* rouge-gorge *m*
petto (*pèt*-tô) *m* poitrine *f*
pezzetto (pét-*tsét*-tô) *m* morceau *m*
pezzo (*pèt*-tsô) *m* morceau *m*, pièce *f*; **in due pezzi** deux-pièces *m*; ~ **di ricambio** pièce de rechange, pièce détachée
piacere (pya-*tchéé*-ré) *m* plaisir *m*
***piacere** (pya-*tchéé*-ré) *v* *plaire
piacevole (pya-*tchéé*-vô-lé) *adj* agréable, plaisant
piacevolissimo (pya-tché-vô-*liss*-si-mô) *adj* ravissant
piaga (*pyââ*-gha) *f* douleur *f*
pianeta (pya-*néé*-ta) *m* planète *f*
***piangere** (*pyann*-djé-ré) *v* pleurer
pianista (pya-*ni*-sta) *m* pianiste *m*
piano (*pyââ*-nô) *adj* plat, lisse, plan, égal; *m* étage *m*; plan *m*
pianoforte (pya-nô-*for*-té) *m* piano *m*; ~ **a coda** piano à queue
pianta (*pyann*-ta) *f* plante *f*; plan *m*
piantagione (pyann-ta-*djôô*-né) *f* plantation *f*
piantare (pyann-*tââ*-ré) *v* planter
pianterreno (pyann-tér-*réé*-nô) *m* rez-de-chaussée *m*
pianura (pya-*noû*-ra) *f* plaine *f*
piattino (pyat-*tii*-nô) *m* soucoupe *f*
piatto (*pyat*-tô) *adj* plan, plat; *m* assiette *f*, plat *m*
piazza (*pyat*-tsa) *f* square *m*, place *f*; ~ **del mercato** place du marché
piccante (pik-*kann*-té) *adj* piquant; épicé
picchiare (pik-*kyââ*-ré) *v* frapper; donner une claque
piccino (pit-*tchii*-nô) *m* bébé *m*
piccione (pit-*tchôô*-né) *m* pigeon *m*
piccolo (*pik*-kô-lô) *adj* petit
piccone (pik-*kôô*-né) *m* pioche *f*
picnic (pik-*nik*) *m* pique-nique *m*; ***fare un** ~ pique-niquer
pidocchio (pi-*dok*-kyô) *m* pou *m*
piede (*pyèè*-dé) *m* pied *m*; **a piedi** à pied; **in piedi** debout; ~ **di porco** bec-de-corbin *m*
piega (*pyèè*-gha) *f* pli *m*
piegare (pyé-*ghââ*-ré) *v* plier
pieghevole (pyé-*ghéé*-vô-lé) *adj* souple
pieno (*pyèè*-nô) *adj* plein; ~ **zeppo** bourré
pietà (pyé-*ta*) *f* pitié *f*
pietanza (pyé-*tann*-tsa) *f* plat *m*
pietra (*pyèè*-tra) *f* pierre *f*; **di** ~ en pierre; ~ **miliare** borne routière; jalon *m*; ~ **pomice** pierre ponce; ~

preziosa pierre précieuse; ~ **sepolcrale** pierre tombale
pietrina (pyé-*trii*-na) *f* pierre à briquet
pigiama (pi-*djââ*-ma) *m* pyjama *m*
pigliare (pi-*lʸââ*-ré) *v* *prendre
pigro (*pii*-ghrô) *adj* paresseux; oisif
pila (*pii*-la) *f* pile *f*
pilastro (pi-*la*-strô) *m* colonne *f*
pillola (*pil*-lô-la) *f* pilule *f*
pilota (pi-*loo*-ta) *m* pilote *m*
pinguedine (pinng-*ghᵒᵘèè*-di-né) *f* obésité *f*
pinguino (pinng-*ghouii*-nô) *m* pingouin *m*
pinze (*pinn*-tsé) *fpl* pince *f*
pinzette (pinn-*tsét*-té) *fpl* pince *f*
pio (*pii*-ô) *adj* pieux
pioggerella (pyôd-djé-*rèl*-la) *f* crachin *m*
pioggia (*pyod*-dja) *f* pluie *f*
piombo (*pyôm*-bô) *m* plomb *m*
pioniere (pyô-*gnèè*-ré) *m* pionnier *m*
***piovere** (*pyoo*-vé-ré) *v* *pleuvoir
piovoso (pyô-*vôô*-sô) *adj* pluvieux
pipa (*pii*-pa) *f* pipe *f*
pirata (pi-*rââ*-ta) *m* pirate *m*
piroscafo (pi-*roo*-ska-fô) *m* bateau à vapeur
piscina (pich-*chii*-na) *f* piscine *f*
pisello (pi-*sèl*-lô) *m* pois *m*
pisolino (pi-zô-*lii*-nô) *m* somme *m*
pista (*pi*-sta) *f* piste *f*; ~ **da corsa** champ de courses, piste de courses; ~ **di bocce** bowling *m*; ~ **di decollo** piste de décollage; ~ **di pattinaggio** patinoire *f*
pistola (pi-*stoo*-la) *f* pistolet *m*
pittore (pit-*tôô*-ré) *m* peintre *m*
pittoresco (pit-tô-*ré*-skô) *adj* pittoresque
pittura (pit-*toû*-ra) *f* peinture *f*; ~ **ad olio** peinture à l'huile
pitturare (pit-tou-*rââ*-ré) *v* *peindre
più (pyou) *adv* plus; *prep* plus; **per lo** ~ le plus souvent; ~ ... **più** plus ... plus; ~ **in là di** au delà de; **tutt'al** ~ tout au plus
piuttosto (piᵒᵘt-*to*-stô) *adv* plutôt
pizzicare (pit-tsi-*kââ*-ré) *v* pincer
planetario (pla-né-*tââ*-ryô) *m* planétarium *m*
plasmare (pla-*zmââ*-ré) *v* modeler
plastica (*pla*-sti-ka) *f* plastique *m*
plastico (*pla*-sti-kô) *adj* plastique
platino (*plââ*-ti-nô) *m* platine *m*
plurale (plou-*rââ*-lé) *m* pluriel *m*
pneumatico (pnéᵒᵘ-*mââ*-ti-kô) *adj* pneumatique; *m* pneu *m*; ~ **di ricambio** pneu de rechange
poco (*poo*-kô) *adj* peu; *m* peu *m*; **press'a** ~ à peu près; **tra** ~ prochainement
poderoso (pô-dé-*rôô*-sô) *adj* puissant
poema (pô-*èè*-ma) *m* poème *m*
poesia (pô-é-*zii*-a) *f* poésie *f*
poeta (pô-*èè*-ta) *m* poète *m*
poi (poï) *adv* puis; par la suite, après
poiché (pôy-*ké*) *conj* puisque, comme, étant donné que; car
polacco (pô-*lak*-kô) *adj* polonais; *m* Polonais *m*
polio (*poo*-lʸô) *f* poliomyélite *f*
poliomielite (pô-lʸô-myé-*lii*-té) *f* poliomyélite *f*
polipo (*poo*-li-pô) *m* pieuvre *f*
politica (pô-*lii*-ti-ka) *f* politique *f*
politico (pô-*lii*-ti-kô) *adj* politique
polizia (pô-li-*tsii*-a) *f* police *f*
poliziotto (pô-li-*tsyot*-tô) *m* policier *m*
polizza (pô-*lit*-tsa) *f* police *f*; ~ **di assicurazione** police d'assurance
pollame (pôl-*lââ*-mé) *m* volaille *f*
pollice (*pol*-li-tché) *m* pouce *m*
pollivendolo (pôl-li-*vén*-dô-lô) *m* marchand de volaille
pollo (*pôl*-lô) *m* poulet *m*
polmone (pôl-*môô*-né) *m* poumon *m*
polmonite (pôl-mô-*nii*-té) *f* pneumo-

nie *f*
Polonia (pô-*loo*-gna) *f* Pologne *f*
polpaccio (pôl-*pat*-tchô) *m* mollet *m*
polposo (pôl-*pôô*-sô) *adj* moelleux
polsino (pôl-*sii*-nô) *m* manchette *f*
polso (*pôl*-sô) *m* pouls *m*; poignet *m*
poltrona (pôl-*trôô*-na) *f* fauteuil *m*; ~ **d'orchestra** fauteuil d'orchestre
polvere (*pôl*-vé-ré) *f* poussière *f*; poudre *f*; ~ **da sparo** poudre à canon; ~ **dentifricia** poudre dentifrice
polveroso (pôl-vé-*rôô*-sô) *adj* poussiéreux
pomeriggio (pô-mé-*rid*-djô) *m* après-midi *m/f*; **oggi nel** ~ cet après-midi
pomodoro (pô-mô-*doo*-rô) *m* tomate *f*
pompa (*pôm*-pa) *f* pompe *f*; ~ **ad acqua** pompe à eau; ~ **di benzina** pompe à essence
pompare (pôm-*pââ*-ré) *v* pomper
pompelmo (pôm-*pèl*-mô) *m* pamplemousse *m*
pompieri (pôm-*pyèè*-ri) *mpl* pompiers
ponderare (pôn-dé-*rââ*-ré) *v* délibérer
ponte (*pôn*-té) *m* pont *m*; ~ **di coperta** pont principal; ~ **levatoio** pont-levis *m*; ~ **sospeso** pont suspendu
pontefice (pôn-*téé*-fi-tché) *m* pontife *m*
popelina (pô-pé-*lii*-na) *f* popeline *f*
popolano (pô-pô-*lââ*-nô) *adj* ordinaire
popolare (pô-pô-*lââ*-ré) *adj* populaire; **danza** ~ danse folklorique
popolazione (pô-pô-la-*tsyôô*-né) *f* population *f*
popolo (*poo*-pô-lô) *m* peuple *m*
popoloso (pô-pô-*lôô*-sô) *adj* populeux
porcellana (pôr-tchél-*lââ*-na) *f* porcelaine *f*
porcellino (pôr-tchél-*lii*-nô) *m* cochon de lait; ~ **d'India** cochon d'Inde
porco (*por*-kô) *m* (pl porci) cochon *m*
porcospino (pôr-kô-*spii*-nô) *m* porc-épic *m*
***porgere** (*por*-djé-ré) *v* *remettre, passer
porporino (pôr-pô-*rii*-nô) *adj* pourpre
***porre** (*pôr*-ré) *v* placer; poser
porta (*por*-ta) *f* porte *f*; ~ **girevole** porte tournante; ~ **scorrevole** porte coulissante
portabagagli (pôr-ta-ba-*ghââ*-lʸi) *m* porte-bagages *m*; filet à bagage
portacarte (pôr-ta-*kar*-té) *m* porte-documents *m*
portacenere (pôr-ta-*tchéé*-né-ré) *m* cendrier *m*
portacipria (pôr-ta-*tchii*-prya) *m* poudrier *m*
portafoglio (pôr-ta-*fôô*-lʸô) *m* portefeuille *m*
portafortuna (pôr-ta-fôr-*toû*-na) *m* porte-bonheur *m*
portalampada (pôr-ta-*lamm*-pa-da) *m* douille *f*
portare (pôr-*tââ*-ré) *v* amener, apporter; porter; **portar via** emporter
portasigarette (pôr-ta-si-gha-*rét*-té) *m* étui à cigarettes
portata (pôr-*tââ*-ta) *f* plat *m*; portée *f*, gamme *f*
portatile (pôr-*tââ*-ti-lé) *adj* portatif
portatore (pôr-ta-*tôô*-ré) *m* porteur *m*
portauovo (pôr-ta-*ᵒᵘoo*-vô) *m* coquetier *m*
portico (*por*-ti-kô) *m* arcade *f*
portiere (pôr-*tyèè*-ré) *m* portier *m*; gardien de but
portinaio (pôr-ti-*nââ*-yô) *m* concierge *m*; portier *m*
porto (*por*-tô) *m* port *m*; ~ **di mare** port de mer
Portogallo (pôr-tô-*ghal*-lô) *m* Portugal *m*
portoghese (pôr-tô-*ghéé*-sé) *adj* portugais; *m* Portugais *m*

portuale (pôr-*t*ou*ââ*-lé) *m* docker *m*
porzione (pôr-*tsyôô*-né) *f* portion *f*
posare (pô-*sââ*-ré) *v* poser
posate (pô-*sââ*-té) *fpl* couvert *m*
positiva (pô-zi-*tii*-va) *f* positif *m*, épreuve *f*
positivo (pô-zi-*tii*-vô) *adj* positif
posizione (pô-zi-*tsyôô*-né) *f* position *f*; situation *f*
***possedere** (pôss-sé-*déé*-ré) *v* posséder
possedimenti (pôss-sé-di-*mén*-ti) *mpl* biens *mpl*
possesso (pôss-*sèss*-sô) *m* possession *f*
possibile (pôss-*sii*-bi-lé) *adj* possible
possibilità (pôss-si-bi-li-*ta*) *f* possibilité *f*
posta (*po*-sta) *f* poste *f*, courrier *m*; enjeu *m*; ~ **aerea** poste aérienne
posteggiare (pô-stéd-*djââ*-ré) *v* se garer
posteggio di autopubbliche (pô-*stéd*-djô di aou-tô-*poub*-bli-ké) station de taxis
poster (*pô*-stér) *m* affiche *f*
posteriore (pô-sté-*ryôô*-ré) *adj* postérieur
postino (pô-*stii*-nô) *m* facteur *m*
posto (*pô*-stô) *m* place *f*; poste *m*; **in qualche** ~ quelque part; ***mettere a** ~ ranger; ~ **di polizia** commissariat de police; ~ **di pronto soccorso** poste de secours; ~ **libero** vacance *f*
potabile (pô-*tââ*-bi-lé) *adj* potable
potente (pô-*tèn*-té) *adj* puissant
potenza (pô-*tèn*-tsa) *f* puissance *f*; force *f*
potere (pô-*téé*-ré) *m* pouvoir *m*; faculté *f*
***potere** (pô-*téé*-ré) *v* *pouvoir
povero (*poo*-vé-rô) *adj* pauvre
povertà (pô-vér-*ta*) *f* pauvreté *f*
pozzanghera (pôt-*tsanng*-ghé-ra) *f* flaque *f*
pozzo (*pôt*-tsô) *m* source *f*, puits *m*; ~ **di petrolio** puits de pétrole, gisement de pétrole
pranzare (prann-*dzââ*-ré) *v* dîner
pranzo (*prann*-dzô) *m* déjeuner *m*, dîner *m*; lunch *m*; ~ **a prezzo fisso** menu fixe
pratica (*prââ*-ti-ka) *f* pratique *f*
praticamente (pra-ti-ka-*mén*-té) *adv* pratiquement
praticare (pra-ti-*kââ*-ré) *v* pratiquer
pratico (*prââ*-ti-kô) *adj* pratique
prato (*prââ*-tô) *m* pré *m*; gazon *m*, pelouse *f*
precario (pré-*kââ*-ryô) *adj* précaire
precauzione (pré-kaou-*tsyôô*-né) *f* précaution *f*
precedente (pré-tché-*dèn*-té) *adj* précédent
precedenza (pré-tché-*dèn*-tsa) *f* priorité de passage; priorité *f*
precedere (pré-*tchèè*-dé-ré) *v* précéder
precettore (pré-tchét-*tôô*-ré) *m* précepteur *m*
precipitare (pré-tchi-pi-*tââ*-ré) *v* s'écraser; **precipitarsi** se précipiter
precipitazione (pré-tchi-pi-ta-*tsyôô*-né) *f* averse *f*; précipitation *f*
precipizio (pré-tchi-*pii*-tsyô) *m* précipice *m*
precisamente (pré-tchi-za-*mén*-té) *adv* exactement
precisare (pré-tchi-*zââ*-ré) *v* préciser
precisione (pré-tchi-*zyôô*-né) *f* précision *f*
preciso (pré-*tchii*-zô) *adj* précis
predecessore (pré-dé-tchéss-*sôô*-ré) *m* prédécesseur *m*
predicare (pré-di-*kââ*-ré) *v* prêcher
***predire** (pré-*dii*-ré) *v* *prédire
preferenza (pré-fé-*rèn*-tsa) *f* préférence *f*

preferibile (pré-fé-*rii*-bi-lé) *adj* préférable
preferire (pré-fé-*rii*-ré) *v* aimer mieux, préférer
prefisso (pré-*fiss*-sô) *m* préfixe *m*; indicatif *m*
pregare (pré-*ghââ*-ré) *v* prier
preghiera (pré-*ghyèè*-ra) *f* prière *f*
pregiudizio (pré-djou-*dii*-tsyô) *m* préjugé *m*
preliminare (pré-li-mi-*nââ*-ré) *adj* préliminaire
prematuro (pré-ma-*toû*-rô) *adj* prématuré
premeditato (pré-mé-di-*tââ*-tô) *adj* délibéré
premere (*prèè*-mé-ré) *v* presser
premio (*prèè*-myô) *m* prix *m*; prime *f*
premura (pré-*moû*-ra) *f* promptitude *f*
premuroso (pré-mou-*rôô*-sô) *adj* prévenant
***prendere** (*prèn*-dé-ré) *v* *prendre; saisir; attraper
prenotare (pré-nô-*tââ*-ré) *v* *retenir, réserver
prenotazione (pré-nô-ta-*tsyôô*-né) *f* réservation *f*
preoccuparsi (pré-ôk-kou-*par*-si) *v* s'inquiéter; ~ **di** se soucier de
preoccupato (pré-ôk-kou-*pââ*-tô) *adj* soucieux, inquiet
preoccupazione (pré-ôk-kou-pa-*tsyôô*-né) *f* inquiétude *f*; ennui *m*, souci *m*
preparare (pré-pa-*rââ*-ré) *v* préparer; **preparato** prêt
preparazione (pré-pa-ra-*tsyôô*-né) *f* préparation *f*
preposizione (pré-pô-zi-*tsyôô*-né) *f* préposition *f*
presa (*préé*-sa) *f* prise *f*
presbiterio (pré-zbi-*tèè*-ryô) *m* presbytère *m*
a prescindere da (a pré-*chinn*-dé-ré da) abstraction faite de
***prescrivere** (pré-*skrii*-vé-ré) *v* *prescrire
presentare (pré-zén-*tââ*-ré) *v* *offrir, présenter
presentazione (pré-zén-ta-*tsyôô*-né) *f* présentation *f*
presente (pré-*zèn*-té) *adj* présent; *m* présent *m*
presenza (pré-*zèn*-tsa) *f* présence *f*
preservazione (pré-zér-va-*tsyôô*-né) *f* conservation *f*
preside (*prèè*-si-dé) *m* directeur *m*, proviseur *m*
presidente (pré-si-*dèn*-té) *m* président *m*
pressante (préss-*sann*-té) *adj* pressant
pressione (préss-*syôô*-né) *f* pression *f*; ~ **gomme** pression des pneus; ~ **sanguigna** tension artérielle
presso (*prèss*-sô) *prep* chez
prestare (pré-*stââ*-ré) *v* prêter
prestazione (pré-sta-*tsyôô*-né) *f* accomplissement *m*
prestigiatore (pré-sti-dja-*tôô*-ré) *m* prestidigitateur *m*
prestigio (pré-*stii*-djô) *m* prestige *m*
prestito (*prè*-sti-tô) *m* prêt *m*; ***prendere in** ~ emprunter
presto (*prè*-stô) *adv* sous peu, bientôt
***presumere** (pré-*zoû*-mé-ré) *v* présumer
presumibile (pré-zou-*mii*-bi-lé) *adj* probable
presuntuoso (pré-zoun-*t*[ou]*ôô*-sô) *adj* prétentieux, présomptueux
prete (*prèè*-té) *m* prêtre *m*
***pretendere** (pré-*tèn*-dé-ré) *v* prétendre
pretesa (pré-*téé*-sa) *f* prétexte *m*; prétention *f*
pretesto (pré-*tè*-stô) *m* prétexte *m*
***prevedere** (pré-vé-*déé*-ré) *v* *prévoir
***prevenire** (pré-vé-*nii*-ré) *v* *prévenir

preventivo (pré-vén-*tii*-vô) *adj* préventif; *m* budget *m*
previo (*prèè*-vyô) *adj* préalable
previsione (pré-vi-*zyôô*-né) *f* prévision *f*
prezioso (pré-*tsyôô*-sô) *adj* de valeur, précieux
prezzare (prét-*tsââ*-ré) *v* fixer le prix
prezzemolo (prét-*tséé*-mô-lô) *m* persil *m*
prezzo (*prèt*-tsô) *m* prix *m*; tarif *m*; **calo di** ~ baisse des prix; ~ **d'acquisto** prix d'achat
prigione (pri-*djôô*-né) *m* prison *f*
prigioniero (pri-djô-*gnèè*-rô) *m* prisonnier *m*
prima (*prii*-ma) *adv* d'abord; avant, d'avance; ~ **che** avant que; ~ **di** avant
primario (pri-*mââ*-ryô) *adj* primaire
primato (pri-*mââ*-tô) *m* record *m*
primavera (pri-ma-*véé*-ra) *f* printemps *m*
primitivo (pri-mi-*tii*-vô) *adj* primitif
primo (*prii*-mô) *num* premier, premier, principal
principale (prinnt-chi-*pââ*-lé) *adj* principal, primordial
principalmente (prinn-tchi-pal-*mén*-té) *adv* principalement
principe (*prinn*-tchi-pé) *m* prince *m*
principessa (prinn-tchi-*péss*-sa) *f* princesse *f*
principiante (prinn-tchi-*pyann*-té) *m* débutant *m*
principio (prinn-*tchii*-pyô) *m* début *m*; principe *m*; **al** ~ au début
priorità (pryô-ri-*ta*) *f* priorité *f*
privare di (pri-*vââ*-ré) priver de
privato (pri-*vââ*-tô) *adj* particulier, privé
privazioni (pri-va-*tsyôô*-ni) *fpl* privation *f*
privilegiare (pri-vi-lé-*djââ*-ré) *v* favoriser
privilegio (pri-vi-*lèè*-djô) *m* privilège *m*
probabile (prô-*bââ*-bi-lé) *adj* vraisemblable, probable
probabilmente (prô-ba-bil-*mén*-té) *adv* probablement
problema (prô-*blèè*-ma) *m* question *f*, problème *m*
procedere (prô-*tchèè*-dé-ré) *v* procéder
procedimento (prô-tché-di-*mén*-tô) *m* procédure *f*; processus *m*
processione (prô-tchéss-*syôô*-né) *f* procession *f*
processo (prô-*tchèss*-sô) *m* procès *m*; procédé *m*
proclamare (prô-kla-*mââ*-ré) *v* proclamer
procurare (prô-kou-*rââ*-ré) *v* procurer
prodigo (*proo*-di-ghô) *adj* prodigue; généreux
prodotto (prô-*dôt*-tô) *m* produit *m*
***produrre** (prô-*dour*-ré) *v* *produire
produttore (prô-dout-*tôô*-ré) *m* producteur *m*
produzione (prô-dou-*tsyôô*-né) *f* production *f*
profano (prô-*fââ*-nô) *m* profane *m*
professare (prô-féss-*sââ*-ré) *v* professer
professionale (prô-féss-syô-*nââ*-lé) *adj* professionnel
professione (prô-féss-*syôô*-né) *f* métier *m*, profession *f*
professore (prô-féss-*sôô*-ré) *m* professeur *m*
professoressa (prô-féss-sô-*réss*-sa) *f* professeur *m*
profeta (prô-*fèè*-ta) *m* prophète *m*
profitto (prô-*fit*-tô) *m* profit *m*, gain *m*; bénéfice *m*
profondità (prô-fôn-di-*ta*) *f* profondeur *f*

profondo (prô-*fôn*-dô) *adj* profond
profumo (prô-*foû*-mô) *m* parfum *m*
progettare (prô-djét-*tââ*-ré) *v* planifier; créer
progetto (prô-*djèt*-tô) *m* plan *m*, projet *m*
programma (prô-*ghramm*-ma) *m* programme *m*
progredire (prô-ghré-*dii*-ré) *v* progresser
progressista (prô-ghréss-*si*-sta) *adj* progressiste
progressivo (prô-ghréss-*sii*-vô) *adj* progressif
progresso (prô-*ghrèss*-sô) *m* progrès *m*
proibire (prô-i-*bii*-ré) *v* *interdire; **proibito passare** défense d'entrer
proibitivo (prô-i-bi-*tii*-vô) *adj* inabordable
proiettore (prô-yét-*tôô*-ré) *m* projecteur *m*
prolunga (prô-*loung*-gha) *f* rallonge *f*
prolungamento (prô-loung-gha-*mén*-tô) *m* prolongation *f*
promessa (prô-*méss*-sa) *f* promesse *f*; vœu *m*
* **promettere** (prô-*mét*-té-ré) *v* *promettre
promontorio (prô-môn-*too*-ryô) *m* promontoire *m*
promozione (prô-mô-*tsyôô*-né) *f* promotion *f*
* **promuovere** (prô-*m*ou*oo*-vé-ré) *v* *promouvoir
pronome (prô-*nôô*-mé) *m* pronom *m*
pronto (*prôn*-tô) *adj* prêt; prompt
pronuncia (prô-*noun*-tcha) *f* prononciation *f*
pronunciare (prô-noun-*tchââ*-ré) *v* prononcer
propaganda (prô-pa-*ghann*-da) *f* propagande *f*
propenso (prô-*pèn*-sô) *adj* disposé
* **proporre** (prô-*pôr*-ré) *v* proposer
proporzionale (prô-pôr-tsyô-*nââ*-lé) *adj* proportionnel
proporzione (prô-pôr-*tsyôô*-né) *f* proportion *f*
proposito (prô-*poo*-zi-tô) *m* intention *f*; **a ~** à propos
proposta (prô-*pô*-sta) *f* proposition *f*
proprietà (prô-pryé-*ta*) *f* propriété *f*
proprietario (prô-pryé-*tââ*-ryô) *m* propriétaire *m*
proprio (*pro*-pryô) *adj* propre
propulsare (prô-poul-*sââ*-ré) *v* propulser
prosaico (prô-*zaï*-kô) *adj* réaliste
prosciugare (prôch-chou-*ghââ*-ré) *v* assécher
prosciutto (prôch-*chout*-tô) *m* jambon *m*
proseguire (prô-sé-*ghouii*-ré) *v* *poursuivre
prosperità (prô-spé-ri-*ta*) *f* prospérité *f*
prospettiva (prô-spét-*tii*-va) *f* perspective *f*; prévision *f*
prospetto (prô-*spèt*-tô) *m* prospectus *m*
prossimamente (prôss-si-ma-*mén*-té) *adv* bientôt
prossimità (prôss-si-mi-*ta*) *f* alentours *mpl*
prossimo (*pross*-si-mô) *adj* prochain, suivant
prostituta (prô-sti-*toû*-ta) *f* prostituée *f*
protagonista (prô-ta-ghô-*ni*-sta) *m* protagoniste *m*
* **proteggere** (prô-*tèd*-djé-ré) *v* protéger
proteina (prô-té-*ii*-na) *f* protéine *f*
protesta (prô-*tè*-sta) *f* protestation *f*
protestante (prô-té-*stann*-té) *adj* protestant
protestare (prô-té-*stââ*-ré) *v* protester

protezione (prô-té-*tsyôô*-né) *f* protection *f*
protuberanza (prô-tou-bé-*rann*-tsa) *f* bosse *f*
prova (*proo*-va) *f* essai *m*, épreuve *f*, test *m*; preuve *f*; répétition *f*; ***fare le prove** répéter; **in** ~ à l'essai
provare (prô-*vââ*-ré) *v* essayer; prouver; éprouver, *vivre
provenienza (prô-vé-*gnèn*-tsa) *f* provenance *f*
***provenire da** (prô-vé-*nii*-ré) *venir de; *provenir de
proverbio (prô-*vèr*-byô) *m* proverbe *m*
provincia (prô-*vinn*-tcha) *f* province *f*
provinciale (prô-vinn-*tchââ*-lé) *adj* provincial
provocare (prô-vô-*kââ*-ré) *v* provoquer
***provvedere** (prôv-vé-*déé*-ré) *v* fournir
provvedimento (prôv-vé-di-*mén*-tô) *m* mesure *f*
provvisioni (prôv-vi-*zyôô*-ni) *fpl* provision *f*
provvisorio (prôv-vi-*zoo*-ryô) *adj* provisoire
provvista (prôv-*vi*-sta) *f* stock *m*
prudente (prou-*dèn*-té) *adj* prudent
prudere (*proû*-dé-ré) *v* démanger
prurito (prou-*rii*-tô) *m* prurit *m*, démangeaison *f*
psichiatra (psi-*kyââ*-tra) *m* psychiatre *m*
psichico (*psii*-ki-kô) *adj* psychique
psicoanalista (psi-kô-a-na-*li*-sta) *m* psychanalyste *m*
psicologia (psi-kô-lô-*djii*-a) *f* psychologie *f*
psicologico (psi-kô-*loo*-dji-kô) *adj* psychologique
psicologo (psi-*koo*-lô-ghô) *m* psychologue *m*
pubblicare (poub-bli-*kââ*-ré) *v* publier
pubblicazione (poub-bli-ka-*tsyôô*-né) *f* publication *f*
pubblicità (poub-bli-tchi-*ta*) *f* publicité *f*
pubblico (*poub*-bli-kô) *adj* public; *m* public *m*
pudore (pou-*dôô*-ré) *m* pudeur *f*
pugno (*poû*-gnô) *m* poing *m*; coup de poing; **sferrare pugni** donner des coups de poing
pulcino (poul-*tchii*-nô) *m* poulet *m*
pulire (pou-*lii*-ré) *v* nettoyer; ~ **a secco** nettoyer à sec
pulito (pou-*lii*-tô) *adj* propre
pulitura (pou-li-*toû*-ra) *f* nettoyage *m*
pulizia (pou-li-*tsii*-a) *f* nettoyage *m*
pulpito (*poul*-pi-tô) *m* chaire *f*
pulsante (poul-*sann*-té) *m* poussoir *m*
***pungere** (*poun*-djé-ré) *v* piquer
punire (pou-*nii*-ré) *v* punir
punizione (pou-ni-*tsyôô*-né) *f* punition *f*
punta (*poun*-ta) *f* pointe *f*, bout *m*
puntare su (poun-*tââ*-ré) viser
punteggio (poun-*tèd*-djô) *m* nombre de points
punto (*poun*-tô) *m* point *m*; sujet *m*; suture *f*; ~ **e virgola** point-virgule *m*; ~ **interrogativo** point d'interrogation
puntuale (poun-*t^ou^ââ*-lé) *adj* ponctuel
puntura (poun-*toû*-ra) *f* piqûre *f*
purché (pour-*ké*) *conj* pourvu que
pure (*poû*-ré) *adv* également, de même
puro (*poû*-rô) *adj* pur
purosangue (pou-rô-*sanng*-gh^ou^é) *adj* pur sang
pus (pouss) *m* pus *m*
pustoletta (pou-stô-*lét*-ta) *f* pustule *f*
puttana (pout-*tââ*-na) *f* putain *f*
puzzare (pout-*tsââ*-ré) *v* *sentir mauvais, puer
puzzle (pazl) puzzle *m*
puzzolente (pout-tsô-*lèn*-té) *adj* mal-

odorant

Q

qua (koua) *adv* ici
quadrato (koua-*drââ*-tô) *adj* carré; *m* carré *m*
quadrettato (koua-drét-*tââ*-tô) *adj* à carreaux
quadretto (koua-*drét*-tô) *m* damier *m*
quadro (*kouââ*-drô) *m* image *f*; cadre *m*; ~ **di distribuzione** tableau de distribution
quaglia (*kouââ*-lya) *f* caille *f*
qualche (*koual*-ké) *adj* quelques
qualcosa (koual-*koo*-sa) *pron* quelque chose
qualcuno (koual-*koû*-nô) *pron* quelqu'un
quale (*kouââ*-lé) *pron* quel
qualifica (koua-*lii*-fi-ka) *f* qualification *f*
qualificato (koua-li-fi-*kââ*-tô) *adj* qualifié
qualità (koua-li-*ta*) *f* qualité *f*
qualora (koua-*lôô*-ra) *conj* quand, au cas où
qualsiasi (koual-*sii*-a-si) *adj* tout ce que; n'importe quel
quando (*kouann*-dô) *adv* quand; *conj* quand, lorsque
quantità (kouann-ti-*ta*) *f* quantité *f*; nombre *m*
quanto (*kouann*-tô) *adj* combien
quantunque (kouann-*toung*-koué) *conj* encore que
quaranta (koua-*rann*-ta) *num* quarante
quarantena (koua-rann-*tèè*-na) *f* quarantaine *f*
quartiere (kouar-*tyèè*-ré) *m* quartier *m*; ~ **generale** quartier général; ~ **povero** bas quartier
quarto (*kouar*-tô) *num* quatrième; *m* quart *m*
quasi (*kouââ*-zi) *adv* à peu près, presque
quattordicesimo (kouat-tôr-di-*tchèè*-zi-mô) *num* quatorzième
quattordici (kouat-*tor*-di-tchi) *num* quatorze
quattro (*kouat*-trô) *num* quatre
quello[1] (*kouél*-lô) *pron* celui-là; cela; **quelli** ceux-là; ~ **che** ce que
quello[2] (*kouél*-lô) *adj* ce; **quei** *adj* ces
quercia (*kouèr*-tcha) *f* chêne *m*
questione (koué-*styôô*-né) *f* question *f*
questo (*koué*-stô) *adj* ce; **questi** ces
qui (koui) *adv* ici
quiete (koui-*èè*-té) *f* silence *m*
quieto (koui-*èè*-tô) *adj* paisible
quindi (*kouinn*-di) *conj* donc
quindicesimo (kouinn-di-*tchèè*-zi-mô) *num* quinzième
quindici (*kouinn*-di-tchi) *num* quinze
quinto (*kouinn*-tô) *num* cinquième
quiz (kouiz) *m* jeu concours
quota (*kouoo*-ta) *f* quote-part *f*
quotidiano (kouô-ti-*dyââ*-nô) *adj* quotidien; *m* quotidien *m*

R

rabarbaro (ra-*bar*-ba-rô) *m* rhubarbe *f*
rabbia (*rab*-bya) *f* colère *f*, rage *f*
rabbioso (rab-*byôô*-sô) *adj* enragé
rabbrividire (rab-bri-vi-*dii*-ré) *v* frissonner
raccapricciante (rak-kap-prit-*tchann*-té) *adj* terrifiant
raccapriccio (rak-kap-*prit*-tchô) *m* épouvante *f*
racchetta (rak-*két*-ta) *f* raquette *f*
***raccogliere** (rak-*koo*-lyé-ré) *v* ramasser; rentrer, collectionner; rassem-

bler; ***raccogliersi** se réunir
raccolta (rak-*kol*-ta) *f* récolte *f*; ~ **di documenti** dossier *m*
raccolto (rak-*kol*-tô) *m* moisson *f*
raccomandare (rak-kô-mann-*dââ*-ré) *v* recommander
raccomandata (rak-kô-mann-*dââ*-ta) *f* lettre recommandée
raccomandazione (rak-kô-mann-da-*tsyôô*-né) *f* recommandation *f*
raccontare (rak-kôn-*tââ*-ré) *v* relater, raconter
racconto (rak-*kôn*-tô) *m* histoire *f*, récit *m*; ~ **a fumetti** bandes dessinées
raccorciare (rak-kôr-*tchââ*-ré) *v* raccourcir; tailler
***radere** (*rââ*-dé-ré) *v* se raser
radiatore (ra-dya-*tôô*-ré) *m* radiateur *m*
radicale (ra-di-*kââ*-lé) *adj* radical
radice (ra-*dii*-tché) *f* racine *f*
radio (*rââ*-dyô) *f* radio *f*
radiografare (ra-dyô-ghra-*fââ*-ré) *v* radiographier
radiografia (ra-dyô-ghra-*fii*-a) *f* radiographie *f*
raduno (ra-*doû*-nô) *m* rassemblement *m*
radura (ra-*doû*-ra) *f* clairière *f*
rafano (*rââ*-fa-nô) *m* raifort *m*
raffermo (raf-*fér*-mô) *adj* rassis
raffica (*raf*-fi-ka) *f* rafale *f*, coup de vent
raffigurare (raf-fi-ghou-*rââ*-ré) *v* représenter
raffineria (raf-fi-né-*rii*-a) *f* raffinerie *f*
raffreddore (raf-fréd-*dôô*-ré) *m* rhume *m*; ***prendere un** ~ s'enrhumer
ragazza (ra-*ghat*-tsa) *f* fille *f*
ragazzino (ra-ghat-*tsii*-nô) *m* gamin *m*
ragazzo (ra-*ghat*-tsô) *m* garçon *m*
raggio (*rad*-djô) *m* rayon *m*
***raggiungere** (rad-*djoun*-djé-ré) *v* *atteindre, *parvenir à
raggiungibile (rad-djoun-*djii*-bi-lé) *adj* faisable
ragguaglio (ragh-*gh^{ou}ââ*-l^{y}ô) *m* renseignement *m*
ragionamento (ra-djô-na-*mén*-tô) *m* raisonnement *m*
ragionare (ra-djô-*nââ*-ré) *v* raisonner
ragione (ra-*djôô*-né) *f* raison *f*; ***avere** ~ *avoir raison
ragionevole (ra-djô-*néé*-vô-lé) *adj* raisonnable; équitable
ragnatela (ra-gna-*téé*-la) *f* toile d'araignée
ragno (*rââ*-gnô) *m* araignée *f*
raion (*rââ*-yôn) *m* rayonne *f*
rallegrare (ral-lé-*ghrââ*-ré) *v* égayer
rallentare (ral-lén-*tââ*-ré) *v* freiner, ralentir
rame (*rââ*-mé) *m* cuivre *m*
rammendare (ramm-mén-*dââ*-ré) *v* réparer, repriser
rammentare (ramm-mén-*tââ*-ré) *v* rappeler; **rammentarsi** se *souvenir de
ramo (*rââ*-mô) *m* branche *f*
ramoscello (ra-môch-*chèl*-lô) *m* brindille *f*
rampa (*ramm*-pa) *f* pente *f*
rana (*rââ*-na) *f* grenouille *f*
rancido (*rann*-tchi-dô) *adj* rance
randello (rann-*dèl*-lô) *m* gourdin *m*
rapida (*rââ*-pi-da) *f* rapide *m*
rapidità (ra-pi-di-*ta*) *f* rapidité *f*
rapido (*rââ*-pi-dô) *adj* prompt; rapide
rapina (ra-*pii*-na) *f* vol *m*, attaque *f*
rappezzare (rap-pét-*tsââ*-ré) *v* rapiécer
rapporto (rap-*por*-tô) *m* rapport *m*, compte rendu; liaison *f*
rappresentante (rap-pré-zén-*tann*-té) *m* représentant *m*
rappresentanza (rap-pré-zén-*tann*-tsa) *f* représentation *f*
rappresentare (rap-pré-zén-*tââ*-ré) *v* représenter

rappresentativo (rap-pré-zén-ta-*tii*-vô) *adj* représentatif
rappresentazione (rap-pré-zén-ta-*tsyôô*-né) *f* performance *f*, représentation *f*; ~ **di marionette** théâtre de marionnettes; ~ **teatrale** pièce de théâtre
raramente (ra-ra-*mén*-té) *adv* rarement
raro (*rââ*-rô) *adj* rare
raschiare (ra-*skyââ*-ré) *v* racler
raso (*rââ*-sô) *m* satin *m*
rasoio (ra-*sôô*-yô) *m* rasoir *m*
raspare (ra-*spââ*-ré) *v* râper
rassegna (rass-*séé*-gna) *f* résumé *m*
rassomiglianza (rass-sô-mi-*lʸann*-tsa) *f* similitude *f*
rastrello (ra-*strèl*-lô) *m* (pl ~n) râteau *m*
rata (*rââ*-ta) *f* paiement à tempérament
ratto (*rat*-tô) *m* rat *m*
rauco (*raou*-kô) *adj* enroué
ravanello (ra-va-*nèl*-lô) *m* radis *m*
razione (ra-*tsyôô*-né) *f* ration *f*
razza (*rat*-tsa) *f* race *f*
razziale (rat-*tsyââ*-lé) *adj* racial
razzo (*rat*-tsô) *m* fusée *f*
re (ré) *m* (pl ~) roi *m*
reale (ré-*ââ*-lé) *adj* réel, véritable; royal
realizzabile (ré-a-lid-*dzââ*-bi-lé) *adj* faisable, réalisable
realizzare (ré-a-lid-*dzââ*-ré) *v* réaliser; se rendre compte
realtà (ré-al-*ta*) *f* réalité *f*; **in** ~ en réalité, en fait
reato (ré-*ââ*-tô) *m* infraction *f*
reazione (ré-a-*tsyôô*-né) *f* réaction *f*
recapitare (ré-ka-pi-*tââ*-ré) *v* *remettre
recare (ré-*kââ*-ré) *v* porter; causer; **recarsi** se *rendre
recensione (ré-tchén-*syôô*-né) *f* critique *f*
recente (ré-*tchèn*-té) *adj* récent; **di** ~ l'autre jour
recentemente (ré-tchén-té-*mén*-té) *adv* dernièrement, récemment
recessione (ré-tchéss-*syôô*-né) *f* récession *f*
recinto (ré-*tchinn*-tô) *m* clôture *f*
recipiente (ré-tchi-*pyèn*-té) *m* récipient *m*
reciproco (ré-*tchii*-prô-kô) *adj* réciproque
recital (ré-si-*tal*) *m* récital *m*
recitare (ré-tchi-*tââ*-ré) *v* jouer
reclamare (ré-kla-*mââ*-ré) *v* réclamer
recluta (*ré*-klou-ta) *f* recrue *f*
redattore (ré-dat-*tôô*-ré) *m* rédacteur *m*
reddito (*rèd*-di-tô) *m* revenu *m*
***redigere** (ré-*dii*-djé-ré) *v* rédiger
***redimere** (ré-*dii*-mé-ré) *v* délivrer
refe (*réé*-fé) *m* fil *m*
referenza (ré-fé-*rèn*-tsa) *f* référence *f*
regalo (ré-*ghââ*-lô) *m* don *m*, cadeau *m*
regata (ré-*ghââ*-ta) *f* régate *f*
***reggersi** (*rèd*-djér-si) *v* s'accrocher
reggicalze (réd-dji-*kal*-tsé) *m* porte-jarretelles *m*
reggipetto (réd-dji-*pèt*-tô) *m* soutien-gorge *m*
reggiseno (réd-dji-*séé*-nô) *m* soutien-gorge *m*
regia (ré-*djii*-a) *f* réalisation *f*
regime (ré-*djii*-mé) *m* régime *m*
regina (ré-*djii*-na) *f* reine *f*
regionale (ré-djô-*nââ*-lé) *adj* régional
regione (ré-*djôô*-né) *f* région *f*
regista (ré-*dji*-sta) *m* metteur en scène
registrare (ré-dji-*strââ*-ré) *v* enregistrer, *inscrire
registrazione (ré-dji-stra-*tsyôô*-né) *f* inscription *f*; dossier *m*; enregistrement *m*

regnare (ré-*gnââ*-ré) *v* régner
regno (*réé*-gnô) *m* royaume *m*; règne *m*
regola (*rèè*-ghô-la) *f* règle *f*
regolamentazione (ré-ghô-la-mén-ta-*tsyôô*-né) *f* règlement *m*
regolamento (ré-ghô-la-*mén*-tô) *m* règlement *m*
regolare (ré-ghô-*lââ*-ré) *adj* régulier; *v* régler; ajuster; **regolato** régulier
relativo (ré-la-*tii*-vô) *adj* relatif
relazione (ré-la-*tsyôô*-né) *f* rapport *m*; relation *f*; compte rendu; **in ~ a** à propos de
religione (ré-li-*djôô*-né) *f* religion *f*
religioso (ré-li-*djôô*-sô) *adj* religieux
reliquia (ré-*lii*-koui-a) *f* relique *f*
relitto (ré-*lit*-tô) *m* épave *f*
remare (ré-*mââ*-ré) *v* ramer
remo (*rèè*-mô) *m* rame *f*; pagaie *f*
remoto (ré-*moo*-tô) *adj* lointain, écarté
***rendere** (*rèn*-dé-ré) *v* restituer; payer; **~ conto di** rendre compte de; **~ omaggio** rendre hommage
rene (*rèè*-né) *m* rein *m*
renna (*rèn*-na) *f* renne *m*
reparto (ré-*par*-tô) *m* service *m*, département *m*
repellente (ré-pél-*lèn*-té) *adj* répugnant
repertorio (ré-pér-*too*-ryô) *m* répertoire *m*
***reprimere** (ré-*prii*-mé-ré) *v* réprimer
repubblica (ré-*poub*-bli-ka) *f* république *f*
repubblicano (ré-poub-bli-*kââ*-nô) *adj* républicain
reputare (ré-pou-*tââ*-ré) *v* trouver
reputazione (ré-pou-ta-*tsyôô*-né) *f* réputation *f*
resa (*réé*-sa) *f* reddition *f*
residente (ré-si-*dèn*-té) *adj* domicilié; *m* résident *m*
residenza (ré-si-*dèn*-tsa) *f* résidence *f*
residuo (ré-*sii*-d^{ou}ô) *m* reste *m*, restant *m*
resina (*rèè*-zi-na) *f* résine *f*
resistenza (ré-si-*stèn*-tsa) *f* résistance *f*; vigueur *f*
resistere (ré-*si*-sté-ré) *v* résister
resoconto (ré-sô-*kôn*-tô) *m* récit *m*
***respingere** (ré-*spinn*-djé-ré) *v* rejeter
respirare (ré-spi-*rââ*-ré) *v* respirer
respiratore (ré-spi-ra-*tôô*-ré) *m* tube de plongée
respirazione (ré-spi-ra-*tsyôô*-né) *f* respiration *f*
respiro (ré-*spii*-rô) *m* souffle *m*
responsabile (ré-spôn-*sââ*-bi-lé) *adj* responsable
responsabilità (ré-spôn-sa-bi-li-*ta*) *f* responsabilité *f*
restare (ré-*stââ*-ré) *v* rester
restauro (ré-*staou*-rô) *m* réparation *f*
restio (ré-*stii*-ô) *adj* à contrecœur
resto (*rè*-stô) *m* reste *m*
***restringersi** (ré-*strinn*-djér-si) *v* rétrécir; se resserrer
restrizione (ré-stri-*tsyôô*-né) *f* restriction *f*
rete (*réé*-té) *f* filet *m*; réseau *m*; but *m*; **~ da pesca** filet de pêche; **~ stradale** réseau routier
reticella (ré-ti-*tchèl*-la) *f* résille *f*
retina (*rèè*-ti-na) *f* rétine *f*
rettangolare (rét-tanng-ghô-*lââ*-ré) *adj* rectangulaire
rettangolo (rét-*tanng*-ghô-lô) *m* rectangle *m*
rettifica (rét-*tii*-fi-ka) *f* rectification *f*
rettile (*rèt*-ti-lé) *m* reptile *m*
retto (*rèt*-tô) *adj* droit; *m* rectum *m*
reumatismo (ré^{ou}-ma-*ti*-zmô) *m* rhumatisme *m*
revisionare (ré-vi-zyô-*nââ*-ré) *v* reviser
revisione (ré-vi-*zyôô*-né) *f* révision *f*
revocare (ré-vô-*kââ*-ré) *v* révoquer

rialzo (*ryal*-tsô) *m* montée *f*
riassunto (ryass-*soun*-tô) *m* résumé *m*
ribassare (ri-bass-*sââ*-ré) *v* baisser
ribasso (ri-*bass*-sô) *m* rabais *m*
ribellione (ri-bél-*lʸôô*-né) *f* rébellion *f*
ribes (*rii*-béss) *m* groseille *f*; ~ **nero** cassis *m*
ributtante (ri-bout-*tann*-té) *adj* lugubre, repoussant
ricamare (ri-ka-*mââ*-ré) *v* broder
ricambio (ri-*kamm*-byô) *m* recharge *f*
ricamo (ri-*kââ*-mô) *m* broderie *f*
ricattare (ri-kat-*tââ*-ré) *v* *faire chanter
ricatto (ri-*kat*-tô) *m* chantage *m*
ricchezza (rik-*két*-tsa) *f* richesse *f*, fortune *f*
riccio (*rit*-tchô) *m* hérisson *m*; ~ **di mare** oursin *m*
ricciolo (*rit*-tchô-lô) *m* boucle *f*; ondulation *f*
ricciuto (rit-*tchoû*-tô) *adj* bouclé
ricco (*rik*-kô) *adj* riche
ricerca (ri-*tchèr*-ka) *f* recherche *f*; fouille *f*
ricetta (ri-*tchèt*-ta) *f* prescription *f*; recette *f*
ricevere (ri-*tchéé*-vé-ré) *v* *recevoir
ricevimento (ri-tché-vi-*mén*-tô) *m* réception *f*; **capo ufficio** ~ hôtesse *f*
ricevitore (ri-tché-vi-*tôô*-ré) *m* écouteur *m*
ricevuta (ri-tché-*voû*-ta) *f* reçu *m*; bon *m*
richiamare (ri-kya-*mââ*-ré) *v* rappeler
richiamo (ri-*kyââ*-mô) *m* rappel *m*; attrait *m*; renvoi *m*
***richiedere** (ri-*kyèè*-dé-ré) *v* *requérir; nécessiter
richiesta (ri-*kyè*-sta) *f* requête *f*; demande *f*
richiesto (ri-*kiè*-stô) *adj* requis
ricominciare (ri-kô-minn-*tchââ*-ré) *v* recommencer
ricompensa (ri-kôm-*pèn*-sa) *f* récompense *f*
ricompensare (ri-kôm-pén-*sââ*-ré) *v* récompenser
riconciliazione (ri-kôn-tchi-lya-*tsyôô*-né) *f* réconciliation *f*
riconoscente (ri-kô-nôch-*chèn*-té) *adj* reconnaissant
***riconoscere** (ri-kô-*nôch*-ché-ré) *v* *reconnaître
riconoscimento (ri-kô-nôch-chi-*mén*-tô) *m* reconnaissance *f*
ricordare (ri-kôr-*dââ*-ré) *v* *retenir; songer à; ***far** ~ rappeler; **ricordarsi** se *souvenir, se rappeler
ricordo (ri-*kor*-dô) *m* mémoire *f*, souvenir *m*
***ricorrere** (ri-*kôr*-ré-ré) *v* se répéter; *recourir; ~ **a** s'adresser à
ricostruire (ri-kô-*strouii*-ré) *v* *reconstruire; reconstituer
ricreazione (ri-kré-a-*tsyôô*-né) *f* récréation *f*
ricuperare (ri-kou-pé-*rââ*-ré) *v* récupérer
ricusare (ri-kou-*zââ*-ré) *v* refuser
ridacchiare (ri-dak-*kyââ*-ré) *v* glousser
***ridere** (*rii*-dé-ré) *v* *rire
ridicolizzare (ri-di-kô-lid-*dzââ*-ré) *v* ridiculiser
ridicolo (ri-*dii*-kô-lô) *adj* ridicule, grotesque
ridondante (ri-dôn-*dann*-té) *adj* superflu
ridotto (ri-*dôt*-tô) *m* vestibule *m*, foyer *m*
***ridurre** (ri-*dour*-ré) *v* *réduire
riduzione (ri-dou-*tsyôô*-né) *f* rabais *m*, réduction *f*
rieducazione (ryé-dou-ka-*tsyôô*-né) *f* rééducation *f*
riempire (ryém-*pii*-ré) *v* remplir
rientrare (ryén-*trââ*-ré) *v* rentrer; ~ **in** entrer dans

riferimento (ri-fé-ri-*mén*-tô) *m* référence *f*
riferire (ri-fé-*rii*-ré) *v* rapporter, relater
rifiutare (ri-fyou-*tââ*-ré) *v* refuser
rifiuto (ri-*fyoû*-tô) *m* refus *m*; **rifiuti** immondices *fpl*, détritus *m*
riflessione (ri-fléss-*syôô*-né) *f* discussion *f*
riflesso (ri-*flèss*-sô) *m* reflet *m*
***riflettere**[1] (ri-*flèt*-té-ré) *v* (pp riflesso) refléter
***riflettere**[2] (ri-*flèt*-té-ré) *v* (pp riflettuto) réfléchir
riflettore (ri-flét-*tôô*-ré) *m* projecteur *m*; réflecteur *m*
riforma (ri-*fôr*-ma) *f* réforme *f*
rifornimento (ri-fôr-ni-*mén*-tô) *m* fourniture *f*
rifugiarsi (ri-fou-*djar*-si) *v* se réfugier
rifugio (ri-*foû*-djô) *m* refuge *m*, abri *m*
riga (*rii*-gha) *f* ligne *f*; règle *f*
rigettare (ri-djét-*tââ*-ré) *v* rejeter; vomir
rigido (*rii*-dji-dô) *adj* raide; rude; sévère
rigirarsi (ri-dji-*rar*-si) *v* se retourner
rigoroso (ri-ghô-*rôô*-sô) *adj* sévère
riguardare (ri-ghouar-*dââ*-ré) *v* regarder, toucher; **per quanto riguarda** quant à, concernant, en ce qui concerne; **riguardante** concernant
riguardo (ri-*ghouar*-dô) *m* respect *m*, égard *m*; ~ **a** concernant; relatif à, en ce qui concerne
riguardoso (ri-ghouar-*dôô*-sô) *adj* prévenant
rilassamento (ri-lass-sa-*mén*-tô) *m* détente *f*
rilassarsi (ri-lass-*sar*-si) *v* se détendre
rilevante (ri-lé-*vann*-té) *adj* important
rilevare (ri-lé-*vââ*-ré) *v* observer; *prendre, *aller chercher; *reprendre
rilievo (ri-*lyèè*-vô) *m* relief *m*; importance *f*
rima (*rii*-ma) *f* rime *f*
rimandare (ri-mann-*dââ*-ré) *v* ajourner, *renvoyer à; ~ **a** *renvoyer à
rimanente (ri-ma-*nèn*-té) *adj* restant
rimanenza (ri-ma-*nèn*-tsa) *f* restant *m*
***rimanere** (ri-ma-*néé*-ré) *v* rester
rimborsare (rimm-bôr-*sââ*-ré) *v* rembourser, rendre
rimborso (rimm-*bôr*-sô) *m* remboursement *m*
rimedio (ri-*méé*-dyô) *m* remède *m*
rimessa (ri-*méss*-sa) *f* versement *m*; garage *m*; ***mettere in** ~ garer
***rimettere** (ri-*mét*-té-ré) *v* *remettre
rimorchiare (ri-môr-*kyââ*-ré) *v* remorquer
rimorchiatore (ri-môr-kya-*tôô*-ré) *m* remorqueur *m*
rimorchio (ri-*mor*-kyô) *m* remorque *f*
***rimpiangere** (rimm-*pyann*-djé-ré) *v* regretter; manquer
rimpianto (rimm-*pyann*-tô) *m* regret *m*
rimproverare (rimm-prô-vé-*rââ*-ré) *v* reprocher, réprimander; blâmer
rimprovero (rimm-*proo*-vé-rô) *m* reproche *m*
rimunerare (ri-mou-né-*rââ*-ré) *v* rémunérer
rimunerativo (ri-mou-né-ra-*tii*-vô) *adj* rentable
rimunerazione (ri-mou-né-ra-*tsyôô*-né) *f* rémunération *f*
rincasare (rinng-ka-*sââ*-ré) *v* rentrer
***rinchiudere** (rinng-*kyoû*-dé-ré) *v* enfermer
rinfrescare (rinn-fré-*skââ*-ré) *v* rafraîchir
rinfresco (rinn-*fré*-skô) *m* rafraîchissement *m*
ringhiera (rinng-*ghyèè*-ra) *f* rampe *f*, balustrade *f*
ringraziare (rinng-ghra-*tsyââ*-ré) *v* remercier

rinnovare (rinn-nô-*vââ*-ré) *v* prolonger; renouveler
rinoceronte (ri-nô-tché-*rôn*-té) *m* rhinocéros *m*
rinomanza (ri-nô-*mann*-tsa) *f* renommée *f*
rinorragia (ri-nôr-ra-*djii*-a) *f* saignement de nez
rintracciare (rinn-trat-*tchââ*-ré) *v* tracer, retracer
rinviare (rinn-*vyââ*-ré) *v* *renvoyer; ajourner
rinvio (rinn-*vii*-ô) *m* ajournement *m*
riordinare (ryôr-di-*nââ*-ré) *v* ranger
riparare (ri-pa-*rââ*-ré) *v* abriter; réparer
riparazione (ri-pa-ra-*tsyôô*-né) *f* réparation *f*
riparo (ri-*pââ*-rô) *m* abri *m*; écran *m*
ripartire (ri-par-*tii*-ré) *v* répartir
riparto (ri-*par*-tô) *m* département *m*
ripensare (ri-pén-*sââ*-ré) *v* réfléchir
ripetere (ri-*pèè*-té-ré) *v* répéter
ripetizione (ri-pé-ti-*tsyôô*-né) *f* répétition *f*
ripetutamente (ri-pé-tou-ta-*mén*-té) *adv* toujours et encore
ripido (*rii*-pi-dô) *adj* abrupt, escarpé
ripieno (ri-*pyèè*-nô) *adj* farci; *m* farce *f*
riportare (ri-pôr-*tââ*-ré) *v* rapporter, ramener
riposante (ri-pô-*sann*-té) *adj* reposant
riposarsi (ri-pô-*sar*-si) *v* se reposer
riposo (ri-*poo*-sô) *m* repos *m*
* **riprendere** (ri-*prèn*-dé-ré) *v* *reprendre
ripresa (ri-*préé*-sa) *f* reprise *f*
ripristino (ri-pri-*stii*-nô) *m* reprise *f*
* **riprodurre** (ri-prô-*dour*-ré) *v* *reproduire
riproduzione (ri-prô-dou-*tsyôô*-né) *f* reproduction *f*
riprovare (ri-prô-*vââ*-ré) *v* gronder
ripugnante (ri-pou-*gnann*-té) *adj* écœurant
ripugnanza (ri-pou-*gnann*-tsa) *f* répugnance *f*
risarcimento (ri-sar-tchi-*mén*-tô) *m* dédommagement *m*
risata (ri-*sââ*-ta) *f* rire *m*
riscaldamento (ri-skal-da-*mén*-tô) *m* chauffage *m*
riscaldatore (ri-skal-da-*tôô*-ré) *m* appareil de chauffage
riscatto (ri-*skat*-tô) *m* rançon *f*
rischiare (ri-*skyââ*-ré) *v* risquer
rischio (*ri*-skyô) *m* risque *m*; hasard *m*
rischioso (ri-*skyôô*-sô) *adj* dangereux, risqué
* **riscuotere** (ri-*sk^{ou}oo*-té-ré) *v* encaisser, prélever
risentirsi per (ri-sén-*tir*-si) s'offenser de, en *vouloir à
riserva (ri-*sèr*-va) *f* réserve *f*; provision *f*; ~ **di selvaggina** réserve zoologique
riservare (ri-sér-*vââ*-ré) *v* réserver, louer
riservato (ri-sér-*vââ*-tô) *adj* réservé; modeste
riso[1] (*rii*-sô) *m* rire *m*
riso[2] (*rii*-sô) *m* riz *m*
risoluto (ri-sô-*loû*-tô) *adj* résolu
* **risolvere** (ri-*sol*-vé-ré) *v* *résoudre
risparmi (ri-*spar*-mi) *mpl* économies
risparmiare (ri-spar-*myââ*-ré) *v* épargner
rispedire (ri-spé-*dii*-ré) *v* *renvoyer
rispettabile (ri-spét-*tââ*-bi-lé) *adj* honorable, respectable
rispettare (ri-spét-*tââ*-ré) *v* respecter
rispettivo (ri-spét-*tii*-vô) *adj* respectif
rispetto (ri-*spèt*-tô) *m* respect *m*
rispettoso (ri-spét-*tôô*-sô) *adj* respectueux
risplendere (ri-*splèn*-dé-ré) *v* resplen-

dir
***rispondere** (ri-*spôn*-dé-ré) *v* répondre
risposta (ri-*spô*-sta) *f* réponse *f*; **in ~** en réponse
ristorante (ri-stô-*rann*-té) *m* restaurant *m*; **~ self-service** restaurant libre service
risultare (ri-soul-*tââ*-ré) *v* résulter; *apparaître
risultato (ri-soul-*tââ*-tô) *m* résultat *m*; issue *f*
risvolta (ri-*svol*-ta) *f* revers *m*
ritardare (ri-tar-*dââ*-ré) *v* retarder
ritardo (ri-*tar*-dô) *m* retard *m*
***ritenere** (ri-té-*néé*-ré) *v* estimer
ritirare (ri-ti-*rââ*-ré) *v* retirer
ritmo (*rit*-mô) *m* rythme *m*
ritornare (ri-tôr-*nââ*-ré) *v* retourner, *revenir
ritorno (ri-*tôr*-nô) *m* retour *m*; chemin du retour; **andata e ~** aller et retour
ritratto (ri-*trat*-tô) *m* portrait *m*
ritrovare (ri-trô-*vââ*-ré) *v* récuperer, retrouver
ritto (*rit*-tô) *adj* debout
riunione (ryou-*nyôô*-né) *f* réunion *f*
riunire (ryou-*nii*-ré) *v* réunir; rassembler; assembler
***riuscire** (ryouch-*chii*-ré) *v* réussir
riva (*rii*-va) *f* rive *f*; **~ del mare** bord de la mer
rivale (ri-*vââ*-lé) *m* rival *m*
rivaleggiare (ri-va-léd-*djââ*-ré) *v* rivaliser
rivalità (ri-va-li-*ta*) *f* rivalité *f*
***rivedere** (ri-vé-*déé*-ré) *v* vérifier
rivelare (ri-vé-*lââ*-ré) *v* révéler
rivelazione (ri-vé-la-*tsyôô*-né) *f* révélation *f*
rivendicare (ri-vén-di-*kââ*-ré) *v* revendiquer
rivendicazione (ri-vén-di-ka-*tsyôô*-né) *f* revendication *f*
rivenditore (ri-vén-di-*tôô*-ré) *m* revendeur *m*
rivista (ri-*vi*-sta) *f* revue *f*
***rivolgersi a** (ri-*vol*-djér-si) s'adresser à
rivolgimento (ri-vôl-dji-*mén*-tô) *m* revirement *m*
rivolta (ri-*vol*-ta) *f* révolte *f*
rivoltante (ri-vôl-*tann*-té) *adj* révoltant
rivoltarsi (ri-vôl-*tar*-si) *v* se révolter
rivoltella (ri-vôl-*tèl*-la) *f* revolver *m*
rivoluzionario (ri-vô-lou-tsyô-*nââ*-ryô) *adj* révolutionnaire
rivoluzione (ri-vô-lou-*tsyôô*-né) *f* révolution *f*; rotation *f*
roba (*roo*-ba) *f* affaires *fpl*
robaccia (rô-*bat*-tcha) *f* déchets *mpl*
robusto (rô-*bou*-stô) *adj* robuste, puissant
roccaforte (rôk-ka-*for*-té) *f* place forte
rocchetto (rôk-*két*-tô) *m* bobine *f*
roccia (*rot*-tcha) *f* rocher *m*
roccioso (rôt-*tchôô*-sô) *adj* rocheux
roco (*roo*-kô) *adj* rauque
Romania (rô-ma-*nii*-a) *f* Roumanie *f*
romantico (rô-*mann*-ti-kô) *adj* romantique
romanziere (rô-mann-*dzyèè*-ré) *m* romancier *m*
romanzo (rô-*mann*-dzô) *m* roman *m*; **~ a puntate** feuilleton *m*; **~ poliziesco** roman policier
rombo[1] (*rôm*-bô) *m* grondement *m*
rombo[2] (*rôm*-bô) *m* barbue *f*
romeno (rô-*mèè*-nô) *adj* roumain; *m* Roumain *m*
***rompere** (*rôm*-pé-ré) *v* rompre, casser
rompicapo (rôm-pi-*kââ*-pô) *m* casse-tête *m*
rondine (*rôn*-di-né) *f* hirondelle *f*
rosa (*roo*-za) *f* rose *f*; *adj* rose

rosario (rô-*zââ*-ryô) *m* rosaire *m*, chapelet *m*
rosolaccio (rô-zô-*lat*-tchô) *m* coquelicot *m*
rospo (*ro*-spô) *m* crapaud *m*
rossetto (rôss-*sét*-tô) *m* rouge à lèvres; rouge *m*
rosso (*rôss*-sô) *adj* rouge
rosticceria (rô-stit-tché-*rii*-a) *f* rôtisserie *f*
rotabile (rô-*tââ*-bi-lé) *f* chaussée *f*
rotolare (rô-tô-*lââ*-ré) *v* rouler
rotolo (*roo*-tô-lô) *m* rouleau *m*
rotonda (rô-*tôn*-da) *f* rond-point *m*
rotondo (rô-*tôn*-dô) *adj* rond
rotta (*rôt*-ta) *f* route *f*; cap *m*
rotto (*rôt*-tô) *adj* brisé
rottura (rôt-*toû*-ra) *f* rupture *f*
rotula (*roo*-tou-la) *f* rotule *f*
roulotte (rou-*lot*-té) *f* caravane *f*
rovesciare (rô-véch-*chââ*-ré) *v* répandre, renverser; retourner
rovescio (rô-*vèch*-chô) *m* revers *m*; **alla rovescia** en sens inverse; à l'envers
rovina (rô-*vii*-na) *f* anéantissement *m*, effondrement *m*, ruine *f*
rovinare (rô-vi-*nââ*-ré) *v* ruiner
rozzo (*rôd*-dzô) *adj* grossier
rubare (rou-*bââ*-ré) *v* voler
rubinetto (rou-bi-*nét*-tô) *m* robinet *m*
rubino (rou-*bii*-nô) *m* rubis *m*
rubrica (rou-*brii*-ka) *f* rubrique *f*
ruga (*roû*-gha) *f* ride *f*
ruggine (*roud*-dji-né) *f* rouille *f*
ruggire (roud-*djii*-ré) *v* rugir
ruggito (roud-*djii*-tô) *m* rugissement *m*
rugiada (rou-*djââ*-da) *f* rosée *f*
rumore (rou-*môô*-ré) *m* bruit *m*
rumoroso (rou-mô-*rôô*-sô) *adj* bruyant
ruota (*r*ou*oo*-ta) *f* roue *f*; ~ **di ricambio** roue de secours
rurale (rou-*rââ*-lé) *adj* rural
ruscello (rouch-*chèl*-lô) *m* ruisseau *m*
russare (rouss-*sââ*-ré) *v* ronfler
Russia (*rouss*-sya) *f* Russie *f*
russo (*rouss*-sô) *adj* russe; *m* Russe *m*
rustico (*rou*-sti-kô) *adj* rustique
ruvido (*roû*-vi-dô) *adj* accidenté

S

sabato (*sââ*-ba-tô) *m* samedi *m*
sabbia (*sab*-bya) *f* sable *m*
sabbioso (sab-*byôô*-sô) *adj* sableux
saccarina (sak-ka-*rii*-na) *f* saccharine *f*
sacchetto (sak-*két*-tô) *m* sac en papier; pochette *f*
sacco (*sak*-kô) *m* sac *m*; ~ **a pelo** sac de couchage
sacerdote (sa-tchér-*doo*-té) *m* prêtre *m*
sacrificare (sa-kri-fi-*kââ*-ré) *v* sacrifier
sacrificio (sa-kri-*fii*-tchô) *m* sacrifice *m*
sacrilegio (sa-kri-*lèè*-djô) *m* sacrilège *m*
sacro (*sââ*-krô) *adj* sacré
saggezza (sad-*djét*-tsa) *f* sagesse *f*
saggiare (sad-*djââ*-ré) *v* éprouver
saggio (*sad*-djô) *adj* sage; *m* essai *m*
sagrestano (sa-ghré-*stââ*-nô) *m* sacristain *m*
sala (*sââ*-la) *f* salle *f*; ~ **da ballo** salle de bal; ~ **da banchetto** salle de banquet; ~ **da concerti** salle de concert; ~ **da pranzo** salle à manger; ~ **d'aspetto** salle d'attente; ~ **da tè** salon de thé; ~ **di esposizione** salle d'exposition; ~ **di lettura** salle de lecture; ~ **per fumatori** fumoir *m*
salariato (sa-la-*ryââ*-tô) *m* employé *m*
salario (sa-*lââ*-ryô) *m* salaire *m*

salassare (sa-lass-*sââ*-ré) *v* saigner
salato (sa-*lââ*-tô) *adj* salé
saldare (sal-*dââ*-ré) *v* souder; amortir
saldatore (sal-da-*tôô*-ré) *m* fer à souder
saldatura (sal-da-*toû*-ra) *f* soudure *f*
saldo (*sal*-dô) *adj* ferme; *m* solde *m*
sale (*sââ*-lé) *m* sel *m*; **sali da bagno** sels de bain
saliera (sa-*lʸèè*-ra) *f* salière *f*
***salire** (sa-*lii*-ré) *v* monter; s'accumuler
saliva (sa-*lii*-va) *f* salive *f*
salmone (sal-*môô*-né) *m* saumon *m*
salone (sa-*lôô*-né) *m* salon *m*; foyer *m*; ~ **di bellezza** salon de beauté, institut de beauté
salotto (sa-*lot*-tô) *m* salon *m*, salle de séjour; **salottino di prova** cabine d'essayage
salsa (*sal*-sa) *f* sauce *f*
salsiccia (sal-*sit*-tcha) *f* saucisse *f*
saltare (sal-*tââ*-ré) *v* sauter
saltellare (sal-tél-*lââ*-ré) *v* sautiller
saltello (sal-*tèl*-lô) *m* saut *m*
salto (*sal*-tô) *m* saut *m*, bond *m*
salubre (sa-*loû*-bré) *adj* sain
salutare (sa-lou-*tââ*-ré) *v* saluer
salute (sa-*loû*-té) *f* santé *f*
saluto (sa-*loû*-tô) *m* salutation *f*
salvare (sal-*vââ*-ré) *v* sauver
salvataggio (sal-va-*tad*-djô) *m* sauvetage *m*; **cintura di** ~ bouée de sauvetage
salvatore (sal-va-*tôô*-ré) *m* sauveur *m*
salvo (*sal*-vô) *prep* excepté
sanatorio (sa-na-*too*-ryô) *m* sanatorium *m*
sandalo (*sann*-da-lô) *m* sandale *f*
sangue (*sanng*-ghᵒᵘé) *m* sang *m*
sanguinare (sanng-ghoui-*nââ*-ré) *v* saigner
sanitario (sa-ni-*tââ*-ryô) *adj* sanitaire
sano (*sââ*-nô) *adj* sain
santo (*sann*-tô) *adj* sacré; *m* saint *m*
santuario (sann-*tᵒᵘââ*-ryô) *m* sanctuaire *m*
***sapere** (sa-*péé*-ré) *v* *avoir goût de; *savoir
sapone (sa-*pôô*-né) *m* savon *m*; ~ **da barba** savon à barbe; ~ **in polvere** savon en poudre
sapore (sa-*pôô*-ré) *m* saveur *f*
saporito (sa-pô-*rii*-tô) *adj* savoureux
sardina (sar-*dii*-na) *f* sardine *f*
sarta (*sar*-ta) *f* couturière *f*
sarto (*sar*-tô) *m* tailleur *m*
sasso (*sass*-sô) *m* pierre *f*
satellite (sa-*tèl*-li-té) *m* satellite *m*
sauna (*saou*-na) *f* sauna *m*
sbadigliare (zba-di-*lʸââ*-ré) *v* bâiller
sbagliarsi (zba-*lʸar*-si) *v* se tromper
sbagliato (zba-*lʸââ*-tô) *adj* inexact, incorrect; mal placé
sbaglio (*zbââ*-lʸô) *m* faute *f*
sbalordire (zba-lôr-*dii*-ré) *v* étonner
sbarcare (zbar-*kââ*-ré) *v* débarquer
sbarra (*zbar*-ra) *f* barre *f*; barreau *m*
sbattere (*zbat*-té-ré) *v* claquer; fouetter
sbiadire (zbya-*dii*-ré) *v* *déteindre
sbottonare (zbôt-tô-*nââ*-ré) *v* déboutonner
sbucciare (zbout-*tchââ*-ré) *v* peler
scaccato (skak-*kââ*-tô) *adj* à damiers
scacchi (*skak*-ki) *mpl* échecs
scacchiera (skak-*kyèè*-ra) *f* damier *m*; échiquier *m*
scacciare (skat-*tchââ*-ré) *v* expulser
scacco! (*skak*-kô) échec!
scadente (ska-*dèn*-té) *adj* piètre
scadenza (ska-*dèn*-tsa) *f* expiration *f*
***scadere** (ska-*déé*-ré) *v* expirer
scaduto (ska-*doû*-tô) *adj* périmé
scaffale (skaf-*fââ*-lé) *m* étagère *f*
scala (*skââ*-la) *f* escalier *m*; échelle *f*; ~ **di sicurezza** escalier de secours; ~ **mobile** escalier roulant; ~ **musi-**

cale gamme *f*
scaldare (skal-*dââ*-ré) *v* chauffer; **scaldacqua ad immersione** thermoplongeur *m*
scalfire (skal-*fii*-ré) *v* érafler
scalfittura (skal-fit-*toû*-ra) *f* rayure *f*
scalino (ska-*lii*-nô) *m* marche *f*
scalo (*skââ*-lô) *m* quai *m*
scalpello (skal-*pèl*-lô) *m* burin *m*
scalpore (skal-*pôô*-ré) *m* embarras *m*
scambiare (skamm-*byââ*-ré) *v* échanger
scambio (*skamm*-byô) *m* échange *m*; aiguillage *m*
scandalo (*skann*-da-lô) *m* scandale *m*; outrage *m*
Scandinavia (skann-di-*nââ*-vya) *f* Scandinavie *f*
scandinavo (skann-di-*nââ*-vô) *adj* scandinave; *m* Scandinave *m*
scappamento (skap-pa-*mén*-tô) *m* échappement *m*; tuyau d'échappement
scappare (skap-*pââ*-ré) *v* échapper; s'échapper
scarabeo (ska-ra-*bèè*-ô) *m* scarabée *m*
scaricare (ska-ri-*kââ*-ré) *v* décharger
scarlatto (skar-*lat*-tô) *adj* écarlate
scarpa (*skar*-pa) *f* chaussure *f*; **lucido per scarpe** cirage *m*; **scarpe da ginnastica** chaussures de gymnastique, chaussures de basket; **scarpe da tennis** chaussures de tennis; **stringa per scarpe** lacet *m*
scarrozzata (skar-rôt-*tsââ*-ta) *f* promenade en voiture
scarsamente (skar-sa-*mén*-té) *adv* à peine
scarsezza (skar-*sét*-tsa) *f* carence *f*
scarso (*skar*-sô) *adj* rare; faible
scartare (skar-*tââ*-ré) *v* se débarrasser de
scassinare (skass-si-*nââ*-ré) *v* cambrioler
scassinatore (skass-si-na-*tôô*-ré) *m* cambrioleur *m*
scatola (*skââ*-tô-la) *f* boîte *f*
scatolone (ska-tô-*lôô*-né) *m* carton *m*
scavare (ska-*vââ*-ré) *v* fouiller, creuser
scavo (*skââ*-vô) *m* excavation *f*
***scegliere** (*chèè*-lʸé-ré) *v* choisir; *élire
scellerato (chél-lé-*rââ*-tô) *adj* mauvais
scelta (*chél*-ta) *f* choix *m*
scelto (*chél*-tô) *adj* choisi
scena (*chèè*-na) *f* scène *f*
scenario (ché-*nââ*-ryô) *m* cadre *m*
***scendere** (*chén*-dé-ré) *v* descendre
scheggia (*skéd*-dja) *f* écharde *f*, éclat *m*
scheggiare (skéd-*djââ*-ré) *v* ébrécher
scheletro (*skèè*-lé-trô) *m* squelette *m*
schema (*skèè*-ma) *m* plan *m*; schéma *m*
schermo (*skér*-mô) *m* écran *m*
scherno (*skér*-nô) *m* dédain *m*
scherzare (skér-*tsââ*-ré) *v* plaisanter
scherzo (*skér*-tsô) *m* blague *f*, plaisanterie *f*; plaisir *m*
schiaccianoci (skyat-tcha-*nôô*-tchi) *m* casse-noix *m*
schiacciare (skyat-*tchââ*-ré) *v* écraser; appuyer
schiaffeggiare (skyaf-féd-*djââ*-ré) *v* *battre
schiaffo (*skyaf*-fô) *m* claque *f*
schiarimento (skya-ri-*mén*-tô) *m* éclaircissement *m*
schiavo (*skyââ*-vô) *m* esclave *m*
schioccare (skyôk-*kââ*-ré) *v* craquer
schiocco (*skyok*-kô) *m* craquement *m*
schiuma (*skyoû*-ma) *f* écume *f*, mousse *f*
schivo (*skii*-vô) *adj* farouche
schizzare (skit-*tsââ*-ré) *v* éclabousser
schizzo (*skit*-tsô) *m* esquisse *f*
sci (chi) *m* ski *m*; **scarponi da ~** chaussures de ski; **~ d'acqua** ski

nautique
sciacquare (chak-*kouââ*-ré) *v* rincer
sciacquata (chak-*kouââ*-ta) *f* rinçage *m*
sciagura (cha-*ghoû*-ra) *f* calamité *f*
scialle (*chal*-lé) *m* écharpe *f*, châle *m*
sciare (*chyââ*-ré) *v* skier
sciarpa (*char*-pa) *f* écharpe *f*
sciatore (chya-*tôô*-ré) *m* skieur *m*
sciatto (*chat*-tô) *adj* mal soigné
scientifico (chén-*tii*-fi-kô) *adj* scientifique
scienza (*chèn*-tsa) *f* science *f*
scienziato (chén-*tsyââ*-tô) *m* savant *m*
scimmia (*chimm*-mya) *f* singe *m*
scintilla (chinn-*til*-la) *f* étincelle *f*
scintillante (chinn-til-*lann*-té) *adj* scintillant
scintillare (chinn-til-*lââ*-ré) *v* briller
sciocchezza (chôk-*két*-tsa) *f* radotage *m*, sottise *f*
sciocco (*chok*-kô) *adj* insensé, absurde, sot; *m* fou *m*
***sciogliere** (*choo*-lyé-ré) *v* *dissoudre; diluer
scioperare (chô-pé-*rââ*-ré) *v* *faire grève
sciopero (*choo*-pé-rô) *m* grève *f*
sciroppo (chi-*rop*-pô) *m* sirop *m*
scivolare (chi-vô-*lââ*-ré) *v* glisser; déraper
scivolata (chi-vô-*lââ*-ta) *f* glissade *f*
scivolo (*chii*-vô-lô) *m* toboggan *m*
scodella (skô-*dèl*-la) *f* assiette à soupe
scogliera (skô-*lyéé*-ra) *f* falaise *f*
scoglio (*skoo*-lyô) *m* falaise *f*
scoiattolo (skô-*yat*-tô-lô) *m* écureuil *m*
scolara (skô-*lââ*-ra) *f* écolière *f*
scolaro (skô-*lââ*-rô) *m* écolier *m*; élève *m*
scolo (*skôô*-lô) *m* égout *m*
scolorirsi (skô-lô-*rir*-si) *v* se faner, décolorer
scommessa (skôm-*méss*-sa) *f* pari *m*
***scommettere** (skôm-*mét*-té-ré) *v* parier
scomodità (skô-mô-di-*ta*) *f* désagrément *m*
scomodo (*skoo*-mô-dô) *adj* inconfortable
***scomparire** (skôm-pa-*rii*-ré) *v* *disparaître
scompartimento (skôm-par-ti-*mén*-tô) *m* compartiment *m*; ~ **per fumatori** compartiment fumeurs
scomparto (skôm-*par*-tô) *m* case *f*
***sconfiggere** (skôn-*fid*-djé-ré) *v* *vaincre
sconfinato (skôn-fi-*nââ*-tô) *adj* illimité
sconfitta (skôn-*fit*-ta) *f* défaite *f*
sconosciuto (skô-nôch-*choû*-tô) *adj* inconnu
sconsiderato (skôn-si-dé-*rââ*-tô) *adj* inconsidéré
scontentare (skôn-tén-*tââ*-ré) *v* *déplaire
scontento (skôn-*tèn*-tô) *adj* insatisfait, mécontent
sconto (*skôn*-tô) *m* réduction *f*, rabais *m*; **tasso di** ~ taux d'escompte
scontrarsi (skôn-*trar*-si) *v* entrer en collision
scontro (*skôn*-trô) *m* collision *f*
scooter (*skou*-tér) *m* scooter *m*
scopa (*skôô*-pa) *f* balai *m*
scopare (skô-*pââ*-ré) *v* balayer
scoperta (skô-*pèr*-ta) *f* découverte *f*
scopo (*skoo*-pô) *m* dessein *m*; **allo ~ di** afin de
scoppiare (skôp-*pyââ*-ré) *v* éclater
scoppio (*skop*-pyô) *m* déchaînement *m*
***scoprire** (skô-*prii*-ré) *v* *découvrir; détecter
***scorgere** (*skor*-djé-ré) *v* *apercevoir
***scorrere** (*skôr*-ré-ré) *v* s'écouler, couler

scorretto (skôr-*rèt*-tô) *adj* incorrect
scorso (*skôr*-sô) *adj* passé, dernier, précédent
scorta (*skor*-ta) *f* escorte *f*; stock *m*
scortare (skôr-*tââ*-ré) *v* escorter
scortese (skôr-*téé*-zé) *adj* peu aimable, impoli
scossa (*skoss*-sa) *f* choc *m*
Scozia (*skoo*-tsya) *f* Ecosse *f*
scozzese (skôt-*tséé*-sé) *adj* écossais; *m* Ecossais *m*
scriminatura (skri-mi-na-*toû*-ra) *f* raie *f*
scritto (*skrit*-tô) *m* écrit *m*
scrittoio (skrit-*tôô*-yô) *m* bureau *m*
scrittore (skrit-*tôô*-ré) *m* écrivain *m*
scrittura (skrit-*toû*-ra) *f* écriture *f*
scrivania (skri-va-*nii*-a) *f* bureau *m*
scrivano (skri-*vââ*-nô) *m* greffier *m*
***scrivere** (*skrii*-vé-ré) *v* *écrire
scrupoloso (skrou-pô-*lôô*-sô) *adj* soigneux
sculacciata (skou-lat-*tchââ*-ta) *f* fessée *f*
scultore (skoul-*tôô*-ré) *m* sculpteur *m*
scultura (skoul-*toû*-ra) *f* sculpture *f*; ~ **in legno** sculpture sur bois, gravure *f*
scuola (*sk^ou^oo*-la) *f* école *f*; **marinare la** ~ *faire l'école buissonnière; ~ **di equitazione** manège *m*; ~ **media** école secondaire
***scuotere** (*sk^ou^oo*-té-ré) *v* choquer
scuro (*skoû*-rô) *adj* confus
scusa (*skoû*-za) *f* excuse *f*
scusare (skou-*zââ*-ré) *v* excuser; **scusa!** excusez-moi!
sdolcinatura (zdôl-tchi-na-*toû*-ra) *f* mélo *m*
sdraiarsi (zdra-*yar*-si) *v* se coucher
sdrucciolevole (zdrout-tchô-*léé*-vô-lé) *adj* glissant
se (sé) *conj* si; **se … o** si … ou
sé (sé) *pron* soi-même

sebbene (séb-*bèè*-né) *conj* bien que
seccatore (sék-ka-*tôô*-ré) *m* raseur *m*
seccatura (sék-ka-*toû*-ra) *f* ennui *m*
secchio (*sék*-kyô) *m* seau *m*
secolo (*sèè*-kô-lô) *m* siècle *m*
secondario (sé-kôn-*dââ*-ryô) *adj* secondaire
secondo[1] (sé-*kôn*-dô) *num* deuxième
secondo[2] (sé-*kôn*-dô) *prep* d'après, conformément à, selon
secondo[3] (sé-*kôn*-dô) *m* seconde *f*
sedano (*sèè*-da-nô) *m* céleri *m*
sedativo (sé-da-*tii*-vô) *m* sédatif *m*
sede (*sèè*-dé) *f* siège *m*
sedere (sé-*déé*-ré) *m* derrière *m*
***sedere** (sé-*déé*-ré) *v* *être assis; ***sedersi** s'*asseoir
sedia (*sèè*-dya) *f* chaise *f*, siège *m*; ~ **a rotelle** fauteuil roulant; ~ **a sdraio** chaise longue
sedicesimo (sé-di-*tchèè*-zi-mô) *num* seizième
sedici (*séé*-di-tchi) *num* seize
sedimento (sé-di-*mén*-tô) *m* sédiment *m*
***sedurre** (sé-*dour*-ré) *v* *séduire
seduta (sé-*doû*-ta) *f* séance *f*
sega (*séé*-gha) *f* scie *f*
segatura (sé-gha-*toû*-ra) *f* sciure *f*
seggio (*sèd*-djô) *m* siège *m*
segheria (sé-ghé-*rii*-a) *f* scierie *f*
segmento (ségh-*mén*-tô) *m* section *f*
segnalare (sé-gna-*lââ*-ré) *v* signaler
segnale (sé-*gnââ*-lé) *m* signe *m*, signal *m*; ~ **di soccorso** signal de détresse
segnare (sé-*gnââ*-ré) *v* pointer, marquer
segno (*séé*-gnô) *m* signe *m*; marque *f*; signal *m*
segretaria (sé-ghré-*tââ*-rya) *f* secrétaire *f*
segretario (sé-ghré-*tââ*-ryô) *m* secrétaire *m*

segreto (sé-*ghréé*-tô) *adj* secret; *m* secret *m*
seguente (sé-*ghouèn*-té) *adj* suivant
seguire (sé-*ghouii*-ré) *v* *suivre; **in seguito** ensuite
seguitare (sé-ghoui-*tââ*-ré) *v* continuer
sei (sèï) *num* six
selezionare (sé-lé-tsyô-*nââ*-ré) *v* sélectionner; **selezionato** exquis
selezione (sé-lé-*tsyôô*-né) *f* sélection *f*
self-service (*sélf*-seûr-viss) *m* libre-service *m*
sella (*sèl*-la) *f* selle *f*
selvaggina (sél-vad-*djii*-na) *f* gibier *m*
selvaggio (sél-*vad*-djô) *adj* sauvage
selvatico (sél-*vââ*-ti-kô) *adj* sauvage
semaforo (sé-*mââ*-fô-rô) *m* feu de circulation
sembrare (sém-*brââ*-ré) *v* sembler, *paraître
seme (*séé*-mé) *m* pépin *m*
semenza (sé-*mèn*-tsa) *f* semence *f*
semi- (sé-mi) semi-
semicerchio (sé-mi-*tchèr*-kyô) *m* demi-cercle *m*
seminare (sé-mi-*nââ*-ré) *v* semer
seminterrato (sé-minn-tér-*rââ*-tô) *m* sous-sol *m*
semplice (*sém*-pli-tché) *adj* simple
sempre (*sèm*-pré) *adv* toujours; ~ **diritto** tout droit
senape (*sèè*-na-pé) *f* moutarde *f*
senato (sé-*nââ*-tô) *m* sénat *m*
senatore (sé-na-*tôô*-ré) *m* sénateur *m*
senile (sé-*nii*-lé) *adj* sénile
seno (*séé*-nô) *m* sein *m*
sensato (sén-*sââ*-tô) *adj* terre-à-terre
sensazionale (sén-sa-tsyô-*nââ*-lé) *adj* spectaculaire, sensationnel
sensazione (sén-sa-*tsyôô*-né) *f* sensation *f*; impression *f*
sensibile (sén-*sii*-bi-lé) *adj* sensible
sensibilità (sén-si-bi-li-*ta*) *f* sensibilité *f*
senso (*sèn*-sô) *m* sens *m*; ~ **unico** sens unique
sentenza (sén-*tèn*-tsa) *f* jugement *m*, sentence *f*
sentiero (sén-*tyèè*-rô) *m* sentier *m*, chemin *m*, sentier pour piétons
sentimentale (sén-ti-mén-*tââ*-lé) *adj* sentimental
sentimento (sén-ti-*mén*-tô) *m* sentiment *m*
sentire (sén-*tii*-ré) *v* *sentir; écouter
senza (*sèn*-tsa) *prep* sans; **senz'altro** sans faute
separare (sé-pa-*rââ*-ré) *v* séparer
separatamente (sé-pa-ra-ta-*mén*-té) *adv* séparément
sepoltura (sé-pôl-*toû*-ra) *f* enterrement *m*
seppellimento (sép-pél-li-*mén*-tô) *m* sépulture *f*
seppellire (sép-pél-*lii*-ré) *v* enterrer
sequenza (sé-*kouèn*-tsa) *f* prise de vue
sequestrare (sé-koué-*strââ*-ré) *v* confisquer
sera (*séé*-ra) *f* soir *m*
serbatoio (sér-ba-*tôô*-yô) *m* réservoir *m*; ~ **di benzina** réservoir d'essence
sereno (sé-*réé*-nô) *adj* clair
serie (*sèè*-ryé) *f* (pl~) suite *f*, série *f*
serietà (sé-ryé-*ta*) *f* sérieux *m*; gravité *f*
serio (*sèè*-ryô) *adj* sérieux
sermone (sér-*môô*-né) *m* sermon *m*
serpeggiante (sér-péd-*djann*-té) *adj* serpentant
serpente (sér-*pèn*-té) *m* serpent *m*
serra (*sèr*-ra) *f* serre *f*
serrare (sér-*rââ*-ré) *v* serrer
serratura (sér-ra-*toû*-ra) *f* serrure *f*
servire (sér-*vii*-ré) *v* *servir
servitore (sér-vi-*tôô*-ré) *m* domestique *m*
servizievole (sér-vi-*tsyéé*-vô-lé) *adj*

obligeant, serviable
servizio (sér-*vii*-tsyô) *m* service *m* ; ~ **da tavola** service de table ; ~ **da tè** service à thé ; ~ **in camera** service d'étage
servo (*sèr*-vô) *m* serviteur *m*
sessanta (séss-*sann*-ta) *num* soixante
sessione (séss-*syôô*-né) *f* séance *f*
sesso (*sèss*-sô) *m* sexe *m*
sessuale (séss-*s*ᵒᵘ*ââ*-lé) *adj* sexuel
sessualità (séss-sᵒᵘa-li-*ta*) *f* sexualité *f*
sesto (*sè*-stô) *num* sixième
seta (*séé*-ta) *f* soie *f* ; **di** ~ soyeux
setacciare (sét-tat-*tchââ*-ré) *v* tamiser
setaccio (sé-*tat*-tchô) *m* passoire *f*
sete (*séé*-té) *f* soif *f*
settanta (sét-*tann*-ta) *num* soixante-dix
sette (*sèt*-té) *num* sept
settembre (sét-*tèm*-bré) septembre
settentrionale (sét-tén-tryô-*nââ*-lé) *adj* du nord, septentrional
settentrione (sét-tén-*tryôô*-né) *m* nord *m*
setticemia (sét-ti-tché-*mii*-a) *f* septicémie *f*
settico (*sèt*-ti-kô) *adj* septique
settimana (sét-ti-*mââ*-na) *f* semaine *f*
settimanale (sét-ti-ma-*nââ*-lé) *adj* hebdomadaire
settimo (*sèt*-ti-mô) *num* septième
settore (sét-*tôô*-ré) *m* domaine *m*
severo (sé-*vèè*-rô) *adj* sévère, grave
sezione (sé-*tsyôô*-né) *f* division *f* ; section *f*
sfacciato (sfat-*tchââ*-tô) *adj* hardi
sfavorevole (sfa-vô-*réé*-vô-lé) *adj* défavorable
sfera (*sfèè*-ra) *f* sphère *f*
sfida (*sfii*-da) *f* défi *m*
sfidare (sfi-*dââ*-ré) *v* défier
sfilacciarsi (sfi-lat-*tchar*-si) *v* s'effilocher
sfiorare (sfyô-*rââ*-ré) *v* frôler ; effleurer
sfondo (*sfôn*-dô) *m* fond *m*
sfortuna (sfôr-*toû*-na) *f* malchance *f*, infortune *f*
sfortunato (sfôr-tou-*nââ*-tô) *adj* malheureux, infortuné
sforzarsi (sfôr-*tsar*-si) *v* s'efforcer
sforzo (*sfor*-tsô) *m* effort *m* ; tension *f*
sfrontato (sfrôn-*tââ*-tô) *adj* effronté
sfruttare (sfrout-*tââ*-ré) *v* exploiter
sfuggire (sfoud-*djii*-ré) *v* échapper
sfumatura (sfou-ma-*toû*-ra) *f* nuance *f*
sgangerato (zghanng-ghé-*rââ*-tô) *adj* croulant
sgarbato (zghar-*bââ*-tô) *adj* désagréable
sgocciolamento (zghôt-tchô-la-*mén*-tô) *m* fuite *f*
sgombrare (zghôm-*brââ*-ré) *v* évacuer
sgombro (*zghôm*-brô) *m* maquereau *m*
sgomentare (zghô-mén-*tââ*-ré) *v* terrifier
sgradevole (zghra-*déé*-vô-lé) *adj* désagréable, méchant
sguardo (*zgh*ᵒᵘ*ar*-dô) *m* regard *m*
shampoo (*chamm*-pô) *m* shampooing *m*
si (si) *pron* se
sì (si) oui
sia ... sia (*sii*-a) aussi bien que
Siam (syamm) *m* Siam *m*
siamese (sya-*méé*-zé) *adj* siamois ; *m* Siamois *m*
siccità (sit-tchi-*ta*) *f* sécheresse *f*
siccome (sik-*kôô*-mé) *conj* parce que
sicurezza (si-kou-*rét*-tsa) *f* sécurité *f* ; **cintura di** ~ ceinture de sécurité
sicuro (si-*koû*-rô) *adj* sûr
siepe (*syèè*-pé) *f* haie *f*
siero (*syèè*-rô) *m* sérum *m*
sifone (si-*fôô*-né) *m* siphon *m*
sigaretta (si-gha-*rét*-ta) *f* cigarette *f*

sigaro (*sii*-gha-rô) *m* cigare *m*
sigillo (si-*djil*-lô) *m* sceau *m*
significare (si-gni-fi-*kââ*-ré) *v* signifier
significativo (si-gni-fi-ka-*tii*-vô) *adj* significatif
significato (si-gni-fi-*kââ*-tô) *m* signification *f*
signora (si-*gnôô*-ra) *f* dame *f*; maîtresse de maison; madame
signore (si-*gnôô*-ré) *m* monsieur *m*
signorina (si-gnô-*rii*-na) *f* demoiselle *f*; mademoiselle
silenziatore (si-lén-tsya-*tôô*-ré) *m* silencieux *m*
silenzio (si-*lèn*-tsyô) *m* silence *m*
silenzioso (si-lén-*tsyôô*-sô) *adj* silencieux
sillaba (*sil*-la-ba) *f* syllabe *f*
simbolo (*simm*-bô-lô) *m* symbole *m*
simile (*sii*-mi-lé) *adj* semblable, pareil; tel; similaire
simpatia (simm-pa-*tii*-a) *f* sympathie *f*
simpatico (simm-*pââ*-ti-kô) *adj* sympathique
simulare (si-mou-*lââ*-ré) *v* simuler
simultaneo (si-moul-*tââ*-né-ô) *adj* simultané
sinagoga (si-na-*ghoo*-gha) *f* synagogue *f*
sincero (sinn-*tchèè*-rô) *adj* sincère
sindacato (sinn-da-*kââ*-tô) *m* syndicat *m*
sindaco (*sinn*-da-kô) *m* maire *m*
sinfonia (sinn-fô-*nii*-a) *f* symphonie *f*
singhiozzo (sinng-*ghiot*-tsô) *m* hoquet *m*
singolare (sinng-ghô-*lââ*-ré) *adj* singulier; *m* singulier *m*
singolarità (sinng-ghô-la-ri-*ta*) *f* particularité *f*
singolo (*sinng*-ghô-lô) *adj* particulier, seul; *m* individu *m*
sinistro (si-*ni*-strô) *adj* à gauche, gauche; sinistre; **a sinistra** de gauche
sino a (*sii*-nô a) jusque, jusqu'à
sinonimo (si-*noo*-ni-mô) *m* synonyme *m*
sintetico (sinn-*tèè*-ti-kô) *adj* synthétique
sintomo (*sinn*-tô-mô) *m* symptôme *m*
sintonizzare (sinn-tô-nid-*dzââ*-ré) *v* accorder
sipario (si-*pââ*-ryô) *m* rideau *m*
sirena (si-*rèè*-na) *f* sirène *f*
Siria (*sii*-rya) *f* Syrie *f*
siriano (si-*ryââ*-nô) *adj* syrien; *m* Syrien *m*
siringa (si-*rinng*-gha) *f* seringue *f*
sistema (si-*stèè*-ma) *m* système *m*; ~ **di raffreddamento** système de refroidissement; ~ **lubrificante** système de lubrification
sistemare (si-sté-*mââ*-ré) *v* régler; **sistemarsi** s'établir
sistematico (si-sté-*mââ*-ti-kô) *adj* systématique
sistemazione (si-sté-ma-*tsyôô*-né) *f* accommodation *f*
sito (*sii*-tô) *m* site *m*
situato (si-*t*ᵒᵘ*ââ*-tô) *adj* situé
situazione (si-tᵒᵘa-*tsyôô*-né) *f* situation *f*; position *f*
slacciare (zlat-*tchââ*-ré) *v* détacher, dénouer
slegare (zlé-*ghââ*-ré) *v* desserrer; **slegato** lâche
slip (zlip) *mpl* slip *m*
slitta (*zlit*-ta) *f* luge *f*, traîneau *m*
slittare (zlit-*tââ*-ré) *v* glisser
slogan (*zloo*-ghann) *m* slogan *m*
slogato (zlô-*ghââ*-tô) *adj* disloqué
smacchiatore (zmak-kya-*tôô*-ré) *m* détachant *m*
smaltare (zmal-*tââ*-ré) *v* vernir; **smaltato** émaillé
smalto (*zmal*-tô) *m* émail *m*; ~ **per unghie** vernis à ongle
smarrire (zmar-*rii*-ré) *v* perdre; éga-

rer; **smarrito** disparu; égaré
smemorato (zmé-mô-*râ̂â*-tô) *adj* oublieux
smeraldo (zmé-*ral*-dô) *m* émeraude *f*
***smettere** (*zmét*-té-ré) *v* cesser, arrêter
smisurato (zmi-zou-*râ̂â*-tô) *adj* immense
smoking (*zmo*-kinng) *m* smoking *m*
smorfia (*zmôr*-fya) *f* sourire forcé
smorto (*zmor*-tô) *adj* terne
smussato (zmouss-*sâ̂â*-tô) *adj* émoussé
snello (*znèl*-lô) *adj* mince, svelte
sobborgo (sôb-*bôr*-ghô) *m* faubourg *m*; banlieue *f*
sobrio (*soo*-bryô) *adj* sobre
soccombere (sôk-*kôm*-bé-ré) *v* succomber
soccorso (sôk-*kôr*-sô) *m* aide *f*; **equipaggiamento di pronto** ~ trousse de secours; **pronto** ~ premier secours
sociale (sô-*tchâ̂â*-lé) *adj* social
socialismo (sô-tcha-*li*-zmô) *m* socialisme *m*
socialista (sô-tcha-*li*-sta) *adj* socialiste; *m* socialiste *m*
società (sô-tchyé-*ta*) *f* société *f*
socio (*soo*-tchô) *m* membre *m*; associé *m*, partenaire *m*
***soddisfare** (sôd-di-*sfâ̂â*-ré) *v* *satisfaire
soddisfazione (sôd-di-sfa-*tsyôô*-né) *f* satisfaction *f*
sofà (sô-*fa*) *m* canapé *m*
sofferenza (sôf-fé-*rèn*-tsa) *f* souffrance *f*
soffiare (sôf-*fyâ̂â*-ré) *v* souffler
soffione (sôf-*fyôô*-né) *m* pissenlit *m*
soffitta (sôf-*fit*-ta) *f* grenier *m*
soffitto (sôf-*fit*-tô) *m* plafond *m*
soffocare (sôf-fô-*kâ̂â*-ré) *v* suffoquer
***soffrire** (sôf-*frii*-ré) *v* *souffrir
soggetto (sôd-*djèt*-tô) *m* sujet *m*; **soggetto a** sujet à
soggiornare (sôd-djôr-*nâ̂â*-ré) *v* séjourner
soggiorno (sôd-*djôr*-nô) *m* séjour *m*; salon *m*, pièce de séjour
soglia (*soo*-lʸa) *f* seuil *m*
sogliola (*soo*-lʸô-la) *f* sole *f*
sognare (sô-*gnâ̂â*-ré) *v* rêver, songer
sogno (*sôô*-gnô) *m* rêve *m*
solamente (sô-la-*mén*-té) *adv* seulement
solco (*sôl*-kô) *m* sillon *m*
soldato (sôl-*dâ̂â*-tô) *m* soldat *m*
sole (*sôô*-lé) *m* soleil *m*
soleggiato (sô-léd-*djâ̂â*-tô) *adj* ensoleillé
solenne (sô-*lèn*-né) *adj* solennel
***solere** (sô-*léé*-ré) *v* *avoir l'habitude de
solido (*soo*-li-dô) *adj* solide; *m* solide *m*
solitario (sô-li-*tâ̂â*-ryô) *adj* solitaire
solito (*soo*-li-tô) *adj* coutumier, ordinaire, commun
solitudine (sô-li-*toû*-di-né) *f* solitude *f*
sollecito (sôl-*léé*-tchi-tô) *adj* instantané
solleticare (sôl-lé-ti-*kâ̂â*-ré) *v* chatouiller
sollevare (sôl-lé-*vâ̂â*-ré) *v* lever, élever; soulever
sollievo (sôl-*lʸèè*-vô) *m* soulagement *m*
solo (*sôô*-lô) *adj* seul; *adv* rien que, seul
soltanto (sôl-*tann*-tô) *adv* seulement
solubile (sô-*loû*-bi-lé) *adj* soluble
soluzione (sô-lou-*tsyôô*-né) *f* solution *f*
somiglianza (sô-mi-*lʸann*-tsa) *f* ressemblance *f*
somma (*sôm*-ma) *f* somme *f*
sommario (sôm-*mâ̂â*-ryô) *m* sommaire

m

somministrare (sôm-mi-ni-*strââ*-ré) *v* administrer

sommo (*sôm*-mô) *adj* supérieur

sommossa (sôm-*moss*-sa) *f* émeute *f*

sonare (sô-*nââ*-ré) *v* jouer

sonnifero (sôn-*nii*-fé-rô) *m* somnifère *m*

sonno (*sôn*-nô) *m* sommeil *m*

sonoro (sô-*noo*-rô) *adj* sonore

sopportare (sôp-pôr-*tââ*-ré) *v* supporter, endurer

sopra (*sôô*-pra) *prep* au-dessus de; par-dessus; *adv* en haut; **al di ~** au-dessus; **di ~** en haut

soprabito (sô-*prââ*-bi-tô) *m* manteau *m*; pardessus *m*

sopracciglio (sô-prat-*tchii*-lʸô) *m* sourcil *m*

***sopraffare** (sô-praf-*fââ*-ré) *v* déconcerter

soprappeso (sô-prap-*péé*-sô) *m* surcharge *f*

soprattutto (sô-prat-*tout*-tô) *adv* surtout, principalement

sopravvivenza (sô-prav-vi-*vèn*-tsa) *f* survie *f*

***sopravvivere** (sô-prav-*vii*-vé-ré) *v* *survivre

soprintendenza (sô-prinn-tén-*dèn*-tsa) *f* supervision *f*

***soprintendere** (sô-prinn-*tèn*-dé-ré) *v* superviser

sordido (*sor*-di-dô) *adj* répugnant

sordo (*sôr*-dô) *adj* sourd

sorella (sô-*rèl*-la) *f* sœur *f*

sorgente (sôr-*djèn*-té) *f* source *f*

***sorgere** (*sor*-djé-ré) *v* se lever; surgir

sorpassare (sôr-pass-*sââ*-ré) *v* dépasser

sorprendente (sôr-prén-*dèn*-té) *adj* étonnant

***sorprendere** (sôr-*prèn*-dé-ré) *v* *surprendre

sorpresa (sôr-*préé*-sa) *f* étonnement *m*, surprise *f*

***sorridere** (sôr-*rii*-dé-ré) *v* *sourire

sorriso (sôr-*rii*-sô) *m* sourire *m*

sorsetto (sôr-*sét*-tô) *m* gorgée *f*

sorte (*sor*-té) *f* sort *m*

sorteggio (sôr-*téd*-djô) *m* tirage *m*

sorveglianza (sôr-vé-*lʸann*-tsa) *f* surveillance *f*

sorvegliare (sôr-vé-*lʸââ*-ré) *v* surveiller

***sospendere** (sô-*spèn*-dé-ré) *v* suspendre

sospensione (sô-spén-*syôô*-né) *f* suspension *f*

sospettare (sô-spét-*tââ*-ré) *v* soupçonner

sospetto (sô-*spèt*-tô) *adj* suspect; *m* défiance *f*, méfiance *f*, soupçon *m*

sospettoso (sô-spét-*tôô*-sô) *adj* soupçonneux, méfiant

sostanza (sô-*stann*-tsa) *f* substance *f*

sostanziale (sô-stann-*tsyââ*-lé) *adj* substantiel

sostare (sô-*stââ*-ré) *v* s'arrêter

sostegno (sô-*stéé*-gnô) *m* soutien *m*

***sostenere** (sô-sté-*néé*-ré) *v* *soutenir

sostituire (sô-sti-*touii*-ré) *v* remplacer, substituer

sostituto (sô-sti-*toû*-tô) *m* substitut *m*

sottaceti (sôt-ta-*tchéé*-ti) *mpl* conserves au vinaigre, marinade *f*

sotterraneo (sô-tér-*rââ*-né-ô) *adj* souterrain

sottile (sôt-*tii*-lé) *adj* mince, fin; subtil

sotto (*sôt*-tô) *prep* en dessous de, en bas de, au-dessous de, sous; *adv* dessous

sottolineare (sôt-tô-li-né-*ââ*-ré) *v* souligner

***sottomettere** (sôt-tô-*mét*-té-ré) *v* *soumettre

***sottoporre** (sôt-tô-*pôr*-ré) *v* *soumet-

tre
sottoscritto (sôt-tô-*skrit*-tô) *m* soussigné *m*
***sottoscrivere** (sôt-tô-*skrii*-vé-ré) *v* signer
sottosopra (sôt-tô-*sôô*-pra) sens dessus dessous
sottotitolo (sôt-tô-*tii*-tô-lô) *m* sous-titre *m*
sottovalutare (sôt-tô-va-lou-*tââ*-ré) *v* sous-estimer
sottoveste (sôt-tô-*vè*-sté) *f* combinaison *f*
***sottrarre** (sôt-*trar*-ré) *v* *soustraire; *déduire
sovietico (sô-*vyèè*-ti-kô) *adj* soviétique
sovrano (sô-*vrââ*-nô) *m* souverain *m*; dirigeant *m*
sovvenzione (sôv-vén-*tsyôô*-né) *f* subvention *f*
sozzo (*sôd*-dzô) *adj* sale
spaccare (spak-*kââ*-ré) *v* fendre; hacher; **spaccarsi** éclater
spada (*spââ*-da) *f* épée *f*
Spagna (*spââ*-gna) *f* Espagne *f*
spagnolo (spa-*gnôô*-lô) *adj* espagnol; *m* Espagnol *m*
spago (*spââ*-ghô) *m* ficelle *f*, cordon *m*
spalancare (spa-lanng-*kââ*-ré) *v* *ouvrir grand
spalla (*spal*-la) *f* épaule *f*
***spandere** (*spann*-dé-ré) *v* répandre
sparare (spa-*rââ*-ré) *v* tirer
***spargere** *v* répandre; verser
sparire (spa-*rii*-ré) *v* *disparaître
sparo (*spââ*-rô) *m* coup de feu
sparpagliare (spar-pa-*lʸââ*-ré) *v* disperser
spaventare (spa-vén-*tââ*-ré) *v* effrayer; **spaventarsi** *être effrayé
spaventevole (spa-vén-*téé*-vô-lé) *adj* terrifiant
spavento (spa-*vèn*-tô) *m* panique *f*, frayeur *f*
spaventoso (spa-vén-*tôô*-sô) *adj* affreux, terrible
spaziare (spa-*tsyââ*-ré) *v* espacer
spazio (*spââ*-tsyô) *m* espace *m*, intervalle *m*
spazioso (spa-*tsyôô*-sô) *adj* spacieux
spazzare (spat-*tsââ*-ré) *v* essuyer
spazzatura (spat-tsa-*toû*-ra) *f* rebut *m*, détritus *m*
spazzola (*spat*-tsô-la) *f* brosse *f*; ~ **per capelli** brosse à cheveux; ~ **per vestiti** brosse à habits; **spazzolino da denti** brosse à dents; **spazzolino per le unghie** brosse à ongles
spazzolare (spat-tsô-*lââ*-ré) *v* brosser; lustrer
specchio (*spèk*-kyô) *m* miroir *m*
speciale (spé-*tchââ*-lé) *adj* spécial
specialista (spé-tcha-*li*-sta) *m* spécialiste *m*
specialità (spé-tcha-li-*ta*) *f* spécialité *f*
specializzarsi (spé-tcha-lid-*dzar*-si) *v* se spécialiser
specialmente (spé-tchal-*mén*-té) *adv* spécialement
specie (*spèè*-tché) *f* (pl ~) espèce *f*; sorte *f*
specifico (spé-*tchii*-fi-kô) *adj* spécifique
speculare (spé-kou-*lââ*-ré) *v* spéculer
spedire (spé-*dii*-ré) *v* expédier, *envoyer
spedizione (spé-di-*tsyôô*-né) *f* expédition *f*
***spegnere** (*spèè*-gné-ré) *v* *éteindre
spelonca (spé-*lông*-ka) *f* crevasse *f*
***spendere** (*spèn*-dé-ré) *v* dépenser
spendereccio (spén-dé-*rét*-tchô) *adj* gaspilleur
spensierato (spén-syé-*rââ*-tô) *adj* insouciant
speranza (spé-*rann*-tsa) *f* espoir *m*

speranzoso (spé-rann-*tsôô*-sô) *adj* plein d'espoir
sperare (spé-*râå*-ré) *v* espérer
spergiuro (spér-*djoû*-rô) *m* faux serment
sperimentare (spé-ri-mén-*tââ*-ré) *v* expérimenter; *faire l'expérience de
spesa (*spéé*-sa) *f* dépense *f*; ***fare la** ~ *faire des achats; **spese** frais *mpl*; **spese di viaggio** prix du voyage; frais de voyage
spesso (*spéss*-sô) *adj* gros; *adv* souvent
spessore (spéss-*sôô*-ré) *m* épaisseur *f*
spettacolo (spét-*tââ*-kô-lô) *m* spectacle *m*
spettatore (spét-ta-*tôô*-ré) *m* spectateur *m*
spettro (*spèt*-trô) *m* spectre *m*, fantôme *m*
spezie (*spèè*-tsyé) *fpl* épices *fpl*
spezzare (spét-*tsââ*-ré) *v* casser; *interrompre
spia (*spii*-a) *f* espion *m*
spiacente (spya-*tchèn*-té) *adj* désolé
spiacevole (spya-*tchéé*-vô-lé) *adj* déplaisant
spiaggia (*spyad*-dja) *f* plage *f*; ~ **per nudisti** plage pour nudistes
spianata (spya-*nââ*-ta) *f* esplanade *f*
spianato (spya-*nââ*-tô) *adj* plan
spiare (*spyââ*-ré) *v* épier
spicciarsi (spit-*tchar*-si) *v* se dépêcher
spiccioli (*spit*-tchô-li) *mpl* petite monnaie
spiedo (*spyèè*-dô) *m* broche *f*
spiegabile (spyé-*ghââ*-bi-lé) *adj* explicable
spiegare (spyé-*ghââ*-ré) *v* déplier; expliquer
spiegazione (spyé-gha-*tsyôô*-né) *f* explication *f*
spietato (spyé-*tââ*-tô) *adj* insensible
spilla (*spil*-la) *f* broche *f*
spillo (*spil*-lô) *m* épingle *f*; ~ **di sicurezza** épingle de sûreté
spina (*spii*-na) *f* épine *f*; fiche *f*; ~ **di pesce** arête *f*; ~ **dorsale** épine dorsale
spinaci (spi-*nââ*-tchi) *mpl* épinards *mpl*
***spingere** (*spinn*-djé-ré) *v* pousser
spinta (*spinn*-ta) *f* coup *m*
spirare (spi-*râå*-ré) *v* *venir à échéance
spirito (*spii*-ri-tô) *m* esprit *m*; humour *m*
spiritoso (spi-ri-*tôô*-sô) *adj* spirituel, drôle
spirituale (spi-ri-*t^ou ââ*-lé) *adj* spirituel
splendido (*splèn*-di-dô) *adj* splendide; ravissant
splendore (splén-*dôô*-ré) *m* éblouissement *m*; splendeur *f*
spogliarsi (spô-*l^y ar*-si) *v* se déshabiller
spogliatoio (spô-l^y a-*tôô*-yô) *m* vestiaire *m*
spoglio (*spoo*-l^y ô) *adj* nu, dénudé
sponda (*spôn*-da) *f* rivage *m*
sporco (*spor*-kô) *adj* sale, malpropre
***sporgere** (*spor*-djé-ré) *v* tendre; s'avancer
sport (sport) *m* sport *m*; ~ **invernali** sports d'hiver; ~ **velico** yachting *m*
sportivo (spôr-*tii*-vô) *m* sportif *m*
sposa (*spoo*-za) *f* fiancée *f*
sposalizio (spô-za-*lii*-tsyô) *m* mariage *m*
sposare (spô-*zââ*-ré) *v* épouser; **sposarsi** se marier
sposo (*spoo*-zô) *m* marié *m*
spostamento (spô-sta-*mén*-tô) *m* déplacement *m*
spostare (spô-*stââ*-ré) *v* déplacer, enlever
sprecare (spré-*kââ*-ré) *v* gaspiller
spreco (*sprèè*-kô) *m* gaspillage *m*
spruzzatore (sprout-tsa-*tôô*-ré) *m* aé-

rosol *m*
spugna (*spoû*-gna) *f* éponge *f*; tissu-éponge *m*
spumante (spou-*mann*-té) *adj* mousseux
spumare (spou-*mââ*-ré) *v* mousser
spuntato (spoun-*tââ*-tô) *adj* émoussé
spuntino (spoun-*tii*-nô) *m* casse-croûte *m*
sputare (spou-*tââ*-ré) *v* cracher
sputo (*spoû*-tô) *m* crachat *m*
squadra (*skouââ*-dra) *f* équipe *f*
squadriglia (skoua-*drii*-lya) *f* escadrille *f*
squama (*skouââ*-ma) *f* écaille *f*
squattrinato (skouat-tri-*nââ*-tô) *adj* fauché
squisito (skoui-*zii*-tô) *adj* exquis
stabile (*stââ*-bi-lé) *adj* ferme, stable; *m* locaux *mpl*
stabilire (sta-bi-*lii*-ré) *v* établir; définir
staccare (stak-*kââ*-ré) *v* détacher
stadio (*stââ*-dyô) *m* stade *m*; phase *f*
staffa (*staf*-fa) *f* étrier *m*
stagione (sta-*djôô*-né) *f* saison *f*; **alta** ~ pleine saison; **bassa** ~ morte-saison *f*; **fuori** ~ hors saison
stagno (*stââ*-gnô) *m* étain *m*; étang *m*
stagnola (sta-*gnoo*-la) *f* papier d'étain
stalla (*stal*-la) *f* étable *f*
stamani (sta-*mââ*-ni) *adv* ce matin
stampa (*stamm*-pa) *f* presse *f*; gravure *f*, estampe *f*; **stampe** imprimé *m*
stampare (stamm-*pââ*-ré) *v* imprimer
stampella (stamm-*pèl*-la) *f* béquille *f*
stancare (stanng-*kââ*-ré) *v* fatiguer
stanco (*stanng*-kô) *adj* fatigué
stanotte (sta-*not*-té) *adv* cette nuit
stantio (stann-*tii*-ô) *adj* étouffant
stantuffo (stann-*touf*-fô) *m* piston *m*; **asta dello** ~ tige de piston
stanza (*stann*-tsa) *f* chambre *f*; ~ **da bagno** salle de bain
stappare (stap-*pââ*-ré) *v* déboucher
***stare** (*stââ*-ré) *v* rester; **lasciar** ~ ne pas toucher; ***star disteso** *être couché; ~ **attento a** *faire attention à; ~ **in guardia** *prendre garde; ~ **in piedi** se *tenir debout
starnutire (star-nou-*tii*-ré) *v* éternuer
stasera (sta-*sèè*-ra) *adv* ce soir
statale (sta-*tââ*-lé) *adj* de l'Etat
statistica (sta-*ti*-sti-ka) *f* statistique *f*
Stati Uniti (*stââ*-ti ou-*nii*-ti) Etats-Unis
stato (*stââ*-tô) *m* Etat *m*; état *m*; ~ **di emergenza** état d'urgence
statua (*stââ*-toua) *f* statue *f*
stazionario (sta-tsyô-*nââ*-ryô) *adj* stationnaire
stazione (sta-*tsyôô*-né) *f* gare *f*; ~ **balneare** station balnéaire; ~ **centrale** gare centrale; ~ **di servizio** station-service *f*; ~ **termale** station thermale
stecca (*sték*-ka) *f* tige *f*; éclisse *f*; cartouche *f*
steccato (sték-*kââ*-tô) *m* barrière *f*
stella (*stél*-la) *f* étoile *f*
stendardo (stén-*dar*-dô) *m* bannière *f*
***stendere** (*stèn*-dé-ré) *v* étendre
stenografia (sté-nô-ghra-*fii*-a) *f* sténographie *f*
stenografo (sté-*noo*-ghra-fô) *m* sténographe *m*
sterile (*stèè*-ri-lé) *adj* stérile
sterilizzare (sté-ri-lid-*dzââ*-ré) *v* stériliser
stesso (*stéss*-sô) *adj* même
steward (*stou*-ard) *m* steward *m*
stile (*stii*-lé) *m* style *m*
stima (*stii*-ma) *f* estime *f*; ***fare la** ~ évaluer
stimare (sti-*mââ*-ré) *v* estimer
stimolante (sti-mô-*lann*-té) *m* stimulant *m*
stimolare (sti-mô-*lââ*-ré) *v* stimuler,

exhorter
stimolo (*stii*-mô-lô) *m* stimulant *m*
stipendio (sti-*pèn*-dyô) *m* paie *f*, gages *mpl*
stipulare (sti-pou-*lââ*-ré) *v* stipuler
stipulazione (sti-pou-la-*tsyôô*-né) *f* stipulation *f*
stirare (sti-*rââ*-ré) *v* repasser; **non si stira** sans repassage, repassage permanent; **senza stiratura** sans repassage; **stiratura permanente** pli permanent
stitichezza (sti-ti-*két*-tsa) *f* constipation *f*
stitico (*stii*-ti-kô) *adj* constipé
stiva (*stii*-va) *f* cale *f*
stivale (sti-*vââ*-lé) *m* botte *f*
stizza (*stit*-tsa) *f* colère *f*
stoffa (*stof*-fa) *f* tissu *m*
stola (*stoo*-la) *f* étole *f*
stolto (*stôl*-tô) *adj* sot
stomachevole (stô-ma-*kéé*-vô-lé) *adj* dégoûtant
stomaco (*stoo*-ma-kô) *m* estomac *m*; **bruciore di** ~ brûlures d'estomac
***storcere** (*stor*-tché-ré) *v* tordre; fouler
stordito (stôr-*dii*-tô) *adj* étourdi
storia (*stoo*-rya) *f* histoire *f*; conte *m*
storico (*stoo*-ri-kô) *adj* historique; *m* historien *m*
stornello (stôr-*nèl*-lô) *m* étourneau *m*
storta (*stor*-ta) *f* secousse *f*
storto (*stor*-tô) *adj* courbe
stoviglie (stô-*vii*-lʸé) *fpl* vaisselle *f*; **canovaccio per** ~ torchon *m*
strabico (*strââ*-bi-kô) *adj* louche
straccio (*strat*-tchô) *m* chiffon *m*
strada (*strââ*-da) *f* rue *f*, route *f*; **a mezza** ~ à mi-chemin; ~ **a pedaggio** route à péage; ~ **ferrata** voie ferrée; ~ **in riparazione** route en réfection; ~ **maestra** route principale
strangolare (stranng-ghô-*lââ*-ré) *v* étrangler
straniero (stra-*gnèè*-rô) *adj* étranger; *m* étranger *m*
strano (*strââ*-nô) *adj* étrange; bizarre, singulier
straordinario (stra-ôr-di-*nââ*-ryô) *adj* extraordinaire
strappare (strap-*pââ*-ré) *v* déchirer
strappo (*strap*-pô) *m* déchirure *f*
strato (*strââ*-tô) *m* couche *f*
strattone (strat-*tôô*-né) *m* à-coup *m*
stravagante (stra-va-*ghann*-té) *adj* extravagant
strega (*stréé*-gha) *f* sorcière *f*
stregare (stré-*ghââ*-ré) *v* ensorceler
stretta (*strét*-ta) *f* prise *f*, étreinte *f*; ~ **di mano** poignée de main
strettamente (strét-ta-*mén*-té) *adv* fortement
stretto (*strét*-tô) *adj* étroit; juste, serré
stria (*strii*-a) *f* raie *f*
striato (*stryââ*-tô) *adj* rayé
strillare (stril-*lââ*-ré) *v* crier, hurler, pousser des cris
strillo (*stril*-lô) *m* cri *m*
***stringere** (*strinn*-djé-ré) *v* resserrer
striscia (*strich*-cha) *f* bande *f*
strisciare (strich-*chââ*-ré) *v* ramper
strofa (*stroo*-fa) *f* strophe *f*
strofinare (strô-fi-*nââ*-ré) *v* frotter; ôter
strozzare (strôt-*tsââ*-ré) *v* étrangler, étouffer
strumento (strou-*mén*-tô) *m* outil *m*; instrument *m*; ~ **musicale** instrument de musique
struttura (strout-*toû*-ra) *f* structure *f*, texture *f*
struzzo (*strout*-tsô) *m* autruche *f*
stucco (*stouk*-kô) *m* crépi *m*
studente (stou-*dèn*-té) *m* étudiant *m*
studentessa (stou-dén-*téss*-sa) *f* étu-

diante *f*
studiare (stou-*dyââ*-ré) *v* étudier
studio (*stoû*-dyô) *m* étude *f*; cabinet *m*
stufa (*stoû*-fa) *f* fourneau *m*; ~ **a gas** fourneau à gaz
stufo di (*stoû*-fô di) dégoûté, las de
stuoia (*st*[ou]*oo*-ya) *f* tapis *m*
***stupefare** (stou-pé-*fââ*-ré) *v* *surprendre
stupendo (stou-*pèn*-dô) *adj* splendide
stupidaggini (stou-pi-*dad*-dji-ni) *fpl* sottise *f*; ***dire** ~ baratiner
stupido (*stoû*-pi-dô) *adj* stupide; bête
stupire (stou-*pii*-ré) *v* étonner, *surprendre
stupore (stou-*pôô*-ré) *m* étonnement *m*
stuzzicadenti (stout-tsi-ka-*dèn*-ti) *m* cure-dent *m*
stuzzicare (stout-tsi-*kââ*-ré) *v* taquiner
stuzzichino (stout-tsi-*kii*-nô) *m* amuse-gueule *m*
su (sou) *prep* sur; au-dessus de; de; *adv* en haut; **in** ~ vers le haut, en haut
subacqueo (sou-*bak*-k[ou]é-ô) *adj* sous-marin
subalterno (sou-bal-*tèr*-nô) *adj* subordonné
subire (sou-*bii*-ré) *v* subir
subito (*soû*-bi-tô) *adv* immédiatement, tout de suite, tout à l'heure, sur-le-champ
subordinato (sou-bôr-di-*nââ*-tô) *adj* subalterne
suburbano (sou-bour-*bââ*-nô) *adj* suburbain
***succedere** (sout-*tchèè*-dé-ré) *v* succéder; arriver, se passer
successione (sout-tchéss-*syôô*-né) *f* succession *f*
successivo (sout-tchéss-*sii*-vô) *adj* prochain, postérieur
successo (sout-*tchèss*-sô) *m* succès *m*
succhiare (souk-*kyââ*-ré) *v* sucer
succo (*souk*-kô) *m* jus *m*; ~ **di frutta** jus de fruits
succoso (souk-*kôô*-sô) *adj* juteux
succursale (souk-kour-*sââ*-lé) *f* succursale *f*
sud (soud) *m* sud *m*; **polo Sud** pôle sud
sudare (sou-*dââ*-ré) *v* suer
suddito (*soud*-di-tô) *m* sujet *m*
sud-est (sou-*dèst*) *m* sud-est *m*
sudicio (*soû*-di-tchô) *adj* souillé; sale, malpropre
sudiciume (sou-di-*tchoû*-mé) *m* saleté *f*
sudore (sou-*dôô*-ré) *m* sueur *f*
sud-ovest (soud-*oo*-vést) *m* sud-ouest *m*
sufficiente *adj* suffisant
suffragio (souf-*frââ*-djô) *m* droit de vote, suffrage *m*
suggerimento (soud-djé-ri-*mén*-tô) *m* suggestion *f*
suggerire (soud-djé-*rii*-ré) *v* suggérer
sughero (*soû*-ghé-rô) *m* bouchon *m*
sugo (*soû*-ghô) *m* jus *m*
suicidio (soui-*tchii*-dyô) *m* suicide *m*
sunto (*soun*-tô) *m* résumé *m*
suo (*soû*-ô) *adj* (f sua;pl suoi,sue) son; **Suo** *adj* votre
suocera (*s*[ou]*oo*-tché-ra) *f* belle-mère *f*
suocero (*s*[ou]*oo*-tché-rô) *m* beau-père *m*; **suoceri** beaux-parents *mpl*
suola (*s*[ou]*oo*-la) *f* semelle *f*
suolo (*s*[ou]*oo*-lô) *m* sol *m*
suonare (s[ou]ô-*nââ*-ré) *v* sonner; ~ **il clacson** klaxonner
suono (*s*[ou]*oo*-nô) *m* son *m*
superare (sou-pé-*rââ*-ré) *v* surpasser
superbo (sou-*pèr*-bô) *adj* superbe
superficiale (sou-pér-fi-*tchââ*-lé) *adj* superficiel
superficie (sou-pér-*fii*-tché) *f* surface *f*

superfluo (sou-*pèr*-fl^ou^ô) *adj* superflu
superiore (sou-pé-*ryôô*-ré) *adj* supérieur
superlativo (sou-pér-la-*tii*-vô) *adj* superlatif; *m* superlatif *m*
supermercato (sou-pér-mér-*kââ*-tô) *m* supermarché *m*
superstizione (sou-pér-sti-*tsyôô*-né) *f* superstition *f*
supplementare (soup-plé-mén-*tââ*-ré) *adj* supplémentaire
supplemento (soup-plé-*mén*-tô) *m* supplément *m*
supplicare (soup-pli-*kââ*-ré) *v* supplier
***supporre** (soup-*pôr*-ré) *v* supposer; suspecter; **supposto che** en admettant que
supposta (soup-*pô*-sta) *f* suppositoire *m*
suscitare (souch-chi-*tââ*-ré) *v* susciter
susina (sou-*sii*-na) *f* prune *f*
sussidio (souss-*sii*-dyô) *m* subvention *f*
sussistenza (souss-si-*stèn*-tsa) *f* subsistance *f*
sussurro (souss-*sour*-rô) *m* chuchotement *m*
suturare (sou-tou-*rââ*-ré) *v* suturer
svago (*zvââ*-ghô) *m* récréation *f*
svalutare (zva-lou-*tââ*-ré) *v* dévaluer
svalutazione (zva-lou-ta-*tsyôô*-né) *f* dévaluation *f*
svantaggio (zvann-*tad*-djô) *m* désavantage *m*
svedese (zvé-*déé*-zé) *adj* suédois; *m* Suédois *m*
sveglia (*zvéé*-l^y^a) *f* réveil *m*
svegliare (zvé-*l^y^ââ*-ré) *v* réveiller
sveglio (*zvéé*-l^y^ô) *adj* réveillé; éveillé, adroit, malin
svelare (zvé-*lââ*-ré) *v* révéler
svelto (*zvèl*-tô) *adj* rapide
svendita (*zvén*-di-ta) *f* soldes
***svenire** (zvé-*nii*-ré) *v* s'évanouir
sventolare (zvén-tô-*lââ*-ré) *v* *faire signe
Svezia (*zvèè*-tsya) *f* Suède *f*
sviluppare (zvi-loup-*pââ*-ré) *v* développer
sviluppo (zvi-*loup*-pô) *m* développement *m*
svista (*zvi*-sta) *f* faux pas, inadvertance *f*
svitare (zvi-*tââ*-ré) *v* dévisser
Svizzera (*zvit*-tsé-ra) *f* Suisse *f*
svizzero (*zvit*-tsé-rô) *adj* suisse; *m* Suisse *m*
***svolgere** (*zvol*-djé-ré) *v* dérouler; traiter; déployer
svolta (*zvol*-ta) *f* virage *m*, tournant *m*
swahili (zva-*ii*-li) *m* Swahili *m*

T

tabaccaio (ta-bak-*kââ*-yô) *m* débitant de tabac
tabaccheria (ta-bak-ké-*rii*-a) *f* bureau de tabac
tabacco (ta-*bak*-kô) *m* tabac *m*; ~ **da pipa** tabac pour pipe
tabella (ta-*bèl*-la) *f* tableau *m*, table *f*; ~ **di conversione** tableau de conversions
tabù (ta-*bou*) *m* tabou *m*
taccagno (tak-*kââ*-gnô) *adj* mesquin
tacchino (tak-*kii*-nô) *m* dinde *f*
tacco (*tak*-kô) *m* talon *m*
taccuino (tak-*kouii*-nô) *m* carnet *m*
***tacere** (ta-*tchéé*-ré) *v* se *taire
tachimetro (ta-*kii*-mé-trô) *m* indicateur de vitesse
tagliacarte (ta-l^y^a-*kar*-té) *m* coupe-papier *m*
tagliando (ta-*l^y^ann*-dô) *m* coupon *m*
tagliare (ta-*l^y^ââ*-ré) *v* couper; décou-

per, tailler
taglio (*tââ*-lʸô) *m* coupure *f*; ~ **di capelli** coupe de cheveux
tailandese (taï-lann-*déé*-sé) *adj* thaïlandais; *m* Thaïlandais *m*
Tailandia (taï-*lann*-dya) *f* Thaïlande *f*
talco (*tal*-kô) *m* talc *m*; ~ **per piedi** poudre pour les pieds
tale (*tââ*-lé) *adj* tel
talento (ta-*lèn*-tô) *m* talent *m*; **di** ~ doué
talloncino (tal-lôn-*tchiinô*) *m* talon *m*
tallone (tal-*lôô*-né) *m* talon *m*
talmente (tal-*mén*-té) *adv* tellement
taluni (ta-*loû*-ni) *pron* quelques
talvolta (tal-*vol*-ta) *adv* parfois
tamburo (tamm-*boû*-rô) *m* tambour *m*; ~ **del freno** tambour de frein
tampone (tamm-*pôô*-né) *m* tampon *m*
tana (*tââ*-na) *f* tanière *f*
tangibile (tann-*djii*-bi-lé) *adj* tangible
tanto (*tann*-tô) *adv* autant; **di** ~ **in tanto** de temps en temps; **ogni** ~ de temps en temps
tappa (*tap*-pa) *f* étape *f*
tappeto (tap-*péé*-tô) *m* tapis *m*
tappezzare (tap-pét-*tsââ*-ré) *v* capitonner, *recouvrir
tappezzeria (tap-pét-tsé-*rii*-a) *f* tapisserie *f*
tappo (*tap*-pô) *m* bouchon *m*
tardi (*tar*-di) *adv* tard
tardivo (tar-*dii*-vô) *adj* tard
tardo (*tar*-dô) *adj* tardif; lent
targa automobilistica (*tar*-gha aou-tô-mô-bi-*li*-sti-ka) plaque d'immatriculation
tariffa (ta-*rif*-fa) *f* taux *m*, tarif *m*; ~ **del parcheggio** droit de stationnement; ~ **doganale** droit de douane; ~ **notturna** tarif de nuit
tarma (*tar*-ma) *f* mite *f*
tartaruga (tar-ta-*roû*-gha) *f* tortue *f*
tasca (*ta*-ska) *f* poche *f*
tassa (*tass*-sa) *f* impôt *m*; ~ **sugli affari** impôt sur le chiffre d'affaires
tassabile (tass-*sââ*-bi-lé) *adj* imposable
tassametro (tass-*sââ*-mé-trô) *m* taximètre *m*
tassare (tass-*sââ*-ré) *v* imposer
tassì (tass-*si*) *m* taxi *m*
tassista (tass-*si*-sta) *m* chauffeur de taxi
tattica (*tat*-ti-ka) *f* tactique *f*
tatto (*tat*-tô) *m* toucher *m*
taverna (ta-*vèr*-na) *f* café *m*, bistrot *m*; taverne *f*
tavola (*tââ*-vô-la) *f* table *f*; ~ **calda** snack-bar *m*, cafétéria *f*
tavoletta (ta-vô-*lét*-ta) *f* tableau *m*
tazza (*tat*-tsa) *f* tasse *f*; chope *f*; **tazzina da tè** tasse à thé
te (té) *pron* toi
tè (tè) *m* thé *m*
teatro (té-*ââ*-trô) *m* théâtre *m*; ~ **dell'opera** opéra *m*; ~ **di varietà** music-hall *m*, théâtre de variétés
tecnica (*tèk*-ni-ka) *f* technique *f*
tecnico (*tèk*-ni-kô) *adj* technique; *m* technicien *m*
tecnologia (ték-nô-lô-*djii*-a) *f* technologie *f*
tedesco (té-*dé*-skô) *adj* allemand; *m* Allemand *m*
tegame (té-*ghââ*-mé) *m* casserole *f*
tegola (*téé*-ghô-la) *f* tuile *f*
teiera (té-*yèè*-ra) *f* théière *f*
telaio (té-*lââ*-yô) *m* châssis *m*
telefonare (té-lé-fô-*nââ*-ré) *v* téléphoner
telefonata (té-lé-fô-*nââ*-ta) *f* coup de téléphone
telefonista (té-lé-fô-*ni*-sta) *f* téléphoniste *f*, standardiste *f*
telefono (té-*lèè*-fô-nô) *m* téléphone *m*; ~ **interno** ligne intérieure
telegrafare (té-lé-ghra-*fââ*-ré) *v* télé-

graphier
telegramma (té-lé-*ghramm*-ma) *m* télégramme *m*
telemetro (té-*lèè*-mé-trô) *m* télémètre *m*
teleobbiettivo (té-lé-ôb-byét-*tii*-vô) *m* télé-objectif *m*
telepatia (té-lé-pa-*tii*-a) *f* télépathie *f*
televisione (té-lé-vi-*zyôô*-né) *f* télévision *f*
televisore (té-lé-vi-*zôô*-ré) *m* télévision *f*
telex (té-*lèks*) *m* télex *m*
tema (*tèè*-ma) *m* thème *m*
temerario (té-mé-*rââ*-ryô) *adj* téméraire
temere (té-*méé*-ré) *v* *craindre
temperamatite (tém-pé-ra-ma-*tii*-té) *m* taille-crayon *m*
temperatura (tém-pé-ra-*toû*-ra) *f* température *f*; ~ **ambientale** température ambiante
temperino (tém-pé-*rii*-nô) *m* couteau de poche, canif *m*
tempesta (tém-*pè*-sta) *f* tempête *f*
tempestoso (tém-pé-*stôô*-sô) *adj* orageux
tempia (*tèm*-pya) *f* tempe *f*
tempio (*tèm*-pyô) *m* temple *m*
tempo (*tèm*-pô) *m* temps *m*; **in** ~ à temps
temporale (tém-pô-*rââ*-lé) *m* orage *m*
temporalesco (tém-pô-ra-*lé*-skô) *adj* orageux
temporaneo (tém-pô-*rââ*-né-ô) *adj* temporaire
tenace (té-*nââ*-tché) *adj* tenace
tenaglie (té-*nââ*-lʸé) *fpl* tenailles *fpl*
tenda (*tèn*-da) *f* rideau *m*; tente *f*; ~ **di riparo** marquise *f*
tendenza (tén-*dèn*-tsa) *f* tendance *f*
***tendere** (*tèn*-dé-ré) *v* tendre; *avoir tendance; **tendente** enclin; * ~ **a** tendre à, *avoir tendance
tendine (tén-*dii*-né) *m* tendon *m*
***tenere** (té-*néé*-ré) *v* *tenir
tenero (*tèè*-né-rô) *adj* tendre
tennis (*tèn*-niss) *m* tennis *m*; **campo di** ~ court de tennis; ~ **da tavolo** tennis de table
tensione (tén-*syôô*-né) *f* tension *f*
tentare (tén-*tââ*-ré) *v* tenter, essayer
tentativo (tén-ta-*tii*-vô) *m* tentative *f*, effort *m*
tentazione (tén-ta-*tsyôô*-né) *f* tentation *f*
teologia (té-ô-lô-*djii*-a) *f* théologie *f*
teoria (té-ô-*riia*) *f* théorie *f*
teorico (té-*oo*-ri-kô) *adj* théorique
terapia (té-ra-*pii*-a) *f* thérapie *f*
tergicristallo (tér-dji-kri-*stal*-lô) *m* essuie-glace *m*
terital (té-ri-*tal*) *m* Térylène *m*
terminare (tér-mi-*nââ*-ré) *v* terminer; arrêter
termine (*tèr*-mi-né) *m* terme *m*; fin *f*, conclusion *f*; terminus *m*
termometro (tér-*moo*-mé-trô) *m* thermomètre *m*
termos (*tèr*-môss) *m* thermos *m*
termostato (tér-*mo*-sta-tô) *m* thermostat *m*
terra (*tèr*-ra) *f* terre *f*; sol *m*; **a** ~ à terre; par terre
terracotta (tér-ra-*kot*-ta) *f* faïence *f*
terraferma (tér-ra-*fér*-ma) *f* terre ferme
terraglie (tér-*rââ*-lʸé) *fpl* poterie *f*, terre cuite
terrazza (tér-*rat*-tsa) *f* terrasse *f*
terremoto (tér-ré-*moo*-tô) *m* tremblement de terre
terreno (tér-*réé*-nô) *m* terroir *m*; terrain *m*
terribile (tér-*rii*-bi-lé) *adj* terrible; affreux
territorio (tér-ri-*too*-ryô) *m* territoire *m*

terrore (tér-*rôô*-ré) *m* terreur *f*
terrorismo (tér-rô-*ri*-zmô) *m* terrorisme *m*; terreur *f*
terrorista (tér-rô-*ri*-sta) *m* terroriste *m*
terzo (*tèr*-tsô) *num* troisième
tesi (*tèè*-zi) *f* thèse *f*
teso (*téé*-sô) *adj* tendu
tesoriere (té-zô-*ryèè*-ré) *m* trésorier *m*
tesoro (té-*zoo*-rô) *m* trésor *m*; **Tesoro** *m* Trésor
tessere (*tèss*-sé-ré) *v* tisser
tessitore (téss-si-*tôô*-ré) *m* tisserand *m*
tessuto (téss-*soû*-tô) *m* tissu *m*; textile *m*
testa (*tè*-sta) *f* tête *f*; **in ~ a** devant; **~ cilindro** tête de cylindre
testamento (té-sta-*mén*-tô) *m* testament *m*
testardo (té-*star*-dô) *adj* obstiné, têtu
testimone (té-sti-*moo*-né) *m* témoin *m*; **~ oculare** témoin oculaire
testimoniare (té-sti-mô-*gnââ*-ré) *v* témoigner
testo (*tè*-stô) *m* texte *m*
tetro (*tèè*-trô) *adj* sombre
tetto (*tét*-tô) *m* toit *m*; **~ di paglia** toit de chaume *m*
ti (ti) *pron* te
tiepido (*tyèè*-pi-dô) *adj* tiède
tifoidea (ti-fô-i-*dèè*-a) *f* typhoïde *f*
tifoso (ti-*fôô*-sô) *m* fan *m*; supporter *m*
tiglio (*tii*-lʸô) *m* tilleul *m*
tigre (*tii*-ghré) *f* tigre *m*
timbro (*timm*-brô) *m* timbre *m*
timidezza (ti-mi-*dét*-tsa) *f* timidité *f*
timido (*tii*-mi-dô) *adj* timide
timo (*tii*-mô) *m* thym *m*
timone (ti-*môô*-né) *m* gouvernail *m*, barre *f*
timoniere (ti-mô-*gnèè*-ré) *m* timonier *m*
timore (ti-*môô*-ré) *m* crainte *f*
timpano (*timm*-pa-nô) *m* tympan *m*
***tingere** (*tinn*-djé-ré) *v* *teindre
tinta (*tinn*-ta) *f* nuance *f*; **a ~ solida** grand teint
tintoria (tinn-tô-*rii*-a) *f* teinturerie *f*
tintura (tinn-*toû*-ra) *f* colorant *m*, teinture *f*
tipico (*ti*-pi-kô) *adj* typique, caractéristique
tipo (*tii*-pô) *m* type *m*; gars *m*
tiranno (ti-*rann*-nô) *m* tyran *m*
tirare (ti-*râââ*-ré) *v* tirer; souffler; **~ di scherma** *faire de l'escrime
tiratura (ti-ra-*toû*-ra) *f* tirage *m*
tiro (*tii*-rô) *m* lancement *m*; truc *m*
titolo (*tii*-tô-lô) *m* titre *m*; manchette *f*; grade *m*; **titoli** actions
tizio (*tii*-tsyô) *m* type *m*
toccare (tôk-*kââ*-ré) *v* toucher
tocco (*tôk*-kô) *m* attouchement *m*
***togliere** (*too*-lʸé-ré) *v* ôter, enlever
toletta (tô-*lèt*-ta) *f* coiffeuse *f*; toilettes *fpl*
tollerabile (tôl-lé-*rââ*-bi-lé) *adj* tolérable
tollerare (tôl-lé-*rââ*-ré) *v* tolérer
tomba (*tôm*-ba) *f* tombe *f*
tonico (*too*-ni-kô) *m* tonique *m*; **~ per capelli** tonique capillaire
tonnellata (tôn-nél-*lââ*-ta) *f* tonne *f*
tonno (*tôn*-nô) *m* thon *m*
tono (*too*-nô) *m* ton *m*
tonsille (tôn-*sil*-lé) *fpl* amygdales *fpl*
tonsillite (tôn-sil-*lii*-té) *f* amygdalite *f*
topo (*too*-pô) *m* souris *f*
torace (tô-*rââ*-tché) *m* poitrine *f*
***torcere** (*tor*-tché-ré) *v* tordre
torcia (*tor*-tcha) *f* torche *f*
tordo (*tôr*-dô) *m* grive *f*
tormenta (tôr-*mén*-ta) *f* tempête de neige
tormentare (tôr-mén-*tââ*-ré) *v* tourmenter
tormento (tôr-*mén*-tô) *m* tourment *m*

tornante (tôr-*nann*-té) *m* tournant *m*
tornare (tôr-*nââ*-ré) *v* retourner
torneo (tôr-*nèè*-ô) *m* tournoi *m*
toro (*too*-rô) *m* taureau *m*
torre (*tôr*-ré) *f* tour *f*
torrone (tôr-*rôô*-né) *m* nougat *m*
torsione (tôr-*syôô*-né) *f* torsion *f*
torsolo (*tôr*-sô-lô) *m* trognon *m*
torta (*tôr*-ta) *f* gâteau *m*
torto (*tor*-tô) *m* tort *m*; ***avere** ~ *avoir tort
tortuoso (tôr-*t^ou^ôô*-sô) *adj* tordu
tortura (tôr-*toû*-ra) *f* torture *f*
torturare (tôr-tou-*râ*â-ré) *v* torturer
tosse (*tôss*-sé) *f* toux *f*
tossico (*toss*-si-kô) *adj* toxique
tossire (tôss-*sii*-ré) *v* tousser
totale (tô-*tââ*-lé) *adj* total; *m* ensemble *m*; total *m*
totalitario (tô-ta-li-*tââ*-ryô) *adj* totalitaire
totalizzatore (tô-ta-lid-dza-*tôô*-ré) *m* totalisateur *m*
toupet (tou-*pé*) *m* postiche *m*
tovaglia (tô-*vââ*-l^y^a) *f* nappe *f*
tovagliolo (tô-va-*l^y^oo*-lô) *m* serviette *f*
tra (tra) *prep* entre; parmi
traccia (*trat*-tcha) *f* piste *f*, trace *f*
tradimento (tra-di-*mén*-tô) *m* trahison *f*
tradire (tra-*dii*-ré) *v* trahir; révéler
traditore (tra-di-*tôô*-ré) *m* traître *m*
tradizionale (tra-di-tsyô-*nââ*-lé) *adj* traditionnel
tradizione (tra-di-*tsyôô*-né) *f* tradition *f*
***tradurre** (tra-*dour*-ré) *v* *traduire
traduttore (tra-dout-*tôô*-ré) *m* traducteur *m*
traduzione (tra-dou-*tsyôô*-né) *f* traduction *f*, version *f*
traffico (*traf*-fi-kô) *m* circulation *f*
tragedia (tra-*djèè*-dya) *f* tragédie *f*
traghetto (tra-*ghét*-tô) *m* ferry-boat *m*
tragico (*trââ*-dji-kô) *adj* tragique
traguardo (tra-*gh^ou^ar*-dô) *m* ligne d'arrivée; objectif *m*
trainare (traï-*nââ*-ré) *v* remorquer, traîner
tralasciare (tra-lach-*chââ*-ré) *v* *omettre
tram (tramm) *m* tram *m*
trama (*trââ*-ma) *f* intrigue *f*
trambusto (tramm-*bou*-stô) *m* agitation *f*, chichi *m*
tramezzino (tra-méd-*dzii*-nô) *m* tartine *f*, sandwich *m*
tramonto (tra-*môn*-tô) *m* coucher du soleil
tranne (*trann*-né) *prep* sauf
tranquillante (tranng-kouil-*lann*-té) *m* calmant *m*
tranquillità (tranng-kouil-li-*ta*) *f* tranquillité *f*
tranquillizzare (tranng-kouil-lid-*dzââ*-ré) *v* rassurer
tranquillo (tranng-*kouil*-lô) *adj* tranquille
transatlantico (trann-sat-*lann*-ti-kô) *adj* transatlantique
transazione (trann-sa-*tsyôô*-né) *f* transaction *f*
transizione (trann-si-*tsyôô*-né) *f* transition *f*
trapanare (tra-pa-*nââ*-ré) *v* forer
trapano (*trââ*-pa-nô) *m* foreuse *f*
trapassare (tra-pass-*sââ*-ré) *v* trépasser
trappola (*trap*-pô-la) *f* piège *m*
***trarre** (*trar*-ré) *v* tirer
trascinare (trach-chi-*nââ*-ré) *v* traîner
***trascorrere** (tra-*skôr*-ré-ré) *v* passer
trascurare (tra-skou-*rââ*-ré) *v* négliger; ignorer; **trascurato** négligent
trasferire (tra-sfé-*rii*-ré) *v* transférer
trasformare (tra-sfôr-*mââ*-ré) *v* transformer

trasformatore (tra-sfôr-ma-*tôô*-ré) *m* transformateur *m*
trasgredire (traz-ghré-*dii*-ré) *v* empiéter, outrager
trasgressore (tra-zghréss-*sôô*-ré) *m* intrus *m*
traslocare (tra-zlô-*kââ*-ré) *v* déménager
trasloco (tra-*zloo*-kô) *m* déménagement *m*
***trasmettere** (tra-*zmét*-té-ré) *v* *émettre
trasmettitore (tra-zmét-ti-*tôô*-ré) *m* émetteur *m*
trasmissione (tra-zmiss-*syôô*-né) *f* émission *f*
trasparente (tra-spa-*rèn*-té) *adj* transparent
traspirare (tra-spi-*râà*-ré) *v* transpirer
traspirazione (tra-spi-ra-*tsyôô*-né) *f* transpiration *f*
trasportare (tra-spôr-*tââ*-ré) *v* transporter
trasporto (tra-*spor*-tô) *m* transport *m*
tratta (*trat*-ta) *f* traite *f*
trattamento (trat-ta-*mén*-tô) *m* traitement *m*
trattare (trat-*tââ*-ré) *v* traiter; ~ **con** s'occuper de
trattativa (trat-ta-*tii*-va) *f* négociation *f*
trattato (trat-*tââ*-tô) *m* dissertation *f*; traité *m*
***trattenere** (trat-té-*néé*-ré) *v* *retenir; *contenir; ***trattenersi** séjourner
tratto (*trat*-tô) *m* trait *m*; trait du visage
trattore (trat-*tôô*-ré) *m* tracteur *m*
trave (*trââ*-vé) *f* poutre *f*
traversa (tra-*vèr*-sa) *f* rue transversale
traversata (tra-vér-*sââ*-ta) *f* traversée *f*
travestimento (tra-vé-sti-*mén*-tô) *m* déguisement *m*
travestirsi (tra-vé-*stir*-si) *v* se déguiser

tre (tré) *num* trois; ~ **quarti** trois quarts
tredicesimo (tré-di-*tchèè*-zi-mô) *num* treizième
tredici (*tréé*-di-tchi) *num* treize
tremare (tré-*mââ*-ré) *v* frissonner, trembler
tremendo (tré-*mèn*-dô) *adj* épouvantable
trementina (tré-mén-*tii*-na) *f* térébenthine *f*
treno (*trèè*-nô) *m* train *m*; ~ **direttissimo** train express; ~ **diretto** train direct; ~ **locale** train local; ~ **merci** train de marchandises; ~ **notturno** train de nuit; ~ **passeggeri** train de voyageurs
trenta (*trén*-ta) *num* trente
trentesimo (trén-*tèè*-zi-mô) *num* trentième
triangolare (tryanng-ghô-*lââ*-ré) *adj* triangulaire
triangolo (*tryanng*-ghô-lô) *m* triangle *m*
tribordo (tri-*bôr*-dô) *m* tribord *m*
tribù (tri-*bou*) *f* tribu *f*
tribuna (tri-*boû*-na) *f* tribune *f*
tribunale (tri-bou-*nââ*-lé) *m* tribunal *m*
trifoglio (tri-*foo*-l^{y}ô) *m* trèfle *m*
triglia (*trii*-l^{y}a) *f* mulet *m*
trimestrale (tri-mé-*strââ*-lé) *adj* trimestriel
trimestre (tri-*mè*-stré) *m* trimestre *m*
trinciato (trinn-*tchââ*-tô) *m* tabac à rouler
trionfante (tryôn-*fann*-té) *adj* triomphant
trionfare (tryôn-*fââ*-ré) *v* triompher
trionfo (*tryôn*-fô) *m* triomphe *m*
triste (*tri*-sté) *adj* triste
tristezza (tri-*stét*-tsa) *f* tristesse *f*
tritare (tri-*tââ*-ré) *v* pulvériser, hacher
triviale (tri-*vyââ*-lé) *adj* trivial

tromba (*trôm*-ba) *f* trompette *f*
troncare (trông-*kââ*-ré) *v* couper
tronco (*trông*-kô) *m* tronc *m*
trono (*troo*-nô) *m* trône *m*
tropicale (trô-pi-*kââ*-lé) *adj* tropical
tropici (*troo*-pi-tchi) *mpl* tropiques *mpl*
troppo (*trop*-pô) *adv* trop
trota (*troo*-ta) *f* truite *f*
trovare (trô-*vââ*-ré) *v* trouver
trovata (trô-*vââ*-ta) *f* idée *f*
trucco (*trouk*-kô) *m* maquillage *m*; truc *m*
truffa (*trouf*-fa) *f* escroquerie *f*
truffare (trouf-*fââ*-ré) *v* escroquer
truffatore (trouf-fa-*tôô*-ré) *m* escroc *m*
truppe (*troup*-pé) *fpl* troupes *fpl*
tu (tou) *pron* tu; ~ **stesso** toi-même
tubatura (tou-ba-*toû*-ra) *f* tuyau *m*
tubercolosi (tou-bér-kô-*loo*-zi) *f* tuberculose *f*
tubetto (tou-*bét*-tô) *m* tube *m*
tubo (*toû*-bô) *m* tuyau *m*, tube *m*
tuffare (touf-*fââ*-ré) *v* plonger
tulipano (tou-li-*pââ*-nô) *m* tulipe *f*
tumore (tou-*môô*-ré) *m* tumeur *f*
tumulto (tou-*moul*-tô) *m* agitation *f*
tunica (*toû*-ni-ka) *f* tunique *f*
Tunisia (tou-ni-*zii*-a) *f* Tunisie *f*
tunisino (tou-ni-*zii*-nô) *adj* tunisien; *m* Tunisien *m*
tuo (*toû*-ô) *adj* (f tua;pl tuoi,tue) ton
tuonare (t^{ou}ô-*nââ*-ré) *v* gronder
tuono (*t^{ou}oo*-nô) *m* tonnerre *m*
tuorlo (*t^{ou}or*-lô) *m* jaune d'œuf
turbare (tour-*bââ*-ré) *v* déranger
turbina (tour-*bii*-na) *f* turbine *f*
turbolento (tour-bô-*lèn*-tô) *adj* tapageur
Turchia (tour-*kii*-a) *f* Turquie *f*
turco (*tour*-kô) *adj* turc; *m* Turc *m*
turismo (tou-*ri*-zmô) *m* tourisme *m*
turista (tou-*ri*-sta) *m* touriste *m*
turno (*tour*-nô) *m* tour *m*
tuta (*toû*-ta) *f* salopette *f*
tutela (tou-*tèè*-la) *f* tutelle *f*
tutore (tou-*tôô*-ré) *m* tuteur *m*
tuttavia (tout-ta-*vii*-a) *adv* pourtant, néanmoins
tutto (*tout*-tô) *adj* tout; *pron* tout; **in** ~ en tout; ~ **compreso** tout compris
tuttora (tout-*tôô*-ra) *adv* toujours
tweed (touiid) *m* tweed *m*

U

ubbidiente (oub-bi-*dyèn*-té) *adj* obéissant
ubbidienza (oub-bi-*dyèn*-tsa) *f* obéissance *f*
ubbidire (oub-bi-*dii*-ré) *v* obéir
ubicazione (ou-bi-ka-*tsyôô*-né) *f* situation *f*
ubriaco (ou-*bryââ*-kô) *adj* ivre
uccello (out-*tchèl*-lô) *m* oiseau *m*; ~ **marino** oiseau de mer
***uccidere** (out-*tchii*-dé-ré) *v* tuer
udibile (ou-*dii*-bi-lé) *adj* audible
udienza (ou-*dyèn*-tsa) *f* public *m*
***udire** (ou-*dii*-ré) *v* entendre
udito (ou-*dii*-tô) *m* ouïe *f*
uditore (ou-di-*tôô*-ré) *m* auditeur *m*
ufficiale (ouf-fi-*tchââ*-lé) *adj* officiel; *m* officier *m*
ufficio (ouf-*fii*-tchô) *m* bureau *m*; ~ **cambio** bureau de change; ~ **di collocamento** bureau de l'emploi; ~ **informazioni** bureau de renseignements; ~ **oggetti smarriti** bureau des objets trouvés; ~ **postale** bureau de poste; ~ **ricevimento** réception *f*; ~ **turistico** syndicat d'initiative
ufficioso (ouf-fi-*tchôô*-sô) *adj* officieux
uguaglianza (ou-gh^{ou}a-*l^{y}ann*-tsa) *f*

égalité *f*
uguagliare (ou-gh^ou^a-*lʸâ*-ré) *v* égaler
uguale (ou-*gh^ou^ââ*-lé) *adj* égal; pareil; **ugualmente** *adv* également, de la même façon
ulcera (*oul*-tché-ra) *f* ulcère *m*; ~ **gastrica** ulcère à l'estomac
ulteriore (oul-té-*ryôô*-ré) *adj* complémentaire
ultimamente (oul-ti-ma-*mén*-té) *adv* ces derniers temps
ultimo (*oul*-ti-mô) *adj* dernier, ultime
ultravioletto (oul-tra-vyô-*lét*-tô) *adj* ultra-violet
umanità (ou-ma-ni-*ta*) *f* humanité *f*
umano (ou-*mââ*-nô) *adj* humain
umidità (ou-mi-di-*ta*) *f* humidité *f*
umido (*oû*-mi-dô) *adj* humide, moite
umile (*oû*-mi-lé) *adj* humble
umore (ou-*môô*-ré) *m* humeur *f*
un (oun) *art* (uno;f una) un *art*
unanime (ou-*nââ*-ni-mé) *adj* unanime
uncino (oun-*tchii*-nô) *m* crochet *m*
undicesimo (oun-di-*tchèè*-zi-mô) *num* onzième
undici (*oun*-di-tchi) *num* onze
ungherese (oung-ghé-*réé*-zé) *adj* hongrois; *m* Hongrois *m*
Ungheria (oung-ghé-*rii*-a) *f* Hongrie *f*
unghia (*oung*-ghya) *f* ongle *m*
unguento (oung-*gh^ou^èn*-tô) *m* onguent *m*
unicamente (ou-ni-ka-*mén*-té) *adv* uniquement
unico (*oû*-ni-kô) *adj* unique
uniforme (ou-ni-*fôr*-mé) *adj* uniforme; *f* uniforme *m*
unilaterale (ou-ni-la-té-*rââ*-lé) *adj* unilatéral
unione (ou-*gnôô*-né) *f* union *f*
Unione Sovietica (ou-*gnôô*-né sô-*vyèè*-ti-ka) Union Soviétique
unire (ou-*nii*-ré) *v* réunir; unir; combiner, *joindre; **unirsi a** s'affilier à
unità (ou-ni-*ta*) *f* unité *f*; ~ **monetaria** unité monétaire
unito (ou-*nii*-tô) *adj* uni
universale (ou-ni-vér-*sââ*-lé) *adj* universel, mondial
università (ou-ni-vér-si-*ta*) *f* université *f*
universo (ou-ni-*vèr*-sô) *m* univers *m*
uno (*oû*-nô) *num* un; *pron* on
unto (*oun*-tô) *adj* graisseux
untuoso (oun-*t^ou^ôô*-sô) *adj* gras
uomo (*^ou^oo*-mô) *m* (pl uomini) homme *m*; ~ **d'affari** homme d'affaires; ~ **di stato** homme d'Etat; ~ **politico** politicien *m*
uovo (*^ou^oo*-vô) *m* (pl le uova) œuf *m*; **uova di pesce** laitance *f*
uragano (ou-ra-*ghââ*-nô) *m* ouragan *m*
urbano (our-*bââ*-nô) *adj* urbain
urgente (our-*djèn*-té) *adj* urgent
urgenza (our-*djèn*-tsa) *f* urgence *f*
urina (ou-*rii*-na) *f* urine *f*
urlare (our-*lââ*-ré) *v* hurler, crier
urlo (*our*-lô) *m* cri *m*
urtante (our-*tann*-té) *adj* choquant
urtare (our-*tââ*-ré) *v* frapper, cogner
urto (*our*-tô) *m* coup *m*; poussée *f*
uruguaiano (ou-rou-gh^ou^a-*yââ*-nô) *adj* uruguayen; *m* Uruguayen *m*
Uruguay (ou-rou-*gh^ou^ââ*-i) *m* Uruguay *m*
usabile (ou-*zââ*-bi-lé) *adj* utilisable
usanza (ou-*zann*-tsa) *f* usage *m*
usare (ou-*zââ*-ré) *v* employer; **usato** usé
usciere (ouch-*chèè*-ré) *m* ouvreur *m*; huissier *m*
uscio (*ouch*-chô) *m* porte *f*
***uscire** (ouch-*chii*-ré) *v* *sortir
uscita (ouch-*chii*-ta) *f* sortie *f*; issue *f*; ~ **di sicurezza** sortie de secours
usignolo (ou-zi-*gnôô*-lô) *m* rossignol *m*

uso (*oû*-zô) *m* emploi *m*; **fuori** ~ en dérangement
usuale (ou-*z^ou^ââ*-lé) *adj* usuel
utensile (ou-tén-*sii*-lé) *m* ustensile *m*, instrument *m*
utente (ou-*tèn*-té) *m* usager *m*
utero (*oû*-té-rô) *m* utérus *m*
utile (*oû*-ti-lé) *adj* utile
utilità (ou-ti-li-*ta*) *f* utilité *f*
utilizzare (ou-ti-lid-*dzââ*-ré) *v* utiliser; exploiter
uva (*oû*-va) *f* raisin *m*; ~ **di Corinto** raisin sec; ~ **spina** groseille à maquereau
uvetta (ou-*vét*-ta) *f* raisin sec

V

vacante (va-*kann*-té) *adj* vacant
vacanza (va-*kann*-tsa) *f* congé *m*
vacca (*vak*-ka) *f* vache *f*
vaccinare (vat-tchi-*nââ*-ré) *v* vacciner
vaccinazione (vat-tchi-na-*tsyôô*-né) *f* vaccination *f*
vacillante (va-tchil-*lann*-té) *adj* vacillant
vacillare (va-tchil-*lââ*-ré) *v* vaciller
vagabondaggio (va-gha-bôn-*dad*-djô) *m* vagabondage *m*
vagabondare (va-gha-bôn-*dââ*-ré) *v* vagabonder
vagabondo (va-gha-*bôn*-dô) *m* chemineau *m*
vagare (va-*ghââ*-ré) *v* errer
vaglia (*vââ*-l^y^a) *m* mandat-poste *m*
vagliare (va-*l^y^ââ*-ré) *v* tamiser
vago (*vââ*-ghô) *adj* vague
vagone (va-*ghôô*-né) *m* wagon *m*; ~ **letto** wagon-lit; ~ **ristorante** wagon-restaurant
vaiolo (va-*yoo*-lô) *m* variole *f*
valanga (va-*lanng*-gha) *f* avalanche *f*
***valere** (va-*léé*-ré) *v* *valoir
valido (*vââ*-li-dô) *adj* valable
valigia (va-*lii*-dja) *f* valise *f*
valle (*val*-lé) *f* vallée *f*
valletto (val-*lét*-tô) *m* valet *m*
valore (va-*lôô*-ré) *m* valeur *f*; **valori** objets de valeur
valoroso (va-lô-*rôô*-sô) *adj* brave
valuta (va-*loû*-ta) *f* monnaie *f*
valutare (va-lou-*tââ*-ré) *v* évaluer, estimer
valutazione (va-lou-ta-*tsyôô*-né) *f* estimation *f*
valvola (*val*-vô-la) *f* soupape *f*; ~ **dell'aria** starter *m*
valzer (*val*-tsér) *m* valse *f*
vanga (*vanng*-gha) *f* pelle *f*
vangelo (vann-*djèè*-lô) *m* évangile *m*
vaniglia (va-*nii*-l^y^a) *f* vanille *f*
vanità (va-ni-*ta*) *f* vanité *f*
vano (*vââ*-nô) *adj* vaniteux, futile; *m* place *f*
vantaggio (vann-*tad*-djô) *m* avantage *m*; avance *f*
vantaggioso (vann-tad-*djôô*-sô) *adj* avantageux
vantarsi (vann-*tar*-si) *v* se vanter
vapore (va-*pôô*-ré) *m* vapeur *f*
vaporizzatore (va-pô-rid-dza-*tôô*-ré) *m* pulvérisateur *m*
vari (*vââ*-ri) *adj* divers
variabile (va-*ryââ*-bi-lé) *adj* variable
variare (va-*ryââ*-ré) *v* varier
variazione (va-rya-*tsyôô*-né) *f* variation *f*
varicella (va-ri-*tchèl*-la) *f* varicelle *f*
varietà (va-ryé-*ta*) *f* variété *f*
varo (*vââ*-rô) *m* lancement *m*
vascello (vach-*chèl*-lô) *m* vaisseau *m*
vasellame (va-zél-*lââ*-mé) *m* faïence *f*
vasellina (va-zél-*lii*-na) *f* vaseline *f*
vaso (*vââ*-zô) *m* vase *m*; bol *m*; ~ **sanguigno** vaisseau sanguin
vassoio (vass-*sôô*-yô) *m* plateau *m*

vasto (*va*-stô) *adj* vaste; étendu
vecchiaia (vék-*kyââ*-ya) *f* vieillesse *f*
vecchio (*vèk*-kiô) *adj* vieux
***vedere** (vé-*déé*-ré) *v* *voir; remarquer; ***far** ~ montrer
vedova (*véé*-dô-va) *f* veuve *f*
vedovo (*véé*-dô-vô) *m* veuf *m*
veduta (vé-*doû*-ta) *f* vue *f*
veemente (vé-é-*mén*-té) *adj* violent, vif
vegetariano (vé-djé-ta-*ryââ*-nô) *m* végétarien *m*
vegetazione (vé-djé-ta-*tsyôô*-né) *f* végétation *f*
veicolo (vé-*ii*-kô-lô) *m* véhicule *m*
vela (*véé*-la) *f* voile *f*; ~ **di trinchetto** misaine *f*
veleno (vé-*léé*-nô) *m* poison *m*
velenoso (vé-lé-*nôô*-sô) *adj* vénéneux
velivolo (vé-*lii*-vô-lô) *m* avion *m*
velluto (vél-*loû*-tô) *m* velours *m*; ~ **a coste** velours côtelé; ~ **di cotone** velours de coton
velo (*véé*-lô) *m* voile *m*
veloce (vé-*lôô*-tché) *adj* rapide
velocità (vé-lô-tchi-*ta*) *f* vitesse *f*; rythme *m*; **limite di** ~ limite de vitesse; ~ **di crociera** vitesse de croisière
vena (*véé*-na) *f* veine *f*; ~ **varicosa** varice *f*
vendemmia (vén-*dém*-mya) *f* vendange *f*
vendere (*vén*-dé-ré) *v* vendre; ~ **al minuto** détailler
vendetta (vén-*dét*-ta) *f* vengeance *f*
vendibile (vén-*dii*-bi-lé) *adj* vendable
vendita (*vén*-di-ta) *f* vente *f*; **in** ~ à vendre; ~ **al minuto** commerce de détail; ~ **a rate** achat à tempérament
venerabile (vé-né-*rââ*-bi-lé) *adj* vénérable
venerare (vé-né-*rââ*-ré) *v* adorer
venerdì (vé-nér-*di*) *m* vendredi *m*
venezolano (vé-né-tsô-*lââ*-nô) *adj* vénézuélien; *m* Vénézuélien *m*
Venezuela (vé-né-*tsouèè*-la) *m* Venezuela *m*
***venire** (vé-*nii*-ré) *v* *venir
ventaglio (vén-*tââ*-lyô) *m* éventail *m*
ventesimo (vén-*tèè*-zi-mô) *num* vingtième
venti (*vén*-ti) *num* vingt
ventilare (vén-ti-*lââ*-ré) *v* ventiler
ventilatore (vén-ti-la-*tôô*-ré) *m* ventilateur *m*
ventilazione (vén-ti-la-*tsyôô*-né) *f* ventilation *f*
vento (*vèn*-tô) *m* vent *m*
ventoso (vén-*tôô*-sô) *adj* venteux
venuta (vé-*noû*-ta) *f* arrivée *f*
veramente (vé-ra-*mén*-té) *adv* réellement
veranda (vé-*rann*-da) *f* véranda *f*
verbale (vér-*bââ*-lé) *adj* verbal; *m* compte rendu
verbo (*vèr*-bô) *m* verbe *m*
verde (*vér*-dé) *adj* vert
verdetto (vér-*dét*-tô) *m* verdict *m*
verdura (vér-*doû*-ra) *f* légumes *mpl*, légume *m*
vergine (*vèr*-dji-né) *f* vierge *f*
vergogna (vér-*ghôô*-gna) *f* honte *f*; **vergogna!** quelle honte!
vergognoso (vér-ghô-*gnôô*-sô) *adj* honteux
verificare (vé-ri-fi-*kââ*-ré) *v* contrôler, vérifier
verità (vé-ri-*ta*) *f* vérité *f*
veritiero (vé-ri-*tyèè*-rô) *adj* véridique
verme (*vèr*-mé) *m* ver *m*
vernice (vér-*nii*-tché) *f* vernis *m*
verniciare (vér-ni-*tchââ*-ré) *v* vernir, *peindre
vero (*véé*-rô) *adj* vrai; véritable
versamento (vér-sa-*mén*-tô) *m* versement *m*

versare (vér-*sââ*-ré) *v* verser
versione (vér-*syôô*-né) *f* version *f*
verso[1] (*vèr*-sô) *prep* à; vers, envers
verso[2] (*vèr*-sô) *m* vers *m*
verticale (vér-ti-*kââ*-lé) *adj* vertical
vertigine (vér-*tii*-dji-né) *f* vertige *m*
vescica (véch-*chii*-ka) *f* vessie *f*
vescovo (*véé*-skô-vô) *m* évêque *m*
vespa (*vé*-spa) *f* guêpe *f*
vestaglia (vé-*stââ*-lʸa) *f* négligé *m*; robe de chambre
veste (*vè*-sté) *f* robe *f*
vestibolo (véss-*tii*-bô-lô) *m* vestibule *m*
vestire (vé-*stii*-ré) *v* habiller; porter
vestiti (véss-*tii*-ti) *mpl* vêtements *mpl*; **vestito da donna** robe *f*; **vestito da uomo** *m* complet *m*
veterinario (vé-té-ri-*nââ*-ryô) *m* vétérinaire *m*
vetrina (vé-*trii*-na) *f* vitrine *f*
vetro (*véé*-trô) *m* verre *m*; carreau *m*; ~ **colorato** verre de couleur
vetta (*vét*-ta) *f* sommet *m*
vezzeggiare (vét-tséd-*djââ*-ré) *v* câliner
vi (vi) *pron* vous
via[1] (*vii*-a) *f* voie *f*; ~ **d'acqua** voie d'eau; ~ **principale** rue principale; ~ **selciata** chaussée *f*
via[2] (*vii*-a) *adv* loin, parti; *prep* via
viadotto (vya-*dôt*-tô) *m* viaduc *m*
viaggiare (viad-*djââ*-ré) *v* voyager
viaggiatore (vyad-dja-*tôô*-ré) *m* voyageur *m*
viaggio (*vyad*-djô) *m* voyage *m*; ~ **d'affari** voyage d'affaires; ~ **di ritorno** voyage de retour
viale (*vyââ*-lé) *m* avenue *f*
vibrare (vi-*brââ*-ré) *v* vibrer
vibrazione (vi-bra-*tsyôô*-né) *f* vibration *f*
vicario (vi-*kââ*-ryô) *m* vicaire *m*
vicenda (vi-*tchèn*-da) *f* vicissitude *f*; événement *m*
vicepresidente (vi-tché-pré-si-*dèn*-té) *m* vice-président *m*
vicinanza (vi-tchi-*nann*-tsa) *f* voisinage *m*
vicinato (vi-tchi-*nââ*-tô) *m* voisinage *m*
vicino (vi-*tchii*-nô) *adj* proche, près; *m* voisin *m*; ~ **a** près de; à côté de
vicolo (*vii*-kô-lô) *m* ruelle *f*; ~ **cieco** cul-de-sac *m*
video (*vii*-dé-ô) *m* écran *m*
vietato (vyé-*tââ*-tô) *adj* interdit; ~ **ai pedoni** interdit aux piétons; ~ **fumare** défense de fumer; ~ **l'ingresso** entrée interdite
vigilante (vi-dji-*lann*-té) *adj* vigilant
vigna (*vii*-gna) *f* vignoble *m*
vigore (vi-*ghôô*-ré) *m* endurance *f*
vile (*vii*-lé) *adj* lâche
villa (*vil*-la) *f* villa *f*
villaggio (vil-*lad*-djô) *m* village *m*
villino (vil-*lii*-nô) *m* villa *f*
***vincere** (*vinn*-tché-ré) *v* *vaincre; gagner
vincita (*vinn*-tchi-ta) *f* gains
vincitore (vinn-tchi-*tôô*-ré) *m* vainqueur *m*
vino (*vii*-nô) *m* vin *m*
violazione (vyô-la-*tsyôô*-né) *f* violation *f*
violentare (vyô-lén-*tââ*-ré) *v* violer
violento (vyô-*lèn*-tô) *adj* violent
violenza (vyô-*lèn*-tsa) *f* violence *f*
violetta (vyô-*lét*-ta) *f* violette *f*
violetto (vyô-*lét*-tô) *adj* violet
violino (vyô-*lii*-nô) *m* violon *m*
virgola (*vir*-ghô-la) *f* virgule *f*
virgolette (vir-ghô-*lét*-té) *fpl* guillemets *mpl*
virtù (vir-*tou*) *f* vertu *f*
virtuoso (vir-*t*ᵒᵘ*ôô*-sô) *adj* brave
viscido (*vich*-chi-dô) *adj* glissant
visibile (vi-*zii*-bi-lé) *adj* visible

visibilità (vi-zi-bi-li-*ta*) *f* visibilité *f*
visione (vi-*zyôô*-né) *f* vision *f*
visita (*vii*-zi-ta) *f* visite *f*; ~ **medica** examen *m*
visitare (vi-zi-*tââ*-ré) *v* rendre visite à; visiter
visitatore (vi-zi-ta-*tôô*-ré) *m* visiteur *m*
viso (*vii*-zô) *m* visage *m*
visone (vi-*zôô*-né) *m* vison *m*
vista (*vi*-sta) *f* vue *f*
vistare (vi-*stââ*-ré) *v* endosser
visto (*vi*-stô) *m* visa *m*
vistoso (vi-*stôô*-sô) *adj* remarquable
vita (*vii*-ta) *f* vie *f*; taille *f*
vitale (vi-*tââ*-lé) *adj* vital
vitamina (vi-ta-*mii*-na) *f* vitamine *f*
vite (*vii*-té) *f* vis *f*; vigne *f*
vitello (vi-*tèl*-lô) *m* veau *m*
vittima (*vit*-ti-ma) *f* victime *f*; dupe *f*
vitto (*vit*-tô) *m* chère *f*, nourriture *f*; ~ **e alloggio** pension complète
vittoria (vit-*too*-rya) *f* victoire *f*
vivace (vi-*vââ*-tché) *adj* animé, vif; éclatant
vivaio (vi-*vââ*-yô) *m* pépinière *f*
vivente (vi-*vèn*-té) *adj* vivant
***vivere** (*vii*-vé-ré) *v* *vivre
vivido (*vii*-vi-dô) *adj* vif
vivo (*vii*-vô) *adj* en vie, vivant
viziare (vi-*tsyââ*-ré) *v* gâter
vizio (*vii*-tsyô) *m* vice *m*
vocabolario (vô-ka-bô-*lââ*-ryô) *m* vocabulaire *m*
vocale (vô-*kââ*-lé) *adj* vocal; *f* voyelle *f*
voce (*vôô*-tché) *f* voix *f*
voglia (*voo*-lʸa) *f* envie *f*; ***aver ~ di** *avoir envie de
voi (*vôô*-i) *pron* vous; ~ **stessi** vous-mêmes
volante (vô-*lann*-té) *m* volant *m*
volare (vô-*lââ*-ré) *v* voler
volentieri (vô-lén-*tyèè*-ri) *adv* volontiers
***volere** (vô-*léé*-ré) *v* *vouloir; ***voler bene** *tenir à, aimer
volgare (vôl-*ghââ*-ré) *adj* grossier, vulgaire
***volgere** (*vol*-djé-ré) *v* retourner, virer
volo (*vôô*-lô) *m* vol *m*; ~ **charter** vol charter; ~ **di ritorno** vol de retour; ~ **notturno** vol de nuit
volontà (vô-lôn-*ta*) *f* volonté *f*
volontario (vô-lôn-*tââ*-ryô) *adj* volontaire; *m* volontaire *m*
volpe (*vôl*-pé) *f* renard *m*
volt (vôlt) *m* volt *m*
volta (*vol*-ta) *f* fois *f*; voûte *f*; **ancora una** ~ une fois de plus; **qualche** ~ parfois
voltaggio (vôl-*tad*-djô) *m* voltage *m*
voltare (vôl-*tââ*-ré) *v* tourner; retourner
volume (vô-*loû*-mé) *m* volume *m*; tome *m*
voluminoso (vô-lou-mi-*nôô*-sô) *adj* volumineux
vomitare (vô-mi-*tââ*-ré) *v* vomir
vostro (*vo*-strô) *adj* votre
votare (vô-*tââ*-ré) *v* voter
votazione (vô-ta-*tsyôô*-né) *f* vote *m*
voto (*vôô*-tô) *m* vote *m*; note *f*
vulcano (voul-*kââ*-nô) *m* volcan *m*
vulnerabile (voul-né-*rââ*-bi-lé) *adj* vulnérable
vuotare (vᵒᵘo-*tââ*-ré) *v* vider
vuoto (*vᵒᵘoo*-tô) *adj* vide; creux; *m* vide *m*

Z

zaffiro (dzaf-*fii*-rô) *m* saphir *m*
zaino (*dzaï*-nô) *m* sac à dos, havresac *m*
zampa (*tsamm*-pa) *f* patte *f*

zampillo (tsamm-*pil*-lô) *m* jet *m*
zanzara (dzann-*dzââ*-ra) *f* moustique *m*
zanzariera (dzann-dza-*ryèè*-ra) *f* moustiquaire *f*
zappa (*tsap*-pa) *f* bêche *f*
zattera (*tsat*-té-ra) *f* radeau *m*
zebra (*dzèè*-bra) *f* zèbre *m*
zelante (dzé-*lann*-té) *adj* zélé
zelo (*dzèè*-lô) *m* élan *m*, zèle *m*
zenit (*dzèè*-nit) *m* zénith *m*
zenzero (*dzèn*-dzé-rô) *m* gingembre *m*
zero (*dzèè*-rô) *m* zéro *m*
zia (*tsii*-a) *f* tante *f*
zigomo (*dzii*-ghô-mô) *m* pommette *f*
zigzagare (dzigh-dza-*ghââ*-ré) *v* serpenter
zinco (*dzinng*-kô) *m* zinc *m*
zingaro (*tsinng*-gha-rô) *m* bohémien *m*
zio (*tsii*-ô) *m* oncle *m*
zitella (tsi-*tèl*-la) *f* vieille fille
zitto (*tsit*-tô) *adj* silencieux
zoccolo (*tsok*-kô-lô) *m* sabot *m*
zodiaco (dzô-*dii*-a-kô) *m* zodiaque *m*
zona (*dzôô*-na) *f* zone *f*; région *f*; ~ **di parcheggio** zone de stationnement; ~ **industriale** zone industrielle
zoologia (dzô-ô-lô-*djii*-a) *f* zoologie *f*
zoom (zoûm) *m* zoom *m*
zoppicante (tsôp-pi-*kann*-té) *adj* boiteux
zoppicare (tsôp-pi-*kââ*-ré) *v* boiter
zoppo (*tsop*-pô) *adj* estropié, boiteux
zuccherare (tsouk-ké-*rââ*-ré) *v* sucrer
zucchero (*tsouk*-ké-rô) *m* sucre *m*; **zolletta di** ~ morceau de sucre

Lexique gastronomique

Mets

abbacchio agneau grillé
~ **alla cacciatora** morceaux d'agneau généralement braisés avec de l'ail, du romarin, du vin blanc, du beurre d'anchois et des piments
(all') abruzzese avec des poivrons rouges et parfois du jambon
acciughe anchois
~ **al limone** anchois frais servis avec une sauce faite de citron, d'huile, de chapelure et d'origan
(all') aceto (au) vinaigre
acetosella oseille
acquacotta soupe au pain et aux légumes, parfois agrémentée d'œufs et de fromage
affettati assiette de charcuteries
affumicato fumé
agliata sorte de vinaigrette à l'ail
aglio ail
agnello agneau
agnolotti sorte de raviolis ronds farcis de légumes, de viande hachée, d'ail et d'herbes
(all') agro assaisonné de jus de citron et d'huile
agrodolce aigre-doux; assaisonnement fait de sucre caramélisé, de vinaigre, de farine, auquel on peut ajouter des raisins secs, du citron ou des câpres
al, all', alla à la mode de, à la, au
ala aile
albicocca abricot
alice anchois
allodola alouette
alloro laurier
anguilla anguille
~ **alla veneziana** braisée et servie avec du thon dans une sauce à base de citron
anguria pastèque
anice anis
animelle (di vitello) ris (de veau)
anitra canard
~ **selvatica** canard sauvage
annegati tranches de viande au vin blanc et au marsala
antipasto hors-d'œuvre
~ **di mare** de fruits de mer
~ **a scelta** au choix
arachide cacahuète
aragosta langouste
arancia orange
aringa hareng
arista échine de porc rôtie (à la broche ou au four), assaisonnée d'ail, de romarin, de clous de

girofle et de jus de citron
arrosto rôti
arsella sorte de moule
asiago fromage fait de lait écrémé, d'une consistance qui va du moelleux au dur, de saveur douce quand il est frais
asparago asperge
assortito varié, assorti
astice homard
attorta pâtisserie aux amandes
avellana noisette
babbaluci escargots servis dans une sauce à l'huile d'olive avec des tomates et des oignons
baccalà morue séchée
~ **alla fiorentina** passée dans la farine et frite à l'huile
~ **alla vicentina** pochée dans du lait avec de l'oignon, de l'ail, du persil, des anchois et de la cannelle
(con) bagna cauda sauce mijotée composée de beurre, d'huile d'olive, d'ail, d'anchois hachés et dans laquelle on plonge des légumes crus et du pain
barbabietola betterave
beccaccia bécasse
Bel Paese fromage crémeux à pâte molle au goût délicat
ben cotto bien cuit
(alla) besciamella (à la) béchamel
bigoli in salsa gros spaghetti nappés d'une sauce aux anchois ou aux sardines
biscotto biscuit
bistecca bifteck, tranche de viande
~ **di manzo** bifteck (bœuf)
~ **(alla) pizzaiola** avec des tomates, de l'ail et du basilic
~ **di vitello** escalope de veau
bocconcini dés de viande saupoudrés d'herbes et servis en brochette
bollito bouilli
(alla) bolognese accompagné d'une sauce tomate, de viande hachée ou de jambon et de fromage
(alla) brace grillé au charbon de bois
braciola côte, côtelette
~ **di maiale** côtelette de porc
bracioletta petite tranche de viande
~ **a scottadito** côtelette d'agneau grillée au charbon de bois
braciolone alla napoletana tranche de rumsteck recouverte d'ail, de persil, de jambon, de raisins secs, de pignons et d'œuf battu, le tout roulé, sauté et cuit à l'étouffée
branzino bar, loup de mer
brasato braisé
broccolo brocoli
broccoletti strascinati brocolis sautés dans du saindoux et de l'ail
brodetto soupe de poisson avec des oignons et de la pulpe de tomate
brodo bouillon, consommé
~ **vegetale** de légumes
bruschetta épaisse tranche de pain de campagne grillée, frottée à l'ail et arrosée d'huile d'olive
budino flan
bue viande de bœuf
burrida poisson très relevé avec des épices et des herbes, cuit en cocotte
burro beurre
~ **maggiordomo** maître d'hôtel; avec du jus de citron et du

persil

busecca soupe épaisse composée de tripes et de légumes

cacciagione gibier

(alla) cacciatora chasseur; la plupart du temps avec des champignons, des herbes, des échalotes, du vin, des tomates, des lamelles de jambon et parfois de langue

cacciucco soupe de poisson épicée, généralement préparée avec des oignons, des poivrons verts, de l'ail, du vin rouge et accompagnée de croûtons frottés à l'ail

caciocavallo fromage à pâte dure, de saveur légèrement douce, fait de lait de vache ou de brebis

calamaretto petit calmar

calamaro calmar

caldo chaud

calzone petite croustade farcie de jambon, de fromage et d'herbes

(alla) campagnola avec des légumes, en particulier des oignons et des tomates

canederli boulette faite de jambon, de saucisse et de chapelure

cannella cannelle

cannelloni alla Barbaroux avec du jambon et du veau hachés, du fromage râpé et nappés de sauce blanche

cannelloni alla laziale farcis de viande et d'oignons et cuits au four dans une sauce tomate

cannelloni alla napoletana farcis de fromage et de jambon dans une sauce à la tomate et aux herbes

cannolo pâtisserie roulée, fourrée au fromage blanc sucré, parfois au nougat et aux fruits confits ou à la crème pâtissière

capitone anguille de mer

capocollo saucisson de porc salé et fumé

caponata sorte de ratatouille, généralement servie froide

cappelletti petits raviolis farcis de viande, de fromage, d'herbes et d'œufs

cappero câpre

cappon magro salade de légumes cuits et de poisson

cappone chapon

capretto cabri

~ **ripieno al forno** farci aux herbes et rôti au four

caprino romano fromage de chèvre à pâte dure

capriolo chevreuil

caramellato caramélisé

(alla) carbonara pâtes nappées d'une sauce composée d'œufs, de fromage, d'huile d'olive et de lamelles de jambon

carbonata 1) côte de porc grillée 2) ragoût de bœuf au vin rouge

carciofo artichaut

~ **alla romana** farci, sauté à l'huile avec de l'ail et du vin blanc

carciofino petit artichaut

cardo cardon

carne viande

~ **a carrargiu** rôtie à la broche

carota carotte

(della) casa spécialité du chef, maison

(alla) casalinga spécialité maison

cassata tranche napolitaine

~ **(alla) siciliana** gâteau de Savoie fourré de fromage blanc sucré, de chocolat et de fruits confits

(in) casseruola (en) cocotte
castagnaccio gâteau de farine de châtaignes garni de pignons, de raisins secs, de noix et cuit au four
castagne châtaignes
caviale caviar
cavolfiore chou-fleur
cavolino di Bruxelles chou de Bruxelles
cavolo chou
cazzoeula porc, saucisse et chou cuits à l'étouffée, parfois mijotés dans du vin blanc
cece pois chiche
cena dîner, souper
cerfoglio cerfeuil
cervo cerf
cetriolino cornichon
cetriolo concombre
chiodo di garofano clou de girofle
ciambella petit pain rond
cicoria chicorée
ciliegia cerise
cima veau farci, servi froid
~ **alla genovese** farci d'œufs, de saucisse et de champignons
cinghiale sanglier
cioccolata chocolat
cipolla oignon
cipollina petit oignon
ciuppin soupe de poisson
cocomero pastèque
coda di bue oxtail, queue de bœuf
colazione déjeuner
composta compote
coniglio lapin
~ **all'agro** à la sauce aigre; fricassée de lapin au vin rouge, additionné de jus de citron
contorno garniture
copata gaufrette au miel et aux noix
coppa sorte de saucisson
corda tripes d'agneau rôties ou braisées, servies avec une sauce tomate et des petits pois
cornetti 1) haricots verts 2) croissant
cosce di rana cuisses de grenouilles
coscia cuisse
cosciotto gigot, cuissot
costata entrecôte
~ **alla fiorentina** grillée sur un feu de bois d'olivier, arrosée de jus de citron et saupoudrée de persil
~ **alla pizzaiola** braisée dans une sauce tomate avec de l'ail, de la marjolaine, du persil et de la *mozzarella*
~ **al prosciutto** avec du jambon, du fromage, des truffes, panée et frite
costoletta côtelette
~ **alla bolognese** côtelette de veau panée, recouverte d'une tranche de jambon, de fromage et d'une sauce tomate
~ **alla milanese** côtelette de veau passée dans l'œuf et la chapelure, puis frite
~ **alla parmigiana** côtelette panée et cuite au four avec du parmesan
~ **alla valdostana** avec du jambon et du fontine
~ **alla viennese** escalope de veau panée
cotechino saucisse de porc épicée, servie chaude
cotto cuit
~ **a puntino** à point
cozza moule
cozze alla marinara moules marinière; dans une sauce au vin blanc avec du persil et de l'ail

crauti choucroute
crema crème
cremino 1) fromage frais 2) esquimau glacé
crescione cresson
crespolino crêpe fourrée aux épinards, cuite au four avec une sauce au fromage
crocchetta croquette, boulette
crostaceo crustacé
crostata gâteau aux fruits
crostini croûtons
~ **in brodo** bouillon avec des croûtons
~ **alla provatura** brochette de morceaux de pain et de *provatura*
crostino alla napoletana petit toast recouvert d'anchois revenus au beurre et sur lesquels on fait fondre du fromage
crudo cru
culatello sorte de jambon cru, mariné dans du vin blanc
cuore cœur
~ **di sedano** de céleri
cuscusu di Trapani soupe de poisson à la semoule
dattero datte
datteri di mare moules
dentice dentex (poisson)
(alla) diavola en général grillé avec du poivre et du piment en abondance
diverso varié, assorti
dolce 1) doux, sucré 2) dessert
dolci gâteaux, sucreries
(alla) Doria avec des concombres
dragoncello estragon
fagiano faisan
fagiolino haricot vert
fagiolo haricot
faraona pintade
farcito farci
farsumagru bœuf ou veau roulé et farci avec du saucisson, des œufs, du fromage, du persil, des oignons, le tout braisé avec des tomates
fatto in casa fait maison
fava fève
favata potée de haricots, de saucisse, de lard et de condiments
fegatelli di maiale alla fiorentina foie de porc grillé en brochette, avec des feuilles de laurier et des croûtons frits
fegato foie
~ **alla veneziana** tranche de foie de veau frite avec des oignons
(ai) ferri au gril, grillé
fesa rouelle (de veau)
~ **in gelatina** veau en gelée
fettina petite tranche
fettuccine nouilles souvent servies avec une sauce à la tomate ou aux champignons
~ **verdi** pâtes vertes
fico figue
filetto filet
finocchio fenouil
~ **in salsa bianca** à la sauce blanche
(alla) fiorentina avec des herbes, de l'huile et souvent des épinards
focaccia 1) fougasse, galette à l'huile d'olive, à laquelle on ajoute parfois des oignons émincés frits 2) gâteau rond
~ **di vitello** petit pâté à la viande de veau
fondo di carciofo fond d'artichaut
fonduta fromage fondu avec des jaunes d'œufs, du vin blanc, du lait et des truffes, servi généralement sur des croûtons de pain

ou du riz
fontina fontine; fromage crémeux à pâte molle, essentiellement utilisé en cuisine
formaggio fromage
(al) forno cuit au four
fra diavolo avec une sauce tomate relevée
fragola fraise
~ **di bosco** des bois
frattaglie abats
fregula soupe au safran, servie avec des boulettes de semoule
fresco frais
frittata omelette
~ **semplice** nature
frittatina di patate omelette aux pommes de terre
frittella crêpe, souvent fourrée au jambon et au fromage; beignet aux pommes
fritto 1) frit 2) friture
~ **di mare** friture de mer
~ **alla milanese** panée
~ **misto** friture variée
~ **alla napoletana** friture de poisson, légumes et fromage
~ **alla romana** ris de veau, artichauts et chou-fleur frits
~ **di verdura** friture de légumes
frutta fruit
~ **candita** confit
~ **cotta** compote
frutti di mare fruits de mer
fungo champignon
galantina tartufata galantine truffée
gallina poule
gallinaccio 1) chanterelle 2) dindon
gallinella râle d'eau
gallo cedrone coq de bruyère
gamberetto crevette grise
gambero écrevisse
garofolato ragoût de bœuf piqué de clous de girofle
(in) gelatina (en) gelée, (en) aspic
gelato glace, sorbet
(alla) genovese avec du basilic et d'autres herbes, des pignons, de l'ail et de l'huile
ghiacciato glacé
ginepro genièvre
girello rouelle (de veau)
gnocchi boulette, gnocchi, quenelle
gorgonzola un des fromages à moisissures les plus connus du pays, à la saveur piquante
grana fromage à pâte dure; connu aussi sous le nom de *parmigiano(-reggiano)*
granchio crabe
grasso gras, riche
(alla) graticola saisi à feu vif, sauté
gratinata gratinée
grattugiato râpé
(alla) griglia au gril
grissino gressin, petite flûte de pain biscotté
gruviera gruyère, version italienne du gruyère suisse
guazzetto ragoût avec de l'ail, du romarin, des tomates et des piments
incasciata couches superposées de pâte, d'œufs durs et de fromage râpé, le tout arrosé de jus de viande
indivia endive
insalata salade
~ **all'americana** avec mayonnaise et crevettes
~ **russa** russe
~ **verde** verte
~ **di verdura cotta** de légumes cuits
involtino paupiette

lampone framboise
lampreda lamproie
latte alla portoghese crème caramel
lattuga laitue
lauro laurier
(alla) laziale avec des oignons
lenticchia lentille
lepre lièvre
~ **al lardo con funghi** avec des champignons et du lard
~ **in salmì** en civet
leprotto levraut
lesso 1) bouilli 2) viande ou poisson bouilli
limone citron
lingua langue
linguine nouilles plates
lista dei vini carte des vins
lodigiano fromage à pâte dure de couleur jaune, destiné essentiellement à être râpé
lombata aloyau, longe, carré
luganega saucisse de porc
lumaca escargot
lupo di mare loup de mer
maccheroni macaroni
macedonia di frutta macédoine de fruits
maggiorana marjolaine
magro 1) maigre 2) plat sans viande
maiale porc
~ **al latte** cuit dans du lait
~ **ubriaco** mijoté dans du vin rouge
maionese mayonnaise
mandorla amande
manzo viande de bœuf
~ **arrosto ripieno** farci et rôti
~ **lesso** bouilli
~ **salato** en conserve et salé
~ **(alla marinara)** marinière; avec une sauce composée de tomates, d'olives, d'ail, de palourdes et de moules
marinato mariné
maritozzo petit pain
marmellata confiture, marmelade
~ **d'arance** marmelade d'oranges
marrone marron, châtaigne
mascarpone fromage à pâte molle de couleur jaune, souvent servi comme entremets
medaglione médaillon (de bœuf ou de veau)
mela pomme
~ **cotogna** coing
melanzana aubergine
melanzane ripiene aubergines farcies avec des anchois, des olives, des oignons, des câpres, de la chapelure, des tomates et gratinées
melone con prosciutto di Parma melon avec du jambon de Parme
menta menthe
meringa meringue
merluzzo cabillaud
messicani paupiettes de veau farcies de viande, de fromage ou d'herbes
midollo moelle
(alla) milanese passé dans l'œuf et pané
millefoglie millefeuille
minestra potage, soupe
~ **in brodo** bouillon avec des nouilles ou du riz et du foie de volaille
~ **di funghi** crème de champignons
minestrone soupe de légumes épaisse
~ **alla genovese** avec des épinards, du basilic et des

macaronis
~ **verde** avec des haricots verts et des herbes
mirtillo myrtille
misto panaché, varié
mitilo moule
(alla) montanara avec différents légumes à racines comestibles
montone mouton
mora mûre
mostarda sauce à base de moutarde, vinaigre et arômes
~ **di frutta** fruits confits dans un sirop aigre-doux
mozzarella fromage à pâte molle, non fermenté et de saveur légèrement douce; fait de lait de bufflonne en Italie du Sud et de lait de vache ailleurs
(alla) napoletana avec du fromage, des tomates, des herbes et parfois des anchois
nasello merlan
naturale nature, au naturel
navone navet
nocciola noisette
noce noix
~ **di cocco** de coco
~ **moscata** muscade
nostrano du pays, du cru
oca oie
olio huile
~ **di semi** de grain
olive agrodolci olives macérées dans du vinaigre additionné de sucre
olive ripiene olives farcies
ombrina ombrine (poisson)
orata daurade
osso os
~ **buco** jarret de veau en ragoût dans du vin, avec des tomates, souvent accompagné de riz
ostrica huître
ovalina petite *mozzarella* faite de lait de bufflonne
ovolo oronge
(alla) paesana avec du lard, des pommes de terre, des carottes, des courgettes, et d'autres légumes à racines comestibles
pagliarino fromage piémontais à pâte assez molle
palomba pigeon ramier
pan di Genova gâteau aux amandes
pan di Spagna gâteau de Savoie
pan tostato pain grillé, toast
pancetta lard, bacon
pandolce gâteau consistant avec des fruits secs et des pignons
pane pain
~ **casareccio** maison
~ **scuro** noir
~ **di segale** de seigle
panettone gâteau milanais haut et léger, avec des raisins secs et des fruits confits
panforte di Siena pain d'épices de Sienne
pangrattato chapelure
panicielli d'uva passula raisins secs enveloppés dans des feuilles de cédrat et cuits au four
panino petit pain
~ **imbottito** sandwich
panna crème
~ **montata** fouettée
panzarotti triangles de pâte de pain, souvent garnis d'une farce faite de viande de porc, d'œufs, de fromage, d'anchois, de tomates et frits
pappardelle nouilles longues et larges
~ **con la lepre** servies avec du lièvre
parmigiano(-reggiano) parmesan

passatelli pâtes faites d'œufs, de parmesan râpé, de chapelure et souvent d'une pincée de muscade
passato purée
~ **di verdura** soupe aux légumes, généralement accompagnée de croûtons
pasta pâtes, l'entrée italienne traditionnelle
~ **asciutta** pâtes en sauce saupoudrées de fromage râpé
pasticcino pâtisserie, tartelette
pasticcio 1) pâté 2) sorte de pâtes ressemblant aux lasagne
pastina petites pâtes de formes variées, servies essentiellement dans les potages
pasto repas
patate pommes de terre
~ **fritte** frites
~ **lesse** pommes vapeur
~ **novelle** nouvelles
~ **in padella** sautées à la poêle
~ **rosolate** rissolées
~ **saltate** coupées en dés et sautées à l'huile ou au beurre
patatina petite pomme de terre nouvelle
pecorino tout fromage de brebis à pâte dure
pepato poivré
pepe poivre
peperonata poivrons verts, tomates et oignons cuits à l'étouffée
peperone poivron (vert ou rouge)
~ **arrostito** grillé
~ **ripieno** farci (généralement avec du riz et de la viande hachée)
pera poire
pernice perdrix
pesca pêche
pesce poisson
~ **spada** espadon
pesto sauce composée d'ail, d'herbes (basilic) et de fromage; servie dans la *minestrone* ou sur les pâtes
petto poitrine
(a) piacere au choix, à discrétion
piatto plat
~ **del giorno** du jour
~ **principale** plat de résistance
primo ~ entrée
piccante piquant, relevé
piccata fine escalope de veau
~ **al marsala** au marsala
piccione pigeon
(alla) piemontese avec des truffes et du riz
pignoli pignons
pinoccate gâteau aux pignons et aux amandes
pisello petit pois
pistacchi pistaches
piviere pluvier
pizzetta petite pizza
polenta pasticciata polenta servie en tranches avec du jus de viande, des champignons, de la sauce blanche, du beurre et du fromage
polenta e uccelli oiseaux à la broche servis avec de la polenta
pollame volaille
pollo poulet
~ **alla diavola** grillé avec du poivre et de la moutarde
~ **novello** jeune poulet
polpetta di carne boulette de viande
polpettone pâté de bœuf ou de veau assaisonné
polpo poulpe
~ **in purgatorio** sauté à l'huile avec des tomates, du persil, de l'ail et des poivrons

(salsa di) pommarola sauce tomate servant à accommoder les pâtes
pomodoro tomate
pompelmo pamplemousse
popone melon
porchetta cochon de lait rôti
porcini cèpes
porro poireau
pranzo déjeuner ou dîner
prezzemolo persil
prezzo prix
 ~ **fisso** fixe
prima colazione petit déjeuner
primizie légumes de printemps
prosciutto jambon
 ~ **affumicato** fumé
 ~ **di cinghiale** de sanglier fumé
provatura fromage à pâte molle légèrement doux, fait de lait de bufflonne
provolone fromage à pâte assez dure de couleur blanche
prugna prune
 ~ **secca** pruneau
punte di asparago pointes d'asperges
purè di patate purée de pommes de terre
quaglia caille
rabarbaro rhubarbe
rafano raifort, radis
ragù sauce à la viande
ragusano fromage à pâte dure, légèrement doux
rapa rave
ravanello radis
raviggiolo caillebotte; fromage fait de lait de chèvre ou de brebis
razza raie
ribes groseille
 ~ **nero** cassis
 ~ **rosso** groseille rouge
riccio di mare oursin
ricotta fromage frais fait de lait de vache ou de brebis
rigaglie abattis
rigatoni sorte de macaronis
ripieno farci
risi e bisi riz et petits pois cuits dans un bouillon de volaille arrosé de xérès sec et servis avec du parmesan râpé
riso riz
 ~ **in bianco** blanc
risotto riz au beurre avec du vin blanc, du safran et du bouillon
(brodo) ristretto consommé
robiola fromage à pâte molle, riche et doux, fait de lait de brebis
robiolina fromage au lait de chèvre ou de brebis
rognoni rognons
(alla) romana avec des légumes, en particulier des oignons, de la menthe et parfois des anchois
rombo barbue, turbot
rosmarino romarin
rotolo paupiette
salame salami
salato salé
sale sel
salmone saumon
salsa sauce
salsiccia saucisse
saltimbocca tranche de veau roulée et garnie d'une fine tranche de jambon et de sauge, le tout servi dans une sauce au vin et aux herbes
 ~ **alla romana** sautée à l'huile ou au beurre
(al) sangue saignant
sarda sardine
sardina petite sardine
sardo fromage au lait de brebis, à pâte dure, piquant et aroma-

tique
sartù riz cuit au four avec des tomates, de la viande, des abattis de poulet et des champignons
scalogno échalote
scaloppa, scaloppina escalope (de veau)
~ **alla fiorentina** avec des épinards et une sauce blanche
scamorza fromage semblable à la *mozzarella,* mais plus ferme et salé
scapece poisson frit conservé dans du vinaigre blanc et du safran
(allo) sciroppo au sirop
scorfano rascasse
scorzonera salsifis, scorsonère
sedano céleri
selvaggina gibier
senape moutarde
seppia seiche
servizio (non) compreso service (non) compris
sfogliatella feuilleté à la crème et à la confiture de fruits
sgombro maquereau
silvano meringue ou tourte au chocolat
soffritto sauté
sogliola sole
~ **arrosto** cuite au four avec de l'huile d'olive, des herbes et du vin blanc
~ **dorata** panée et frite
~ **ai ferri** grillée
~ **alla mugnaia** meunière
soppressata 1) saucisse 2) fromage de tête aux pistaches
sottaceti légumes en saumure
sottaceto en saumure
spaghetti aglio e olio spaghetti à l'huile avec de l'ail grillé
spaghetti all'amatriciana spaghetti servis avec une sauce tomate, du lard ou du porc, des oignons, de l'ail et du parmesan
spaghetti alla carbonara spaghetti servis avec du fromage, du lard et des œufs
spaghetti alle vongole spaghetti servis avec une sauce aux palourdes ou aux moules, des tomates, de l'ail et des piments
spalla épaule
spezzatino ragoût de viande ou de volaille
spiedino brochette
~ **di mare** brochette de fruits de mer et de poisson
(allo) spiedo (à la) broche
spigola bar
spinaci épinards
spugnola morille
spumone glace à la crème fouettée ou avec des blancs d'œufs montés en neige
(di) stagione (de) saison
stellette petites pâtes en forme d'étoile
stinco jarret (veau, bœuf)
stoccafisso morue séchée
storione esturgeon
stracchino fromage crémeux de Lombardie
stracciatella bouillon à la semoule ou à la chapelure, avec des œufs et du fromage râpé
stracotto ragoût
strascinati nouilles avec une sauce faite de saucisse émincée, d'œufs battus et de fromage
stufato 1) braisé, en cocotte 2) bœuf en daube
succu tunnu soupe au safran avec des boulettes de semoule
sugo sauce, jus
(carne di) suino (viande de) porc
supplì croquettes de riz avec de la

mozzarella et du jus de viande
suprema di pollo in gelatina suprême de volaille en gelée
susina prune
tacchino dinde
tagliatelle nouilles plates et minces
tagliolini vermicelles, cheveux d'ange
taleggio fromage de consistance assez molle, ressemblant au *stracchino*
tartaruga tortue
tartufo truffe
tartufi di mare coques ou petites palourdes
(al) tegame sauté
(alla) teglia frit
testa di vitello tête de veau
timo thym
tinca tanche
tonnato dans une sauce au thon
tonno thon
tordo grive
torrone nougat
torta tarte, tourte
tortelli petits beignets
tortellini petits anneaux de pâte remplis d'un hachis assaisonné
tortiglione gâteau aux amandes
tortino tarte salée garnie de fromage frais et de légumes
~ **di carciofi** avec des artichauts frits mélangés à des œufs battus
(alla) toscana avec des tomates, du céleri et des herbes
tostato grillé
totano mollusque
tramezzino petit sandwich
trenette nouilles
triglia rouget
trippe alla fiorentina tripes et hachis de bœuf mijotés dans une sauce tomate avec de la marjolaine et du parmesan
trippe alla milanese tripes mijotées avec des oignons, des poireaux, des carottes, des tomates, des haricots, de la sauge et de la noix muscade
trippe alla romana tripes cuites dans une sauce aigre-douce avec du fromage
tritato haché
trota truite
~ **alle mandorle** assaisonnée et cuite au four avec de la crème, le tout recouvert d'amandes
~ **di ruscello** de rivière
tutto compreso tout compris
uccelletti, uccelli petits oiseaux, en général à la broche
~ **in umido** en daube
uovo œuf
~ **affogato nel vino** poché au vin
~ **al burro** au plat
~ **in camicia** poché
~ **alla fiorentina** frit, servi sur un lit d'épinards
~ **(al) forno** cuit au four
~ **fritto** frit
~ **molle** mollet
~ **ripieno** farci
~ **sodo** dur
~ **strapazzato** brouillé
uva raisin
vaniglia vanille
vario assorti, varié
(alla) veneziana oignons ou échalotes, vin blanc et feuilles de menthe
verdura légumes verts
verza chou vert frisé
vitello veau
~ **all'uccelletto** veau coupé en dés et mijoté dans du vin
vongola petite palourde

zaba(gl)ione sabayon
zampone pied de porc farci de viande, bouilli et servi en tranches
zèppola beignet
zimino court-bouillon de poisson
zucca citrouille, courge, potiron
zucchero sucre
zucchino courgette
zuppa soupe
~ **fredda** froide
~ **inglese** gâteau de Savoie imbibé de rhum, avec des fruits confits, de la crème fraîche ou de la crème fouettée
~ **alla pavese** consommé avec des œufs pochés, des croûtons et du fromage râpé
~ **di vongole** aux palourdes avec du vin blanc

Boissons

abboccato demi-sec (vin)
acqua eau
~ **fredda** glacée
~ **gasata** gazeuse
acquavite alcool, eau-de-vie
Aleatico vin rouge de dessert fait de raisin muscat
amabile légèrement doux (vin)
Americano un des apéritifs les plus populaires, fait de *Campari*, de vermouth, d'angostura et de soda, avec un zeste de citron
aperitivo apéritif
aranciata orangeade
asciutto sec
Asti Spumante célèbre vin blanc pétillant du Piémont
Aurum liqueur d'orange
Barbaresco vin rouge du Piémont ressemblant au *Barolo*, plus clair et légèrement plus sec
Barbera vin rouge sombre et corsé du Piémont et de Lombardie, au bouquet très subtil
Bardolino vin rouge très clair de la région du Lac de Garde, près de Vérone
Barolo vin rouge de haute qualité provenant du Piémont, comparable aux Côtes-du-Rhône
bibita boisson
birra bière
~ **di barile** (à la) pression
~ **chiara** blonde
~ **scura** brune
~ **alla spina** (à la) pression
caffè café
~ **corretto** arrosé d'alcool ou d'eau-de-vie
~ **expresso** noir très fort
~ **freddo** glacé
~ **macchiato** arrosé d'un peu de lait chaud
~ **nero** noir
~ **ristretto** noir très serré
caffellatte café au lait
Campania région des alentours de Naples particulièrement réputée pour ses vins rouges et blancs, tels le *Capri*, le *Falerno*

et le *Lacrima Christi*

Campari apéritif amer de couleur rouge, avec un goût de quinine

cappuccino café noir nappé de lait battu, parfois saupoudré de chocolat

caraffa carafe

Castelli Romani vin blanc ordinaire du sud-ouest de Rome

Centerbe liqueur aux herbes fortement alcoolisée

Cerasella liqueur de cerise

Certosino liqueur aux herbes, jaune ou verte

Chianti célèbre vin de table (rouge et blanc) de Toscane, mis traditionnellement en bouteille dans un *fiasco;* plusieurs qualités selon le vignoble

Chiaretto le plus célèbre des vins rosés italiens en provenance du Lac de Garde; meilleur lorsqu'il est bu jeune

Cortese vin blanc sec du Piémont à production limitée

dolce doux (vin de dessert)

Emilia-Romagna la région des alentours de Bologne produit principalement du vin rouge, tels le *Sangiovese* ou le *Lambrusco*, pétillant et délicat

Est! Est! Est! vin blanc mi-doux de la région nord de Rome

Etna vins rouges, blancs et rosés des pentes du Mont Etna (Sicile)

Falerno vin rouge et vin blanc sec de Campanie

Fernet-Branca marque de digestif amer

fiasco fiasque garnie de paille

Frascati vin blanc du Latium; peut être sec ou légèrement doux

Freisa produit dans le Piémont, c'est l'un des meilleurs vins rouges italiens; trois types: sec et fruité, clair et légèrement doux ou pétillant

frizzante pétillant

Gattinara vin rouge corsé produit dans le Piémont

granatina, granita sirop ou café servi sur de la glace pilée

grappa marc (eau-de-vie de raisin)

Grignolino vin rouge de bonne qualité au bouquet très subtil; souvent fortement alcoolisé

Lacrima Christi vin très réputé produit sur les pentes du Vésuve (Campanie); le blanc est le meilleur, mais il existe aussi du rouge et du rosé

Lago di Caldaro vin rouge de première qualité produit dans le Tyrol italien; léger et clair

Lagrein Rosato vin rosé des alentours de Bolzano, dans le Tyrol italien

Lambrusco vin rouge pétillant d'Emilie-Romagne

latte lait

~ **al cacao** boisson chocolatée

Lazio Latium; région au sud de Rome qui produit essentiellement du vin blanc: *Castelli Romani, Est! Est! Est!* et *Frascati*

limonata limonade

Lombardia Lombardie; région des alentours de Milan qui produit des vins variés: les rouges *Bonarda, Inferno, Spanna* et *Valtellina*, le rosé *Chiaretto* et le blanc *Lugana*

Lugana vin blanc sec de la région du Lac de Garde (Lombardie)

Marsala célèbre vin de dessert de Sicile

Martini marque de vermouth blanc ou rouge
Millefiori liqueur obtenue en distillant des herbes et des fleurs des Alpes
Moscatello, Moscato nom porté par différents vins de dessert et de table produits à partir de raisin muscat; la plupart sont blancs, dont certains pétillants, mais il existe aussi quelques rouges
Orvieto vin blanc léger du nord de Rome; existe en trois types: sec, légèrement doux et doux
Piemonte Piémont; le nord-ouest est réputé pour sa production des meilleurs vins du pays et de son mousseux: *Asti Spumante;* quelques crus rouges: *Barbaresco, Barbera, Barolo, Dolcetto, Freisa, Gattinara, Grignolino* et *Nebbiolo;* le *Cortese* est un vin blanc léger
Puglia Pouilles; à la pointe sud-est de l'Italie, cette région est la plus grande productrice de vin du pays, surtout du vin de table et des vins de dessert
Punt e Mès marque de vermouth
Sangiovese vin rouge de table d'Emilie-Romagne
Santa Giustina vin rouge de table de bonne qualité, provenant du Tyrol italien
Santa Maddalena vin rouge du Tyrol italien, clair et généralement fruité
sciroppo sirop
secco sec (vin)
Sicilia Sicile; outre le vin de table produit sur cette île, la Sicile est réputée pour ses vins de dessert, spécialement le *Marsala;* l'*Etna* est un nom à retenir parmi les vins blancs
sidro cidre
Silvestro liqueur aux herbes et à la menthe
Soave vin blanc sec de la région de Vérone; spécialement bon lorsqu'il est bu jeune
spremuta jus de fruit frais
spumante pétillant
Stock eau-de-vie de vin
Strega liqueur aux herbes très alcoolisée
succo jus
tè thé
 ~ **al latte** au lait
 ~ **al limone** citron
Terlano vin blanc réputé du Tyrol, au goût délicat
Toscana Toscane; cette région des alentours de Florence est particulièrement connue pour son *Chianti*, vin de table rouge ou blanc, et ses vins de dessert, l'*Aleatico* et le *Vin Santo*
Traminer vin blanc du Tyrol provenant de la région qui a donné son raisin et son nom aux célèbres vins blancs d'Alsace: le *Traminer* et le *Gewürztraminer*
Trentino-Alto Adige cette région des Alpes produit plusieurs vins rouges: *Lago di Caldaro, Santa Giustina, Santa Maddalena;* de bons vins blancs: *Terlano* et *Traminer;* un remarquable rosé: *Lagrein Rosato* et un bon vin de dessert: *Vin Santo*
Valpolicella vin rouge de la région de Vérone, très coloré et légèrement amer
Valtellina région proche de la frontière suisse qui produit un bon vin rouge, sombre

Vecchia Romagna eau-de-vie de vin

Veneto cette région du nord-est de l'Italie produit de très bons vins; parmi les rouges: *Amarone, Bardolino, Merlot, Pinot Nero* et *Valpolicella;* parmi les blancs: *Pinot Grigio* et *Soave;* le *Recioto* est un rouge pétillant

Vin Santo ou **Vinsanto** vin de dessert très délicat, produit principalement en Toscane, mais aussi dans le Trentin et au Tyrol

vino vin
- ~ **aperto** ouvert
- ~ **bianco** blanc
- ~ **del paese** de la région
- ~ **rosatello, rosato** rosé
- ~ **rosso** rouge

Verbes italiens

En italien, il existe trois groupes de conjugaisons régulières, comprenant chacun une série de verbes ayant la même terminaison: *-are, -ere* et *-ire.* Le groupe en *-ire* comprend certains verbes qui, au singulier et à la troisième personne du pluriel du présent, voient leur radical modifié par l'adjonction de *-isc* (par ex.: *fiorire, (io) fior-isco*). Les verbes qui ne peuvent être conjugués selon les modèles ci-après sont considérés comme irréguliers (voir la liste des verbes irréguliers). Notez que certains verbes, s'ils suivent les règles du groupe de conjugaison auquel ils appartiennent, subissent pourtant de légères modifications orthographiques, par ex.: *mangiare, mangerò; cominciare, comincerò; navigare, navigherò.* Le pronom personnel n'est généralement pas exprimé, la terminaison verbale l'indiquant clairement.

	1er groupe	2e groupe	3e groupe
Infinitif	**am are** *(aimer)*	**tem ere** *(craindre)*	**vest ire** *(habiller)*
Présent	(io) am **o** (tu) am **i** (egli) am **a** (noi) am **iamo** (voi) am **ate** (essi) am **ano**	tem **o** tem **i** tem **e** tem **iamo** tem **ete** tem **ono**	vest **o** vest **i** vest **e** vest **iamo** vest **ite** vest **ono**
Imparfait	(io) am **avo** (tu) am **avi** (egli) am **ava** (noi) am **avamo** (voi) am **avate** (essi) am **avano**	tem **evo** tem **evi** tem **eva** tem **evamo** tem **evate** tem **evano**	vest **ivo** vest **ivi** vest **iva** vest **ivamo** vest **ivate** vest **ivano**
Passé simple	(io) am **ai** (tu) am **asti** (egli) am **ò** (noi) am **ammo** (voi) am **aste** (essi) am **arono**	tem **ei** tem **esti** tem **è** tem **emmo** tem **este** tem **erono**	vest **ii** vest **isti** vest **ì** vest **immo** vest **iste** vest **irono**
Futur	(io) am **erò** (tu) am **erai** (egli) am **erà** (noi) am **eremo** (voi) am **erete** (essi) am **eranno**	tem **erò** tem **erai** tem **erà** tem **eremo** tem **erete** tem **eranno**	vest **irò** vest **irai** vest **irà** vest **iremo** vest **irete** vest **iranno**
Conditionnel	(io) am **erei** (tu) am **eresti** (egli) am **erebbe** (noi) am **eremmo** (voi) am **ereste** (essi) am **erebbero**	tem **erei** tem **eresti** tem **erebbe** tem **eremmo** tem **ereste** tem **erebbero**	vest **irei** vest **iresti** vest **irebbe** vest **iremmo** vest **ireste** vest **irebbero**

Subj. prés.	(io) am**i**	tem**a**	vest**a**
	(tu) am**i**	tem**a**	vest**a**
	(egli) am**i**	tem**a**	vest**a**
	(noi) am**iamo**	tem**iamo**	vest**iamo**
	(voi) am**iate**	tem**iate**	vest**iate**
	(essi) am**ino**	tem**ano**	vest**ano**
Part. prés.	am**ando**	tem**endo**	vest**endo**
Part. passé	am**ato**	tem**uto**	vest**ito**

Verbes auxiliaires

	avere *(avoir)*		**essere** *(être)*	
	Présent	*Imparfait*	*Présent*	*Imparfait*
(io)	ho	avevo	sono	ero
(tu)	hai	avevi	sei	eri
(egli)	ha	aveva	è	era
(noi)	abbiamo	avevamo	siamo	eravamo
(voi)	avete	avevate	siete	eravate
(essi)	hanno	avevano	sono	erano
	Futur	*Conditionnel*	*Futur*	*Conditionnel*
(io)	avrò	avrei	sarò	sarei
(tu)	avrai	avresti	sarai	saresti
(egli)	avrà	avrebbe	sarà	sarebbe
(noi)	avremo	avremmo	saremo	saremmo
(voi)	avrete	avreste	sarete	sareste
(essi)	avranno	avrebbero	saranno	sarebbero
	Subj. prés.	*Passé comp.*	*Subj. prés.*	*Passé comp.*
(io)	abbia	ho avuto	sia	sono stato
(tu)	abbia	hai avuto	sia	sei stato
(egli)	abbia	ha avuto	sia	è stato
(noi)	abbiamo	abbiamo avuto	siamo	siamo stati
(voi)	abbiate	avete avuto	siate	siete stati
(essi)	abbiano	hanno avuto	siano	sono stati
	Passé simple		*Passé simple*	
(io)	ebbi		fui	
(tu)	avesti		fosti	
(egli)	ebbe		fu	
(noi)	avemmo		fummo	
(voi)	aveste		foste	
(essi)	ebbero		furono	

Verbes irréguliers

Vous trouverez ci-dessous une liste des verbes communément utilisés en italien avec certains de leurs modes de conjugaison. Ainsi a) indique le présent, b) le passé simple c) le futur, d) le conditionnel et e) le participe passé. Certains verbes sont considérés comme irréguliers, bien que seul leur participe passé le soit. Quant aux autres verbes, ils ont une terminaison identique à celle des verbes réguliers, sauf lorsqu'ils se conjuguent au présent. Pour tous les autres temps, seule la première personne du singulier est indiquée. Les verbes dotés d'un préfixe, comme *ac-, am-, ap-, as-, at-, av-, co-, com-, con-, cor-, de-, di-, dis-, e-, es-, im-, in-, inter-, intra-, ot-, per-, pro-, re-, ri-, sopra-, sup-, tra(t)-,* etc., se conjuguent comme le verbe simple.

accendere *allumer*	a) accendo; b) accesi; c) accenderò; d) accenderei; e) acceso
accludere *inclure*	a) accludo; b) acclusi; c) accluderò; d) accluderei; e) accluso
accorgersi *s'apercevoir*	a) mi accorgo, ti accorgi, si accorge, ci accorgiamo, vi accorgete, si accorgono; b) mi accorsi; c) mi accorgerò; d) mi accorgerei; e) accorto
addurre *alléguer; prétexter*	a) adduco; b) addussi; c) addurrò; d) addurrei; e) addotto
affliggere *affliger, accabler*	a) affliggo; b) afflissi; c) affliggerò; d) affliggerei; e) afflitto
alludere *faire allusion*	a) alludo; b) allusi; c) alluderò; d) alluderei; e) alluso
andare *aller*	a) vado, vai, va, andiamo, andate, vanno; b) andai; c) andrò; d) andrei; e) andato
annettere *annexer*	a) annetto; b) annettei; c) annetterò; d) annetterei; e) annesso
apparire *apparaître*	a) appaio, apparisci, appare, appariamo, apparite, appaiono; b) apparsi; c) apparirò; d) apparirei; e) apparso
appendere *pendre*	a) appendo; b) appesi; c) appenderò; d) appenderei; e) appeso
aprire *ouvrir*	a) apro; b) aprii; c) aprirò; d) aprirei; e) aperto
ardere *brûler, dessécher*	a) ardo; b) arsi; c) arderò; d) arderei; e) arso
assistere *assister*	a) assisto; b) assistei; c) assisterò; d) assisterei; e) assistito
assolvere *absoudre, acquitter*	a) assolvo; b) assolsi; c) assolverò; d) assolverei; e) assolto
assumere *assumer*	a) assumo; b) assunsi; c) assumerò; d) assumerei; e) assunto
avere *avoir*	a) ho, hai, ha, abbiamo, avete, hanno; b) ebbi; c) avrò; d) avrei; e) avuto

bere *boire*	a) bevo, bevi, beve, beviamo, bevete, bevono; b) bevvi; c) berrò; d) berrei; e) bevuto
cadere *tomber*	a) cado; b) caddi; c) cadrò; d) cadrei; e) caduto
capire *comprendre*	a) capisco, capisci, capisce, capiamo, capite, capiscono; b) capii; c) capirò; d) capirei; e) capito
chiedere *demander*	a) chiedo; b) chiesi; c) chiederò; d) chiederei; e) chiesto
chiudere *fermer*	a) chiudo; b) chiusi; c) chiuderò; d) chiuderei; e) chiuso
cingere *ceindre, entourer*	a) cingo; b) cinsi; c) cingerò; d) cingerei; e) cinto
cogliere *cueillir*	a) colgo, cogli, coglie, cogliamo, cogliete, colgono; b) colsi; c) coglierò; d) coglierei; e) colto
compiere *accomplir*	a) compio, compi, compie, compiamo, compiete, compiono; b) compiei; c) compierò; d) compierei; e) compiuto
comprimere *comprimer; refouler*	a) comprimo; b) compressi; c) comprimerò; d) comprimerei; e) compresso
concludere *conclure*	→chiudere
condurre *conduire, mener*	a) conduco; b) condussi; c) condurrò; d) condurrei; e) condotto
connettere *joindre; enchaîner*	a) connetto; b) connessi; c) connetterò; d) connetterei; e) connesso
conoscere *connaître*	a) conosco; b) conobbi; c) conoscerò; d) conoscerei; e) conosciuto
coprire *couvrir*	a) copro; b) coprii; c) coprirò; d) coprirei; e) coperto
correre *courir*	a) corro; b) corsi; c) correrò; d) correrei; e) corso
costruire *construire*	→ capire
crescere *croître*	a) cresco; b) crebbi; c) crescerò; d) crescerei; e) cresciuto
cucire *coudre*	a) cucio, cuci, cuce, cuciamo, cucite, cuciono; b) cucii; c) cucirò; d) cucirei; e) cucito
cuocere *cuire*	a) cuocio, cuoci, cuoce, cuociamo, cuocete, cuociono; b) cossi; c) cuocerò; d) cuocerei; e) cotto
dare *donner*	a) do, dai, dà, diamo, date, danno; b) diedi; c) darò; d) darei; e) dato

decidere *décider*	a) decido; b) decisi; c) deciderò; d) deciderei; e) deciso
dedurre *déduire*	→ condurre
deludere *décevoir*	→ alludere
deprimere *déprimer*	→ comprimere
difendere *défendre*	a) difendo; b) difesi; c) difenderò; d) difenderei; e) difeso
dipendere *dépendre*	→ appendere
dipingere *peindre*	a) dipingo; b) dipinsi; c) dipingerò; d) dipingerei; e) dipinto
dire *dire*	a) dico, dici, dice, diciamo, dite, dicono; b) dissi; c) dirò; d) direi; e) detto
dirigere *diriger*	a) dirigo; b) diressi; c) dirigerò; d) dirigerei; e) diretto
discutere *discuter*	a) discuto; b) discussi; c) discuterò; d) discuterei; e) discusso
dissuadere *dissuader*	a) dissuado; b) dissuasi; c) dissuaderò; d) dissuaderei; e) dissuaso
distinguere *distinguer*	a) distinguo; b) distinsi; c) distinguerò; d) distinguerei; e) distinto
dividere *diviser*	a) divido; b) divisi; c) dividerò; d) divederei; e) diviso
dolere *avoir mal; regretter*	a) dolgo, duoli, duole, dogliamo, dolete, dolgono; b) dolsi; c) dorrò; d) dorrei; e) doluto
dovere *devoir*	a) devo, devi, deve, dobbiamo, dovete, debbono (devono); b) dovetti; c) dovrò; d) dovrei; e) dovuto
eccellere *exceller*	a) eccello; b) eccelsi; c) eccellerò; d) eccellerei; e) eccelso
emergere *émerger; dominer*	a) emergo; b) emersi; c) emergerò; d) emergerei; e) emerso
erigere *ériger*	a) erigo; b) eressi; c) erigerò; d) erigerei; e) eretto
escludere *exclure*	→ alludere
esigere *exiger*	a) esigo; b) esigei; c) esigerò; d) esigerei; e) esatto
esistere *exister, vivre*	a) esisto; b) esistei; c) esisterò; d) esisterei; e) esistito

espellere *expulser*	a) espello; b) espulsi; c) espellerò; d) espellerei; d) espulso
esplodere *exploser*	a) esplodo: b) esplosi; c) esploderò; d) esploderei; e) esploso
esprimere *exprimer*	→comprimere
essere *être*	a) sono, sei, è, siamo, siete, sono; b) fui; c) sarò; d) sarei; e) stato
estinguere *éteindre*	→distinguere
fare *faire*	a) faccio, fai, fa, facciamo, fate, fanno; b) feci; c) farò; d) farei; e) fatto
fendere *fendre*	a) fendo; b) fendei; c) fenderò; d) fenderei; e) fesso
ferire *blesser*	→capire
figgere *fixer*	a) figgo; b) fissi; c) figgerò; d) figgerei; e) fitto
fingere *feindre*	a) fingo; b) finsi; c) fingerò; d) fingerei; e) finto
flettere *fléchir; conjuguer*	a) fletto; b) flettei; c) fletterò; d) fletterei; e) flesso
fondere *fondre*	a) fondo; b) fusi; c) fonderò; d) fonderei; e) fuso
frangere *briser*	a) frango; b) fransi; c) frangerò; d) frangerei; e) franto
friggere *frire; frémir*	→ affliggere
giacere *être couché; être situé*	a) giaccio, giaci, giace, giaciamo, giacete, giacciono; b) giacqui; c) giacerò; d) giacerei; e) giaciuto
giungere *arriver*	a) giungo; b) giunsi; c) giungerò; d) giungerei; e) giunto
immergere *tremper, plonger*	a) immergo; b) immersi; c) immergerò; d) immergerei; e) immerso
incidere *graver; inciser; avoir une incidence*	a) incido; b) incisi; c) inciderò; d) inciderei; e) inciso
includere *joindre, inclure*	→ alludere
indurre *induire, pousser*	→ condurre
introdurre *introduire*	→condurre
invadere *envahir*	a) invado; b) invasi; c) invaderò; d) invaderei; e) invaso

leggere a) leggo; b) lessi; c) leggerò; d) leggerei; e) letto
lire

mettere a) metto; b) misi; c) metterò; d) metterei; e) messo
mettre

mordere a) mordo; b) morsi; c) morderò; d) morderei; e) morso
mordre

morire a) muoio, muori, muore, moriamo, morite, muoiono; b) morii; c) morirò; d) morirei; e) morto
mourir

muovere →mordere; e) mosso
remuer

nascere →conoscere; e) nato
naître

nascondere →mordere; e) nascosto
cacher

nuocere a) nuoccio, nuoci, nuoce, nociamo, nocete, nuociono; b) nocqui; c) nocerò; d) nocerei; e) nuociuto
nuire

nutrire →capire
nourrir

offendere a) offendo; b) offesi; c) offenderò; d) offenderei; e) offeso
offenser, atteindre

offrire a) offro; b) offrii; c) offrirò; d) offrirei; e) offerto
offrir

opprimere →comprimere
oppresser, opprimer

parere a) paio, pari, pare, paiamo, parete, paiono; b) parvi; c) parrò; d) parrei; e) parso
sembler, paraître

percuotere a) percuoto; b) percossi; c) percuoterò; d) percuoterei; e) percosso
battre, frapper

perdere a) perdo; b) persi; c) perderò; d) perderei; e) perso
perdre

persuadere →dissuadere
convaincre

piacere a) piaccio, piaci, piace, piacciamo, piacete, piacciono; b) piacqui; c) piacerò; d) piacerei; e) piaciuto
plaire; aimer

piangere a) piango; b) piansi; c) piangerò; d) piangerei; e) pianto
pleurer

piovere a) piove; b) piovve; c) pioverà; d) pioverebbe; e) piovuto
pleuvoir

porgere →leggere; e) porto
tendre, offrir

porre a) pongo, poni, pone, poniamo, ponete, pongono; b) posi; c) porrò; d) porrei; e) posto
poser, mettre

potere a) posso, puoi, può, possiamo, potete, possono; b) potei; c) potrò; d) potrei; e) potuto
pouvoir

prendere *prendre*	a) prendo; b) presi; c) prenderò; d) prenderei; e) preso
presumere *présumer*	→ assumere
produrre *produire; provoquer*	→ condurre
proteggere *protéger*	a) proteggo; b) protessi; c) proteggerò; d) proteggerei; e) protetto
pungere *piquer*	a) pungo; b) punsi; c) pungerò; d) pungerei; e) punto
radere *raser*	a) rado; b) rasi; c) raderò; d) raderei; e) raso
redigere *rédiger*	a) redigo; b) redassi; c) redigerò; d) redigerei; e) redatto
redimere *délivrer; racheter*	a) redimo; b) redensi; c) redimerò; d) redimerei; e) redento
reggere *supporter, résister*	→ leggere
rendere *rendre*	→ prendere
reprimere *réprimer*	→ comprimere
retrocedere *reculer*	a) retrocedo; b) retrocedei; c) retrocederò; d) retrocederei; e) retroceduto
ridere *rire*	→ prendere
ridurre *réduire*	→ condurre
rimanere *rester*	a) rimango, rimani, rimane, rimaniamo, rimanete, rimangono; b) rimasi; c) rimarrò; d) rimarrei; e) rimasto
riprodurre *reproduire*	→ condurre
risolvere *résoudre*	→ assolvere
rispondere *répondre*	a) rispondo; b) risposi; c) risponderò; d) risponderei; e) risposto
rompere *rompre*	a) rompo; b) ruppi; c) romperò; d) romperei; e) rotto
salire *monter*	a) salgo, sali, sale, saliamo, salite, salgono; b) salii; c) salirò; d) salirei; e) salito
sapere *savoir*	a) so, sai, sa, sappiamo, sapete, sanno; b) seppi; c) saprò; d) saprei; e) saputo
scegliere *choisir*	a) scelgo, scegli, sceglie, scegliamo, scegliete, scelgono; b) scelsi; c) sceglierò; d) sceglierei; e) scelto

scendere *descendre*	a) scendo; b) scesi; c) scenderò; d) scenderei; e) sceso
sciogliere *défaire, dissoudre*	→ cogliere
scomparire *disparaître*	→ apparire
scoprire *découvrir*	→ coprire
scorgere *apercevoir*	a) scorgo; b) scorsi; c) scorgerò; d) scorgerei; e) scorto
scrivere *écrire*	→ leggere
scuotere *secouer*	→ percuotere
sedere *s'asseoir; être assis*	a) siedo, siedi, siede, sediamo, sedete, siedono; b) sedei; c) sederò; d) sederei; e) seduto
sedurre *séduire*	→ condurre
smettere *cesser, arrêter*	→ mettere
soffrire *souffrir*	→ offrire
solere *avoir l'habitude*	a) soglio, suoli, suole, sogliamo, solete, sogliono; b) solei; c) –; d) –; e) solito
sommergere *submerger*	→ immergere
sopprimere *supprimer, abolir*	→ comprimere
sorgere *se lever, surgir*	→ leggere; e) sorto
sospendere *suspendre*	→ appendere
spandere *répandre*	a) spando; b) spansi; c) spanderò; d) spanderei; e) spanto
spargere *répandre*	a) spargo; b) sparsi; c) spargerò; d) spargerei; e) sparso
spegnere *éteindre*	a) spengo, spegni, spegne, spegniamo, spegnete, spengono; b) spensi; c) spegnerò; d) spegnerei; e) spento
spendere *dépenser; employer*	a) spendo; b) spesi; c) spenderò; d) spenderei; e) speso
spingere *pousser; presser*	a) spingo; b) spinsi; c) spingerò; d) spingerei; e) spinto
stare *être, rester*	a) sto, stai, sta, stiamo, state, stanno; b) stetti; c) starò; d) starei; e) stato

stendere →tendere
étendre

stringere a) stringo; b) strinsi; c) stringerò; d) stringerei; e) stretto
serrer

struggere a) struggo; b) strussi; c) struggerò; d) struggerei; e) strutto
fondre; consumer

succedere a) succedo; b) successi; c) succederò; d) succederei; e) successo
succéder; arriver

tacere a) taccio, taci, tace, tacciamo, tacete, tacciono; b) tacqui; c) tacerò; d) tacerei; e) taciuto
se taire

tendere a) tendo; b) tesi; c) tenderò; d) tenderei; e) teso
tendre; viser

tenere a) tengo, tieni, tiene, teniamo, tenete, tengono; b) tenni; c) terrò; d) terrei; e) tenuto
tenir; garder

tingere a) tingo; b) tinsi; c) tingerò; d) tingerei; e) tinto
teindre; tacher

togliere →cogliere
enlever, libérer

torcere a) torco; b) torsi; c) torcerò; d) torcerei; e) torto
tordre

tradurre →condurre
traduire

trarre a) traggo, trai, trae, traiamo, traete, traggono; b) trassi; c) trarrò; d) trarrei; e) tratto
tirer

uccidere a) uccido; b) uccisi; c) ucciderò; d) ucciderei; e) ucciso
tuer

udire a) odo, odi, ode, udiamo, udite, odono; b) udii; c) udirò; d) udirei; e) udito
entendre, écouter

uscire a) esco, esci, esce, usciamo, uscite, escono; b) uscii; c) uscirò; d) uscirei; e) uscito
sortir

valere a) valgo, vali, vale, valiamo, valete, valgono; b) valsi; c) varrò; d) varrei; e) valuto (valso)
valoir

vedere a) vedo; b) vidi; c) vedrò; d) vedrei; e) visto
voir

venire a) vengo, vieni, viene, veniamo, venite, vengono; b) venni; c) verrò; d) verrei; e) venuto
venir

vincere a) vinco; b) vinsi; c) vincerò; d) vincerei; e) vinto
gagner, vaincre

vivere a) vivo; b) vissi; c) vivrò; d) vivrei; e) vissuto (vivuto)
vivre

volere a) voglio, vuoi, vuole, vogliamo, volete, vogliono; b) volli (volsi); c) vorrò; d) vorrei; e) voluto (volsuto)
vouloir

volgere a) volgo; b) volsi; c) volgerò; d) volgerei; e) volto
tourner

Abréviations italiennes

ab.	*abitanti*	habitants, population
abb.	*abbonamento*	abonnement
a.C.	*avanti Cristo*	av. J.-C.
A.C.I.	*Automobile Club d'Italia*	Automobile Club d'Italie
A.D.	*anno Domini*	apr. J.-C.
A.G.I.P.	*Azienda Generale Italiana Petroli*	Compagnie nationale italienne des Pétroles
all.	*allegato*	annexe, ci-joint
A.N.A.S.	*Azienda Nazionale Autonoma della Strada*	société nationale d'exploitation du réseau routier
A.N.S.A.	*Azienda Nazionale Stampa Associata*	Agence de presse nationale
Avv.	*Avvocato*	avocat, avoué
C.A.I.	*Club Alpino Italiano*	Club alpin italien
cat.	*categoria*	catégorie
Cav.	*Cavaliere*	Chevalier (titre honorifique)
C.C.I.	*Camera di Commercio Internazionale*	Chambre internationale de Commerce
cfr.	*confronta*	comparez
C.I.T.	*Compagnia Italiana Turismo*	Office national du tourisme
c.m.	*corrente mese*	courant (de ce mois)
Com. in Prov.	*Comune in provincia di...*	litt.: Commune de la province de ...
C.O.N.I.	*Comitato Olimpico Nazionale Italiano*	Comité national olympique italien
C.P.	*casella postale*	boîte postale
C.so	*Corso*	boulevard, rue
c.c.	*conto corrente*	compte courant
d.C.	*dopo Cristo*	apr. J.-C.
dott., dr.	*dottore*	docteur
dott.ssa	*dottoressa*	doctoresse
dozz.	*dozzina*	douzaine
ecc.	*eccetera*	etc.
Ed.	*editore*	éditeur
EE	*Escursionisti Esteri*	plaque minéralogique pour les étrangers résidant temporairement en Italie
Fed.	*federale*	fédéral
F.S.	*Ferrovie dello Stato*	Chemins de fer italiens
I.C.E.	*Istituto Italiano per il Commercio Estero*	Institut italien du Commerce extérieur

I.V.A.	*Imposta sul Valore Aggiunto*	TVA (taxe à la valeur ajoutée)
L., Lit.	*Lira italiana*	lire (unité monétaire)
M.E.C.	*Mercato Comune Europeo*	Marché commun
mod.	*modulo*	formulaire
n/, ns.	*nostro*	notre
p.	*pagina*	page
P.T.	*Poste & Telecomunicazioni*	Postes et Télécommunications
P.za	*piazza*	place
racc.	*raccomandata*	recommandé (poste)
R.A.I.	*Radio Audizioni Italiane*	Radio-Télévision italienne
Rep.	*Repubblica*	république
Rev.	*Reverendo*	Révérend
S.	*Santo*	Saint
S.E.	*Sua Eccellenza*	Son Excellence
sec.	*secolo*	siècle
Sig.	*Signor*	monsieur
Sig.na	*Signorina*	mademoiselle
Sig.a	*Signora*	madame
S.p.A.	*Società per Azioni*	SA (société anonyme)
S.r.l.	*Società a responsabilità limitata*	société à responsabilité limitée
S.S.	*Sua Santità*	Sa Sainteté
T.C.I.	*Touring Club Italiano*	Touring Club d'Italie
v/, vs.	*vostro*	votre
V.le	*Viale*	avenue, boulevard
v.p.	*vedi pagina*	voir page
v.r.	*vedi retro*	tournez, s'il vous plaît

Nombres

Nombres cardinaux

0	zero
1	uno
2	due
3	tre
4	quattro
5	cinque
6	sei
7	sette
8	otto
9	nove
10	dieci
11	undici
12	dodici
13	tredici
14	quattordici
15	quindici
16	sedici
17	diciassette
18	diciotto
19	diciannove
20	venti
21	ventuno
22	ventidue
28	ventotto
30	trenta
31	trentuno
32	trentadue
40	quaranta
50	cinquanta
60	sessanta
70	settanta
80	ottanta
90	novanta
100	cento
101	centuno
230	duecentotrenta
1.000	mille
1.001	milleuno
2.000	duemila
1.000.000	un milione

Nombres ordinaux

1°	primo
2°	secondo
3°	terzo
4°	quarto
5°	quinto
6°	sesto
7°	settimo
8°	ottavo
9°	nono
10°	decimo
11°	undicesimo
12°	dodicesimo
13°	tredicesimo
14°	quattordicesimo
15°	quindicesimo
16°	sedicesimo
17°	diciassettesimo
18°	diciottesimo
19°	diciannovesimo
20°	ventesimo
21°	ventunesimo
22°	ventiduesimo
23°	ventitreesimo
24°	ventiquattresimo
30°	trentesimo
31°	trentunesimo
32°	trentaduesimo
33°	trentatreesimo
40°	quarantesimo
50°	cinquantesimo
60°	sessantesimo
70°	settantesimo
80°	ottantesimo
90°	novantesimo
100°	centesimo
101°	centunesimo
102°	centoduesimo
230°	duecentotrentesimo
1.000°	millesimo
1.001°	milleunesimo

L'heure

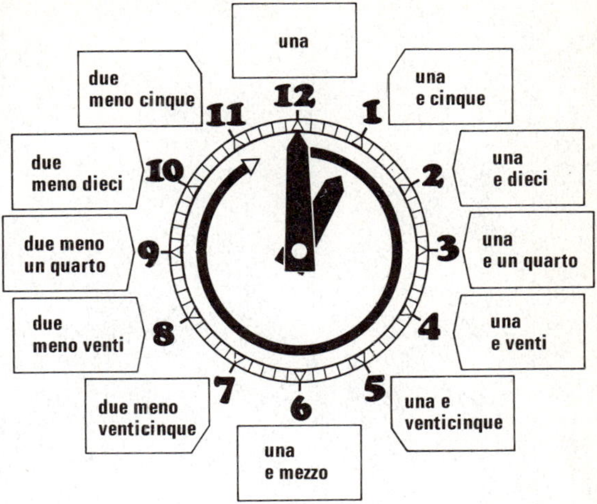

Comme en français, on peut ajouter les expressions *del mattino, del pomeriggio* et *di sera*.

Ainsi:

otto del mattino	8 h. du matin
due del pomeriggio	2 h. de l'après-midi
otto di sera.	8 h. du soir

Les jours de la semaine

domenica	dimanche	*giovedì*	jeudi
lunedì	lundi	*venerdì*	vendredi
martedì	mardi	*sabato*	samedi
mercoledì	mercredi		

Quelques expressions utiles	Alcune espressioni utili
S'il vous plaît.	Per favore.
Merci beaucoup.	Mille grazie.
Il n'y a pas de quoi.	Prego.
Bonjour.	Buongiorno.
Bonsoir.	Buona sera.
Bonne nuit.	Buona notte.
Au revoir.	Arrivederci.
A bientôt.	A più tardi.
Où se trouve/Où se trouvent...?	Dov'è/Dove sono...?
Comment appelez-vous ceci?	Come si chiama questo?
Que veut dire cela?	Cosa significa?
Parlez-vous anglais?	Parla inglese?
Parlez-vous allemand?	Parla tedesco?
Parlez-vous français?	Parla francese?
Parlez-vous espagnol?	Parla spagnolo?
Parlez-vous italien?	Parla italiano?
Pourriez-vous parler plus lentement, s'il vous plaît?	Può parlare più adagio, per piacere?
Je ne comprends pas.	Non capisco.
Puis-je avoir... ?	Posso avere...?
Pouvez-vous m'indiquer... ?	Può indicarmi...?
Pouvez-vous me dire... ?	Può dirmi...?
Pouvez-vous m'aider, s'il vous plaît?	Può aiutarmi, per piacere?
Je voudrais...	Vorrei...
Nous voudrions...	Vorremmo...
S'il vous plaît, donnez-moi...	Per favore, mi dia...
S'il vous plaît, apportez-moi...	Per favore, mi porti...
J'ai faim.	Ho fame.
J'ai soif.	Ho sete.
Je me suis perdu.	Mi sono perso.
Dépêchez-vous!	Si affretti!

Il y a...	C'è/Ci sono...
Il n'y a pas...	Non c'è/Non ci sono...

Arrivée	**L'arrivo**
Votre passeport, s'il vous plaît.	Il passaporto, per favore.
Avez-vous quelque chose à déclarer?	Ha qualcosa da dichiarare?
Non, rien du tout.	No, non ho nulla.
Pouvez-vous prendre mes bagages, s'il vous plaît?	Può prendere le mie valige, per favore?
Où est le bus pour le centre de la ville, s'il vous plaît?	Dov'è l'autobus per il centro della città, per favore?
Par ici, s'il vous plaît.	Da questa parte, per piacere.
Où puis-je trouver un taxi?	Dove posso trovare un taxi?
Quel est le tarif pour... ?	Quanto costa la corsa per...?
Conduisez-moi à cette adresse, s'il vous plaît.	Mi porti a questo indirizzo, per favore.
Je suis pressé.	Ho fretta.

Hôtel	**L'albergo**
Je m'appelle...	Mi chiamo...
Avez-vous réservé?	Ha fatto la prenotazione?
J'aimerais une chambre avec bains.	Vorrei una camera con bagno.
Quel est le prix pour une nuit?	Qual è il prezzo per una notte?
Puis-je voir la chambre?	Posso vedere la camera?
Quel est le numéro de ma chambre, s'il vous plaît?	Qual è il numero della mia camera?
Il n'y a pas d'eau chaude.	Non c'è acqua calda.
Puis-je voir le directeur, s'il vous plaît?	Posso vedere il direttore, per piacere?
Y a-t-il eu des appels pour moi?	Mi ha telefonato qualcuno?
Y a-t-il du courrier pour moi?	C'è posta per me?
Puis-je avoir ma note, s'il vous plaît?	Posso avere il conto, per favore?

Restaurant	Al ristorante
Avez-vous un menu?	Avete un menù a prezzo fisso?
Puis-je voir la carte?	Posso vedere il menù a scelta?
Pouvons-nous avoir un cendrier, s'il vous plaît?	Possiamo avere un portacenere, per favore?
Où sont les toilettes, s'il vous plaît?	Dove sono i gabinetti, per favore?
Je voudrais un hors-d'œuvre.	Vorrei degli antipasti.
Avez-vous du potage?	Ha un brodo?
J'aimerais du poisson.	Vorrei del pesce.
Qu'avez-vous comme poisson?	Che pesce ha?
Je voudrais un steak.	Vorrei una bistecca.
Quels légumes servez-vous?	Quali verdure ha?
Je suis servi, merci.	Nient'altro. Grazie.
Qu'aimeriez-vous boire?	Cosa desidera bere?
J'aimerais une bière, s'il vous plaît.	Mi dia una birra, per piacere.
Je voudrais une bouteille de vin.	Vorrei una bottiglia di vino.
Puis-je avoir l'addition, s'il vous plaît?	Posso avere il conto, per piacere?
Le service est-il compris?	È compreso il servizio?
Merci, c'était très bon.	Grazie. Abbiamo mangiato molto bene.

Voyages	In viaggio
Où se trouve la gare, s'il vous plaît?	Dove si trova la stazione, per favore?
Où est le guichet, s'il vous plaît?	Dove si trova lo sportello dei biglietti, per favore?
J'aimerais un billet pour...	Vorrei un biglietto per...
Première ou deuxième classe?	Di prima o di seconda classe?
Première classe, s'il vous plaît.	Di prima classe, per piacere.
Aller simple ou aller et retour?	Andata o andata e ritorno?
Est-ce que je dois changer de train?	Devo cambiare treno?
De quel quai part le train pour...?	Da che binario parte il treno per...?

Où est la station de métro la plus proche?	Dov'è la più vicina stazione della metropolitana?
Où est la gare routière, s'il vous plaît?	Dov'è la stazione degli autobus, per piacere?
A quelle heure part le premier autobus pour... ?	Quando passa il primo autobus per... ?
S'il vous plaît, déposez-moi au prochain arrêt.	Mi faccia scendere alla prossima fermata, per piacere.

Distractions	**Gli svaghi**
Que joue-t-on au cinéma?	Cosa danno al cinema?
A quelle heure commence le film?	A che ora incomincia il film?
Reste-t-il encore des places pour ce soir?	Ci sono ancora posti liberi per questa sera?
Où pouvons-nous aller danser?	Dove possiamo andare a ballare?

Rencontres	**Incontri**
Bonjour madame/mademoiselle/monsieur.	Buongiorno.
Comment allez-vous?	Come sta?
Très bien, merci. Et vous?	Molto bene. Grazie. E lei?
Puis-je vous présenter... ?	Posso presentarle... ?
Je m'appelle...	Mi chiamo...
Enchanté de faire votre connaissance.	Sono molto lieto di fare la sua conoscenza.
Depuis combien de temps êtes-vous ici?	Da quanto tempo è qui?
Enchanté d'avoir fait votre connaissance.	Sono lieto di aver fatto la sua conoscenza.
Est-ce que ça vous dérange que je fume?	Le disturba se fumo?
Avez-vous du feu, s'il vous plaît?	Mi fa accendere, per piacere?
Puis-je vous offrir un verre?	Posso offrirle da bere?
Puis-je vous inviter à dîner ce soir?	Posso invitarla a cena questa sera?
Où nous retrouverons-nous?	Dove possiamo incontrarci?

Magasins et services	Negozi, grandi magazzini e altro
Où se trouve la banque la plus proche, s'il vous plaît?	Dov'è la banca più vicina, per favore?
Où puis-je changer des chèques de voyage?	Dove posso incassare dei travellers' cheque?
Pouvez-vous me donner de la monnaie, s'il vous plaît?	Potrebbe darmi della moneta spicciola, per favore?
Où est la pharmacie la plus proche?	Dov'è la più vicina farmacia?
Comment puis-je m'y rendre?	Come ci si può arrivare?
Peut-on y aller à pied?	Ci si può andare anche a piedi?
Pouvez-vous m'aider, s'il vous plaît?	Può aiutarmi, per piacere?
Combien coûte ceci? Et cela?	Quanto costa questo? E quello?
Ce n'est pas exactement ce que je désire.	Non è quello che volevo.
Cela me plaît.	Questo mi piace.
Pouvez-vous me conseiller quelque chose contre les coups de soleil?	Può consigliarmi qualcosa per una scottatura di sole?
Je voudrais me faire couper les cheveux, s'il vous plaît.	Vorrei farmi tagliare i capelli, per favore.
Je voudrais une manucure, s'il vous plaît.	Vorrei una manicure, per favore.

Directions	Indicazioni stradali
Pouvez-vous me montrer sur la carte où je me trouve?	Può indicarmi sulla cartina dove mi trovo?
Vous n'êtes pas sur la bonne route.	È sulla strada sbagliata.
Continuez tout droit.	Continui diritto.
C'est à gauche/à droite.	È a sinistra/a destra.

Urgences	Urgenze
Appelez vite un médecin.	Chiami subito un medico.
Appelez une ambulance.	Chiami un'ambulanza.
Appelez la police, s'il vous plaît.	Per piacere, chiami la polizia.

francese-italiano

français-italien

Introduzione

Questo dizionario è stato compilato in modo da rispondere quanto meglio possibile a necessità di ordine pratico. Sono state volontariamente omesse informazioni linguistiche ritenute non indispensabili. Le voci sono collocate in ordine alfabetico, siano esse costituite da una parola sola, da due o più parole, o contengano un apostrofo. Come unica eccezione a questa regola, alcune espressioni idiomatiche sono state classificate come voci principali nella posizione alfabetica della parola più significativa nell'espressione stessa. Quando ad una voce susseguono accezioni varie come espressioni e locuzioni particolari, esse sono egualmente collocate in ordine alfabetico.

Ad ogni vocabolo fa seguito la trascrizione fonetica (vedasi la Guida di pronuncia) la quale a sua volta precede, salvo eccezioni, la definizione della categoria grammaticale del vocabolo (nome, verbo, aggettivo, ecc.). Quando un vocabolo rappresenta più di una categoria, le varie traduzioni sono raggruppate dopo le rispettive categorie.

Le forme femminili o plurali degli aggettivi francesi sono indicate ogni qualvolta esse divergano dalla regola generale che definisce la desinenza in questione. Sono così pure indicate le forme plurali dei sostantivi che sfuggono alle regole di una desinenza particolare.

La tilde (~) è usata per rappresentare una voce ogni qualvolta essa si ripeta, in forme irregolari o in accezioni varie.

Nelle forme irregolari femminili o plurali la lineetta sta a rappresentare quella parte del vocabolo che precede la desinenza irregolare.

Un verbo irregolare è segnalato da un asterisco (*) posto dinnanzi. Per dettagli, ci si può riferire all'elenco dei verbi irregolari.

Abbreviazioni

adj	aggettivo
adv	avverbio
art	articolo
conj	congiunzione
f	femminile
fpl	femminile plurale
m	maschile
mpl	maschile plurale
num	numerale
pl	plurale
pref	prefisso
prep	preposizione
pron	pronome
v	verbo

Guida della pronuncia

Ogni lemma di questa parte del dizionario è accompagnato da una trascrizione fonetica che ne indica la pronuncia e che si deve leggere come l'italiano. Diamo spiegazioni (sotto) solo per le lettere e i simboli ambigui o particolarmente difficili da comprendere.

Le lineette indicano le divisioni fra le sillabe, che sono stampate in *corsivo* quando si devono pronunciare accentuate.

Certo, i suoni delle due lingue non coincidono mai perfettamente, ma seguendo alla lettera le nostre indicazioni, potrete pronunciare le parole straniere in modo da farvi comprendere. Per facilitarvi il compito, talvolta le nostre trascrizioni semplificano leggermente il sistema fonetico della lingua pur riflettendo le differenze di suono essenziali.

Consonanti

gh	come in **gh**iro
ng	come in lu**ng**o, ma senza pronunciare la **g** finale
r	di solito pronunciata nel fondo della bocca
s	sempre sonora, come in ro**s**a, mai come in **s**i
ʃ	come **sc** in **sc**i
ʒ	il suono dolce della **g** toscana; come **g** in **g**iro, ma senza far sentire la **d** che compone all'inizio tale suono

Il segno (') indica la cosiddetta **h** aspirata e significa che non è possibile né il legamento (*les huttes* – le 'üt) né l'elisione (*la hutte* – la 'üt).

Vocali e dittonghi

e	come in qu**e**sto (chiusa)
ê	come **e** in b**e**lla (aperta)
o	come in p**o**rta (aperta)
ô	come **o** in s**o**le (chiusa)
ö	un suono neutro, come la vocale di f**uo**co nei dialetti settentrionali («f**oe**ch»)
ü	come **i** ma pronunciata arrotondando le labbra

1) Le vocali lunghe sono stampate doppie.

2) Le lettere rialzate (es. **u**^{i}, ^{i}**ö**) si devono pronunciare rapidamente.

3) Il francese ha delle vocali nasali che abbiamo trascritto con il simbolo della vocale più **~~ng~~** (es. **a~~ng~~**). Questo **~~ng~~** *non* si deve pronunciare: serve unicamente a indicare il suono nasale della vocale da pronunciare simultaneamente attraverso la bocca e il naso.

A

à (a) *prep* a; in, verso
abandonner (a-bang-do-*ne*) *v* lasciare
abat-jour (a-ba-*ʒuur*) *m* paralume *m*
***abattre** (a-*batr*) *v* abbattere; *uccidere; scoraggiare
abbaye (a-be-*i*) *f* badia *f*
abcès (a-*psse*) *m* ascesso *m*
abeille (a-*bêi*) *f* ape *f*
aberration (a-bê-ra-*ss^{i}ong*) *f* aberrazione *f*
abîme (a-*bim*) *m* abisso *m*
abîmer (a-bi-*me*) *v* sciupare
abolir (a-bo-*liir*) *v* abolire
abondance (a-bong-*dangss*) *f* abbondanza *f*
abondant (a-bong-*dang*) *adj* abbondante
abonné (a-bo-*ne*) *m* abbonato *m*
abonnement (a-bon-*mang*) *m* abbonamento *m*
d'abord (da-*boor*) prima
abordage (a-bor-*daaʒ*) *m* collisione *f*
aboutir à (a-bu-*tiir*) sboccare; portare a
aboyer (a-b^{u}a-^{i}*e*) *v* latrare, abbaiare
abréviation (a-bre-v^{i}a-*ss^{i}ong*) *f* abbreviazione *f*
abri (a-*bri*) *m* rifugio *m*; riparo *m*
abricot (a-bri-*kô*) *m* albicocca *f*
abriter (a-bri-*te*) *v* riparare
abrupt (a-*brüpt*) *adj* ripido
absence (a-*pssangss*) *f* assenza *f*
absent (a-*pssang*) *adj* assente
absolu (a-psso-*lü*) *adj* assoluto
absolument (a-psso-lü-*mang*) *adv* assolutamente
absorber (a-pssor-*be*) *v* assorbire
s'*abstenir de (ap-sstö-*niir*) *astenersi da
abstraction faite de (ap-sstrak-*ss^{i}ong* fêt dö) a prescindere da
abstrait (ap-*sstre*) *adj* astratto
absurde (a-*pssürd*) *adj* assurdo; sciocco
abus (a-*bü*) *m* abuso *m*
académie (a-ka-de-*mi*) *f* accademia *f*; ~ **des beaux-arts** accademia di belle arti
accélérateur (ak-sse-le-ra-*töör*) *m* acceleratore *m*
accélérer (ak-sse-le-*re*) *v* accelerare
accent (ak-*ssang*) *m* accento *m*
accepter (ak-ssêp-*te*) *v* accettare; *accogliere
accès (ak-*sse*) *m* accesso *m*; ammissione *f*
accessible (ak-sse-*ssibl*) *adj* accessibile; conseguibile
accessoire (ak-sse-*ss^{u}aar*) *adj* accessorio
accessoires (ak-sse-*ss^{u}aar*) *mpl* accessori *mpl*

accident (ak-ssi-*dang*) *m* incidente *m*; ~ **d'avion** incidente aereo
accidenté (ak-ssi-dang-*te*) *adj* collinoso; ruvido
accidentel (ak-ssi-dang-*têl*) *adj* fortuito
acclamer (a-kla-*me*) *v* acclamare
accommodation (a-ko-mo-da-*ss^{i}ong*) *f* sistemazione *f*
accompagner (a-kong-pa-*gne*) *v* accompagnare; guidare
accomplir (a-kong-*pliir*) *v* adempiere; effettuare, compiere, eseguire
accomplissement (a-kong-pli-*ssmang*) *m* prestazione *f*
accord (a-*koor*) *m* accordo *m*; **d'accord!** va bene!; d'accordo!; ***être d'accord** accordarsi; ***être d'accord avec** approvare
accorder (a-kor-*de*) *v* accordare; sintonizzare; **s'accorder avec** intonarsi con
accoster (a-ko-*sste*) *v* attraccare
accouchement (a-kuʃ-*mang*) *m* parto *m*
accoutumé (a-ku-tü-*me*) *adj* abituato
s'accrocher (a-kro-*ʃe*) *reggersi
accueil (a-*köi*) *m* accoglienza *f*
***accueillir** (a-kö-*^{i}iir*) *v* *accogliere
accumulateur (a-kü-mü-la-*töör*) *m* accumulatore *m*
s'accumuler (a-kü-mü-*le*) *salire
accusation (a-kü-sa-*ss^{i}ong*) *f* accusa *f*
accuser (a-kü-*se*) *v* accusare
achat (a-*ʃa*) *m* acquisto *m*; ~ **à tempérament** vendita a rate; ***faire des achats** *fare la spesa
acheter (aʃ-*te*) *v* comprare
acheteur (aʃ-*töör*) *m* compratore *m*
achever (aʃ-*ve*) *v* completare; compiere
acide (a-*ssid*) *m* acido *m*
acier (a-*ss^{i}e*) *m* acciaio *m*; ~ **inoxydable** acciaio inossidabile
acné (ak-*ne*) *f* acne *f*
acompte (a-*kongt*) *m* acconto *m*
à-coup (a-*ku*) *m* strattone *m*
***acquérir** (a-ke-*riir*) *v* *ottenere; acquistare
acquisition (a-ki-si-*ss^{i}ong*) *f* acquisizione *f*, compera *f*
acquittement (a-kit-*mang*) *m* assoluzione *f*
acte (akt) *m* atto *m*
acteur (ak-*töör*) *m* attore *m*
actif (ak-*tif*) *adj* attivo
action (ak-*ss^{i}ong*) *f* azione *f*; **actions** titoli
activité (ak-ti-vi-*te*) *f* attività *f*
actrice (ak-*triss*) *f* attrice *f*
actualité (ak-tua-li-*te*) *f* attualità *f*; **actualités** notizie; cinegiornale *m*
actuel (ak-*tuêl*) *adj* attuale
actuellement (ak-tuêl-*mang*) *adv* oggigiorno
adapter (a-dap-*te*) *v* adattare
addition (a-di-*ss^{i}ong*) *f* aggiunta *f*; addizione *f*; conto *m*
additionner (a-di-ss^{i}o-*ne*) *v* addizionare
adéquat (a-de-*k^{u}a*) *adj* adeguato; appropriato, adatto; bastante
adhérer à (a-de-*re*) associarsi
adieu (a-*d^{i}ö*) *m* addio *m*
adjectif (a-dʒêk-*tif*) *m* aggettivo *m*
***admettre** (ad-*mêtr*) *v* *ammettere; **en admettant que** supposto che
administratif (ad-mi-ni-sstra-*tif*) *adj* amministrativo
administration (ad-mi-ni-sstra-*ss^{i}ong*) *f* amministrazione *f*
administrer (ad-mi-ni-*sstre*) *v* amministrare; somministrare
admiration (ad-mi-ra-*ss^{i}ong*) *f* ammirazione *f*
admirer (ad-mi-*re*) *v* ammirare
admission (ad-mi-*ss^{i}ong*) *f* ammissione *f*; ingresso *m*

adolescent (a-do-lê-*ssang*) *m* adolescente *m*
adopter (a-dop-*te*) *v* adottare
adorable (a-do-*rabl*) *adj* adorabile
adorer (a-do-*re*) *v* venerare
adoucir (a-du-*ssiir*) *v* ammorbidire
adoucisseur d'eau (a-du-ssi-*ssöör* dô) addolcitore *m*
adresse (a-*drêss*) *f* indirizzo *m*
adresser (a-dre-*sse*) *v* indirizzare; **s'adresser à** *rivolgersi a
adroit (a-*dr^{u}a*) *adj* destro; sveglio
adulte (a-*dült*) *m* adulto *m*; *adj* adulto
adverbe (ad-*vêrb*) *m* avverbio *m*
adversaire (ad-vêr-*ssêêr*) *m* avversario *m*
aération (a-e-ra-*ss^{i}ong*) *f* aerazione *f*
aérer (a-e-*re*) *v* aerare, arieggiare; **aéré** arioso
aéroport (a-e-ro-*poor*) *m* aeroporto *m*
aérosol (a-e-ro-*ssol*) *m* spruzzatore *m*
affaire (a-*fêêr*) *f* causa *f*, ditta *f*, faccenda *f*; affare *m*; ~ **de cœur** amoretto *m*
affairé (a-fe-*re*) *adj* indaffarato
affaires (a-*fêêr*) *fpl* affari; effetti personali; **chiffre d'affaires** giro d'affari
affamé (a-fa-*me*) *adj* affamato
affecté (a-fêk-*te*) *adj* affettato
affecter (a-fêk-*te*) *v* influenzare
affection (a-fêk-*ss^{i}ong*) *f* affetto *m*; affezione *f*
affectueux (a-fêk-*tuö*) *adj* affettuoso
affiche (a-*fiʃ*) *f* affisso *m*, cartellone *m*; poster *m*
affiler (a-fi-*le*) *v* affilare
affiliation (a-fi-l^{i}a-*ss^{i}ong*) *f* qualità di membro
s'affilier à (a-fi-*l^{i}e*) unirsi a
affirmatif (a-fir-ma-*tif*) *adj* affermativo
affirmer (a-fir-*me*) *v* affermare
affliction (a-flik-*ss^{i}ong*) *f* afflizione *f*
affligé (a-fli-*ʒe*) *adj* afflitto
affluent (a-flü-*ang*) *m* braccio *m*
affranchir (a-frang-*ʃiir*) *v* affrancare
affreux (a-*frö*) *adj* spaventoso, terribile
affronter (a-frong-*te*) *v* *far fronte a
afin de (a-*fêng* dö) allo scopo di; **afin que** così che
Africain (a-fri-*kêng*) *m* africano *m*
africain (a-fri-*kêng*) *adj* africano
Afrique (a-*frik*) *f* Africa *f*; ~ **du Sud** Africa del Sud
after-shave (af-tör-*ʃêv*) *m* lozione dopo barba
agacer (a-gha-*sse*) *v* infastidire, irritare
âge (aaʒ) *m* età *f*
âgé (a-*ʒe*) *adj* anziano, attempato; **le plus** ~ maggiore; **plus** ~ maggiore
agence (a-*ʒangss*) *f* agenzia *f*
agenda (a-ʒêng-*da*) *m* agenda *f*
s'agenouiller (aʒ-nu-*^{i}e*) inginocchiarsi
agent (a-*ʒang*) *m* agente *m*; ~ **de police** agente *m*; ~ **de voyages** agente di viaggio; ~ **immobilier** agente immobiliare
agir (a-*ʒiir*) *v* agire
agitation (a-ʒi-ta-*ss^{i}ong*) *f* agitazione *f*, trambusto *m*; tumulto *m*
agiter (a-ʒi-*te*) *v* turbare; agitare; **agité** inquieto
agneau (a-*gnô*) *m* agnello *m*
agrafe (a-*ghraf*) *f* graffetta *f*
agraire (a-*ghrêêr*) *adj* agricolo
agrandir (a-ghrang-*diir*) *v* allargare; ingrandire
agrandissement (a-ghrang-di-*ssmang*) *m* ingrandimento *m*; ampliamento *m*
agréable (a-ghre-*abl*) *adj* gradevole, piacevole; divertente
agréer (a-ghre-*e*) *v* accettare
agrément (a-ghre-*mang*) *m* diletto *m*

agressif (a-ghre-*ssif*) *adj* aggressivo
agricole (a-ghri-*kol*) *adj* agricolo
agriculteur (a-ghri-kül-*töör*) *m* agricoltore *m*
agriculture (a-ghri-kül-*tüür*) *f* agricoltura *f*
aide (êd) *f* aiuto *m*, soccorso *m*; *m* aiutante *m*
aider (e-*de*) *v* aiutare
aigle (êêghl) *m* aquila *f*
aiglefin (êghl-*fê~~ng~~*) *m* merluzzo *m*
aigre (êêghr) *adj* agro
aigu (e-*ghü*) *adj* (f -guë) acuto; affilato; aguzzo
aiguille (e-*ghuii^{i}*) *f* ago *m*; guglia *f*
aiguiser (e-ghi-*se*) *v* affilare
ail (ai) *m* (pl ails, aulx) aglio *m*
aile (êl) *f* ala *f*
ailleurs (a-*^{i}öör*) *adv* altrove; **d'ailleurs** inoltre, d'altronde
aimable (e-*mabl*) *adj* benevolo
aimer (e-*me*) *v* *voler bene, amare; gradire; ~ **mieux** preferire
aine (ên) *f* inguine *m*
aîné (e-*ne*) *adj* maggiore
ainsi (ê~~ng~~-*ssi*) *adv* così
air (êêr) *m* aria *f*; melodia *f*; ***avoir l'air** *aver l'aria
aisance (ê-*sa~~ng~~ss*) *f* facilità *f*; disinvoltura *f*
aise (êês) *f* comodo *m*, agio *m*
aisé (e-*se*) *adj* agiato
ajournement (a-ʒur-nö-*ma~~ng~~*) *m* rinvio *m*
ajourner (a-ʒur-*ne*) *v* rinviare, rimandare
ajouter (a-ʒu-*te*) *v* *aggiungere
ajuster (a-ʒü-*sste*) *v* adattare; regolare
alarmer (a-lar-*me*) *v* allarmare
album (al-*bom*) *m* album *m*; ~ **de collage** album per ritagli
alcool (al-*kol*) *m* alcool *m*; ~ **à brûler** alcool metilico; **réchaud à ~** fornello a spirito
alcoolique (al-ko-*lik*) *adj* alcoolico
alentours (a-la~~ng~~-*tuur*) *mpl* dintorni *mpl*; prossimità *f*
alerte (a-*lêrt*) *f* allarme *m*; *adj* intelligente
algèbre (al-*ʒêêbr*) *f* algebra *f*
Algérie (al-ʒe-*ri*) *f* Algeria *f*
Algérien (al-ʒe-*r^{i}ê~~ng~~*) *m* algerino *m*
algérien (al-ʒe-*r^{i}ê~~ng~~*) *adj* algerino
alimentation (a-li-ma~~ng~~-ta-*ss^{i}o~~ng~~*) *f* alimentazione *f*
alimenter (a-li-ma~~ng~~-*te*) *v* alimentare
aliments (a-li-*ma~~ng~~*) *mpl* alimentari *mpl*; ~ **surgelés** cibo surgelato
allaiter (a-le-*te*) *v* allattare
allée (a-*le*) *f* viale *m*
Allemagne (al-*magn*) *f* Germania *f*
Allemand (al-*ma~~ng~~*) *m* tedesco *m*
allemand (al-*ma~~ng~~*) *adj* tedesco
***aller** (a-*le*) *v* *andare; ~ **chercher** *andare a prendere, rilevare; **aller et retour** andata e ritorno; ~ **prendre** *andare a prendere; **bien ~** *addirsi; **s'en ~** *andarsene
allergie (a-lêr-*ʒi*) *f* allergia *f*
alliance (a-*l^{i}a~~ng~~ss*) *f* alleanza *f*; fede *f*
allié (a-*l^{i}e*) *m* alleato *m*; **Alliés** Alleati
s'allier (a-*l^{i}e*) allearsi
allocation (a-lo-ka-*ss^{i}o~~ng~~*) *f* assegno *m*
allocution (a-lo-kü-*ss^{i}o~~ng~~*) *f* discorso *m*
allonger (a-lo~~ng~~-*ʒe*) *v* allungare
allumage (a-lü-*maaʒ*) *m* accensione *f*
allumer (a-lü-*me*) *v* *accendere
allumette (a-lü-*mêt*) *f* fiammifero *m*
allure (a-*lüür*) *f* andatura *f*
almanach (al-ma-*nak*) *m* almanacco *m*
alors (a-*loor*) *adv* dunque, allora
alouette (a-*l^{u}êt*) *f* allodola *f*

alphabet (al-fa-*be*) *m* alfabeto *m*
alpinisme (al-pi-*nism*) *m* alpinismo *m*
alternatif (al-têr-na-*tif*) *adj* alternato
alternative (al-têr-na-*tiiv*) *f* alternativa *f*
altitude (al-ti-*tüd*) *f* altitudine *f*
aluminium (a-lü-mi-*nⁱom*) *m* alluminio *m*
amande (a-*ma~~ng~~d*) *f* mandorla *f*
amant (a-*ma~~ng~~*) *m* amante *m*
amateur (a-ma-*töör*) *m* appassionato *m*
ambassade (a~~ng~~-ba-*ssad*) *f* ambasciata *f*
ambassadeur (a~~ng~~-ba-ssa-*döör*) *m* ambasciatore *m*
ambiance (a~~ng~~-*bⁱa~~ng~~ss*) *f* atmosfera *f*
ambigu (a~~ng~~-bi-*ghü*) *adj* (f -guë) ambiguo
ambitieux (a~~ng~~-bi-*ssⁱö*) *adj* ambizioso
ambre (a~~ng~~br) *m* ambra *f*
ambulance (a~~ng~~-bü-*la~~ng~~ss*) *f* ambulanza *f*
ambulant (a~~ng~~-bü-*la~~ng~~*) *adj* ambulante
âme (aam) *f* anima *f*
amélioration (a-me-lⁱo-ra-*ssⁱo~~ng~~*) *f* miglioramento *m*
améliorer (a-me-lⁱo-*re*) *v* migliorare
amende (a-*ma~~ng~~d*) *f* multa *f*, penalità *f*
amener (am-*ne*) *v* portare; ammainare, calare
amer (a-*mêêr*) *adj* amaro
Américain (a-me-ri-*kê~~ng~~*) *m* americano *m*
américain (a-me-ri-*kê~~ng~~*) *adj* americano
Amérique (a-me-*rik*) *f* America *f*; ~ **latine** America Latina
améthyste (a-me-*tisst*) *f* ametista *f*
ami (a-*mi*) *m* amico *m*
amiante (a-*mⁱa~~ng~~t*) *m* amianto *m*
amical (a-mi-*kal*) *adj* amichevole
amidon (a-mi-*do~~ng~~*) *m* amido *m*
amidonner (a-mi-do-*ne*) *v* inamidare
amie (a-*mi*) *f* amica *f*
amiral (a-mi-*ral*) *m* ammiraglio *m*
amitié (a-mi-*tⁱe*) *f* amicizia *f*
ammoniaque (a-mo-*nⁱak*) *f* ammoniaca *f*
amnistie (am-ni-*ssti*) *f* amnistia *f*
amoncellement (a-mo~~ng~~-ssêl-*ma~~ng~~*) *m* cumulo *m*
en amont (a~~ng~~-na-*mo~~ng~~*) contro corrente
amorce (a-*morss*) *f* esca *f*
amortir (a-mor-*tiir*) *v* saldare
amortisseur (a-mor-ti-*ssöör*) *m* ammortizzatore *m*
amour (a-*muur*) *m* amore *m*; **mon** ~ amore *m*
amoureux (a-mu-*rö*) *adj* innamorato
ample (a~~ng~~pl) *adj* esauriente; ampio
ampoule (a~~ng~~-*pul*) *f* bolla *f*; lampadina *f*, bulbo *m*; ~ **de flash** lampada flash
amulette (a-mü-*lêt*) *f* amuleto *m*
amusant (a-mü-*sa~~ng~~*) *adj* divertente
amuse-gueule (a-müs-*ghöl*) *m* stuzzichino *m*
amusement (a-müs-*ma~~ng~~*) *m* passatempo *m*, divertimento *m*
amuser (a-mü-*se*) *v* divertire, *intrattenere
amygdales (a-mi-*dal*) *fpl* tonsille *fpl*
amygdalite (a-mi-da-*lit*) *f* tonsillite *f*
an (a~~ng~~) *m* anno *m*
analogue (a-na-*logh*) *adj* analogo
analyse (a-na-*liis*) *f* analisi *f*
analyser (a-na-li-*se*) *v* analizzare
analyste (a-na-*lisst*) *m* analista *m*
ananas (a-na-*na*) *m* ananas *m*
anarchie (a-nar-*fi*) *f* anarchia *f*
anatomie (a-na-to-*mi*) *f* anatomia *f*
ancêtre (a~~ng~~-*ssêêtr*) *m* antenato *m*
anchois (a~~ng~~-*f^ua*) *m* acciuga *f*
ancien (a~~ng~~-*ssⁱê~~ng~~*) *adj* antico

ancre (angkr) *f* ancora *f*
andouiller (ang-du-*ie*) *m* palco *m*
âne (aan) *m* asino *m*
anéantissement (a-ne-ang-ti-*ssmang*) *m* rovina *f*
anémie (a-ne-*mi*) *f* anemia *f*
anesthésie (a-nê-sste-*si*) *f* anestesia *f*
anesthésique (a-nê-sste-*sik*) *m* anestetico *m*
ange (angʒ) *m* angelo *m*
Anglais (ang-*ghle*) *m* inglese *m*
anglais (ang-*ghle*) *adj* inglese
angle (angghl) *m* angolo *m*
Angleterre (ang-ghlö-*têêr*) *f* Inghilterra *f*; Gran Bretagna
angoisse (ang-*ghuass*) *f* angoscia *f*
anguille (ang-*ghii*) *f* anguilla *f*
animal (a-ni-*mal*) *m* animale *m*; ~ **familier** animale domestico
animateur (a-ni-ma-*töör*) *m* comico *m*
animer (a-ni-*me*) *v* animare; **animé** animato, vivace, affollato
anneau (a-*nô*) *m* anello *m*
année (a-*ne*) *f* anno *m*; ~ **bissextile** anno bisestile; **par** ~ all'anno
annexe (a-*nêkss*) *f* allegato *m*; dipendenza *f*
annexer (a-nêk-*sse*) *v* *annettere
anniversaire (a-ni-vêr-*ssêêr*) *m* anniversario *m*, compleanno *m*
annonce (a-*nongss*) *f* annunzio *m*, avviso *m*; ~ **publicitaire** annunzio pubblicitario
annoncer (a-nong-*sse*) *v* annunziare
annuaire (a-*nuêêr*) *m* annuario *m*; ~ **téléphonique** elenco telefonico
annuel (a-*nuêl*) *adj* annuale
annulation (a-nü-la-*ssiong*) *f* annullamento *m*
annuler (a-nü-*le*) *v* *disdire, annullare
anonyme (a-no-*nim*) *adj* anonimo
anormal (a-nor-*mal*) *adj* anormale
antenne (ang-*tên*) *f* antenna *f*
antérieur (ang-te-*riöör*) *adj* anteriore
antérieurement (ang-te-riör-*mang*) *adv* anteriormente
anthologie (ang-to-lo-*ʒi*) *f* antologia *f*
antialcoolique (ang-ti-al-ko-*lik*) *m* astemio *m*
antibiotique (ang-ti-bio-*tik*) *m* antibiotico *m*
anticiper (ang-ti-ssi-*pe*) *v* anticipare
antigel (ang-ti-*ʒêl*) *m* anticongelante *m*
antipathie (ang-ti-pa-*ti*) *f* antipatia *f*
antipathique (ang-ti-pa-*tik*) *adj* antipatico
antiquaire (ang-ti-*kêêr*) *m* antiquario *m*
antique (ang-*tik*) *adj* antico
antiquité (ang-ti-ki-*te*) *f* anticaglia *f*; **Antiquité** Antichità *f*; **antiquités** antichità *fpl*
antiseptique (ang-ti-ssêp-*tik*) *m* antisettico *m*
anxiété (ang-kssie-*te*) *f* ansietà *f*
août (u) agosto
***apercevoir** (a-pêr-ssö-*vuaar*) *v* *scorgere
aperçu (a-pêr-*ssü*) *m* occhiata *f*
apéritif (a-pe-ri-*tif*) *m* aperitivo *m*
apeuré (a-pö-*re*) *adj* impaurito
apogée (a-po-*ʒe*) *m* culmine *m*, apice *m*; cima *f*
***apparaître** (a-pa-*rêêtr*) *v* *apparire; risultare
appareil (a-pa-*rêi*) *m* apparecchio *m*; aereo *m*; ~ **à jetons** distributore automatico; ~ **de chauffage** riscaldatore *m*; ~ **photographique** macchina fotografica
apparemment (a-pa-ra-*mang*) *adv* apparentemente
apparence (a-pa-*rangss*) *f* apparenza *f*; aspetto *m*
apparent (a-pa-*rang*) *adj* apparente; ovvio
apparenté (a-pa-rang-*te*) *adj* congiun-

to
apparition (a-pa-ri-*ss'o~~ng~~*) *f* apparizione *f*
appartement (a-par-tö-*ma~~ng~~*) *m* appartamento *m*; alloggio *m*
* **appartenir** (a-par-tö-*niir*) *v* *appartenere
appel (a-*pêl*) *m* appello *m*, grido *m*; ~ **interurbain** interurbana *f*; ~ **téléphonique** chiamata *f*
appeler (a-*ple*) *v* chiamare, gridare; **s'appeler** chiamarsi
appendice (a-pê~~ng~~-*diss*) *m* appendice *f*
appendicite (a-pê~~ng~~-di-*ssit*) *f* appendicite *f*
appétissant (a-pe-ti-*ssa~~ng~~*) *adj* appetitoso
appétit (a-pe-*ti*) *m* appetito *m*
applaudir (a-plô-*diir*) *v* battere le mani, applaudire
applaudissements (a-plô-di-*ssma~~ng~~*) *mpl* applauso *m*
application (a-pli-ka-*ss'o~~ng~~*) *f* applicazione *f*; diligenza *f*
appliquer (a-pli-*ke*) *v* applicare; **s'appliquer à** applicarsi
apporter (a-por-*te*) *v* portare
appréciation (a-pre-ss'a-*ss'o~~ng~~*) *f* apprezzamento *m*
apprécier (a-pre-*ss'e*) *v* apprezzare; giudicare
* **apprendre** (a-*pra~~ng~~dr*) *v* imparare; insegnare; ~ **par cœur** imparare a memoria
apprivoiser (a-pri-vᵘa-*se*) *v* addomesticare
approbation (a-pro-ba-*ss'o~~ng~~*) *f* approvazione *f*
approche (a-*proʃ*) *f* impostazione *f*
approcher (a-pro-*ʃe*) *v* avvicinare
approprié (a-pro-pri-*e*) *adj* appropriato, idoneo, comodo; adatto
approuver (a-pru-*ve*) *v* approvare; acconsentire
approvisionner en (a-pro-vi-s'o-*ne*) *provedere di
approximatif (a-prok-ssi-ma-*tif*) *adj* approssimativo
approximativement (a-prok-ssi-ma-tiv-*ma~~ng~~*) *adv* approssimativamente
appuyer (a-pui-*'e*) *v* schiacciare; **s'appuyer** appoggiarsi
âpre (aapr) *adj* aspro
après (a-*pre*) *adv* poi; *prep* dopo; ~ **que** dopo che; **d'après** secondo
après-midi (a-pre-mi-*di*) *m/f* pomeriggio *m*; **cet** ~ oggi nel pomeriggio
apte (apt) *adj* adatto
aptitude (ap-ti-*tüd*) *f* facoltà *f*
aquarelle (a-kᵘa-*rêl*) *f* acquerello *m*
Arabe (a-*rab*) *m* arabo *m*
arabe (a-*rab*) *adj* arabo
Arabie Séoudite (a-ra-bi sse-u-*dit*) Arabia Saudita
araignée (a-re-*gne*) *f* ragno *m*; **toile d'araignée** ragnatela *f*
arbitraire (ar-bi-*trêêr*) *adj* arbitrario
arbitre (ar-*bitr*) *m* arbitro *m*
arbre (arbr) *m* albero *m*; ~ **à cames** albero a camme
arbuste (ar-*büsst*) *m* arbusto *m*
arc (ark) *m* arco *m*
arcade (ar-*kad*) *f* portico *m*, arcata *f*
arc-en-ciel (ar-ka~~ng~~-*ss'êl*) *m* arcobaleno *m*
arche (arʃ) *f* arco *m*
archéologie (ar-ke-o-lo-*ʒi*) *f* archeologia *f*
archéologue (ar-ke-o-*logh*) *m* archeologo *m*
archevêque (ar-ʃö-*vêk*) *m* arcivescovo *m*
architecte (ar-ʃi-*têkt*) *m* architetto *m*
architecture (ar-ʃi-têk-*tüür*) *f* architettura *f*
archives (ar-*ʃiiv*) *fpl* archivio *m*
ardoise (ar-*dᵘaas*) *f* ardesia *f*

arène (a-*rên*) *f* arena *f*
arête (a-*rêt*) *f* cresta *f*; lisca *f*, spina di pesce
argent (ar-*ʒang*) *m* argento *m*; denaro *m*; ~ **comptant** contanti *mpl*; ~ **liquide** contanti *mpl*; **en** ~ d'argento
argenterie (ar-ʒang-*tri*) *f* argenteria *f*
Argentin (ar-ʒang-*têng*) *m* argentino *m*
argentin (ar-ʒang-*têng*) *adj* argentino
Argentine (ar-ʒang-*tin*) *f* Argentina *f*
argile (ar-*ʒil*) *f* argilla *f*
argument (ar-ghü-*mang*) *m* argomento *m*
argumenter (ar-ghü-mang-*te*) *v* argomentare
aride (a-*rid*) *adj* arido
arithmétique (a-rit-me-*tik*) *f* aritmetica *f*
armateur (ar-ma-*töör*) *m* armatore *m*
arme (arm) *f* arma *f*
armée (ar-*me*) *f* esercito *m*
armer (ar-*me*) *v* armare
armoire (ar-*mᵘaar*) *f* armadio *m*
armure (ar-*müür*) *f* corazza *f*
arôme (a-*rôm*) *m* aroma *m*
arqué (ar-*ke*) *adj* arcato
arracher (a-ra-*ʃe*) *v* *estrarre
arrangement (a-rangʒ-*mang*) *m* aggiustamento *m*
arranger (a-rang-*ʒe*) *v* *mettere in ordine; fissare
arrestation (a-rê-ssta-*ssⁱong*) *f* arresto *m*
arrêt (a-*rê*) *m* fermata *f*
arrêter (a-re-*te*) *v* terminare, *smettere; arrestare; **s'arrêter** fermarsi
arriéré (a-rⁱe-*re*) *adj* arretrato
arrière (a-*rⁱêêr*) *m* parte posteriore; **en** ~ all'indietro, indietro
arrivée (a-ri-*ve*) *f* arrivo *m*, venuta *f*
arriver (a-ri-*ve*) *v* arrivare; *succedere
arrondi (a-rong-*di*) *adj* arrotondato

art (aar) *m* arte *f*; **arts et métiers** arti e mestieri
artère (ar-*têêr*) *f* arteria *f*
artichaut (ar-ti-*ʃô*) *m* carciofo *m*
article (ar-*tikl*) *m* articolo *m*; **articles d'épicerie** alimentari *mpl*; **articles de toilette** articoli da toeletta
articulation (ar-ti-kü-la-*ssⁱong*) *f* articolazione *f*
artificiel (ar-ti-fi-*ssⁱêl*) *adj* artificiale
artisan (ar-ti-*sang*) *m* artigiano *m*
artisanat (ar-ti-sa-*na*) *m* artigianato *m*
artiste (ar-*tisst*) *m/f* artista *m*; artista *f*
artistique (ar-ti-*sstik*) *adj* artistico
ascenseur (a-ssang-*ssöör*) *m* ascensore *m*
ascension (a-ssang-*ssⁱong*) *f* ascesa *f*; ***faire l'ascension de** *ascendere
Asiatique (a-sⁱa-*tik*) *m* asiatico *m*
asiatique (a-sⁱa-*tik*) *adj* asiatico
Asie (a-*si*) *f* Asia *f*
asile (a-*sil*) *m* ospizio *m*, asilo *m*
aspect (a-*sspe*) *m* aspetto *m*
asperge (a-*sspêrʒ*) *f* asparago *m*
asphalte (a-*ssfalt*) *m* asfalto *m*
aspirateur (a-sspi-ra-*töör*) *m* aspirapolvere *m*; **passer l'aspirateur** pulire con l'aspirapolvere
aspirer (a-sspi-*re*) *v* aspirare; ~ **à** perseguire, mirare a
aspirine (a-sspi-*rin*) *f* aspirina *f*
assaisonner (a-sse-so-*ne*) *v* condire
assassinat (a-ssa-ssi-*na*) *m* assassinio *m*
assassiner (a-ssa-ssi-*ne*) *v* assassinare
assécher (a-sse-*ʃe*) *v* prosciugare
assemblée (a-ssang-*ble*) *f* assemblea *f*
assembler (a-ssang-*ble*) *v* montare; riunire
assentiment (a-ssang-ti-*mang*) *m* consenso *m*
s'*asseoir (a-*ssᵘaar*) *sedersi

assez (a-*sse*) *adv* abbastanza; alquanto
assidu (a-ssi-*dü*) *adj* diligente
assiette (a-*ss^{i}êt*) *f* piatto *m*; ~ **à soupe** scodella *f*
assigner (a-ssi-*gne*) *v* assegnare
assistance (a-ssi-*sstangss*) *f* assistenza *f*; frequenza *f*
assistant (a-ssi-*sstang*) *m* assistente *m*
assister (a-ssi-*sste*) *v* *assistere
association (a-sso-ss^{i}a-*ss^{i}ong*) *f* associazione *f*
associé (a-sso-*ss^{i}e*) *m* socio *m*
associer (a-sso-*ss^{i}e*) *v* associare
assoiffé (a-ss^{u}a-*fe*) *adj* assetato
assortiment (a-ssor-ti-*mang*) *m* assortimento *m*
assurance (a-ssü-*rangss*) *f* assicurazione *f*; **assurance-vie** *f* assicurazione sulla vita; **assurance-voyages** *f* assicurazione viaggi
assurer (a-ssü-*re*) *v* assicurare; **s'assurer de** accertarsi di, accertare; assicurarsi
asthme (assm) *m* asma *f*
astronomie (à-sstro-no-*mi*) *f* astronomia *f*
astucieux (a-sstü-*ss^{i}ö*) *adj* perspicace
atelier (a-tö-*l^{i}e*) *m* officina *f*
athée (a-*te*) *m* ateo *m*
athlète (a-*tlêt*) *m* atleta *m*
athlétisme (a-tle-*tism*) *m* atletica *f*
atmosphère (at-mo-*ssfêêr*) *f* atmosfera *f*
atome (a-*tom*) *m* atomo *m*
atomique (a-to-*mik*) *adj* atomico
atroce (a-*tross*) *adj* atroce
attacher (a-ta-*ʃe*) *v* allacciare, attaccare; legare; **attaché à** affezionato a
attaque (a-*tak*) *f* attacco *m*; rapina *f*; colpo *m*
attaquer (a-ta-*ke*) *v* *assalire, attaccare
***atteindre** (a-*têngdr*) *v* *raggiungere
attendre (a-*tangdr*) *v* aspettare; **en attendant** intanto
attente (a-*tangt*) *f* attesa *f*; aspettativa *f*
attentif (a-tang-*tif*) *adj* accurato, attento
attention (a-tang-*ss^{i}ong*) *f* attenzione *f*; ***faire** ~ *fare attenzione; ***faire** ~ **à** *stare attento a; **prêter** ~ **à** badare a
atterrir (a-te-*riir*) *v* atterrare
attestation (a-tê-ssta-*ss^{i}ong*) *f* certificato *m*
attirer (a-ti-*re*) *v* *attrarre
attitude (a-ti-*tüd*) *f* attitudine *f*; atteggiamento *m*
attouchement (a-tuʃ-*mang*) *m* tocco *m*
attraction (a-trak-*ss^{i}ong*) *f* attrattiva *f*; attrazione *f*
attrait (a-*tre*) *m* attrazione *f*; **attraits** incanto *m*
attraper (a-tra-*pe*) *v* acchiappare; *prendere; *contrarre
attribuer à (a-tri-*bue*) attribuire a
aube (ôôb) *f* alba *f*
auberge (ô-*bêrʒ*) *f* ostello *m*, locanda *f*; ~ **de jeunesse** ostello della gioventù
aubergine (ô-bêr-*ʒin*) *f* melanzana *f*
aubergiste (ô-bêr-*ʒisst*) *m* albergatore *m*
aucun (ô-*köng*) *adj* nessuno; *pron* nessuno
aucunement (ô-kün-*mang*) *adv* in nessun modo
audace (ô-*dass*) *f* audacia *f*
audacieux (ô-da-*ss^{i}ö*) *adj* coraggioso
au-dessous (ô-dö-*ssu*) *adv* giù; ~ **de** sotto
au-dessus (ô-dö-*ssü*) *adv* al di sopra; ~ **de** su; sopra

audible (ô-*dibl*) *adj* udibile
auditeur (ô-di-*töör*) *m* ascoltatore *m*, uditore *m*
auditorium (ô-di-to-*r'om*) *m* auditorio *m*
augmentation (ôgh-mang-ta-*ss'ong*) *f* aumento *m*; ~ **de salaire** aumento *m*
augmenter (ôgh-mang-*te*) *v* aumentare
aujourd'hui (ô-ʒur-*dui*) *adv* oggi
auparavant (ô-pa-ra-*vang*) *adv* già
auprès de (ô-*pre* dö) vicino a
auriculaire (ô-ri-kü-*lêêr*) *m* mignolo *m*
aurore (ô-*roor*) *f* aurora *f*
aussi (ô-*ssi*) *adv* anche; così; ~ **bien** come pure; ~ **bien que** come pure; sia … sia
aussitôt (ô-ssi-*tô*) *adv* subito; ~ **que** appena che
Australie (ô-sstra-*li*) *f* Australia *f*
Australien (ô-sstra-*l'êng*) *m* australiano *m*
australien (ô-sstra-*l'êng*) *adj* australiano
autant (ô-*tang*) *adv* tanto, altrettanto
autel (ô-*têl*) *m* altare *m*
auteur (ô-*töör*) *m* autore *m*
authentique (ô-tang-*tik*) *adj* autentico, genuino
auto (ô-*tô*) *f* automobile *f*
autobus (ô-tô-*büss*) *m* autobus *m*
autocar (ô-tô-*kaar*) *m* corriera *f*
automatique (ô-tô-ma-*tik*) *adj* automatico
automatisation (ô-tô-ma-ti-sa-*ss'ong*) *f* automazione *f*
automne (ô-*ton*) *m* autunno *m*
automobile (ô-tô-mo-*bil*) *f* automobile *f*
automobilisme (ô-tô-mo-bi-*lissm*) *m* automobilismo *m*
automobiliste (ô-tô-mo-bi-*lisst*) *m* automobilista *m*
autonome (ô-to-*nom*) *adj* autonomo
autonomie (ô-to-no-*mi*) *f* autogoverno *m*
autopsie (ô-to-*pssi*) *f* necroscopia *f*
autorisation (ô-to-ri-sa-*ss'ong*) *f* autorizzazione *f*
autoriser (ô-to-ri-*se*) *v* *permettere; autorizzare; ~ **à** lasciare; ***être autorisé à** *avere il permesso di
autoritaire (ô-to-ri-*têêr*) *adj* autoritario
autorité (ô-to-ri-*te*) *f* autorità *f*
autoroute (ô-tô-*rut*) *f* autostrada *f*
auto-stoppeur (ô-tô-ssto-*pöör*) *m* autostoppista *m*; ***faire de l'auto-stop** *fare l'autostop
autour (ô-*tuur*) *adv* attorno; intorno; ~ **de** intorno a; attorno a
autre (ôôtr) *adj* altro; **entre autres** tra l'altro
autrefois (ô-trö-*f^ua*) *adv* una volta
autrement (ô-trö-*mang*) *adv* altrimenti
Autriche (ô-*triʃ*) *f* Austria *f*
Autrichien (ô-tri-*ʃ'êng*) *m* austriaco *m*
autrichien (ô-tri-*ʃ'êng*) *adj* austriaco
autruche (ô-*trüʃ*) *f* struzzo *m*
en aval (ang-na-*val*) con la corrente
avalanche (a-va-*langʃ*) *f* valanga *f*
avaler (a-va-*le*) *v* ingoiare, inghiottire
avance (a-*vangss*) *f* vantaggio *m*; anticipo *m*; **à l'avance** anticipatamente; **d'avance** prima; in anticipo
avancement (a-vang-*ssmang*) *m* avanzamento *m*
avancer (a-vang-*sse*) *v* avanzare
avant (a-*vang*) *prep* prima di; *adv* prima; ~ **que** prima che; **en** ~ in avanti, avanti
avantage (a-vang-*taaʒ*) *m* vantaggio *m*
avantageux (a-vang-ta-*ʒö*) *adj* vantaggioso; economico

avant-hier (a-vang-*t'êêr*) *adv* avant'ieri
avare (a-*vaar*) *adj* avaro
avec (a-*vêk*) *prep* con
avenir (a-*vniir*) *m* futuro *m*
aventure (a-vang-*tüür*) *f* avventura *f*
avenue (a-*vnü*) *f* viale *m*
averse (a-*vêrss*) *f* acquazzone *m*, precipitazione *f*
aversion (a-vêr-*ss'ong*) *f* avversione *f*
avertir (a-vêr-*tiir*) *v* ammonire, avvisare
avertissement (a-vêr-ti-*ssmang*) *m* avvertimento *m*
aveugle (a-*vöghl*) *adj* cieco
aveugler (a-vö-*ghle*) *v* abbagliare
aviation (a-v'a-*ss'ong*) *f* aviazione *f*
avion (a-*v'ong*) *m* aeroplano *m*; aereo *m*, velivolo *m*; ~ **à réaction** aviogetto *m*
avis (a-*vi*) *m* consiglio *m*; avviso *m*
avocat (a-vo-*ka*) *m* avvocato *m*
avoine (a-*vuan*) *f* avena *f*
***avoir** (a-*vuaar*) *v* *avere
avoisinant (a-vua-si-*nang*) *adj* adiacente
avortement (a-vort-*mang*) *m* aborto *m*
avoué (a-vu-*e*) *m* procuratore legale
avouer (a-vu-*e*) *v* confessare
avril (a-*vril*) aprile
azote (a-*sot*) *m* azoto *m*

B

bâbord (ba-*boor*) *m* babordo *m*
baby-sitter (bê-bi-ssi-*töör*) *m* bambinaia *f*
bâche (baaʃ) *f* tela cerata
bactérie (bak-te-*ri*) *f* batterio *m*
bagage (ba-*ghaaʒ*) *m* bagaglio *m*; ~ **à main** bagaglio a mano
bague (bagh) *f* anello *m*; ~ **de fiançailles** anello di fidanzamento
baie (be) *f* bacca *f*; baia *f*, insenatura *f*
se baigner (be-*gne*) bagnarsi, *fare il bagno
bail (bai) *m* (pl baux) locazione *f*
bâiller (ba-*'e*) *v* sbadigliare
bain (bêng) *m* bagno *m*; ~ **turc** bagno turco; **bonnet de** ~ cuffia da bagno; **caleçon de** ~ mutandine da bagno
baiser (be-*se*) *m* bacio *m*
baisse (bêss) *f* diminuzione *f*, ribasso *m*
baisser (be-*sse*) *v* ribassare; abbassare
bal (bal) *m* (pl ~s) ballo *m*
balai (ba-*le*) *m* scopa *f*
balance (ba-*langss*) *f* bilancia *f*
balancer (ba-lang-*sse*) *v* dondolare; **se** ~ dondolarsi
balançoire (ba-lang-*ssuaar*) *f* altalena *f*
balayer (ba-le-*'e*) *v* scopare
balbutier (bal-bü-*ss'e*) *v* balbettare
balcon (bal-*kong*) *m* balcone *m*; balconata *f*
baleine (ba-*lên*) *f* balena *f*
balle (bal) *f* palla *f*; pallottola *f*
ballet (ba-*le*) *m* balletto *m*
ballon (ba-*long*) *m* pallone *m*, palla *f*; palloncino *m*
balustrade (ba-lü-*sstrad*) *f* ringhiera *f*
bambin (bang-*bêng*) *m* bimbetto *m*, bimbo *m*
bambou (bang-*bu*) *m* bambù *m*
banane (ba-*nan*) *f* banana *f*
banc (bang) *m* banco *m*; ~ **d'école** banco di scuola
bande (bangd) *f* gruppo *m*, banda *f*; nastro *m*, striscia *f*; **bandes dessinées** racconto a fumetti
bandit (bang-*di*) *m* bandito *m*

banlieue (bang-*l'ö*) *f* sobborgo *m*
bannière (ba-*n'êêr*) *f* stendardo *m*
banque (bangk) *f* banca *f*
banquet (bang-*ke*) *m* banchetto *m*
baptême (ba-*têm*) *m* battesimo *m*
baptiser (ba-ti-*se*) *v* battezzare
bar (baar) *m* bar *m*
baratiner (ba-ra-ti-*ne*) *v* *dire stupidaggini
barbe (barb) *f* barba *f*
barbue (bar-*bü*) *f* rombo *m*
baril (ba-*ri*) *m* barile *m*; bariletto *m*
bariton (ba-ri-*tong*) *m* baritono *m*
barmaid (bar-*mêd*) *f* barista *f*
barman (bar-*man*) *m* barista *m*
baromètre (ba-ro-*mêtr*) *m* barometro *m*
baroque (ba-*rok*) *adj* barocco
barque (bark) *f* barca *f*
barrage (ba-*raaʒ*) *m* argine *m*
barre (baar) *f* sbarra *f*, barra *f*; timone *m*; banco *m*
barreau (ba-*rô*) *m* sbarra *f*
barrière (ba-*r'êêr*) *f* barriera *f*; steccato *m*
bas[1] (ba) *adj* (f ~se) basso; **en** ~ giù; dabbasso, in giù; **en** ~ **de** sotto; **vers le** ~ in giù, dabbasso
bas[2] (ba) *m* calza *f*
bas-côté (ba-kô-*te*) *m* navata laterale
bascule (ba-*sskül*) *f* bilancia *f*
base (bas) *f* fondamento *m*, base *f*
base-ball (bês-*bol*) *m* baseball *m*
baser (ba-*se*) *v* basare
basilique (ba-si-*lik*) *f* basilica *f*
basse (bass) *f* basso *m*
bassin (ba-*ssêng*) *m* catino *m*, bacino *m*
bataille (ba-*tai*) *f* battaglia *f*
bateau (ba-*tô*) *m* barca *f*; ~ **à moteur** motonave *f*; ~ **à rames** barca a remi; ~ **à vapeur** piroscafo *m*; ~ **à voiles** barca a vela; **bateau-citerne** *m* petroliera *f*
bâtiment (ba-ti-*mang*) *m* edificio *m*; edilizia *f*
bâtir (ba-*tiir*) *v* costruire; edificare
bâton (ba-*tong*) *m* bastone *m*; **bâtons de ski** bastoni da sci
***battre** (batr) *v* schiaffeggiare; battere; mescolare; **se** ~ combattere
bavard (ba-*vaar*) *adj* loquace
bavardage (ba-var-*daaʒ*) *m* ciarlata *f*, chiacchierata *f*
bavarder (ba-var-*de*) *v* chiacchierare
beau (bô) *adj* (bel; f belle) bello; avvenente
beaucoup (bô-*ku*) *adv* molto; **de** ~ di gran lunga
beau-fils (bô-*fiss*) *m* genero *m*
beau-frère (bô-*frêêr*) *m* cognato *m*
beau-père (bô-*pêêr*) *m* suocero *m*; patrigno *m*
beauté (bô-*te*) *f* bellezza *f*; **produits de** ~ cosmetici *mpl*
beaux-arts (bô-*saar*) *mpl* belle arti
beaux-parents (bô-pa-*rang*) *mpl* suoceri
bébé (be-*be*) *m* piccino *m*
bec (bêk) *m* becco *m*
bec-de-corbin (bêk-dö-kor-*bêng*) *m* piede di porco
bêche (bêʃ) *f* zappa *f*
beige (bêêʒ) *adj* beige
Belge (bêlʒ) *m* belga *m*
belge (bêlʒ) *adj* belga
Belgique (bêl-*ʒik*) *f* Belgio *m*
belle-fille (bêl-*fi'*) *f* nuora *f*
belle-mère (bêl-*mêêr*) *f* suocera *f*; matrigna *f*
belle-sœur (bêl-*ssöör*) *f* cognata *f*
bénédiction (be-ne-dik-*ss'ong*) *f* benedizione *f*
bénéfice (be-ne-*fiss*) *m* beneficio *m*, profitto *m*
bénéficiaire (be-ne-fi-*ss'êêr*) *m* beneficiario *m*
bénéficier de (be-ne-fi-*ss'e*) beneficia-

re di
bénir (be-*niir*) *v* *benedire
béquille (be-*ki^{i}*) *f* stampella *f*
berceau (bêr-*ssô*) *m* culla *f*; ~ **de voyage** baby-pullman *m*
béret (be-*re*) *m* berretto *m*
berge (bêrʒ) *f* argine *m*
berger (bêr-*ʒe*) *m* pastore *m*
besogne (bö-*sogn*) *f* compito *m*
besoin (bö-*s^{u}êng*) *m* bisogno *m*, necessità *f*; ***avoir ~ de** *aver bisogno di, bisognare
bétail (be-*tai*) *m* bestiame *m*
bête (bêt) *f* animale *m*; *adj* grullo, ottuso, stupido; ~ **de proie** animale da preda
béton (be-*tong*) *m* calcestruzzo *m*
betterave (bê-*traav*) *f* barbabietola *f*
beurre (böör) *m* burro *m*
Bible (bibl) *f* bibbia *f*
bibliothèque (bi-bli-o-*têk*) *f* biblioteca *f*
bicyclette (bi-ssi-*klêt*) *f* bicicletta *f*
bien (b^{i}êng) *adv* bene; **bien!** ebbene!; va bene!; ~ **que** sebbene; **biens** *mpl* merci, possedimenti *mpl*
bien-être (b^{i}êng-*nêêtr*) *m* benessere *m*; agio *m*
bientôt (b^{i}êng-*tô*) *adv* presto; prossimamente
bienveillance (b^{i}êng-ve-*^{i}angss*) *f* benevolenza *f*
bienvenu (b^{i}êng-*vnü*) *adj* benvenuto
bière (b^{i}êêr) *f* birra *f*
bifteck (bif-*têk*) *m* bistecca *f*
bifurcation (bi-für-ka-*ss^{i}ong*) *f* bivio *m*
bifurquer (bi-für-*ke*) *v* biforcarsi
bigorneau (bi-ghor-*nô*) *m* chiocciola di mare
bigoudi (bi-ghu-*di*) *m* bigodino *m*
bijou (bi-*ʒu*) *m* (pl ~x) gioiello *m*; gemma *f*; **bijoux** gioie
bijoutier (bi-ʒu-*t^{i}e*) *m* gioielliere *m*
bilan (bi-*lang*) *m* bilancio *m*
bile (bil) *f* bile *f*
bilingue (bi-*lênggh*) *adj* bilingue
billard (bi-*^{i}aar*) *m* biliardo *m*
bille (bi^{i}) *f* pallina *f*
billet (bi-*^{i}e*) *m* biglietto *m*; ~ **de banque** banconota *f*; ~ **gratuit** biglietto gratuito
biologie (bi-o-lo-*ʒi*) *f* biologia *f*
biscuit (bi-*sskui*) *m* biscottino *m*; biscotto *m*
bistrot (bi-*sstrô*) *m* bar *m*, taverna *f*
bizarre (bi-*saar*) *adj* bizzarro, strano
blague (blagh) *f* scherzo *m*; ~ **à tabac** astuccio per tabacco
blaireau (blê-*rô*) *m* pennello da barba
blâme (blaam) *m* biasimo *m*, colpa *f*
blâmer (bla-*me*) *v* rimproverare
blanc (blang) *adj* (f blanche) bianco; in bianco
blanchaille (blang-*ʃai*) *f* pesciolino *m*
blanchisserie (blang-ʃi-*ssri*) *f* lavanderia *f*
blazer (bla-*sêêr*) *m* giacca sportiva
blé (ble) *m* grano *m*; frumento *m*
blesser (ble-*sse*) *v* ferire; *offendere
blessure (ble-*ssüür*) *f* ferita *f*; lesione *f*
bleu (blö) *adj* (pl bleus) blu; *m* livido *m*
bloc (blok) *m* ceppo *m*
bloc-notes (blok-*not*) *m* blocco per appunti, blocco di carta da lettere
blond (blong) *adj* biondo
blonde (blongd) *f* bionda *f*
bloquer (blo-*ke*) *v* bloccare
bobine (bo-*bin*) *f* rocchetto *m*; ~ **d'allumage** bobina di accensione
bœuf (böf) *m* bue *m*; manzo *m*
bohémien (bo-e-*m^{i}êng*) *m* zingaro *m*
***boire** (b^{u}aar) *v* *bere
bois (b^{u}a) *m* legno *m*; foresta *f*, bosco *m*; ~ **d'œuvre** legname *m*; **en ~** di legno

boisé (b^{u}a-*se*) *adj* boscoso
boisson (b^{u}a-*sso~~ng~~*) *f* bevanda *f*, bibita *f*
boîte (b^{u}at) *f* scatola *f*; latta *f*, barattolo *m*; ~ **à ordures** pattumiera *f*; ~ **à outils** cassetta degli arnesi; ~ **aux lettres** cassetta postale; ~ **d'allumettes** scatola di fiammiferi; ~ **de couleurs** scatola di colori; ~ **de nuit** locale notturno; ~ **de vitesse** cambio di velocità
boiter (b^{u}a-*te*) *v* zoppicare
boiteux (b^{u}a-*tö*) *adj* zoppicante, zoppo
bol (bol) *m* bacino *m*; vaso *m*
Bolivie (bo-li-*vi*) *f* Bolivia *f*
Bolivien (bo-li-*v^{i}ê~~ng~~*) *m* boliviano *m*
bolivien (bo-li-*v^{i}ê~~ng~~*) *adj* boliviano
bombarder (bo~~ng~~-bar-*de*) *v* bombardare
bombe (bo~~ng~~b) *f* bomba *f*
bon[1] (bo~~ng~~) *adj* buono; gustoso
bon[2] (bo~~ng~~) *m* ricevuta *f*; ~ **de commande** modulo di ordinazione
bonbon (bo~~ng~~-*bo~~ng~~*) *m* caramella *f*; **bonbons** dolciumi *mpl*
bond (bo~~ng~~) *m* salto *m*
bondé (bo~~ng~~-*de*) *adj* affollato
bondir (bo~~ng~~-*diir*) *v* balzare
bonheur (bo-*nöör*) *m* felicità *f*
bonjour! (bo~~ng~~-*ʒuur*) ciao!
bonne (bon) *f* cameriera *f*; domestica *f*; ~ **d'enfants** bambinaia *f*
bonne-maman (bon-ma-*ma~~ng~~*) *f* nonna *f*
bonneterie (bo-nê-*tri*) *f* maglieria *f*
bon-papa (bo~~ng~~-pa-*pa*) *m* nonno *m*
bonsoir! (bo~~ng~~-*ss^{u}aar*) buona sera!
bonté (bo~~ng~~-*te*) *f* bontà *f*
bord (boor) *m* margine *m*; orlo *m*, bordo *m*; **à** ~ a bordo; ~ **de la mer** riva del mare; ~ **de la rivière** lungofiume *m*; ~ **du trottoir** orlo del marciapiede
bordel (bor-*dêl*) *m* bordello *m*
borne routière (born ru-*t^{i}êêr*) pietra miliare
borné (bor-*ne*) *adj* meschino
bosquet (bo-*sske*) *m* boschetto *m*
bosse (boss) *f* ammaccatura *f*, protuberanza *f*
botanique (bo-ta-*nik*) *f* botanica *f*
botte (bot) *f* stivale *m*
bottin (bo-*tê~~ng~~*) *m* elenco telefonico
bouc (buk) *m* becco *m*; ~ **émissaire** capro espiatorio
bouche (buʃ) *f* bocca *f*
bouchée (bu-*ʃe*) *f* boccone *m*
boucher[1] (bu-*ʃe*) *m* macellaio *m*
boucher[2] (bu-*ʃe*) *v* turare
boucherie (bu-*ʃri*) *f* macelleria *f*
bouchon (bu-*ʃo~~ng~~*) *m* tappo *m*, sughero *m*
boucle (bukl) *f* fibbia *f*; ricciolo *m*; nodo scorsoio; ~ **d'oreille** orecchino *m*
boucler (bu-*kle*) *v* ondulare; **bouclé** ricciuto
boue (bu) *f* fango *m*
bouée (bu-*e*) *f* boa *f*; ~ **de sauvetage** cintura di salvataggio
boueux (bu-*ö*) *adj* fangoso
bouger (bu-*ʒe*) *v* *muovere
bougie (bu-*ʒi*) *f* candela *f*; ~ **d'allumage** candela d'accensione
***bouillir** (bu-*^{i}iir*) *v* bollire
bouilloire (bu-*^{iu}aar*) *f* bollitore *m*
bouillotte (bu-*^{i}ot*) *f* borsa dell'acqua calda
boulanger (bu-la~~ng~~-*ʒe*) *m* panettiere *m*
boulangerie (bu-la~~ng~~-*ʒri*) *f* panetteria *f*
boule (bul) *f* palla *f*
bouleau (bu-*lô*) *m* betulla *f*
bouleversé (bul-vêr-*sse*) *adj* costernato
boulon (bu-*lo~~ng~~*) *m* bullone *m*

boulot (bu-*lô*) *m* lavoro *m*
bouquet (bu-*ke*) *m* mazzo *m*
bourg (buur) *m* borgo *m*
bourgeois (bur-*ʒ^{u}a*) *adj* borghese
bourgeon (bur-*ʒong*) *m* bocciolo *m*
bourré (bu-*re*) *adj* pieno zeppo
bourreau (bu-*rô*) *m* boia *m*
bourse (burss) *f* borsellino *m*; ~ **des valeurs** borsa valori; ~ **d'études** borsa di studio
boussole (bu-*ssol*) *f* bussola *f*
bout (bu) *m* estremità *f*; punta *f*
bouteille (bu-*têi*) *f* bottiglia *f*
boutique (bu-*tik*) *f* boutique *m*; negozio *m*
bouton (bu-*tong*) *m* manopola *f*, bottone *m*; **boutons de manchettes** gemelli *mpl*
boutonner (bu-to-*ne*) *v* abbottonare
boutonnière (bu-to-*n^{i}êêr*) *f* asola *f*
bowling (bô-*ling*) *m* bowling *m*; pista di bocce
boxer (bok-*sse*) *v* *fare del pugilato
bracelet (bra-*ssle*) *m* braccialetto *m*; **bracelet-montre** *m* orologio da polso; ~ **pour montre** cinturino da orologio
braconner (bra-ko-*ne*) *v* cacciare di frodo
braguette (bra-*ghêt*) *f* brachetta *f*
branche (brangʃ) *f* ramo *m*
brancher (brang-*ʃe*) *v* collegare; *connettere
branchie (brang-*ʃi*) *f* branchia *f*
branlant (brang-*lang*) *adj* barcollante
bras (bra) *m* braccio *m*; **bras-dessus bras-dessous** a braccetto
brasse (brass) *f* nuoto a rana; ~ **papillon** nuoto a farfalla
brasser (bra-*sse*) *v* *fare la birra
brasserie (bra-*ssri*) *f* birreria *f*
brave (brav) *adj* coraggioso, valoroso; virtuoso
brèche (brêʃ) *f* breccia *f*
bref (brêf) *adj* (f brève) breve
brème (brêm) *f* abramide *m*
Brésil (bre-*sil*) *m* Brasile *m*
Brésilien (bre-si-*l^{i}êng*) *m* brasiliano *m*
brésilien (bre-si-*l^{i}êng*) *adj* brasiliano
bretelles (brö-*têl*) *fpl* bretelle *fpl*
brevet (brö-*ve*) *m* brevetto *m*
bridge (bridʒ) *m* bridge *m*
brillant (bri-*^{i}ang*) *adj* brillante; lucido
briller (bri-*^{i}e*) *v* scintillare, brillare; *ardere
brin d'herbe (brêng dêrb) filo d'erba
brindille (brêng-*di^{i}*) *f* ramoscello *m*
brioche (bri-*oʃ*) *f* panino *m*
brique (brik) *f* laterizio *m*, mattone *m*
briquet (bri-*ke*) *m* accendino *m*
brise (briis) *f* brezza *f*
briser (bri-*se*) *v* *rompere; **brisé** rotto
Britannique (bri-ta-*nik*) *m* britanno *m*
britannique (bri-ta-*nik*) *adj* inglese, britannico
broche (broʃ) *f* spilla *f*; spiedo *m*
brochet (bro-*ʃe*) *m* luccio *m*
brochure (bro-*ʃüür*) *f* opuscolo *m*
broder (bro-*de*) *v* ricamare
broderie (bro-*dri*) *f* ricamo *m*
bronchite (brong-*ʃit*) *f* bronchite *f*
bronze (brongs) *m* bronzo *m*; **en** ~ bronzeo
brosse (bross) *f* spazzola *f*; ~ **à habits** spazzola per vestiti
brosser (bro-*sse*) *v* spazzolare
brouette (bru-*êt*) *f* carriola *f*
brouillard (bru-*^{i}aar*) *m* nebbia *f*
brouiller (bru-*^{i}e*) *v* mescolare; *confondere; *mettere il disaccordo
bruit (brui) *m* rumore *m*
brûler (brü-*le*) *v* *ardere; bruciare
brûlure (brü-*lüür*) *f* bruciatura *f*; **brûlures d'estomac** bruciore di stomaco
brume (brüm) *f* foschia *f*
brumeux (brü-*mö*) *adj* nebbioso; fo-

sco
brun (brö~~ng~~) *adj* bruno
brunette (brü-*nêt*) *f* bruna *f*
brusque (brüssk) *adj* brusco; rude
brut (brüt) *adj* lordo
brutal (brü-*tal*) *adj* brutale
bruyant (brui-*'a~~ng~~*) *adj* rumoroso
bruyère (brui-*'êêr*) *f* erica *f*; brughiera *f*
bûche (büʃ) *f* ceppo *m*
bûcher (bü-*ʃe*) *v* lavorare sodo
budget (bü-*dʒe*) *m* bilancio *m*; preventivo *m*
buffet (bü-*fe*) *m* buffé *m*
buisson (bui-*sso~~ng~~*) *m* cespuglio *m*
bulbe (bülb) *m* bulbo *m*
Bulgare (bül-*ghaar*) *m* bulgaro *m*
bulgare (bül-*ghaar*) *adj* bulgaro
Bulgarie (bül-gha-*ri*) *f* Bulgaria *f*
bulle (bül) *f* bolla *f*
bulletin météorologique (bül-tê~~ng~~ me-te-o-ro-lo-*ʒik*) bollettino meteorologico
bureau (bü-*rô*) *m* ufficio *m*; scrittoio *m*; scrivania *f*, divisione *f*; ~ **de change** ufficio cambio; ~ **de l'emploi** ufficio di collocamento; ~ **de poste** ufficio postale; ~ **de renseignements** ufficio informazioni; ~ **des objets trouvés** ufficio oggetti smarriti; ~ **de tabac** tabaccheria *f*; ~ **de voyages** agenzia viaggi; **employé de** ~ commesso d'ufficio; **heures de** ~ ore d'ufficio
bureaucratie (bü-rô-kra-*ssi*) *f* burocrazia *f*
burin (bü-*rê~~ng~~*) *m* scalpello *m*
buste (büsst) *m* busto *m*
but (bü) *m* fine *m*, intento *m*; rete *f*
butte (büt) *f* elevazione *f*

C

ça (ssa) *pron* ciò
cabane (ka-*ban*) *f* capanna *f*
cabaret (ka-ba-*re*) *m* cabaret *m*
cabine (ka-*bin*) *f* cabina *f*; ~ **de pont** cabina di coperta; ~ **d'essayage** salottino di prova
cabinet (ka-bi-*ne*) *m* gabinetto *m*; studio *m*; ~ **de consultations** consultorio *m*
câble (kabl) *m* cavo *m*
cacahuète (ka-ka-*uêt*) *f* arachide *f*
cachemire (kaʃ-*miir*) *m* cachemire *m*
cacher (ka-*ʃe*) *v* *nascondere
cachet (ka-*ʃe*) *m* timbro *m*; capsula *f*
cadavre (ka-*daavr*) *m* cadavere *m*
cadeau (ka-*dô*) *m* dono *m*, regalo *m*
cadenas (kad-*na*) *m* lucchetto *m*
cadet (ka-*de*) *adj* minore
cadre (kaadr) *m* cornice *f*; scenario *m*; quadro *m*
café (ka-*fe*) *m* caffè *m*; bar *m*, taverna *f*
caféine (ka-fe-*in*) *f* caffeina *f*
cafétéria (ka-fe-te-*r'a*) *f* tavola calda
cage (kaaʒ) *f* gabbia *f*
cahier (ka-*'e*) *m* quaderno *m*; ~ **de croquis** album da disegno
cahoteux (ka-o-*tö*) *adj* accidentato
caille (kai) *f* quaglia *f*
caillou (ka-*'u*) *m* (pl ~x) ciottolo *m*
caisse (kêss) *f* gabbia da imballaggio; cassa *f*; ~ **d'épargne** cassa di risparmio
caissier (ke-*ss'e*) *m* cassiere *m*
caissière (kê-*ss'êêr*) *f* cassiera *f*
cal (kal) *m* callo *m*
calamité (ka-la-mi-*te*) *f* sciagura *f*, calamità *f*
calcium (kal-*ss'om*) *m* calcio *m*
calcul (kal-*kül*) *m* calcolo *m*; ~ **biliai-**

re calcolo biliare
calculatrice (kal-kü-la-*triss*) *f* addizionatrice *f*
calculer (kal-kü-*le*) *v* *fare i calcoli; computare, calcolare
cale (kal) *f* stiva *f*, cuneo *m*
caleçon (kal-*ssong*) *m* mutande *fpl*; mutandine *fpl*; ~ **de bain** mutandine da bagno
calendrier (ka-lang-dri-*e*) *m* calendario *m*
câliner (ka-li-*ne*) *v* vezzeggiare
calmant (kal-*mang*) *m* tranquillante *m*
calme (kalm) *adj* calmo
calmer (kal-*me*) *v* calmare
calomnie (ka-lom-*ni*) *f* calunnia *f*
calorie (ka-lo-*ri*) *f* caloria *f*
calvinisme (kal-vi-*nissm*) *m* calvinismo *m*
camarade (ka-ma-*rad*) *m* compagno *m*; ~ **de classe** compagno di classe
cambrioler (kang-bri-o-*le*) *v* scassinare
cambrioleur (kang-bri-o-*löör*) *m* scassinatore *m*
camée (ka-*me*) *m* cammeo *m*
caméra (ka-me-*ra*) *f* cinepresa *f*
camion (ka-*m'ong*) *m* autocarro *m*; ~ **de livraison** furgone *m*
camionnette (ka-m'o-*nêt*) *f* camionetta *f*
camp (kang) *m* campo *m*; ~ **de vacances** colonia di vacanze
campagne (kang-*pagn*) *f* campagna *f*
camper (kang-*pe*) *v* accamparsi
campeur (kang-*pöör*) *m* campeggiatore *m*
camping (kang-*ping*) *m* campeggio *m*; **terrain de** ~ campeggio *m*
Canada (ka-na-*da*) *m* Canadà *m*
Canadien (ka-na-*d'êng*) *m* canadese *m*
canadien (ka-na-*d'êng*) *adj* canadese
canal (ka-*nal*) *m* canale *m*
canapé (ka-na-*pe*) *m* sofà *m*, divano *m*
canard (ka-*naar*) *m* anitra *f*
canari (ka-na-*ri*) *m* canarino *m*
cancer (kang-*ssêêr*) *m* cancro *m*
candélabre (kang-de-*laabr*) *m* candelabro *m*
candidat (kang-di-*da*) *m* candidato *m*
candidature (kang-di-da-*tüür*) *f* domanda d'impiego
canif (ka-*nif*) *m* temperino *m*
caniveau (ka-ni-*vô*) *m* cunetta *f*
canne (kan) *f* bastone *m*; canna *f*, bastone da passeggio; ~ **à pêche** canna da pesca
cannelle (ka-*nêl*) *f* cannella *f*
canon (ka-*nong*) *m* cannone *m*
canot (ka-*nô*) *m* canoa *f*; barchetta *f*; ~ **automobile** motoscafo *m*
cantine (kang-*tin*) *f* mensa *f*
caoutchouc (ka-u-*tʃu*) *m* caucciù *m*; ~ **mousse** gommapiuma *f*
cap (kap) *m* capo *m*; rotta *f*
capable (ka-*pabl*) *adj* capace; abile; ***être** ~ **de** *essere in grado di
capacité (ka-pa-ssi-*te*) *f* abilità *f*; capacità *f*
cape (kap) *f* mantella *f*
capitaine (ka-pi-*tên*) *m* capitano *m*
capital (ka-pi-*tal*) *m* capitale *m*; *adj* importante
capitale (ka-pi-*tal*) *f* capitale *f*
capitalisme (ka-pi-ta-*lissm*) *m* capitalismo *m*
capitonner (ka-pi-to-*ne*) *v* tappezzare
capitulation (ka-pi-tü-la-*ss'ong*) *f* capitolazione *f*
capot (ka-*pô*) *m* cofano *m*
caprice (ka-*priss*) *m* capriccio *m*
capsule (ka-*pssül*) *f* capsula *f*
capture (kap-*tüür*) *f* cattura *f*
capturer (kap-tü-*re*) *v* catturare
capuchon (ka-pü-*ʃong*) *m* cappuccio *m*

car[1] (kaar) *conj* poiché
car[2] (kaar) *m* autobus *m*
caractère (ka-rak-*têêr*) *m* carattere *m*
caractériser (ka-rak-te-ri-*se*) *v* caratterizzare
caractéristique (ka-rak-te-ri-*sstik*) *f* caratteristica *f*; *adj* tipico, caratteristico
carafe (ka-*raf*) *f* caraffa *f*
caramel (ka-ra-*mêl*) *m* caramella di zucchero; caramella *f*
carat (ka-*ra*) *m* carato *m*
caravane (ka-ra-*van*) *f* carovana *f*; roulotte *f*
carburateur (kar-bü-ra-*töör*) *m* carburatore *m*
cardigan (kar-di-*ghang*) *m* giaccone *m*
cardinal (kar-di-*nal*) *m* cardinale *m*; *adj* cardinale
carence (ka-*rangss*) *f* carenza *f*; scarsezza *f*
cargaison (kar-ghe-*song*) *f* carico *m*
carillon (ka-ri-*ⁱong*) *m* carillon *m*
carnaval (kar-na-*val*) *m* (pl ~s) carnevale *m*
carnet (kar-*ne*) *m* taccuino *m*; ~ **de chèques** libretto di assegni
carotte (ka-*rot*) *f* carota *f*
carpe (karp) *f* carpa *f*
carré (ka-*re*) *m* quadrato *m*; *adj* quadrato
carreau (ka-*rô*) *m* mattonella *f*; vetro *m*; **à carreaux** quadrettato
carrefour (kar-*fuur*) *m* incrocio *m*; crocicchio *m*
carrière (ka-*rⁱêêr*) *f* carriera *f*; cava *f*
carrosse (ka-*ross*) *m* carrozza *f*
carrosserie (ka-ro-*ssri*) *f* carrozzeria *f*
cartable (kar-*tabl*) *m* cartella *f*
carte (kart) *f* cartoncino *m*; carta *f*, mappa *f*; ~ **d'abonnement** abbonamento *m*; ~ **de crédit** carta di credito; ~ **de jeu** carta da gioco; ~ **des vins** lista dei vini; ~ **de visite** biglietto da visita; ~ **d'identité** carta d'identità; ~ **marine** carta nautica; ~ **postale** cartolina *f*, cartolina illustrata; ~ **routière** carta stradale; ~ **verte** carta verde
carter (kar-*têêr*) *m* basamento *m*
cartilage (kar-ti-*laaȝ*) *m* cartilagine *f*
carton (kar-*tong*) *m* cartone *m*; scatolone *m*; **en** ~ di cartone
cartouche (kar-*tuʃ*) *f* cartuccia *f*; stecca *f*
cas (ka) *m* caso *m*; **au** ~ **où** qualora; ~ **d'urgence** caso di emergenza; **en aucun** ~ in nessun modo; **en** ~ **de** in caso di
cascade (ka-*sskad*) *f* cascata *f*
case (kaas) *f* scomparto *m*
caserne (ka-*sêrn*) *f* caserma *f*
casino (ka-si-*nô*) *m* casinò *m*
casque (kassk) *m* casco *m*
casquette (ka-*sskêt*) *f* berretto *m*
casse-croûte (ka-*sskrut*) *m* spuntino *m*
casse-noix (ka-*ssnᵘa*) *m* schiaccianoci *m*
casser (ka-*sse*) *v* *rompere; **cassé** guasto
casserole (ka-*ssrol*) *f* tegame *m*
casse-tête (ka-*sstêt*) *m* rompicapo *m*
cassis (ka-*ssiss*) *m* ribes nero
castor (ka-*sstoor*) *m* castoro *m*
catacombe (ka-ta-*kongb*) *f* catacomba *f*
catalogue (ka-ta-*logh*) *m* catalogo *m*
catarrhe (ka-*taar*) *m* catarro *m*
catastrophe (ka-ta-*sstrof*) *f* catastrofe *f*, disastro *m*
catégorie (ka-te-gho-*ri*) *f* categoria *f*; genere *m*
cathédrale (ka-te-*dral*) *f* cattedrale *f*; duomo *m*
catholique (ka-to-*lik*) *adj* cattolico
cause (kôôs) *f* causa *f*; **à** ~ **de** a causa di

causer (kô-*se*) *v* causare; ciarlare

causette (kô-*sêt*) *f* ciancia *f*

caution (kô-*ss'o~~ng~~*) *f* cauzione *f*; **sujet à** ~ malfido

cavalier (ka-va-*l'e*) *m* cavallerizzo *m*

cave (kav) *f* cantina *f*

caverne (ka-*vêrn*) *f* caverna *f*

caviar (ka-*v'aar*) *m* caviale *m*

cavité (ka-vi-*te*) *f* cavità *f*

ce (ssö) *adj* (cet; f cette, pl ces) quello; questo

ceci (ssö-*ssi*) *pron* questo

céder (sse-*de*) *v* cedere

ceinture (ssê~~ng~~-*tüür*) *f* cinghia *f*; ~ **de sécurité** cintura di sicurezza

cela (ssö-*la*) *pron* quello

célébration (sse-le-bra-*ss'o~~ng~~*) *f* celebrazione *f*

célèbre (sse-*lêbr*) *adj* celebre

célébrer (sse-le-*bre*) *v* celebrare

célébrité (sse-le-bri-*te*) *f* fama *f*, celebrità *f*

céleri (ssêl-*ri*) *m* sedano *m*

célibat (sse-li-*ba*) *m* celibato *m*

célibataire (sse-li-ba-*têêr*) *m* celibe *m*; *adj* celibe

cellophane (ssê-lo-*fan*) *f* cellofan *m*

cellule (ssê-*lül*) *f* cella *f*

celui-là (ssö-lui-*la*) *pron* (f celle-là, pl ceux-là, celles-là) quello

cendre (ssa~~ng~~dr) *f* cenere *f*

cendrier (ssa~~ng~~-dri-*e*) *m* portacenere *m*

censure (ssa~~ng~~-*ssüür*) *f* censura *f*

cent (ssa~~ng~~) *num* cento; **pour** ~ percento *m*

centigrade (ssa~~ng~~-ti-*ghrad*) *adj* centigrado

centimètre (ssa~~ng~~-ti-*mêtr*) *m* centimetro *m*; metro a nastro

central (ssa~~ng~~-*tral*) *adj* centrale; ~ **téléphonique** centralino *m*

centrale (ssa~~ng~~-*tral*) *f* centrale elettrica

centraliser (ssa~~ng~~-tra-li-*se*) *v* centralizzare

centre (ssa~~ng~~tr) *m* centro *m*; ~ **commercial** centro commerciale; ~ **de la ville** centro della città; ~ **de loisirs** centro di ricreazione

cependant (ssö-pa~~ng~~-*da~~ng~~*) *conj* eppure; però

céramique (sse-ra-*mik*) *f* ceramica *f*

cercle (ssêrkl) *m* circolo *m*, cerchio *m*

céréale (sse-re-*al*) *f* grano *m*; frumento *m*

cérémonie (sse-re-mo-*ni*) *f* cerimonia *f*

cérémonieux (sse-re-mo-*n'ö*) *adj* formale

cerise (ssö-*riis*) *f* ciliegia *f*

certain (ssêr-*tê~~ng~~*) *adj* certo; **certains** *pron* alcuni

certificat (ssêr-ti-fi-*ka*) *m* attestato *m*; certificato *m*; ~ **médical** certificato di sanità

cerveau (ssêr-*vô*) *m* cervello *m*

ces (sse) *adj* questi; quei

cesser (sse-*sse*) *v* *smettere; cessare

ceux-là (ssö-*la*) *pron* (f celles-là) quelli

chacun (ʃa-*kö~~ng~~*) *pron* ognuno; chiunque

chagrin (ʃa-*ghrê~~ng~~*) *m* dispiacere *m*; cordoglio *m*

chaîne (ʃên) *f* catena *f*

chair (ʃêêr) *f* carne *f*; ~ **de poule** pelle d'oca

chaire (ʃêêr) *f* pulpito *m*

chaise (ʃêês) *f* sedia *f*; ~ **longue** sedia a sdraio

châle (ʃaal) *m* scialle *m*

chalet (ʃa-*le*) *m* chalet *m*

chaleur (ʃa-*löör*) *f* calore *m*, caldo *m*

chambre (ʃa~~ng~~br) *f* stanza *f*; ~ **à air** camera d'aria; ~ **à coucher** camera da letto; ~ **d'ami** camera degli ospiti; ~ **d'enfants** camera dei bambini ; ~ **et petit déjeuner** alloggio e colazione ; ~ **forte** camera blindata ; ~ **pour une personne** camera a un letto

chameau (ʃa-*mô*) *m* cammello *m*

champ (ʃ~~ang~~) *m* campo *m* ; ~ **de blé** campo di grano ; ~ **de courses** pista da corsa ; **sur-le-champ** subito

champagne (ʃ~~ang~~-*pagn*) *m* champagne *m*

champignon (ʃ~~ang~~-pi-*gn~~ong~~*) *m* fungo mangereccio, fungo *m*

champion (ʃ~~ang~~-*p'~~ong~~*) *m* campione *m*

chance (ʃ~~ang~~ss) *f* successo *m*, fortuna *f* ; opportunità *f*

chanceux (ʃ~~ang~~-*ssö*) *adj* fortunato

chandail (ʃ~~ang~~-*dai*) *m* maglione *m*, golf *m*

change (ʃ~~ang~~ʒ) *m* cambio *m* ; **bureau de** ~ ufficio cambio

changement (ʃ~~ang~~ʒ-*m~~ang~~*) *m* cambio *m* ; mutamento *m*, cambiamento *m*

changer (ʃ~~ang~~-*ʒe*) *v* cambiare ; ~ **de vitesse** cambiare marcia ; ~ **en** trasformarsi in ; **se** ~ cambiarsi

chanson (ʃ~~ang~~-*ss~~ong~~*) *f* canzone *f* ; ~ **populaire** canzone popolare

chant (ʃ~~ang~~) *m* canzone *f*, canto *m*

chantage (ʃ~~ang~~-*taaʒ*) *m* ricatto *m*

chanter (ʃ~~ang~~-*te*) *v* cantare ; ***faire** ~ ricattare

chanteur (ʃ~~ang~~-*töör*) *m* cantante *m*

chanteuse (ʃ~~ang~~-*töös*) *f* cantante *f*

chantier naval (ʃ~~ang~~-t'e na-*val*) cantiere navale

chanvre (ʃ~~ang~~vr) *m* canapa *f*

chaos (ka-*ô*) *m* caos *m*

chaotique (ka-o-*tik*) *adj* caotico

chapeau (ʃa-*pô*) *m* cappello *m*

chapelain (ʃa-*pl~~êng~~*) *m* cappellano *m*

chapelet (ʃa-*ple*) *m* rosario *m*

chapelle (ʃa-*pêl*) *f* cappella *f*

chapitre (ʃa-*pitr*) *m* capitolo *m*

chaque (ʃak) *adj* ogni, ciascuno

charbon (ʃar-*b~~ong~~*) *m* carbone *m* ; ~ **de bois** carbone di legno

charcuterie (ʃar-kü-*tri*) *f* salumi *mpl* ; macelleria *f*

chardon (ʃar-*d~~ong~~*) *m* cardo *m*

charge (ʃarʒ) *f* carico *m*

chargement (ʃar-ʒö-*m~~ang~~*) *m* carico *m*

charger (ʃar-*ʒe*) *v* caricare ; incaricare ; **chargé de** incaricato di ; **se** ~ **de** incaricarsi di

charité (ʃa-ri-*te*) *f* carità *f*

charlatan (ʃar-la-*t~~ang~~*) *m* ciarlatano *m*

charmant (ʃar-*m~~ang~~*) *adj* grazioso ; affascinante

charme (ʃarm) *m* fascino *m*

charmer (ʃar-*me*) *v* affascinare, incantare

charnière (ʃar-*n'êêr*) *f* cardine *m*

charrette (ʃa-*rêt*) *f* carro *m*

charrue (ʃa-*rü*) *f* aratro *m*

chasse (ʃass) *f* caccia *f*

chasser (ʃa-*sse*) *v* cacciare

chasseur (ʃa-*ssöör*) *m* cacciatore *m* ; fattorino d'albergo

châssis (ʃa-*ssi*) *m* telaio *m*

chaste (ʃasst) *adj* casto

chat (ʃa) *m* gatto *m*

châtain (ʃa-*t~~êng~~*) *adj* castano

château (ʃa-*tô*) *m* castello *m*

chatouiller (ʃa-tu-*'e*) *v* solleticare

chaud (ʃô) *adj* caldo

chaudière (ʃô-*d'êêr*) *f* caldaia *f*

chauffage (ʃô-*faaʒ*) *m* riscaldamento *m* ; ~ **central** riscaldamento centrale

chauffer (ʃô-*fe*) *v* scaldare

chauffeur (ʃô-*föör*) *m* autista *m* ; ~ **de taxi** tassista *m*

chaussée (ʃô-*sse*) *f* via selciata ; rotabile *f*

chaussette (ʃô-*ssêt*) *f* calza *f*

chaussure (ʃô-*ssüür*) *f* scarpa *f* ;

chaussures calzatura *f*; **chaussures de basket** scarpe da ginnastica; **chaussures de gymnastique** scarpe da ginnastica; **chaussures de ski** scarponi da sci; **chaussures de tennis** scarpe da tennis
chauve (ʃôôv) *adj* calvo
chaux (ʃô) *f* calce *f*
chef (ʃêf) *m* capo *m*; ~ **cuisinier** capocuoco *m*; ~ **de gare** capostazione *m*; ~ **d'Etat** capo di stato; ~ **d'orchestre** direttore d'orchestra
chef-d'œuvre (ʃê-*döövr*) *m* capolavoro *m*
chemin (ʃö-*mê~~ng~~*) *m* sentiero *m*; **à mi-chemin** a mezza strada; ~ **de fer** ferrovia *f*; ~ **du retour** ritorno *m*
chemineau (ʃö-mi-*nô*) *m* vagabondo *m*
cheminée (ʃö-mi-*ne*) *f* camino *m*; focolare *m*
chemise (ʃö-*miis*) *f* camicia *f*; maglia *f*; ~ **de nuit** camicia da notte
chemisier (ʃö-mi-*s^{i}e*) *m* blusa *f*
chêne (ʃên) *m* quercia *f*
chenil (ʃö-*ni*) *m* canile *m*
chèque (ʃêk) *m* assegno *m*; ~ **de voyage** assegno turistico
cher (ʃêêr) *adj* diletto, caro
chercher (ʃêr-*ʃe*) *v* cercare; ***aller** ~ *andare a prendere
chère (ʃêêr) *f* vitto *m*
chéri (ʃe-*ri*) *m* amore *m*, caro *m*
cheval (ʃö-*val*) *m* cavallo *m*; ~ **de course** cavallo da corsa; **cheval-vapeur** *m* cavallo vapore; **chevaux de bois** giostra *f*; **monter à** ~ cavalcare
chevalier (ʃö-va-*l^{i}e*) *m* cavaliere *m*
chevelu (ʃö-*vlü*) *adj* peloso
cheveu (ʃö-*vö*) *m* capello *m*; **coupe de cheveux** taglio di capelli
cheville (ʃö-*vi^{i}*) *f* caviglia *f*
chèvre (ʃêêvr) *f* capra *f*
chevreau (ʃö-*vrô*) *m* capretto *m*
chewing-gum (ʃ^{u}ing-*ghom*) *m* gomma da masticare
chez (ʃe) *prep* da; presso; ~ **soi** a casa
chic (ʃik) *adj* (f ~) elegante
chichi (ʃi-*ʃi*) *m* trambusto *m*
chien (ʃ^{i}ê~~ng~~) *m* cane *m*; ~ **d'aveugle** cane guida
chienne (ʃ^{i}ên) *f* cagna *f*
chiffon (ʃi-*fo~~ng~~*) *m* panno *m*; straccio *m*
chiffre (ʃifr) *m* cifra *f*; numero *m*
Chili (ʃi-*li*) *m* Cile *m*
Chilien (ʃi-*l^{i}ê~~ng~~*) *m* cileno *m*
chilien (ʃi-*l^{i}ê~~ng~~*) *adj* cileno
chimie (ʃi-*mi*) *f* chimica *f*
chimique (ʃi-*mik*) *adj* chimico
Chine (ʃin) *f* Cina *f*
Chinois (ʃi-*n^{u}a*) *m* cinese *m*
chinois (ʃi-*n^{u}a*) *adj* cinese
chirurgien (ʃi-rür-*ʒ^{i}ê~~ng~~*) *m* chirurgo *m*
chlore (kloor) *m* cloro *m*
choc (ʃok) *m* scossa *f*
chocolat (ʃo-ko-*la*) *m* cioccolata *f*; cioccolato *m*
chœur (köör) *m* coro *m*
choisir (ʃ^{u}a-*siir*) *v* *scegliere; **choisi** scelto
choix (ʃ^{u}a) *m* scelta *f*
chômage (ʃô-*maaʒ*) *m* disoccupazione *f*; **en** ~ disoccupato
chômeur (ʃô-*möör*) *m* disoccupato *m*
chope (ʃop) *f* tazza *f*
choquer (ʃo-*ke*) *v* *scuotere; **choquant** urtante
chose (ʃôôs) *f* cosa *f*; **quelque** ~ qualcosa
chou (ʃu) *m* (pl ~x) cavolo *m*; **chou-fleur** cavolfiore *m*; **choux de Bruxelles** cavolini *mpl*
chouchou (ʃu-*ʃu*) *m* cocco *m*

chrétien (kre-*t'êng*) *m* cristiano *m*; *adj* cristiano
Christ (krisst) *m* Cristo *m*
chrome (krom) *m* cromo *m*
chronique (kro-*nik*) *adj* cronico
chronologique (kro-no-lo-*ʒik*) *adj* cronologico
chuchotement (ʃü-ʃot-*mang*) *m* sussurro *m*
chuchoter (ʃü-ʃo-*te*) *v* mormorare
chute (ʃüt) *f* caduta *f*
cible (ssibl) *f* bersaglio *m*
ciboulette (ssi-bu-*lêt*) *f* cipollina *f*
cicatrice (ssi-ka-*triss*) *f* cicatrice *f*
ciel (ss'êl) *m* (pl cieux) cielo *m*
cigare (ssi-*ghaar*) *m* sigaro *m*
cigarette (ssi-gha-*rêt*) *f* sigaretta *f*
cigogne (ssi-*ghogn*) *f* cicogna *f*
cil (ssil) *m* ciglio *m*
ciment (ssi-*mang*) *m* cemento *m*
cimetière (ssim-*t'êêr*) *m* cimitero *m*, camposanto *m*
cinéma (ssi-ne-*ma*) *m* cinematografo *m*; cinema *m*
cinq (ssêngk) *num* cinque
cinquante (ssêng-*kangt*) *num* cinquanta
cinquième (ssêng-*k'êm*) *num* quinto
cintre (ssêngtr) *m* attaccapanni *m*
cirage (ssi-*raaʒ*) *m* lucido per scarpe
circonstance (ssir-kong-*sstangss*) *f* circostanza *f*
circuit (ssir-*kui*) *m* circonferenza *f*; circuito *m*
circulation (ssir-kü-la-*ss'ong*) *f* circolazione *f*; traffico *m*; circolazione del sangue
cire (ssiir) *f* cera *f*; **musée des figures de** ~ museo delle cere
cirque (ssirk) *m* circo *m*
ciseaux (ssi-*sô*) *mpl* forbici *fpl*; ~ **à ongles** forbicine per le unghie
citation (ssi-ta-*ss'ong*) *f* citazione *f*
cité (ssi-*te*) *f* città *f*
citer (ssi-*te*) *v* citare
citoyen (ssi-tua-*'êng*) *m* cittadino *m*
citoyenneté (ssi-tua-'ên-*te*) *f* cittadinanza *f*
citron (ssi-*trong*) *m* limone *m*
civil (ssi-*vil*) *m* borghese *m*; *adj* civile
civilisation (ssi-vi-li-sa-*ss'ong*) *f* civiltà *f*
civilisé (ssi-vi-li-*se*) *adj* civilizzato
civique (ssi-*vik*) *adj* civico
clair (klêêr) *adj* chiaro; sereno
clairière (klê-*r'êêr*) *f* radura *f*
claque (klak) *f* schiaffo *m*; ceffone *m*, colpo *m*; **donner une** ~ picchiare
claquer (kla-*ke*) *v* sbattere
clarifier (kla-ri-*f'e*) *v* chiarificare
clarté (klar-*te*) *f* chiarore *m*, limpidezza *f*
classe (klass) *f* classe *f*; ~ **moyenne** ceto medio; ~ **touriste** classe turistica
classer (kla-*sse*) *v* classificare; ordinare, assortire
classique (kla-*ssik*) *adj* classico
clause (klôôs) *f* clausola *f*
clavecin (klav-*ssêng*) *m* clavicembalo *m*
clavicule (kla-vi-*kül*) *f* clavicola *f*
clé (kle) *f* chiave *f*; ~ **à écrous** chiave fissa; ~ **de la maison** chiave di casa
clémence (kle-*mangss*) *f* clemenza *f*; perdono *m*
client (kli-*ang*) *m* cliente *m*; avventore *m*
clientèle (kli-ang-*têl*) *f* clientela *f*
clignotant (kli-gno-*tang*) *m* freccia *f*
climat (kli-*ma*) *m* clima *m*
climatisation (kli-ma-ti-sa-*ss'ong*) *f* condizionamento dell'aria
climatisé (kli-ma-ti-*se*) *adj* ad aria condizionata
clinique (kli-*nik*) *f* clinica *f*
cloche (kloʃ) *f* campana *f*

clocher (klo-*she*) *m* campanile *m*
cloison (kl^{u}a-*so~~ng~~*) *f* divisorio *m*; parete *f*
cloître (kl^{u}aatr) *m* monastero *m*
cloque (klok) *f* bolla *f*
clos (klô) *adj* chiuso
clôture (klô-*tüür*) *f* recinto *m*
clou (klu) *m* chiodo *m*
clown (klun) *m* pagliaccio *m*
club (klöb) *m* circolo *m*; ~ **automobile** automobile club; ~ **de golf** mazza da golf
coaguler (kô-a-ghü-*le*) *v* coagulare
cocaïne (ko-ka-*in*) *f* cocaina *f*
cochon (ko-*sho~~ng~~*) *m* maiale *m*; porco *m*; ~ **de lait** porcellino *m*; ~ **d'Inde** porcellino d'India
cocktail (kok-*têl*) *m* cocktail *m*
cocotte à pression (ko-kot a prê-*ss^{i}o~~ng~~*) pentola a pressione
code (kod) *m* codice *m*; ~ **postal** codice postale
cœur (köör) *m* cuore *m*; nocciolo *m*, nucleo *m*; **par** ~ a memoria
coffre (kofr) *m* baule *m*; bagagliaio *m*; **coffre-fort** cassaforte *f*
cognac (ko-*gnak*) *m* cognac *m*
cogner (ko-*gne*) *v* urtare; ~ **contre** urtare contro
cohérence (kô-e-*ra~~ng~~ss*) *f* coerenza *f*
coiffeur (k^{u}a-*föör*) *m* parrucchiere *m*; barbiere *m*
coiffeuse (k^{u}a-*föös*) *f* toletta *f*
coiffure (k^{u}a-*füür*) *f* capigliatura *f*, acconciatura *f*
coin (k^{u}ê~~ng~~) *m* angolo *m*
coïncidence (kô-ê~~ng~~-ssi-*da~~ng~~ss*) *f* concorso *m*
coïncider (kô-ê~~ng~~-ssi-*de*) *v* *coincidere
col (kol) *m* colletto *m*; passo *m*
coléoptère (ko-le-op-*têêr*) *m* cimice *f*
colère (ko-*lêêr*) *f* collera *f*, rabbia *f*; stizza *f*; **en** ~ irato
coléreux (ko-le-*rö*) *adj* irascibile
colis (ko-*li*) *m* pacco *m*
collaboration (ko-la-bora-*ss^{i}o~~ng~~*) *f* cooperazione *f*
collants (ko-*la~~ng~~*) *mpl* calzamaglia *f*
colle (kol) *f* colla *f*
collectif (ko-lêk-*tif*) *adj* collettivo
collection (ko-lêk-*ss^{i}o~~ng~~*) *f* collezione *f*; ~ **d'art** collezione d'arte
collectionner (ko-lêk-ss^{i}o-*ne*) *v* *raccogliere
collectionneur (ko-lêk-ss^{i}o-*nöör*) *m* collezionista *m*
collège (ko-*lêêʒ*) *m* collegio *m*
collègue (ko-*lêgh*) *m* collega *m*
coller (ko-*le*) *v* incollare, appiccicare
collier (ko-*l^{i}e*) *m* collana *f*; collare *m*
colline (ko-*lin*) *f* collina *f*
collision (ko-li-*s^{i}o~~ng~~*) *f* scontro *m*, collisione *f*; **entrer en** ~ cozzare, scontrarsi
Colombie (ko-lo~~ng~~-*bi*) *f* Colombia *f*
Colombien (ko-lo~~ng~~-*b^{i}ê~~ng~~*) *m* colombiano *m*
colombien (ko-lo~~ng~~-*b^{i}ê~~ng~~*) *adj* colombiano
colonel (ko-lo-*nêl*) *m* colonnello *m*
colonie (ko-lo-*ni*) *f* colonia *f*
colonne (ko-*lon*) *f* colonna *f*; pilastro *m*; ~ **de direction** piantone di guida
colorant (ko-lo-*ra~~ng~~*) *m* tintura *f*
coloré (ko-lo-*re*) *adj* pieno di colore, colorito
coma (ko-*ma*) *m* coma *m*
combat (ko~~ng~~-*ba*) *m* combattimento *m*; lotta *f*
***combattre** (ko~~ng~~-*batr*) *v* lottare; combattere
combien (ko~~ng~~-*b^{i}ê~~ng~~*) *adv* quanto
combinaison (ko~~ng~~-bi-ne-*so~~ng~~*) *f* combinazione *f*; sottoveste *f*
combiner (ko~~ng~~-bi-*ne*) *v* combinare; unire

comble (kongbl) *m* tetto *m*; colmo *m*; *adj* colmo
combler (kong-*ble*) *v* colmare
combustible (kong-bü-*sstibl*) *m* combustibile *m*
comédie (ko-me-*di*) *f* commedia *f*
comédien (ko-me-*d'êng*) *m* commediante *m*
comestible (ko-mê-*sstibl*) *adj* commestibile
comique (ko-*mik*) *m* comico *m*; *adj* comico
comité (ko-mi-*te*) *m* comitato *m*
commandant (ko-mang-*dang*) *m* comandante *m*
commande (ko-*mangd*) *f* ordinazione *f*; **fait sur ~** fatto su misura
commandement (ko-mangd-*mang*) *m* comando *m*
commander (ko-mang-*de*) *v* comandare; ordinare
comme (kom) *conj* come; come; poiché; **~ si** come se
commémoration (ko-me-mo-ra-*ss'ong*) *f* commemorazione *f*
commencement (ko-mang-*ssmang*) *m* inizio *m*
commencer (ko-mang-*sse*) *v* cominciare; iniziare
comment (ko-*mang*) *adv* come; **n'importe ~** in ogni modo; comunque
commentaire (ko-mang-*têêr*) *m* commento *m*
commenter (ko-mang-*te*) *v* commentare
commérage (ko-me-*raaʒ*) *m* pettegolezzo *m*
commerçant (ko-mêr-*ssang*) *m* commerciante *m*; negoziante *m*, mercante *m*
commerce (ko-*mêrss*) *m* commercio *m*; **~ de détail** commercio al minuto; ***faire du ~** commerciare
commercial (ko-mêr-*ss'al*) *adj* commerciale
***commettre** (ko-*mêtr*) *v* *commettere, compiere
commission (ko-mi-*ss'ong*) *f* commissione *f*, comitato *m*
commode (ko-*mod*) *f* cassettone *m*; comò *m*; *adj* maneggevole, comodo, conveniente
commodité (ko-mo-di-*te*) *f* comodità *f*
commotion (ko-mô-*ss'ong*) *f* commozione cerebrale
commun (ko-*möng*) *adj* comune; solito
communauté (ko-mü-nô-*te*) *f* comunità *f*; comunione *f*
communication (ko-mü-ni-ka-*ss'ong*) *f* comunicazione *f*; coincidenza *f*; **~ locale** chiamata locale; ***mettre en ~** collegare
communiqué (ko-mü-ni-*ke*) *m* comunicato *m*
communiquer (ko-mü-ni-*ke*) *v* comunicare
communisme (ko-mü-*nissm*) *m* comunismo *m*
communiste (ko-mü-*nisst*) *m* comunista *m*
commutateur (ko-mü-ta-*töör*) *m* interruttore *m*
compact (kong-*pakt*) *adj* compatto
compagnie (kong-pa-*gni*) *f* compagnia *f*; **~ de navigation** linea di navigazione
compagnon (kong-pa-*gnong*) *m* compagno *m*
comparaison (kong-pa-re-*song*) *f* paragone *m*
comparer (kong-pa-*re*) *v* paragonare
compartiment (kong-par-ti-*mang*) *m* scompartimento *m*; **~ fumeurs** compartimento per fumatori
compassion (kong-pa-*ss'ong*) *f* compassione *f*

compatir (kong-pa-*tiir*) *v* compatire
compatissant (kong-pa-ti-*ssang*) *adj* comprensivo
compatriote (kong-pa-tri-*ot*) *m* compatriota *m*
compensation (kong-pang-ssa-*ss^{i}ong*) *f* compensazione *f*
compenser (kong-pang-*sse*) *v* compensare
compétence (kong-pe-*tangss*) *f* abilità *f*
compétent (kong-pe-*tang*) *adj* competente
compétition (kong-pe-ti-*ss^{i}ong*) *f* concorrenza *f*; gara *f*
compiler (kong-pi-*le*) *v* compilare
complémentaire (kong-ple-mang-*têêr*) *adj* ulteriore
complet¹ (kong-*ple*) *adj* (f -plète) completo; colmo
complet² (kong-*ple*) *m* vestito da uomo *m*
complètement (kong-plêt-*mang*) *adv* completamente
complexe (kong-*plêkss*) *m* complesso *m*; *adj* intricato, complesso
complice (kong-*pliss*) *m* complice *m*
compliment (kong-pli-*mang*) *m* complimento *m*
complimenter (kong-pli-mang-*te*) *v* complimentare
compliqué (kong-pli-*ke*) *adj* complicato
complot (kong-*plô*) *m* complotto *m*
comportement (kong-por-tö-*mang*) *m* comportamento *m*
comporter (kong-por-*te*) *v* comportare; **se** ~ comportarsi
composer (kong-pô-*se*) *v* *comporre
compositeur (kong-po-si-*töör*) *m* compositore *m*
composition (kong-po-si-*ss^{i}ong*) *f* composizione *f*; componimento *m*
compréhension (kong-pre-ang-*ss^{i}ong*) *f* comprensione *f*; penetrazione *f*
***comprendre** (kong-*prangdr*) *v* *comprendere, capire; afferrare
comprimé (kong-pri-*me*) *m* compressa *f*
compris (kong-*pri*) *adj* compreso; **tout** ~ tutto compreso
compromis (kong-pro-*mi*) *m* compromesso *m*
comptable (kong-*tabl*) *m* contabile *m*
compte (kongt) *m* conto *m*; ~ **en banque** conto bancario; ~ **rendu** relazione *f*, rapporto *m*; verbale *m*; **en fin de** ~ finalmente; **rendre** ~ **de** *rendere conto di; **se rendre** ~ realizzare; *rendersi conto
compter (kong-*te*) *v* contare; ~ **sur** contare su
compteur (kong-*töör*) *m* metro *m*
comptoir (kong-*t^{u}aar*) *m* banco *m*
comte (kongt) *m* conte *m*
comté (kong-*te*) *m* contea *f*
comtesse (kong-*têss*) *f* contessa *f*
concéder (kong-sse-*de*) *v* *concedere
concentration (kong-ssang-tra-*ss^{i}ong*) *f* concentrazione *f*
concentrer (kong-ssang-*tre*) *v* concentrare
concept (kong-*ssêpt*) *m* concetto *m*
conception (kong-ssê-*pss^{i}ong*) *f* concezione *f*; concepimento *m*
concernant (kong-ssêr-*nang*) *prep* riguardante; per quanto riguarda, circa, riguardo a
concerner (kong-ssêr-*ne*) *v* concernere; **concerné** interessato; **en ce qui concerne** per quanto riguarda, riguardo a
concert (kong-*ssêêr*) *m* concerto *m*
concession (kong-ssê-*ss^{i}ong*) *f* concessione *f*
concessionnaire (kong-ssê-ss^{i}o-*nêêr*) *m* distributore *m*
***concevoir** (kong-*ssv^{u}aar*) *v* concepi-

re; escogitare, capire
concierge (kong-ss'êrʒ) *m* portinaio *m*
concis (kong-*ssi*) *adj* conciso, breve
***conclure** (kong-*klüür*) *v* finire; *concludere
conclusion (kong-klü-*s'ong*) *f* termine *m*, conclusione *f*
concombre (kong-*kongbr*) *m* cetriolo *m*
concorder (kong-kor-*de*) *v* *corrispondere
***concourir** (kong-ku-*rir*) *v* competere
concours (kong-*kuur*) *m* competizione *f*
concret (kong-*kre*) *adj* (f -crète) concreto
concupiscence (kong-kü-pi-*ssangss*) *f* concupiscenza *f*
concurrence (kong-kü-*rangss*) *f* concorrenza *f*
concurrent (kong-kü-*rang*) *m* concorrente *m*
condamnation (kong-da-na-*ss'ong*) *f* condanna *f*
condamné (kong-da-*ne*) *m* condannato *m*
condamner (kong-da-*ne*) *v* condannare
condition (kong-di-*ss'ong*) *f* condizione *f*
conditionnel (kong-di-ss'o-*nêl*) *adj* condizionale
conducteur (kong-dük-*töör*) *m* autista *m*; conduttore *m*
***conduire** (kong-*duiir*) *v* guidare, *condurre; accompagnare; **se ~** comportarsi
conduite (kong-*duit*) *f* condotta *f*; guida *f*
confédération (kong-fe-de-ra-*ss'ong*) *f* confederazione *f*
conférence (kong-fe-*rangss*) *f* conferenza *f*; **~ de presse** conferenza stampa
confesser (kong-fe-*sse*) *v* confessare
confession (kong-fê-*ss'ong*) *f* confessione *f*
confiance (kong-*f'angss*) *f* fiducia *f*; **digne de ~** fidato; ***faire ~** fidarsi
confiant (kong-*f'ang*) *adj* confidente
confidentiel (kong-fi-dang-*ss'êl*) *adj* confidenziale
confier (kong-*f'e*) *v* consegnare
confirmation (kong-fir-ma-*ss'ong*) *f* conferma *f*
confirmer (kong-fir-*me*) *v* confermare
confiserie (kong-fi-*sri*) *f* pasticceria *f*; dolciumi *mpl*
confiseur (kong-fi-*söör*) *m* pasticciere *m*
confisquer (kong-fi-*sske*) *v* confiscare; sequestrare
confiture (kong-fi-*tüür*) *f* marmellata *f*
conflit (kong-*fli*) *m* conflitto *m*
confondre (kong-*fongdr*) *v* *confondere
***être conforme** (êêtr kong-*form*) *corrispondere
conformément à (kong-for-me-*mang*) in conformità con, secondo
confort (kong-*foor*) *m* conforto *m*
confortable (kong-for-*tabl*) *adj* confortevole, comodo
confus (kong-*fü*) *adj* confuso; scuro; imbarazzato
confusion (kong-fü-*s'ong*) *f* confusione *f*; pasticcio *m*
congé (kong-*ʒe*) *m* vacanza *f*
congélateur (kong-ʒe-la-*töör*) *m* congelatore *m*
congelé (kong-*ʒle*) *adj* congelato
congratuler (kong-ghra-tü-*le*) *v* congratularsi
congrégation (kong-ghre-gha-*ss'ong*) *f* congregazione *f*
congrès (kong-*ghre*) *m* congresso *m*
conifère (ko-ni-*fêêr*) *m* abete *m*

conjecture (ko~~ng~~-ʒêk-*tüür*) *f* congettura *f*
conjoint (ko~~ng~~-ʒ^{u}*ê~~ng~~*) *adj* congiunto
conjointement (ko~~ng~~-ʒ^{u}ê~~ng~~t-*ma~~ng~~*) *adv* insieme
connaissance (ko-ne-*ssa~~ng~~ss*) *f* conoscenza *f*
connaisseur (ko-ne-*ssöör*) *m* intenditore *m*
***connaître** (ko-*nêêtr*) *v* *conoscere; **connu** noto
connotation (ko-no-ta-*ss^{i}o~~ng~~*) *f* significato secondario
conquérant (ko~~ng~~-ke-*ra~~ng~~*) *m* conquistatore *m*
***conquérir** (ko~~ng~~-ke-*riir*) *v* conquistare
conquête (ko~~ng~~-*kêt*) *f* conquista *f*
consacrer (ko~~ng~~-ssa-*kre*) *v* dedicare
conscience (ko~~ng~~-*ss^{i}a~~ng~~ss*) *f* coscienza *f*
conscient (ko~~ng~~-*ss^{i}a~~ng~~*) *adj* conscio; consapevole
conscrit (ko~~ng~~-*sskri*) *m* coscritto *m*
conseil (ko~~ng~~-*ssêi*) *m* consiglio *m*; **donner des conseils** consigliare
conseiller (ko~~ng~~-sse-*^{i}e*) *v* consigliare; *m* consigliere *m*
consentement (ko~~ng~~-ssa~~ng~~t-*ma~~ng~~*) *m* approvazione *f*, consenso *m*
***consentir** (ko~~ng~~-ssa~~ng~~-*tiir*) *v* consentire
conséquence (ko~~ng~~-sse-*ka~~ng~~ss*) *f* conseguenza *f*
par conséquent (par ko~~ng~~-sse-*ka~~ng~~*) conseguentemente
conservateur (ko~~ng~~-ssêr-va-*töör*) *adj* conservatore
conservation (ko~~ng~~-ssêr-va-*ss^{i}o~~ng~~*) *f* preservazione *f*
conservatoire (ko~~ng~~-ssêr-va-*t^{u}aar*) *m* conservatorio *m*
conserver (ko~~ng~~-ssêr-*ve*) *v* conservare
conserves (ko~~ng~~-*ssêrv*) *fpl* conserve *fpl*; ***mettre en conserve** *mettere in conserva
considérable (ko~~ng~~-ssi-de-*rabl*) *adj* considerevole; ampio
considération (ko~~ng~~-ssi-de-ra-*ss^{i}o~~ng~~*) *f* considerazione *f*; deferenza *f*
considérer (ko~~ng~~-ssi-de-*re*) *v* considerare; osservare
consigne (ko~~ng~~-*ssign*) *f* deposito *m*; deposito bagagli
consister en (ko~~ng~~-ssi-*sste*) consistere in
consoler (ko~~ng~~-sso-*le*) *v* consolare
consommateur (ko~~ng~~-sso-ma-*töör*) *m* consumatore *m*
consommation (ko~~ng~~-sso-ma-*ss^{i}o~~ng~~*) *f* consumo *m*; consumazione *f*
consommer (ko~~ng~~-sso-*me*) *v* consumare
conspiration (ko~~ng~~-sspi-ra-*ss^{i}o~~ng~~*) *f* congiura *f*
conspirer (ko~~ng~~-sspi-*re*) *v* cospirare
constant (ko~~ng~~-*ssta~~ng~~*) *adj* constante; costante
constater (ko~~ng~~-ssta-*te*) *v* constatare; costatare, notare
constipation (ko~~ng~~-ssti-pa-*ss^{i}o~~ng~~*) *f* stitichezza *f*
constipé (ko~~ng~~-ssti-*pe*) *adj* stitico
constituer (ko~~ng~~-ssti-*tue*) *v* costituire
constitution (ko~~ng~~-ssti-tü-*ss^{i}o~~ng~~*) *f* costituzione *f*
construction (ko~~ng~~-sstrük-*ss^{i}o~~ng~~*) *f* costruzione *f*; edificio *m*
***construire** (ko~~ng~~-*sstruiir*) *v* costruire
consul (ko~~ng~~-*ssül*) *m* console *m*
consulat (ko~~ng~~-ssü-*la*) *m* consolato *m*
consultation (ko~~ng~~-ssül-ta-*ss^{i}o~~ng~~*) *f* consulta *f*; consultazione *f*
consulter (ko~~ng~~-ssül-*te*) *v* consultare
contact (ko~~ng~~-*takt*) *m* contatto *m*, accensione *f*
contacter (ko~~ng~~-tak-*te*) *v* contattare
contagieux (ko~~ng~~-ta-*ʒ^{i}ö*) *adj* conta-

gioso
conte (kongt) *m* storia *f*; ~ **de fées** fiaba *f*
contempler (kong-tang-*ple*) *v* guardare
contemporain (kong-tang-po-*rêng*) *m* contemporaneo *m*; *adj* contemporaneo
conteneur (kongt-*nöör*) *m* cassa mobile
***contenir** (kongt-*niir*) *v* *contenere; *trattenere
content (kong-*tang*) *adj* contento; lieto, allegro
contenu (kongt-*nü*) *m* contenuto *m*
contester (kong-tê-*sste*) *v* disputare
contigu (kong-ti-*ghü*) *adj* (f -guë) contiguo
continent (kong-ti-*nang*) *m* continente *m*
continental (kong-ti-nang-*tal*) *adj* continentale
continu (kong-ti-*nü*) *adj* ininterrotto
continuel (kong-ti-*nuêl*) *adj* continuo
continuellement (kong-ti-nuêl-*mang*) *adv* continuamente
continuer (kong-ti-*nue*) *v* continuare
contour (kong-*tuur*) *m* contorno *m*
contourner (kong-tur-*ne*) *v* girare intorno a
contraceptif (kong-tra-ssêp-*tif*) *m* anticoncezionale *m*
contradictoire (kong-tra-dik-*t^{u}aar*) *adj* contraddittorio
***contraindre** (kong-*trêngdr*) *v* *costringere
contraire (kong-*trêêr*) *adj* opposto; *m* contrario *m*; **au** ~ al contrario
contralto (kong-tral-*tô*) *m* contralto *m*
contraste (kong-*trasst*) *m* contrasto *m*
contrat (kong-*tra*) *m* contratto *m*
contravention (kong-tra-vang-*ss^{i}ong*) *f* contravvenzione *f*
contre (kongtr) *prep* contro
à contrecœur (a kong-trö-*köör*) restio
***contredire** (kong-trö-*diir*) *v* *contraddire
***contrefaire** (kong-trö-*fêêr*) *v* falsificare
contrefait (kong-trö-*fe*) *adj* deformato
contremaître (kong-trö-*mêêtr*) *m* capomastro *m*
contribution (kong-tri-bü-*ss^{i}ong*) *f* contribuzione *f*
contrôle (kong-*trôôl*) *m* controllo *m*
contrôler (kong-trô-*le*) *v* controllare; verificare
contrôleur (kong-trô-*löör*) *m* controllore *m*
controversé (kong-trô-vêr-*sse*) *adj* controverso
contusion (kong-tü-*s^{i}ong*) *f* contusione *f*
contusionner (kong-tü-s^{i}o-*ne*) *v* ammaccare
***convaincre** (kong-*vêngkr*) *v* *convincere
convenable (kong-*vnabl*) *adj* decente; adatto
***convenir** (kong-*vniir*) *v* *convenire
conversation (kong-vêr-ssa-*ss^{i}ong*) *f* conversazione *f*
convertir (kong-vêr-*tiir*) *v* convertire
conviction (kong-vik-*ss^{i}ong*) *f* convinzione *f*
convocation (kong-vo-ka-*ss^{i}ong*) *f* citazione *f*
convulsion (kong-vül-*ss^{i}ong*) *f* convulsione *f*
coopérant (kô-o-pe-*rang*) *adj* cooperatore; cooperante
coopératif (kô-o-pe-ra-*tif*) *adj* cooperativo
coopération (kô-o-pe-ra-*ss^{i}ong*) *f* cooperazione *f*
coopérative (kô-o-pe-ra-*tiiv*) *f* cooperativa *f*
coordination (kô-or-di-na-*ss^{i}ong*) *f*

coordinazione *f*
coordonner (kô-or-do-*ne*) *v* coordinare
copain (ko-*pêng*) *m* compagno *m*
copie (ko-*pi*) *f* copia *f*
copier (ko-*p'e*) *v* copiare
coq (kok) *m* gallo *m*
coquelicot (ko-kli-*kô*) *m* rosolaccio *m*
coquetier (kok-*t'e*) *m* portauovo *m*
coquillage (ko-ki-*'aaʒ*) *m* conchiglia *f*
coquille (ko-*ki'*) *f* conchiglia *f*; guscio *m*; ~ **de noix** guscio di noce
coquin (ko-*kêng*) *m* birbante *m*
cor (koor) *m* corno *m*; ~ **au pied** callo *m*
corail (ko-*rai*) *m* (pl coraux) corallo *m*
corbeau (kor-*bô*) *m* corvo *m*
corbeille à papier (kor-bêi a pa-*p'e*) cestino *m*
corde (kord) *f* corda *f*
cordial (kor-*d'al*) *adj* cordiale
cordon (kor-*dong*) *m* spago *m*; nastro *m*
cordonnier (kor-do-*n'e*) *m* calzolaio *m*
coriace (ko-*r'ass*) *adj* duro
corne (korn) *f* corno *m*
corneille (kor-*nêi*) *f* cornacchia *f*
corps (koor) *m* corpo *m*
corpulent (kor-pü-*lang*) *adj* corpulento
correct (ko-*rêkt*) *adj* corretto
correction (ko-rêk-*ss'ong*) *f* correzione *f*
correspondance (ko-rê-sspong-*dangss*) *f* corrispondenza *f*; coincidenza *f*
correspondant (ko-rê-sspong-*dang*) *m* corrispondente *m*
correspondre (ko-rê-*sspongdr*) *v* *corrispondere
corrida (ko-ri-*da*) *f* corrida *f*
corridor (ko-ri-*door*) *m* corridoio *m*
corriger (ko-ri-*ʒe*) *v* *correggere
***corrompre** (ko-*rongpr*) *v* *corrompere; **corrompu** corrotto
corruption (ko-rü-*pss'ong*) *f* corruzione *f*
corset (kor-*sse*) *m* busto *m*
cortège (kor-*têêʒ*) *m* corteo *m*
cosmétiques (ko-ssme-*tik*) *mpl* cosmetici *mpl*
costume (ko-*sstüm*) *m* abito *m*; costume *m*; ~ **national** costume nazionale
côte (kôôt) *f* costa *f*; costola *f*; cotoletta *f*
côté (kô-*te*) *m* lato *m*; **à** ~ accanto; **à** ~ **de** vicino a; **de** ~ da parte, lateralmente; **de l'autre** ~ **de** dall'altra parte di; **passer à** ~ passare accanto
coteau (ko-*tô*) *m* pendio *m*
côtelette (ko-*tlêt*) *f* braciola *f*, costoletta *f*
coton (ko-*tong*) *m* cotone *m*; **en** ~ di cotone
cou (ku) *m* collo *m*
couche (kuʃ) *f* strato *m*; pannolino *m*; **fausse** ~ aborto *m*
se coucher (ku-*ʃe*) sdraiarsi
couchette (ku-*ʃêt*) *f* cuccetta *f*
coucou (ku-*ku*) *m* cuculo *m*
coude (kud) *m* gomito *m*
***coudre** (kudr) *v* cucire
couler (ku-*le*) *v* *scorrere
couleur (ku-*löör*) *f* colore *m*; ~ **à l'eau** acquerello *m*; **de** ~ di colore
couloir (ku-*l'aar*) *m* corridoio *m*
coup (ku) *m* colpo *m*; colpetto *m*, urto *m*, spinta *f*; ~ **de feu** sparo *m*; ~ **d'envoi** calcio d'inizio; ~ **de pied** calcio *m*, pedata *f*; ~ **de poing** pugno *m*; ~ **de téléphone** telefonata *f*; **jeter un** ~ **d'œil** *dare un'occhiata
coupable (ku-*pabl*) *adj* colpevole; **déclarer** ~ dichiarare colpevole
coupe (kup) *f* coppa *f*

coupe-papier (kup-pa-*p'e*) *m* tagliacarte *m*
couper (ku-*pe*) *v* tagliare; troncare
couple (kupl) *m* coppia *f*; ~ **marié** coniugi *mpl*
coupon (ku-*pong*) *m* tagliando *m*
coupure (ku-*püür*) *f* taglio *m*
cour (kuur) *f* corte *f*; cortile *m*
courage (ku-*raaʒ*) *m* coraggio *m*
courageux (ku-ra-*ʒö*) *adj* coraggioso; audace
couramment (ku-ra-*mang*) *adv* fluente
courant (ku-*rang*) *m* corrente *f*; *adj* corrente, frequente; ~ **alternatif** corrente alternata; ***mettre au** ~ *mettere al corrente
courbe (kurb) *f* curvatura *f*, curva *f*; *adj* curvato, curvo, storto
courbé (kur-*be*) *adj* curvo
courber (kur-*be*) *v* curvare; inchinare
***courir** (ku-*riir*) *v* *correre
couronne (ku-*ron*) *f* corona *f*
couronner (ku-ro-*ne*) *v* incoronare, coronare
courrier (ku-*r'e*) *m* posta *f*
courroie (ku-*rᵘa*) *f* cinghia *f*; ~ **de ventilateur** cinghia del ventilatore
cours (kuur) *m* corso *m*; lezione *f*; ~ **accéléré** corso accelerato; ~ **du change** corso del cambio
course (kurss) *f* gara *f*, corsa *f*
court (kuur) *adj* corto; ~ **de tennis** campo di tennis
court-circuit (kur-ssir-*kui*) *m* corto circuito
courtepointe (kurt-*pᵘêngt*) *f* coperta *f*
courtier (kur-*t'e*) *m* mediatore *m*
courtois (kur-*tᵘa*) *adj* cortese
cousin (ku-*sêng*) *m* cugino *m*
cousine (ku-*sin*) *f* cugina *f*
coussin (ku-*ssêng*) *m* cuscino *m*
coussinet (ku-ssi-*ne*) *m* cuscinetto *m*
coût (ku) *m* costo *m*
couteau (ku-*tô*) *m* coltello *m*; ~ **de poche** temperino *m*
coûter (ku-*te*) *v* costare
coûteux (ku-*tö*) *adj* costoso
coutume (ku-*tüm*) *f* costume *m*
coutumier (ku-tü-*m'e*) *adj* solito
couture (ku-*tüür*) *f* cucitura *f*
couturière (ku-tü-*r'êêr*) *f* sarta *f*
couvent (ku-*vang*) *m* convento *m*
couvercle (ku-*vêrkl*) *m* coperchio *m*
couvert (ku-*vêêr*) *m* posate *fpl*; prezzo del coperto; *adj* nuvoloso
couverture (ku-vêr-*tüür*) *f* coperta *f*; copertina *f*
couvre-lit (ku-vrö-*li*) *m* copriletto *m*
***couvrir** (ku-*vriir*) *v* *coprire
crabe (krab) *m* granchio *m*
crachat (kra-*ʃa*) *m* sputo *m*
cracher (kra-*ʃe*) *v* sputare
crachin (kra-*ʃêng*) *m* pioggerella *f*
craie (kre) *f* creta *f*
***craindre** (krêngdr) *v* temere
crainte (krêngt) *f* timore *m*
cramoisi (kra-mᵘa-*si*) *adj* cremisino
crampe (krangp) *f* crampo *m*
crampon (krang-*pong*) *m* morsetto *m*
cran (krang) *m* coraggio *m*
crâne (kraan) *m* cranio *m*
crapaud (kra-*pô*) *m* rospo *m*
craquement (krak-*mang*) *m* schiocco *m*
craquer (kra-*ke*) *v* incrinarsi, schioccare
cratère (kra-*têêr*) *m* cratere *m*
cravate (kra-*vat*) *f* cravatta *f*
crawl (krôôl) *m* crawl *m*
crayon (krê-*'ong*) *m* matita *f*; ~ **à bille** penna a sfera; ~ **pour les yeux** matita per gli occhi
création (kre-a-*ss'ong*) *f* creazione *f*
créature (kre-a-*tüür*) *f* creatura *f*
crèche (krêʃ) *f* nido *m*
crédit (kre-*di*) *m* credito *m*
créditer (kre-di-*te*) *v* accreditare

créditeur (kre-di-*töör*) *m* creditore *m*
crédule (kre-*dül*) *adj* credulo
créer (kre-*e*) *v* creare; progettare
crémation (kre-ma-*ss'ong*) *f* cremazione *f*
crème (krêm) *f* crema *f*; *adj* color crema; ~ **à raser** crema da barba; ~ **capillaire** brillantina *f*; ~ **de beauté** crema di bellezza; crema per la pelle; ~ **de nuit** crema per la notte; ~ **fraîche** panna *f*; ~ **glacée** gelato *m*; ~ **hydratante** crema idratante
crémeux (kre-*mö*) *adj* cremoso
crépi (kre-*pi*) *m* stucco *m*
crépuscule (kre-pü-*sskül*) *m* crepuscolo *m*
cresson (krê-*ssong*) *m* crescione *m*
creuser (krö-*se*) *v* scavare
creux (krö) *adj* vuoto
crevaison (krö-ve-*song*) *f* foratura *f*, bucatura *f*
crevasse (krö-*vass*) *f* baratro *m*; spelonca *f*
crever (krö-*ve*) *v* scoppiare; crepare; **crevé** bucato
crevette (krö-*vêt*) *f* gamberetto *m*; gambero *m*; ~ **rose** aragostina *f*
cri (kri) *m* grido *m*, strillo *m*, urlo *m*; **pousser des cris** strillare
cric (krik) *m* cricco *m*
cricket (kri-*kêt*) *m* cricket *m*
crier (kri-*e*) *v* gridare; urlare, strillare
crime (krim) *m* crimine *m*
criminalité (kri-mi-na-li-*te*) *f* criminalità *f*
criminel (kri-mi-*nêl*) *m* criminale *m*; *adj* criminale
crique (krik) *f* insenatura *f*
crise (kriis) *f* crisi *f*; ~ **cardiaque** attacco cardiaco
cristal (kri-*sstal*) *m* cristallo *m*; **en** ~ cristallino
critique (kri-*tik*) *f* critica *f*; recensione *f*; *m* critico *m*; *adj* critico
critiquer (kri-ti-*ke*) *v* criticare
crochet (kro-*ʃe*) *m* uncino *m*; ***faire du** ~ lavorare all'uncinetto
crocodile (kro-ko-*dil*) *m* coccodrillo *m*
***croire** (kr^{u}aar) *v* credere
croisade (kr^{u}a-*sad*) *f* crociata *f*
croisement (kr^{u}as-*mang*) *m* crocevia *m*
croisière (kr^{u}a-*s'êêr*) *f* crociera *f*
croissance (kr^{u}a-*ssangss*) *f* crescita *f*
***croître** (kr^{u}aatr) *v* *accrescersi
croix (kr^{u}a) *f* croce *f*
croulant (kru-*lang*) *adj* sgangerato
croustillant (kru-ssti-*'ang*) *adj* croccante
croûte (krut) *f* crosta *f*
croyable (kr^{u}a-*'aabl*) *adj* credibile
croyance (kr^{u}a-*'angss*) *f* fede *f*
cru (krü) *adj* crudo
cruche (krüʃ) *f* brocca *f*
crucifier (krü-ssi-*f'e*) *v* *crocifiggere
crucifix (krü-ssi-*fi*) *m* crocifisso *m*
crucifixion (krü-ssi-fi-*kss'ong*) *f* crocifissione *f*
cruel (krü-*êl*) *adj* crudele
crustacé (krü-ssta-*sse*) *m* crostaceo *m*
Cuba (kü-*ba*) *m* Cuba *f*
Cubain (kü-*bêng*) *m* cubano *m*
cubain (kü-*bêng*) *adj* cubano
cube (küb) *m* cubo *m*
***cueillir** (kö-*'iir*) *v* *cogliere
cuillère (kui-*'êêr*) *f* cucchiaio *m*; ~ **à soupe** cucchiaio da minestra; ~ **à thé** cucchiaino *m*
cuillerée (kui-'ö-*re*) *f* cucchiaiata *f*
cuir (kuiir) *m* pelle *f*; **en** ~ di pelle
***cuire** (kuiir) *v* cucinare; ~ **au four** infornare
cuisine (kui-*sin*) *f* cucina *f*
cuisinier (kui-si-*n'e*) *m* cuoco *m*
cuisinière (kui-si-*n'êêr*) *f* fornello *m*; cucina *f*; ~ **à gaz** cucina a gas, fornello a gas

cuisse (kuiss) *f* coscia *f*
cuivre (kuiivr) *m* ottone *m*, rame *m*; **cuivres** ottoname *m*
cul-de-sac (küd-*ssak*) *m* vicolo cieco
culotte (kü-*lot*) *f* mutandine *fpl*, mutande *fpl*; ~ **de gymnastique** calzoncini *mpl*
culpabilité (kül-pa-bi-li-*te*) *f* colpa *f*
culte (kült) *m* culto *m*
cultiver (kül-ti-*ve*) *v* coltivare; **cultivé** colto
culture (kül-*tüür*) *f* cultura *f*: coltura *f*
cupide (kü-*pid*) *adj* avido
cupidité (kü-pi-di-*te*) *f* cupidigia *f*
cure (küür) *f* cura *f*
cure-dent (kür-*dang*) *m* stuzzicadenti *m*
cure-pipe (kür-*pip*) *m* curapipe *m*
curieux (kü-*r*^{i}*ö*) *adj* curioso, inquisitivo
curiosité (kü-r^{i}o-si-*te*) *f* curiosità *f*
curry (kö-*ri*) *m* curry *m*
cycle (ssikl) *m* ciclo *m*
cycliste (ssi-*klisst*) *m* ciclista *m*
cygne (ssign) *m* cigno *m*
cylindre (ssi-*lêngdr*) *m* cilindro *m*; **tête de** ~ testa cilindro
cystite (ssi-*sstit*) *f* cistite *f*

D

dactylo (dak-ti-*lô*) *f* dattilografa *f*
dactylographier (dak-ti-lô-ghra-*f*^{i}*e*) *v* dattilografare
dada (da-*da*) *m* pallino *m*
daim (dêng) *m* cervo *m*; pelle scamosciata
daltonien (dal-to-*n*^{i}*êng*) *adj* daltonico
dame (dam) *f* signora *f*
damier (da-*m*^{i}*e*) *m* scacchiera *f*; quadretto *m*; **à damiers** scaccato
Danemark (dan-*mark*) *m* Danimarca *f*
danger (dang-*ʒe*) *m* pericolo *m*
dangereux (dang-*ʒrö*) *adj* pericoloso; rischioso; malsicuro
Danois (da-*n*^{u}*a*) *m* danese *m*
danois (da-*n*^{u}*a*) *adj* danese
dans (dang) *prep* in, entro, dentro
danse (dangss) *f* ballo *m*; ~ **folklorique** danza popolare
danser (dang-*sse*) *v* ballare
date (dat) *f* data *f*
datte (dat) *f* dattero *m*
davantage (da-vang-*taaʒ*) *adv* di più
de (dö) *prep* di, da; su, giù da; per
dé (de) *m* ditale *m*
déballer (de-ba-*le*) *v* *disfare
débarquer (de-bar-*ke*) *v* sbarcare
se débarrasser de (de-ba-ra-*sse*) scartare
débat (de-*ba*) *m* dibattito *m*
***débattre** (de-*batr*) *v* dibattere
débit (de-*bi*) *m* debito *m*
déboucher (de-bu-*ʃe*) *v* stappare
debout (dö-*bu*) *adv* in piedi; ritto
déboutonner (de-bu-to-*ne*) *v* sbottonare
débrancher (de-brang-*ʃe*) *v* disinserire
se débrouiller avec (de-bru-^{i}*e*) arrangiarsi con
début (de-*bü*) *m* principio *m*, inizio *m*; **au** ~ al principio
débutant (de-bü-*tang*) *m* principiante *m*
débuter (de-bü-*te*) *v* iniziare
décaféiné (de-ka-fe-i-*ne*) *adj* decaffeinizzato
décédé (de-sse-*de*) *adj* deceduto
décembre (de-*ssangbr*) dicembre
décence (de-*ssangss*) *f* decenza *f*
décent (de-*ssang*) *adj* decente
déception (de-ssê-*pss*^{i}*ong*) *f* delusione *f*
décerner (de-ssêr-*ne*) *v* aggiudicare
***décevoir** (de-*ssv*^{u}*aar*) *v* *deludere

déchaînement (de-ʃên-*mang*) *m* scoppio *m*
décharger (de-ʃar-*ʒe*) *v* scaricare
déchets (de-*ʃe*) *mpl* robaccia *f*
déchirer (de-ʃi-*re*) *v* strappare
déchirure (de-ʃi-*rüür*) *f* strappo *m*
décider (de-ssi-*de*) *v* *decidere
décision (de-*ssi*-s'ong) *f* decisione *f*
déclaration (de-kla-ra-*ss'ong*) *f* dichiarazione *f*
déclarer (de-kla-*re*) *v* dichiarare, affermare
décliner (de-kli-*ne*) *v* pendere
décollage (de-ko-*laaʒ*) *m* decollo *m*
décoller (de-ko-*le*) *v* decollare
décolorer (de-ko-lo-*re*) *v* scolorirsi; imbiancare
déconcerter (de-kong-ssêr-*te*) *v* *mettere in imbarazzo; *sopraffare
décontracté (de-kong-trak-*te*) *adj* facilone
décoration (de-ko-ra-*ss'ong*) *f* ornamento *m*
décorer (de-ko-*re*) *v* addobbare; decorare
découper (de-ku-*pe*) *v* tagliare
décourager (de-ku-ra-*ʒe*) *v* scoraggiare
découverte (de-ku-*vêrt*) *f* scoperta *f*
***découvrir** (de-ku-*vriir*) *v* *scoprire
***décrire** (de-*kriir*) *v* *descrivere
dédain (de-*dêng*) *m* disprezzo *m*; scherno *m*
dedans (dö-*dang*) *adv* dentro
dédier (de-*d'e*) *v* dedicare
dédommagement (de-do-maʒ-*mang*) *m* risarcimento *m*
***déduire** (de-*duiir*) *v* *dedurre; *sottrarre
déesse (de-*êss*) *f* dea *f*
défaillant (de-fa-*'ang*) *adj* debole
***défaire** (de-*fêêr*) *v* *disfare
défaite (de-*fêt*) *f* sconfitta *f*
défaut (de-*fô*) *m* difetto *m*, mancanza *f*
défavorable (de-fa-vo-*rabl*) *adj* sfavorevole
défectueux (de-fêk-*tuö*) *adj* difettoso
défendre (de-*fangdr*) *v* *difendere
défense (de-*fangss*) *f* difesa *f*; ~ **de doubler** divieto di sorpasso; ~ **de fumer** vietato fumare; ~ **d'entrer** proibito passare
défenseur (de-fang-*ssöör*) *m* difensore *m*
défi (de-*fi*) *m* sfida *f*
défiance (de-*f'angss*) *f* sospetto *m*
déficience (de-fi-*ss'angss*) *f* deficienza *f*
déficit (de-fi-*ssit*) *m* deficit *m*
défier (de-*f'e*) *v* sfidare
définir (de-fi-*niir*) *v* stabilire, definire
définition (de-fi-ni-*ss'ong*) *f* definizione *f*
dégel (de-*ʒêl*) *m* disgelo *m*
dégeler (de-*ʒle*) *v* disgelarsi
dégoût (de-*ghu*) *m* disgusto *m*
dégoûtant (de-ghu-*tang*) *adj* disgustoso, stomachevole
dégoûté (de-ghu-*te*) *adj* stufo di
degré (dö-*ghre*) *m* grado *m*
déguisement (de-ghis-*mang*) *m* travestimento *m*
se déguiser (de-ghi-*se*) travestirsi
dehors (dö-*oor*) *adv* fuori, all'aperto; **en** ~ **de** fuori di
déjà (de-*ʒa*) *adv* già
déjeuner (de-ʒö-*ne*) *m* pranzo *m*; colazione *f*, seconda colazione; **petit** ~ prima colazione
au delà de (ô dö-*la* dö) oltre; più in là di
délabré (de-la-*bre*) *adj* decrepito
délai (de-*le*) *m* termine *m*; dilazione *f*
délégation (de-le-gha-*ss'ong*) *f* delegazione *f*
délégué (de-le-*ghe*) *m* delegato *m*
délibération (de-li-be-ra-*ss'ong*) *f* deli-

berazione *f*; discussione *f*
délibérer (de-li-be-*re*) *v* ponderare; **délibéré** premeditato
délicat (de-li-*ka*) *adj* dolce, delicato; critico
délicatesse (de-li-ka-*têss*) *f* ghiottoneria *f*
délice (de-*liss*) *m* diletto *m*
délicieux (de-li-*ss^{i}ö*) *adj* dilettevole, delizioso
délinquant (de-lê~~ng~~-*ka~~ng~~*) *m* delinquente *m*
délivrance (de-li-*vra~~ng~~ss*) *f* liberazione *f*
délivrer (de-li-*vre*) *v* liberare, *redimere
demain (dö-*mê~~ng~~*) *adv* domani
demande (dö-*ma~~ng~~d*) *f* domanda *f*; richiesta *f*, esigenza *f*
demander (dö-ma~~ng~~-*de*) *v* domandare, *chiedere; invitare; *far pagare
démangeaison (de-ma~~ng~~-ʒe-*so~~ng~~*) *f* prurito *m*
démanger (de-ma~~ng~~-ʒe) *v* prudere
démarche (de-*marʃ*) *f* passo *m*, andatura *f*
démarreur (de-ma-*röör*) *m* avviatore *m*
déménagement (de-me-naʒ-*ma~~ng~~*) *m* trasloco *m*
déménager (de-me-na-*ʒe*) *v* traslocare
démence (de-*ma~~ng~~ss*) *f* pazzia *f*
dément (de-*ma~~ng~~*) *adj* matto
demeure (dö-*möör*) *f* abitazione *f*
demeurer (dö-mö-*re*) *v* restare; abitare
demi (dö-*mi*) *adj* mezzo
démission (de-mi-*ss^{i}o~~ng~~*) *f* dimissioni *fpl*
démissionner (de-mi-ss^{i}o-*ne*) *v* *dimettersi
démocratie (de-mo-kra-*ssi*) *f* democrazia *f*
démocratique (de-mo-kra-*tik*) *adj* democratico
démodé (de-mo-*de*) *adj* fuori moda, antico, antiquato
demoiselle (dö-m^{u}a-*sêl*) *f* signorina *f*
démolir (de-mo-*liir*) *v* demolire
démolition (de-mo-li-*ss^{i}o~~ng~~*) *f* demolizione *f*
démonstration (de-mo~~ng~~-sstra-*ss^{i}o~~ng~~*) *f* dimostrazione *f*
démontrer (de-mo~~ng~~-*tre*) *v* dimostrare
dénier (de-*n^{i}e*) *v* negare
dénomination (de-no-mi-na-*ss^{i}o~~ng~~*) *f* denominazione *f*
dénouer (de-*n^{u}e*) *v* slacciare
dense (da~~ng~~ss) *adj* denso
dent (da~~ng~~) *f* dente *m*
dentelle (da~~ng~~-*têl*) *f* merletto *m*
dentier (da~~ng~~-*t^{i}e*) *m* dentiera *f*
dentiste (da~~ng~~-*tisst*) *m* dentista *m*
dénudé (de-nü-*de*) *adj* spoglio
dénutrition (de-nü-tri-*ss^{i}o~~ng~~*) *f* denutrizione *f*
départ (de-*paar*) *m* partenza *f*
département (de-par-tö-*ma~~ng~~*) *m* riparto *m*, reparto *m*
dépasser (de-pa-*sse*) *v* oltrepassare; sorpassare
se dépêcher (de-pe-*ʃe*) spicciarsi
dépendant (de-pa~~ng~~-*da~~ng~~*) *adj* dipendente
dépendre de (de-*pa~~ng~~dr*) *dipendere da
dépense (de-*pa~~ng~~ss*) *f* spesa *f*
dépenser (de-pa~~ng~~-*sse*) *v* *spendere
en dépit de (a~~ng~~ de-*pi* dö) nonostante
déplacement (de-pla-*ssma~~ng~~*) *m* spostamento *m*
déplacer (de-pla-*sse*) *v* spostare
***déplaire** (de-*plêêr*) *v* scontentare, *dispiacere
déplaisant (de-ple-*sa~~ng~~*) *adj* spiacevole
déplier (de-pli-*e*) *v* spiegare

déployer (de-pl^{u}a-^{i}*e*) *v* allargare
déposer (de-pô-*se*) *v* depositare
dépôt (de-*pô*) *m* giacimento *m*; deposito *m*
dépression (de-prê-*ss^{i}ong*) *f* depressione *f*
déprimer (de-pri-*me*) *v* *deprimere; **déprimé** abbattuto
depuis (dö-*pui*) *prep* da; *adv* da allora; ~ **que** dacché
député (de-pü-*te*) *m* deputato *m*
déraisonnable (de-re-so-*nabl*) *adj* irragionevole
dérangement (de-rangʒ-*mang*) *m* guaio *m*; disturbo *m*; **en** ~ guasto, fuori uso
déranger (de-rang-*ʒe*) *v* turbare, importunare, disturbare
déraper (de-ra-*pe*) *v* scivolare
dernier (dêr-*n^{i}e*) *adj* ultimo; scorso
dernièrement (dêr-n^{i}êr-*mang*) *adv* recentemente
derrière (dê-*r^{i}êêr*) *prep* dietro, dopo; *m* sedere *m*
dès que (de kö) non appena
***être en désaccord** (êêtr ang de-sa-*koor*) non *essere d'accordo, dissentire
désagréable (de-sa-ghre-*abl*) *adj* sgradevole, sgarbato
désagrément (de-sa-ghre-*mang*) *m* scomodità *f*
***désapprendre** (de-sa-*prangdr*) *v* disimparare
désapprouver (de-sa-pru-*ve*) *v* disapprovare
désastre (de-*sasstr*) *m* disastro *m*
désastreux (de-sa-*sströ*) *adj* disastroso
désavantage (de-sa-vang-*taaʒ*) *m* svantaggio *m*
descendance (de-ssang-*dangss*) *f* discendenza *f*
descendant (de-ssang-*dang*) *m* discendente *m*
descendre (de-*ssangdr*) *v* *scendere
descente (de-*ssangt*) *f* discesa *f*
description (de-sskri-*pss^{i}ong*) *f* descrizione *f*
désenchanter (de-sang-ʃang-*te*) *v* *deludere
désert (de-*sêêr*) *m* deserto *m*; *adj* deserto
déserter (de-sêr-*te*) *v* disertare
désespérer (de-sê-sspe-*re*) *v* disperare
désespoir (de-sê-*ssp^{u}aar*) *m* disperazione *f*
se déshabiller (de-sa-bi-^{i}*e*) spogliarsi
déshonneur (de-so-*nöör*) *m* disonore *m*
désigner (de-si-*gne*) *v* designare
désinfectant (de-sêng-fêk-*tang*) *m* disinfettante *m*
désinfecter (de-sêng-fêk-*te*) *v* disinfettare
désintéressé (de-sêng-te-re-*sse*) *adj* disinteressato
désir (de-*siir*) *m* desiderio *m*
désirable (de-si-*rabl*) *adj* desiderabile
désirer (de-si-*re*) *v* desiderare, bramare
désireux (de-si-*rö*) *adj* ansioso, desideroso
désobligeant (de-so-bli-*ʒang*) *adj* poco gentile, insultante
désodorisant (de-so-do-ri-*sang*) *m* deodorante *m*
désoler (de-so-*le*) *v* *affliggere; **désolé** spiacente
désordonné (de-sor-do-*ne*) *adj* disordinato
désordre (de-*sordr*) *m* disordine *m*
désosser (de-so-*sse*) *v* disossare
dessein (de-*ssêng*) *m* scopo *m*; disegno *m*
desserrer (de-sse-*re*) *v* slegare
dessert (de-*ssêêr*) *m* dolce *m*
dessin (de-*ssêng*) *m* disegno *m*; **des-**

sins animés cartone animato
dessiner (de-ssi-*ne*) *v* disegnare
dessous (dö-*ssu*) *adv* sotto; **en ~** giù-o; **en ~ de** sotto
dessus (dö-*ssü*) *m* parte superiore; **au-dessus de** in cima a; **sens ~ dessous** sottosopra
destin (de-*sstêng*) *m* destino *m*; fato *m*
destinataire (de-ssti-na-*têêr*) *m* destinatario *m*
destination (de-ssti-na-*ss'ong*) *f* destinazione *f*
destiner (de-ssti-*ne*) *v* destinare
destruction (de-sstrük-*ss'ong*) *f* distruzione *f*
détachant (de-ta-*ʃang*) *m* smacchiatore *m*
détacher (de-ta-*ʃe*) *v* slacciare, staccare
détail (de-*tai*) *m* dettaglio *m*; **commerce de ~** vendita al minuto
détaillant (de-ta-*'ang*) *m* dettagliante *m*
détaillé (de-ta-*'e*) *adj* particolareggiato, dettagliato
détailler (de-ta-*'e*) *v* vendere al minuto
détecter (de-têk-*te*) *v* *scoprire
détective (de-têk-*tiv*) *m* investigatore *m*
***déteindre** (de-*têngdr*) *v* sbiadire
se détendre (de-*tangdr*) rilassarsi
détente (de-*tangt*) *f* rilassamento *m*
détention (de-tang-*ss'ong*) *f* detenzione *f*
détenu (det-*nü*) *m* detenuto *m*
détergent (de-têr-*ʒang*) *m* detergente *m*
déterminer (de-têr-mi-*ne*) *v* determinare; **déterminé** *adj* determinato; deciso
détester (de-tê-*sste*) *v* detestare
détour (de-*tuur*) *m* giro *m*
détourner (de-tur-*ne*) *v* *distogliere; dirottare
détresse (de-*trêss*) *f* pericolo *m*; miseria *f*
détritus (de-tri-*tüss*) *m* rifiuti, immondizia *f*, spazzatura *f*
***détruire** (de-*truiir*) *v* *distruggere
dette (dêt) *f* debito *m*
deuil (döi) *m* lutto *m*
deux (dö) *num* due; **les ~** tutti e due, entrambi
deuxième (dö-*s'êm*) *num* secondo
deux-pièces (dö-*p'êss*) *m* in due pezzi
dévaluation (de-va-lua-*ss'ong*) *f* svalutazione *f*
dévaluer (de-va-*lue*) *v* svalutare
devant (dö-*vang*) *prep* davanti, di fronte a, in testa a
dévaster (de-va-*sste*) *v* *distruggere
développement (de-vlop-*mang*) *m* sviluppo *m*
développer (de-vlo-*pe*) *v* sviluppare
***devenir** (dö-*vniir*) *v* diventare, *divenire
déviation (de-v'a-*ss'ong*) *f* deviazione *f*
dévier (de-*v'e*) *v* deviare
deviner (dö-vi-*ne*) *v* indovinare
devise (dö-*viis*) *f* motto *m*
dévisser (de-vi-*sse*) *v* svitare
devoir (dö-*vᵘaar*) *m* dovere *m*
***devoir** (dö-*vᵘaar*) *v* *dovere
dévorer (de-vo-*re*) *v* divorare
dévouement (de-vu-*mang*) *m* devozione *f*
diabète (d'a-*bêt*) *m* diabete *m*
diabétique (d'a-be-*tik*) *m* diabetico *m*
diable (d'aabl) *m* diavolo *m*
diagnostic (d'agh-no-*sstik*) *m* diagnosi *f*
diagnostiquer (d'agh-no-ssti-*ke*) *v* diagnosticare
diagonale (d'a-gho-*nal*) *f* diagonale *f*; *adj* diagonale

diagramme (d^{i}a-*ghram*) *m* diagramma *m*, grafico *m*
dialecte (d^{i}a-*lêkt*) *m* dialetto *m*
diamant (d^{i}a-*mang*) *m* diamante *m*
diapositive (d^{i}a-po-si-*tiiv*) *f* diapositiva *f*
diarrhée (d^{i}a-*re*) *f* diarrea *f*
dictaphone (dik-ta-*fon*) *m* dittafono *m*
dictateur (dik-ta-*töör*) *m* dittatore *m*
dictée (dik-*te*) *f* dettato *m*
dicter (dik-*te*) *v* dettare
dictionnaire (dik-ss^{i}o-*nêêr*) *m* dizionario *m*
diesel (d^{i}e-*sêl*) *m* diesel *m*
dieu (d^{i}ö) *m* dio *m*
différence (di-fe-*rangss*) *f* differenza *f*
différent (di-fe-*rang*) *adj* differente; dissimile
différer (di-fe-*re*) *v* differire
difficile (di-fi-*ssil*) *adj* difficile
difficulté (di-fi-kül-*te*) *f* difficoltà *f*
difforme (di-*form*) *adj* deforme
digérer (di-ʒe-*re*) *v* digerire
digestible (di-ʒê-*sstibl*) *adj* digeribile
digestion (di-ʒê-*sst^{i}ong*) *f* digestione *f*
digne (dign) *adj* dignitoso; ~ **de** degno di
digue (digh) *f* diga *f*, argine *m*
diluer (di-*lue*) *v* *sciogliere, diluire
dimanche (di-*mangʃ*) *m* domenica *f*
dimension (di-mang-*ss^{i}ong*) *f* dimensione *f*
diminuer (di-mi-*nue*) *v* *decrescere, diminuire
diminution (di-mi-nü-*ss^{i}ong*) *f* diminuzione *f*
dinde (dênggd) *f* tacchino *m*
dîner (di-*ne*) *v* pranzare; *m* cena *f*, pranzo *m*
diphtérie (dif-te-*ri*) *f* difterite *f*
diplomate (di-plo-*mat*) *m* diplomatico *m*
diplôme (di-*plôôm*) *m* diploma *m*

***dire** (diir) *v* *dire
direct (di-*rêkt*) *adj* diretto
directement (di-rêk-tö-*mang*) *adv* direttamente, dritto
directeur (di-rêk-*töör*) *m* direttore *m*; ~ **d'école** direttore di scuola, preside *m*
direction (di-rêk-*ss^{i}ong*) *f* direzione *f*, comando *m*; **indicateur de** ~ indicatore di direzione
directive (di-rêk-*tiiv*) *f* direttiva *f*
dirigeant (di-ri-*ʒang*) *m* sovrano *m*, dirigente *m*
diriger (di-ri-*ʒe*) *v* *dirigere
discerner (di-ssêr-*ne*) *v* *distinguere
discipline (di-ssi-*plin*) *f* disciplina *f*
discours (di-*sskuur*) *m* discorso *m*
discret (di-*sskre*) *adj* (f -crète) insignificante
discussion (di-sskü-*ss^{i}ong*) *f* discussione *f*, riflessione *f*; disputa *f*
discuter (di-sskü-*te*) *v* *discutere, deliberare
***disjoindre** (diss-*ʒ^{u}ênggdr*) *v* *disgiungere
disloqué (di-sslo-*ke*) *adj* slogato
***disparaître** (di-sspa-*rêêtr*) *v* sparire
disparu (di-sspa-*rü*) *adj* smarrito; *m* persona scomparsa
dispensaire (di-sspang-*ssêêr*) *m* centro sanitario
dispenser (di-sspang-*sse*) *v* dispensare; ~ **de** esonerare da
disperser (di-sspêr-*sse*) *v* sparpagliare
disponible (di-sspo-*nibl*) *adj* disponibile; ottenibile
disposé (di-sspô-*se*) *adj* propenso, compiacente
disposer de (di-sspô-*se*) *disporre di
dispositif (di-sspô-si-*tif*) *m* dispositivo *m*
disposition (di-sspô-si-*ss^{i}ong*) *f* disposizione *f*
dispute (di-*sspüt*) *f* disputa *f*

disputer (di-sspü-*te*) *v* disputare; **se ~** *discutere, litigare
disque (dissk) *m* disco *m*
dissertation (di-ssêr-ta-*ss^{i}ong*) *f* trattato *m*
dissimuler (di-ssi-mü-*le*) *v* celare, *nascondere
***dissoudre** (di-*ssudr*) *v* *sciogliere
dissuader (di-ssua-*de*) *v* *dissuadere
distance (di-*sstangss*) *f* distanza *f*
distinct (di-*sstêng*) *adj* distinto
distinction (di-sstêngk-*ss^{i}ong*) *f* distinzione *f*
distinguer (di-sstêng-*ghe*) *v* *distinguere
distraction (di-sstrak-*ss^{i}ong*) *f* distrazione *f*; disattenzione *f*
distrait (di-*sstre*) *adj* distratto
distribuer (di-sstri-*bue*) *v* distribuire
distributeur (di-sstri-bü-*töör*) *m* distributore *m*; **~ de billets** biglietteria automatica; **~ d'essence** pompa di alimentazione; **~ de timbres** distributore automatico di francobolli
distribution (di-sstri-bü-*ss^{i}ong*) *f* distribuzione *f*
district (di-*sstri*) *m* distretto *m*
divers (di-*vêêr*) *adj* vari, parecchi, diversi; misto
diversion (di-vêr-*ss^{i}ong*) *f* diversione *f*
divertir (di-vêr-*tiir*) *v* divertire
divertissant (di-vêr-ti-*ssang*) *adj* divertente
divertissement (di-vêr-ti-*ssmang*) *m* divertimento *m*, passatempo *m*
divin (di-*vêng*) *adj* divino
diviser (di-vi-*se*) *v* *dividere; **~ en deux** dimezzare
division (di-vi-*s^{i}ong*) *f* divisione *f*; sezione *f*
divorce (di-*vorss*) *m* divorzio *m*
divorcer (di-vor-*sse*) *v* divorziare
dix (diss) *num* dieci
dix-huit (di-*suit*) *num* diciotto
dix-huitième (di-sui-*t^{i}êm*) *num* diciottesimo
dixième (di-*s^{i}êm*) *num* decimo
dix-neuf (dis-*nöf*) *num* diciannove
dix-neuvième (dis-nö-*v^{i}êm*) *num* diciannovesimo
dix-sept (di-*ssêt*) *num* diciassette
dix-septième (di-ssê-*t^{i}êm*) *num* diciassettesimo
dock (dok) *m* bacino *m*
docker (do-*kêêr*) *m* portuale *m*
docteur (dok-*töör*) *m* dottore *m*
document (do-kü-*mang*) *m* atto *m*, documento *m*
doigt (d^{u}a) *m* dito *m*
domaine (do-*mên*) *m* settore *m*
dôme (dôôm) *m* cupola *f*
domestique (do-mê-*sstik*) *adj* domestico; *m* servitore *m*, domestico *m*
domestiqué (do-mê-ssti-*ke*) *adj* mansueto
domicile (do-mi-*ssil*) *m* domicilio *m*
domicilié (do-mi-ssi-*l^{i}e*) *adj* residente
domination (do-mi-na-*ss^{i}ong*) *f* dominazione *f*
dominer (do-mi-*ne*) *v* dominare
dommage (do-*maaʒ*) *m* danno *m*; **dommage!** peccato!
don (dong) *m* capacità *f*, attitudine *f*; donazione *f*, regalo *m*
donateur (do-na-*töör*) *m* donatore *m*
donation (do-na-*ss^{i}ong*) *f* donazione *f*
donc (dongk) *conj* quindi; dunque
donnée (do-*ne*) *f* dato *m*
donner (do-*ne*) *v* *dare; donare; **étant donné que** poiché
dont (dong) *pron* di cui
doré (do-*re*) *adj* dorato
dorénavant (do-re-na-*vang*) *adv* d'ora innanzi
***dormir** (dor-*miir*) *v* dormire
dortoir (dor-*t^{u}aar*) *m* dormitorio *m*
dos (dô) *m* dorso *m*
dose (dôôs) *f* dose *f*

dossier (do-*ss^ie*) *m* raccolta di documenti, registrazione *f*
douane (d^uan) *f* dogana *f*; **droit de ~** dazio *m*
douanier (d^ua-*n^ie*) *m* doganiere *m*
double (duubl) *adj* doppio
doubler (du-*ble*) *v* oltrepassare
doublure (du-*blüür*) *f* fodera *f*
douceurs (du-*ssöör*) *fpl* dolciumi *mpl*
douche (duʃ) *f* doccia *f*
doué (du-*e*) *adj* dotato, di talento
douille (du^i) *f* portalampada *m*
douleur (du-*löör*) *f* dolore *m*; piaga *f*; **douleurs** doglie *fpl*; **sans ~** indolore
douloureux (du-lu-*rö*) *adj* penoso, indolenzito
doute (dut) *m* dubbio *m*; ***mettre en ~** *mettere in dubbio; **sans ~** indubbiamente, senza dubbio
douter (du-*te*) *v* dubitare; **~ de** dubitare di
douteux (du-*tö*) *adj* dubbioso; non fidato
douve (duuv) *f* fossato *m*
doux (du) *adj* (f douce) mite; morbido, amabile, dolce
douzaine (du-*sên*) *f* dozzina *f*
douze (duus) *num* dodici
douzième (du-*s^iêm*) *num* dodicesimo
dragon (dra-*ghong*) *m* drago *m*
drainer (dre-*ne*) *v* drenare
dramatique (dra-ma-*tik*) *adj* drammatico
dramaturge (dra-ma-*türʒ*) *m* drammaturgo *m*
drame (dram) *m* dramma *m*
drap (dra) *m* lenzuolo *m*
drapeau (dra-*pô*) *m* bandiera *f*
drapier (dra-*p^ie*) *m* negoziante di stoffe
dresser (dre-*sse*) *v* compilare; ammaestrare
drogue (drogh) *f* narcotico *m*
droguerie (dro-*ghri*) *f* farmacia *f*; bar-emporio *m*
droit (dr^ua) *m* giustizia *f*, legge *f*, diritto *m*; *adj* dritto, retto, destro; diritto; onesto; **~ administratif** diritto amministrativo; **~ civil** diritto civile; **~ commercial** diritto commerciale; **~ de douane** tariffa doganale; **~ de stationnement** tariffa del parcheggio; **~ de vote** suffragio *m*; **~ d'importation** dazio *m*; **~ pénal** diritto penale; **droits** diritti *mpl*; **tout ~** sempre diritto
de droite (dö dr^uat) destro
drôle (drôôl) *adj* spiritoso, bizzarro, buffo
duc (dük) *m* duca *m*
duchesse (dü-*ʃêss*) *f* duchessa *f*
dune (dün) *f* duna *f*
dupe (düp) *f* vittima *f*
duper (dü-*pe*) *v* imbrogliare
dur (düür) *adj* duro
durable (dü-*rabl*) *adj* duraturo, durevole
durant (dü-*rang*) *prep* durante
durée (dü-*re*) *f* durata *f*
durer (dü-*re*) *v* durare, continuare
durillon (dü-ri-*^iong*) *m* occhio di pernice
duvet (dü-*ve*) *m* lanugine *f*
dynamo (di-na-*mô*) *f* dinamo *f*
dysenterie (di-ssang-*tri*) *f* dissenteria *f*

E

eau (ô) *f* acqua *f*; **~ courante** acqua corrente; **~ de mer** acqua di mare; **~ dentifrice** acqua dentifricia; **~ de Seltz** acqua di seltz; **~ douce** acqua dolce; **~ gazeuse** acqua di seltz; **~ glacée** acqua ghiacciata; ~

minérale acqua minerale; ~ **oxygénée** acqua ossigenata *m*; ~ **potable** acqua potabile
eau-forte (ô-*fort*) *f* acquaforte *f*
ébène (e-*bên*) *f* ebano *m*
éblouissant (e-blu-i-*ssang*) *adj* abbagliante
éblouissement (e-blu-i-*ssmang*) *m* splendore *m*
ébrécher (e-bre-*ʃe*) *v* scheggiare
écaille (e-*kai*) *f* squama *f*
écarlate (e-kar-*lat*) *adj* scarlatto
écarter (e-kar-*te*) *v* allargare, scostare; allontanare; **écarté** remoto
ecclésiastique (e-kle-s'a-*sstik*) *m* chierico *m*
échafaudage (e-ʃa-fô-*daaʒ*) *m* impalcatura *f*
échange (e-*ʃangʒ*) *m* scambio *m*
échanger (e-ʃang-*ʒe*) *v* scambiare
échantillon (e-ʃang-ti-*'ong*) *m* campione *m*
échappement (e-ʃap-*mang*) *m* scappamento *m*
échapper (e-ʃa-*pe*) *v* sfuggire, scappare; **s'échapper** scappare
écharde (e-*ʃard*) *f* scheggia *f*
écharpe (e-*ʃarp*) *f* sciarpa *f*, scialle *m*
échec (e-*ʃêk*) *m* fallimento *m*, insuccesso *m*; **échec!** scacco!; **échecs** scacchi *mpl*
échelle (e-*ʃêl*) *f* scala *f*
échiquier (e-ʃi-*k'e*) *m* scacchiera *f*
écho (e-*kô*) *m* eco *m/f*
échoppe (e-*ʃop*) *f* baracca *f*
échouer (e-*ʃ*ᵘ*e*) *v* fallire; bocciare
éclabousser (e-kla-bu-*sse*) *v* schizzare
éclair (e-*klêêr*) *m* baleno *m*; lampo *m*
éclairage (e-klê-*raaʒ*) *m* illuminazione *f*
éclaircir (e-klêr-*ssiir*) *v* chiarire
éclaircissement (e-klêr-ssi-*ssmang*) *m* schiarimento *m*
éclairer (e-kle-*re*) *v* illuminare
éclat (e-*kla*) *m* ardore *m*; bagliore *m*; scheggia *f*
éclatant (e-kla-*tang*) *adj* vivace
éclater (e-kla-*te*) *v* scoppiare; spaccarsi
éclipse (e-*klipss*) *f* eclissi *f*
éclisse (e-*kliss*) *f* stecca *f*
écluse (e-*klüüs*) *f* chiusa *f*
écœurant (e-kö-*rang*) *adj* ripugnante
école (e-*kol*) *f* scuola *f*; ~ **maternelle** giardino d'infanzia, asilo infantile; ~ **secondaire** scuola media; ***faire l'école buissonnière** marinare la scuola
écolier (e-ko-*l'e*) *m* scolaro *m*
écolière (e-ko-*l'êêr*) *f* scolara *f*
économe (e-ko-*nom*) *adj* economico
économie (e-ko-no-*mi*) *f* economia *f*; **économies** risparmi *mpl*
économique (e-ko-no-*mik*) *adj* economico
économiser (e-ko-no-mi-*se*) *v* economizzare
économiste (e-ko-no-*misst*) *m* economista *m*
écorce (e-*korss*) *f* corteccia *f*
Ecossais (e-ko-*sse*) *m* scozzese *m*
écossais (e-ko-*sse*) *adj* scozzese
Ecosse (e-*koss*) *f* Scozia *f*
s'écouler (e-ku-*le*) *scorrere
écouter (e-ku-*te*) *v* ascoltare; sentire
écouteur (e-ku-*töör*) *m* ricevitore *m*
écran (e-*krang*) *m* video *m*, riparo *m*, schermo *m*
écraser (e-kra-*se*) *v* schiacciare; **s'écraser** precipitare
***écrire** (e-*kriir*) *v* *scrivere; **par écrit** per iscritto
écriture (e-kri-*tüür*) *f* scrittura *f*
écrivain (e-kri-*vêng*) *m* scrittore *m*
écrou (e-*kru*) *m* dado *m*
s'écrouler (e-kru-*le*) crollare
Ecuadorien (e-kua-do-*r'êng*) *m* ecuadoriano *m*

écume (e-*küm*) *f* schiuma *f*
écureuil (e-kü-*röi*) *m* scoiattolo *m*
eczéma (êgh-se-*ma*) *m* eczema *m*
édification (e-di-fi-ka-*ss'ong*) *f* fabbricazione *f*
édifice (e-di-*fiss*) *m* edificio *m*
édifier (e-di-*f'e*) *v* fabbricare
éditeur (e-di-*töör*) *m* editore *m*
édition (e-di-*ss'ong*) *f* edizione *f*; ~ **du matin** edizione del mattino
édredon (e-drö-*dong*) *m* trapunta di piume *m*
éducation (êr-*tssii*-ung) *f* educazione *f*
éduquer (e-dü-*ke*) *v* educare
effacer (e-fa-*sse*) *v* cancellare
effectif (e-fêk-*tif*) *adj* efficace
effectivement (e-fêk-tiv-*mang*) *adv* effettivamente
effectuer (e-fêk-*tue*) *v* effettuare
effet (e-*fe*) *m* conseguenza *f*; effetto *m*; **en** ~ effettivamente
efficace (e-fi-*kass*) *adj* efficace; efficiente
s'effilocher (e-fi-lo-*ʃe*) sfilacciarsi
effondrement (e-fong-drö-*mang*) *m* rovina *f*
s'effondrer (e-fong-*dre*) crollare
s'efforcer (e-for-*sse*) sforzarsi; disturbarsi
effort (e-*foor*) *m* fatica *f*, sforzo *m*, tentativo *m*
effrayé (e-fre-*'e*) *adj* spaventato, impaurito
effrayer (e-fre-*'e*) *v* spaventare
effronté (e-frong-*te*) *adj* sfrontato; insolente
égal (e-*ghal*) *adj* uguale, piano
également (e-ghal-*mang*) *adv* pure, inoltre, anche, ugualmente
égaler (e-gha-*le*) *v* uguagliare
égaliser (e-gha-li-*se*) *v* pareggiare
égalité (e-gha-li-*te*) *f* uguaglianza *f*
égard (e-*ghaar*) *m* riguardo *m*
égarer (e-gha-*re*) *v* smarrire
égayer (e-ghe-*'e*) *v* rallegrare
église (e-*ghliis*) *f* chiesa *f*
égocentrique (e-gho-ssang-*trik*) *adj* egocentrico
égoïsme (e-gho-*issm*) *m* egoismo *m*
égoïste (e-gho-*isst*) *adj* egoista, egoistico
égout (e-*ghu*) *m* fogna *f*, scolo *m*
égratignure (e-ghra-ti-*gnüür*) *f* escoriazione *f*, graffio *m*
Egypte (e-*ʒipt*) *f* Egitto *m*
Egyptien (e-ʒi-*pss'êng*) *m* egiziano *m*
égyptien (e-ʒi-*pss'êng*) *adj* egiziano
élaborer (e-la-bo-*re*) *v* elaborare
élan (e-*lang*) *m* zelo *m*; alce *m*
élargir (e-lar-*ʒiir*) *v* allargare
élasticité (e-la-ssti-ssi-*te*) *f* elasticità *f*
élastique (e-la-*sstik*) *adj* elastico; *m* elastico *m*
électeur (e-lêk-*töör*) *m* elettore *m*
élection (e-lêk-*ss'ong*) *f* elezione *f*
électricien (e-lêk-tri-*ss'êng*) *m* elettricista *m*
électricité (e-lêk-tri-ssi-*te*) *f* elettricità *f*
électrique (e-lêk-*trik*) *adj* elettrico
électronique (e-lêk-tro-*nik*) *adj* elettronico
élégance (e-le-*ghangss*) *f* eleganza *f*
élégant (e-le-*ghang*) *adj* elegante
élément (e-le-*mang*) *m* elemento *m*
élémentaire (e-le-mang-*têêr*) *adj* elementare
éléphant (e-le-*fang*) *m* elefante *m*
élevage (êl-*vaaʒ*) *m* allevamento *m*
élévation (e-le-va-*ss'ong*) *f* altura *f*
élève (e-*lêêv*) *m* allievo *m*, scolaro *m*
élever (êl-*ve*) *v* educare, allevare; sollevare
elfe (êlf) *m* folletto *m*
éliminer (e-li-mi-*ne*) *v* eliminare
***élire** (e-*liir*) *v* *scegliere, *eleggere
elle (êl) *pron* essa
elle-même (êl-*mêm*) *pron* essa stessa

éloge (e-*loʒ*) *m* elogio *m*
éloigner (e-l^{u}a-*gne*) *v* allontanare; **éloigné** distante, lontano
élucider (e-lü-ssi-*de*) *v* delucidare
émail (e-*mai*) *m* (pl émaux) smalto *m*
émaillé (e-ma-*^{i}e*) *adj* smaltato
émancipation (e-mang-ssi-pa-*ss^{i}ong*) *f* emancipazione *f*
emballage (ang-ba-*laaʒ*) *m* imballaggio *m*
emballer (ang-ba-*le*) *v* imballare
embargo (ang-bar-*ghô*) *m* embargo *m*
embarquement (ang-bar-kö-*mang*) *m* imbarco *m*
embarquer (ang-bar-*ke*) *v* imbarcarsi; imbarcare
embarras (ang-ba-*ra*) *m* scalpore *m*
embarrassant (ang-ba-ra-*ssang*) *adj* imbarazzante
embarrasser (ang-ba-ra-*sse*) *v* imbarazzare
emblème (ang-*blêm*) *m* emblema *m*
embouchure (ang-bu-*ʃüür*) *f* foce *f*
embouteillage (ang-bu-tê-*^{i}aaʒ*) *m* ingorgo *m*
embrasser (ang-bra-*sse*) *v* baciare
embrayage (ang-brê-*^{i}aaʒ*) *m* frizione *f*
embrouiller (ang-bru-*^{i}e*) *v* impasticciare
embuscade (ang-bü-*sskad*) *f* imboscata *f*
émeraude (em-*rôd*) *f* smeraldo *m*
s'émerveiller (e-mêr-ve-*^{i}e*) meravigliarsi
émetteur (e-mê-*töör*) *m* trasmettitore *m*
***émettre** (e-*mêtr*) *v* *emettere; *trasmettere
émeute (e-*mööt*) *f* sommossa *f*
émigrant (e-mi-*ghrang*) *m* emigrante *m*
émigration (e-mi-ghra-*ss^{i}ong*) *f* emigrazione *f*
émigrer (e-mi-*ghre*) *v* emigrare
éminent (e-mi-*nang*) *adj* eminente
émission (e-mi-*ss^{i}ong*) *f* emissione *f*; trasmissione *f*
emmagasinage (ang-ma-gha-si-*naaʒ*) *m* magazzinaggio *m*
emmagasiner (ang-ma-gha-si-*ne*) *v* immagazzinare
emmener (ang-mö-*ne*) *v* portare con sé
émoi (e-*m^{u}a*) *m* commozione *f*
émotion (e-mô-*ss^{i}ong*) *f* emozione *f*
émoussé (e-mu-*sse*) *adj* smussato, spuntato, ottuso
***émouvoir** (e-mu-*v^{u}aar*) *v* *commuovere
empêcher (ang-pe-*ʃe*) *v* impedire
empereur (ang-*pröör*) *m* imperatore *m*
empiéter (ang-p^{i}e-*te*) *v* trasgredire
empire (ang-*piir*) *m* impero *m*
emploi (ang-*pl^{u}a*) *m* uso *m*; impiego *m*, occupazione *f*; **solliciter un ~** inoltrare una domanda d'impiego
employé (ang-pl^{u}a-*^{i}e*) *m* salariato *m*, impiegato *m*
employer (ang-pl^{u}a-*^{i}e*) *v* usare; impiegare
employeur (ang-pl^{u}a-*^{i}öör*) *m* datore di lavoro
empoisonner (ang-p^{u}a-so-*ne*) *v* avvelenare
emporter (ang-por-*te*) *v* portar via
empreinte digitale (ang-prêngt di-ʒi-*tal*) impronta digitale
emprisonnement (ang-pri-son-*mang*) *m* imprigionamento *m*
emprisonner (ang-pri-so-*ne*) *v* imprigionare
emprunt (ang-*pröng*) *m* prestito *m*
emprunter (ang-pröng-*te*) *v* *prendere in prestito; adottare
en (ang) *prep* in; con; *pron* ne
encaisser (ang-ke-*sse*) *v* *riscuotere,

incassare
enceinte (ang-*ssêngt*) *adj* incinta
encens (ang-*ssang*) *m* incenso *m*
encercler (ang-ssêr-*kle*) *v* accerchiare, *cingere
enchantement (ang-ʃangt-*mang*) *m* incanto *m*
enchanter (ang-ʃang-*te*) *v* deliziare; incantare; **enchanté** felicissimo
enchanteur (ang-ʃang-*töör*) *adj* (f -teresse) affascinante
enclin (ang-*klêng*) *adj* tendente
encore (ang-*koor*) *adv* ancora; ~ **que** quantunque; ~ **un** un altro; ~ **un peu** ancora
encourager (ang-ku-ra-*ʒe*) *v* incoraggiare
encre (angkr) *f* inchiostro *m*
encyclopédie (ang-ssi-klo-pe-*di*) *f* enciclopedia *f*
endommager (ang-do-ma-*ʒe*) *v* danneggiare
endormi (ang-dor-*mi*) *adj* addormentato
endosser (ang-do-*sse*) *v* girare; vistare
endroit (ang-*drua*) *m* luogo *m*
endurance (ang-dü-*rangss*) *f* vigore *m*
endurer (ang-dü-*re*) *v* sopportare
énergie (e-nêr-*ʒi*) *f* energia *f*; ~ **nucléaire** energia nucleare
énergique (e-nêr-*ʒik*) *adj* energico
énerver (e-nêr-*ve*) *v* *dare sui nervi; **s'énerver** innervosirsi
enfance (ang-*fangss*) *f* infanzia *f*
enfant (ang-*fang*) *m* bambino *m*
enfer (ang-*fêêr*) *m* inferno *m*
enfermer (ang-fêr-*me*) *v* *chiudere a chiave, *rinchiudere
enfiler (ang-fi-*le*) *v* infilare
enfin (ang-*fêng*) *adv* finalmente
enfler (ang-*fle*) *v* gonfiare
enflure (ang-*flüür*) *f* gonfiore *m*
s'enfoncer (ang-fong-*sse*) affondare
engagement (ang-ghaʒ-*mang*) *m* impegno *m*
engager (ang-gha-*ʒe*) *v* *assumere; **s'engager** impegnarsi
engelure (ang-*ʒlüür*) *f* gelone *m*
engourdi (ang-ghur-*di*) *adj* intirizzito, intorpidito
engrais (ang-*ghre*) *m* concime *m*
énigme (e-*nighm*) *f* enigma *m*, indovinello *m*
enjeu (ang-*ʒö*) *m* posta *f*
enlacement (ang-la-*ssma*) *m* abbraccio *m*
enlever (angl-*ve*) *v* spostare; *togliere, levare
ennemi (ên-*mi*) *m* nemico *m*
ennui (ang-*nui*) *m* noia *f*, preoccupazione *f*; seccatura *f*
ennuyer (ang-nui-*ie*) *v* annoiare
ennuyeux (ang-nui-*iö*) *adj* noioso; increscioso, monotono
énorme (e-*norm*) *adj* enorme
enquête (ang-*kêt*) *f* inchiesta *f*; indagine *f*
enquêter (ang-ke-*te*) *v* investigare, indagare
enragé (ang-ra-*ʒe*) *adj* rabbioso
enregistrement (angr-ʒi-sströ-*mang*) *m* registrazione *f*
enregistrer (angr-ʒi-*sstre*) *v* allibrare; registrare
s'enrhumer (ang-rü-*me*) *prendere un raffreddore
enroué (ang-ru-*e*) *adj* rauco
enrouler (ang-ru-*le*) *v* *avvolgere
enseignement (ang-ssêgn-*mang*) *m* insegnamento *m*; **enseignements** insegnamento *m*
enseigner (ang-sse-*gne*) *v* insegnare
ensemble (ang-*ssangbl*) *adv* insieme; *m* totale *m*
ensoleillé (ang-sso-le-*ie*) *adj* soleggiato
ensorceler (ang-ssor-ssö-*le*) *v* stregare

ensuite (ang-*ssuit*) *adv* in seguito
entailler (ang-ta-*^{i}e*) *v* intagliare
entasser (ang-ta-*sse*) *v* ammucchiare
entendre (ang-*tangdr*) *v* *udire
entente (ang-*tangt*) *f* concordanza *f*
enterrement (ang-têr-*mang*) *m* sepoltura *f*
enterrer (ang-te-*re*) *v* seppellire
enthousiasme (ang-tu-*s^{i}assm*) *m* entusiasmo *m*
enthousiaste (ang-tu-*s^{i}asst*) *adj* entusiastico
entier (ang-*t^{i}e*) *adj* intero, completo
entièrement (ang-t^{i}êr-*mang*) *adv* interamente, completamente
entonnoir (ang-to-*n^{u}aar*) *m* imbuto *m*
entourer (ang-tu-*re*) *v* circondare
entracte (ang-*trakt*) *m* intervallo *m*
entrailles (ang-*trai*) *fpl* interiora *fpl*
entrain (ang-*trêng*) *m* gusto *m*
entraînement (ang-trên-*mang*) *m* addestramento *m*
entraîner (ang-tre-*ne*) *v* addestrare
entraîneur (ang-trê-*nöör*) *m* allenatore *m*
entrave (ang-*traav*) *f* impedimento *m*
entraver (ang-tra-*ve*) *v* impedire
entre (angtr) *prep* tra, in mezzo a, fra
entrée (ang-*tre*) *f* entrata *f*, ingresso *m*; ~ **interdite** vietato l'ingresso
entrepôt (ang-trö-*pô*) *m* magazzino *m*
***entreprendre** (ang-trö-*prangdr*) *v* *intraprendere
entrepreneur (ang-trö-prö-*nöör*) *m* imprenditore *m*
entreprise (ang-trö-*priis*) *f* impresa *f*; azienda *f*, ditta *f*
entrer (ang-*tre*) *v* entrare
entresol (ang-trö-*ssol*) *m* mezzanino *m*
entre-temps (ang-trö-*tang*) *adv* nel frattempo, frattanto
***entretenir** (ang-trö-*tniir*) *v* *mantenere
entretien (ang-trö-*t^{i}êng*) *m* mantenimento *m*, manutenzione *f*; discorso *m*
***entrevoir** (ang-trö-*v^{u}aar*) *v* *intravvedere
entrevue (ang-trö-*vü*) *f* intervista *f*
envahir (ang-va-*iir*) *v* *invadere
enveloppe (ang-*vlop*) *f* busta *f*
envelopper (ang-vlo-*pe*) *v* *avvolgere
envers (ang-*vêêr*) *prep* verso; **à l'envers** alla rovescia
envie (ang-*vi*) *f* bramosia *f*, desiderio *m*; invidia *f*; ***avoir ~ de** *aver voglia di; desiderare
envier (ang-*v^{i}e*) *v* invidiare
envieux (ang-*v^{i}ö*) *adj* invidioso
environ (ang-vi-*rong*) *adv* circa
environnant (ang-vi-ro-*nang*) *adj* circostante
environnement (ang-vi-ron-*mang*) *m* ambiente *m*
environs (ang-vi-*rong*) *mpl* dintorni *mpl*
envisager (ang-vi-sa-*ʒe*) *v* considerare
envoyé (ang-v^{u}a-*^{i}e*) *m* inviato *m*
***envoyer** (ang-v^{u}a-*^{i}e*) *v* spedire; inviare
épais (e-*pe*) *adj* (f ~se) denso
épaisseur (e-pê-*ssöör*) *f* spessore *m*
épaissir (e-pe-*ssiir*) *v* ispessire
épargner (e-par-*gne*) *v* risparmiare
épaule (e-*pôôl*) *f* spalla *f*
épave (e-*paav*) *f* relitto *m*
épée (e-*pe*) *f* spada *f*
épeler (ê-*ple*) *v* compitare
épicé (e-pi-*sse*) *adj* piccante, condito
épicerie (e-pi-*ssri*) *f* drogheria *f*; ~ **fine** negozio di specialità gastronomiche, leccornia *f*
épicier (e-pi-*ss^{i}e*) *m* droghiere *m*
épidémie (e-pi-de-*mi*) *f* epidemia *f*
épier (e-*p^{i}e*) *v* spiare
épilepsie (e-pi-lê-*pssi*) *f* epilessia *f*
épilogue (e-pi-*logh*) *m* epilogo *m*

épinards (e-pi-*naar*) *mpl* spinaci *mpl*
épine (e-*pin*) *f* spina *f*; ~ **dorsale** spina dorsale
épingle (e-*pê~~ng~~ghl*) *f* spillo *m*; ~ **à cheveux** forcina *f*; ~ **de sûreté** spillo di sicurezza
épingler (e-pê~~ng~~-*ghle*) *v* appuntare
épique (e-*pik*) *adj* epico
épisode (e-pi-*sod*) *m* episodio *m*
éponge (e-*po~~ng~~ʒ*) *f* spugna *f*
époque (e-*pok*) *f* epoca *f*; **de l'époque** di allora
épouse (e-*puus*) *f* consorte *f*
épouser (e-pu-*se*) *v* sposare
épouvantable (e-pu-va~~ng~~-*tabl*) *adj* tremendo
épouvante (e-pu-*va~~ng~~t*) *f* raccapriccio *m*
époux (e-*pu*) *m* marito *m*
épreuve (e-*prööv*) *f* esame *m*, prova *f*; positiva *f*
éprouver (e-pru-*ve*) *v* provare; saggiare
épuiser (e-pui-*se*) *v* spossare; esaurire; **épuisé** esaurito
Equateur (e-k^{u}a-*töör*) *m* Ecuador *m*
équateur (e-k^{u}a-*töör*) *m* equatore *m*
équilibre (e-ki-*libr*) *m* equilibrio *m*
équipage (e-ki-*paaʒ*) *m* equipaggio *m*
équipe (e-*kip*) *f* squadra *f*
équipement (e-kip-*ma~~ng~~*) *m* equipaggiamento *m*, attrezzatura *f*
équiper (e-ki-*pe*) *v* equipaggiare
équitable (e-ki-*tabl*) *adj* equo; ragionevole
équitation (e-ki-ta-*ss^{i}o~~ng~~*) *f* equitazione *f*
équivalent (e-ki-va-*la~~ng~~*) *adj* equivalente
équivoque (e-ki-*vok*) *adj* equivoco
érable (e-*rabl*) *m* acero *m*
érafler (e-ra-*fle*) *v* scalfire
ériger (e-ri-*ʒe*) *v* innalzare, *erigere
errer (e-*re*) *v* errare; vagare
erreur (ê-*röör*) *f* errore *m*
erroné (ê-ro-*ne*) *adj* erroneo
érudit (e-rü-*di*) *m* erudito *m*
éruption (e-rü-*pss^{i}o~~ng~~*) *f* esantema *m*, eruzione *f*
escadrille (ê-sska-*dri^{i}*) *f* squadriglia *f*
escalier (ê-sska-*l^{i}e*) *m* scala *f*; ~ **de secours** scala di sicurezza; ~ **roulant** scala mobile
escargot (ê-sskar-*ghô*) *m* lumaca *f*
escarpé (ê-sskar-*pe*) *adj* ripido
esclave (ê-*ssklaav*) *m* schiavo *m*
escorte (ê-*sskort*) *f* scorta *f*
escorter (ê-sskor-*te*) *v* scortare
***faire de l'escrime** (fêêr dö lê-*sskrim*) tirare di scherma
escroc (ê-*sskrô*) *m* truffatore *m*
escroquer (ê-sskro-*ke*) *v* truffare
escroquerie (ê-sskro-*kri*) *f* truffa *f*
espace (ê-*sspass*) *m* spazio *m*
espacer (ê-sspa-*sse*) *v* spaziare
Espagne (ê-*sspagn*) *f* Spagna *f*
Espagnol (ê-sspa-*gnol*) *m* spagnolo *m*
espagnol (ê-sspa-*gnol*) *adj* spagnolo
espèce (ê-*sspêss*) *f* specie *f*
espérance (ê-sspe-*ra~~ng~~ss*) *f* aspettativa *f*
espérer (ê-sspe-*re*) *v* sperare
espièglerie (ê-ssp^{i}ê-ghlö-*ri*) *f* birichinata *f*
espion (ê-*ssp^{i}o~~ng~~*) *m* spia *f*
esplanade (ê-sspla-*nad*) *f* spianata *f*
espoir (ê-*ssp^{u}aar*) *m* speranza *f*
esprit (ê-*sspri*) *m* fantasma *m*, spirito *m*; mente *f*
esquisse (ê-*sskiss*) *f* schizzo *m*
esquisser (ê-sski-*sse*) *v* abbozzare
essai (e-*sse*) *m* saggio *m*, prova *f*; **à l'essai** in prova
essayer (e-sse-*^{i}e*) *v* tentare; provare
essence (e-*ssa~~ng~~ss*) *f* essenza *f*; benzina *f*
essentiel (e-ssa~~ng~~-*ss^{i}êl*) *adj* essenziale, capitale

essentiellement (e-ssang-ss'êl-*mang*) *adv* essenzialmente
essieu (e-*ss'ö*) *m* asse *m*
essor (e-*ssoor*) *m* ascesa *f*
essuie-glace (e-ssui-*ghlass*) *m* tergicristallo *m*
essuyer (e-ssui-*'e*) *v* spazzare, asciugare
est (êsst) *m* oriente *m*, est *m*
estampe (ê-*sstangp*) *f* stampa *f*
estimation (ê-ssti-ma-*ss'ong*) *f* valutazione *f*
estime (ê-*sstim*) *f* stima *f*
estimer (ê-ssti-*me*) *v* stimare, *ritenere, considerare; valutare
estomac (ê-ssto-*ma*) *m* stomaco *m*
estropié (ê-sstro-*p'e*) *adj* zoppo
estuaire (ê-*sstuêêr*) *m* estuario *m*
et (e) *conj* e
étable (e-*tabl*) *f* stalla *f*
établir (e-ta-*bliir*) *v* stabilire; fondare; **s'établir** sistemarsi
étage (e-*taaʒ*) *m* piano *m*; appartamento *m*
étagère (e-ta-*ʒêêr*) *f* scaffale *m*
étain (e-*têng*) *m* peltro *m*, stagno *m*
étal (e-*tal*) *m* bancarella *f*
étalage (e-ta-*laaʒ*) *m* vetrina *f*
étaler (e-ta-*le*) *v* *mettere in mostra, *esporre
étang (e-*tang*) *m* stagno *m*
étape (e-*tap*) *f* fase *f*; tappa *f*
Etat (e-*ta*) *m* stato *m*; **Etats-Unis** Stati Uniti
état (e-*ta*) *m* stato *m*; ~ **d'urgence** stato di emergenza
et cætera (êt-sse-te-*ra*) eccetera
été (e-*te*) *m* estate *f*; **plein** ~ piena estate
***éteindre** (e-*têngdr*) *v* *spegnere; *estinguere
étendre (e-*tangdr*) *v* ampliare, *estendere, *espandere, *stendere
étendu (e-tang-*dü*) *adj* esteso, vasto; comprensivo
éternel (e-têr-*nêl*) *adj* eterno
éternité (e-têr-ni-*te*) *f* eternità *f*
éternuer (e-têr-*nue*) *v* starnutire
éther (e-*têêr*) *m* etere *m*
Ethiopie (e-t'o-*pi*) *f* Etiopia *f*
Ethiopien (e-t'o-*p'êng*) *m* etiopico *m*
éthiopien (e-t'o-*p'êng*) *adj* etiopico
étincelle (e-têng-*ssêl*) *f* scintilla *f*
étiqueter (e-tik-*te*) *v* etichettare
étiquette (e-ti-*kêt*) *f* etichetta *f*
étoffes (e-*tof*) *fpl* drapperia *f*
étoile (e-*t^ual*) *f* stella *f*
étole (e-*tol*) *f* stola *f*
étonnant (e-to-*nang*) *adj* sorprendente
étonnement (e-ton-*mang*) *m* sorpresa *f*, stupore *m*
étonner (e-to-*ne*) *v* stupire; sbalordire
étouffant (e-tu-*fang*) *adj* stantio
étouffer (e-tu-*fe*) *v* strozzare
étourdi (e-tur-*di*) *adj* stordito
étourneau (e-tur-*nô*) *m* stornello *m*
étrange (e-*trangʒ*) *adj* strano; bizzarro
étranger (e-trang-*ʒe*) *m* straniero *m*, forestiero *m*; *adj* straniero; estraneo; **à l'étranger** all'estero
étrangler (e-trang-*ghle*) *v* strozzare, strangolare
être (êêtr) *m* essere *m*; ~ **humain** essere umano
***être** (êêtr) *v* *essere
***étreindre** (e-*trêngdr*) *v* abbracciare
étreinte (e-*trêngt*) *f* stretta *f*; abbraccio *m*
étrier (e-tri-*e*) *m* staffa *f*
étroit (e-*tr^ua*) *adj* angusto, stretto, attillato
étude (e-*tüd*) *f* studio *m*
étudiant (e-tü-*d'ang*) *m* studente *m*
étudiante (e-tü-*d'angt*) *f* studentessa *f*

étudier (e-tü-*d^{i}e*) *v* studiare
étui (e-*tui*) *m* astuccio *m*; ~ **à cigarettes** portasigarette *m*
Europe (ö-*rop*) *f* Europa *f*
Européen (ö-ro-pe-*ê~~ng~~*) *m* europeo *m*
européen (ö-ro-pe-*ê~~ng~~*) *adj* europeo
eux (ö) *pron* loro; **eux-mêmes** *pron* essi stessi
évacuer (e-va-*kue*) *v* sgombrare, evacuare
évaluer (e-va-*lue*) *v* valutare; *fare la stima
évangile (e-va~~ng~~-*ʒil*) *m* vangelo *m*
s'évanouir (e-va-*n^{u}iir*) *svenire
évaporer (e-va-po-*re*) *v* evaporare
évasion (e-va-*s^{i}o~~ng~~*) *f* evasione *f*
éveillé (e-ve-*^{i}e*) *adj* sveglio
s'éveiller (e-ve-*^{i}e*) destarsi
événement (e-vên-*ma~~ng~~*) *m* evento *m*
éventail (e-va~~ng~~-*tai*) *m* ventaglio *m*
éventuel (e-va~~ng~~-*tuêl*) *adj* eventuale
évêque (e-*vêk*) *m* vescovo *m*
évidemment (e-vi-da-*ma~~ng~~*) *adv* naturalmente
évident (e-vi-*da~~ng~~*) *adj* evidente, ovvio; lampante
évier (e-*v^{i}e*) *m* lavello *m*
éviter (e-vi-*te*) *v* evitare
évolution (e-vo-lü-*ss^{i}o~~ng~~*) *f* evoluzione *f*
évoquer (e-vo-*ke*) *v* rievocare; evocare
exact (êgh-*sakt*) *adj* esatto
exactement (êgh-sak-tö-*ma~~ng~~*) *adv* precisamente
exactitude (êgh-sak-ti-*tüd*) *f* correttezza *f*
exagérer (êgh-sa-ʒe-*re*) *v* esagerare
examen (êgh-sa-*mê~~ng~~*) *m* esame *m*; visita medica, indagine *f*
examiner (êgh-sa-mi-*ne*) *v* esaminare
excavation (êk-sska-va-*ss^{i}o~~ng~~*) *f* scavo *m*
excéder (êk-sse-*de*) *v* eccedere
excellent (êk-ssê-*la~~ng~~*) *adj* eccellente
exceller (êk-sse-*le*) *v* *eccellere
excentrique (êk-ssa~~ng~~-*trik*) *adj* eccentrico
excepté (êk-ssêp-*te*) *prep* salvo, eccetto
exception (êk-ssêp-*ss^{i}o~~ng~~*) *f* eccezione *f*
exceptionnel (êk-ssêp-ss^{i}o-*nêl*) *adj* eccezionale
excès (êk-*sse*) *m* eccesso *m*; ~ **de vitesse** eccesso di velocità
excessif (êk-sse-*ssif*) *adj* eccessivo
excitation (êk-ssi-ta-*ss^{i}o~~ng~~*) *f* eccitazione *f*
exciter (êk-ssi-*te*) *v* eccitare
exclamation (êk-sskla-ma-*ss^{i}o~~ng~~*) *f* esclamazione *f*
exclamer (êk-sskla-*me*) *v* esclamare
***exclure** (êk-*ssklüür*) *v* *escludere
exclusif (êk-ssklü-*sif*) *adj* esclusivo
exclusivement (êk-ssklü-siv-*ma~~ng~~*) *adv* esclusivamente
excursion (êk-sskür-*ss^{i}o~~ng~~*) *f* gita *f*, escursione *f*; giro *m*; gita turistica
excuse (êk-*ssküüs*) *f* scusa *f*
excuser (êk-sskü-*se*) *v* scusare; **excusez-moi!** scusa!, scusate!
exécuter (êgh-se-kü-*te*) *v* eseguire
exécutif (êgh-se-kü-*tif*) *m* direttore *m*; *adj* esecutivo
exécution (êgh-se-kü-*ss^{i}o~~ng~~*) *f* esecuzione *f*
exemplaire (êgh-sa~~ng~~-*plêêr*) *m* copia *f*
exemple (êgh-*sa~~ng~~pl*) *m* esempio *m*; **par** ~ per esempio
exempt (êgh-*sa~~ng~~*) *adj* esente; ~ **de droits** franco di dazio; ~ **d'impôts** esente da tassa
exempter (êgh-sa~~ng~~-*te*) *v* esentare
exemption (êgh-sa~~ng~~-*pss^{i}o~~ng~~*) *f* esenzione *f*
exercer (êgh-sêr-*sse*) *v* esercitare
exercice (êgh-sêr-*ssiss*) *m* esercizio *m*

exhiber (êgh-si-*be*) *v* esibire
exhibition (êgh-si-bi-*ssiong*) *f* mostra *f*
exhorter (êgh-sor-*te*) *v* stimolare
exigeant (êgh-si-*ʒang*) *adj* esigente
exigence (êgh-si-*ʒangss*) *f* esigenza *f*
exiger (êgh-si-*ʒe*) *v* *esigere
exile (êgh-*sil*) *m* esilio *m*
exilé (êgh-si-*le*) *m* esule *m*
existence (êgh-si-*sstangss*) *f* esistenza *f*
exister (êgh-si-*sste*) *v* *esistere
exotique (êgh-so-*tik*) *adj* esotico
expédier (êk-sspe-*die*) *v* spedire, mandare
expédition (êk-sspe-di-*ssiong*) *f* invio *m*; spedizione *f*
expérience (êk-sspe-*riangss*) *f* esperienza *f*; esperimento *m*; ***faire l'expérience de** sperimentare
expérimenter (êk-sspe-ri-mang-*te*) *v* sperimentare; **expérimenté** esperto
expert (êk-*sspêêr*) *adj* esperto; *m* esperto *m*
expiration (êk-sspi-ra-*ssiong*) *f* scadenza *f*
expirer (êk-sspi-*re*) *v* espirare, esalare; *scadere
explicable (êk-sspli-*kabl*) *adj* spiegabile
explication (êk-sspli-ka-*ssiong*) *f* esplicazione *f*, spiegazione *f*
explicite (êk-sspli-*ssit*) *adj* esplicito
expliquer (êk-sspli-*ke*) *v* chiarire, spiegare
exploitation (êk-ssplua-ta-*ssiong*) *f* sfruttamento *m*; impresa *f*; ~ **minière** industria mineraria
exploiter (êk-ssplua-*te*) *v* utilizzare; sfruttare
explorer (êk-ssplo-*re*) *v* esplorare
exploser (êk-ssplô-*se*) *v* *esplodere
explosif (êk-ssplô-*sif*) *m* esplosivo *m*; *adj* esplosivo
explosion (êk-ssplô-*siong*) *f* esplosione *f*
exportation (êk-sspor-ta-*ssiong*) *f* esportazione *f*
exporter (êk-sspor-*te*) *v* esportare
exposer (êk-sspô-*se*) *v* esibire, *esporre
exposition (êk-sspô-si-*ssiong*) *f* esposizione *f*; mostra *f*; ~ **d'art** mostra d'arte
exprès[1] (êk-*sspre*) *adv* apposta
exprès[2] (êk-*ssprêss*) *adj* espresso; per espresso
expression (êk-ssprê-*ssiong*) *f* manifestazione *f*, espressione *f*
exprimer (êk-sspri-*me*) *v* *esprimere
expulser (êk-sspül-*sse*) *v* scacciare; *espellere
exquis (êk-*sski*) *adj* squisito; selezionato
extase (êk-*sstaas*) *m* estasi *f*
exténuer (êk-sste-*nue*) *v* esaurire
extérieur (êk-sste-*riöör*) *m* esterno *m*; esteriore *m*; *adj* esteriore, esterno; **vers l'extérieur** al di fuori
externe (êk-*sstêrn*) *adj* esterno
extincteur (êk-sstêngk-*töör*) *m* estintore *m*
extorquer (êk-sstor-*ke*) *v* *estorcere
extorsion (êk-sstor-*ssiong*) *f* estorsione *f*
extrader (êk-sstra-*de*) *v* estradare
***extraire** (êk-*sstrêêr*) *v* *estrarre
extrait (êk-*sstre*) *m* brano *m*
extraordinaire (êk-sstra-or-di-*nêêr*) *adj* straordinario
extravagant (êk-sstra-va-*ghang*) *adj* stravagante
extrême (êk-*sstrêm*) *adj* estremo; *m* estremo *m*
exubérant (êgh-sü-be-*rang*) *adj* esuberante

F

fable (fabl) *f* favola *f*
fabricant (fa-bri-*ka~~ng~~*) *m* fabbricante *m*
fabriquer (fa-bri-*ke*) *v* confezionare, fabbricare
façade (fa-*ssad*) *f* facciata *f*
face (fass) *f* facciata *f*; **en ~ de** in faccia a, di fronte a
fâcher (fa-*she*) *v* annoiare; **fâché** imbronciato
facile (fa-*ssil*) *adj* facile
facilité (fa-ssi-li-*te*) *f* agevolazione *f*
façon (fa-*sso~~ng~~*) *f* modo *m*; **de la même ~** ugualmente; **de toute ~** in ogni caso; ad ogni modo
façonner (fa-sso-*ne*) *v* modellare
facteur (fak-*töör*) *m* fattore *m*; postino *m*
facture (fak-*tüür*) *f* fattura *f*
facturer (fak-tü-*re*) *v* fatturare
facultatif (fa-kül-ta-*tif*) *adj* facoltativo
faculté (fa-kül-*te*) *f* potere *m*; facoltà *f*
faible (fêbl) *adj* fiacco, debole; scarso
faiblesse (fê-*blêss*) *f* debolezza *f*
faïence (fa-^{i}*a~~ng~~ss*) *f* ceramica *f*, terracotta *f*; vasellame *m*
en faillite (a~~ng~~ fa-^{i}*it*) fallito
faim (fê~~ng~~) *f* fame *f*
***faire** (fêêr) *v* *fare; *indurre a
faisable (fö-*sabl*) *adj* realizzabile, raggiungibile
faisan (fö-*sa~~ng~~*) *m* fagiano *m*
fait (fe) *m* fatto *m*; **de ~** infatti; **en ~** infatti, in realtà
falaise (fa-*lêês*) *f* scogliera *f*; scoglio *m*
***falloir** (fa-*l^{u}aar*) *v* *occorrere, *dovere
falsification (fal-ssi-fi-ka-*ss^{i}o~~ng~~*) *f* falsificazione *f*
falsifier (fal-ssi-*f^{i}e*) *v* falsificare
fameux (fa-*mö*) *adj* famoso
familial (fa-mi-*l^{i}al*) *adj* familiare
familiariser (fa-mi-l^{i}a-ri-*se*) *v* abituare
familier (fa-mi-*l^{i}e*) *adj* confidenziale, familiare
famille (fa-*mi^{i}*) *f* famiglia *f*
fan (fan) *m* tifoso *m*
fanatique (fa-na-*tik*) *adj* fanatico
se faner (fa-*ne*) scolorirsi
fanfare (fa~~ng~~-*faar*) *f* fanfara *f*
fantaisie (fa~~ng~~-te-*si*) *f* fantasia *f*
fantastique (fa~~ng~~-ta-*sstik*) *adj* fantastico
fantôme (fa~~ng~~-*tôôm*) *m* fantasma *m*, spettro *m*
faon (fa~~ng~~) *m* cerbiatto *m*
farce (farss) *f* farsa *f*, buffonata *f*; ripieno *m*
farci (far-*ssi*) *adj* ripieno
fardeau (far-*dô*) *m* peso *m*
farine (fa-*rin*) *f* farina *f*
farouche (fa-*rush*) *adj* schivo
fasciner (fa-ssi-*ne*) *v* affascinare
fascisme (fa-*shissm*) *m* fascismo *m*
fasciste (fa-*shisst*) *m* fascista *m*; *adj* fascistico
fastidieux (fa-ssti-*d^{i}ö*) *adj* noioso; fastidioso
fatal (fa-*tal*) *adj* (pl ~s) fatale, letale
fatigant (fa-ti-*gha~~ng~~*) *adj* faticoso
fatigue (fa-*tigh*) *f* stanchezza *f*
fatiguer (fa-ti-*ghe*) *v* stancare; **fatigué** stanco; affaticato
faubourg (fô-*buur*) *m* sobborgo *m*
fauché (fô-*she*) *adj* squattrinato
faucon (fô-*ko~~ng~~*) *m* falcone *m*; astore *m*
faute (fôôt) *f* sbaglio *m*; colpa *f*; **donner la ~ à** biasimare; **sans ~** senz'altro
fauteuil (fô-*töi*) *m* poltrona *f*; **~ d'orchestre** poltrona d'orchestra;

~ **roulant** sedia a rotelle
fauve (fôôv) *adj* fulvo
faux (fô) *adj* (f fausse) falso; fallace; contraffatto
faveur (fa-*vöör*) *f* favore *m*; **en ~ de** a favore di
favorable (fa-vo-*rabl*) *adj* favorevole
favori (fa-vo-*ri*) *m* (f -rite) favorito *m*; *adj* favorito; **favoris** basette *fpl*
favoriser (fa-vo-ri-*se*) *v* favorire, privilegiare
fédéral (fe-de-*ral*) *adj* federale
fédération (fe-de-ra-*ss^i^ong*) *f* federazione *f*
fée (fe) *f* fata *f*
***feindre** (fêngdr) *v* *fingere
félicitation (fe-li-ssi-ta-*ss^i^ong*) *f* congratulazione *f*, felicitazione *f*
féliciter (fe-li-ssi-*te*) *v* felicitarsi con
femelle (fö-*mêl*) *f* femmina *f*
féminin (fe-mi-*nêng*) *adj* femminile
femme (fam) *f* donna *f*, moglie *f*; **~ de chambre** cameriera *f*
fendre (fangdr) *v* *fendere; spaccare
fenêtre (fö-*nêêtr*) *f* finestra *f*
fente (fangt) *f* crepa *f*, fessura *f*
féodal (fe-o-*dal*) *adj* feudale
fer (fêêr) *m* ferro *m*; **en ~** di ferro; **~ à cheval** ferro di cavallo; **~ à friser** arricciacapelli *m*; **~ à repasser** ferro da stiro; **~ à souder** saldatore *m*
ferme (fêrm) *f* cascina *f*, fattoria *f*; *adj* saldo, stabile; fermo
fermenter (fêr-mang-*te*) *v* fermentare
fermer (fêr-*me*) *v* *chiudere; **fermé** chiuso; **~ à clé** *chiudere a chiave
fermeture (fêrm-*tüür*) *f* fermaglio *m*; **~ éclair** chiusura lampo
fermier (fêr-*m^i^e*) *m* fattore *m*
fermière (fêr-*m^i^êêr*) *f* fattoressa *f*
féroce (fe-*ross*) *adj* feroce
ferraille (fê-*rai*) *f* rottame di ferro
ferry-boat (fê-ri-*bôt*) *m* traghetto *m*
fertile (fêr-*til*) *adj* fertile
fesse (fêss) *f* natica *f*
fessée (fe-*sse*) *f* sculacciata *f*
festival (fê-ssti-*val*) *m* (pl ~s) festival *m*
fête (fêt) *f* festa *f*
feu (fö) *m* fuoco *m*; **~ arrière** luce posteriore, fanalino posteriore; **~ de circulation** semaforo *m*; **~ de position** luce di posizione
feuille (föi) *f* foglia *f*; foglio *m*
feuilleton (föi-*tong*) *m* romanzo a puntate
feutre (föötr) *m* feltro *m*
février (fe-vri-*e*) febbraio
fiançailles (f^i^ang-*ssai*) *fpl* fidanzamento *m*
fiancé (f^i^ang-*sse*) *m* fidanzato *m*; *adj* fidanzato
fiancée (f^i^ang-*sse*) *f* sposa *f*, fidanzata *f*
fibre (fibr) *f* fibra *f*
ficelle (fi-*ssêl*) *f* spago *m*
fiche (fiʃ) *f* spina *f*
fiction (fik-*ss^i^ong*) *f* finzione *f*
fidèle (fi-*dêl*) *adj* fedele
fier (f^i^êêr) *adj* fiero
fièvre (f^i^êêvr) *f* febbre *f*
fiévreux (f^i^e-*vrö*) *adj* febbricitante
figue (figh) *f* fico *m*
se figurer (fi-ghü-*re*) figurarsi
fil (fil) *m* filo *m*; cordicella *f*, refe *m*; **~ de fer** filo di ferro; **~ électrique** cordone elettrico
file (fil) *f* fila *f*
filer (fi-*le*) *v* filare
filet (fi-*le*) *m* rete *f*; **~ à bagage** portabagagli *m*; **~ de pêche** rete da pesca
fille (fi^i^) *f* ragazza *f*; figlia *f*; **vieille ~** zitella *f*
film (film) *m* film *m*; **~ en couleurs** pellicola a colori
filmer (fil-*me*) *v* filmare
fils (fiss) *m* figlio *m*

filtre (filtr) *m* filtro *m*; ~ **à air** filtro dell'aria; ~ **à huile** filtro dell'olio
filtrer (fil-*tre*) *v* filtrare
fin (fêng) *f* termine *m*, fine *f*; esito *m*; *adj* fino; sottile
final (fi-*nal*) *adj* (pl ~s) finale
financer (fi-nang-*sse*) *v* finanziare
finances (fi-*nangss*) *fpl* finanze *fpl*
financier (fi-nang-ss^{i}*e*) *adj* finanziario
finir (fi-*niir*) *v* finire; cessare
Finlandais (fêng-lang-*de*) *m* finlandese *m*
finlandais (fêng-lang-*de*) *adj* finlandese
Finlande (fêng-*langd*) *f* Finlandia *f*
firme (firm) *f* ditta *f*
fissure (fi-*ssüür*) *f* fessura *f*
fixateur (fik-ssa-*töör*) *m* fissatore per capelli
fixe (fikss) *adj* fisso
fixer (fik-*sse*) *v* attaccare; fissare; ~ **le prix** prezzare
fjord (f^{i}or) *m* fiordo *m*
flacon (fla-*kong*) *m* flacone *m*
flamant (fla-*mang*) *m* fenicottero *m*
flamme (flam) *f* fiamma *f*
flanelle (fla-*nêl*) *f* flanella *f*
flâner (fla-*ne*) *v* passeggiare
flaque (flak) *f* pozzanghera *f*
flasque (flassk) *adj* floscio
fléau (fle-*ô*) *m* flagello *m*
flèche (flêʃ) *f* freccia *f*
flétan (fle-*tang*) *m* ippoglosso *m*
fleur (flöör) *f* fiore *m*
fleuriste (flö-*risst*) *m* negozio di fiori, fioraio *m*
fleuve (flööv) *m* fiume *m*
flexible (flêk-*ssibl*) *adj* flessibile
flotte (flot) *f* flotta *f*
flotter (flo-*te*) *v* galleggiare
flotteur (flo-*töör*) *m* galleggiante *m*
fluide (flü-*id*) *adj* fluido
flûte (flüt) *f* flauto *m*
foi (f^{u}a) *f* fede *f*
foie (f^{u}a) *m* fegato *m*
foin (f^{u}êng) *m* fieno *m*
foire (f^{u}aar) *f* fiera *f*
fois (f^{u}a) *f* volta *f*; *prep* per; **à la** ~ contemporaneamente; **deux** ~ due volte; **une** ~ un giorno; **une** ~ **de plus** ancora una volta
folie (fo-*li*) *f* pazzia *f*
folklore (fol-*kloor*) *m* folklore *m*
foncé (fong-*sse*) *adj* scuro
foncer (fong-*sse*) *v* *correre
fonction (fongk-*ss^{i}ong*) *f* funzione *f*
fonctionnaire (fongk-ss^{i}o-*nêêr*) *m* funzionario *m*
fonctionnement (fongk-ss^{i}on-*mang*) *m* funzionamento *m*
fonctionner (fongk-ss^{i}o-*ne*) *v* funzionare
fond (fong) *m* fondo *m*; nocciolo *m*; sfondo *m*; **à** ~ a fondo; **au** ~ in fondo; ~ **de teint** fondo tinta
fondamental (fong-da-mang-*tal*) *adj* fondamentale
fondation (fong-da-*ss^{i}ong*) *f* fondazione *f*
fondement (fongd-*mang*) *m* fondamento *m*
fonder (fong-*de*) *v* fondare, istituire; **bien fondé** fondato
fonderie (fong-*dri*) *f* ferriera *f*
fondre (fongdr) *v* *fondere; disgelarsi
fonds (fong) *mpl* fondi
fontaine (fong-*tên*) *f* fontana *f*
fonte (fongt) *f* ghisa *f*
football (fut-*bol*) *m* calcio *m*
force (forss) *f* forza *f*, potenza *f*; ~ **armée** forze militari
forcément (for-sse-*mang*) *adv* per forza
forcer (for-*sse*) *v* forzare
forer (fo-*re*) *v* trapanare
forestier (fo-rê-*sst^{i}e*) *m* guardia forestale
forêt (fo-*re*) *f* foresta *f*

foreuse (fo-*röös*) *f* trapano *m*
forgeron (for-ʒö-*rong*) *m* fabbro *m*
formalité (for-ma-li-*te*) *f* formalità *f*
format (for-*ma*) *m* formato *m*
formation (for-ma-*ss^{i}ong*) *f* istruzione *f*
forme (form) *f* forma *f*; figura *f*
formel (for-*mêl*) *adj* categorico
former (for-*me*) *v* formare; addestrare, istruire
formidable (for-mi-*dabl*) *adj* ottimo, magnifico; formidabile
formulaire (for-mü-*lêêr*) *m* formulario *m*; ~ **d'inscription** foglio di registrazione
formule (for-*mül*) *f* formula *f*
fort (foor) *adj* forte; alto; *m* forte *m*
fortement (for-tö-*mang*) *adv* strettamente
forteresse (for-tö-*rêss*) *f* fortezza *f*
fortuit (for-*tui*) *adj* incidentale, fortuito
fortune (for-*tün*) *f* ricchezza *f*
fosse (fôss) *f* buca *f*
fossé (fô-*sse*) *m* fosso *m*, fossato *m*
fou[1] (fu) *adj* (fol; f folle) folle, pazzo; insano
fou[2] (fu) *m* sciocco *m*
foudre (fudr) *f* fulmine *m*
fouet (f^{u}e) *m* frusta *f*
fouetter (f^{u}e-*te*) *v* sbattere
fouille (fu^{i}) *f* ricerca *f*
fouiller (fu-*^{i}e*) *v* perquisire, perlustrare; scavare
fouillis (fu-*^{i}i*) *m* imbroglio *m*
foulard (fu-*laar*) *m* fazzoletto *m*
foule (ful) *f* folla *f*
fouler (fu-*le*) *v* *storcere
foulure (fu-*lüür*) *f* distorsione *f*
four (fuur) *m* forno *m*
fourbe (furb) *adj* ipocrita
fourchette (fur-*ʃêt*) *f* forchetta *f*
fourgon (fur-*ghong*) *m* bagagliaio *m*; furgone *m*
fourmi (fur-*mi*) *f* formica *f*
fournaise (fur-*nêês*) *f* fornace *f*
fourneau (fur-*nô*) *m* stufa *f*; ~ **à gaz** stufa a gas
fournir (fur-*niir*) *v* fornire, *provvedere
fourniture (fur-ni-*tüür*) *f* fornitura *f*; rifornimento *m*
fourreur (fu-*röör*) *m* pellicciaio *m*
fourrure (fu-*rüür*) *f* pelliccia *f*
foyer (f^{u}a-*^{i}e*) *m* ridotto *m*, salone *m*; ospizio *m*; fuoco *m*
fracas (fra-*ka*) *m* baccano *m*
fraction (frak-*ss^{i}ong*) *f* frazione *f*
fracture (frak-*tüür*) *f* frattura *f*
fracturer (frak-tü-*re*) *v* fratturare
fragile (fra-*ʒil*) *adj* fragile
fragment (fragh-*mang*) *m* passo *m*, frammento *m*
frais[1] (fre) *adj* (f fraîche) fresco; freddino
frais[2] (fre) *mpl* spese; ~ **de voyage** spese di viaggio
fraise (frêês) *f* fragola *f*
framboise (frang-*b^{u}aas*) *f* lampone *m*
franc (frang) *adj* (f franche) franco
Français (frang-*sse*) *m* francese *m*
français (frang-*sse*) *adj* francese
France (frangss) *f* Francia *f*
franchir (frang-*ʃiir*) *v* varcare
franc-tireur (frang-ti-*röör*) *m* franco tiratore
frange (frangʒ) *f* frangia *f*
frappant (fra-*pang*) *adj* impressionante, notevole
frappé (fra-*pe*) *m* frappé *m*
frapper (fra-*pe*) *v* picchiare; colpire, bussare, urtare
fraternité (fra-têr-ni-*te*) *f* fraternità *f*
fraude (frôôd) *f* frode *f*
frayeur (frê-*^{i}öör*) *f* spavento *m*
fredonner (frö-do-*ne*) *v* canticchiare
frein (frêng) *m* freno *m*; ~ **à main** freno a mano; ~ **à pédale** freno a

pedale
freiner (fre-*ne*) *v* frenare, rallentare
fréquemment (fre-ka-*mang*) *adv* frequentemente
fréquence (fre-*kangss*) *f* frequenza *f*
fréquent (fre-*kang*) *adj* frequente
fréquenter (fre-kang-*te*) *v* frequentare
frère (frêêr) *m* fratello *m*
fret (fre) *m* carico *m*
en friche (ang friʃ) incolto
friction (frik-*ss'ong*) *f* attrito *m*
frigidaire (fri-ʒi-*dêêr*) *m* frigorifero *m*
frigo (fri-*ghô*) *m* frigorifero *m*
fripon (fri-*pong*) *m* monello *m*
***frire** (friir) *v* *friggere
friser (fri-*se*) *v* arricciare
frisson (fri-*ssong*) *m* brivido *m*
frissonnant (fri-sso-*nang*) *adj* infreddolito
frissonner (fri-sso-*ne*) *v* rabbrividire, tremare
froid (frᵘa) *m* freddo *m*; *adj* freddo
froisser (frᵘa-*sse*) *v* increspare
fromage (fro-*maaʒ*) *m* formaggio *m*
front (frong) *m* fronte *f*
frontière (frong-*t'êêr*) *f* confine *m*; frontiera *f*
frotter (fro-*te*) *v* strofinare
fruit (frui) *m* frutto *m*; **fruits** frutta *f*
fugitif (fü-ʒi-*tif*) *m* fuggitivo *m*
***fuir** (fuiir) *v* fuggire
fuite (fuit) *f* fuga *f*; sgocciolamento *m*
fume-cigarettes (füm-ssi-gha-*rêt*) *m* bocchino *m*
fumée (fü-*me*) *f* fumo *m*
fumer (fü-*me*) *v* fumare
fumeur (fü-*möör*) *m* fumatore *m*; **compartiment fumeurs** scompartimento per fumatori
fumier (fü-*m'e*) *m* concime *m*; letame *m*; **tas de ~** letamaio *m*
fumoir (fü-*mᵘaar*) *m* sala per fumatori
funérailles (fü-ne-*rai*) *fpl* funerale *m*
fureur (fü-*röör*) *f* ira *f*, furore *m*
furibond (fü-ri-*bong*) *adj* furibondo
furieux (fü-*r'ö*) *adj* furioso
furoncle (fü-*rongkl*) *m* foruncolo *m*
fusée (fü-*se*) *f* razzo *m*
fusible (fü-*sibl*) *m* fusibile *m*
fusil (fü-*si*) *m* fucile *m*
fusion (fü-*s'ong*) *f* fusione *f*
futile (fü-*til*) *adj* vano, futile
futur (fü-*tüür*) *adj* futuro

G

gâcher (gha-*ʃe*) *v* pasticciare
gâchette (gha-*ʃêt*) *f* grilletto *m*
gâchis (gha-*ʃi*) *m* disordine *m*
gadget (gha-*dʒêt*) *m* aggeggio *m*
gadoue (gha-*du*) *f* melma *f*
gages (ghaaʒ) *mpl* stipendio *m*; **donner en gage** impegnare
gagner (gha-*gne*) *v* *vincere; guadagnare
gai (ghe) *adj* allegro
gain (ghêng) *m* profitto *m*; **gains** guadagni *mpl*; vincita *f*
gaine (ghên) *f* busto *m*
gaîté (ghe-*te*) *f* gaiezza *f*, allegria *f*
galerie (ghal-*ri*) *f* loggione *m*, galleria *f*; **~ d'art** galleria d'arte
galet (gha-*le*) *m* ciottolo *m*
galop (gha-*lô*) *m* galoppo *m*
gamin (gha-*mêng*) *m* ragazzino *m*
gamme (gham) *f* scala musicale; portata *f*
gant (ghang) *m* guanto *m*
garage (gha-*raaʒ*) *m* rimessa *f*
garagiste (gha-ra-*ʒisst*) *m* garagista *m*
garant (gha-*rang*) *m* garante *m*
garantie (gha-rang-*ti*) *f* garanzia *f*
garantir (gha-rang-*tiir*) *v* garantire
garçon (ghar-*ssong*) *m* ragazzo *m*; giovane *m*; cameriere *m*

garde (ghard) *m* guardiano *m*; *f* custodia *f*; ~ **du corps** guardia del corpo; ***prendre** ~ *stare in guardia
garde-boue (ghard-*bu*) *m* parafango *m*
garde-manger (ghard-mang-*ʒe*) *m* dispensa *f*
garder (ghar-*de*) *v* *mantenere; conservare
garde-robe (ghar-*drob*) *f* guardaroba *m*; armadio *m*
gardien (ghar-*dⁱêng*) *m* guardia *f*, guardiano *m*; custode *m*; ~ **de but** portiere *m*
gardon (ghar-*dong*) *m* lasca *f*
gare (ghaar) *f* stazione *f*
garer (gha-*re*) *v* *mettere in rimessa; **se** ~ posteggiare
se gargariser (ghar-gha-ri-*se*) gargarizzare
gars (gha) *m* tipo *m*
gaspillage (gha-sspi-*ⁱaaʒ*) *m* spreco *m*
gaspiller (gha-sspi-*ⁱe*) *v* sprecare
gaspilleur (gha-sspi-*ⁱöör*) *adj* spendereccio
gastrique (gha-*sstrik*) *adj* gastrico
gâteau (gha-*tô*) *m* torta *f*, dolce *m*
gâter (gha-*te*) *v* guastare; viziare
gauche (ghôôʃ) *adj* sinistro
gaucher (ghô-*ʃe*) *adj* mancino
gaufre (ghôôfr) *f* cialda *f*
gaufrette (ghô-*frêt*) *f* ostia *f*
gaz (ghaas) *m* gas *m*; ~ **d'échappement** gas di scarico
gaze (ghaas) *f* garza *f*
gazon (gha-*song*) *m* prato *m*
géant (ʒe-*ang*) *m* gigante *m*
gel (ʒêl) *m* gelo *m*
gelée (ʒö-*le*) *f* gelatina *f*
geler (ʒö-*le*) *v* congelarsi, gelare
gémir (ʒe-*miir*) *v* gemere
gênant (ʒê-*nang*) *adj* molesto, fastidioso
gencive (ʒang-*ssiiv*) *f* gengiva *f*
gendre (ʒangdr) *m* genero *m*
gêner (ʒe-*ne*) *v* ostacolare; infastidire; **gêné** imbarazzato; **se** ~ *essere in imbarazzo
général (ʒe-ne-*ral*) *m* generale *m*; *adj* generale; **en** ~ di norma, in generale
généralement (ʒe-ne-ral-*mang*) *adv* generalmente
générateur (ʒe-ne-ra-*töör*) *m* generatore *m*
génération (ʒe-ne-ra-*ssⁱong*) *f* generazione *f*
généreux (ʒe-ne-*rö*) *adj* generoso, prodigo
générosité (ʒe-ne-ro-si-*te*) *f* generosità *f*
génie (ʒe-*ni*) *m* genio *m*
génital (ʒe-ni-*tal*) *adj* genitale
genou (ʒö-*nu*) *m* (pl ~x) ginocchio *m*
genre (ʒangr) *m* genere *m*
gens (ʒang) *mpl/fpl* gente *f*
gentil (ʒang-*ti*) *adj* (f ~le) gentile, affabile; carino; dolce
géographie (ʒe-o-ghra-*fi*) *f* geografia *f*
geôlier (ʒô-*lⁱe*) *m* carceriere *m*
géologie (ʒe-o-lo-*ʒi*) *f* geologia *f*
géométrie (ʒe-o-me-*tri*) *f* geometria *f*
germe (ʒêrm) *m* germe *m*
geste (ʒêsst) *m* gesto *m*
gesticuler (ʒê-ssti-kü-*le*) *v* gesticolare
gestion (ʒê-*sstⁱong*) *f* amministrazione *f*, gestione *f*
gibet (ʒi-*be*) *m* forca *f*
gibier (ʒi-*bⁱe*) *m* selvaggina *f*
gigantesque (ʒi-ghang-*têssk*) *adj* ingente, gigantesco
gilet (ʒi-*le*) *m* panciotto *m*
gingembre (ʒêng-*ʒangbr*) *m* zenzero *m*
glace (ghlass) *f* ghiaccio *m*; gelato *m*
glacial (ghla-*ssⁱal*) *adj* glaciale
glacier (ghla-*ssⁱe*) *m* ghiacciaio *m*

gland (ghla~~ng~~) *m* ghianda *f*
glande (ghla~~ng~~d) *f* ghiandola *f*
glissade (ghli-*ssad*) *f* scivolata *f*
glissant (ghli-*ssa~~ng~~*) *adj* viscido, sdrucciolevole
glisser (ghli-*sse*) *v* slittare, scivolare
global (ghlo-*bal*) *adj* generale
globe (ghlob) *m* globo *m*
gloire (ghl^{u}aar) *f* gloria *f*
glousser (ghlu-*sse*) *v* ridacchiare
gluant (ghlü-*a~~ng~~*) *adj* appiccicaticcio
gobelet (gho-*ble*) *m* bicchiere *m*, boccale *m*
goéland (gho-e-*la~~ng~~*) *m* gabbiano *m*
golf (gholf) *m* golf *m*; **terrain de ~** campo di golf
golfe (gholf) *m* golfo *m*
gomme (ghom) *f* gomma *f*; gomma per cancellare
gondole (gho~~ng~~-*dol*) *f* gondola *f*
gonflable (gho~~ng~~-*flabl*) *adj* gonfiabile
gonfler (gho~~ng~~-*fle*) *v* gonfiare
gorge (ghorʒ) *f* collo *m*, gola *f*
gorgée (ghor-*ʒe*) *f* sorsetto *m*
gosse (ghoss) *m* bambino *m*, fanciullo *m*
goudron (ghu-*dro~~ng~~*) *m* catrame *m*
goulot d'étranglement (ghu-lo detra~~ng~~-ghlö-*ma~~ng~~*) ingorgo *m*
gourdin (ghur-*dê~~ng~~*) *m* clava *f*, randello *m*
gourmand (ghur-*ma~~ng~~*) *adj* goloso
gourmet (ghur-*me*) *m* buongustaio *m*
goût (ghu) *m* gusto *m*; ***avoir ~ de** *sapere
goûter (ghu-*te*) *v* assaggiare
goutte (ghut) *f* goccia *f*; gotta *f*
gouvernail (ghu-vêr-*nai*) *m* timone *m*
gouvernante (ghu-vêr-*na~~ng~~t*) *f* governante *f*
gouvernement (ghu-vêr-nö-*ma~~ng~~*) *m* governo *m*
gouverner (ghu-vêr-*ne*) *v* governare
gouverneur (ghu-vêr-*nöör*) *m* governatore *m*
grâce (ghraass) *f* grazia *f*; **~ à** grazie a
gracieux (ghra-*ss^{i}ö*) *adj* grazioso; **à titre ~** gratuito
grade (ghrad) *m* classe *f*; titolo *m*, ceto *m*
graduel (ghra-*duêl*) *adj* graduale
graduellement (ghra-duêl-*ma~~ng~~*) *adv* gradualmente
grain (ghrê~~ng~~) *m* granello *m*
graisse (ghrêss) *f* grasso *m*
graisser (ghre-*sse*) *v* lubrificare
graisseux (ghrê-*ssö*) *adj* grasso, unto
grammaire (ghra-*mêêr*) *f* grammatica *f*
grammatical (ghra-ma-ti-*kal*) *adj* grammaticale
gramme (ghram) *m* grammo *m*
grand (ghra~~ng~~) *adj* grande; lungo, alto
Grande-Bretagne (ghra~~ng~~d-brö-*tagn*) *f* Gran Bretagna
grandeur (ghra~~ng~~-*döör*) *f* dimensione *f*
grandiose (ghra~~ng~~-*d^{i}ôôs*) *adj* grandioso
grandir (ghra~~ng~~-*diir*) *v* *crescere
grand-mère (ghra~~ng~~-*mêêr*) *f* nonna *f*
grand-papa (ghra~~ng~~-pa-*pa*) *m* nonno *m*
grand-père (ghra~~ng~~-*pêêr*) *m* nonno *m*
grands-parents (ghra~~ng~~-pa-*ra~~ng~~*) *mpl* nonni
grange (ghra~~ng~~ʒ) *f* granaio *m*
granit (ghra-*nit*) *m* granito *m*
graphique (ghra-*fik*) *adj* grafico; *m* grafico *m*; diagramma *m*
gras (ghra) *adj* (f ~se) untuoso, grasso
gratitude (ghra-ti-*tüd*) *f* gratitudine *f*
gratte-ciel (ghra-*tss^{i}êl*) *m* grattacielo *m*
gratter (ghra-*te*) *v* graffiare

gratuit (ghra-*tui*) *adj* gratis, gratuito
grave (ghraav) *adj* grave; brutto, severo
graver (ghra-*ve*) *v* *incidere
graveur (ghra-*vöör*) *m* incisore *m*
gravier (ghra-*v^{i}e*) *m* ghiaia *f*
gravillon (ghra-vi-*^{i}~~ong~~*) *m* graniglia *f*
gravité (ghra-vi-*te*) *f* serietà *f*; gravità *f*
gravure (ghra-*vüür*) *f* incisione *f*; stampa *f*; scultura in legno
Grec (ghrêk) *m* greco *m*
grec (ghrêk) *adj* (f grecque) greco
Grèce (ghrêss) *f* Grecia *f*
greffier (ghre-*f^{i}e*) *m* scrivano *m*
grêle (ghrêl) *f* grandine *f*
grenier (ghrö-*n^{i}e*) *m* soffitta *f*
grenouille (ghrö-*nu^{i}*) *f* rana *f*
grève (ghrêêv) *f* sciopero *m*; ***faire** ~ scioperare
gréviste (ghre-*visst*) *m* scioperante *m*
griffe (ghrif) *f* artiglio *m*
grill (ghril) *m* griglia *f*
grille (ghri^{i}) *f* cancello *m*; grata *f*
griller (ghri-*^{i}e*) *v* *cuocere arrosto; cucinare alla griglia
grillon (ghri-*^{i}~~ong~~*) *m* grillo *m*
grimper (ghrê~~ng~~-*pe*) *v* arrampicarsi; arrampicare
grincer (ghrê~~ng~~-*sse*) *v* cigolare
grippe (ghrip) *f* influenza *f*
gris (ghri) *adj* grigio
grive (ghriiv) *f* tordo *m*
grogner (ghro-*gne*) *v* brontolare
grondement (ghro~~ng~~d-*ma~~ng~~*) *m* rombo *m*
gronder (ghro~~ng~~-*de*) *v* tuonare; riprovare
gros (ghrô) *adj* (f -se) grosso; spesso, grasso
groseille (ghrô-*sêi*) *f* ribes *m*; ~ **à maquereau** uva spina
grosse (ghrôôss) *f* grossa *f*
grossier (ghrô-*ss^{i}e*) *adj* rozzo, grossolano, volgare
grossir (ghro-*ssiir*) *v* ingrossare; ingrassare
grossiste (ghrô-*ssisst*) *m* grossista *m*
grotesque (ghro-*têssk*) *adj* ridicolo
grotte (ghrot) *f* caverna *f*; grotta *f*
groupe (ghrup) *m* gruppo *m*
grouper (ghru-*pe*) *v* raggruppare
grue (ghrü) *f* gru *f*
grumeau (ghrü-*mô*) *m* grumo *m*
grumeleux (ghrüm-*lö*) *adj* grumoso
gué (ghe) *m* guado *m*
guêpe (ghêp) *f* vespa *f*
ne … guère (nö … ghêêr) a mala pena
guérir (ghe-*riir*) *v* curare; guarire
guérison (ghe-ri-*so~~ng~~*) *f* guarigione *f*
guérisseur (ghe-ri-*ssöör*) *m* medicone *m*
guerre (ghêêr) *f* guerra *f*; **d'avant-guerre** d'anteguerra; ~ **mondiale** guerra mondiale
gueule (ghöl) *f* fauci *fpl*, bocca *f*; ~ **de bois** malessere *m*
guichet (ghi-*∫e*) *m* biglietteria *f*; ~ **de location** botteghino *m*
guide (ghid) *m* guida *f*
guider (ghi-*de*) *v* guidare
guillemets (ghi^{i}-*me*) *mpl* virgolette *fpl*
guitare (ghi-*taar*) *f* chitarra *f*
gymnase (ʒim-*naas*) *m* palestra *f*
gymnaste (ʒim-*nasst*) *m* ginnasta *m*
gymnastique (ʒim-na-*sstik*) *f* ginnastica *f*
gynécologue (ʒi-ne-ko-*logh*) *m* ginecologo *m*

H

habile (a-*bil*) *adj* esperto, abile
habileté (a-bil-*te*) *f* abilità *f*

habiller (a-bi-*'e*) *v* vestire
habitable (a-bi-*tabl*) *adj* abitabile
habitant (a-bi-*tang*) *m* abitante *m*
habitation (a-bi-ta-*ss'ong*) *f* abitazione *f*
habiter (a-bi-*te*) *v* abitare
habits (a-*bi*) *mpl* abiti
habitude (a-bi-*tüd*) *f* abitudine *f*; ***avoir l'habitude de** *solere; **d'habitude** di solito
habitué (a-bi-*tue*) *adj* abituato
habituel (a-bi-*tuêl*) *adj* consueto, abituale, ordinario
habituellement (a-bi-tuêl-*mang*) *adv* abitualmente
s'habituer abituarsi
hache ('aʃ) *f* ascia *f*
hacher ('a-*ʃe*) *v* spaccare, tritare
haie ('e) *f* siepe *f*
haine ('ên) *f* odio *m*
***haïr** ('a-*iir*) *v* odiare
hâlé ('a-*le*) *adj* abbronzato
haleter ('al-*te*) *v* ansimare
hamac ('a-*mak*) *m* amaca *f*
hameau ('a-*mô*) *m* frazione *f*
hameçon (am-*ssong*) *m* amo *m*
hanche ('angʃ) *f* fianco *m*
handicapé ('ang-di-ka-*pe*) *adj* inabilitato
hardi ('ar-*di*) *adj* sfacciato
hareng ('a-*rang*) *m* aringa *f*
haricot ('a-ri-*kô*) *m* fagiolo *m*
harmonie (ar-mo-*ni*) *f* armonia *f*
harmonieux (ar-mo-*n'ö*) *adj* melodioso
harpe ('arp) *f* arpa *f*
hasard ('a-*saar*) *m* azzardo *m*, caso *m*; rischio *m*; **par** ~ per caso
hâte ('aat) *f* fretta *f*
se hâter ('a-*te*) affrettarsi
hausse ('ôoss) *f* rialzo *m*; aumento *m*
haut ('ô) *m* lato superiore; *adj* alto; **en** ~ di sopra, in su, sopra; su; **vers le** ~ in su
hautain ('ô-*têng*) *adj* altezzoso
hauteur ('ô-*töör*) *f* altezza *f*; ***être à la ~ de** *stare al passo con
haut-parleur ('ô-par-*löör*) *m* altoparlante *m*
havresac ('a-vrö-*ssak*) *m* bisaccia *f*; zaino *m*
hebdomadaire (êb-do-ma-*dêêr*) *adj* settimanale
hébreu (e-*brö*) *m* ebraico *m*
hélas ('e-*laass*) *adv* disgraziatamente
hélice (e-*liss*) *f* elica *f*
hémorragie (e-mo-ra-*ʒi*) *f* emorragia *f*
hémorroïdes (e-mo-ro-*id*) *fpl* emorroidi *fpl*
herbe (êrb) *f* erba *f*; **mauvaise** ~ erbaccia *f*
héréditaire (e-re-di-*têêr*) *adj* ereditario
hérisson ('e-ri-*ssong*) *m* riccio *m*
héritage (e-ri-*taaʒ*) *m* eredità *f*
hériter (e-ri-*te*) *v* ereditare
hermétique (êr-me-*tik*) *adj* a tenuta d'aria
hernie ('êr-*ni*) *f* ernia *f*
héron ('e-*rong*) *m* airone *m*
héros ('e-*rô*) *m* eroe *m*
hésiter (e-si-*te*) *v* esitare
hétérosexuel (e-te-ro-ssêk-*ssuêl*) *adj* eterosessuale
hêtre ('êêtr) *m* faggio *m*
heure (öör) *f* ora *f*; **à … heures** alle …; ~ **d'arrivée** ora di arrivo; ~ **de départ** ora di partenza; ~ **de pointe** ora di punta; ~ **d'été** orario estivo; **heures de bureau** ore d'ufficio; **heures de consultation** orario di ricevimento; **heures d'ouverture** orario di apertura; **tout à l'heure** subito; **toutes les heures** ogni ora
heureux (ö-*rö*) *adj* felice, fortunato
heurter ('ör-*te*) *v* urtare
hibou ('i-*bu*) *m* (pl ~x) gufo *m*

hideux ('i-*dö*) *adj* orrendo
hier ('iêêr) *adv* ieri
hiérarchie (''e-rar-*fi*) *f* gerarchia *f*
hippodrome (i-po-*drom*) *m* ippodromo *m*
hirondelle (i-ro~~ng~~-*dêl*) *f* rondine *f*
hisser ('i-*sse*) *v* issare
histoire (i-*ssthuaar*) *f* storia *f*; racconto *m*; ~ **d'amour** storia d'amore; ~ **de l'art** storia dell'arte
historien (i-ssto-*riê~~ng~~*) *m* storico *m*
historique (i-ssto-*rik*) *adj* storico
hiver (i-*vêêr*) *m* inverno *m*
hobby ('o-*bi*) *m* passatempo *m*
hockey ('o-*ke*) *m* hockey *m*
Hollandais ('o-la~~ng~~-*de*) *m* olandese *m*
hollandais ('o-la~~ng~~-*de*) *adj* olandese
Hollande ('o-*la~~ng~~d*) *f* Olanda *f*
homard ('o-*maar*) *m* aragosta *f*
hommage (o-*maaʒ*) *m* omaggio *m*
homme (om) *m* uomo *m*; ~ **d'affaires** uomo d'affari; ~ **d'Etat** uomo di stato
homosexuel (o-mo-ssêk-*ssuêl*) *adj* omosessuale
Hongrie ('o~~ng~~-*ghri*) *f* Ungheria *f*
Hongrois ('o~~ng~~-*ghrua*) *m* ungherese *m*
hongrois ('o~~ng~~-*ghrua*) *adj* ungherese
honnête (o-*nêt*) *adj* onesto; giusto
honnêteté (o-nêt-*te*) *f* onestà *f*
honneur (o-*nöör*) *m* onore *m*
honorable (o-no-*rabl*) *adj* onorevole, rispettabile
honoraires (o-no-*rêêr*) *mpl* onorario *m*
honorer (o-no-*re*) *v* onorare
honte ('o~~ng~~t) *f* vergogna *f*; ***avoir** ~ *aver vergogna; **quelle honte!** vergogna!
honteux ('o~~ng~~-*tö*) *adj* vergognoso
hôpital (o-pi-*tal*) *m* ospedale *m*
hoquet ('o-*ke*) *m* singhiozzo *m*
horaire (o-*rêêr*) *m* orario *m*
horizon (o-ri-*so~~ng~~*) *m* orizzonte *m*
horizontal (o-ri-so~~ng~~-*tal*) *adj* orizzontale
horloge (or-*looʒ*) *f* orologio *m*
horloger (or-lo-*ʒe*) *m* orologiaio *m*
horreur (o-*röör*) *f* orrore *m*
horrible (o-*ribl*) *adj* orribile
horrifiant (o-ri-*fia~~ng~~*) *adj* orribile
hors ('oor) *adv* fuori; ~ **de** fuori di
hors-d'œuvre ('or-*döövr*) *m* antipasto *m*
horticulture (or-ti-kül-*tüür*) *f* orticoltura *f*
hospice (o-*sspiss*) *m* asilo *m*
hospitalier (o-sspi-ta-*lie*) *adj* ospitale
hospitalité (o-sspi-ta-li-*te*) *f* ospitalità *f*
hostile (o-*sstil*) *adj* ostile
hôte (ôôt) *m* ospite *m*
hôtel (ô-*têl*) *m* albergo *m*; ~ **de ville** municipio *m*
hôtesse (ô-*têss*) *f* ospite *f*; capo ufficio ricevimento; ~ **de l'air** hostess *f*
houblon ('u-*blo~~ng~~*) *m* luppolo *m*
houppette ('u-*pêt*) *f* piumino da cipria
housse ('uss) *f* busta *f*
hublot ('ü-*blô*) *m* boccaporto *m*
huile (uil) *f* olio *m*; ~ **capillaire** olio per capelli; ~ **de table** olio da tavola; ~ **d'olive** olio d'oliva; ~ **solaire** olio abbronzante
huiler (ui-*le*) *v* lubrificare
huileux (ui-*lö*) *adj* oleoso
huissier (ui-*ssie*) *m* usciere *m*
huit ('uit) *num* otto
huitième ('ui-*tiêm*) *num* ottavo
huître (uitr) *f* ostrica *f*
humain (ü-*mê~~ng~~*) *adj* umano
humanité (ü-ma-ni-*te*) *f* umanità *f*
humble (ö~~ng~~bl) *adj* umile
humecter (ü-mêk-*te*) *v* inumidire
humeur (ü-*möör*) *f* umore *m*
humide (ü-*mid*) *adj* umido
humidifier (ü-mi-di-*fie*) *v* inumidire

humidité (ü-mi-di-*te*) *f* umidità *f*
humour (ü-*muur*) *m* spirito *m*
hurler ('ür-*le*) *v* urlare, strillare
hutte ('üt) *f* capanna *f*
hydrogène (i-dro-*ʒên*) *m* idrogeno *m*
hygiène (i-*ʒ'ên*) *f* igiene *f*
hygiénique (i-ʒ'e-*nik*) *adj* igienico
hymne (imn) *m* inno *m*; ~ **national** inno nazionale
hypocrisie (i-po-kri-*si*) *f* ipocrisia *f*
hypocrite (i-po-*krit*) *m* ipocrita *m*; *adj* ipocrita
hypothèque (i-po-*têk*) *f* ipoteca *f*
hystérique (i-sste-*rik*) *adj* isterico

I

ici (i-*ssi*) *adv* qui
icône (i-*kôôn*) *f* icona *f*
idéal[1] (i-de-*al*) *adj* (pl -aux) ideale
idéal[2] (i-de-*al*) *m* (pl ~s, -aux) ideale *m*
idée (i-*de*) *f* trovata *f*, idea *f*; parere *m*
identification (i-da~~ng~~-ti-fi-ka-*ss'o~~ng~~*) *f* identificazione *f*
identifier (i-da~~ng~~-ti-*f'e*) *v* identificare
identique (i-da~~ng~~-*tik*) *adj* identico
identité (i-da~~ng~~-ti-*te*) *f* identità *f*
idiomatique (i-d'o-ma-*tik*) *adj* idiomatico
idiome (i-*d'ôôm*) *m* idioma *m*
idiot (i-*d'ô*) *m* idiota *m*; *adj* idiota
idole (i-*dol*) *f* idolo *m*
idylle (i-*dil*) *f* idillio *m*
ignifuge (igh-ni-*füüʒ*) *adj* incombustibile
ignorant (i-gno-*ra~~ng~~*) *adj* ignorante; incolto
ignorer (i-gno-*re*) *v* ignorare; trascurare
il (il) *pron* egli
île (il) *f* isola *f*
illégal (i-le-*ghal*) *adj* illegale
illettré (i-lê-*tre*) *m* analfabeta *m*
illicite (i-li-*ssit*) *adj* illegale, illecito
illimité (i-li-mi-*te*) *adj* sconfinato, illimitato
illisible (i-li-*sibl*) *adj* illeggibile
illumination (i-lü-mi-na-*ss'o~~ng~~*) *f* illuminazione *f*
illuminer (i-lü-mi-*ne*) *v* illuminare
illusion (i-lü-*s'o~~ng~~*) *f* inganno *m*, illusione *f*
illustration (i-lü-sstra-*ss'o~~ng~~*) *f* illustrazione *f*
illustre (i-*lüsstr*) *adj* illustre
illustré (i-lü-*sstre*) *m* rotocalco *m*
illustrer (i-lü-*sstre*) *v* illustrare
ils (il) *pron* essi
image (i-*maaʒ*) *f* immagine *f*, figura *f*, quadro *m*
imaginaire (i-ma-ʒi-*nêêr*) *adj* immaginario
imagination (i-ma-ʒi-na-*ss'o~~ng~~*) *f* immaginazione *f*
imaginer (i-ma-ʒi-*ne*) *v* immaginare; **s'imaginer** figurarsi
imitation (i-mi-ta-*ss'o~~ng~~*) *f* imitazione *f*
imiter (i-mi-*te*) *v* imitare
immaculé (i-ma-kü-*le*) *adj* immacolato
immangeable (ê~~ng~~-ma~~ng~~-*ʒabl*) *adj* immangiabile
immédiat (i-me-*d'a*) *adj* immediato
immédiatement (i-me-d'at-*ma~~ng~~*) *adv* subito, immediatamente
immense (i-*ma~~ng~~ss*) *adj* immenso; smisurato
immérité (i-me-ri-*te*) *adj* non meritato
immeuble (i-*möbl*) *m* immobile *m*; ~ **d'habitation** caseggiato *m*; blocco di appartamenti
immigrant (i-mi-*ghra~~ng~~*) *m* immigrante *m*

immigration (i-mi-ghra-*ss^{i}~~ong~~*) *f* immigrazione *f*
immigrer (i-mi-*ghre*) *v* immigrare
immobile (i-mo-*bil*) *adj* immobile
immodeste (i-mo-*dêsst*) *adj* immodesto
immondices (i-mo~~ng~~-*diss*) *fpl* rifiuti
immuniser (i-mü-ni-*se*) *v* immunizzare
immunité (i-mü-ni-*te*) *f* immunità *f*
impair (ê~~ng~~-*pêêr*) *adj* dispari
imparfait (ê~~ng~~-par-*fe*) *adj* imperfetto; difettoso
impartial (ê~~ng~~-par-*ss^{i}al*) *adj* imparziale
impatient (ê~~ng~~-pa-*ss^{i}a~~ng~~*) *adj* impaziente; ansioso
impeccable (ê~~ng~~-pê-*kabl*) *adj* impeccabile
impératrice (ê~~ng~~-pe-ra-*triss*) *f* imperatrice *f*
imperfection (ê~~ng~~-pêr-fêk-*ss^{i}o~~ng~~*) *f* deficienza *f*; imperfezione *f*
impérial (ê~~ng~~-pe-*r^{i}al*) *adj* imperiale
imperméable (ê~~ng~~-pêr-me-*abl*) *m* impermeabile *m*; *adj* impermeabile
impersonnel (ê~~ng~~-pêr-sso-*nêl*) *adj* impersonale
impertinence (ê~~ng~~-pêr-ti-*na~~ng~~ss*) *f* impertinenza *f*
impertinent (ê~~ng~~-pêr-ti-*na~~ng~~*) *adj* impertinente
impétueux (ê~~ng~~-pe-*tuö*) *adj* avventato
impliquer (ê~~ng~~-pli-*ke*) *v* *coinvolgere, implicare
impoli (ê~~ng~~-po-*li*) *adj* scortese
impopulaire (ê~~ng~~-po-pü-*lêêr*) *adj* impopolare
importance (ê~~ng~~-por-*ta~~ng~~ss*) *f* rilievo *m*, importanza *f*; ***avoir de l'importance** *avere importanza; **sans ~** irrilevante
important (ê~~ng~~-por-*ta~~ng~~*) *adj* importante; rilevante, considerevole
importateur (ê~~ng~~-por-ta-*töör*) *m* importatore *m*
importation (ê~~ng~~-por-ta-*ss^{i}o~~ng~~*) *f* importazione *f*; **taxe d'importation** dazio *m*
importer (ê~~ng~~-por-*te*) *v* importare
imposable (ê~~ng~~-pô-*sabl*) *adj* tassabile
imposant (ê~~ng~~-pô-*sa~~ng~~*) *adj* imponente
imposer (ê~~ng~~-pô-*se*) *v* tassare
impossible (ê~~ng~~-po-*ssibl*) *adj* impossibile
impôt (ê~~ng~~-*pô*) *m* tassa *f*; **~ sur le chiffre d'affaires** tassa sugli affari; **~ sur le revenu** imposta sul reddito
impotence (ê~~ng~~-po-*ta~~ng~~ss*) *f* impotenza *f*
impotent (ê~~ng~~-po-*ta~~ng~~*) *adj* impotente
impraticable (ê~~ng~~-pra-ti-*kabl*) *adj* impraticabile
impression (ê~~ng~~-prê-*ss^{i}o~~ng~~*) *f* impressione *f*; sensazione *f*; ***faire ~ sur** impressionare
impressionnant (ê~~ng~~-prê-ss^{i}o-*na~~ng~~*) *adj* impressionante
impressionner (ê~~ng~~-prê-ss^{i}o-*ne*) *v* impressionare
imprévu (ê~~ng~~-pre-*vü*) *adj* inatteso
imprimé (ê~~ng~~-pri-*me*) *m* stampe
imprimer (ê~~ng~~-pri-*me*) *v* stampare
imprimerie (ê~~ng~~-prim-*ri*) *f* tipografia *f*
improbable (ê~~ng~~-pro-*babl*) *adj* improbabile
impropre (ê~~ng~~-*propr*) *adj* disadatto, improprio; erroneo
improviser (ê~~ng~~-pro-vi-*se*) *v* improvvisare
imprudent (ê~~ng~~-prü-*da~~ng~~*) *adj* incauto
impuissant (ê~~ng~~-pui-*ssa~~ng~~*) *adj* impotente
impulsif (ê~~ng~~-pül-*ssif*) *adj* impulsivo
impulsion (ê~~ng~~-pül-*ss^{i}o~~ng~~*) *f* impulso *m*
inabordable (i-na-bor-*dabl*) *adj* proibi-

tivo
inacceptable (i-nak-ssêp-*tabl*) *adj* inaccettabile
inaccessible (i-nak-sse-*ssibl*) *adj* inaccessibile
inadéquat (i-na-de-*k^{u}a*) *adj* inadatto, inadeguato
inadvertance (i-nad-vêr-*ta~~ng~~ss*) *f* svista *f*
inattendu (i-na-ta~~ng~~-*dü*) *adj* inaspettato
inattentif (i-na-ta~~ng~~-*tif*) *adj* noncurante
incapable (ê~~ng~~-ka-*pabl*) *adj* incapace
incassable (ê~~ng~~-ka-*ssabl*) *adj* infrangibile
incendie (ê~~ng~~-ssa~~ng~~-*di*) *m* incendio *m*; **alarme d'incendie** allarme d'incendio
incertain (ê~~ng~~-ssêr-*tê~~ng~~*) *adj* incerto
incident (ê~~ng~~-ssi-*da~~ng~~*) *m* incidente *m*
incinérer (ê~~ng~~-ssi-ne-*re*) *v* cremare
incision (ê~~ng~~-ssi-*s^{i}o~~ng~~*) *f* incisione *f*
inciter (ê~~ng~~-ssi-*te*) *v* incitare
inclinaison (ê~~ng~~-kli-nê-*so~~ng~~*) *f* inclinazione *f*
inclination (ê~~ng~~-kli-na-*ss^{i}o~~ng~~*) *f* inclinazione *f*; ~ **de la tête** cenno con la testa
incliné (ê~~ng~~-kli-*ne*) *adj* inclinato
s'incliner (ê~~ng~~-kli-*ne*) inclinare
***inclure** (ê~~ng~~-*klüür*) *v* *includere, *accludere; *contenere
incompétent (ê~~ng~~-ko~~ng~~-pe-*ta~~ng~~*) *adj* incompetente
incomplet (ê~~ng~~-ko~~ng~~-*ple*) *adj* (f -plète) incompleto
inconcevable (ê~~ng~~-ko~~ng~~-*ssvabl*) *adj* inconcepibile
inconditionnel (ê~~ng~~-ko~~ng~~-di-ss^{i}o-*nêl*) *adj* incondizionato
inconfortable (ê~~ng~~-ko~~ng~~-for-*tabl*) *adj* scomodo
inconnu (ê~~ng~~-ko-*nü*) *adj* ignoto, sconosciuto; *m* estraneo *m*
inconscient (ê~~ng~~-ko~~ng~~-*ss^{i}a~~ng~~*) *adj* inconscio; incosciente
inconsidéré (ê~~ng~~-ko~~ng~~-ssi-de-*re*) *adj* sconsiderato
inconvénient (ê~~ng~~-ko~~ng~~-ve-*n^{i}a~~ng~~*) *m* inconveniente *m*
incorrect (ê~~ng~~-ko-*rêkt*) *adj* scorretto, inesatto, sbagliato
incroyable (ê~~ng~~-kr^{u}a-*^{i}abl*) *adj* incredibile
inculte (ê~~ng~~-*kül't*) *adj* incolto
incurable (ê~~ng~~-kü-*rabl*) *adj* incurabile
Inde (ê~~ng~~d) *f* India *f*
indécent (ê~~ng~~-de-*ssa~~ng~~*) *adj* indecente
indéfini (ê~~ng~~-de-fi-*ni*) *adj* indefinito
indemne (ê~~ng~~-*dêmn*) *adj* incolume
indemnité (ê~~ng~~-dêm-ni-*te*) *f* indennità *f*
indépendance (ê~~ng~~-de-pa~~ng~~-*da~~ng~~ss*) *f* indipendenza *f*
indépendant (ê~~ng~~-de-pa~~ng~~-*da~~ng~~*) *adj* indipendente
indésirable (ê~~ng~~-de-si-*rabl*) *adj* indesiderabile
index (ê~~ng~~-*dêkss*) *m* indice *m*
indicatif (ê~~ng~~-di-ka-*tif*) *m* prefisso *m*
indication (ê~~ng~~-di-ka-*ss^{i}o~~ng~~*) *f* indicazione *f*
Indien (ê~~ng~~-*d^{i}ê~~ng~~*) *m* indiano *m*
indien (ê~~ng~~-*d^{i}ê~~ng~~*) *adj* indiano
indifférent (ê~~ng~~-di-fe-*ra~~ng~~*) *adj* indifferente
indigène (ê~~ng~~-di-*ʒên*) *m* indigeno *m*; *adj* nativo
indigent (ê~~ng~~-di-*ʒa~~ng~~*) *adj* misero
indigestion (ê~~ng~~-di-ʒê-*sst^{i}o~~ng~~*) *f* indigestione *f*
indignation (ê~~ng~~-di-gna-*ss^{i}o~~ng~~*) *f* indignazione *f*
indiquer (ê~~ng~~-di-*ke*) *v* indicare
indirect (ê~~ng~~-di-*rêkt*) *adj* indiretto
indispensable (ê~~ng~~-di-sspa~~ng~~-*ssabl*)

adj indispensabile
indisposé (êng-di-sspô-*se*) *adj* indisposto
indistinct (êng-di-*sstêng*) *adj* debole
individu (êng-di-vi-*dü*) *m* singolo *m*, individuo *m*
individuel (êng-di-vi-*duêl*) *adj* individuale
Indonésie (êng-do-ne-*si*) *f* Indonesia *f*
Indonésien (êng-do-ne-*s'êng*) *m* indonesiano *m*
indonésien (êng-do-ne-*s'êng*) *adj* indonesiano
industrie (êng-dü-*sstri*) *f* industria *f*
industriel (êng-dü-sstri-*êl*) *adj* industriale
industrieux (êng-dü-sstri-*ö*) *adj* laborioso
inefficace (i-ne-fi-*kass*) *adj* inefficace
inégal (i-ne-*ghal*) *adj* ineguale
inéquitable (i-ne-ki-*tabl*) *adj* disonesto
inestimable (i-nê-ssti-*mabl*) *adj* inestimabile
inévitable (i-ne-vi-*tabl*) *adj* inevitabile
inexact (i-nêgh-*sakt*) *adj* sbagliato, inesatto
inexpérimenté (i-nêk-sspe-ri-mang-*te*) *adj* inesperto
inexplicable (i-nêk-sspli-*kabl*) *adj* inesplicabile
infâme (êng-*faam*) *adj* perfido
infanterie (êng-fang-*tri*) *f* fanteria *f*
infecter (êng-fêk-*te*) *v* infettare; **s'infecter** infiammarsi
infectieux (êng-fêk-*ss'ö*) *adj* contagioso
infection (êng-fêk-*ss'ong*) *f* infezione *f*
inférieur (êng-fe-*r'öör*) *adj* inferiore
infidèle (êng-fi-*dêl*) *adj* infedele
infini (êng-fi-*ni*) *adj* infinito
infinitif (êng-fi-ni-*tif*) *m* infinito *m*
infirme (êng-*firm*) *m* invalido *m*; *adj* invalido
infirmerie (êng-fir-mö-*ri*) *f* infermeria *f*
infirmière (êng-fir-*m'êêr*) *f* infermiera *f*
inflammable (êng-fla-*mabl*) *adj* infiammabile
inflammation (êng-fla-ma-*ss'ong*) *f* infiammazione *f*
inflation (êng-fla-*ss'ong*) *f* inflazione *f*
influence (êng-flü-*angss*) *f* influenza *f*
influencer (êng-flü-ang-*sse*) *v* influire
influent (êng-flü-*ang*) *adj* influente
information (êng-for-ma-*ss'ong*) *f* informazione *f*
informer (êng-for-*me*) *v* informare; **s'informer** informarsi, domandare, indagare
infortune (êng-for-*tün*) *f* sfortuna *f*
infortuné (êng-for-tü-*ne*) *adj* sfortunato
infraction (êng-frak-*ss'ong*) *f* reato *m*
infrarouge (êng-fra-*ruuʒ*) *adj* infrarosso
infructueux (êng-frük-*tuö*) *adj* infruttuoso
ingénieur (êng-ʒe-*n'öör*) *m* ingegnere *m*
ingénu (êng-ʒe-*nü*) *adj* ingenuo
ingérence (êng-ʒe-*rangss*) *f* interferenza *f*
ingrat (êng-*ghra*) *adj* ingrato
ingrédient (êng-ghre-*d'ang*) *m* ingrediente *m*
inhabitable (i-na-bi-*tabl*) *adj* inabitabile
inhabité (i-na-bi-*te*) *adj* disabitato
inhabitué (i-na-bi-*tue*) *adj* non abituato
inhabituel (i-na-bi-*tuêl*) *adj* inconsueto, insolito
inhaler (i-na-*le*) *v* aspirare
ininterrompu (i-nêng-tê-rong-*pü*) *adj* continuo

initial (i-ni-*ss^{i}al*) *adj* iniziale
initiale (i-ni-*ss^{i}al*) *f* iniziale *f*
initiative (i-ni-ss^{i}a-*tiiv*) *f* iniziativa *f*
injecter (ê~~ng~~-ʒêk-*te*) *v* iniettare
injection (ê~~ng~~-ʒêk-*ss^{i}o~~ng~~*) *f* iniezione *f*
injurier (ê~~ng~~-ʒü-*r^{i}e*) *v* ingiuriare
injuste (ê~~ng~~-*ʒüsst*) *adj* ingiusto
injustice (ê~~ng~~-ʒü-*sstiss*) *f* ingiustizia *f*
inné (i-*ne*) *adj* innato
innocence (i-no-*ssa~~ng~~ss*) *f* innocenza *f*
innocent (i-no-*ssa~~ng~~*) *adj* innocente
inoculation (i-no-kü-la-*ss^{i}o~~ng~~*) *f* inoculazione *f*
inoculer (i-no-kü-*le*) *v* inoculare
inoffensif (i-no-fa~~ng~~-*ssif*) *adj* innocuo
inondation (i-no~~ng~~-da-*ss^{i}o~~ng~~*) *f* inondazione *f*
inopportun (i-no-por-*tö~~ng~~*) *adj* inconveniente, inopportuno
inquiet (ê~~ng~~-*k^{i}e*) *adj* (f -ète) preoccupato; irrequieto
inquiétant (ê~~ng~~-k^{i}e-*ta~~ng~~*) *adj* allarmante
s'inquiéter (ê~~ng~~-k^{i}e-*te*) preoccuparsi
inquiétude (ê~~ng~~-k^{i}e-*tüd*) *f* preoccupazione *f*; inquietudine *f*
insatisfaisant (ê~~ng~~-ssa-tiss-fö-*sa~~ng~~*) *adj* insoddisfacente
insatisfait (ê~~ng~~-ssa-ti-*ssfe*) *adj* scontento
inscription (ê~~ng~~-sskri-*pss^{i}o~~ng~~*) *f* iscrizione *f*; registrazione *f*
***inscrire** (ê~~ng~~-*sskriir*) *v* *iscrivere, registrare; elencare; **s' *inscrire** registrarsi
insecte (ê~~ng~~-*ssêkt*) *m* insetto *m*
insecticide (ê~~ng~~-ssêk-ti-*ssid*) *m* insetticida *m*
insectifuge (ê~~ng~~-ssêk-ti-*füüʒ*) *m* insettifugo *m*
insensé (ê~~ng~~-ssa~~ng~~-*sse*) *adj* insensato, pazzo, sciocco
insensible (ê~~ng~~-ssa~~ng~~-*ssibl*) *adj* insensibile; spietato
insérer (ê~~ng~~-sse-*re*) *v* inserire
insignifiant (ê~~ng~~-ssi-gni-*f^{i}a~~ng~~*) *adj* insignificante
insipide (ê~~ng~~-ssi-*pid*) *adj* insipido
insister (ê~~ng~~-ssi-*sste*) *v* insistere
insolation (ê~~ng~~-sso-la-*ss^{i}o~~ng~~*) *f* colpo di sole
insolence (ê~~ng~~-sso-*la~~ng~~ss*) *f* insolenza *f*
insolent (ê~~ng~~-sso-*la~~ng~~*) *adj* impertinente, impudente, insolente
insolite (ê~~ng~~-sso-*lit*) *adj* insolito
insomnie (ê~~ng~~-ssom-*ni*) *f* insonnia *f*
insonorisé (ê~~ng~~-sso-nô-ri-*se*) *adj* insonorizzato
insouciant (ê~~ng~~-ssu-*ss^{i}a~~ng~~*) *adj* spensierato
inspecter (ê~~ng~~-sspêk-*te*) *v* ispezionare
inspecteur (ê~~ng~~-sspêk-*töör*) *m* ispettore *m*
inspection (ê~~ng~~-sspêk-*ss^{i}o~~ng~~*) *f* ispezione *f*
inspirer (ê~~ng~~-sspi-*re*) *v* ispirare
instable (ê~~ng~~-*sstabl*) *adj* malfermo, instabile
installation (ê~~ng~~-ssta-la-*ss^{i}o~~ng~~*) *f* installazione *f*
installer (ê~~ng~~-ssta-*le*) *v* installare; arredare
instant (ê~~ng~~-*ssta~~ng~~*) *m* istante *m*, attimo *m*
instantané (ê~~ng~~-ssta~~ng~~-ta-*ne*) *m* istantanea *f*; *adj* sollecito
instantanément (ê~~ng~~-ssta~~ng~~-ta-ne-*ma~~ng~~*) *adv* all'istante
instinct (ê~~ng~~-*sstê~~ng~~*) *m* istinto *m*
instituer (ê~~ng~~-ssti-*tue*) *v* istituire
institut (ê~~ng~~-ssti-*tü*) *m* istituto *m*; ~ **de beauté** salone di bellezza
instituteur (ê~~ng~~-ssti-tü-*töör*) *m* insegnante *m*
institution (ê~~ng~~-ssti-tü-*ss^{i}o~~ng~~*) *f* istitu-

to *m*, istituzione *f*
instructeur (êng-sstrük-*töör*) *m* istruttore *m*
instructif (êng-sstrük-*tif*) *adj* istruttivo
instruction (êng-sstrük-*ss^{i}ong*) *f* indicazione *f*, istruzione *f*
***instruire** (êng-*sstruiir*) *v* istruire
instrument (êng-sstrü-*mang*) *m* strumento *m*; utensile *m*, attrezzo *m*; ~ **de musique** strumento musicale
insuffisant (êng-ssü-fi-*sang*) *adj* insufficiente
insulte (êng-*ssült*) *f* insulto *m*
insulter (êng-ssül-*te*) *v* insultare; inveire
insupportable (êng-ssü-por-*tabl*) *adj* insopportabile
insurrection (êng-ssü-rêk-*ss^{i}ong*) *f* insurrezione *f*
intact (êng-*takt*) *adj* intatto
intellect (êng-tê-*lêkt*) *m* intelletto *m*
intellectuel (êng-tê-lêk-*tuêl*) *adj* intellettuale
intelligence (êng-tê-li-*ʒangss*) *f* intelligenza *f*, intelletto *m*
intelligent (êng-tê-li-*ʒang*) *adj* intelligente
intense (êng-*tangss*) *adj* intenso
intention (êng-tang-*ss^{i}ong*) *f* proposito *m*, intenzione *f*; ***avoir l'intention de** *intendere
intentionnel (êng-tang-ss^{i}o-*nêl*) *adj* apposta, intenzionale
interdiction (êng-têr-dik-*ss^{i}ong*) *f* divieto *m*
***interdire** (êng-têr-*diir*) *v* proibire
interdit (êng-têr-*di*) *adj* vietato; ~ **aux piétons** vietato ai pedoni
intéressant (êng-te-rê-*ssang*) *adj* interessante
intéresser (êng-te-re-*sse*) *v* interessare
intérêt (êng-te-*re*) *m* interesse *m*, interessamento *m*
intérieur (êng-te-*r^{i}öör*) *m* interiore *m*, interno *m*; *adj* interno; in casa; **à l'intérieur** dentro; in casa, all'interno; **à l'intérieur de** dentro a; **vers l'intérieur** verso l'interno
intérim (êng-te-*rim*) *m* interim *m*
interloqué (êng-têr-lo-*ke*) *adj* muto
interlude (êng-têr-*lüd*) *m* intermezzo *m*
intermédiaire (êng-têr-me-*d^{i}êêr*) *m* intermediario *m*; ***servir d'intermédiaire** *fare da intermediario
internat (êng-têr-*na*) *m* convitto *m*
international (êng-têr-na-ss^{i}o-*nal*) *adj* internazionale
interne (êng-*têrn*) *adj* interno
interprète (êng-têr-*prêt*) *m* interprete *m*
interpréter (êng-têr-pre-*te*) *v* interpretare; *fare da interprete
interrogatif (êng-tê-ro-gha-*tif*) *adj* interrogativo
interrogatoire (êng-tê-ro-gha-*t^{u}aar*) *m* interrogazione *f*, interrogatorio *m*
interroger (êng-tê-ro-*ʒe*) *v* interrogare
***interrompre** (êng-tê-*rongpr*) *v* *interrompere
interruption (êng-tê-rü-*pss^{i}ong*) *f* interruzione *f*
intersection (êng-têr-ssêk-*ss^{i}ong*) *f* intersezione *f*
intervalle (êng-têr-*val*) *m* intervallo *m*; spazio *m*
***intervenir** (êng-têr-vö-*niir*) *v* *intervenire, interferire
intervertir (êng-têr-vêr-*tiir*) *v* invertire
interview (êng-têr-*v^{i}u*) *f* intervista *f*
intestin (êng-tê-*sstêng*) *m* intestino *m*; **intestins** budella *fpl*
intime (êng-*tim*) *adj* intimo
intimité (êng-ti-mi-*te*) *f* intimità *f*
intolérable (êng-to-le-*rabl*) *adj* intollerabile
intrigue (êng-*trigh*) *f* intrigo *m*; trama *f*

introduction (ê~~ng~~-tro-dük-*ss^{i}o~~ng~~*) *f* introduzione *f*
***introduire** (ê~~ng~~-tro-*duiir*) *v* *introdurre
intrus (ê~~ng~~-*trü*) *m* trasgressore *m*
inutile (i-nü-*til*) *adj* inutile
inutilement (i-nü-til-*ma~~ng~~*) *adv* inutilmente
invalide (ê~~ng~~-va-*lid*) *adj* invalido
invasion (ê~~ng~~-va-*s^{i}o~~ng~~*) *f* irruzione *f*, invasione *f*
inventaire (ê~~ng~~-va~~ng~~-*têêr*) *m* inventario *m*
inventer (ê~~ng~~-va~~ng~~-*te*) *v* inventare
inventeur (ê~~ng~~-va~~ng~~-*töör*) *m* inventore *m*
inventif (ê~~ng~~-va~~ng~~-*tif*) *adj* inventivo
invention (ê~~ng~~-va~~ng~~-*ss^{i}o~~ng~~*) *f* invenzione *f*
inverse (ê~~ng~~-*vêrss*) *adj* inverso
investigation (ê~~ng~~-vê-ssti-gha-*ss^{i}o~~ng~~*) *f* investigazione *f*
investir (ê~~ng~~-vê-*sstiir*) *v* investire
investissement (ê~~ng~~-vê-ssti-*ssma~~ng~~*) *m* investimento *m*
investisseur (ê~~ng~~-vê-ssti-*ssöör*) *m* finanziatore *m*
invisible (ê~~ng~~-vi-*sibl*) *adj* invisibile
invitation (ê~~ng~~-vi-ta-*ss^{i}o~~ng~~*) *f* invito *m*
invité (ê~~ng~~-vi-*te*) *m* ospite *m*
inviter (ê~~ng~~-vi-*te*) *v* invitare
involontaire (ê~~ng~~-vo-lo~~ng~~-*têêr*) *adj* involontario
iode (^{i}od) *m* iodio *m*
Irak (i-*rak*) *m* Iraq *m*
Irakien (i-ra-*k^{i}ê~~ng~~*) *m* iracheno *m*
irakien (i-ra-*k^{i}ê~~ng~~*) *adj* iracheno
Iran (i-*ra~~ng~~*) *m* Iran *m*
Iranien (i-ra-*n^{i}ê~~ng~~*) *m* iraniano *m*
iranien (i-ra-*n^{i}ê~~ng~~*) *adj* iraniano
irascible (i-ra-*ssibl*) *adj* irascibile
Irlandais (ir-la~~ng~~-*de*) *m* irlandese *m*
irlandais (ir-la~~ng~~-*de*) *adj* irlandese
Irlande (ir-*la~~ng~~d*) *f* Irlanda *f*
ironie (i-ro-*ni*) *f* ironia *f*
ironique (i-ro-*nik*) *adj* ironico
irréel (i-re-*êl*) *adj* irreale
irrégulier (i-re-ghü-*l^{i}e*) *adj* irregolare
irréparable (i-re-pa-*rabl*) *adj* irreparabile
irrétrécissable (i-re-tre-ssi-*ssabl*) *adj* irrestringibile
irrévocable (i-re-vo-*kabl*) *adj* irrevocabile
irritable (i-ri-*tabl*) *adj* irritabile
irrité (i-ri-*te*) *adj* arrabbiato
irriter (i-ri-*te*) *v* irritare
Islandais (i-ssla~~ng~~-*de*) *m* islandese *m*
islandais (i-ssla~~ng~~-*de*) *adj* islandese
Islande (i-*ssla~~ng~~d*) *f* Islanda *f*
isolateur (i-so-la-*töör*) *m* isolatore *m*
isolation (i-so-la-*ss^{i}o~~ng~~*) *f* isolamento *m*
isolement (i-sol-*ma~~ng~~*) *m* isolamento *m*
isoler (i-so-*le*) *v* isolare
Israël (i-ssra-*êl*) *m* Israele *m*
Israélien (i-ssra-e-*l^{i}ê~~ng~~*) *m* israeliano *m*
israélien (i-ssra-e-*l^{i}ê~~ng~~*) *adj* israeliano
issue (i-*ssü*) *f* risultato *m*; uscita *f*
isthme (issm) *m* istmo *m*
Italie (i-ta-*li*) *f* Italia *f*
Italien (i-ta-*l^{i}ê~~ng~~*) *m* italiano *m*
italien (i-ta-*l^{i}ê~~ng~~*) *adj* italiano
italiques (i-ta-*lik*) *mpl* caratteri corsivi
itinéraire (i-ti-ne-*rêêr*) *m* itinerario *m*
ivoire (i-*v^{u}aar*) *m* avorio *m*
ivre (iivr) *adj* ubriaco

J

jade (ʒad) *m* giada *f*
jadis (ʒa-*diss*) *adv* nel passato
jalon (ʒa-*lo~~ng~~*) *m* pietra miliare

jalousie (ʒa-lu-*si*) *f* gelosia *f*

jaloux (ʒa-*lu*) *adj* geloso

jamais (ʒa-*me*) *adv* mai ; **ne ... ~** non... mai

jambe (ʒangb) *f* gamba *f*

jambon (ʒang-*bong*) *m* prosciutto *m*

jante (ʒangt) *f* cerchione *m*

janvier (ʒang-*v^{i}e*) gennaio

Japon (ʒa-*pong*) *m* Giappone *m*

Japonais (ʒa-po-*ne*) *m* giapponese *m*

japonais (ʒa-po-*ne*) *adj* giapponese

jaquette (ʒa-*kêt*) *f* copertina *f*

jardin (ʒar-*dêng*) *m* giardino *m* ; **~ potager** orto *m* ; **~ public** giardino pubblico ; **~ zoologique** giardino zoologico

jardinier (ʒar-di-*n^{i}e*) *m* giardiniere *m*

jarre (ʒaar) *f* giara *f*

jauge (ʒôôʒ) *f* misuratore *m*

jaune (ʒôôn) *adj* giallo ; **~ d'œuf** tuorlo *m*

jaunisse (ʒô-*niss*) *f* itterizia *f*

je (ʒö) *pron* io

jersey (ʒêr-*se*) *m* jersey *m*

jet (ʒe) *m* lancio *m* ; getto *m*, zampillo *m*

jetée (ʒö-*te*) *f* molo *m*

jeter (ʒö-*te*) *v* gettare, lanciare ; **à ~** da buttare

jeton (ʒö-*tong*) *m* gettone *m*

jeu (ʒö) *m* gioco *m*, giuoco *m* ; assieme *m* ; **carte de ~** carta da gioco ; **~ concours** quiz *m* ; **~ de dames** gioco della dama ; **~ de quilles** gioco delle bocce ; **terrain de jeux** cortile di ricreazione

jeudi (ʒö-*di*) *m* giovedì *m*

jeune (ʒön) *adj* giovane

jeunesse (ʒö-*nêss*) *f* gioventù *f*

joaillerie (ʒ^{u}ai-*ri*) *f* gioielli

jockey (ʒo-*ke*) *m* fantino *m*

joie (ʒ^{u}a) *f* gioia *f*

***joindre** (ʒ^{u}êngdr) *v* unire, *connettere ; *annettere, allegare

jointure (ʒ^{u}êng-*tüür*) *f* nocca *f*

joli (ʒo-*li*) *adj* bello, bellino, di bell'aspetto, carino

jonc (ʒong) *m* giunco *m*

jonction (ʒongk-*ss^{i}ong*) *f* crocevia *m*

jonquille (ʒong-*ki^{i}*) *f* narciso *m*

Jordanie (ʒor-da-*ni*) *f* Giordania *f*

Jordanien (ʒor-da-*n^{i}êng*) *m* giordano *m*

jordanien (ʒor-da-*n^{i}êng*) *adj* giordano

joue (ʒu) *f* guancia *f*

jouer (ʒu-*e*) *v* giocare ; recitare ; sonare

jouet (ʒu-*e*) *m* giocattolo *m*

joueur (ʒu-*öör*) *m* giocatore *m*

joug (ʒu) *m* giogo *m*

jouir de (ʒu-*iir*) godere

jour (ʒuur) *m* giorno *m* ; **de ~** di giorno ; **~ de fête** festa *f* ; **~ de la semaine** giorno feriale ; **~ ouvrable** giorno lavorativo ; **l'autre ~** di recente ; **par ~** al giorno ; **un ~ ou l'autre** un giorno o l'altro

journal (ʒur-*nal*) *m* giornale *m* ; diario *m* ; **~ du matin** giornale del mattino

journalier (ʒur-na-*l^{i}e*) *adj* giornaliero

journalisme (ʒur-na-*lissm*) *m* giornalismo *m*

journaliste (ʒur-na-*lisst*) *m* giornalista *m*

journée (ʒur-*ne*) *f* giornata *f*

joyau (ʒ^{u}a-*^{i}ô*) *m* gioiello *m*

joyeux (ʒ^{u}a-*^{i}ö*) *adj* gioioso, gaio, allegro, lieto

juge (ʒüüʒ) *m* giudice *m*

jugement (ʒüʒ-*mang*) *m* giudizio *m* ; sentenza *f*

juger (ʒü-*ʒe*) *v* giudicare

juif (ʒuif) *adj* ebraico ; *m* ebreo *m*

juillet (ʒui-*^{i}e*) luglio

juin (ʒ^{u}êng) giugno

jumeaux (ʒü-*mô*) *mpl* gemelli *mpl*

jumelles (ʒü-*mêl*) *fpl* binocolo *m*

jument (ʒü-*ma~~ng~~*) *f* cavalla *f*
jungle (ʒo~~ng~~ghl) *f* giungla *f*
jupe (ʒüp) *f* gonna *f*
jupon (ʒü-*po~~ng~~*) *m* sottoveste *f*
jurer (ʒü-*re*) *v* giurare; bestemmiare
juridique (ʒü-ri-*dik*) *adj* giuridico
juriste (ʒü-*risst*) *m* giurista *m*
juron (ʒü-*ro~~ng~~*) *m* bestemmia *f*
jury (ʒü-*ri*) *m* giuria *f*
jus (ʒü) *m* succo *m*; sugo *m*; ~ **de fruits** succo di frutta
jusque (ʒüssk) *prep* fino a; **jusqu'à** *prep* fino a; finché; **jusqu'à ce que** finché non, finché
juste (ʒüsst) *adj* onesto, giusto; adatto, esatto, corretto; stretto; *adv* esattamente
justement (ʒü-sstö-*ma~~ng~~*) *adv* giustamente
justice (ʒü-*sstiss*) *f* giustizia *f*
justifier (ʒü-ssti-*f^{i}e*) *v* giustificare
juteux (ʒü-*tö*) *adj* succoso
juvénile (ʒü-ve-*nil*) *adj* giovanile

K

kaki (ka-*ki*) *m* kaki *m*
kangourou (ka~~ng~~-ghu-*ru*) *m* canguro *m*
Kenya (ke-*n^{i}a*) *m* Kenia *m*
kilo (ki-*lô*) *m* chilo *m*
kilométrage (ki-lo-me-*traaʒ*) *m* chilometraggio *m*
kilomètre (ki-lo-*mêtr*) *m* chilometro *m*
kiosque (k^{i}ossk) *m* chiosco *m*; ~ **à journaux** edicola *f*
klaxon (klak-*sso~~ng~~*) *m* clacson *m*
klaxonner (klak-sso-*ne*) *v* suonare il clacson

L

la (la) *art/pron* la
là (la) *adv* là; di là
là-bas (la-*ba*) *adv* laggiù
labeur (la-*böör*) *m* lavoro *m*
laboratoire (la-bo-ra-*t^{u}aar*) *m* laboratorio *m*; ~ **de langues** laboratorio linguistico
labourer (la-bu-*re*) *v* arare
labyrinthe (la-bi-*rê~~ng~~t*) *m* labirinto *m*
lac (lak) *m* lago *m*
lacet (la-*sse*) *m* stringa per scarpe, laccio *m*
lâche (laaʃ) *m* codardo *m*; *adj* vile; slegato
lâcher (la-*ʃe*) *v* rilasciare
lagune (la-*ghün*) *f* laguna *f*
laid (le) *adj* brutto
laine (lên) *f* lana *f*; **en** ~ di lana; ~ **à repriser** lana da rammendo; ~ **peignée** lana pettinata
laisse (lêss) *f* guinzaglio *m*
laisser (le-*sse*) *v* lasciare
lait (le) *m* latte *m*
laitance (le-*ta~~ng~~ss*) *f* uova di pesce
laiterie (lê-*tri*) *f* latteria *f*
laiteux (le-*tö*) *adj* latteo
laitier (le-*t^{i}e*) *m* lattaio *m*
laiton (le-*to~~ng~~*) *m* ottone *m*
laitue (le-*tü*) *f* lattuga *f*
lambrissage (la~~ng~~-bri-*ssaaʒ*) *m* rivestimento a pannelli
lame (lam) *f* lama *f*; ~ **de rasoir** lama di rasoio
lamentable (la-ma~~ng~~-*tabl*) *adj* lamentevole
lampadaire (la~~ng~~-pa-*dêêr*) *m* lampione *m*
lampe (la~~ng~~p) *f* lampada *f*; ~ **de poche** lampadina tascabile; ~ **de travail** lampada da tavolo; **lampe-**

tempête *f* lanterna vento
lance (langss) *f* lancia *f*
lancement (lang-ssmang) *m* tiro *m*; varo *m*
lancer (lang-sse) *v* lanciare, gettare, buttare
lande (langd) *f* landa *f*
langage (lang-ghaaʒ) *m* linguaggio *m*
langue (langgh) *f* lingua *f*; ~ **maternelle** lingua materna
lanterne (lang-têrn) *f* lanterna *f*
lapin (la-pêng) *m* coniglio *m*
laque (lak) *f* lacca *f*; ~ **capillaire** lacca per capelli
lard (laar) *m* lardo *m*
large (larʒ) *adj* largo; liberale, munifico
largeur (lar-ʒöör) *f* larghezza *f*
larme (larm) *f* lacrima *f*
laryngite (la-rêng-ʒit) *f* laringite *f*
las (la) *adj* (f ~se) affaticato; ~ **de** stufo di
latitude (la-ti-tüd) *f* latitudine *f*
lavable (la-vabl) *adj* inalterabile al lavaggio, lavabile
lavabo (la-va-bô) *m* lavandino *m*
lavage (la-vaaʒ) *m* lavaggio *m*
laver (la-ve) *v* lavare
laverie automatique (la-vri ô-tô-ma-tik) lavanderia automatica
laxatif (lak-ssa-tif) *m* lassativo *m*
le^{1} (lö) *art* (f la, pl les) il, la
le^{2} (lö) *pron* (f la) lo
leader (li-dêêr) *m* capo *m*, duce *m*; leader *m*
lécher (le-ʃe) *v* leccare
leçon (lö-ssong) *f* lezione *f*
lecteur (lêk-töör) *m* lettore *m*
lecture (lêk-tüür) *f* lettura *f*
légal (le-ghal) *adj* legale
légalisation (le-gha-li-sa-ss^{i}ong) *f* legalizzazione *f*
légation (le-gha-ss^{i}ong) *f* legazione *f*
léger (le-ʒe) *adj* (f légère) leggero; diluito
légitimation (le-ʒi-ti-ma-ss^{i}ong) *f* legittimazione *f*
légitime (le-ʒi-tim) *adj* legittimo; giusto
legs (le) *m* legato *m*
légume (le-ghüm) *m* verdura *f*
lendemain (langd-mêng) *m* giorno seguente
lent (lang) *adj* lento; ottuso
lentille (lang-ti^{i}) *f* lente *f*
lèpre (lêpr) *f* lebbra *f*
lequel (lö-kêl) *pron* (f laquelle; pl lesquels, lesquelles) il quale
les (le) *art* i, le; *pron* li
lésion (le-s^{i}ong) *f* lesione *f*
lessive (le-ssiv) *f* bucato *m*
lettre (lêtr) *f* lettera *f*; **boîte aux lettres** buca delle lettere; ~ **de crédit** lettera di credito; ~ **de recommandation** lettera di raccomandazione; ~ **recommandée** raccomandata *f*
leur (löör) *adj* loro; *pron* loro
levée (lö-ve) *f* levata *f*
lever (lö-ve) *v* sollevare; ~ **du jour** aurora *f*; **se** ~ alzarsi; *sorgere
levier (lö-v^{i}e) *m* leva *f*; ~ **de vitesse** leva del cambio
lèvre (lêêvr) *f* labbro *m*
lévrier (le-vr^{i}e) *m* levriere *m*
levure (lö-vüür) *f* lievito *m*
liaison (l^{i}e-song) *f* rapporto *m*
Liban (li-bang) *m* Libano *m*
Libanais (li-ba-ne) *m* libanese *m*
libanais (li-ba-ne) *adj* libanese
libéral (li-be-ral) *adj* liberale
libération (li-be-ra-ss^{i}ong) *f* liberazione *f*
libérer (li-be-re) *v* liberare
Libéria (li-be-r^{i}a) *m* Liberia *f*
Libérien (li-be-r^{i}êng) *m* liberiano *m*
libérien (li-be-r^{i}êng) *adj* liberiano
liberté (li-bêr-te) *f* libertà *f*
libraire (li-brêêr) *m* libraio *m*

librairie (li-bre-*ri*) *f* libreria *f*
libre (libr) *adj* libero
libre-service (libr-ssêr-*viss*) *m* self-service *m*
licence (li-*ssangss*) *f* licenza *f*
licencier (li-ssang-*ss^{i}e*) *v* licenziare
lien (l^{i}êng) *m* benda *f*; legame *m*
lier (li-*e*) *v* legare
lierre (l^{i}êêr) *m* edera *f*
lieu (l^{i}ö) *m* località *f*; **au ~ de** invece di; ***avoir ~** *aver luogo; **~ de naissance** luogo di nascita; **~ de rencontre** luogo di riunione
lièvre (l^{i}êêvr) *m* lepre *f*
ligne (lign) *f* linea *f*, riga *f*; **~ aérienne** linea aerea; **~ d'arrivée** traguardo *m*; **~ de pêche** lenza *f*; **~ intérieure** telefono interno
ligue (ligh) *f* lega *f*
lime (lim) *f* lima *f*; **~ à ongles** limetta per le unghie
limette (li-*mêt*) *f* cedro *m*
limite (li-*mit*) *f* limite *m*; **~ de vitesse** limite di velocità
limiter (li-mi-*te*) *v* limitare
limonade (li-mo-*nad*) *f* limonata *f*
linge (lêngʒ) *m* biancheria *f*
lingerie (lêng-*ʒri*) *f* biancheria *f*
lion (l^{i}ong) *m* leone *m*
liqueur (li-*köör*) *f* liquore *m*
liquide (li-*kid*) *m* fluido *m*; *adj* liquido
***lire** (liir) *v* *leggere
lis (liss) *m* giglio *m*
lisible (li-*sibl*) *adj* leggibile
lisse (liss) *adj* piano, liscio
liste (lisst) *f* elenco *m*; **~ d'attente** lista di attesa
lit (li) *m* letto *m*; **~ de camp** branda *f*, lettino da campeggio; **lits jumeaux** letti gemelli
literie (li-*tri*) *f* biancheria da letto
litige (li-*tiiʒ*) *m* controversia *f*
litre (litr) *m* litro *m*
littéraire (li-te-*rêêr*) *adj* letterario
littérature (li-te-ra-*tüür*) *f* letteratura *f*
littoral (li-to-*ral*) *m* litorale *m*
livraison (li-vrê-*song*) *f* consegna *f*
livre[1] (liivr) *m* libro *m*; **~ de cuisine** libro di cucina; **~ de poche** libro in brossura
livre[2] (liivr) *f* libbra *f*
livrer (li-*vre*) *v* consegnare
local (lo-*kal*) *adj* locale
localiser (lo-ka-li-*se*) *v* localizzare
localité (lo-ka-li-*te*) *f* località *f*
locataire (lo-ka-*têêr*) *m* inquilino *m*
location (lo-ka-*ss^{i}ong*) *f* contratto di affitto; **donner en ~** *dare in locazione; **~ de voitures** autonoleggio *m*
locomotive (lo-ko-mo-*tiiv*) *f* locomotiva *f*, locomotrice *f*
locution (lo-kü-*ss^{i}ong*) *f* frase *f*
loge (loʒ) *f* camerino *m*
logement (loʒ-*mang*) *m* alloggio *m*
loger (lo-*ʒe*) *v* alloggiare
logeur (lo-*ʒöör*) *m* affittacamere *m*
logeuse (lo-*ʒöös*) *f* affittacamere *f*
logique (lo-*ʒik*) *f* logica *f*; *adj* logico
loi (l^{u}a) *f* legge *f*
loin (l^{u}êng) *adj* lontano, via; **plus ~** più lontano
lointain (l^{u}êng-*têng*) *adj* lontano, remoto
long (long) *adj* (f longue) lungo; **en ~** per il lungo; **le ~ de** lungo
longitude (long-ʒi-*tüd*) *f* longitudine *f*
longtemps (long-*tang*) *adv* a lungo
longueur (long-*ghöör*) *f* lunghezza *f*; **~ d'onde** lunghezza d'onda
lopin (lo-*pêng*) *m* appezzamento *m*
lors de (lor dö) all'epoca di
lorsque (lorssk) *conj* quando
lot (lô) *m* partita *f*
loterie (lo-*tri*) *f* lotteria *f*
lotion (lo-*ss^{i}ong*) *f* lozione *f*
louange (lu-*angʒ*) *f* lode *f*

louche (luʃ) *adj* strabico
louer (lu-*e*) *v* noleggiare, affittare, *prendere in affitto; *dare in affitto; riservare; lodare; **à** ~ a nolo
loup (lu) *m* lupo *m*
lourd (luur) *adj* pesante
loyal (l^{u}a-^{i}*al*) *adj* leale
loyer (l^{u}a-^{i}*e*) *m* affitto *m*
lubie (lü-*bi*) *f* capriccio *m*, ghiribizzo *m*
lubrifiant (lü-bri-*f*^{i}*ang*) *m* lubrificante *m*
lubrification (lü-bri-fi-ka-*ss*^{i}*ong*) *f* lubrificazione *f*
lubrifier (lü-bri-*f*^{i}*e*) *v* lubrificare
lueur (luöör) *f* barlume *m*
luge (lüüʒ) *f* slitta *f*
lugubre (lü-*ghüübr*) *adj* ributtante
lui (lui) *pron* gli; le; **lui-même** *pron* egli stesso
luisant (lui-*sang*) *adj* lucido
lumbago (long-ba-*ghô*) *m* lombaggine *f*
lumière (lü-*m*^{i}*êêr*) *f* luce *f*
lumineux (lü-mi-*nö*) *adj* luminoso
lunch (löntʃ) *m* pranzo *m*
lundi (löng-*di*) *m* lunedì *m*
lune (lün) *f* luna *f*; **clair de** ~ chiaro di luna; ~ **de miel** luna di miele
lunettes (lü-*nêt*) *fpl* occhiali *mpl*; ~ **de plongée** occhiali di protezione; ~ **de soleil** occhiali da sole
lustre (lüsstr) *m* lucentezza *f*
lustrer (lü-*sstre*) *v* spazzolare
lutte (lüt) *f* lotta *f*; combattimento *m*
lutter (lü-*te*) *v* lottare; combattere
luxe (lükss) *m* lusso *m*
luxueux (lük-*ssuö*) *adj* lussuoso

M

mâcher (ma-*ʃe*) *v* masticare
machine (ma-*ʃin*) *f* macchina *f*; ~ **à coudre** macchina da cucire; ~ **à écrire** macchina da scrivere; ~ **à laver** lavatrice *f*
machinerie (ma-ʃin-*ri*) *f* macchinario *m*
mâchoire (ma-*ʃ*^{u}*aar*) *f* mascella *f*
maçon (ma-*ssong*) *m* muratore *m*
maçonner (ma-sso-*ne*) *v* murare
madame (ma-*dam*) signora *f*
mademoiselle (mad-m^{u}a-*sêl*) signorina *f*
magasin (ma-gha-*sêng*) *m* bottega *f*; magazzino *m*; **grand** ~ grande magazino; ~ **de chaussures** calzoleria *f*; ~ **de jouets** negozio di giocattoli; ~ **de spiritueux** spaccio di liquori
magie (ma-*ʒi*) *f* magia *f*
magique (ma-*ʒik*) *adj* magico
magistrat (ma-ʒi-*sstra*) *m* magistrato *m*
magnétique (ma-gne-*tik*) *adj* magnetico
magnéto (ma-gne-*tô*) *f* magnete *m*
magnétophone (ma-gne-to-*fon*) *m* magnetofono *m*
magnifique (ma-gni-*fik*) *adj* magnifico
mai (me) maggio
maigre (mêêghr) *adj* magro
maigrir (mê-*ghriir*) *v* dimagrire
maille (mai) *f* maglia *f*
maillet (ma-^{i}*e*) *m* maglio *m*
maillon (ma-^{i}*ong*) *m* maglia *f*
maillot de bain (ma-^{i}ô dö bêng) costume da bagno
main (mêng) *f* mano *f*; **fait à la** ~ fatto a mano
main-d'œuvre (mêng-*döövr*) *f* mano-

dopera *f*
maintenant (mêngt-*nang*) *adv* ora; **jusqu'à** ~ finora
* **maintenir** (mêngt-*niir*) *v* *mantenere
maire (mêêr) *m* sindaco *m*
mairie (me-*ri*) *f* municipio *m*
mais (me) *conj* ma
maïs (ma-*iss*) *m* granturco *m*; ~ **en épi** pannocchia di granturco
maison (me-*song*) *f* casa *f*; **à la** ~ in casa; **fait à la** ~ casalingo; **maison-bateau** casa galleggiante; ~ **de campagne** casa di campagna; ~ **de repos** casa di riposo
maître (mêêtr) *m* maestro *m*; ~ **d'école** maestro *m*; ~ **d'hôtel** capocameriere *m*
maîtresse (mê-*trêss*) *f* amante *f*; ~ **de maison** signora *f*
maîtriser (mê-tri-*se*) *v* dominare
majeur (ma-*ʒöör*) *adj* maggiore; maggiorenne
majorité (ma-ʒo-ri-*te*) *f* maggior parte, maggioranza *f*
majuscule (ma-ʒü-*sskül*) *f* maiuscola *f*
mal (mal) *m* (pl maux) male *m*; danno *m*; ***faire du** ~ *nuocere; ***faire** ~ *dolere; ~ **à l'aise** inquieto; ~ **au cœur** nausea *f*; ~ **au dos** mal di schiena; ~ **au ventre** mal di pancia; ~ **aux dents** mal di denti; ~ **de gorge** mal di gola; ~ **de l'air** mal d'aria; ~ **de mer** mal di mare; ~ **d'estomac** mal di stomaco; ~ **de tête** mal di testa; ~ **d'oreille** mal d'orecchi; ~ **du pays** nostalgia *f*
malade (ma-*lad*) *adj* ammalato
maladie (ma-la-*di*) *f* male *m*, malattia *f*; ~ **vénérienne** malattia venerea
maladroit (ma-la-*drua*) *adj* goffo
Malais (ma-*le*) *m* malese *m*
malaisien (ma-le-*s'êng*) *adj* malese
malaria (ma-la-*r'a*) *f* malaria *f*
malchance (mal-*ʃangss*) *f* sfortuna *f*
mâle (maal) *adj* maschio
malentendu (ma-lang-tang-*dü*) *m* malinteso *m*
malgré (mal-*ghre*) *prep* malgrado, nonostante
malheur (ma-*löör*) *m* avversità *f*
malheureusement (ma-lö-rös-*mang*) *adv* sfortunatamente
malheureux (ma-lö-*rö*) *adj* infelice, sfortunato; mesto, miserabile
malhonnête (ma-lo-*nêt*) *adj* disonesto
malice (ma-*liss*) *f* malizia *f*
malicieux (ma-li-*ss'ö*) *adj* malizioso
malin (ma-*lêng*) *adj* (f maligne) maligno; astuto; sveglio
malle (mal) *f* baule *m*
mallette (ma-*lêt*) *f* valigetta a mano
malodorant (ma-lo-do-*rang*) *adj* puzzolente
malpropre (mal-*propr*) *adj* sudicio, sporco
malsain (mal-*ssêng*) *adj* malsano
malveillant (mal-vê-*'ang*) *adj* malevolo
maman (ma-*mang*) *f* mamma *f*
mammifère (ma-mi-*fêêr*) *m* mammifero *m*
mammouth (ma-*mut*) *m* mammut *m*
manche (mangʃ) *m* manico *m*; *f* manica *f*; **La Manche** La Manica
manchette (mang-*ʃêt*) *f* polsino *m*; titolo *m*
mandarine (mang-da-*rin*) *f* mandarino *m*
mandat (mang-*da*) *m* mandato *m*
mandat-poste (mang-da-*posst*) *m* vaglia *m*, vaglia postale
manège (ma-*nêêʒ*) *m* scuola di equitazione
mangeoire (mang-*ʒuaar*) *f* mangiatoia *f*
manger (mang-*ʒe*) *v* mangiare; *m* mangiare *m*
maniable (ma-*n'abl*) *adj* maneggiabile

manier (ma-*n[i]e*) *v* maneggiare
manière (ma-*n[i]êêr*) *f* maniera *f*; **de la même** ~ nello stesso modo; **de** ~ **que** così che
manifestation (ma-ni-fê-ssta-*ss[i]ong*) *f* dimostrazione *f*
manifestement (ma-ni-fê-sstö-*mang*) *adv* evidentemente
manifester (ma-ni-fê-*sste*) *v* manifestare; *fare una dimostrazione
manipuler (ma-ni-pü-*le*) *v* maneggiare
mannequin (man-*kêng*) *m* indossatrice *f*
manoir (ma-*n[u]aar*) *m* palazzo *m*, casa padronale
manquant (mang-*kang*) *adj* mancante
manque (mangk) *m* mancanza *f*
manquer (mang-*ke*) *v* mancare; *rimpiangere
manteau (mang-*tô*) *m* mantello *m*, soprabito *m*; ~ **de fourrure** cappotto di pelliccia
manucure (ma-nü-*kü̈r*) *f* manicure *f*
manuel (ma-*nuêl*) *m* manuale *m*; *adj* manuale
manuscrit (ma-nü-*sskri*) *m* manoscritto *m*
maquereau (ma-*krô*) *m* sgombro *m*
maquillage (ma-ki-*[i]aaʒ*) *m* trucco *m*
marais (ma-*re*) *m* palude *f*
marbre (marbr) *m* marmo *m*
marchand (mar-*ʃang*) *m* mercante *m*; commerciante *m*; ~ **de journaux** giornalaio *m*; ~ **de légumes** fruttivendolo *m*; ~ **de volaille** pollivendolo *m*
marchander (mar-ʃang-*de*) *v* mercanteggiare
marchandise (mar-ʃang-*diis*) *f* merce *f*, mercanzia *f*
marche (marʃ) *f* marcia *f*; scalino *m*; ***faire** ~ **arrière** *far marcia indietro
marché (mar-*ʃe*) *m* mercato *m*; **bon** ~ a buon mercato; economico; ~ **des valeurs** borsa *f*; ~ **noir** mercato nero; **place du** ~ piazza del mercato
marcher (mar-*ʃe*) *v* camminare; marciare; ***faire** ~ beffare
mardi (mar-*di*) *m* martedì *m*
marécageux (ma-re-ka-*ʒö*) *adj* paludoso
marée (ma-*re*) *f* marea *f*; ~ **basse** bassa marea; ~ **haute** flusso *m*; alta marea
margarine (mar-gha-*rin*) *f* margarina *f*
marge (marʒ) *f* margine *m*
mari (ma-*ri*) *m* marito *m*
mariage (ma-*r[i]aaʒ*) *m* matrimonio *m*; sposalizio *m*
marié (ma-*r[i]e*) *m* sposo *m*
se marier (ma-*r[i]e*) sposarsi
marin (ma-*rêng*) *m* marinaio *m*
marinade (ma-ri-*nad*) *f* sottaceti *mpl*
marine (ma-*rin*) *f* marina *f*
maritime (ma-ri-*tim*) *adj* marittimo
marmelade (mar-mö-*lad*) *f* marmellata *f*
marmite (mar-*mit*) *f* pentola *f*
Maroc (ma-*rok*) *m* Marocco *m*
Marocain (ma-ro-*kêng*) *m* marocchino *m*
marocain (ma-ro-*kêng*) *adj* marocchino
marque (mark) *f* segno *m*; marchio *m*, marca *f*; ~ **de fabrique** marchio di fabbrica
marquer (mar-*ke*) *v* marcare, segnare
marquise (mar-*kiis*) *f* tenda di riparo
marron (ma-*rong*) *m* castagna *f*
mars (marss) marzo
marteau (mar-*tô*) *m* martello *m*
marteler (mar-tö-*le*) *v* *percuotere
martyr (mar-*tiir*) *m* martire *m*
masculin (ma-sskü-*lêng*) *adj* maschile
masque (massk) *m* maschera *f*; ~ **de beauté** maschera di bellezza

massage (ma-*ssaaʒ*) *m* massaggio *m*; ~ **facial** massaggio facciale
masse (mass) *f* massa *f*
masser (ma-*sse*) *v* massaggiare
masseur (ma-*ssöör*) *m* massaggiatore *m*
massif (ma-*ssif*) *adj* massiccio
massue (ma-*ssü*) *f* mazza *f*
mat (mat) *adj* opaco, pallido
mât (ma) *m* albero *m*
match (matʃ) *m* partita *f*; ~ **de boxe** partita di pugilato; ~ **de football** partita di calcio
matelas (ma-*tla*) *m* materasso *m*
matériau (ma-te-*riô*) *m* materiale *m*
matériel (ma-te-*riêl*) *m* materiale *m*; *adj* materiale
maternel (ma-têr-*nêl*) *adj* materno
mathématique (ma-te-ma-*tik*) *adj* matematico
mathématiques (ma-te-ma-*tik*) *fpl* matematica *f*
matière (ma-*tiêêr*) *f* materia *f*
matin (ma-*têng*) *m* mattino *m*, mattina *f*; **ce** ~ stamani
matinée (ma-ti-*ne*) *f* mattinata *f*
matrimonial (ma-tri-mo-*nial*) *adj* matrimoniale
maturité (ma-tü-ri-*te*) *f* maturità *f*
***maudire** (mô-*diir*) *v* *maledire
mausolée (mô-so-*le*) *m* mausoleo *m*
mauvais (mô-*ve*) *adj* cattivo; brutto, malvagio, scellerato; **le plus** ~ pessimo
mauve (môôv) *adj* lilla
maximum (mak-ssi-*mom*) *m* massimo *m*
mazout (ma-*sut*) *m* nafta *f*
me (mö) *pron* me; mi
mécanicien (me-ka-ni-*ssiêng*) *m* meccanico *m*
mécanique (me-ka-*nik*) *adj* meccanico
mécanisme (me-ka-*nissm*) *m* meccanismo *m*
méchant (me-*ʃang*) *adj* cattivo; sgradevole, malvagio
mèche (mêʃ) *f* miccia *f*
mécontent (me-kong-*tang*) *adj* scontento
médaille (me-*dai*) *f* medaglia *f*
médecin (me-*dssêng*) *m* medico *m*; ~ **généraliste** medico generico
médecine (me-*dssin*) *f* medicina *f*
médiateur (me-dia-*töör*) *m* mediatore *m*
médical (me-di-*kal*) *adj* medico
médicament (me-di-ka-*mang*) *m* medicamento *m*, farmaco *m*
médiéval (me-die-*val*) *adj* medievale
méditer (me-di-*te*) *v* meditare
Méditerranée (me-di-te-ra-*ne*) *f* Mediterraneo *m*
méduse (me-*düüs*) *f* medusa *f*
méfiance (me-*fiangss*) *f* sospetto *m*
méfiant (me-*fiang*) *adj* sospettoso
se méfier de (me-*fie*) diffidare di
meilleur (mê-*iöör*) *adj* migliore; **le** ~ ottimo
mélancolie (me-lang-ko-*li*) *f* malinconia *f*
mélancolique (me-lang-ko-*lik*) *adj* malinconico
mélange (me-*langʒ*) *m* miscuglio *m*
mélanger (me-lang-*ʒe*) *v* mescolare
mêler (me-*le*) *v* mescolare; **mêlé** misto; **se** ~ **de** intromettersi in
mélo (me-*lô*) *m* sdolcinatura *f*
mélodie (me-lo-*di*) *f* melodia *f*
mélodrame (me-lo-*dram*) *m* melodramma *m*
melon (mö-*long*) *m* melone *m*
membrane (mang-*bran*) *f* membrana *f*
membre (mangbr) *m* socio *m*, membro *m*
mémé (me-*me*) *f* nonna *f*
même (mêm) *adj* stesso; *adv* anche; **de** ~ pure

mémoire (me-m^{u}*aar*) *f* memoria *f*; ricordo *m*
mémorable (me-mo-*rabl*) *adj* memorabile
mémorandum (me-mo-rang-*dom*) *m* nota *f*
mémorial (me-mo-r^{i}*al*) *m* monumento commemorativo
menaçant (mö-na-*ssang*) *adj* minaccioso
menace (mö-*nass*) *f* minaccia *f*
menacer (mö-na-*sse*) *v* minacciare
ménage (me-*naaʒ*) *m* faccende di casa, ménage *m*
ménagère (me-na-*ʒêêr*) *f* casalinga *f*
mendiant (mang-d^{i}*ang*) *m* mendicante *m*
mendier (mang-d^{i}*e*) *v* mendicare
mener (mö-*ne*) *v* portare, *condurre
menottes (mö-*not*) *fpl* manette *fpl*
mensonge (mang-*ssongʒ*) *m* menzogna *f*
menstruation (mang-sstrü-a-ss^{i}*ong*) *f* mestruazione *f*
mensuel (mang-*ssuêl*) *adj* mensile
mental (mang-*tal*) *adj* mentale; **aliéné** ~ pazzo *m*
menthe (mangt) *f* menta *f*, menta peperina
mention (mang-ss^{i}*ong*) *f* citazione *f*, menzione *f*
mentionner (mang-ss^{i}o-*ne*) *v* nominare, menzionare
***mentir** (mang-*tiir*) *v* mentire
menton (mang-*tong*) *m* mento *m*
menu[1] (mö-*nü*) *m* menu *m*; ~ **fixe** pranzo a prezzo fisso
menu[2] (mö-*nü*) *adj* esiguo
menuisier (mö-nui-s^{i}*e*) *m* falegname *m*
mépris (me-*pri*) *m* disprezzo *m*, disdegno *m*
méprise (me-*priis*) *f* fallo *m*
mépriser (me-pri-*se*) *v* disprezzare

mer (mêêr) *f* mare *m*
mercerie (mêr-ssö-*ri*) *f* merceria *f*
merci (mêr-*ssi*) grazie
mercredi (mêr-krö-*di*) *m* mercoledì *m*
mercure (mêr-*küür*) *m* mercurio *m*
mère (mêêr) *f* madre *f*
méridional (me-ri-d^{i}o-*nal*) *adj* meridionale
mérite (me-*rit*) *m* merito *m*
mériter (me-ri-*te*) *v* meritare
merlan (mêr-*lang*) *m* merlano *m*
merle (mêrl) *m* merlo *m*
merveille (mêr-*vêi*) *f* meraviglia *f*
merveilleux (mêr-vê-^{i}*ö*) *adj* meraviglioso
mesquin (mê-*sskêng*) *adj* meschino, taccagno
message (mê-*ssaaʒ*) *m* messaggio *m*
messager (mê-ssa-*ʒe*) *m* messaggero *m*
messe (mêss) *f* messa *f*
mesure (mö-*süür*) *f* misura *f*; **en** ~ capace; **fait sur** ~ fatto su misura
mesurer (mö-sü-*re*) *v* misurare
métal (me-*tal*) *m* metallo *m*
métallique (me-ta-*lik*) *adj* metallico
méthode (me-*tod*) *f* metodo *m*
méthodique (me-to-*dik*) *adj* metodico
méticuleux (me-ti-kü-*lö*) *adj* meticoloso
métier (me-t^{i}*e*) *m* mestiere *m*, professione *f*
mètre (mêtr) *m* metro *m*
métrique (me-*trik*) *adj* metrico
métro (me-*trô*) *m* metropolitana *f*
***mettre** (mêtr) *v* *mettere; indossare
meuble (möbl) *m* mobile *m*; **meubles** mobilia *f*
meubler (mö-*ble*) *v* ammobiliare; **non meublé** non ammobiliato
meunier (mö-n^{i}*e*) *m* mugnaio *m*
meurtrier (mör-tri-*e*) *m* assassino *m*
Mexicain (mêk-ssi-*kêng*) *m* messicano *m*

mexicain (mêk-ssi-*kêng*) *adj* messicano
Mexique (mêk-*ssik*) *m* Messico *m*
miche (miʃ) *f* pagnotta *f*
microbe (mi-*krob*) *m* germe *m*
microphone (mi-kro-*fon*) *m* microfono *m*
microsillon (mi-kro-ssi-^{i}*ong*) *m* microsolco *m*
midi (mi-*di*) *m* mezzogiorno *m*
miel (m^{i}êl) *m* miele *m*
le mien (lö m^{i}êng) il mio
miette (m^{i}êt) *f* briciola *f*
mieux (m^{i}ö) *adv* meglio
migraine (mi-*ghrên*) *f* emicrania *f*
milieu (mi-*l^{i}ö*) *m* mezzo *m*; ambiente *m*; **au ~ de** fra, in mezzo a; **du ~** mezzo
militaire (mi-li-*têêr*) *adj* militare
mille (mil) *num* mille; *m* miglio *m*
million (mi-*l^{i}ong*) *m* milione *m*
millionnaire (mi-l^{i}o-*nêêr*) *m* milionario *m*
mince (mêngss) *adj* sottile, snello
mine¹ (min) *f* miniera *f*
mine² (min) *f* aspetto *m*
minerai (min-*re*) *m* minerale *m*
minéral (mi-ne-*ral*) *m* minerale *m*
minet (mi-*ne*) *m* micia *f*
mineur (mi-*nöör*) *m* minatore *m*; minorenne *m*; *adj* minore; minorenne
miniature (mi-n^{i}a-*tüür*) *f* miniatura *f*
minimum (mi-ni-*mom*) *m* minimo *m*
ministère (mi-ni-*sstêêr*) *m* ministero *m*
ministre (mi-*nisstr*) *m* ministro *m*; **premier ~** primo ministro
minorité (mi-no-ri-*te*) *f* minoranza *f*
minuit (mi-*nui*) mezzanotte *f*
minuscule (mi-nü-*sskül*) *adj* minuto, minuscolo
minute (mi-*nüt*) *f* minuto *m*
minutieux (mi-nü-*ss^{i}ö*) *adj* minuzioso
miracle (mi-*raakl*) *m* miracolo *m*
miraculeux (mi-ra-kü-*lö*) *adj* miracoloso
miroir (mi-*r^{u}aar*) *m* specchio *m*
misaine (mi-*sên*) *f* vela di trinchetto
misérable (mi-se-*rabl*) *adj* misero
misère (mi-*sêêr*) *f* miseria *f*; bisogno *m*
miséricorde (mi-se-ri-*kord*) *f* misericordia *f*
miséricordieux (mi-se-ri-kor-*d^{i}ö*) *adj* misericordioso
mite (mit) *f* tarma *f*
mi-temps (mi-*tang*) *f* intervallo *m*
mixeur (mik-*ssöör*) *m* frullatore *m*
mobile (mo-*bil*) *adj* mobile
mode¹ (mod) *f* moda *f*; **à la ~** alla moda
mode² (mod) *m* modo *m*; **~ d'emploi** istruzioni per l'uso
modèle (mo-*dêl*) *m* modello *m*
modeler (mo-*dle*) *v* plasmare
modéré (mo-de-*re*) *adj* moderato; mediocre
moderne (mo-*dêrn*) *adj* moderno
modeste (mo-*dêsst*) *adj* riservato, modesto
modestie (mo-dê-*ssti*) *f* modestia *f*
modification (mo-di-fi-ka-*ss^{i}ong*) *f* cambiamento *m*, modifica *f*
modifier (mo-di-*f^{i}e*) *v* modificare
modiste (mo-*disst*) *f* modista *f*
moelle (m^{u}al) *f* midollo *m*
moelleux (m^{u}a-*lö*) *adj* polposo
mœurs (mörss) *fpl* costumi *mpl*
mohair (mo-*êêr*) *m* angora *f*
moi (m^{u}a) *pron* mi; **moi-même** *pron* io stesso
moindre (m^{u}êngdr) *adj* minimo; inferiore
moine (m^{u}an) *m* monaco *m*
moineau (m^{u}a-*nô*) *m* passero *m*
moins (m^{u}êng) *adv* meno; **à ~ que** a meno che; **au ~** almeno
mois (m^{u}a) *m* mese *m*

moisi (m^{u}a-*si*) *adj* ammuffito
moisissure (m^{u}a-si-*ssüür*) *f* muffa *f*
moisson (m^{u}a-*ssong*) *f* raccolto *m*
moite (m^{u}at) *adj* umido; bagnato
moitié (m^{u}a-*t^{i}e*) *f* metà *f*; **à** ~ a metà
molaire (mo-*lêêr*) *f* molare *m*
mollet (mo-*le*) *m* polpaccio *m*
moment (mo-*mang*) *m* momento *m*; istante *m*
momentané (mo-mang-ta-*ne*) *adj* momentaneo
mon (mong) *adj* (f ma, pl mes) mio
monarchie (mo-nar-*ʃi*) *f* monarchia *f*
monarque (mo-*nark*) *m* monarca *m*
monastère (mo-na-*sstêêr*) *m* monastero *m*
monde (mongd) *m* mondo *m*; **tout le** ~ ognuno
mondial (mong-*d^{i}al*) *adj* mondiale; universale
monétaire (mo-ne-*têêr*) *adj* monetario
monnaie (mo-*ne*) *f* valuta *f*; ~ **étrangère** divisa estera; **petite** ~ moneta spicciola, spiccioli *mpl*; **pièce de** ~ moneta *f*
monologue (mo-no-*logh*) *m* monologo *m*
monopole (mo-no-*pol*) *m* monopolio *m*
monotone (mo-no-*ton*) *adj* monotono
monsieur (mö-*ss^{i}ö*) *m* (pl messieurs) signore *m*
mont (mong) *m* monte *m*
montagne (mong-*tagn*) *f* montagna *f*
montagneux (mong-ta-*gnö*) *adj* montagnoso
montant (mong-*tang*) *m* ammontare *m*
montée (mong-*te*) *f* rialzo *m*; ascensione *f*, ascesa *f*
monter (mong-*te*) *v* *salire; montare; **se** ~ **à** ammontare a
monteur (mong-*töör*) *m* meccanico *m*
monticule (mong-ti-*kül*) *m* collina *f*
montre (mongtr) *f* orologio *m*; ~ **de gousset** orologio da tasca
montrer (mong-*tre*) *v* mostrare; *far vedere; ~ **du doigt** additare
monture (mong-*tüür*) *f* montatura *f*
monument (mo-nü-*mang*) *m* monumento *m*
se moquer de (mo-*ke*) canzonare
moquerie (mo-*kri*) *f* derisione *f*
moral (mo-*ral*) *adj* morale; *m* morale *m*
morale (mo-*ral*) *f* morale *f*
moralité (mo-ra-li-*te*) *f* moralità *f*
morceau (mor-*ssô*) *m* pezzo *m*; pezzetto *m*, nodo *m*; ~ **de sucre** zolletta di zucchero
mordache (mor-*daʃ*) *f* morsa *f*
mordre (mordr) *v* *mordere
morphine (mor-*fin*) *f* morfina *f*
morsure (mor-*ssüür*) *f* morso *m*
mort (moor) *f* morte *f*; *adj* morto
mortel (mor-*têl*) *adj* mortale
morue (mo-*rü*) *f* merluzzo *m*
mosaïque (mo-sa-*ik*) *f* mosaico *m*
mosquée (mo-*sske*) *f* moschea *f*
mot (mô) *m* parola *f*; ~ **de passe** parola d'ordine
motel (mo-*têl*) *m* autostello *m*
moteur (mo-*töör*) *m* motore *m*
motif (mo-*tif*) *m* motivo *m*, movente *m*; disegno *m*
motion (mo-*ss^{i}ong*) *f* mozione *f*
motocyclette (mo-to-ssi-*klêt*) *f* motocicletta *f*
mou (mu) *adj* (f molle) morbido
mouche (muʃ) *f* mosca *f*
mouchoir (mu-*ʃ^{u}aar*) *m* fazzoletto *m*; ~ **de papier** fazzoletto di carta
***moudre** (mudr) *v* macinare
mouette (m^{u}êt) *f* gabbiano *m*
moufles (mufl) *fpl* muffole *fpl*
mouiller (mu-*^{i}e*) *v* bagnare; **mouillé** bagnato
moule (mul) *f* cozza *f*

moulin (mu-*lêng*) *m* macinino *m*; ~ **à paroles** chiacchierone *m*; ~ **à vent** mulino a vento
***mourir** (mu-*riir*) *v* *morire
mousse (muss) *f* schiuma *f*; muschio *m*
mousseline (mu-*sslin*) *f* mussolina *f*
mousser (mu-*sse*) *v* spumare
mousseux (mu-*ssö*) *adj* spumante
moustache (mu-*ssta*ʃ) *f* baffi *mpl*
moustiquaire (mu-ssti-*kêêr*) *f* zanzariera *f*
moustique (mu-*sstik*) *m* zanzara *f*
moutarde (mu-*tard*) *f* senape *f*
mouton (mu-*tong*) *m* pecora *f*; montone *m*
mouvement (muv-*mang*) *m* moto *m*, movimento *m*
se *mouvoir (mu-*vᵘaar*) *muoversi
moyen (mᵘa-*ⁱêng*) *m* mezzo *m*; *adj* medio; mediocre
moyen-âge (mᵘa-ⁱê-*naaʒ*) *m* medioevo *m*
moyenne (mᵘa-*ⁱên*) *f* media *f*; **en** ~ in media
muet (mue) *adj* muto
mugir (mü-*ʒiir*) *v* mugghiare
mule (mül) *f* mulo *m*
mulet (mü-*le*) *m* mulo *m*; triglia *f*
multiplication (mül-ti-pli-ka-*ssⁱong*) *f* moltiplicazione *f*
multiplier (mül-ti-pli-*e*) *v* moltiplicare
municipal (mü-ni-ssi-*pal*) *adj* municipale
municipalité (mü-ni-ssi-pa-li-*te*) *f* municipalità *f*
munir de (mü-*niir*) munire di
mur (müür) *m* muro *m*
mûr (müür) *adj* maturo
mûre (müür) *f* mora *f*
muscade (mü-*sskad*) *f* noce moscata
muscle (müsskl) *m* muscolo *m*
musclé (mü-*sskle*) *adj* muscoloso
museau (mü-*sô*) *m* muso *m*
musée (mü-*se*) *m* museo *m*
musical (mü-si-*kal*) *adj* musicale
music-hall (mü-si-*kol*) *m* teatro di varietà
musicien (mü-si-*ssⁱêng*) *m* musicista *m*
musique (mü-*sik*) *f* musica *f*
mutinerie (mü-tin-*ri*) *f* ammutinamento *m*
mutuel (mü-*tuêl*) *adj* mutuo
myope (mⁱop) *adj* miope
mystère (mi-*sstêêr*) *m* mistero *m*
mystérieux (mi-sste-*rⁱö*) *adj* misterioso
mythe (mit) *m* mito *m*

N

nacre (nakr) *f* madreperla *f*
nager (na-*ʒe*) *v* nuotare
nageur (na-*ʒöör*) *m* nuotatore *m*
naïf (na-*if*) *adj* ingenuo
nain (nêng) *m* nano *m*
naissance (ne-*ssangss*) *f* nascita *f*
***naître** (nêêtr) *v* *nascere
nappe (nap) *f* tovaglia *f*
narcose (nar-*kôôs*) *f* narcosi *f*
narcotique (nar-ko-*tik*) *m* narcotico *m*
narine (na-*rin*) *f* narice *f*
natation (na-ta-*ssⁱong*) *f* nuoto *m*
nation (na-*ssⁱong*) *f* nazione *f*
national (na-ssⁱo-*nal*) *adj* nazionale
nationaliser (na-ssⁱo-na-li-*se*) *v* nazionalizzare
nationalité (na-ssⁱo-na-li-*te*) *f* nazionalità *f*
nature (na-*tüür*) *f* natura *f*; anima *f*, indole *f*
naturel (na-tü-*rêl*) *adj* naturale
naturellement (na-tü-rêl-*mang*) *adv* naturalmente
naufrage (nô-*fraaʒ*) *m* naufragio *m*

nausée (nô-*se*) *f* nausea *f*
naval (na-*val*) *adj* (pl ~s) navale
navetteur (na-vê-*töör*) *m* pendolare *m*
navigable (na-vi-*ghabl*) *adj* navigabile
navigation (na-vi-gha-*ss^{i}o~~ng~~*) *f* navigazione *f*
naviguer (na-vi-*ghe*) *v* navigare; governare; ~ **sur** navigare su
navire (na-*viir*) *m* nave *f*; battello *m*; ~ **de guerre** nave da guerra
né (ne) *adj* nato
néanmoins (ne-a~~ng~~-*m^{u}ê~~ng~~*) *adv* tuttavia
nébuleux (ne-bü-*lö*) *adj* nebbioso
nécessaire (ne-sse-*ssêêr*) *adj* necessario; ~ **de toilette** astuccio di toeletta
nécessité (ne-sse-ssi-*te*) *f* necessità *f*
nécessiter (ne-sse-ssi-*te*) *v* *richiedere
Néerlandais (ne-êr-la~~ng~~-*de*) *m* olandese *m*
néerlandais (ne-êr-la~~ng~~-*de*) *adj* olandese
néfaste (ne-*fasst*) *adj* fatale
négatif (ne-gha-*tif*) *m* negativa *f*; *adj* negativo
négligé (ne-ghli-*ʒe*) *m* vestaglia *f*
négligence (ne-ghli-*ʒa~~ng~~ss*) *f* negligenza *f*
négligent (ne-ghli-*ʒa~~ng~~*) *adj* negligente, trascurato
négliger (ne-ghli-*ʒe*) *v* trascurare
négociant (ne-gho-*ss^{i}a~~ng~~*) *m* negoziante *m*; ~ **en vins** mercante di vini
négociation (ne-gho-ss^{i}a-*ss^{i}o~~ng~~*) *f* trattativa *f*
négocier (ne-gho-*ss^{i}e*) *v* negoziare
neige (nêêʒ) *f* neve *f*
neiger (ne-*ʒe*) *v* nevicare
neigeux (nê-*ʒö*) *adj* nevoso
néon (ne-*o~~ng~~*) *m* neon *m*
nerf (nêêr) *m* nervo *m*
nerveux (nêr-*vö*) *adj* nervoso
net (nêt) *adj* chiaro; netto
nettoyage (nê-t^{u}a-*^{i}aaʒ*) *m* pulizia *f*, pulitura *f*
nettoyer (nê-t^{u}a-*^{i}e*) *v* nettare, pulire; ~ **à sec** pulire a secco
neuf[1] (nöf) *adj* (f neuve) nuovo
neuf[2] (nöf) *num* nove
neutre (nöötr) *adj* neutro; neutrale
neuvième (nö-*v^{i}êm*) *num* nono
neveu (nö-*vö*) *m* nipote *m*
névralgie (ne-vral-*ʒi*) *f* nevralgia *f*
névrose (ne-*vrôôs*) *f* nevrosi *f*
nez (ne) *m* naso *m*; **saignement de** ~ rinorragia *f*
ni ... ni (ni) né... né
nickel (ni-*kêl*) *m* nichelio *m*
nicotine (ni-ko-*tin*) *f* nicotina *f*
nid (ni) *m* nido *m*
nièce (n^{i}êss) *f* nipote *f*
nier (ni-*e*) *v* negare
Nigeria (ni-ʒe-*r^{i}a*) *m* Nigeria *f*
Nigérien (ni-ʒe-*r^{i}ê~~ng~~*) *m* nigeriano *m*
nigérien (ni-ʒe-*r^{i}ê~~ng~~*) *adj* nigeriano
niveau (ni-*vô*) *m* livello *m*; livella *f*; ~ **de vie** livello di vita; **passage à** ~ passaggio a livello
niveler (ni-*vle*) *v* livellare
noble (nobl) *adj* nobile
noblesse (no-*blêss*) *f* nobiltà *f*
nocturne (nok-*türn*) *adj* notturno
Noël (no-*êl*) Natale
nœud (nö) *m* nodo *m*; ~ **papillon** cravattino *m*, cravatta a farfalla
noir (n^{u}aar) *adj* nero; *m* negro *m*
noisette (n^{u}a-*sêt*) *f* nocciola *f*
noix (n^{u}a) *f* noce *f*; ~ **de coco** noce di cocco
nom (no~~ng~~) *m* nome *m*; **au ~ de** a nome di, per conto di; ~ **de famille** cognome *m*; ~ **de jeune fille** cognome da nubile
nombre (no~~ng~~br) *m* quantità *f*; numero *m*; numerale *m*

nombreux (no~~ng~~-*brö*) *adj* numeroso
nombril (no~~ng~~-*bri*) *m* ombelico *m*
nominal (no-mi-*nal*) *adj* nominale
nomination (no-mi-na-*ss^{i}o~~ng~~*) *f* nomina *f*
nommer (no-*me*) *v* nominare
non (no~~ng~~) no
nord (noor) *m* nord *m*; settentrione *m*
nord-est (no-*rêsst*) *m* nord-est *m*
nord-ouest (no-*r^{u}êsst*) *m* nord-ovest *m*
normal (nor-*mal*) *adj* normale
norme (norm) *f* norma *f*
Norvège (nor-*vêêʒ*) *f* Norvegia *f*
Norvégien (nor-ve-*ʒ^{i}ê~~ng~~*) *m* norvegese *m*
norvégien (nor-ve-*ʒ^{i}ê~~ng~~*) *adj* norvegese
notaire (no-*têêr*) *m* notaio *m*
notamment (no-ta-*ma~~ng~~*) *adv* cioè
note (not) *f* commento *m*, appunto *m*, biglietto *m*; voto *m*; conto *m*
noter (no-*te*) *v* annotare; *accorgersi di
notifier (no-ti-*f^{i}e*) *v* notificare
notion (nô-*ss^{i}o~~ng~~*) *f* nozione *f*
notoire (no-*t^{u}aar*) *adj* famigerato
notre (notr) *adj* nostro
nouer (nu-*e*) *v* annodare
nougat (nu-*gha*) *m* torrone *m*
nourrir (nu-*riir*) *v* nutrire; **nourrissant** nutriente
nourrisson (nu-ri-*sso~~ng~~*) *m* neonato *m*
nourriture (nu-ri-*tüür*) *f* cibo *m*; vitto *m*
nous (nu) *pron* noi; ci; **nous-mêmes** *pron* noi stessi
nouveau (nu-*vô*) *adj* (nouvel; f nouvelle) nuovo; **de** ~ di nuovo; **Nouvel An** anno nuovo
nouvelle (nu-*vêl*) *f* notizia *f*; novità *f*; **nouvelles** notiziario *m*, notizie
Nouvelle-Zélande (nu-vêl-se-*la~~ng~~d*) *f* Nuova Zelanda
novembre (no-*va~~ng~~br*) novembre
noyau (n^{u}a-*^{i}ô*) *m* nocciolo *m*; nucleo *m*
noyer (n^{u}a-*^{i}e*) *v* affogare
nu (nü) *adj* nudo; spoglio; *m* nudo *m*
nuage (nuaaʒ) *m* nuvola *f*
nuageux (nua-*ʒö*) *adj* nuvoloso, coperto
nuance (nua~~ng~~ss) *f* sfumatura *f*; tinta *f*
nucléaire (nü-kle-*êêr*) *adj* atomico, nucleare
***nuire** (nuiir) *v* *nuocere
nuisible (nui-*sibl*) *adj* nocivo
nuit (nui) *f* notte *f*; **boîte de** ~ cabaret *m*; **cette** ~ stanotte; **de** ~ di notte; **tarif de** ~ tariffa notturna
nul (nül) *adj* (f nulle) nullo
numéro (nü-me-*rô*) *m* numero *m*; ~ **d'immatriculation** numero di targa
nuque (nük) *f* nuca *f*
nutritif (nü-tri-*tif*) *adj* nutriente
nylon (ni-*lo~~ng~~*) *m* nailon *m*

O

oasis (ô-a-*siss*) *f* oasi *f*
obéir (o-be-*iir*) *v* ubbidire
obéissance (o-be-i-*ssa~~ng~~ss*) *f* ubbidienza *f*
obéissant (o-be-i-*ssa~~ng~~*) *adj* ubbidiente
obèse (o-*bêês*) *adj* obeso
obésité (o-be-si-*te*) *f* pinguedine *f*
objecter (ob-ʒêk-*te*) *v* obiettare
objectif (ob-ʒêk-*tif*) *m* bersaglio *m*, obiettivo *m*, traguardo *m*; *adj* oggettivo
objection (ob-ʒêk-*ss^{i}o~~ng~~*) *f* obiezione

f; ***faire ~ à*** *opporsi a; *fare obiezione a

objet (ob-*ʒe*) *m* oggetto *m*; **objets de valeur** valori; **objets trouvés** oggetti smarriti

obligation (o-bli-gha-*ss^{i}ong*) *f* obbligazione *f*

obligatoire (o-bli-gha-*t^{u}aar*) *adj* obbligatorio

obligeant (o-bli-*ʒang*) *adj* servizievole

obliger (o-bli-*ʒe*) *v* obbligare; *costringere

oblique (o-*blik*) *adj* obliquo

oblong (o-*blong*) *adj* (f oblongue) oblungo

obscène (o-*pssên*) *adj* osceno

obscur (op-*ssküür*) *adj* oscuro; buio

obscurité (op-sskü-ri-*te*) *f* oscurità *f*

observation (o-pssêr-va-*ss^{i}ong*) *f* osservazione *f*

observatoire (o-pssêr-va-*t^{u}aar*) *m* osservatorio *m*

observer (o-pssêr-*ve*) *v* osservare; rilevare

obsession (o-pssê-*ss^{i}ong*) *f* ossessione *f*

obstacle (op-*sstakl*) *m* ostacolo *m*

obstiné (op-ssti-*ne*) *adj* ostinato, testardo

obstruer (op-sstrü-*e*) *v* ostruire

***obtenir** (op-tö-*niir*) *v* *ottenere

occasion (o-ka-*s^{i}ong*) *f* occasione *f*, opportunità *f*; **d'occasion** d'occasione

occident (ok-ssi-*dang*) *m* occidente *m*

occidental (ok-ssi-dang-*tal*) *adj* occidentale

occupant (o-kü-*pang*) *m* occupante *m*

occupation (o-kü-pa-*ss^{i}ong*) *f* occupazione *f*; mestiere *m*

occuper (o-kü-*pe*) *v* occupare; **s'occuper de** occuparsi di; accudire a, trattare con

océan (o-sse-*ang*) *m* oceano *m*; **Océan Atlantique** Atlantico *m*; **Océan Pacifique** Oceano Pacifico

octobre (ok-*tobr*) ottobre

oculiste (o-kü-*lisst*) *m* oculista *m*

odeur (o-*döör*) *f* odore *m*

œil (öi) *m* (pl yeux) occhio *m*; **coup d'œil** occhiata *f*; visione fugace

œuf (öf) *m* uovo *m*; **œufs de poisson** uova di pesce

œuvre (öövr) *m* opera *f*; *f* lavoro *m*; **~ d'art** opera d'arte

offense (o-*fangss*) *f* offesa *f*

offenser (o-fang-*sse*) *v* *offendere; **s'offenser de** risentirsi per

offensif (o-fang-*ssif*) *adj* offensivo

offensive (o-fang-*ssiiv*) *f* offensiva *f*

officiel (o-fi-*ss^{i}êl*) *adj* ufficiale

officier (o-fi-*ss^{i}e*) *m* ufficiale *m*

officieux (o-fi-*ss^{i}ö*) *adj* ufficioso

offre (ofr) *f* offerta *f*

***offrir** (o-*frir*) *v* *offrire; presentare

oie (^{u}a) *f* oca *f*

oignon (o-*gnong*) *m* cipolla *f*; bulbo *m*

oiseau (^{u}a-*sô*) *m* uccello *m*; **~ de mer** uccello marino

oisif (^{u}a-*sif*) *adj* pigro, ozioso

olive (o-*liiv*) *f* oliva *f*

ombragé (ong-bra-*ʒe*) *adj* ombreggiato

ombre (ongbr) *f* ombra *f*; **~ à paupières** ombretto *m*

omelette (om-*lêt*) *f* frittata *f*

***omettre** (o-*mêtr*) *v* *omettere; tralasciare

omnibus (om-ni-*büss*) *m* accelerato *m*

omnipotent (om-ni-po-*tang*) *adj* onnipotente

on (ong) *pron* uno

oncle (ongkl) *m* zio *m*

ondulation (ong-dü-la-*ss^{i}ong*) *f* ricciolo *m*

ondulé (ong-dü-*le*) *adj* ondulato

ongle (ongghl) *m* unghia *f*

onguent (o~~ng~~-*gha~~ng~~*) *m* unguento *m*
onyx (o-*nikss*) *m* onice *f*
onze (o~~ng~~s) *num* undici
onzième (o~~ng~~-*s^{i}êm*) *num* undicesimo
opale (o-*pal*) *f* opale *m*
opéra (o-pe-*ra*) *m* opera *f*; teatro dell'opera
opération (ô-pe-ra-*ss^{i}o~~ng~~*) *f* operazione *f*
opérer (o-pe-*re*) *v* operare; agire
opérette (o-pe-*rêt*) *f* operetta *f*
opiniâtre (o-pi-*n^{i}aatr*) *adj* caparbio
opinion (o-pi-*n^{i}o~~ng~~*) *f* opinione *f*
opposé (o-pô-*se*) *adj* contrario; avverso
s'opposer (o-pô-*se*) *opporsi
opposition (o-pô-si-*ss^{i}o~~ng~~*) *f* opposizione *f*
oppresser (o-pre-*sse*) *v* *opprimere
opprimer (o-pri-*me*) *v* *opprimere
opticien (op-ti-*ss^{i}ê~~ng~~*) *m* ottico *m*
optimisme (op-ti-*missm*) *m* ottimismo *m*
optimiste (op-ti-*misst*) *m* ottimista *m*; *adj* ottimistico
or (oor) *m* oro *m*; **en** ~ aureo; ~ **en feuille** oro laminato
orage (o-*raaʒ*) *m* temporale *m*
orageux (o-ra-*ʒö*) *adj* temporalesco, tempestoso
oral (o-*ral*) *adj* orale
orange (o-*ra~~ng~~ʒ*) *f* arancia *f*; *adj* arancione
orchestre (or-*kêsstr*) *m* orchestra *f*; banda *f*; **fauteuil d'orchestre** poltrona d'orchestra
ordinaire (or-di-*nêêr*) *adj* ordinario, solito, abituale, normale; popolano
ordonner (or-do-*ne*) *v* ordinare; **ordonné** *adj* ordinato
ordre (ordr) *m* ordine *m*; ~ **du jour** agenda *f*
ordures (or-*düür*) *fpl* immondizia *f*
oreille (o-*rêi*) *f* orecchio *f*
oreiller (o-re-*^{i}e*) *m* guanciale *m*; **taie d'oreiller** federa *f*
oreillons (o-rê-*^{i}o~~ng~~*) *mpl* orecchioni *mpl*
orfèvre (or-*fêêvr*) *m* orefice *m*; argentiere *m*
organe (or-*ghan*) *m* organo *m*
organique (or-gha-*nik*) *adj* organico
organisation (or-gha-ni-sa-*ss^{i}o~~ng~~*) *f* organizzazione *f*
organiser (or-gha-ni-*se*) *v* organizzare
orge (orʒ) *f* orzo *m*
orgue (orgh) *m* (pl f) organo *m*; ~ **de Barbarie** organetto di Barberia
orgueil (or-*ghöi*) *m* fierezza *f*
orgueilleux (or-ghö-*^{i}ö*) *adj* orgoglioso
orient (o-*r^{i}a~~ng~~*) *m* oriente *m*
oriental (o-r^{i}a~~ng~~-*tal*) *adj* orientale
s'orienter (o-r^{i}a~~ng~~-*te*) orientarsi
originairement (o-ri-ʒi-nêr-*ma~~ng~~*) *adv* originariamente
original (o-ri-ʒi-*nal*) *adj* originale
origine (o-ri-*ʒin*) *f* origine *f*
orlon (or-*lo~~ng~~*) *m* orlon *m*
orme (orm) *m* olmo *m*
ornement (or-nö-*ma~~ng~~*) *m* ornamento *m*
ornemental (or-nö-ma~~ng~~-*tal*) *adj* ornamentale
orphelin (or-fö-*lê~~ng~~*) *m* orfano *m*
orteil (or-*têi*) *m* dito del piede
orthodoxe (or-to-*dokss*) *adj* ortodosso
orthographe (or-to-*ghraf*) *f* ortografia *f*
os (oss) *m* (pl ~) osso *m*
oser (ô-*se*) *v* osare
otage (o-*taaʒ*) *m* ostaggio *m*
ôter (ô-*te*) *v* *togliere; strofinare
ou (u) *conj* o; ~ **... ou** o... o
où (u) *adv* dove; *pron* dove; **n'importe** ~ dovunque; ovunque
ouate (^{u}at) *f* ovatta *f*
oublier (u-bli-*e*) *v* dimenticare
oublieux (u-bli-*ö*) *adj* smemorato

ouest (^{u}êsst) *m* ovest *m*
oui (^{u}i) sì
ouïe (u-*i*) *f* udito *m*
ouragan (u-ra-*ghang*) *m* uragano *m*
ourlet (ur-*le*) *m* orlo *m*
ours (urss) *m* orso *m*
oursin (ur-*ssêng*) *m* riccio di mare
outil (u-*ti*) *m* arnese *m*, strumento *m*
outrage (u-*traaʒ*) *m* oltraggio *m*; scandalo *m*
outrager (u-tra-*ʒe*) *v* trasgredire
outre (utr) *prep* in aggiunta a, oltre a; **d'outre-mer** oltremarino; **en ~** inoltre
ouvert (u-*vêêr*) *adj* aperto
ouverture (u-vêr-*tüür*) *f* apertura *f*; ouverture *f*
ouvrage (u-*vraaʒ*) *m* lavoro *m*
ouvre-boîte (u-vrö-*b^{u}at*) *m* apriscatole *m*
ouvre-bouteille (u-vrö-bu-*têi*) *m* apribottiglie *m*
ouvreur (u-*vröör*) *m* usciere *m*
ouvreuse (u-*vröös*) *f* maschera *f*
ouvrier (u-vri-*e*) *m* operaio *m*, lavoratore *m*
***ouvrir** (u-*vriir*) *v* *aprire
ovale (o-*val*) *adj* ovale
oxygène (ok-ssi-*ʒên*) *m* ossigeno *m*

P

pacifisme (pa-ssi-*fissm*) *m* pacifismo *m*
pacifiste (pa-ssi-*fisst*) *m* pacifista *m*; *adj* pacifista
pagaie (pa-*ghe*) *f* remo *m*
pagaille (pa-*ghai*) *f* imbroglio *m*
page (paaʒ) *f* pagina *f*; *m* paggio *m*
paie (pe) *f* stipendio *m*
paiement (pe-*mang*) *m* pagamento *m*; **~ à tempérament** rata *f*
païen (pa-^{i}*êng*) *m* pagano *m*; *adj* pagano
paille (pai) *f* paglia *f*
pain (pêng) *m* pane *m*; **~ complet** pane integrale; **petit ~** panino *m*
pair (pêêr) *adj* pari
paire (pêêr) *f* paio *m*
paisible (pe-*sibl*) *adj* pacifico, quieto
***paître** (pêêtr) *v* pascolare
paix (pe) *f* pace *f*
Pakistan (pa-ki-*sstang*) *m* Pakistan *m*
Pakistanais (pa-ki-ssta-*ne*) *m* pachistano *m*
pakistanais (pa-ki-ssta-*ne*) *adj* pachistano
palais (pa-*le*) *m* palazzo *m*; palato *m*
pâle (paal) *adj* pallido; chiaro
palme (palm) *f* palma *f*
palpable (pal-*pabl*) *adj* palpabile
palper (pal-*pe*) *v* palpare
palpitation (pal-pi-ta-*ss^{i}ong*) *f* palpitazione *f*
pamplemousse (pang-plö-*muss*) *m* pompelmo *m*
panier (pa-*n^{i}e*) *m* paniere *m*
panique (pa-nik) *f* panico *m*; spavento *m*
panne (pan) *f* guasto *m*, avaria *f*; **tomber en ~** guastarsi
panneau (pa-*nô*) *m* pannello *m*
pansement (pang-*ssmang*) *m* fasciatura *f*
panser (pang-*sse*) *v* bendare
pantalon (pang-ta-*long*) *m* pantaloni *mpl*, calzoni *mpl*; **ensemble-pantalon** giacca e calzoni
pantoufle (pang-*tufl*) *f* ciabatta *f*, pantofola *f*
paon (pang) *m* pavone *m*
papa (pa-*pa*) *m* papà *m*
pape (pap) *m* Papa *m*
papeterie (pa-pê-*tri*) *f* cartoleria *f*
papier (pa-*p^{i}e*) *m* carta *f*; **en ~** di carta; **~ à écrire** carta da lettere; ~

à lettres carta da lettere; ~ **à machine** carta da macchina; ~ **buvard** carta assorbente; ~ **carbone** carta carbone; ~ **d'emballage** carta da imballaggio; ~ **d'étain** stagnola *f*; ~ **de verre** carta vetrata; ~ **hygiénique** carta igienica; ~ **peint** carta da parati

papillon (pa-pi-^{i}*ong*) *m* farfalla *f*

paquebot (pak-*bô*) *m* nave di linea

Pâques (paak) Pasqua

paquet (pa-*ke*) *m* pacchetto *m*; fagotto *m*

par (par) *prep* da; con, per

parade (pa-*rad*) *f* parata *f*

paragraphe (pa-ra-*ghraf*) *m* paragrafo *m*; capoverso *m*

***paraître** (pa-*rêêtr*) *v* sembrare; *apparire

parallèle (pa-ra-*lêl*) *m* parallela *f*; *adj* parallelo

paralyser (pa-ra-li-*se*) *v* paralizzare; **paralysé** paralitico

parapher (pa-ra-*fe*) *v* *apporre le iniziali

parapluie (pa-ra-*plui*) *m* ombrello *m*

parasol (pa-ra-*ssol*) *m* ombrellino *m*

parc (park) *m* parco *m*; ~ **de stationnement** parcheggio *m*; ~ **national** parco nazionale

parce que (par-sskö) siccome, perché

parcimonieux (par-ssi-mo-*n^{i}ö*) *adj* parsimonioso

parcomètre (par-ko-*mêtr*) *m* parchimetro *m*

***parcourir** (par-ku-*riir*) *v* *percorrere

parcours (par-*kuur*) *m* percorso *m*

par-dessus (par-dö-*ssü*) *prep* sopra

pardessus (par-dö-*ssü*) *m* cappotto *m*, soprabito *m*

pardon (par-*dong*) *m* perdono *m*; **pardon!** scusi!

pardonner (par-do-*ne*) *v* perdonare

pare-brise (par-*briis*) *m* parabrezza *m*

pare-choc (par-*ʃok*) *m* paraurti *m*

pareil (pa-*rêi*) *adj* simile, uguale; **sans** ~ insuperato

parent (pa-*rang*) *m* parente *m*; **parents** genitori *mpl*

paresseux (pa-rê-*ssö*) *adj* pigro

parfait (par-*fe*) *adj* perfetto

parfois (par-*f^{u}a*) *adv* qualche volta

parfum (par-*föng*) *m* profumo *m*

parfumerie (par-füm-*ri*) *f* profumeria *f*

pari (pa-*ri*) *m* scommessa *f*

parier (pa-*r^{i}e*) *v* *scommettere

parking (par-*king*) *m* parcheggio *m*

parlement (par-lö-*mang*) *m* parlamento *m*

parlementaire (par-lö-mang-*têêr*) *adj* parlamentare

parler (par-*le*) *v* parlare

parmi (par-*mi*) *prep* tra

paroisse (pa-*r^{u}ass*) *f* parrocchia *f*

parole (pa-*rol*) *f* parola *f*

parrain (pa-*rêng*) *m* padrino *m*

part (paar) *f* parte *f*; **à** ~ a parte; da parte; **nulle** ~ in nessun luogo; **quelque** ~ in qualche posto

partager (par-ta-*ʒe*) *v* *condividere

partenaire (par-tö-*nêêr*) *m* socio *m*, compagno *m*

parti (par-*ti*) *m* partito *m*; parte *f*

partial (par-*ss^{i}al*) *adj* parziale

participant (par-ti-ssi-*pang*) *m* partecipante *m*

participer (par-ti-ssi-*pe*) *v* partecipare

particularité (par-ti-kü-la-ri-*te*) *f* singolarità *f*; particolare *m*

particulier (par-ti-kü-*l^{i}e*) *adj* particolare; singolo, privato; **en** ~ in particolare

particulièrement (par-ti-kü-l^{i}êr-*mang*) *adv* particolarmente

partie (par-*ti*) *f* parte *f*; **en** ~ in parte

partiel (par-*ss^{i}êl*) *adj* parziale

partiellement (par-ss^{i}êl-*mang*) *adv* in

parte
***partir** (par-*tiir*) *v* partire, *andarsene; *disdire; **à partir de** a partire da, da; **parti** via
partisan (par-ti-*sang*) *m* patrocinatore *m*
partout (par-*tu*) *adv* dappertutto, ovunque; ~ **où** dovunque
***parvenir à** (par-vö-*niir*) *raggiungere
pas (pa) *m* passo *m*; mossa *f*; **faux** ~ svista *f*; **ne** ... ~ non
passablement (pa-ssa-blö-*mang*) *adv* alquanto, abbastanza
passage (pa-*ssaaʒ*) *m* passaggio *m*; passaggio pedonale; brano *m*; ~ **à niveau** passaggio a livello; ~ **clouté** passaggio pedonale; ~ **pour piétons** passaggio pedonale
passager (pa-ssa-*ʒe*) *m* passeggero *m*
passant (pa-*ssang*) *m* passante *m*
passé (pa-*sse*) *m* passato *m*; *adj* passato; scorso; *prep* oltre
passeport (pa-*sspoor*) *m* passaporto *m*
passer (pa-*sse*) *v* passare; *trascorrere; *porgere; **en passant** incidentale; ~ **à côté** passare accanto; ~ **en contrebande** contrabbandare; **se** ~ *succedere; **se** ~ **de** *fare a meno di
passerelle (pa-*ssrêl*) *f* passarella *f*
passe-temps (pa-*sstang*) *m* hobby *m*
passif (pa-*ssif*) *adj* passivo
passion (pa-*ss'ong*) *f* passione *f*
passionnant (pa-ss'o-*nang*) *adj* eccitante
passionné (pa-ss'o-*ne*) *adj* appassionato
passoire (pa-*ssuaar*) *f* setaccio *m*; colapasta *m*
pastèque (pa-*sstêk*) *f* anguria *f*
pasteur (pa-*sstöör*) *m* pastore *m*
patauger (pa-tô-*ʒe*) *v* guadare
pâte (paat) *f* pasta *f*; impasto *m*; ~ **dentifrice** dentifricio *m*
patère (pa-*têêr*) *f* gancio *m*
paternel (pa-têr-*nêl*) *adj* paterno
patience (pa-*ss'angss*) *f* pazienza *f*
patient (pa-*ss'ang*) *m* paziente *m*; *adj* paziente
patin (pa-*têng*) *m* pattino *m*
patinage (pa-ti-*naaʒ*) *m* pattinaggio *m*; ~ **à roulettes** pattinaggio a rotelle
patiner (pa-ti-*ne*) *v* pattinare
patinette (pa-ti-*nêt*) *f* monopattino *m*
patinoire (pa-ti-*nuaar*) *f* pista di pattinaggio
pâtisserie (pa-ti-*ssri*) *f* pasticceria *f*
patrie (pa-*tri*) *f* patria *f*
patriote (pa-tri-*ot*) *m* patriota *m*
patron (pa-*trong*) *m* padrone *m*
patronne (pa-*tron*) *f* padrona *f*
patrouille (pa-*tru'*) *f* pattuglia *f*
patrouiller (pa-tru-*'e*) *v* pattugliare
patte (pat) *f* zampa *f*
pâture (pa-*tüür*) *f* pascolo *m*
paume (pôôm) *f* palma *f*
paupière (pô-*p'êêr*) *f* palpebra *f*
pause (pôôs) *f* pausa *f*; intervallo *m*
pauvre (pôôvr) *adj* povero
pauvreté (pô-vrö-*te*) *f* povertà *f*
pavage (pa-*vaaʒ*) *m* pavimento *m*
paver (pa-*ve*) *v* lastricare, pavimentare
pavillon (pa-vi-*'ong*) *m* padiglione *m*; ~ **de chasse** padiglione da caccia
pavot (pa-*vô*) *m* papavero *m*
payable (pe-*'abl*) *adj* dovuto
paye (pêi) *f* paga *f*
payer (pe-*'e*) *v* pagare; *rendere; ~ **à tempérament** pagare a rate
pays (pe-*i*) *m* paese *m*; ~ **boisé** terreno boscoso; ~ **natal** paese natio
paysage (pe-i-*saaʒ*) *m* paesaggio *m*
paysan (pe-i-*sang*) *m* contadino *m*
Pays-Bas (pe-i-*ba*) *mpl* Paesi Bassi
péage (pe-*aaʒ*) *m* pedaggio *m*

peau (pô) *f* pelle *f*; buccia *f*; ~ **de porc** pelle di cinghiale; ~ **de vache** pelle di vacca
péché (pe-*ſe*) *m* peccato *m*
pêche[1] (pêʃ) *f* pesca *f*
pêche[2] (pêʃ) *f* pesca *f*; **attirail de** ~ attrezzi da pesca
pêcher (pe-*ſe*) *v* pescare con l'amo, pescare; ~ **à la ligne** pescare con l'amo
pêcheur (pê-*ſöör*) *m* pescatore *m*
pédale (pe-*dal*) *f* pedale *m*
pédicure (pe-di-*küür*) *m* callista *m*, pedicure *m*
peigne (pêgn) *m* pettine *m*; ~ **de poche** pettine tascabile
peigner (pe-*gne*) *v* pettinare
peignoir (pê-*gnuaar*) *m* accappatoio *m*
***peindre** (pêngdr) *v* pitturare; verniciare
peine (pên) *f* pena *f*; **à** ~ appena; scarsamente; ***avoir de la** ~ *affliggersi; ~ **de mort** pena di morte
peiner (pe-*ne*) *v* faticare
peintre (pêngtr) *m* pittore *m*
peinture (pêng-*tüür*) *f* colore *m*; pittura *f*; ~ **à l'huile** pittura ad olio
pelage (pö-*laaʒ*) *m* pelliccia *f*
peler (pö-*le*) *v* sbucciare
pèlerin (pêl-*rêng*) *m* pellegrino *m*
pèlerinage (pêl-ri-*naaʒ*) *m* pellegrinaggio *m*
pélican (pe-li-*kang*) *m* pellicano *m*
pelle (pêl) *f* pala *f*, vanga *f*
pellicule (pê-li-*kül*) *f* pellicola *f*; **pellicules** forfora *f*
pelouse (pö-*luus*) *f* prato *m*
pelure (pö-*lüür*) *f* buccia *f*
penalty (pe-nal-*ti*) *m* calcio di rigore
penchant (pang-*ſang*) *m* inclinazione *f*
se pencher (pang-*ſe*) chinarsi
pendant (pang-*dang*) *prep* durante; ~ **que** mentre
pendentif (pang-dang-*tif*) *m* pendente *m*
pendre (pangdr) *v* pendere
pénétrer (pe-ne-*tre*) *v* penetrare
pénible (pe-*nibl*) *adj* difficoltoso; penoso
pénicilline (pe-ni-ssi-*lin*) *f* penicillina *f*
péninsule (pe-nêng-*ssül*) *f* penisola *f*
pensée (pang-*sse*) *f* pensiero *m*
penser (pang-*sse*) *v* pensare
penseur (pang-*ssöör*) *m* pensatore *m*
pensif (pang-*ssif*) *adj* pensieroso
pension (pang-*ssiong*) *f* pensione *f*; ~ **alimentaire** alimenti; ~ **complète** pensione completa, vitto e alloggio
pensionnaire (pang-ssio-*nêêr*) *m* pensionante *m*
pente (pangt) *f* pendio *m*; rampa *f*; **en** ~ inclinato, pendente
Pentecôte (pangt-*kôôt*) *f* Pentecoste *f*
pénurie (pe-nü-*ri*) *f* penuria *f*
pépé (pe-*pe*) *m* nonno *m*
pépin (pe-*pêng*) *m* seme *m*
pépinière (pe-pi-*niêêr*) *f* vivaio *m*
perceptible (pêr-ssêp-*tibl*) *adj* percettibile
perception (pêr-ssê-*pssiong*) *f* percezione *f*
percer (pêr-*sse*) *v* perforare
***percevoir** (pêr-ssö-*vuaar*) *v* percepire
perche (pêrʃ) *f* pesce persico, branzino *m*
percolateur (pêr-ko-la-*töör*) *m* filtro *m*
perdre (pêrdr) *v* smarrire, *perdere
perdrix (pêr-*dri*) *f* pernice *f*
père (pêêr) *m* padre *m*
perfection (pêr-fêk-*ssiong*) *f* perfezione *f*
performance (pêr-for-*mangss*) *f* adempimento *m*; rappresentazione *f*
péril (pe-*ril*) *m* pericolo *m*

périlleux (pe-ri-^{i}*ö*) *adj* pericoloso
périmé (pe-ri-*me*) *adj* scaduto
période (pe-*r^{i}od*) *f* periodo *m*
périodique (pe-r^{i}o-*dik*) *adj* periodico; *m* giornale *m*, periodico *m*
périr (pe-*riir*) *v* perire
périssable (pe-ri-*ssabl*) *adj* deperibile
perle (pêrl) *f* perla *f*; perlina *f*
permanent (pêr-ma-*na~~ng~~*) *adj* permanente
permanente (pêr-ma-*na~~ng~~t*) *f* permanente *f*
***permettre** (pêr-*mêtr*) *v* *permettere; abilitare; **se** ~ *permettersi
permis (pêr-*mi*) *m* permesso *m*; licenza *f*; ~ **de conduire** patente di guida; ~ **de pêche** permesso di pesca; ~ **de séjour** permesso di soggiorno; ~ **de travail** permesso di lavoro
permission (pêr-mi-*ss^{i}o~~ng~~*) *f* permesso *m*; congedo *m*
perpendiculaire (pêr-pa~~ng~~-di-kü-*lêêr*) *adj* perpendicolare
perroquet (pê-ro-*ke*) *m* pappagallo *m*
perruche (pê-*rüʃ*) *f* parrocchetto *m*
perruque (pê-*rük*) *f* parrucca *f*
Persan (pêr-*ssa~~ng~~*) *m* persiano *m*
persan (pêr-*ssa~~ng~~*) *adj* persiano
Perse (pêrss) *f* Persia *f*
persévérer (pêr-sse-ve-*re*) *v* perseverare
persienne (pêr-*ss^{i}ên*) *f* persiana *f*; imposta *f*
persil (pêr-*ssi*) *m* prezzemolo *m*
persister (pêr-ssi-*sste*) *v* persistere
personnalité (pêr-sso-na-li-*te*) *f* personalità *f*
personne (pêr-*sson*) *f* persona *f*; **ne … personne** nessuno; **par** ~ per persona
personnel (pêr-sso-*nêl*) *m* personale *m*; *adj* personale
perspective (pêr-sspêk-*tiiv*) *f* prospettiva *f*
persuader (pêr-ssua-*de*) *v* *persuadere
perte (pêrt) *f* perdita *f*
pertinent (pêr-ti-*na~~ng~~*) *adj* conveniente
peser (pö-*se*) *v* pesare
pessimisme (pê-ssi-*missm*) *m* pessimismo *m*
pessimiste (pê-ssi-*misst*) *m* pessimista *m*; *adj* pessimistico
pétale (pe-*tal*) *m* petalo *m*
pétillement (pe-ti^i-*ma~~ng~~*) *m* effervescenza *f*
petit (pö-*ti*) *adj* piccolo; basso
petite-fille (pö-tit-*fi^i*) *f* nipotina *f*, nipote *f*
petit-fils (pö-ti-*fiss*) *m* nipotino *m*, nipote *m*
pétition (pe-ti-*ss^{i}o~~ng~~*) *f* petizione *f*
pétrole (pe-*trol*) *m* petrolio *m*; **gisement de** ~ pozzo di petrolio
peu (pö) *adj* poco; *m* poco *m*; **à ~ près** circa; quasi; ~ **de** pochi; **quelque** ~ alquanto; **sous** ~ presto; **un** ~ una parte
peuple (pöpl) *m* popolo *m*
peur (pöör) *f* paura *f*
peut-être (pö-*têêtr*) *adv* forse
phare (faar) *m* faro *m*; fanale *m*; ~ **anti-brouillard** fanale antinebbia
pharmacie (far-ma-*ssi*) *f* farmacia *f*
pharmacien (far-ma-*ss^{i}ê~~ng~~*) *m* farmacista *m*
pharmacologie (far-ma-ko-lo-*ʒi*) *f* farmacologia *f*
phase (faas) *f* fase *f*, stadio *m*
Philippin (fi-li-*pê~~ng~~*) *m* filippino *m*
philippin (fi-li-*pê~~ng~~*) *adj* filippino
Philippines (fi-li-*pin*) *fpl* Isole Filippine
philosophe (fi-lo-*sof*) *m* filosofo *m*
philosophie (fi-lo-so-*fi*) *f* filosofia *f*
phonétique (fo-ne-*tik*) *adj* fonetico
phonographe (fo-no-*ghraf*) *m* grammofono *m*

phoque (fok) *m* foca *f*
photo (fo-*tô*) *f* foto *f*; ~ **d'identité** foto per passaporto
photocopie (fo-to-ko-*pi*) *f* copia fotostatica
photographe (fo-to-*ghraf*) *m* fotografo *m*
photographie (fo-to-ghra-*fi*) *f* fotografia *f*
photographier (fo-to-ghra-*f^{i}e*) *v* fotografare
photomètre (fo-to-*mêtr*) *m* esposimetro *m*
phrase (fraas) *f* frase *f*
physicien (fi-si-*ss^{i}ê~~ng~~*) *m* fisico *m*
physiologie (fi-s^{i}o-lo-*ʒi*) *f* fisiologia *f*
physique (fi-*sik*) *f* fisica *f*; *adj* fisico; materiale
pianiste (p^{i}a-*nisst*) *m* pianista *m*
piano (p^{i}a-*nô*) *m* pianoforte *m*; ~ **à queue** pianoforte a coda
pie (pi) *f* gazza *f*
pièce (p^{i}êss) *f* pezzo *m*; camera *f*; ~ **de monnaie** moneta *f*; ~ **de rechange** pezzo di ricambio; ~ **de séjour** soggiorno *m*; ~ **détachée** pezzo di ricambio; ~ **de théâtre** rappresentazione teatrale
pied (p^{i}e) *m* piede *m*; **à** ~ a piedi
piège (p^{i}êêʒ) *m* trappola *f*
pierre (p^{i}êêr) *f* sasso *m*, pietra *f*; **en** ~ di pietra; ~ **à briquet** pietrina *f*; ~ **ponce** pietra pomice; ~ **précieuse** gemma *f*; pietra preziosa; ~ **tombale** pietra sepolcrale, lapide *f*
piétiner (p^{i}e-ti-*ne*) *v* pestare
piéton (p^{i}e-*to~~ng~~*) *m* pedone *m*
piètre (p^{i}êtr) *adj* scadente
pieuvre (p^{i}öövr) *f* polipo *m*
pieux (p^{i}ö) *adj* pio
pigeon (pi-*ʒo~~ng~~*) *m* piccione *m*
pignon (pi-*gno~~ng~~*) *m* frontone *m*
pile (pil) *f* pila *f*; batteria *f*
pilier (pi-*l^{i}e*) *m* colonna *f*
pilote (pi-*lot*) *m* pilota *m*
pilule (pi-*lül*) *f* pillola *f*
pin (pê~~ng~~) *m* pino *m*
pince (pê~~ng~~ss) *f* pinze *fpl*; pinzette *fpl*; ~ **à cheveux** forcina *f*; fermaglio per capelli
pinceau (pê~~ng~~-*ssô*) *m* pennello *m*
pincer (pê~~ng~~-*sse*) *v* pizzicare
pincettes (pê~~ng~~-*ssêt*) *fpl* pinzette *fpl*
pingouin (pê~~ng~~-*gh^{u}ê~~ng~~*) *m* pinguino *m*
pinson (pê~~ng~~-*sso~~ng~~*) *m* fringuello *m*
pioche (p^{i}oʃ) *f* piccone *m*
pion (p^{i}o~~ng~~) *m* pedina *f*
pionnier (p^{i}o-*n^{i}e*) *m* pioniere *m*
pipe (pip) *f* pipa *f*
piquant (pi-*ka~~ng~~*) *adj* piccante
pique-nique (pik-*nik*) *m* picnic *m*
pique-niquer (pik-ni-*ke*) *v* *fare un picnic
piquer (pi-*ke*) *v* *pungere
piqûre (pi-*küür*) *f* iniezione *f*; puntura *f*
pirate (pi-*rat*) *m* pirata *m*
pire (piir) *adj* peggiore; *adv* peggio; **le** ~ peggio
pis (pi) *adv* peggio; **tant pis!** non importa!
piscine (pi-*ssin*) *f* piscina *f*
pissenlit (pi-ssa~~ng~~-*li*) *m* soffione *m*
piste (pisst) *f* traccia *f*; pista *f*; ~ **de courses** pista da corsa; ~ **de décollage** pista di decollo
pistolet (pi-ssto-*le*) *m* pistola *f*
piston (pi-*ssto~~ng~~*) *m* stantuffo *m*; **segment de** ~ anello per stantuffo; **tige de** ~ asta dello stantuffo
pitié (pi-*t^{i}e*) *f* pietà *f*; ***avoir** ~ **de** provare compassione per
pittoresque (pi-to-*rêssk*) *adj* pittoresco
placard (pla-*kaar*) *m* credenza *f*, armadio *m*
place (plass) *f* posto *m*; vano *m*;

piazza *f*; ~ **forte** roccaforte *f*
placement (pla-*ssmang*) *m* investimento *m*
placer (pla-*sse*) *v* *porre; collocare; investire
plafond (pla-*fong*) *m* soffitto *m*
plage (plaaʒ) *f* spiaggia *f*; ~ **pour nudistes** spiaggia per nudisti
plaider (ple-*de*) *v* perorare
plaidoyer (plê-d^{u}a-^{i}*e*) *m* difesa *f*
plaie (ple) *f* ferita *f*
se *plaindre (plêngdr) lagnarsi
plaine (plên) *f* bassopiano *m*, pianura *f*
plainte (plêngt) *f* lagnanza *f*
***plaire** (plêêr) *v* *piacere; **s'il vous plaît** per favore
plaisant (plê-*sang*) *adj* gradevole; piacevole, divertente
plaisanter (plê-sang-*te*) *v* scherzare
plaisanterie (ple-sang-*tri*) *f* scherzo *m*
plaisir (ple-*siir*) *m* piacere *m*; delizia *f*, scherzo *m*, divertimento *m*, godimento *m*; **avec** ~ con piacere; ***prendre** ~ gustare
plan (plang) *m* piano *m*, progetto *m*; pianta *f*; schema *m*; *adj* piano, piatto, spianato; **premier** ~ primo piano
planche (plangʃ) *f* asse *f*
plancher (plang-*ʃe*) *m* pavimento *m*
planétarium (pla-ne-ta-*r^{i}om*) *m* planetario *m*
planète (pla-*nêt*) *f* pianeta *m*
planeur (pla-*nöör*) *m* aliante *m*
planifier (pla-ni-*f^{i}e*) *v* progettare
plantation (plang-ta-*ss^{i}ong*) *f* piantagione *f*
plante (plangt) *f* pianta *f*
planter (plang-*te*) *v* piantare
plaque (plak) *f* lamiera *f*; lamina *f*; ~ **d'immatriculation** targa automobilistica
plastique (pla-*sstik*) *adj* plastico; *m* plastica *f*
plat (pla) *m* piatto *m*; pietanza *f*; portata *f*; *adj* piatto, piano
plateau (pla-*tô*) *m* altopiano *m*; vassoio *m*
plate-bande (plat-*bangd*) *f* aiola *f*
platine (pla-*tin*) *m* platino *m*
plâtre (plaatr) *m* gesso *m*
plein (plêng) *adj* pieno; ***faire le** ~ *fare il pieno; ~ **à craquer** gremito; **pleine saison** alta stagione
pleurer (plö-*re*) *v* *piangere
***pleuvoir** (plö-*v^{u}aar*) *v* *piovere
pli (pli) *m* piega *f*; ~ **permanent** stiratura permanente
plie (pli) *f* passera di mare
plier (pli-*e*) *v* piegare
plomb (plong) *m* piombo *m*
plombage (plong-*baaʒ*) *m* otturazione *f*
plombier (plong-*b^{i}e*) *m* idraulico *m*
plonger (plong-*ʒe*) *v* tuffare
pluie (plui) *f* pioggia *f*
plume (plüm) *f* penna *f*
(la) plupart (plü-*paar*) la maggior parte
pluriel (plü-*r^{i}êl*) *m* plurale *m*
plus (plüss) *adj* più; *prep* più; **de** ~ inoltre; **ne …** ~ non... più; ~ **… plus** più … più
plusieurs (plü-*s^{i}öör*) *adj* parecchi
plutôt (plü-*tô*) *adv* piuttosto, abbastanza
pluvieux (plü-*v^{i}ö*) *adj* piovoso
pneu (pnö) *m* (pl ~s) copertone *m*; pneumatico *m*; ~ **crevé** bucatura *f*; ~ **de rechange** pneumatico di ricambio
pneumatique (pnö-ma-*tik*) *adj* pneumatico
pneumonie (pnö-mo-*ni*) *f* polmonite *f*
poche (poʃ) *f* tasca *f*; **lampe de** ~ lampada portatile
pochette (po-*ʃêt*) *f* sacchetto *m*

poêle (pᵘal) *f* casseruola *f*; *m* stufa *f*; ~ **à frire** padella *f*
poème (po-*êm*) *m* poema *m*
poésie (po-e-*si*) *f* poesia *f*
poète (po-*êt*) *m* poeta *m*
poids (pᵘa) *m* peso *m*
poignée (pᵘa-*gne*) *f* impugnatura *f*; manciata *f*; ~ **de main** stretta di mano
poignet (pᵘa-*gne*) *m* polso *m*
poil (pᵘal) *m* pelo *m*
poing (pᵘêng) *m* pugno *m*
point (pᵘêng) *m* punto *m*; ~ **de départ** punto di partenza; ~ **de repère** punto di riferimento; ~ **de vue** parere *m*, punto di vista; ~ **d'interrogation** punto interrogativo; **point-virgule** *m* punto e virgola
pointe (pᵘêngt) *f* punta *f*; **heure de** ~ ora di punta
pointer (pᵘêng-*te*) *v* segnare
pointu (pᵘêng-*tü*) *adj* appuntato
poire (pᵘaar) *f* pera *f*
poireau (pᵘa-*rô*) *m* porro *m*
pois (pᵘa) *m* pisello *m*
poison (pᵘa-*song*) *m* veleno *m*
poisson (pᵘa-*ssong*) *m* pesce *m*
poissonnerie (pᵘa-sson-*ri*) *f* pescheria *f*
poitrine (pᵘa-*trin*) *f* petto *m*; torace *m*
poivre (pᵘaavr) *m* pepe *m*
pôle nord (pôl noor) polo Nord
pôle sud (pôl ssüd) polo Sud
poli (po-*li*) *adj* cortese
police (po-*liss*) *f* polizia *f*; polizza *f*; **commissariat de** ~ posto di polizia; ~ **d'assurance** polizza di assicurazione
policier (po-li-*ssᶦe*) *m* poliziotto *m*
poliomyélite (po-lᶦo-mᶦe-*lit*) *f* poliomielite *f*; polio *f*
polir (po-*liir*) *v* lucidare
polisson (po-li-*ssong*) *adj* cattivo
politicien (po-li-ti-*ssᶦêng*) *m* uomo politico
politique (po-li-*tik*) *f* politica *f*; *adj* politico
pollution (po-lü-*ssᶦong*) *f* contaminazione *f*, inquinamento *m*
Pologne (po-*logn*) *f* Polonia *f*
Polonais (po-lo-*ne*) *m* polacco *m*
polonais (po-lo-*ne*) *adj* polacco
pomme (pom) *f* mela *f*; ~ **de terre** patata *f*; **pommes frites** patatine fritte
pommette (po-*mêt*) *f* zigomo *m*
pompe (pongp) *f* pompa *f*; ~ **à eau** pompa ad acqua; ~ **à essence** pompa di benzina
pomper (pong-*pe*) *v* pompare
pompier (pong-*pᶦe*) *m* pompiere *m*
ponctuel (pongk-*tuêl*) *adj* puntuale
pondéré (pong-de-*re*) *adj* assennato
pondre (pongdr) *v* *deporre
poney (po-*ne*) *m* cavallino *m*
pont (pong) *m* ponte *m*; coperta *f*; **pont-levis** *m* ponte levatoio; ~ **principal** ponte di coperta; ~ **suspendu** ponte sospeso
popeline (po-*plin*) *f* popelina *f*
populaire (po-pü-*lêêr*) *adj* popolare
population (po-pü-la-*ssᶦong*) *f* popolazione *f*
populeux (po-pü-*lö*) *adj* popoloso
porc (poor) *m* carne di maiale
porcelaine (por-ssö-*lên*) *f* porcellana *f*
porc-épic (por-ke-*pik*) *m* porcospino *m*
port[1] (poor) *m* porto *m*; ~ **de mer** porto di mare
port[2] (poor) *m* affrancatura *f*; ~ **payé** franco di porto, porto franco
portatif (por-ta-*tif*) *adj* portatile
porte (port) *f* porta *f*; cancello *m*; ~ **coulissante** porta scorrevole; ~ **tournante** porta girevole
porte-bagages (port-ba-*ghaaʒ*) *m* por-

tabagagli *m*

porte-bonheur (port-bo-*nöör*) *m* portafortuna *m*

porte-documents (port-do-kü-*mang*) *m* portacarte *m*

portée (por-*te*) *f* portata *f*; figliata *f*

portefeuille (por-tö-*föi*) *m* portafoglio *m*

porte-jarretelles (port-ʒar-*têl*) *m* reggicalze *m*

porte-manteau (port-mang-*tô*) *m* attaccapanni *m*

porte-monnaie (port-mo-*ne*) *m* borsellino *m*

porter (por-*te*) *v* portare; indossare, vestire; ~ **sur** riguardare; **se ~ bien** *stare bene

porteur (por-*töör*) *m* portatore *m*; facchino *m*

portier (por-*t*^{i}*e*) *m* portiere *m*, portinaio *m*

portion (por-*ss*^{i}*ong*) *f* porzione *f*

portrait (por-*tre*) *m* ritratto *m*

Portugais (por-tü-*ghe*) *m* portoghese *m*

portugais (por-tü-*ghe*) *adj* portoghese

Portugal (por-tü-*ghal*) *m* Portogallo *m*

poser (pô-*se*) *v* posare; *mettere, *porre

positif (pô-si-*tif*) *m* positiva *f*; *adj* positivo

position (pô-si-*ss*^{i}*ong*) *f* posizione *f*; situazione *f*

posséder (po-sse-*de*) *v* *possedere

possession (po-ssê-*ss*^{i}*ong*) *f* possesso *m*

possibilité (po-ssi-bi-li-*te*) *f* possibilità *f*

possible (po-*ssibl*) *adj* possibile

poste[1] (posst) *f* posta *f*; ***mettre à la ~** impostare; ~ **aérienne** posta aerea; ~ **restante** fermo posta

poste[2] (posst) *m* posto *m*; impiego *m*; ~ **de secours** posto di pronto soccorso; ~ **d'essence** distributore di benzina

poster (po-*sste*) *v* impostare

postérieur (po-sste-*r*^{i}*öör*) *m* didietro *m*; *adj* successivo

postiche (po-*sstiʃ*) *m* toupet *m*

pot (pô) *m* pentola *f*

potable (po-*tabl*) *adj* potabile

potage (po-*taaʒ*) *m* minestra *f*

poteau (po-*tô*) *m* palo *m*; ~ **indicateur** cartello indicatore

potelé (po-*tle*) *adj* grassottello

poterie (po-*tri*) *f* ceramica *f*, terraglie *fpl*

pou (pu) *m* (pl ~x) pidocchio *m*

poubelle (pu-*bêl*) *f* pattumiera *f*

pouce (puss) *m* pollice *m*

poudre (pudr) *f* polvere *f*; ~ **à canon** polvere da sparo; ~ **dentifrice** polvere dentifricia; ~ **de riz** cipria *f*; ~ **pour les pieds** talco per piedi; **savon en ~** sapone in polvere

poudrier (pu-dri-*e*) *m* portacipria *m*

poule (pul) *f* gallina *f*

poulet (pu-*le*) *m* pulcino *m*, pollo *m*

poulie (pu-*li*) *f* carrucola *f*

pouls (pu) *m* polso *m*

poumon (pu-*mong*) *m* polmone *m*

poupée (pu-*pe*) *f* bambola *f*

pour (puur) *prep* per; ~ **que** affinché

pourboire (pur-*b*^{u}*aar*) *m* mancia *f*

pourcentage (pur-ssang-*taaʒ*) *m* percentuale *f*

pourchasser (pur-ʃa-*sse*) *v* inseguire

pourpre (purpr) *adj* porporino

pourquoi (pur-*k*^{u}*a*) *adv* perché

pourrir (pu-*riir*) *v* marcire; **pourri** marcio

***poursuivre** (pur-*ssuiivr*) *v* proseguire, perseguire

pourtant (pur-*tang*) *adv* tuttavia, eppure, ma; comunque

pourvu que (pur-vü kö) purché

poussée (pu-*sse*) *f* urto *m*
pousser (pu-*sse*) *v* *spingere; *farsi largo
poussette (pu-*ssêt*) *f* carrozzina *f*
poussière (pu-*ss^{i}êêr*) *f* polvere *f*
poussiéreux (pu-ss^{i}e-*rö*) *adj* polveroso
poussoir (pu-*ss^{u}aar*) *m* pulsante *m*
poutre (putr) *f* trave *f*
pouvoir (pu-*v^{u}aar*) *m* potere *m*; ~ **exécutif** potere esecutivo
***pouvoir** (pu-*v^{u}aar*) *v* *potere
praline (pra-*lin*) *f* cioccolatino *m*
pratique (pra-*tik*) *f* pratica *f*; *adj* pratico, comodo
pratiquer (pra-ti-*ke*) *v* praticare
pré (pre) *m* prato *m*
préalable (pre-a-*labl*) *adj* previo
précaire (pre-*kêêr*) *adj* precario
précaution (pre-kô-*ss^{i}ong*) *f* precauzione *f*
précédemment (pre-sse-da-*mang*) *adv* precedentemente
précédent (pre-sse-*dang*) *adj* precedente, scorso
précéder (pre-sse-*de*) *v* precedere
précepteur (pre-ssêp-*töör*) *m* precettore *m*
prêcher (pre-*ʃe*) *v* predicare
précieux (pre-*ss^{i}ö*) *adj* prezioso
précipice (pre-ssi-*piss*) *m* precipizio *m*
précipitation (pre-ssi-pi-ta-*ss^{i}ong*) *f* precipitazione *f*
précipité (pre-ssi-pi-*te*) *adj* frettoloso
se précipiter (pre-ssi-pi-*te*) precipitarsi
précis (pre-*ssi*) *adj* preciso; accurato
préciser (pre-ssi-*se*) *v* precisare
précision (pre-ssi-*s^{i}ong*) *f* precisione *f*; **précisions** precisazioni *fpl*
prédécesseur (pre-de-ssê-*ssöör*) *m* predecessore *m*
***prédire** (pre-*diir*) *v* *predire
préférable (pre-fe-*rabl*) *adj* preferibile
préférence (pre-fe-*rangss*) *f* preferenza *f*
préférer (pre-fe-*re*) *v* preferire
préfixe (pre-*fikss*) *m* prefisso *m*
préjudiciable (pre-ʒü-di-*ss^{i}abl*) *adj* dannoso
préjugé (pre-ʒü-*ʒe*) *m* pregiudizio *m*
prélever (prel-*ve*) *v* *riscuotere
préliminaire (pre-li-mi-*nêêr*) *adj* preliminare
prématuré (pre-ma-tü-*re*) *adj* prematuro
premier (prö-*m^{i}e*) *num* primo; ~ **ministre** primo ministro
***prendre** (prangdr) *v* *prendere; rilevare; ~ **garde** *stare attento, guardarsi; ~ **soin de** badare a
prénom (pre-*nong*) *m* nome *m*, nome di battesimo
préparation (pre-pa-ra-*ss^{i}ong*) *f* preparazione *f*
préparer (pre-pa-*re*) *v* preparare; organizzare
préposition (pre-pô-si-*ss^{i}ong*) *f* preposizione *f*
près (pre) *adv* vicino; **à peu** ~ press'a poco; ~ **de** vicino a
presbytère (prêss-bi-*têêr*) *m* presbiterio *m*
prescription (prê-sskri-*pss^{i}ong*) *f* ricetta *f*
***prescrire** (prê-*sskriir*) *v* *prescrivere
présence (pre-*sangss*) *f* presenza *f*
présent (pre-*sang*) *m* presente *m*; *adj* presente; **jusqu'à** ~ finora
présentation (pre-sang-ta-*ss^{i}ong*) *f* presentazione *f*
présenter (pre-sang-*te*) *v* presentare
président (pre-si-*dang*) *m* presidente *m*
présomptueux (pre-songp-*tuö*) *adj* presuntuoso
presque (prêssk) *adv* quasi
pressant (prê-*ssang*) *adj* pressante

presse (prêss) *f* stampa *f*
presser (pre-*sse*) *v* premere; **se ~** affrettarsi
pression (prê-*ss'ong*) *f* pressione *f*; **~ atmosphérique** pressione atmosferica; **~ des pneus** pressione gomme; **~ d'huile** pressione dell'olio
prestidigitateur (prê-ssti-di-ʒi-ta-*töör*) *m* prestigiatore *m*
prestige (prê-*sstiiʒ*) *m* prestigio *m*
présumer (pre-sü-*me*) *v* *presumere
prêt (pre) *m* prestito *m*; *adj* pronto; preparato
prétendre (pre-*tangdr*) *v* asserire, *pretendere
prétentieux (pre-tang-*ss'ö*) *adj* presuntuoso
prétention (pre-tang-*ss'ong*) *f* pretesa *f*
prêter (pre-*te*) *v* prestare; **~ attention à** prestare attenzione a, badare a
prêteur sur gage (prê-tör ssür ghaaʒ) prestatore su pegno
prétexte (pre-*têksst*) *m* pretesa *f*, pretesto *m*
prêtre (prêêtr) *m* prete *m*
preuve (prööv) *f* prova *f*
prévenant (prê-*vnang*) *adj* premuroso, riguardoso
***prévenir** (prê-*vniir*) *v* avvisare; *prevenire
préventif (prê-vang-*tif*) *adj* preventivo
prévenu (pre-*vnü*) *m* accusato *m*
prévision (pre-vi-*s'ong*) *f* previsione *f*, prospettiva *f*
***prévoir** (pre-*vuaar*) *v* *prevedere
prier (pri-*e*) *v* pregare; invitare, *chiedere
prière (pri-*êêr*) *f* preghiera *f*
primaire (pri-*mêêr*) *adj* primario
prime (prim) *f* premio *m*
primordial (pri-mor-*d'al*) *adj* principale
prince (prêngss) *m* principe *m*
princesse (prêng-*ssêss*) *f* principessa *f*
principal (prêng-ssi-*pal*) *adj* principale; primo
principalement (prêng-ssi-pal-*mang*) *adv* soprattutto, principalmente
principe (prêng-*ssip*) *m* principio *m*
printemps (prêng-*tang*) *m* primavera *f*
priorité (pri-o-ri-*te*) *f* priorità *f*; precedenza *f*; **~ de passage** precedenza *f*
prise (priis) *f* stretta *f*, presa *f*; **~ de vue** sequenza *f*
prison (pri-*song*) *f* prigione *f*; carcere *m*, prigione *m*
prisonnier (pri-so-*n'e*) *m* prigioniero *m*; ***faire ~** *far prigioniero; **~ de guerre** prigioniero di guerra
privation (pri-va-*ss'ong*) *f* privazioni *fpl*
privé (pri-*ve*) *adj* privato
priver de (pri-*ve*) privare di
privilège (pri-vi-*lêêʒ*) *m* privilegio *m*
prix (pri) *m* prezzo *m*; costo *m*; premio *m*; **prix-courant** *m* listino prezzi; **~ d'achat** prezzo d'acquisto; **~ de consolation** premio di consolazione; **~ d'entrée** ingresso *m*; **~ du voyage** spese di viaggio, prezzo del biglietto
probable (pro-*babl*) *adj* probabile; presumibile
probablement (pro-ba-blö-*mang*) *adv* probabilmente
problème (pro-*blêm*) *m* problema *m*
procédé (pro-sse-*de*) *m* processo *m*
procéder (pro-sse-*de*) *v* procedere
procédure (pro-sse-*düür*) *f* procedimento *m*
procès (pro-*sse*) *m* processo *m*; causa *f*
procession (pro-ssê-*ss'ong*) *f* processione *f*

processus (pro-sse-*ssüss*) *m* procedimento *m*
prochain (pro-*ʃêng*) *adj* prossimo, successivo
prochainement (pro-ʃên-*mang*) *adv* tra breve, tra poco
proche (proʃ) *adj* vicino; imminente
proclamer (pro-kla-*me*) *v* proclamare
procurer (pro-kü-*re*) *v* procurare; **se ~** conseguire
prodigue (pro-*digh*) *adj* prodigo
producteur (pro-dük-*töör*) *m* produttore *m*
production (pro-dük-*ss^{i}ong*) *f* produzione *f*; **~ en série** produzione in serie
***produire** (pro-*duiir*) *v* *produrre; generare; **se ~** capitare, *accadere
produit (pro-*dui*) *m* prodotto *m*
profane (pro-*fan*) *m* profano *m*
professer (pro-fe-*sse*) *v* professare
professeur (pro-fê-*ssöör*) *m* docente *m*; professoressa *f*; professore *m*
profession (pro-fê-*ss^{i}ong*) *f* professione *f*
professionnel (pro-fê-ss^{i}o-*nêl*) *adj* professionale
profit (pro-*fi*) *m* profitto *m*, guadagno *m*
profitable (pro-fi-*tabl*) *adj* fruttuoso
profiter (pro-fi-*te*) *v* approfittare
profond (pro-*fong*) *adj* profondo; basso
profondeur (pro-fong-*döör*) *f* profondità *f*
programme (pro-*ghram*) *m* programma *m*
progrès (pro-*ghre*) *m* progresso *m*
progresser (pro-ghre-*sse*) *v* avanzare, progredire
progressif (pro-ghre-*ssif*) *adj* progressivo
progressiste (pro-ghre-*ssisst*) *adj* progressista
projecteur (pro-ʒêk-*töör*) *m* proiettore *m*; riflettore *m*
projet (pro-*ʒe*) *m* progetto *m*
prolongation (pro-long-gha-*ss^{i}ong*) *f* prolungamento *m*
prolonger (pro-long-*ʒe*) *v* rinnovare
promenade (prom-*nad*) *f* passeggiata *f*; corso *m*; **~ en voiture** scarrozzata *f*
se promener (prom-*ne*) passeggiare
promeneur (prom-*nöör*) *m* camminatore *m*
promesse (pro-*mêss*) *f* promessa *f*
***promettre** (pro-*mêtr*) *v* *promettere
promontoire (pro-mong-*t^{u}aar*) *m* promontorio *m*
promotion (pro-mo-*ss^{i}ong*) *f* promozione *f*
***promouvoir** (pro-mu-*v^{u}aar*) *v* *promuovere
prompt (prong) *adj* pronto; rapido
promptitude (prong-ti-*tüd*) *f* premura *f*
pronom (pro-*nong*) *m* pronome *m*
prononcer (pro-nong-*sse*) *v* pronunciare
prononciation (pro-nong-ss^{i}a-*ss^{i}ong*) *f* pronuncia *f*
propagande (pro-pa-*ghangd*) *f* propaganda *f*
prophète (pro-*fêt*) *m* profeta *m*
proportion (pro-por-*ss^{i}ong*) *f* proporzione *f*
proportionnel (pro-por-ss^{i}o-*nêl*) *adj* proporzionale
propos (pro-*pô*) *m* proposito *m*; **à ~** a proposito; **à ~ de** in relazione a
proposer (pro-pô-*se*) *v* *proporre
proposition (pro-pô-si-*ss^{i}ong*) *f* proposta *f*
propre (propr) *adj* pulito; proprio
propriétaire (pro-pri-*e*-têêr) *m* proprietario *m*; padrone di casa
propriété (pro-pri-e-*te*) *f* proprietà *f*

propulser (pro-pül-*sse*) *v* propulsare
prospectus (pro-sspêk-*tüss*) *m* prospetto *m*
prospère (pro-*sspêêr*) *adj* fiorente
prospérité (pro-sspe-ri-*te*) *f* prosperità *f*
prostituée (pro-ssti-*tue*) *f* prostituta *f*
protection (pro-têk-*ss'ong*) *f* protezione *f*
protéger (pro-te-*ʒe*) *v* *proteggere
protéine (pro-te-*in*) *f* proteina *f*
protestant (pro-tê-*sstang*) *adj* protestante
protestation (pro-tê-ssta-*ss'ong*) *f* protesta *f*
protester (pro-tê-*sste*) *v* protestare
prouver (pru-*ve*) *v* provare
provenance (pro-*vnangss*) *f* provenienza *f*
***provenir de** (pro-*vniir*) *provenire da
proverbe (pro-*vêrb*) *m* proverbio *m*
province (pro-*vêngss*) *f* provincia *f*
provincial (pro-vêng-*ss'al*) *adj* provinciale
proviseur (pro-vi-*söör*) *m* preside *m*
provision (pro-vi-*s'ong*) *f* riserva *f*; provvisioni *fpl*
provisoire (pro-vi-*s^uaar*) *adj* provvisorio
provoquer (pro-vo-*ke*) *v* provocare
prudence (prü-*dangss*) *f* cautela *f*
prudent (prü-*dang*) *adj* attento; cauto, prudente
prune (prün) *f* susina *f*
pruneau (prü-*nô*) *m* prugna secca
prurit (prü-*rit*) *m* prurito *m*
psychanalyste (pssi-ka-na-*lisst*) *m* psicoanalista *m*
psychiatre (pssi-*k'aatr*) *m* psichiatra *m*
psychique (pssi-*fik*) *adj* psichico
psychologie (pssi-ko-lo-*ʒi*) *f* psicologia *f*
psychologique (pssi-ko-lo-*ʒik*) *adj* psicologico
psychologue (pssi-ko-*logh*) *m* psicologo *m*
public (pü-*blik*) *m* udienza *f*, pubblico *m*; *adj* pubblico
publication (pü-bli-ka-*ss'ong*) *f* pubblicazione *f*
publicité (pü-bli-ssi-*te*) *f* pubblicità *f*; avviso *m*
publier (pü-bli-*e*) *v* pubblicare
puer (pue) *v* puzzare
puis (pui) *adv* poi
puisque (puissk) *conj* poiché
puissance (pui-*ssangss*) *f* potenza *f*, forza *f*; energia *f*
puissant (pui-*ssang*) *adj* potente, poderoso; robusto
puits (pui) *m* pozzo *m*; ~ **de pétrole** pozzo di petrolio
pull-over (pü-lo-*vêêr*) *m* maglione *m*
pulvérisateur (pül-ve-ri-sa-*töör*) *m* vaporizzatore *m*
pulvériser (pül-ve-ri-*se*) *v* tritare
punaise (pü-*nêês*) *f* cimice *f*; puntina da disegno
punir (pü-*niir*) *v* punire
punition (pü-ni-*ss'ong*) *f* punizione *f*
pupitre (pü-*pitr*) *m* leggio *m*; cattedra *f*
pur (püür) *adj* casto, puro
pus (pü) *m* pus *m*
pustule (pü-*sstül*) *f* pustoletta *f*
putain (pü-*têng*) *f* puttana *f*
puzzle (pösl) *m* puzzle
pyjama (pi-ʒa-*ma*) *m* pigiama *m*

Q

quai (ke) *m* scalo *m*, molo *m*; banchina *f*
qualification (ka-li-fi-ka-*ss'ong*) *f* qualifica *f*

qualifié (ka-li-*fie*) *adj* qualificato; ***être** ~ *addirsi
qualité (ka-li-*te*) *f* qualità *f*
quand (kang) *adv* quando; *conj* quando; qualora; **n'importe** ~ ogniqualvolta
quant à (kang-*ta*) per quanto riguarda
quantité (kang-ti-*te*) *f* quantità *f*
quarantaine (ka-rang-*tên*) *f* quarantena *f*
quarante (ka-*rangt*) *num* quaranta
quart (kaar) *m* quarto *m*; ~ **d'heure** quarto d'ora
quartier (kar-*tie*) *m* quartiere *m*; **bas** ~ quartiere povero; ~ **général** quartiere generale
quatorze (ka-*tors*) *num* quattordici
quatorzième (ka-tor-*siêm*) *num* quattordicesimo
quatre (katr) *num* quattro
quatre-vingt-dix (ka-trö-vêng-*diss*) *num* novanta
quatre-vingts (ka-trö-*vêng*) *num* ottanta
quatrième (ka-*triêm*) *num* quarto
que (kö) *conj* che; *adv* che; **ce** ~ quello che
quel (kêl) *pron* quale; **n'importe** ~ alcuno; qualsiasi
quelquefois (kêl-kö-*fua*) *adv* talvolta
quelques (kêlk) *adj* alcuni, taluni, qualche
quelqu'un (kêl-*köng*) *pron* qualcuno
querelle (kö-*rêl*) *f* lite *f*, litigio *m*
se quereller (kö-re-*le*) litigare
question (kê-*sstiong*) *f* questione *f*; domanda *f*; problema *m*
quêter (ke-*te*) *v* *fare una colletta
quêteur (kê-*töör*) *m* collettore *m*
queue (kö) *f* coda *f*; ***faire la** ~ *fare la coda
qui (ki) *pron* chi; che; **à** ~ a chi; **n'importe** ~ chiunque
quiconque (ki-*kongk*) *pron* chiunque
quille (kii) *f* chiglia *f*
quincaillerie (kêng-kai-*ri*) *f* ferramenta *fpl*; negozio di ferramenta
quinine (ki-*nin*) *f* chinino *m*
quinze (kêngs) *num* quindici; ~ **jours** quindicina di giorni
quinzième (kêng-*siêm*) *num* quindicesimo
quitter (ki-*te*) *v* lasciare
quoi (kua) *pron* che cosa; **n'importe** ~ qualunque cosa
quoique (kuak) *conj* benché; **quoiqu'il en soit** comunque
quote-part (kot-*paar*) *f* quota *f*
quotidien (ko-ti-*diêng*) *adj* quotidiano; *m* quotidiano *m*

R

rabais (ra-*be*) *m* riduzione *f*, sconto *m*, ribasso *m*
raccourcir (ra-kur-*ssiir*) *v* raccorciare
race (rass) *f* razza *f*
racial (ra-*ssial*) *adj* razziale
racine (ra-*ssin*) *f* radice *f*
racler (ra-*kle*) *v* raschiare
raconter (ra-kong-*te*) *v* raccontare
radeau (ra-*dô*) *m* zattera *f*
radiateur (ra-dia-*töör*) *m* radiatore *m*
radical (ra-di-*kal*) *adj* radicale
radio (ra-*diô*) *f* radio *f*
radiographie (ra-diô-ghra-*fi*) *f* radiografia *f*
radiographier (ra-diô-ghra-*fie*) *v* radiografare
radis (ra-*di*) *m* ravanello *m*
radotage (ra-do-*taaʒ*) *m* sciocchezza *f*
rafale (ra-*fal*) *f* raffica *f*; ~ **de pluie** nubifragio *m*
raffinerie (ra-fin-*ri*) *f* raffineria *f*; ~ **de pétrole** raffineria di petrolio
rafraîchir (ra-fre-*fiir*) *v* rinfrescare

rafraîchissement (ra-frê-ʃi-*ssmang*) *m* rinfresco *m*
rage (raaʒ) *f* rabbia *f*; mania *f*
rager (ra-*ʒe*) *v* infierire
raid (rêd) *m* irruzione *f*
raide (rêd) *adj* rigido
raie (re) *f* stria *f*; scriminatura *f*
raifort (re-*foor*) *m* rafano *m*
rail (rai) *m* rotaia *f*
raisin (re-*sêng*) *m* uva *f*; ~ **sec** uva di Corinto, uvetta *f*
raison (re-*song*) *f* ragione *f*; **en ~ de** a motivo di, in conseguenza di, a causa di
raisonnable (re-so-*nabl*) *adj* ragionevole
raisonner (re-so-*ne*) *v* ragionare
ralentir (ra-lang-*tiir*) *v* rallentare
rallonge (ra-*longʒ*) *f* prolunga *f*
ramasser (ra-ma-*sse*) *v* *raccogliere
rame (ram) *f* remo *m*
ramener (ram-*ne*) *v* riportare
ramer (ra-*me*) *v* remare
rampe (rangp) *f* ringhiera *f*; inferriata *f*
ramper (rang-*pe*) *v* strisciare, *andare carponi
rance (rangss) *adj* rancido
rançon (rang-*ssong*) *f* riscatto *m*
rang (rang) *m* fila *f*
rangée (rang-*ʒe*) *f* fila *f*
ranger (rang-*ʒe*) *v* assortire; riordinare, *mettere a posto
râpe (raap) *f* grattugia *f*
râper (ra-*pe*) *v* raspare
rapide (ra-*pid*) *adj* svelto; veloce, rapido; *m* rapida *f*
rapidement (ra-pid-*mang*) *adv* presto
rapidité (ra-pi-di-*te*) *f* rapidità *f*
rapiécer (ra-p^{i}e-*sse*) *v* rappezzare
rappeler (ra-*ple*) *v* *far ricordare; richiamare; **se ~** ricordarsi
rapport (ra-*poor*) *m* rapporto *m*; connessione *f*, relazione *f*
rapporter (ra-por-*te*) *v* riportare; riferire
rapprocher (ra-pro-*ʃe*) *v* ravvicinare
raquette (ra-*kêt*) *f* racchetta *f*
rare (raar) *adj* raro; scarso
rarement (rar-*mang*) *adv* raramente
se raser (ra-*se*) *radere
raseur (ra-*söör*) *m* seccatore *m*
rasoir (ra-*s^{u}aar*) *m* rasoio *m*
rassemblement (ra-ssang-blö-*mang*) *m* raduno *m*
rassembler (ra-ssang-*ble*) *v* riunire; *raccogliere
rassis (ra-*ssi*) *adj* raffermo
rassurer (ra-ssü-*re*) *v* tranquillizzare
rat (ra) *m* ratto *m*
râteau (ra-*tô*) *m* rastrello *m*
ration (ra-*ss^{i}ong*) *f* razione *f*
rauque (rôôk) *adj* roco
ravissant (ra-vi-*ssang*) *adj* splendido, piacevolissimo, incantevole
rayé (re-*^{i}e*) *adj* striato
rayon (re-*^{i}ong*) *m* raggio *m*
rayonne (re-*^{i}on*) *f* raion *m*
rayure (re-*^{i}üür*) *f* scalfittura *f*
réaction (re-ak-*ss^{i}ong*) *f* reazione *f*
réalisable (re-a-li-*sabl*) *adj* realizzabile
réalisation (re-a-li-sa-*ss^{i}ong*) *f* attuazione *f*, realizzazione *f*; regia *f*
réaliser (re-a-li-*se*) *v* attuare; effettuare, eseguire, realizzare
réaliste (re-a-*lisst*) *adj* prosaico
réalité (re-a-li-*te*) *f* realtà *f*; **en ~** in realtà
rébellion (re-bê-*l^{i}ong*) *f* ribellione *f*
rebord (rö-*boor*) *m* bordo *m*, orlo *m*; **~ de fenêtre** davanzale *m*
rebut (rö-*bü*) *m* spazzatura *f*, immondizia *f*
récemment (re-ssa-*mang*) *adv* recentemente
récent (re-*ssang*) *adj* recente
réception (re-ssê-*pss^{i}ong*) *f* ricevimento *m*; ufficio ricevimento

récession (re-ssê-*ss^{i}ong*) *f* recessione *f*
recette (rö-*ssêt*) *f* ricetta *f*; **recettes** entrate
* **recevoir** (rö-*ssv^{u}aar*) *v* ricevere; ospitare
recharge (rö-*ʃarʒ*) *f* ricambio *m*
réchauffer (re-ʃô-*fe*) *v* riscaldare
recherche (rö-*ʃêrʃ*) *f* ricerca *f*
rechercher (rö-ʃêr-*ʃe*) *v* aspirare a
récif (re-*ssif*) *m* banco *m*
récipient (re-ssi-*p^{i}ang*) *m* recipiente *m*
réciproque (re-ssi-*prok*) *adj* reciproco
récit (re-*ssi*) *m* racconto *m*; resoconto *m*
récital (re-ssi-*tal*) *m* (pl ~s) recital *m*
réclamation (re-kla-ma-*ss^{i}ong*) *f* rivendicazione *f*
réclame (re-*klam*) *f* pubblicità *f*
réclamer (re-kla-*me*) *v* reclamare
récolte (re-*kolt*) *f* raccolta *f*
recommandation (rö-ko-mang-da-*ss^{i}ong*) *f* raccomandazione *f*
recommander (rö-ko-mang-*de*) *v* raccomandare
recommencer (rö-ko-mang-*sse*) *v* ricominciare
récompense (re-kong-*pangss*) *f* ricompensa *f*
récompenser (re-kong-pang-*sse*) *v* ricompensare
réconciliation (re-kong-ssi-l^{i}a-*ss^{i}ong*) *f* riconciliazione *f*
réconfort (re-kong-*foor*) *m* consolazione *f*
reconnaissance (rö-ko-ne-*ssangss*) *f* riconoscimento *m*
reconnaissant (rö-ko-ne-*ssang*) *adj* riconoscente, grato
* **reconnaître** (rö-ko-*nêêtr*) *v* *riconoscere
record (rö-*koor*) *m* primato *m*
* **recouvrir** (rö-ku-*vriir*) *v* tappezzare
récréation (re-kre-a-*ss^{i}ong*) *f* ricreazione *f*, svago *m*
recrue (rö-*krü*) *f* recluta *f*
rectangle (rêk-*tangghl*) *m* rettangolo *m*
rectangulaire (rêk-tang-ghü-*lêêr*) *adj* rettangolare
rectification (rêk-ti-fi-ka-*ss^{i}ong*) *f* rettifica *f*
rectum (rêk-*tom*) *m* retto *m*
reçu (rö-*ssü*) *m* ricevuta *f*; buono *m*
* **recueillir** (rö-kö-*^{i}iir*) *v* *raccogliere
reculer (rö-kü-*le*) *v* indietreggiare; *retrocedere
récupérer (re-kü-pe-*re*) *v* ricuperare
rédacteur (re-dak-*töör*) *m* redattore *m*
reddition (rê-di-*ss^{i}ong*) *f* resa *f*
rédiger (re-di-*ʒe*) *v* *redigere
redouter (rö-du-*te*) *v* temere
réduction (re-dük-*ss^{i}ong*) *f* sconto *m*, riduzione *f*
* **réduire** (re-*duiir*) *v* *ridurre; diminuire
réduit (re-*dui*) *m* baracca *f*
rééducation (re-e-dü-ka-*ss^{i}ong*) *f* rieducazione *f*
réel (re-*êl*) *adj* reale
réellement (re-êl-*mang*) *adv* veramente
référence (re-fe-*rangss*) *f* referenza *f*, riferimento *m*
réfléchir (re-fle-*ʃiir*) *v* *riflettere; ripensare
réflecteur (re-flêk-*töör*) *m* riflettore *m*
reflet (rö-*fle*) *m* riflesso *m*; immagine riflessa
refléter (rö-fle-*te*) *v* *riflettere
réforme (re-*form*) *f* riforma *f*
réfrigérateur (re-fri-ʒe-ra-*töör*) *m* frigorifero *m*
refroidir (rö-fr^{u}a-*diir*) *v* raffreddarsi
refuge (rö-*füüʒ*) *m* rifugio *m*
réfugié (re-fü-*ʒ^{i}e*) *m* profugo *m*
refus (rö-*fü*) *m* rifiuto *m*

refuser (rö-fü-*se*) *v* rifiutare; ricusare
regard (rö-*ghaar*) *m* sguardo *m*
regarder (rö-ghar-*de*) *v* guardare; riguardare
régate (re-*ghat*) *f* regata *f*
régime (re-*ʒim*) *m* regime *m*; governo *m*; dieta *f*
région (re-*ʒⁱong*) *f* regione *f*; area *f*, zona *f*
régional (re-ʒⁱo-*nal*) *adj* regionale
règle (rêêghl) *f* regola *f*; riga *f*; **en ~** in ordine
règlement (rê-ghlö-*mang*) *m* regolamento *m*, regolamentazione *f*; accomodamento *m*
régler (re-*ghle*) *v* regolare; sistemare
réglisse (re-*ghliss*) *f* liquirizia *f*
règne (rêgn) *m* regno *m*; dominio *m*
régner (re-*gne*) *v* regnare; dominare
regret (rö-*ghre*) *m* rimpianto *m*
regretter (rö-ghre-*te*) *v* *rimpiangere
régulier (re-ghü-*lⁱe*) *adj* regolato, regolare
rein (rêng) *m* rene *m*
reine (rên) *f* regina *f*
rejeter (röʒ-*te*) *v* *respingere; rigettare
***rejoindre** (rö-*ʒᵘêngdr*) *v* *fare ritorno a
relater (rö-la-*te*) *v* raccontare; riferire
relatif (rö-la-*tif*) *adj* relativo; **~ à** riguardo a
relation (rö-la-*ssⁱong*) *f* relazione *f*; attinenza *f*
relayer (rö-le-*ⁱe*) *v* *dare il cambio
relèvement (rö-lêv-*mang*) *m* incremento *m*
relever (röl-*ve*) *v* aumentare
relief (rö-*lⁱêf*) *m* rilievo *m*
relier (rö-*lⁱe*) *v* collegare; legare insieme
religieuse (rö-li-*ʒⁱöös*) *f* monaca *f*
religieux (rö-li-*ʒⁱö*) *adj* religioso
religion (rö-li-*ʒⁱong*) *f* religione *f*
relique (rö-*lik*) *f* reliquia *f*
reliure (rö-*lⁱüür*) *f* legatura *f*
remarquable (rö-mar-*kabl*) *adj* notevole; vistoso
remarque (rö-*mark*) *f* osservazione *f*
remarquer (rö-mar-*ke*) *v* notare; *vedere, osservare
remboursement (rang-bur-ssö-*mang*) *m* rimborso *m*
rembourser (rang-bur-*sse*) *v* rimborsare
remède (rö-*mêd*) *m* rimedio *m*
remerciement (rö-mêr-ssi-*mang*) *m* ringraziamento *m*
remercier (rö-mêr-*ssⁱe*) *v* ringraziare
***remettre** (rö-*mêtr*) *v* recapitare; *porgere, affidare; *rimettere; **se ~** guarire
remise (rö-*miis*) *f* consegna *f*
remonter (rö-mong-*te*) *v* caricare
remorque (rö-*mork*) *f* rimorchio *m*
remorquer (rö-mor-*ke*) *v* rimorchiare, trainare
remorqueur (rö-mor-*köör*) *m* rimorchiatore *m*
remplacer (rang-pla-*sse*) *v* sostituire
remplir (rang-*pliir*) *v* riempire; completare; compilare
remue-ménage (rö-mü-me-*naaʒ*) *m* andirivieni *m*
remuer (rö-*mue*) *v* mescolare
rémunération (re-mü-ne-ra-*ssⁱong*) *f* rimunerazione *f*
rémunérer (re-mü-ne-*re*) *v* rimunerare
renard (rö-*naar*) *m* volpe *f*
rencontre (rang-*kongtr*) *f* incontro *m*
rencontrer (rang-kong-*tre*) *v* incontrare
rendement (rang-dö-*mang*) *m* rendimento *m*
rendez-vous (rang-de-*vu*) *m* appuntamento *m*
rendre (rangdr) *v* rimborsare; *fare; **~ compte de** *rendere conto di; ~

visite à visitare; **se** ~ *arrendersi; *andare; **se ~ compte** realizzare
renne (rên) *m* renna *f*
renom (rö-no~~ng~~) *m* fama *f*
renommée (rö-no-me) *f* rinomanza *f*
renoncer (rö-no~~ng~~-sse) *v* desistere
renouveler (rö-nu-vle) *v* rinnovare
renseignement (ra~~ng~~-ssêgn-ma~~ng~~) *m* ragguaglio *m*; **bureau de renseignements** ufficio informazioni
se renseigner (ra~~ng~~-sse-gne) informarsi
rentable (ra~~ng~~-tabl) *adj* rimunerativo
rentrer (ra~~ng~~-tre) *v* rincasare; *raccogliere
renverser (ra~~ng~~-vêr-sse) *v* atterrare
***renvoyer** (ra~~ng~~-v^{u}a-^{i}e) *v* rinviare, rispedire; congedare; ~ **à** rimandare a; rimandare
répandre (re-pa~~ng~~dr) *v* *diffondere; *spandere
réparation (re-pa-ra-ss^{i}o~~ng~~) *f* riparazione *f*, restauro *m*
réparer (re-pa-re) *v* riparare; rammendare
répartir (re-par-tiir) *v* ripartire
repas (rö-pa) *m* pasto *m*
repasser (rö-pa-sse) *v* stirare; **repassage permanent** non si stira
repentir (rö-pa~~ng~~-tiir) *m* pentimento *m*
répertoire (re-pêr-t^{u}aar) *m* repertorio *m*
répéter (re-pe-te) *v* ripetere; *fare le prove
répétition (re-pe-ti-ss^{i}o~~ng~~) *f* ripetizione *f*; prova *f*
répit (re-pi) *m* dilazione *f*
répondre (re-po~~ng~~dr) *v* *rispondere
réponse (re-po~~ng~~ss) *f* risposta *f*; **en** ~ in risposta
reporter (rö-por-te) *m* corrispondente *m*
repos (rö-pô) *m* riposo *m*
reposant (rö-pô-sa~~ng~~) *adj* riposante
se reposer (rö-pô-se) riposarsi
repousser (rö-pu-sse) *v* *respingere; ricacciare; **repoussant** ributtante
***reprendre** (rö-pra~~ng~~dr) *v* *riprendere; rilevare
représentant (rö-pre-sa~~ng~~-ta~~ng~~) *m* rappresentante *m*
représentatif (rö-pre-sa~~ng~~-ta-tif) *adj* rappresentativo
représentation (rö-pre-sa~~ng~~-ta-ss^{i}o~~ng~~) *f* rappresentazione *f*; rappresentanza *f*
représenter (rö-pre-sa~~ng~~-te) *v* rappresentare; raffigurare
réprimander (re-pri-ma~~ng~~-de) *v* rimproverare
réprimer (re-pri-me) *v* *reprimere
reprise (rö-priis) *f* ripristino *m*; ripresa *f*
repriser (rö-pri-se) *v* rammendare
reproche (rö-proʃ) *m* rimprovero *m*
reprocher (rö-pro-ʃe) *v* rimproverare
reproduction (rö-pro-dük-ss^{i}o~~ng~~) *f* riproduzione *f*
***reproduire** (rö-pro-duiir) *v* *riprodurre
reptile (rêp-til) *m* rettile *m*
républicain (re-pü-bli-kê~~ng~~) *adj* repubblicano
république (re-pü-blik) *f* repubblica *f*
répugnance (re-pü-gna~~ng~~ss) *f* ripugnanza *f*
répugnant (re-pü-gna~~ng~~) *adj* repellente; sordido, nauseante, disgustoso
réputation (re-pü-ta-ss^{i}o~~ng~~) *f* reputazione *f*
***requérir** (rö-ke-riir) *v* *richiedere
requête (rö-kêt) *f* richiesta *f*
requin (rö-kê~~ng~~) *m* pescecane *m*
requis (rö-ki) *adj* richiesto
réseau (re-sô) *m* rete *f*; ~ **routier** rete stradale
réservation (re-sêr-va-ss^{i}o~~ng~~) *f* preno-

tazione *f*
réserve (re-sêrv) *f* riserva *f*; ~ **zoologique** riserva di selvaggina
réserver (re-sêr-ve) *v* riservare; prenotare
réservoir (re-sêr-v^{u}aar) *m* serbatoio *m*; ~ **d'essence** serbatoio di benzina
résidence (re-si-da~~ng~~ss) *f* residenza *f*
résident (re-si-da~~ng~~) *m* residente *m*
résider (re-si-de) *v* abitare
résille (re-si^{i}) *f* reticella *f*
résine (re-sin) *f* resina *f*
résistance (re-si-ssta~~ng~~ss) *f* resistenza *f*
résister (re-si-sste) *v* resistere
résolu (re-so-lü) *adj* risoluto
***résoudre** (re-sudr) *v* *risolvere
respect (rê-sspe) *m* rispetto *m*; riguardo *m*
respectable (rê-sspêk-tabl) *adj* rispettabile
respecter (rê-sspêk-te) *v* rispettare
respectif (rê-sspêk-tif) *adj* rispettivo
respectueux (rê-sspêk-tuö) *adj* rispettoso
respiration (rê-sspi-ra-ss^{i}o~~ng~~) *f* respirazione *f*
respirer (rê-sspi-re) *v* respirare
resplendir (rê-sspla~~ng~~-diir) *v* risplendere
responsabilité (rê-sspo~~ng~~-ssa-bi-li-te) *f* responsabilità *f*
responsable (rê-sspo~~ng~~-ssabl) *adj* responsabile
ressemblance (rö-ssa~~ng~~-bla~~ng~~ss) *f* somiglianza *f*
ressembler à (rö-ssa~~ng~~-ble) assomigliare a
resserrer (rö-sse-re) *v* *stringere; **se** ~ *restringersi
ressort (rö-ssoor) *m* molla *f*
ressource (rö-ssurss) *f* risorsa *f*; **ressources** risorse *fpl*; risorse finanziarie
restant (rê-ssta~~ng~~) *adj* rimanente; *m* rimanenza *f*, avanzo *m*, residuo *m*
restaurant (rê-sstô-ra~~ng~~) *m* ristorante *m*; ~ **libre service** ristorante self-service
reste (rêsst) *m* resto *m*; residuo *m*
rester (rê-sste) *v* *rimanere, *stare; restare
restituer (rê-ssti-tue) *v* *rendere
restriction (rê-sstrik-ss^{i}o~~ng~~) *f* restrizione *f*
résultat (re-sül-ta) *m* risultato *m*; esito *m*
résulter (re-sül-te) *v* risultare
résumé (re-sü-me) *m* sunto *m*, riassunto *m*; rassegna *f*
retard (rö-taar) *m* indugio *m*, ritardo *m*; **en** ~ in ritardo
retarder (rö-tar-de) *v* ritardare
***retenir** (röt-niir) *v* prenotare; ricordare; *trattenere
rétine (re-tin) *f* retina *f*
retirer (rö-ti-re) *v* ritirare
retour (rö-tuur) *m* ritorno *m*; **voyage de** ~ viaggio di ritorno
retourner (rö-tur-ne) *v* tornare; ritornare; *capovolgere, *volgere, voltare; **se** ~ rigirarsi
retracer (rö-tra-sse) *v* rintracciare
retraite (rö-trêt) *f* ritiro *m*; pensione *f*
retraité (rö-tre-te) *adj* pensionato
rétrécir (re-tre-ssiir) *v* *restringersi
réunion (re-ü-n^{i}o~~ng~~) *f* riunione *f*
réunir (re-ü-niir) *v* unire; riunire; **se** ~ *raccogliersi
réussir (re-ü-ssiir) *v* *riuscire; passare; **réussi** riuscito
rêve (rêêv) *m* sogno *m*
réveil (re-vêi) *m* sveglia *f*
réveiller (re-ve-^{i}e) *v* svegliare; **réveillé** sveglio
révélation (re-ve-la-ss^{i}o~~ng~~) *f* rivelazio-

ne *f*
révéler (re-ve-*le*) *v* svelare, rivelare; tradire; **se** ~ mostrarsi
revendeur (rö-vang-*döör*) *m* rivenditore *m*
revendication (rö-vang-di-ka-*ss^{i}ong*) *f* rivendicazione *f*
revendiquer (rö-vang-di-*ke*) *v* rivendicare
***revenir** (rö-*vniir*) *v* ritornare
revenu (rö-*vnü*) *m* reddito *m*
rêver (re-*ve*) *v* sognare
revers (rö-*vêêr*) *m* rovescio *m*; risvolta *f*
revirement (rö-vir-*mang*) *m* rivolgimento *m*, cambiamento *m*
reviser (rö-vi-*se*) *v* revisionare
révision (re-vi-*s^{i}ong*) *f* revisione *f*
***revoir** (rö-*v^{u}aar*) *v* *rivedere; **au revoir**! arrivederci!
révoltant (re-vol-*tang*) *adj* rivoltante
révolte (re-*volt*) *f* rivolta *f*
se révolter (re-vol-*te*) rivoltarsi
révolution (re-vo-lü-*ss^{i}ong*) *f* rivoluzione *f*
révolutionnaire (re-vo-lü-ss^{i}o-*nêêr*) *adj* rivoluzionario
revolver (re-vol-*vêêr*) *m* rivoltella *f*
révoquer (re-vo-*ke*) *v* revocare
revue (rö-*vü*) *f* rivista *f*
rez-de-chaussée (rê-dʃô-*sse*) *m* pianterreno *m*
rhinocéros (ri-no-sse-*ross*) *m* rinoceronte *m*
rhubarbe (rü-*barb*) *f* rabarbaro *m*
rhumatisme (rü-ma-*tissm*) *m* reumatismo *m*
rhume (rüm) *m* raffreddore *m*; ~ **des foins** febbre del fieno
riche (riʃ) *adj* ricco
richesse (ri-*ʃêss*) *f* ricchezza *f*
ride (rid) *f* ruga *f*
rideau (ri-*dô*) *m* tenda *f*; sipario *m*
ridicule (ri-di-*kül*) *adj* ridicolo; irrisorio
ridiculiser (ri-di-kü-li-*se*) *v* ridicolizzare
rien (r^{i}êng) *pron* nulla *m*; niente; **ne** ... ~ niente; ~ **que** solo
rime (rim) *f* rima *f*
rinçage (rêng-*ssaaʒ*) *m* sciacquata *f*
rincer (rêng-*sse*) *v* sciacquare
rire (riir) *m* risata *f*, riso *m*
***rire** (riir) *v* *ridere
risque (rissk) *m* rischio *m*
risquer (ri-*sske*) *v* arrischiare, rischiare; **risqué** rischioso
rivage (ri-*vaaʒ*) *m* sponda *f*
rival (ri-*val*) *m* rivale *m*
rivaliser (ri-va-li-*se*) *v* rivaleggiare
rivalité (ri-va-li-*te*) *f* rivalità *f*
rive (riiv) *f* riva *f*
rivière (ri-*v^{i}êêr*) *f* fiume *m*
riz (ri) *m* riso *m*
robe (rob) *f* vestito da donna; abito femminile, veste *f*; ~ **de chambre** vestaglia *f*
robinet (ro-bi-*ne*) *m* rubinetto *m*
robuste (ro-*büsst*) *adj* robusto
rocher (ro-*ʃe*) *m* roccia *f*, masso *m*
rocheux (ro-*ʃö*) *adj* roccioso
roi (r^{u}a) *m* re *m*
rôle (rôôl) *m* parte *f*
roman (ro-*mang*) *m* romanzo *m*; ~ **policier** romanzo poliziesco
romancier (ro-mang-*ss^{i}e*) *m* romanziere *m*
romantique (ro-mang-*tik*) *adj* romantico
rompre (rongpr) *v* *rompere
rond (rong) *adj* rotondo
rond-point (rong-*p^{u}êng*) *m* rotonda *f*
ronfler (rong-*fle*) *v* russare
rosaire (rô-*sêêr*) *m* rosario *m*
rose (rôôs) *f* rosa *f*; *adj* rosa
roseau (rô-*sô*) *m* giunco *m*
rosée (rô-*se*) *f* rugiada *f*
rossignol (ro-ssi-*gnol*) *m* usignolo *m*

rotation (ro-ta-*ss^{i}ong*) *f* rivoluzione *f*
rotin (ro-*têng*) *m* malacca *f*
rôtir (rô-*tiir*) *v* arrostire
rôtisserie (ro-ti-*ssri*) *f* rosticceria *f*
rotule (ro-*tül*) *f* rotula *f*
roue (ru) *f* ruota *f*; ~ **de secours** ruota di ricambio
rouge (ruuʒ) *adj* rosso; *m* rossetto *m*; ~ **à lèvres** rossetto *m*
rouge-gorge (ruʒ-*ghorʒ*) *m* pettirosso *m*
rougeole (ru-*ʒol*) *f* morbillo *m*
rougir (ru-*ʒiir*) *v* arrossire
rouille (ru^i) *f* ruggine *f*
rouillé (ru-^{i}*e*) *adj* arrugginito
rouleau (ru-*lô*) *m* rotolo *m*
rouler (ru-*le*) *v* rotolare; *andare in macchina
roulette (ru-*lêt*) *f* roulette *f*
roulotte (ru-*lot*) *f* carrozzone *m*
Roumain (ru-*mêng*) *m* romeno *m*
roumain (ru-*mêng*) *adj* romeno
Roumanie (ru-ma-*ni*) *f* Romania *f*
route (rut) *f* strada *f*; rotta *f*; **en ~ pour** diretto a; ~ **à péage** strada a pedaggio; ~ **d'évitement** circonvallazione *f*; ~ **en réfection** strada in riparazione; ~ **principale** via maestra, strada maestra, strada principale
routine (ru-*tin*) *f* abitudine *f*
royal (r^{u}a-^{i}*al*) *adj* reale
royaume (r^{u}a-^{i}*ôôm*) *m* regno *m*
ruban (rü-*bang*) *m* nastro *m*; ~ **adhésif** nastro adesivo, nastro gommato
rubis (rü-*bi*) *m* rubino *m*
rubrique (rü-*brik*) *f* rubrica *f*
ruche (rüʃ) *f* alveare *m*
rude (rüd) *adj* rigido
rue (rü) *f* strada *f*; ~ **principale** via principale; ~ **transversale** traversa *f*
ruelle (ruêl) *f* vicolo *m*
rugir (rü-*ʒiir*) *v* ruggire
rugissement (rü-ʒi-*ssmang*) *m* ruggito *m*
rugueux (rü-*ghö*) *adj* malagevole
ruine (ruin) *f* rovine; rovina *f*
ruiner (rui-*ne*) *v* rovinare
ruisseau (rui-*ssô*) *m* ruscello *m*
rumeur (rü-*möör*) *f* diceria *f*
rural (rü-*ral*) *adj* rurale
ruse (rüüs) *f* artificio *m*, astuzia *f*
rusé (rü-*se*) *adj* furbo
Russe (rüss) *m* russo *m*
russe (rüss) *adj* russo
Russie (rü-*ssi*) *f* Russia *f*
rustique (rü-*sstik*) *adj* rustico
rythme (ritm) *m* ritmo *m*; velocità *f*

S

sable (ssabl) *m* sabbia *f*
sableux (ssa-*blö*) *adj* sabbioso
sabot (ssa-*bô*) *m* zoccolo *m*
sac (ssak) *m* borsetta *f*; sacco *m*; ~ **à dos** zaino *m*; ~ **à glace** borsa da ghiaccio; ~ **à main** borsa *f*, borsetta *f*; ~ **à provisions** borsa per la spesa; ~ **de couchage** sacco a pelo; ~ **en papier** sacchetto *m*
saccharine (ssa-ka-*rin*) *f* saccarina *f*
sacré (ssa-*kre*) *adj* santo, sacro
sacrifice (ssa-kri-*fiss*) *m* sacrificio *m*
sacrifier (ssa-kri-*f^{i}e*) *v* sacrificare
sacrilège (ssa-kri-*lêêʒ*) *m* sacrilegio *m*
sacristain (ssa-kri-*sstêng*) *m* sagrestano *m*
sage (ssaaʒ) *adj* saggio; buono
sage-femme (ssaʒ-*fam*) *f* levatrice *f*
sagesse (ssa-*ʒêss*) *f* saggezza *f*
saigner (sse-*gne*) *v* sanguinare; salassare
sain (ssêng) *adj* sano; salubre
saint (ssêng) *m* santo *m*

saisir (sse-*siir*) *v* afferrare; *prendere, impugnare
saison (ssê-*so~~ng~~*) *f* stagione *f*; **hors ~** fuori stagione; **morte-saison** *f* bassa stagione; **pleine ~** alta stagione
salade (ssa-*lad*) *f* insalata *f*
salaire (ssa-*lêêr*) *m* salario *m*
salaud (ssa-*lô*) *m* mascalzone *m*
sale (ssal) *adj* sporco; sudicio, sozzo
salé (ssa-*le*) *adj* salato
saleté (ssal-*te*) *f* sudiciume *m*
salière (ssa-*liêêr*) *f* saliera *f*
salir (ssa-*liir*) *v* sporcare
salive (ssa-*liiv*) *f* saliva *f*
salle (ssal) *f* sala *f*; **~ à manger** sala da pranzo; **~ d'attente** sala d'aspetto; **~ de bain** stanza da bagno; **~ de bal** sala da ballo; **~ de banquet** sala da banchetto; **~ de classe** aula *f*; **~ de concert** sala da concerti; **~ de lecture** sala di lettura; **~ de séjour** salotto *m*; **~ d'exposition** sala di esposizione
salon (ssa-*lo~~ng~~*) *m* soggiorno *m*; salotto *m*, salone *m*; **~ de beauté** salone di bellezza; **~ de thé** sala da tè
salopette (ssa-lo-*pêt*) *f* tuta *f*
saluer (ssa-*lue*) *v* salutare
salut (ssa-*lü*) *m* benessere *m*
salutation (ssa-lü-ta-*ssio~~ng~~*) *f* saluto *m*
samedi (ssam-*di*) *m* sabato *m*
sanatorium (ssa-na-to-*riom*) *m* sanatorio *m*
sanctuaire (ssa~~ng~~k-*tuêêr*) *m* santuario *m*
sandale (ssa~~ng~~-*dal*) *f* sandalo *m*
sandwich (ssa~~ng~~-*duitʃ*) *m* tramezzino *m*
sang (ssa~~ng~~) *m* sangue *m*; **pur ~** purosangue
sanitaire (ssa-ni-*têêr*) *adj* sanitario
sans (ssa~~ng~~) *prep* senza
santé (ssa~~ng~~-*te*) *f* salute *f*

saphir (ssa-*fiir*) *m* zaffiro *m*
sapin (ssa-*pê~~ng~~*) *m* abete *m*
sardine (ssar-*din*) *f* sardina *f*
satellite (ssa-te-*lit*) *m* satellite *m*
satin (ssa-*tê~~ng~~*) *m* raso *m*
satisfaction (ssa-tiss-fak-*ssio~~ng~~*) *f* appagamento *m*; soddisfazione *f*
***satisfaire** (ssa-ti-*ssfêêr*) *v* *soddisfare; **satisfait** soddisfatto; contento, accontentato
sauce (ssôôss) *f* salsa *f*
saucisse (ssô-*ssiss*) *f* salsiccia *f*
sauf (ssôf) *prep* tranne
saumon (ssô-*mo~~ng~~*) *m* salmone *m*
sauna (ssô-*na*) *m* sauna *f*
saut (ssô) *m* salto *m*; saltello *m*; **~ à ski** salto con gli sci
sauter (ssô-*te*) *v* saltare; *omettere; ***faire ~** *friggere
sauterelle (ssô-*trêl*) *f* cavalletta *f*
sautiller (ssô-ti-*ie*) *v* saltellare
sauvage (ssô-*vaaʒ*) *adj* selvaggio; incolto, selvatico
sauver (ssô-*ve*) *v* salvare
sauvetage (ssôv-*taaʒ*) *m* salvataggio *m*
sauveur (ssô-*vöör*) *m* salvatore *m*
savant (ssa-*va~~ng~~*) *m* scienziato *m*
saveur (ssa-*vöör*) *f* gusto *m*
***savoir** (ssa-*vuaar*) *v* *sapere
savoir-vivre (ssa-vuar-*viivr*) *m* maniere
savon (ssa-*vo~~ng~~*) *m* sapone *m*; **~ à barbe** sapone da barba; **~ en poudre** detersivo *m*
savoureux (ssa-vu-*rö*) *adj* saporito
scandale (sska~~ng~~-*dal*) *m* scandalo *m*
Scandinave (sska~~ng~~-di-*naav*) *m* scandinavo *m*
scandinave (sska~~ng~~-di-*naav*) *adj* scandinavo
Scandinavie (sska~~ng~~-di-na-*vi*) *f* Scandinavia *f*
scarabée (sska-ra-*be*) *m* scarabeo *m*
sceau (ssô) *m* sigillo *m*

scélérat (sse-le-*ra*) *m* furfante *m*
scène (ssên) *f* scena *f*; **metteur en ~** regista *m*; ***mettre en ~** *dirigere
schéma (ʃe-*ma*) *m* schema *m*
scie (ssi) *f* sega *f*
science (ss'angss) *f* scienza *f*
scientifique (ss'ang-ti-*fik*) *adj* scientifico
scierie (ssi-*ri*) *f* segheria *f*
scintillant (ssêng-ti-*'ang*) *adj* scintillante
sciure (ssi-*üür*) *f* segatura *f*
scolaire (ssko-*lêêr*) *adj* scolastico
scooter (ssku-*têêr*) *m* scooter *m*
scout (sskut) *m* boy-scout *m*; giovane esploratore
sculpteur (sskül-*töör*) *m* scultore *m*
sculpture (sskül-*tüür*) *f* scultura *f*; **~ sur bois** scultura in legno
se (ssö) *pron* si
séance (sse-*angss*) *f* sessione *f*
seau (ssô) *m* secchio *m*
sec (ssêk) *adj* (f sèche) asciutto
sèche-cheveux (ssêʃ-ʃö-*vö*) *m* asciugacapelli *m*
sécher (sse-*ʃe*) *v* asciugare
sécheresse (sse-*ʃrêss*) *f* siccità *f*
séchoir (sse-*ʃ^{u}aar*) *m* essiccatoio *m*
second (ssö-*ghong*) *adj* secondo
secondaire (ssö-ghong-*dêêr*) *adj* secondario
seconde (ssö-*ghongd*) *f* secondo *m*
secouer (ssö-*k^{u}e*) *v* agitare
secours (ssö-*kuur*) *m* aiuto *m*; **premier ~** pronto soccorso
secousse (ssö-*kuss*) *f* storta *f*
secret[1] (ssö-*kre*) *m* segreto *m*
secret[2] (ssö-*kre*) *adj* (f secrète) segreto
secrétaire (ssö-kre-*têêr*) *m* segretario *m*; *f* segretaria *f*
section (ssêk-*ss'ong*) *f* sezione *f*; segmento *m*
sécurité (sse-kü-ri-*te*) *f* sicurezza *f*; **glissière de ~** barriera di sicurezza
sédatif (sse-da-*tif*) *m* sedativo *m*
sédiment (sse-di-*mang*) *m* sedimento *m*
***séduire** (sse-*duiir*) *v* *sedurre
séduisant (sse-dui-*sang*) *adj* affascinante, attraente
sein (ssêng) *m* seno *m*
seize (sssêês) *num* sedici
seizième (ssê-*s'êm*) *num* sedicesimo
séjour (sse-*ʒuur*) *m* soggiorno *m*
séjourner (sse-ʒur-*ne*) *v* soggiornare, *trattenersi
sel (ssêl) *m* sale *m*; **sels de bain** sali da bagno
sélection (sse-lêk-*ss'ong*) *f* selezione *f*
sélectionner (sse-lêk-ss'o-*ne*) *v* selezionare
selle (ssêl) *f* sella *f*
selon (ssö-*long*) *prep* secondo
semaine (ssö-*mên*) *f* settimana *f*
semblable (ssang-*blabl*) *adj* simile
sembler (ssang-*ble*) *v* sembrare, *parere
semelle (ssö-*mêl*) *f* suola *f*
semence (ssö-*mangss*) *f* semenza *f*
semer (ssö-*me*) *v* seminare
semi- (ssö-*mi*) semi-
sénat (sse-*na*) *m* senato *m*
sénateur (sse-na-*töör*) *m* senatore *m*
sénile (sse-*nil*) *adj* senile
sens (ssangss) *m* senso *m*; **bon ~** discernimento *m*; **en ~ inverse** alla rovescia; **~ unique** senso unico
sensation (ssang-ssa-*ss'ong*) *f* sensazione *f*
sensationnel (ssang-ssa-ss'o-*nêl*) *adj* sensazionale
sensible (ssang-*ssibl*) *adj* sensibile; notevole
sentence (ssang-*tangss*) *f* sentenza *f*
sentier (ssang-*t'e*) *m* sentiero *m*; **~ pour piétons** sentiero *m*
sentimental (ssang-ti-mang-*tal*) *adj*

sentimentale
***sentir** (ssang-*tiir*) *v* sentire; odorare; ~ **mauvais** puzzare
séparation (sse-pa-ra-*ss^{i}ong*) *f* divisione *f*
séparer (sse-pa-*re*) *v* separare
sept (ssêt) *num* sette
septembre (ssêp-*tangbr*) settembre
septentrional (ssêp-tang-tri-o-*nal*) *adj* nordico, settentrionale
septicémie (ssêp-ti-sse-*mi*) *f* setticemia *f*
septième (ssê-*t^{i}êm*) *num* settimo
septique (ssêp-*tik*) *adj* settico
sépulture (sse-pül-*tüür*) *f* seppellimento *m*
serein (ssö-*rêng*) *adj* calmo
série (sse-*ri*) *f* serie *f*
sérieux (sse-*r^{i}ö*) *adj* serio; *m* serietà *f*
seringue (ssö-*rêngggh*) *f* siringa *f*
serment (ssêr-*mang*) *m* giuramento *m*; **faux** ~ spergiuro *m*
sermon (ssêr-*mong*) *m* sermone *m*
serpent (ssêr-*pang*) *m* serpente *m*
serpentant (ssêr-pang-*tang*) *adj* serpeggiante
serpenter (ssêr-pang-*te*) *v* zigzagare
serre (sssêêr) *f* serra *f*
serrer (sse-*re*) *v* serrare; **serré** stretto, angusto
serrure (sse-*rüür*) *f* serratura *f*; **trou de la** ~ buco della serratura
sérum (sse-*rom*) *m* siero *m*
serveuse (ssêr-*vöös*) *f* cameriera *f*
serviable (ssêr-*v^{i}abl*) *adj* servizievole
service (ssêr-*viss*) *m* servizio *m*; reparto *m*; ~ **à thé** servizio da tè; ~ **de table** servizio da tavola; ~ **d'étage** servizio in camera; **services postaux** servizio postale
serviette (ssêr-*v^{i}êt*) *f* asciugamano *m*; tovagliolo *m*; cartella *f*; ~ **de bain** asciugamano *m*; ~ **de papier** tovagliolo di carta; ~ **hygiénique** pannolino igienico
***servir** (ssêr-*viir*) *v* servire; giovare; **se** ~ **de** applicare
serviteur (ssêr-vi-*töör*) *m* servo *m*
seuil (ssöi) *m* soglia *f*
seul (ssöl) *adv* solo; *adj* singolo, solo
seulement (ssöl-*mang*) *adv* solamente; soltanto
sévère (sse-*vêêr*) *adj* rigido; severo; rigoroso
sévir (sse-*viir*) *v* infierire
sexe (ssêkss) *m* sesso *m*
sexualité (ssêk-ssua-li-*te*) *f* sessualità *f*
sexuel (ssêk-*ssuêl*) *adj* sessuale
shampooing (ʃang-*p^{u}êng*) *m* shampoo *m*
short (ʃort) *m* calzoncini *mpl*
si (ssi) *conj* se; *adv* così; **si … ou** se … o
Siam (ss^{i}am) *m* Siam *m*
Siamois (ss^{i}a-*m^{u}a*) *m* siamese *m*
siamois (ss^{i}a-*m^{u}a*) *adj* siamese
siècle (ss^{i}êkl) *m* secolo *m*
siège (ss^{i}êêʒ) *m* seggio *m*, sede *f*, sedia *f*; assedio *m*
le sien (lö ss^{i}êng) il suo
siffler (ssi-*fle*) *v* fischiare
sifflet (ssi-*fle*) *m* fischio *m*
signal (ssi-*gnal*) *m* segnale *m*; segno *m*; ~ **de détresse** segnale di soccorso
signalement (ssi-gnal-*mang*) *m* connotati *mpl*
signaler (ssi-gna-*le*) *v* segnalare
signature (ssi-gna-*tüür*) *f* firma *f*
signe (ssign) *m* segno *m*; segnale *m*, cenno *m*, indizio *m*; ***faire** ~ sventolare
signer (ssi-*gne*) *v* firmare; *sottoscrivere
significatif (ssi-gni-fi-ka-*tif*) *adj* significativo
signification (ssi-gni-fi-ka-*ss^{i}ong*) *f* significato *m*

signifier (ssi-gni-*f^{i}e*) *v* significare
silence (ssi-*la~~ng~~ss*) *m* silenzio *m*; quiete *f*
silencieux (ssi-la~~ng~~-*ss^{i}ö*) *adj* silenzioso; *m* silenziatore *m*
sillon (ssi-*^{i}o~~ng~~*) *m* solco *m*
similaire (ssi-mi-*lêêr*) *adj* simile
similitude (ssi-mi-li-*tüd*) *f* rassomiglianza *f*
simple (ssê~~ng~~pl) *adj* semplice
simplement (ssê~~ng~~-plö-*ma~~ng~~*) *adv* semplicemente
simuler (ssi-mü-*le*) *v* simulare
simultané (ssi-mül-ta-*ne*) *adj* simultaneo
sincère (ssê~~ng~~-*ssêêr*) *adj* sincero
singe (ssê~~ng~~ʒ) *m* scimmia *f*
singulier (ssê~~ng~~-ghü-*l^{i}e*) *m* singolare *m*; *adj* strano, singolare
sinistre (ssi-*nisstr*) *adj* sinistro; *m* catastrofe *f*
sinon (ssi-*no~~ng~~*) *conj* altrimenti
siphon (ssi-*fo~~ng~~*) *m* sifone *m*
sirène (ssi-*rên*) *f* sirena *f*
sirop (ssi-*rô*) *m* sciroppo *m*
site (ssit) *m* sito *m*
situation (ssi-tua-*ss^{i}o~~ng~~*) *f* situazione *f*; posizione *f*, ubicazione *f*
situé (ssi-*tue*) *adj* situato
six (ssiss) *num* sei
sixième (ssi-*s^{i}êm*) *num* sesto
ski (sski) *m* sci *m*; ~ **nautique** sci d'acqua
skier (sski-*e*) *v* sciare
skieur (sski-*öör*) *m* sciatore *m*
slip (sslip) *m* slip *mpl*, mutandine *fpl*
slogan (ssloghа~~ng~~) *m* slogan *m*
smoking (ssmo-*king*) *m* smoking *m*
snack-bar (ssnak-baar) *m* tavola calda
snob (ssnob) *adj* arrogante
sobre (ssobr) *adj* sobrio
social (sso-*ss^{i}al*) *adj* sociale
socialisme (sso-ss^{i}a-*lissm*) *m* socialismo *m*
socialiste (sso-ss^{i}a-*lisst*) *adj* socialista; *m* socialista *m*
société (sso-ss^{i}e-*te*) *f* società *f*
sœur (ssöör) *f* sorella *f*
soi (ss^{u}a) *pron* sé; **soi-même** *pron* sé stesso
soi-disant (ss^{u}a-di-*sa~~ng~~*) *adj* cosiddetto
soie (ss^{u}a) *f* seta *f*
soif (ss^{u}af) *f* sete *f*
soigné (ss^{u}a-*gne*) *adj* lindo, curato; accurato
soigner (ss^{u}a-*gne*) *v* badare a; curare
soigneux (ss^{u}a-*gnö*) *adj* scrupoloso
soin (ss^{u}ê~~ng~~) *m* cura *f*; ***prendre ~ de** *aver cura di; **soins de beauté** cura di bellezza
soir (ss^{u}aar) *m* sera *f*; **ce** ~ stasera
soirée (ss^{u}a-*re*) *f* serata *f*
soit ... soit (ss^{u}a) o... o
soixante (ss^{u}a-*ssa~~ng~~t*) *num* sessanta
soixante-dix (ss^{u}a-ssa~~ng~~t-*diss*) *num* settanta
sol (ssol) *m* pavimento *m*; terra *f*, suolo *m*
soldat (ssol-*da*) *m* soldato *m*; militare *m*
solde (ssold) *m* saldo *m*; **soldes** svendita *f*, saldi
sole (ssol) *f* sogliola *f*
soleil (sso-*lêi*) *m* sole *m*; luce del sole; **coucher du** ~ tramonto *m*; **coup de** ~ abbronzatura *f*; **lever du** ~ aurora *f*
solennel (sso-la-*nêl*) *adj* solenne
solide (sso-*lid*) *adj* solido; *m* solido *m*
solitaire (sso-li-*têêr*) *adj* solitario
solitude (sso-li-*tüd*) *f* solitudine *f*
soluble (sso-*lübl*) *adj* solubile
solution (sso-lü-*ss^{i}o~~ng~~*) *f* soluzione *f*
sombre (sso~~ng~~br) *adj* buio, tetro; cupo
sommaire (sso-*mêêr*) *m* sommario *m*

somme (ssom) *f* somma *f*; *m* pisolino *m*; ~ **globale** somma globale
sommeil (sso-*mêi*) *m* sonno *m*
sommelier (sso-mö-*l^{i}e*) *m* cantiniere *m*
sommet (sso-*me*) *m* vetta *f*; colmo *m*, cima *f*; ~ **de colline** vetta *f*
somnifère (ssom-ni-*fêêr*) *m* sonnifero *m*
somnolent (ssom-no-*lang*) *adj* assonnato
son[1] (ssong) *adj* (f sa, pl ses) suo
son[2] (ssong) *m* suono *m*
songer (ssong-*ʒe*) *v* sognare; ~ **à** ricordare
sonner (sso-*ne*) *v* suonare
sonnette (sso-*nêt*) *f* campanello *m*
sorcière (ssor-*ss^{i}êêr*) *f* strega *f*
sort (ssoor) *m* fortuna *f*, sorte *f*, destino *m*
sorte (ssort) *f* specie *f*
sortie (ssor-*ti*) *f* uscita *f*; ~ **de secours** uscita di sicurezza
***sortir** (ssor-*tiir*) *v* *uscire
sot (ssô) *adj* (f sotte) sciocco, stolto
sottise (sso-*tiis*) *f* sciocchezza *f*, stupidaggini *fpl*
souche (ssuʃ) *f* matrice *f*
souci (ssu-*ssi*) *m* ansietà *f*, ansia *f*; preoccupazione *f*
se soucier de (ssu-*ss^{i}e*) preoccuparsi di
soucieux (ssu-*ss^{i}ö*) *adj* preoccupato
soucoupe (ssu-*kup*) *f* piattino *m*
soudain (ssu-*dêng*) *adj* improvviso; *adv* improvvisamente
souder (ssu-*de*) *v* saldare
soudure (ssu-*düür*) *f* saldatura *f*
souffle (ssufl) *m* respiro *m*; fiato *m*
souffler (ssu-*fle*) *v* soffiare; tirare
souffrance (ssu-*frangss*) *f* sofferenza *f*
***souffrir** (ssu-*friir*) *v* *soffrire
souhait (ss^{u}ê) *m* desiderio *m*
souhaiter (ss^{u}e-*te*) *v* desiderare
souillé (ssu-*^{i}e*) *adj* sudicio
souillure (ssu-*^{i}üür*) *f* macchia *f*
soulagement (ssu-laʒ-*mang*) *m* sollievo *m*
soulager (ssu-la-*ʒe*) *v* mitigare
soulever (ssul-*ve*) *v* alzare; sollevare
soulier (ssu-*l^{i}e*) *m* scarpa *f*
souligner (ssu-li-*gne*) *v* sottolineare
***soumettre** (ssu-*mêtr*) *v* *sottomettere
soupape (ssu-*pap*) *f* valvola *f*
soupçon (ssup-*ssong*) *m* sospetto *m*
soupçonner (ssup-sso-*ne*) *v* sospettare
soupçonneux (ssup-sso-*nö*) *adj* sospettoso
soupe (ssup) *f* minestra *f*
souper (ssu-*pe*) *m* cena *f*
souple (ssupl) *adj* pieghevole; agile
source (ssurss) *f* pozzo *m*; sorgente *f*
sourcil (ssur-*ssi*) *m* sopracciglio *m*
sourd (ssuur) *adj* sordo
sourire (ssu-*riir*) *m* sorriso *m*; ~ **forcé** smorfia *f*
***sourire** (ssu-*riir*) *v* *sorridere
souris (ssu-*ri*) *f* topo *m*
sous (ssu) *prep* sotto
sous-estimer (ssu-sê-ssti-*me*) *v* sottovalutare
sous-locataire (ssu-lo-ka-*têêr*) *m* inquilino *m*
sous-marin (ssu-ma-*rêng*) *adj* subacqueo
soussigné (ssu-ssi-*gne*) *m* sottoscritto *m*
sous-sol (ssu-*ssol*) *m* seminterrato *m*
sous-titre (ssu-*titr*) *m* sottotitolo *m*
***soustraire** (ssu-*sstrêêr*) *v* *sottrarre
sous-vêtements (ssu-vêt-*mang*) *mpl* biancheria personale
***soutenir** (ssut-*niir*) *v* *sostenere
souterrain (ssu-tê-*rêng*) *adj* sotterraneo
soutien (ssu-*t^{i}êng*) *m* sostegno *m*; aiuto *m*

soutien-gorge (ssu-t'êng-*ghorʒ*) *m* reggipetto *m*, reggiseno *m*
souvenir (ssu-*vniir*) *m* memoria *f*, ricordo *m*; **se *souvenir** ricordarsi
souvent (ssu-*vang*) *adv* spesso; **le plus** ~ per lo più
souverain (ssu-*vrêng*) *m* sovrano *m*
soviétique (sso-v'e-*tik*) *adj* sovietico
soyeux (ssᵘa-*'ö*) *adj* di seta
spacieux (sspa-*ss'ö*) *adj* spazioso
sparadrap (sspa-ra-*dra*) *m* cerotto *m*
spécial (sspe-*ss'al*) *adj* speciale
spécialement (sspe-ss'al-*mang*) *adv* specialmente
se spécialiser (sspe-ss'a-li-*se*) specializzarsi
spécialiste (sspe-ss'a-*lisst*) *m* perito *m*, specialista *m*
spécialité (sspe-ss'a-li-*te*) *f* specialità *f*
spécifique (sspe-ssi-*fik*) *adj* specifico
spécimen (sspe-ssi-*mên*) *m* esemplare *m*
spectacle (sspêk-*takl*) *m* spettacolo *m*; ~ **de variétés** spettacollo di varietà
spectaculaire (sspêk-ta-kü-*lêêr*) *adj* sensazionale
spectateur (sspêk-ta-*töör*) *m* spettatore *m*
spectre (sspêktr) *m* spettro *m*
spéculer (sspe-kü-*le*) *v* speculare
sphère (ssfêêr) *f* sfera *f*
spirituel (sspi-ri-*tuêl*) *adj* spirituale; spiritoso
spiritueux (sspi-ri-*tuö*) *mpl* bevande alcooliche
splendeur (ssplang-*döör*) *f* splendore *m*
splendide (ssplang-*did*) *adj* splendido; stupendo, affascinante
sport (sspoor) *m* sport *m*; **sports d'hiver** sport invernali
sportif (sspor-*tif*) *m* sportivo *m*
square (sskᵘaar) *m* piazza *f*
squelette (sskö-*lêt*) *m* scheletro *m*; ossatura *f*
stable (sstabl) *adj* stabile
stade (sstad) *m* stadio *m*
stand (sstang) *m* banco *m*; ~ **de livres** edicola *f*
standard (sstang-*daar*) *adj* normale
standardiste (sstang-dar-*disst*) *f* telefonista *f*, centralinista *f*
starter (sstar-*têêr*) *m* valvola dell'aria
station (ssta-*ss'ong*) *f* stazione *f*; ~ **balnéaire** stazione balneare; ~ **de taxis** posteggio di autopubbliche; **station-service** *f* distributore di benzina; stazione di servizio; ~ **thermale** stazione termale
stationnaire (ssta-ss'o-*nêêr*) *adj* stazionario
stationnement (ssta-ss'on-*mang*) *m* parcheggio *m*; ~ **interdit** divieto di sosta
statistique (ssta-ti-*sstik*) *f* statistica *f*
statue (ssta-*tü*) *f* statua *f*
stature (ssta-*tüür*) *f* forma *f*
sténographe (sste-nô-*ghraf*) *m* stenografo *m*
sténographie (sste-nô-ghra-*fi*) *f* stenografia *f*
stérile (sste-*ril*) *adj* sterile
stériliser (sste-ri-li-*se*) *v* sterilizzare
steward (sst'u-*ᵘard*) *m* steward *m*
stimulant (ssti-mü-*lang*) *m* stimolo *m*; stimolante *m*
stimuler (ssti-mü-*le*) *v* stimolare
stipulation (ssti-pü-la-*ss'ong*) *f* stipulazione *f*
stipuler (ssti-pü-*le*) *v* stipulare
stock (sstok) *m* scorta *f*; provvista *f*; ***avoir en** ~ *tenere in magazzino
stop! (sstop) alt!
stops (sstop) *mpl* luci di arresto
store (sstoor) *m* avvolgibile *m*
strophe (sstrof) *f* strofa *f*

structure (sstrük-*tüür*) *f* struttura *f*
stupide (sstü-*pid*) *adj* stupido
style (sstil) *m* stile *m*
stylo (ssti-*lô*) *m* penna stilografica; ~ **à bille** penna a sfera
subalterne (ssü-bal-*têrn*) *adj* subordinato
subir (ssü-*biir*) *v* subire
sublime (ssü-*blim*) *adj* imponente
subordonné (ssü-bor-do-*ne*) *adj* subalterno
subsistance (ssüb-si-*sstangss*) *f* sussistenza *f*
substance (ssüb-*sstangss*) *f* sostanza *f*
substantiel (ssüb-sstang-*ssⁱêl*) *adj* sostanziale
substantif (ssüb-sstang-*tif*) *m* nome *m*
substituer (ssüb-ssti-*tue*) *v* sostituire
substitut (ssüb-ssti-*tü*) *m* sostituto *m*
subtil (ssüb-*til*) *adj* sottile
suburbain (ssü-bür-*bêng*) *adj* suburbano
subvention (ssüb-vang-*ssⁱong*) *f* sovvenzione *f*; sussidio *m*
succéder (ssük-sse-*de*) *v* *succedere
succès (ssük-*sse*) *m* successo *m*
succession (ssük-ssê-*ssⁱong*) *f* successione *f*
succomber (ssü-kong-*be*) *v* soccombere
succulent (ssü-kü-*lang*) *adj* gustoso
succursale (ssü-kür-*ssal*) *f* succursale *f*
sucer (ssü-*sse*) *v* succhiare
sucre (ssükr) *m* zucchero *m*
sucrer (ssü-*kre*) *v* zuccherare; **sucré** dolce
sud (ssüd) *m* sud *m*
sud-américain (ssü-da-me-ri-*kêng*) *adj* latino americano
sud-est (ssü-*dêsst*) *m* sud-est *m*
sud-ouest (ssü-*d^uêsst*) *m* sud-ovest *m*
Suède (ssuêd) *f* Svezia *f*
Suédois (ssue-*d^ua*) *m* svedese *m*
suédois (ssue-*d^ua*) *adj* svedese
suer (ssue) *v* sudare
sueur (ssuöör) *f* sudore *m*
***suffire** (ssü-*fiir*) *v* bastare
suffisant (ssü-fi-*sang*) *adj* sufficiente
suffoquer (ssü-fo-*ke*) *v* soffocare
suffrage (ssü-*fraaʒ*) *m* suffragio *m*
suggérer (ssügh-ʒe-*re*) *v* suggerire
suggestion (ssügh-ʒê-*sstⁱong*) *f* suggerimento *m*
suicide (ssui-*ssid*) *m* suicidio *m*
Suisse (ssuiss) *f* Svizzera *f*; *m* svizzero *m*
suisse (ssuiss) *adj* svizzero
suite (ssuit) *f* continuazione *f*; serie *f*; **et ainsi de** ~ e così via; **par la** ~ poi; **tout de** ~ subito
suivant (ssui-*vang*) *adj* prossimo, seguente
***suivre** (ssuiivr) *v* seguire; ***faire** ~ inoltrare
sujet (ssü-*ʒe*) *m* soggetto *m*; argomento *m*, punto *m*; suddito *m*; ~ **à** soggetto a
superbe (ssü-*pêrb*) *adj* superbo
superficiel (ssü-pêr-fi-*ssⁱêl*) *adj* superficiale
superflu (ssü-pêr-*flü*) *adj* superfluo; ridondante
supérieur (ssü-pe-*rⁱöör*) *adj* superiore; sommo; migliore; ottimo
superlatif (ssü-pêr-la-*tif*) *adj* superlativo; *m* superlativo *m*
supermarché (ssü-pêr-mar-*ʃe*) *m* supermercato *m*
superstition (ssü-pêr-ssti-*ssⁱong*) *f* superstizione *f*
superviser (ssü-pêr-vi-*se*) *v* *soprintendere
supervision (ssü-pêr-vi-*sⁱong*) *f* soprintendenza *f*
supplément (ssü-ple-*mang*) *m* supplemento *m*
supplémentaire (ssü-ple-mang-*têêr*)

adj supplementare
supplier (ssü-pli-*e*) *v* supplicare
supporter[1] (ssü-por-*te*) *v* sopportare; appoggiare
supporter[2] (ssü-por-*têêr*) *m* tifoso *m*
supposer (ssü-pô-*se*) *v* *supporre; *assumere, congetturare, credere
suppositoire (ssü-pô-si-*t^{u}aar*) *m* supposta *f*
supprimer (ssü-pri-*me*) *v* *sopprimere
suprême (ssü-*prêm*) *adj* supremo
sur (ssür) *prep* su
sûr (ssüür) *adj* sicuro; **bien** ~ naturalmente
surcharge (ssür-*ʃarʒ*) *f* soprappeso *m*
sûrement (ssür-*mang*) *adv* certamente
surface (ssür-*fass*) *f* superficie *f*; area *f*
surgir (ssür-*ʒiir*) *v* *sorgere
surmené (ssür-mö-*ne*) *adj* esausto
se surmener (ssür-mö-*ne*) lavorare troppo
surnom (ssür-*nong*) *m* nomignolo *m*
surpasser (ssür-pa-*sse*) *v* superare
surplus (ssür-*plü*) *m* eccedenza *f*
***surprendre** (ssür-*prangdr*) *v* *sorprendere; stupire, *stupefare; *cogliere
surprise (ssür-*priis*) *f* sorpresa *f*; meraviglia *f*
surprise-partie (ssür-pris-par-*ti*) *f* festa *f*
surtout (ssür-*tu*) *adv* soprattutto
surveillance (ssür-vê-*^{i}angss*) *f* sorveglianza *f*
surveillant (ssür-vê-*^{i}ang*) *m* ispettore *m*, custode *m*
surveiller (ssür-ve-*^{i}e*) *v* *tenere d'occhio; sorvegliare, custodire
***survenir** (ssür-vö-*niir*) *v* *accadere
survie (ssür-*vi*) *f* sopravvivenza *f*
***survivre** (ssür-*viivr*) *v* *sopravvivere
suspect (ssü-*sspêkt*) *adj* sospetto; *m* indiziato *m*
suspecter (ssü-sspêk-*te*) *v* *supporre
suspendre (ssü-*sspangdr*) *v* *appendere; *sospendere
suspension (ssü-sspang-*ss^{i}ong*) *f* sospensione *f*; molleggio *m*
suture (ssü-*tüür*) *f* punto *m*
suturer (ssü-tü-*re*) *v* suturare
svelte (ssvêlt) *adj* snello
Swahili (ss^{u}a-i-*li*) *m* swahili *m*
syllabe (ssi-*lab*) *f* sillaba *f*
symbole (ssêng-*bol*) *m* simbolo *m*
sympathie (ssêng-pa-*ti*) *f* simpatia *f*
sympathique (ssêng-pa-*tik*) *adj* simpatico
symphonie (ssêng-fo-*ni*) *f* sinfonia *f*
symptôme (ssêngp-*tôôm*) *m* sintomo *m*
synagogue (ssi-na-*ghogh*) *f* sinagoga *f*
syndicat (ssêng-di-*ka*) *m* sindacato *m*; ~ **d'initiative** ufficio turistico
synonyme (ssi-no-*nim*) *m* sinonimo *m*
synthétique (ssêng-te-*tik*) *adj* sintetico
Syrie (ssi-*ri*) *f* Siria *f*
Syrien (ssi-*r^{i}êng*) *m* siriano *m*
syrien (ssi-*r^{i}êng*) *adj* siriano
systématique (ssi-sste-ma-*tik*) *adj* sistematico
système (ssi-*sstêm*) *m* sistema *m*; ~ **décimal** sistema decimale; ~ **de lubrification** sistema lubrificante; ~ **de refroidissement** sistema di raffreddamento

T

tabac (ta-*ba*) *m* tabacco *m*; **bureau de** ~ tabaccheria *f*; **débitant de** ~ tabaccaio *m*; ~ **à rouler** trinciato *m*; **tabac pour pipe** tabacco da pi-

pa
table (tabl) *f* tavola *f*; tabella *f*; ~ **des matières** indice *m*
tableau (ta-*blô*) *m* tabella *f*; tavoletta *f*; ~ **de bord** cruscotto *m*; ~ **de conversions** tabella di conversione; ~ **de distribution** quadro di distribuzione; ~ **noir** lavagna *f*
tablette (ta-*blêt*) *f* pasticca *f*
tablier (ta-bli-*e*) *m* grembiule *m*
tabou (ta-*bu*) *m* tabù *m*
tache (taʃ) *f* macchia *f*, macchiolina *f*, chiazza *f*
tâche (taaʃ) *f* compito *m*
tacher (ta-*ʃe*) *v* macchiare
tâcher (ta-*ʃe*) *v* cercare
tacheté (taʃ-*te*) *adj* chiazzato
tactique (tak-*tik*) *f* tattica *f*
taille (tai) *f* vita *f*; grandezza *f*
taille-crayon (tai-krê-*'ong*) *m* temperamatite *m*
tailler (ta-*'e*) *v* tagliare, raccorciare; intagliare
tailleur (ta-*'öör*) *m* sarto *m*
se *taire (têêr) *tacere
talc (talk) *m* talco *m*
talent (ta-*lang*) *m* talento *m*; attitudine *f*
talon (ta-*long*) *m* tallone *m*; tacco *m*; talloncino *m*
tambour (tang-*buur*) *m* tamburo *m*; ~ **de frein** tamburo del freno
tamiser (ta-mi-*se*) *v* vagliare, setacciare
tampon (tang-*pong*) *m* tampone *m*
tamponner (tang-po-*ne*) *v* cozzare
tandis que (tang-di kö) mentre
tangible (tang-*ʒibl*) *adj* tangibile
tanière (ta-*n'êêr*) *f* tana *f*
tante (tangt) *f* zia *f*
tapageur (ta-pa-*ʒöör*) *adj* turbolento
taper (ta-*pe*) *v* picchiare; ~ **à la machine** dattilografare
tapis (ta-*pi*) *m* tappeto *m*; stuoia *f*
tapisserie (ta-pi-*ssri*) *f* arazzo *m*, tappezzeria *f*
taquiner (ta-ki-*ne*) *v* stuzzicare
tard (taar) *adj* tardivo
tarif (ta-*rif*) *m* prezzo *m*, tariffa *f*
tartine (tar-*tin*) *f* tramezzino *m*
tas (ta) *m* massa *f*, mucchio *m*
tasse (tass) *f* tazza *f*; ~ **à thé** tazzina da tè
taureau (tô-*rô*) *m* toro *m*
taux (tô) *m* tariffa *f*; ~ **d'escompte** tasso di sconto
taverne (ta-*vêrn*) *f* taverna *f*
taxation (tak-ssa-*ss'ong*) *f* imposta *f*
taxe (takss) *f* tassa *f*
taxi (tak-*ssi*) *m* tassì *m*; **chauffeur de** ~ tassista *m*
taximètre (tak-ssi-*mêtr*) *m* tassametro *m*
Tchécoslovaquie (tʃe-ko-sslo-va-*ki*) *f* Cecoslovacchia *f*
Tchèque (tʃêk) *m* ceco *m*
tchèque (tʃêk) *adj* ceco
te (tö) *pron* ti
technicien (têk-ni-*ss'êng*) *m* tecnico *m*
technique (têk-*nik*) *f* tecnica *f*; *adj* tecnico
technologie (têk-no-lo-*ʒi*) *f* tecnologia *f*
***teindre** (têngdr) *v* *tingere
teint (têng) *m* carnagione *f*; **grand** ~ a tinta solida
teinture (têng-*tüür*) *f* tintura *f*
teinturerie (têng-tür-*ri*) *f* tintoria *f*
tel (têl) *adj* simile, tale; ~ **que** come
télégramme (te-le-*ghram*) *m* telegramma *m*
télégraphier (te-le-ghra-*f'e*) *v* telegrafare
télémètre (te-le-*mêtr*) *m* telemetro *m*
télé-objectif (te-le-ob-ʒêk-*tif*) *m* teleobbiettivo *m*
télépathie (te-le-pa-*ti*) *f* telepatia *f*

téléphone (te-le-*fon*) *m* telefono *m*; **coup de** ~ chiamata *f*
téléphoner (te-le-fo-*ne*) *v* telefonare
téléphoniste (te-le-fo-*nisst*) *f* telefonista *f*
téléski (te-le-*sski*) *m* teleferica per sciatori
télévision (te-le-vi-*s^{i}ong*) *f* televisione *f*; televisore *m*
télex (te-*lêkss*) *m* telex *m*
tellement (têl-*mang*) *adv* così; talmente
téméraire (te-me-*rêêr*) *adj* temerario
témoignage (te-m^{u}a-*n^{i}aaʒ*) *m* testimonianza *f*
témoigner (te-m^{u}a-*gne*) *v* testimoniare
témoin (te-*m^{u}êng*) *m* testimone *m*; ~ **oculaire** testimone oculare
tempe (tangp) *f* tempia *f*
température (tang-pe-ra-*tüür*) *f* temperatura *f*; ~ **ambiante** temperatura ambientale
tempête (tang-*pêt*) *f* tempesta *f*; burrasca *f*; ~ **de neige** tormenta *f*
temple (tangpl) *m* tempio *m*
temporaire (tang-po-*rêêr*) *adj* temporaneo
temps (tang) *m* tempo *m*; **à** ~ in tempo; **ces derniers** ~ ultimamente; **de temps en** ~ di tanto in tanto, ogni tanto, occasionalmente; ~ **libre** tempo libero
tenailles (tö-*nai*) *fpl* tenaglie *fpl*
tendance (tang-*dangss*) *f* tendenza *f*; ***avoir** ~ *tendere
tendon (tang-*dong*) *m* tendine *m*
tendre[1] (tangdr) *adj* delicato; tenero
tendre[2] (tangdr) *v* *tendere; **tendu** teso
tendresse (tang-*drêss*) *f* tenerezza *f*
ténèbres (te-*nêbr*) *fpl* buio *m*; oscurità *f*
***tenir** (tö-*niir*) *v* *tenere; **se** ~ **debout** *stare in piedi; ~ **à** *voler bene
tennis (te-*niss*) *m* tennis *m*; ~ **de table** tennis da tavolo
tension (tang-*ss^{i}ong*) *f* tensione *f*; sforzo *m*; ~ **artérielle** pressione sanguigna
tentation (tang-ta-*ss^{i}ong*) *f* tentazione *f*
tentative (tang-ta-*tiiv*) *f* tentativo *m*
tente (tangt) *f* tenda *f*
tenter (tang-*te*) *v* tentare
tenue (tö-*nü*) *f* contegno *m*; tenuta *f*; ~ **de soirée** abito da sera
térébenthine (te-re-bang-*tin*) *f* trementina *f*
terme (têrm) *m* termine *m*
terminer (têr-mi-*ne*) *v* terminare; **se** ~ finire; **terminé** finito
terminus (têr-mi-*nüss*) *m* termine *m*
terne (têrn) *adj* offuscato; pallido, smorto, opaco
terrain (tê-*rêng*) *m* terreno *m*; ~ **d'aviation** aerodromo *m*; ~ **de camping** campeggio *m*; ~ **de golf** campo di golf; ~ **de jeux** campo di gioco
terrasse (tê-*rass*) *f* terrazza *f*
terre (têêr) *f* terra *f*; **à** ~ a terra; **hautes terres** altopiano *m*; **par** ~ a terra; ~ **cuite** terraglie *fpl*; ~ **ferme** terraferma *f*
terre-à-terre (tê-ra-*têêr*) *adj* sensato
terreur (tê-*röör*) *f* terrore *m*; terrorismo *m*
terrible (te-*ribl*) *adj* terribile; spaventoso
terrifiant (tê-ri-*f^{i}ang*) *adj* spaventevole; raccapricciante
terrifier (tê-ri-*f^{i}e*) *v* sgomentare
territoire (tê-ri-*t^{u}aar*) *m* territorio *m*
terroir (tê-*r^{u}aar*) *m* terreno *m*
terrorisme (tê-ro-*rissm*) *m* terrorismo *m*

terroriste (tê-ro-*risst*) *m* terrorista *m*
Térylène (te-ri-*lên*) *m* terital *m*
test (têsst) *m* prova *f*
testament (tê-ssta-*ma~~ng~~*) *m* testamento *m*
tête (têt) *f* testa *f*; capo *m*
têtu (te-*tü*) *adj* testardo, cocciuto
texte (têksst) *m* testo *m*
textile (têk-*sstil*) *m* tessuto *m*
texture (têk-*sstüür*) *f* struttura *f*
Thaïlandais (ta-i-la~~ng~~-*de*) *m* tailandese *m*
thaïlandais (ta-i-la~~ng~~-*de*) *adj* tailandese
Thaïlande (ta-i-*la~~ng~~d*) *f* Tailandia *f*
thé (te) *m* tè *m*; merenda *f*
théâtre (te-*aatr*) *m* teatro *m*; ~ **de marionnettes** rappresentazione di marionette; ~ **de variétés** teatro di varietà
théière (te-^{i}*êêr*) *f* teiera *f*
thème (têm) *m* tema *m*
théologie (te-o-lo-*ʒi*) *f* teologia *f*
théorie (te-o-*ri*) *f* teoria *f*
théorique (te-o-*rik*) *adj* teorico
thérapie (te-ra-*pi*) *f* terapia *f*
thermomètre (têr-mo-*mêtr*) *m* termometro *m*
thermoplongeur (têr-mô-plo~~ng~~-*ʒöör*) *m* scaldacqua ad immersione
thermos (têr-*moss*) *m* termos *m*
thermostat (têr-mo-*ssta*) *m* termostato *m*
thèse (têês) *f* tesi *f*
thon (to~~ng~~) *m* tonno *m*
thym (tê~~ng~~) *m* timo *m*
ticket (ti-*ke*) *m* cedola *f*
tiède (t^{i}êd) *adj* tiepido
le tien (lö t^{i}ê~~ng~~) il tuo
tiers (t^{i}êêr) *adj* (f tierce) terzo
tige (tiiʒ) *f* gambo *m*; stecca *f*
tigre (tighr) *m* tigre *f*
tilleul (ti-^{i}*öl*) *m* tiglio *m*
timbre (tê~~ng~~br) *m* francobollo *m*; timbro *m*
timbre-poste (tê~~ng~~-brö-*posst*) *m* francobollo *m*
timide (ti-*mid*) *adj* timido
timidité (ti-mi-di-*te*) *f* timidezza *f*
timonier (ti-mo-*n^{i}e*) *m* timoniere *m*
tirage (ti-*raaʒ*) *m* sorteggio *m*; tiratura *f*
tire-bouchon (tir-bu-*ʃo~~ng~~*) *m* cavatappi *m*
tirer (ti-*re*) *v* tirare; sparare
tiret (ti-*re*) *m* lineetta *f*
tiroir (ti-*r^{u}aar*) *m* cassetto *m*
tisser (ti-*sse*) *v* tessere
tisserand (ti-*ssra~~ng~~*) *m* tessitore *m*
tissu (ti-*ssü*) *m* tessuto *m*; stoffa *f*
tissu-éponge (ti-ssü-e-*po~~ng~~ʒ*) *m* spugna *f*
titre (titr) *m* titolo *m*
toast (tôsst) *m* crostino *m*; brindisi *m*
toboggan (to-bo-*gha~~ng~~*) *m* scivolo *m*
toi (t^{u}a) *pron* te
toile (t^{u}al) *f* lino *m*; **grosse** ~ tela di canapa; ~ **d'araignée** ragnatela *f*
toilettes (t^{u}a-*lêt*) *fpl* gabinetto *m*; toletta *f*; ~ **pour dames** gabinetto per signore; ~ **pour hommes** gabinetto per signori
toi-même (t^{u}a-*mêm*) *pron* tu stesso
toit (t^{u}a) *m* tetto *m*; ~ **de chaume** *m* tetto di paglia
tolérable (to-le-*rabl*) *adj* tollerabile
tolérer (to-le-*re*) *v* tollerare
tomate (to-*mat*) *f* pomodoro *m*
tombe (to~~ng~~b) *f* tomba *f*
tomber (to~~ng~~-*be*) *v* *cadere
tome (tom) *m* volume *m*
ton[1] (to~~ng~~) *adj* (f ta, pl tes) tuo
ton[2] (to~~ng~~) *m* tono *m*
tonique (to-*nik*) *m* tonico *m*; ~ **capillaire** tonico per capelli
tonne (ton) *f* tonnellata *f*
tonneau (to-*nô*) *m* botte *f*

tonnerre (to-*nêêr*) *m* tuono *m*
torche (torʃ) *f* torcia *f*
torchon (tor-*ʃong*) *m* canovaccio per stoviglie
tordre (tordr) *v* *torcere; *storcere
tordu (tor-*dü*) *adj* tortuoso
torsion (tor-*ssiong*) *f* torsione *f*
tort (toor) *m* torto *m*; male *m*
tortue (tor-*tü*) *f* tartaruga *f*
torture (tor-*tüür*) *f* tortura *f*
torturer (tor-tü-*re*) *v* torturare
tôt (tô) *adv* mattutino
total (to-*tal*) *adj* totale; globale; *m* totale *m*
totalement (to-tal-*mang*) *adv* totalmente
totalisateur (to-ta-li-sa-*töör*) *m* totalizzatore *m*
totalitaire (to-ta-li-*têêr*) *adj* totalitario
touchant (tu-*ʃang*) *adj* commovente
toucher (tu-*ʃe*) *v* toccare; riguardare, colpire; convertire; *m* tatto *m*
toujours (tu-*ʒuur*) *adv* sempre; ~ **et encore** ripetutamente
tour (tuur) *m* giro *m*; turno *m*; mossa *f*; *f* torre *f*
tourisme (tu-*rissm*) *m* turismo *m*
touriste (tu-*risst*) *m* turista *m*
tourment (tur-*mang*) *m* tormento *m*
tourmenter (tur-mang-*te*) *v* tormentare
tournant (tur-*nang*) *m* tornante *m*, svolta *f*; punto decisivo
tourne-disque (tur-nö-*dissk*) *m* giradischi *m*
tourner (tur-*ne*) *v* voltare; girare, *far girare
tournevis (tur-nö-*viss*) *m* cacciavite *m*
tournoi (tur-*nᵘa*) *m* torneo *m*
tousser (tu-*sse*) *v* tossire
tout (tu) *adj* tutto; ciascuno; *pron* tutto; **du** ~ affatto; **en** ~ in tutto; ~ **à fait** completamente; ~ **à l'heure** a momenti; ~ **au plus** tutt'al più-o; ~ **ce que** qualsiasi; ~ **de suite** subito; ~ **droit** avanti dritto; ~ **le monde** ognuno
toutefois (tut-*fᵘa*) *adv* comunque
toux (tu) *f* tosse *f*
toxique (tok-*ssik*) *adj* tossico
tracas (tra-*ka*) *m* noia *f*
tracasser (tra-ka-*sse*) *v* importunare
trace (trass) *f* traccia *f*
tracer (tra-*sse*) *v* rintracciare
tracteur (trak-*töör*) *m* trattore *m*
tradition (tra-di-*ssiong*) *f* tradizione *f*
traditionnel (tra-di-ssio-*nêl*) *adj* tradizionale
traducteur (tra-dük-*töör*) *m* traduttore *m*
traduction (tra-dük-*ssiong*) *f* traduzione *f*
***traduire** (tra-*duiir*) *v* *tradurre
trafic (tra-*fik*) *m* traffico *m*
tragédie (tra-ʒe-*di*) *f* tragedia *f*
tragique (tra-*ʒik*) *adj* tragico
trahir (tra-*iir*) *v* tradire
trahison (tra-i-*song*) *f* tradimento *m*
train (trêng) *m* treno *m*; ~ **de marchandises** treno merci; ~ **de nuit** treno notturno; ~ **de voyageurs** treno passeggeri; ~ **direct** treno diretto; ~ **express** treno direttissimo; ~ **local** treno locale
traîneau (trê-*nô*) *m* slitta *f*
traîner (tre-*ne*) *v* trascinare, trainare
trait (tre) *m* tratto *m*; ~ **de caractère** tratto del carattere; ~ **d'union** lineetta *f*; ~ **du visage** tratto *m*
traite (trêt) *f* tratta *f*
traité (tre-*te*) *m* trattato *m*
traitement (trêt-*mang*) *m* trattamento *m*
traiter (tre-*te*) *v* trattare
traître (trêêtr) *m* traditore *m*
trajet (tra-*ʒe*) *m* tragitto *m*
tram (tram) *m* tram *m*
tranche (trangʃ) *f* fetta *f*

trancher (tra~~ng~~-*ʃe*) *v* troncare; *risolvere
tranquille (tra~~ng~~-*kil*) *adj* tranquillo
tranquillité (tra~~ng~~-ki-li-*te*) *f* tranquillità *f*
transaction (tra~~ng~~-sak-*ss^{i}o~~ng~~*) *f* accordo *m*, transazione *f*
transatlantique (tra~~ng~~-sat-la~~ng~~-*tik*) *adj* transatlantico
transférer (tra~~ng~~-ssfe-*re*) *v* trasferire
transformateur (tra~~ng~~-ssfor-ma-*töör*) *m* trasformatore *m*
transformer (tra~~ng~~-ssfor-*me*) *v* trasformare
transition (tra~~ng~~-si-*ss^{i}o~~ng~~*) *f* transizione *f*
transparent (tra~~ng~~-sspa-*ra~~ng~~*) *adj* trasparente
transpiration (tra~~ng~~-sspi-ra-*ss^{i}o~~ng~~*) *f* traspirazione *f*
transpirer (tra~~ng~~-sspi-*re*) *v* traspirare
transport (tra~~ng~~-*sspoor*) *m* trasporto *m*
transporter (tra~~ng~~-sspor-*te*) *v* trasportare
trappe (trap) *f* botola *f*
travail (tra-*vai*) *m* (pl travaux) lavoro *m*; ~ **artisanal** lavoro fatto a mano; ~ **manuel** lavoro manuale; **travaux ménagers** faccende domestiche, lavori domestici
travailler (tra-va-*^{i}e*) *v* lavorare
travailleur (tra-va-*^{i}öör*) *m* operaio *m*
à travers (a tra-*vêêr*) attraverso
traversée (tra-vêr-*sse*) *f* traversata *f*
traverser (tra-vêr-*sse*) *v* attraversare
trébucher (tre-bü-*ʃe*) *v* inciampare
trèfle (trêfl) *m* trifoglio *m*
treize (trêês) *num* tredici
treizième (trê-*s^{i}êm*) *num* tredicesimo
trembler (tra~~ng~~-*ble*) *v* tremare
tremper (tra~~ng~~-*pe*) *v* ammollare, inzuppare
trente (tra~~ng~~t) *num* trenta
trentième (tra~~ng~~-*t^{i}êm*) *num* trentesimo
trépasser (tre-pa-*sse*) *v* trapassare
très (tre) *adv* molto; assai
trésor (tre-*soor*) *m* tesoro *m*; amore *m*
trésorier (tre-so-*r^{i}e*) *m* tesoriere *m*
triangle (tri-*a~~ng~~ghl*) *m* triangolo *m*
triangulaire (tri-a~~ng~~-ghü-*lêêr*) *adj* triangolare
tribord (tri-*boor*) *m* tribordo *m*
tribu (tri-*bü*) *f* tribù *f*
tribunal (tri-bü-*nal*) *m* tribunale *m*
tribune (tri-*bün*) *f* tribuna *f*
tricher (tri-*ʃe*) *v* ingannare
tricot (tri-*kô*) *m* tessuto a maglia; maglione *m*; ~ **de corps** maglietta *f*
tricoter (tri-ko-*te*) *v* lavorare a maglia
trier (tri-*e*) *v* *fare la cernita
trimestre (tri-*mêsstr*) *m* trimestre *m*
trimestriel (tri-mê-sstri-*êl*) *adj* trimestrale
triomphant (tri-o~~ng~~-*fa~~ng~~*) *adj* trionfante
triomphe (tri-*o~~ng~~f*) *m* trionfo *m*
triompher (tri-o~~ng~~-*fe*) *v* trionfare
triste (trisst) *adj* triste
tristesse (tri-*sstêss*) *f* tristezza *f*
trivial (tri-*v^{i}al*) *adj* triviale
troc (trok) *m* cambio *m*
trognon (tro-*gno~~ng~~*) *m* torsolo *m*
trois (tr^{u}a) *num* tre; ~ **quarts** tre quarti
troisième (tr^{u}a-*s^{i}êm*) *num* terzo
trolleybus (tro-le-*büss*) *m* filobus *m*
tromper (tro~~ng~~-*pe*) *v* ingannare; **se ~** sbagliarsi; errare
tromperie (tro~~ng~~-*pri*) *f* inganno *m*
trompette (tro~~ng~~-*pêt*) *f* tromba *f*
tronc (tro~~ng~~) *m* tronco *m*
trône (trôôn) *m* trono *m*
trop (trô) *adv* troppo
tropical (tro-pi-*kal*) *adj* tropicale
tropiques (tro-*pik*) *mpl* tropici *mpl*

troquer (tro-*ke*) *v* barattare
trottoir (tro-t^u*aar*) *m* marciapiede *m*
trou (tru) *m* buco *m*; buca *f*
trouble (trubl) *adj* torbido; oscuro; *m* scompiglio *m*
troubler (tru-*ble*) *v* turbare
troupeau (tru-*pô*) *m* gregge *m*
troupes (trup) *fpl* truppe *fpl*
trousseau (tru-*ssô*) *m* corredo *m*
trousse de secours (truss dö ssö-*kuur*) equipaggiamento di pronto soccorso
trouver (tru-*ve*) *v* trovare; reputare
truc (trük) *m* trucco *m*, tiro *m*
truite (truit) *f* trota *f*
tu (tü) *pron* tu
tube (tüb) *m* tubo *m*; tubetto *m*; ~ **de plongée** respiratore *m*
tuberculose (tü-bêr-kü-*lôôs*) *f* tubercolosi *f*
tuer (tue) *v* *uccidere; ammazzare
tuile (tuil) *f* tegola *f*
tulipe (tü-*lip*) *f* tulipano *m*
tumeur (tü-*möör*) *f* tumore *m*; escrescenza *f*
tunique (tü-*nik*) *f* tunica *f*
Tunisie (tü-ni-*si*) *f* Tunisia *f*
Tunisien (tü-ni-s^i*ê~~ng~~*) *m* tunisino *m*
tunisien (tü-ni-s^i*ê~~ng~~*) *adj* tunisino
tunnel (tü-*nêl*) *m* galleria *f*
turbine (tür-*bin*) *f* turbina *f*
turboréacteur (tür-bo-re-ak-*töör*) *m* aereo a reazione
Turc (türk) *m* turco *m*
turc (türk) *adj* turco
Turquie (tür-*ki*) *f* Turchia *f*
tutelle (tü-*têl*) *f* tutela *f*
tuteur (tü-*töör*) *m* tutore *m*
tuyau (tui-^{i}*ô*) *m* tubo *m*, tubatura *f*; ~ **d'échappement** scappamento *m*
tympan (tê~~ng~~-*pa~~ng~~*) *m* timpano *m*
type (tip) *m* tipo *m*; tizio *m*
typhoïde (ti-fo-*id*) *f* tifoidea *f*
typique (ti-*pik*) *adj* tipico
tyran (ti-*ra~~ng~~*) *m* tiranno *m*

U

ulcère (ül-*ssêêr*) *m* ulcera *f*; ~ **à l'estomac** ulcera gastrica
ultime (ül-*tim*) *adj* ultimo
ultra-violet (ül-tra-v^{i}o-*le*) *adj* ultravioletto
un (ö~~ng~~) *art* (f une) un *art*; *num* uno; **l'un l'autre** l'un l'altro; **l'un ou l'autre** l'uno o l'altro; **ni l'un ni l'autre** né l'uno né l'altro
unanime (ü-na-*nim*) *adj* unanime
uni (ü-*ni*) *adj* unito; levigato
uniforme (ü-ni-*form*) *m* uniforme *f*; *adj* uniforme
unilatéral (ü-ni-la-te-*ral*) *adj* unilaterale
union (ü-n^i*o~~ng~~*) *f* unione *f*; **Union Soviétique** Unione Sovietica
unique (ü-*nik*) *adj* unico
uniquement (ü-nik-*ma~~ng~~*) *adv* unicamente
unir (ü-*niir*) *v* unire
unité (ü-ni-*te*) *f* unità *f*; ~ **monétaire** unità monetaria
univers (ü-ni-*vêêr*) *m* universo *m*
universel (ü-ni-vêr-*ssêl*) *adj* universale
université (ü-ni-vêr-ssi-*te*) *f* università *f*
urbain (ür-*bê~~ng~~*) *adj* urbano
urgence (ür-*ʒa~~ng~~ss*) *f* urgenza *f*; emergenza *f*
urgent (ür-*ʒa~~ng~~*) *adj* urgente
urine (ü-*rin*) *f* urina *f*
Uruguay (ü-rü-*ghe*) *m* Uruguay *m*
Uruguayen (ü-rü-ghe-^{i}*ê~~ng~~*) *m* uruguaiano *m*
uruguayen (ü-rü-ghe-^{i}*ê~~ng~~*) *adj* uruguaiano
usage (ü-*saaʒ*) *m* usanza *f*
usager (ü-sa-*ʒe*) *m* utente *m*

user (ü-*se*) *v* consumare; logorare; **usé** consumato; liso, usato
usine (ü-*sin*) *f* fabbrica *f*; impianto *m*; ~ **à gaz** officina del gas
ustensile (ü-sstang-*ssil*) *m* utensile *m*
usuel (ü-*suêl*) *adj* usuale
utérus (ü-te-*rüss*) *m* utero *m*
utile (ü-*til*) *adj* utile
utilisable (ü-ti-li-*sabl*) *adj* usabile
utilisateur (ü-ti-li-sa-*töör*) *m* consumatore *m*
utilisation (ü-ti-li-sa-*ss^{i}ong*) *f* utilizzazione *f*
utiliser (ü-ti-li-*se*) *v* utilizzare
utilité (ü-ti-li-*te*) *f* utilità *f*

V

vacance (va-*kangss*) *f* posto libero; **vacances** ferie *fpl*
vacant (va-*kang*) *adj* vacante
vacarme (va-*karm*) *m* chiasso *m*
vaccination (vak-ssi-na-*ss^{i}ong*) *f* vaccinazione *f*
vacciner (vak-ssi-*ne*) *v* vaccinare
vache (vaʃ) *f* vacca *f*
vacillant (va-ssi-*^{i}ang*) *adj* vacillante
vaciller (va-ssi-*^{i}e*) *v* vacillare
vagabond (va-gha-*bong*) *m* barbone *m*
vagabondage (va-gha-bong-*daaʒ*) *m* vagabondaggio *m*
vagabonder (va-gha-bong-*de*) *v* vagabondare
vague (vagh) *f* onda *f*; *adj* vago; oscuro
vaillance (va-*^{i}angss*) *f* audacia *f*
vain (vêng) *adj* inutile; **en** ~ invano
***vaincre** (vêngkr) *v* *vincere; *sconfiggere
vainqueur (vêng-*köör*) *m* vincitore *m*
vaisseau (ve-*ssô*) *m* nave *f*, vascello *m*; ~ **sanguin** vaso sanguigno
vaisselle (vê-*ssêl*) *f* stoviglie *fpl*; ***faire la** ~ lavare i piatti
valable (va-*labl*) *adj* valido
valet (va-*le*) *m* cameriere *m*, valletto *m*; fante *m*
valeur (va-*löör*) *f* valore *m*
valise (va-*liis*) *f* valigia *f*
vallée (va-*le*) *f* valle *f*
***valoir** (va-*l^{u}aar*) *v* *valere; ~ **la peine** *valer la pena
valse (valss) *f* valzer *m*
vanille (va-*ni^{i}*) *f* vaniglia *f*
vaniteux (va-ni-*tö*) *adj* vano
vanneau (va-*nô*) *m* pavoncella *f*
se vanter (vang-*te*) vantarsi
vapeur (va-*pöör*) *f* vapore *m*
vaporisateur (va-po-ri-sa-*töör*) *m* atomizzatore *m*
variable (va-*r^{i}abl*) *adj* variabile
variation (va-r^{i}a-*ss^{i}ong*) *f* variazione *f*
varice (va-*riss*) *f* vena varicosa
varicelle (va-ri-*ssêl*) *f* varicella *f*
varier (va-*r^{i}e*) *v* differire, variare; **varié** assortito
variété (va-r^{i}e-*te*) *f* varietà *f*
variole (va-*r^{i}ol*) *f* vaiolo *m*
vase (vaas) *m* vaso *m*; *f* fango *m*
vaseline (va-*slin*) *f* vasellina *f*
vaste (vasst) *adj* grande; ampio, vasto
vautour (vô-*tuur*) *m* avvoltoio *m*
veau (vô) *m* vitello *m*; pelle di vitello
végétarien (ve-ʒe-ta-*r^{i}êng*) *m* vegetariano *m*
végétation (ve-ʒe-ta-*ss^{i}ong*) *f* vegetazione *f*
véhicule (ve-i-*kül*) *m* veicolo *m*
veille (vee^{i}) *f* vigilia *f*
veiller (ve-*^{i}e*) *v* vegliare; ~ **sur** occuparsi di
veine (vêên) *f* vena *f*
vélo (ve-*lô*) *m* ciclo *m*
vélomoteur (ve-lô-mo-*töör*) *m* motori-

no *m*, micromotore *m*
velours (vö-*luur*) *m* velluto *m*; ~ **côtelé** velluto a coste; ~ **de coton** velluto di cotone
vendable (vang-*dabl*) *adj* vendibile
vendange (vang-*dangʒ*) *f* vendemmia *f*
vendeur (vang-*döör*) *m* commesso *m*
vendeuse (vang-*döös*) *f* commessa *f*
vendre (vangdr) *v* vendere; **à** ~ in vendita
vendredi (vang-drö-*di*) *m* venerdì *m*
vénéneux (ve-ne-*nö*) *adj* velenoso
vénérable (ve-ne-*rabl*) *adj* venerabile
Venezuela (ve-ne-sue-*la*) *m* Venezuela *m*
Vénézuélien (ve-ne-sue-*l^{i}êng*) *m* venezolano *m*
vénézuélien (ve-ne-sue-*l^{i}êng*) *adj* venezolano
vengeance (vang-*ʒangss*) *f* vendetta *f*
venger (vang-*ʒe*) *v* vendicare
***venir** (vö-*niir*) *v* *venire; ***faire** ~ *far venire
vent (vang) *m* vento *m*; **coup de** ~ raffica *f*
vente (vangt) *f* vendita *f*; ~ **aux enchères** asta *f*; ~ **en gros** ingrosso *m*
venteux (vang-*tö*) *adj* ventoso
ventilateur (vang-ti-la-*töör*) *m* ventilatore *m*
ventilation (vang-ti-la-*ss^{i}ong*) *f* ventilazione *f*
ventiler (vang-ti-*le*) *v* ventilare
ventre (vangtr) *m* pancia *f*
venue (vö-*nü*) *f* arrivo *m*
ver (vêêr) *m* verme *m*
véranda (ve-rang-*da*) *f* veranda *f*
verbal (vêr-*bal*) *adj* verbale
verbe (vêrb) *m* verbo *m*
verdict (vêr-*dikt*) *m* verdetto *m*
verger (vêr-*ʒe*) *m* frutteto *m*
véridique (ve-ri-*dik*) *adj* veritiero
vérifier (ve-ri-*f^{i}e*) *v* verificare; *rivedere
véritable (ve-ri-*tabl*) *adj* reale; vero
vérité (ve-ri-*te*) *f* verità *f*
vernir (vêr-*niir*) *v* verniciare; smaltare
vernis (vêr-*ni*) *m* vernice *f*; lacca *f*; ~ **à ongle** smalto per unghie
verre (vêêr) *m* vetro *m*; bicchiere *m*; ~ **de couleur** vetro colorato; ~ **grossissant** lente d'ingrandimento; **verres de contact** lenti a contatto
verrou (vê-*ru*) *m* chiavistello *m*
vers (vêêr) *m* verso *m*; *prep* verso; ~ **le bas** in discesa; ~ **le haut** verso l'alto
versant (vêr-*ssang*) *m* pendio *m*
versement (vêr-ssö-*mang*) *m* versamento *m*, rimessa *f*
verser (vêr-*sse*) *v* versare
version (vêr-*ss^{i}ong*) *f* versione *f*; traduzione *f*
vert (vêêr) *adj* verde
vertical (vêr-ti-*kal*) *adj* verticale
vertige (vêr-*tiiʒ*) *m* vertigine *f*; capogiro *m*
vertu (vêr-*tü*) *f* virtù *f*
vessie (ve-*ssi*) *f* vescica *f*
veste (vêsst) *f* giacchetta *f*, giacca *f*; ~ **de sport** giacca sportiva
vestiaire (vê-*sst^{i}êêr*) *m* spogliatoio *m*; guardaroba *m*
vestibule (vê-ssti-*bül*) *m* ridotto *m*, atrio *m*, vestibolo *m*
veston (vê-*sstong*) *m* giacca *f*; ~ **sport** giacchetta sportiva
vêtements (vêt-*mang*) *mpl* vestiti *mpl*; ~ **de sport** abbigliamento sportivo
vétérinaire (ve-te-ri-*nêêr*) *m* veterinario *m*
***vêtir** (ve-*tiir*) *v* abbigliare
veuf (vöf) *m* vedovo *m*
veuve (vööv) *f* vedova *f*
via (vi-*a*) *prep* via

viaduc (v'a-*dük*) *m* viadotto *m*
viande (v'angd) *f* carne *f*
vibration (vi-bra-*ss'ong*) *f* vibrazione *f*
vibrer (vi-*bre*) *v* vibrare
vicaire (vi-*kêêr*) *m* vicario *m*
vice-président (vi-sspre-si-*dang*) *m* vicepresidente *m*
vicieux (vi-*ss'ö*) *adj* corrotto
victime (vik-*tim*) *f* vittima *f*
victoire (vik-*t^{u}aar*) *f* vittoria *f*
vide (vid) *adj* vuoto; *m* vuoto *m*
vider (vi-*de*) *v* vuotare
vie (vi) *f* vita *f*; **en** ~ vivo; ~ **privée** intimità *f*
vieillard (v'ê-*'aar*) *m* vecchio *m*
vieillesse (v'ê-*'êss*) *f* vecchiaia *f*
vieilli (v'e-*'i*) *adj* antiquato
vieillot (v'ê-*'ô*) *adj* antiquato
vierge (v'êrʒ) *f* vergine *f*
vieux (v'ö) *adj* (vieil; f vieille) vecchio; anziano
vif (vif) *adj* vivido; vivace, veemente
vigilant (vi-ʒi-*lang*) *adj* vigilante
vigne (vign) *f* vite *f*
vignoble (vi-*gnobl*) *m* vigna *f*
vigoureux (vi-ghu-*rö*) *adj* vigoroso
vigueur (vi-*ghöör*) *f* resistenza *f*
vilain (vi-*lêng*) *adj* cattivo
vilebrequin (vil-brö-*kêng*) *m* albero a gomiti
villa (vi-*la*) *f* villa *f*; villino *m*
village (vi-*laaʒ*) *m* villaggio *m*
ville (vil) *f* città *f*
vin (vêng) *m* vino *m*
vinaigre (vi-*nêêghr*) *m* aceto *m*
vingt (vêng) *num* venti
vingtième (vêng-*t'êm*) *num* ventesimo
violation (v'o-la-*ss'ong*) *f* violazione *f*
violence (v'o-*langss*) *f* violenza *f*
violent (v'o-*lang*) *adj* violento; veemente, impetuoso
violer (v'o-*le*) *v* aggredire, violentare
violet (v'o-*le*) *adj* violetto
violette (v'o-*lêt*) *f* violetta *f*
violon (v'o-*long*) *m* violino *m*
virage (vi-*raaʒ*) *m* curva *f*, svolta *f*
virer (vi-*re*) *v* *volgere
virgule (vir-*ghül*) *f* virgola *f*
vis (viss) *f* vite *f*
visa (vi-*sa*) *m* visto *m*
visage (vi-*saaʒ*) *m* faccia *f*
viser (vi-*se*) *v* puntare su, mirare a
viseur (vi-*söör*) *m* mirino *m*
visibilité (vi-si-bi-li-*te*) *f* visibilità *f*
visible (vi-*sibl*) *adj* visibile
vision (vi-*s'ong*) *f* visione *f*
visite (vi-*sit*) *f* visita *f*; **rendre** ~ **à** visitare
visiter (vi-si-*te*) *v* visitare
visiteur (vi-si-*töör*) *m* visitatore *m*
vison (vi-*song*) *m* visone *m*
visser (vi-*sse*) *v* avvitare
vital (vi-*tal*) *adj* vitale
vitamine (vi-ta-*min*) *f* vitamina *f*
vite (vit) *adv* presto
vitesse (vi-*têss*) *f* velocità *f*; **en** ~ in fretta; **indicateur de** ~ tachimetro *m*; **limitation de** ~ limite di velocità; ~ **de croisière** velocità di crociera
vitre (vitr) *f* vetro *m*
vitrine (vi-*trin*) *f* bacheca *f*, vetrina *f*
vivant (vi-*vang*) *adj* vivente; vivo
***vivre** (viivr) *v* *vivere; provare
vocabulaire (vo-ka-bü-*lêêr*) *m* vocabolario *m*; glossario *m*
vocal (vo-*kal*) *adj* vocale
vœu (vö) *m* desiderio *m*; promessa *f*
voici (v^{u}a-*ssi*) *adv* ecco
voie (v^{u}a) *f* via *f*; binario *m*; corsia *f*; ~ **d'eau** via d'acqua; ~ **ferrée** ferrovia *f*; strada ferrata
voilà (v^{u}a-*la*) *adv* ecco; ecco
voile (v^{u}al) *f* vela *f*; *m* velo *m*
***voir** (v^{u}aar) *v* *vedere
voisin (v^{u}a-*sêng*) *m* vicino *m*
voisinage (v^{u}a-si-*naaʒ*) *m* vicinanza *f*,

vicinato *m*
voiture (v^{u}a-*tüür*) *f* macchina *f*; carrozza *f*; ~ **d'enfant** carrozzina *f*; ~ **de sport** macchina sportiva; ~ **Pullman** vettura pullman
voix (v^{u}a) *f* voce *f*; **à haute** ~ ad alta voce
vol (vol) *m* volo *m*; rapina *f*, furto *m*; ~ **charter** volo charter; ~ **de nuit** volo notturno; ~ **de retour** volo di ritorno
volaille (vo-*lai*) *f* pollame *m*
volant (vo-*la~~ng~~*) *m* volante *m*
volcan (vol-*ka~~ng~~*) *m* vulcano *m*
voler (vo-*le*) *v* volare; rubare
volet (vo-*le*) *m* persiana *f*
voleur (vo-*löör*) *m* ladro *m*
volontaire (vo-lo~~ng~~-*têêr*) *adj* volontario; *m* volontario *m*
volonté (vo-lo~~ng~~-*te*) *f* volontà *f*; forza di volontà
volontiers (vo-lo~~ng~~-*t^{i}e*) *adv* volentieri
volt (volt) *m* volt *m*
voltage (vol-*taaʒ*) *m* voltaggio *m*
volume (vo-*lüm*) *m* volume *m*
volumineux (vô-lü-mi-*nö*) *adj* voluminoso
vomir (vo-*miir*) *v* rigettare, vomitare
vote (vot) *m* votazione *f*; voto *m*; **droit de** ~ diritto elettorale
voter (vo-*te*) *v* votare
votre (votr) *adj* (pl vos) vostro; Suo
***vouloir** (vu-*l^{u}aar*) *v* *volere; **en** ~ **à** risentirsi per; ~ **dire** *voler dire
vous (vu) *pron* voi; vi; Lei; Le; **vous-même** *pron* Lei stesso; **vous-mêmes** *pron* voi stessi
voûte (vut) *f* volta *f*, arcata *f*
voyage (v^{u}a-*^{i}aaʒ*) *m* viaggio *m*; ~ **d'affaires** viaggio d'affari; ~ **de retour** viaggio di ritorno
voyager (v^{u}a-^{i}a-*ʒe*) *v* viaggiare
voyageur (v^{u}a-^{i}a-*ʒöör*) *m* viaggiatore *m*
voyelle (v^{u}a-*^{i}êl*) *f* vocale *f*
vrai (vre) *adj* vero; autentico
vraiment (vre-*ma~~ng~~*) *adv* davvero
vraisemblable (vre-ssa~~ng~~-*blabl*) *adj* probabile
vu (vü) *prep* considerato
vue (vü) *f* vista *f*; veduta *f*; **point de** ~ punto di vista
vulgaire (vül-*ghêêr*) *adj* volgare
vulnérable (vül-ne-*rabl*) *adj* vulnerabile

W

wagon (va-*gho~~ng~~*) *m* vagone *m*; **wagon-lit** vagone letto; **wagon-restaurant** vagone ristorante
week-end (^{u}i-*kênd*) *m* fine-settimana

Y

y (i) *pron* ci; vi
yacht (^{i}ot) *m* panfilo *m*; **yacht-club** *m* circolo nautico
yachting (^{i}o-*ting*) *m* sport velico
Yougoslave (^{i}u-gho-*sslav*) *m* iugoslavo *m*
yougoslave (^{i}u-gho-*sslav*) *adj* iugoslavo
Yougoslavie (^{i}u-gho-ssla-*vi*) *f* Iugoslavia *f*

Z

zèbre (sêêbr) *m* zebra *f*
zélé (se-*le*) *adj* zelante
zèle (sêl) *m* zelo *m*
zénith (se-*nit*) *m* zenit *m*

zéro (se-*rô*) *m* zero *m*
zinc (sênggh) *m* zinco *m*
zodiaque (so-*d'ak*) *m* zodiaco *m*
zone (sôôn) *f* zona *f*; ~ **de stationnement** zona di parcheggio; ~ **industrielle** zona industriale
zoo (sô) *m* giardino zoologico
zoologie (sô-o-lo-*ʒi*) *f* zoologia *f*

Lessico gastronomico

Cibi

à la, à l', au, aux alla, al, alla maniera di
abats, abattis rigaglie
abricot albicocca
agneau agnello
aiglefin varietà di merluzzo
ail aglio
ailloli maionese all'aglio
airelle mirtillo
alouette sans tête involtini di vitello, generalmente ripieni di carne tritata, aglio e prezzemolo
(à l')alsacienne di solito con contorno di crauti, prosciutto e salsicce
amande mandorla
amuse-gueule stuzzicchino
anchois acciuga
(à l')ancienne in genere con salsa cremosa al vino, cipolle o scalogno
(à l')andalouse in genere con peperoni, melanzane e pomodori
andouille salsicciotto di trippe (o altra carne)
andouillette piccolo salsicciotto di trippe (o altra carne)
(à l')anglaise 1) verdure bollite o cotte al vapore, specialmente patate 2) verdure, carne, pesce o selvaggina impanate e fritte
anguille au vert anguilla brasata in una salsa bianca servita con prezzemolo e altre verdure
anis anice
artichaut carciofo
asperge asparago
assiette piatto
~ **anglaise** carne fredda affettata
~ **de charcuterie** salumi affettati
assorti variato
aubergine melanzana
ballottine (de volaille) pollo disossato ripieno, servito in gelatina
bar ombrina
barbue rombo
béarnaise salsa a base di tuorli, burro, aceto, scalogno, dragoncello e vino bianco
bécasse beccaccia
béchamel besciamella
beignet frittella, bignè
(à la) Bercy salsa a base di burro, vino bianco e scalogno
betterave barbabietola
beurre burro
~ **blanc** salsa di burro battuto, con scalogno, aceto e vino

bianco

~ **maître d'hôtel** burro battuto con prezzemolo e succo di limone

~ **noir** salsa di burro rosolato, con aceto e prezzemolo

bifteck bistecca di manzo

(à la) bigarade salsa di arance amare, zucchero e aceto

biscotte pane biscottato

biscuit biscotto, galletta

bisque brodetto di aragosta o di gamberi

blanc de volaille petto di pollo

blanchaille bianchetti

blanquette de veau fricassea di vitello in salsa bianca

(au) bleu si dice 1) di pesce molto fresco bollito (di solito la trota) 2) di formaggio a venature blu 3) di carne al sangue

bœuf manzo

~ **bourguignon** spezzatino di manzo in umido con vino rosso, cipolle, pancetta e funghi

~ **en daube** spezzatino di manzo lardellato marinato in vino rosso con verdura e poi stufato

~ **miro(n)ton** carne di manzo bollita o stufato di manzo freddo, servito con una salsa di cipolle

~ **mode** spezzatino di manzo lardellato brasato in vino rosso con carote e cipolle

~ **salé** carne in scatola

bolet porcino

bombe dessert di gelato in uno stampo

(à la) bordelaise salsa al vino rosso con scalogno, midollo di manzo e porcini

bouchée à la reine sfogliatina ripiena di carne, animelle o pesce e talvolta funghi

boudin sanguinaccio

bouillabaisse brodetto composto di varie qualità di pesce e crostacei stufati in vino bianco, con aglio, zafferano e olio d'oliva

bouilli bollito

bouillon brodo

(à la) bourguignonne con funghi, cipolline o scalogno, brasato in vino rosso

braisé brasato

brandade (de morue) merluzzo con panna, olio e aglio

brie formaggio bianco cremoso e morbido

brioche focaccia al burro

(à la) broche allo spiedo

brochet luccio

(en) brochette cotto su spiedino

cabillaud merluzzo fresco

café glacé dessert di gelato al caffè

caille quaglia

canard (caneton) anatra (anatroccolo)

~ **à l'orange** anatra arrosto con una salsa dolce di arance

cantal formaggio d'Alvernia, semiduro, dal latte di mucca o di capra

câpre cappero

carbonnade carbonata, carne cotta sulle brace

~ **flamande** fette di carne di manzo brasate nella birra con erbe e cipolle

cardon cardo

carotte carota

carottes Vichy carote cotte al vapore

carré filetto, lombata

~ **de l'Est** formaggio a forma quadrata dal gusto aspro

carrelet passerina, passera di mare

à la carte secondo la lista
carte des mets lista delle vivande
carte des vins lista dei vini
cassis ribes nero
cassoulet toulousain fagioli in umido con varie qualità di carne
céleri sedano
~ **en branche** costa di sedano
~**-rave** radice di sedano, sedano rapa
cèpe porcino
cerfeuil cerfoglio
cerise ciliegia
champignon fungo
~ **de Paris** fungo coltivato
chanterelle gallinaccio
charbonnade carne cotta alla griglia su carbonella
charcuterie varietà di salumi
charlotte dolce alla crema fatto in uno stampo rotondo
chasseur alla cacciatora; salsa con funghi, pomodori, aglio, erbe e vino bianco
chateaubriand taglio dal filetto
chaud caldo
chaudrée stufato di pesce e frutti di mare, spesso con aglio, erbe, cipolle e vino bianco
chausson aux pommes dolce ripieno di mele
chevreuil capriolo
chicorée indivia
chou cavolo
~ **de Bruxelles** cavolino di Bruxelles
~ **à la crème** bignè alla crema
~**-fleur** cavolfiore
~ **rouge** cavolo rosso
choucroute crauti
~ **garnie** di solito con prosciutto, pancetta affumicata e salsicce
ciboulette erba cipollina
citron limone
civet de lapin (lièvre) intingolo di coniglio (lepre)
clafoutis varietà di crostata alla frutta, spesso con aggiunta di acquavite
clémentine mandarino senza semi
cochon de lait maialino di latte
(en) cocotte cotto in casseruola di ghisa a fuoco molto lento
cœur cuore
(à la) Colbert passato in pan grattato, uovo battuto e poi fritto
colin nasello
concombre cetriolo
confit d'oie pezzi di oca conservati nel proprio grasso
confiture marmellata
consommation consumazione
consommé brodo servito caldo o freddo
~ **Célestine** con pollo e pastina
~ **(aux) cheveux d'ange** con capelli d'angelo
~ **Colbert** con uova affogate e verdure novelle
~ **julienne** con verdure tagliate a striscie sottilissime
~ **madrilène** freddo e aromatizzato con pomodoro
~ **princesse** con pezzetti di pollo e punte d'asparagi
~ **aux vermicelles** con vermicelli
contre-filet lombata
coq au vin pollo cotto nel vino rosso con pancetta, funghi, cipolle ed erbe
coquelet galletto
coquillage crostaceo
coquille Saint-Jacques mollusco gratinato nella sua conchiglia
corbeille de fruits cestino di frutta

assortita
cornichon cetriolino
côte costata
~ **de bœuf** costata di manzo
~ **de veau** costata di vitello
côtelette cotoletta, braciola
~ **d'agneau** cotoletta d'agnello
~ **de porc** braciola di maiale
coupe coppa di metallo o di vetro usata per servire il dessert
~ **glacée** dessert di gelato
courgette zucchino
couvert coperto
~**, vin et service compris** coperto, vino e servizio inclusi
crabe granchio
crème 1) dolce con panna o dalla consistenza cremosa
~ **anglaise** crema
~ **caramel** crem caramel
~ **Chantilly** panna montata
~ **glacée** gelato
crème 2) zuppa cremosa
crêpe frittella molto larga e sottile
~ **Suzette** frittella con marmellata d'arance, servita alla fiamma con acquavite o liquore all'arancia
cresson crescione
crevette gamberetto di mare
croissant cornetto
croque-monsieur toast caldo con formaggio e prosciutto
croustade crostata di pesce, frutti di mare, carne o verdure
(en) croûte cibo cotto in un involucro di pasta sfoglia
croûton crostino tostato o fritto
cru crudo
crudités verdure crude servite in insalata come antipasto
crustacé crostaceo
cuisse coscia
cuisses de grenouilles cosce di rana
cuit cotto
bien ~ ben cotto
darne filetto di pesce, in genere di salmone
datte dattero
daurade orata
déjeuner pranzo
délice spesso usato per descrivere un dolce, specialità del cuoco
demi mezzo
~**-sel** formaggio cremoso, leggermente salato
demoiselle de Cherbourg piccola aragosta
(à la) dieppoise con contorno di mitili e gamberetti serviti in una salsa di vino bianco
dinde, dindon tacchino
dindonneau tacchino giovane
dîner cena
diplomate dolce fatto in uno stampo con biscotti imbevuti di liquore o d'acquavite di ciliege, crema alla vaniglia e frutta candita
dodine de canard anatra disossata, ripiena, talvolta servita fredda in gelatina
(à la) du Barry con contorno di cavolfiore gratinato con salsa di formaggio
(aux) duxelles con funghi rosolati in burro, vino bianco ed erbe
écrevisse gambero di acqua dolce
~ **à la nage** bollito a fuoco lento nel vino bianco, verdure ed erbe
échalote scalogno
églefin varietà di merluzzo
émincé carne tagliata a fette sottili e cotta in una salsa cremosa
endive indivia
~ **à la bruxelloise** indivia cotta al vapore e avvolta in una fetta

di prosciutto cotto
entrecôte grossa bistecca (di manzo) tagliata fra due costole
entrée piatto servito tra gli antipasti o la minestra e il piatto principale; primo piatto in un pranzo semplice
entremets portata fra l'arrosto e la frutta; prende spesso il posto del dessert in un pranzo semplice
épaule spalla
éperlan eperlano
épice spezia
épicé piccante
épinard spinacio
escalope de veau scaloppina di vitello
escalope viennoise scaloppina impanata e fritta
escargot lumaca
estouffade stufato o cotto al vapore con un minimo di liquido, in una pentola ermeticamente chiusa
estragon dragoncello
étuvé stufato con un minimo di liquido
faisan fagiano
farci ripieno
fenouil finocchio
féra lasca (pesce)
fève fava
filet filetto
~ **de bœuf** filetto di manzo
~ **mignon** la parte più sottile del filetto di vitello o di maiale
~ **de sole** filetto di sogliola
(à la) financière salsa con gnocchetti di luccio, tartufi, funghi e madera, talvolta con olive e gamberetti
(aux) fines herbes con erbe aromatiche
(à la) flamande di solito con contorno di patate, carote, cavolo, rape e pancetta, il tutto brasato o, talvolta, cotto nella birra
flambé alla fiamma, di solito si usa acquavite e per i dessert Grand Marnier
flétan passera, pianuzza
foie fegato
~ **gras** fegato di oca o di anitra ingrassata
fond d'artichaut fondo di carciofo
fondue au fromage fonduta
fondue chinoise fette sottilissime di carne immerse in un tegame di brodo bollente, posto sulla tavola, e poi intinte in una varietà di salse
(à la) forestière generalmente soffritto con spugnoli, patate e pancetta
(au) four al forno
frais, fraîche, fresco, fresca
fraise fragola
~ **des bois** fragolina di bosco
framboise lampone
frappé ghiacciato
friand pasticcino di pasta sfoglia con ripieno di carne
fricandeau involtini di carne con pancetta, brasati
fricassée pezzi di carne rosolati, brasati con verdure e serviti con una salsa densa
frit fritto
frites patatine fritte
friture (de poisson) frittura (di pesce)
fromage formaggio
~ **frais** formaggio bianco
~ **de tête** specie di galantina di soppressata
fruit confit frutta candita
fruits de mer frutti di mare

fumé affumicato
galantine carne fredda in gelatina, galantina
garbure zuppa densa di cavolo con lardo (spesso anche con carne di oca), spezie ed erbe
garni guarnito
(avec) garniture (con) contorno di verdure
gâteau torta, crostata
gaufre cialda
gaufrette piccola cialda croccante
(en) gelée (in) gelatina
gélinotte pollastra ingrassata
gibelotte de lapin stufato di coniglio in salsa al vino
gibier selvaggina
~ **de saison** selvaggina di stagione
gigot d'agneau cosciotto d'agnello
girolle gallinaccio
glace gelato
glacé gelato, glassato
goujon ghiozzo
gras-double trippe cotte a fuoco lento nel vino e cipolle
(au) gratin gratinato
gratin dauphinois patate affettate e gratinate con uova, panna e formaggio
gratin de fruits de mer frutti di mare cosparsi di salsa cremosa e gratinati
grillade carne ai ferri
grillé cotto ai ferri
grive tordo
groseille ribes
~ **à maquereau** uva spina
gruyère gruviera
haché tritato, macinato
hachis carne tritata
hareng aringa
haricot fagiolo
~ **de mouton** stufato di carne di montone con fagioli e patate
~ **vert** fagiolino
Henri IV contorno di patatine, salsa *béarnaise* e cuori di carciofi
hollandaise salsa di tuorli, burro e succo di limone
homard gambero di mare
~ **à l'américaine** (o **à l'armoricaine**) gambero di mare alla fiamma e poi cotto nel vino bianco con aglio, pomodori ed erbe
~ **cardinal** alla fiamma, tagliato a pezzi e servito nel suo guscio, gratinato con tartufi e funghi tritati
~ **Newburg** tagliato a pezzi, cotto in sherry e brodo di pesce
~ **Thermidor** cotto a fuoco lento nel vino bianco, rosolato al burro con funghi, erbe, spezie e senape, alla fiamma e poi gratinato con formaggio
hors-d'œuvre (variés) antipasti (misti)
huile olio
huître ostrica
~ **belon** piatta, di color rosa
~ **de claire** piccola
~ **portugaise** piccola ma gonfia
jambon prosciutto
~ **de Bayonne** crudo, leggermente salato
~ **cru** crudo, affumicato
~ **à l'os** prosciutto con l'osso, cotto al forno
jardinière verdure varie
jarret garretto
julienne verdure tagliate a striscie sottilissime
jus sugo di carne
lamproie lampreda
langouste aragosta

langoustine gamberone
langue lingua
lapin coniglio
lard pancetta
légume verdura
lentille lenticchia
levraut leprotto
lièvre lepre
limande lima, piccola sogliola
livarot piccolo formaggio rotondo della Normandia
longe de veau lombo di vitello
(à la) lorraine di solito brasato con cavolo rosso o crauti
loup (de mer) pesce persico
(à la) lyonnaise di solito rosolato con cipolle
macédoine macedonia di frutta
(au) madère (al) madera
maigre magro
maïs granturco
maître d'hôtel rosolato nel burro con prezzemolo e succo di limone
maquereau sgombro
marcassin cinghiale giovane
marchand de vin con vino (di solito rosso) e scalogno
mariné marinato
marinière contorno di mitili o altri frutti di mare cotti a fuoco lento in vino bianco
marjolaine maggiorana
marmelade marmellata
maroilles formaggio semiduro dal gusto forte
marron castagna, marrone
matelote stufato di pesce d'acqua dolce (specialmente anguilla) con vino, cipolle e funghi
médaillon piccolo taglio rotondo di pesce o di carne
menthe menta
menu in Francia indica di solito il menù a prezzo fisso
merguez salsiccia piccante
merlan nasello
merluche baccalà
meunière infarinato e fritto nel burro
miel miele
mijoté cotto a fuoco lento
millefeuille millefoglie
(à la) Mirabeau con acciughe, olive ed estragone
mirabelle piccola prugna gialla
(à la) mode alla maniera di; significa spesso cucinato secondo una ricetta locale
moelle midollo
morille spugnolo
Mornay salsa al formaggio
moule mitilo
moules marinière cotto a fuoco lento in vino bianco, scalogno, timo e prezzemolo
mousse 1) Spuma, spumone 2) pietanza ottenuta con carne o pesce finamente tritati e mescolati con albumi o panna
mousseline 1) salsa che contiene panna, di solito montata 2) variazione della salsa hollandaise, con panna montata
moutarde senape
mouton montone
munster formaggio di pasta tenera dall'odore molto forte
mûre mora
myrtille mirtillo
nature/au naturel al naturale, senza salsa
navarin stufato di montone con rape
navet rapa
(à la/en) neige con albumi battuti
(à la) niçoise la pietanza può contenere aglio, acciughe, olive, ci-

polle e pomodori
(**à la) nivernaise** contorno di carote, cipolle e patate
noisette 1) nocciola 2) girello
noix noce
~ **de coco** noce di cocco
~ **de muscade** noce moscata
~ **de veau** girello di vitello
(à la) normande in genere cotto con gambero di fiume, ghiozzo, ostriche, mitili, gamberetti, funghi, panna e talvolta tartufi
nouilles pasta (fettuccine, tagliatelle)
œuf uovo
~ **brouillé** strapazzato
~ **à la coque** bazzotto
~ **dur** sodo
~ **farci** ripieno
~ **en gelée** affogato e servito in gelatina
~ **au jambon** al prosciutto
~ **au/sur le plat** al tegame
~ **poché** affogato
~ **Rossini** con tartufi e madera
oie oca
oignon cipolla
omble-chevalier pesce d'acqua dolce
omelette frittata
~ **norvégienne** gelato ricoperto di uno strato di albumi battuti, dorato velocemente al forno e servito alla fiamma
ortolan ortolano (uccello)
os osso
~ **à moelle** osso con midollo
oseille acetosella
oursin riccio di mare
pain pane
palourde mollusco
pamplemousse pompelmo
panaché misto
pané impanato
(en) papillotte al cartoccio
parfait dolce al gelato
Parmentier con patate
pastèque anguria, cocomero
pâté 1) pasticcio di carne o di pesce 2) pasticcio, spesso di fegato, presentato in un vasetto di ceramica
~ **ardennais** pasticcio di carne di maiale con condimenti, inserito in una pagnotta di pane, servito a fette
~ **de campagne** pasticcio di varie qualità di carne che lo rendono particolarmente saporito
~ **en croûte** timballo
~ **de foie gras** pasticcio di fegato d'oca o d'anatra
pâtes pasta (spaghetti, maccheroni, tagliatelle, ecc.)
paupiettes (de veau) involtini (di vitello)
(à la) paysanne con verdure varie
pêche pesca
~ **melba** pesche sciroppate con gelato alla vaniglia, marmellata di lamponi e panna montata
perche pesce persico
perdreau pernice giovane
perdrix pernice
(à la) périgourdine spesso con pasticcio di fegato e tartufi
persil prezzemolo
petit piccolo
~ **déjeuner** colazione
~ **four** pasticcino da tè
~ **pain** panino
~ **salé (au chou)** maiale salato (con cavolo)
~**-suisse** formaggino doppia panna
petit pois pisello
pied de porc piedino di maiale
pigeonneau piccioncino

pintade faraona
piperade frittata con peperoni, aglio, pomodori e prosciutto
piquant piccante
pissaladière crostata con cipolle, acciughe e olive nere
plat piatto
~ **du jour** specialità del giorno
~ **principal** piatto principale
plateau de fromages piatto di formaggi vari
plie passerino
poché affogato
(à la) poêle fritto in padella
(à) point a puntino
pointe d'asperge punta d'asparago
poire pera
~ **à la Condé** servita calda su riso alla vaniglia
~ **Belle Hélène** con gelato alla vaniglia e crema al cioccolato calda
poireau porro
pois pisello
~ **chiche** cece
poisson pesce
~ **d'eau douce** d'acqua dolce
~ **de mer** di mare
poitrine petto
(au) poivre (al) pepe
poivron peperone
pomme mela
pommes (de terre) patate
~ **allumettes** fritte, dalla forma di fiammiferi
~ **chips** patatine fritte
~ **dauphine** patate impastate con burro, tuorli, farina e poi fritte
~ **duchesse** passato di patate con burro e tuorli
~ **en robe des champs** bollite con la buccia
~ **frites** fritte, a forma di bastoncini
~ **mousseline** purè
~ **nature** bollite
~ **nouvelles** novelle
~ **vapeur** al vapore
pont-l'évêque formaggio tenero, forte e piccante
porc maiale
port-salut formaggio tenero, giallo e di sapore delicato
potage minestra
~ **bonne femme** con patate, porri, funghi, cipolle, riso e talvolta pancetta
~ **cancalais** brodo di pesce (spesso con ostriche o frutti di mare)
~ **Condé** puré di fagioli rossi
~ **Crécy** con carote
~ **cultivateur** con verdure varie, pancetta o carne di maiale
~ **du Barry** passato di cavolfiore
~ **julienne** con verdure tagliate a striscie sottilissime
~ **Longchamp** con piselli e cerfoglio
~ **Saint-Germain** con piselli secchi, porri e cipolle
~ **soissonnais** con fagioli
pot-au-feu carne in brodo con verdure
potée zuppa di carne di maiale o di manzo lessata e verdure, specialmente cavolo
potiron zucca
poularde pollastra
~ **de Bresse** nutrita con grano; rinomata per la sua ottima qualità
~ **demi-deuil** con tartufi infilati sotto la pelle e cotta nel brodo a fuoco lento
poule gallina

~ **au pot** bollita con verdure
~ **au riz** bollita e servita con riso
poulet pollo
~ **Marengo** rosolato nell'olio, cotto nel vino bianco, con pomodori, aglio, scalogno e funghi
pourboire mancia
praire mollusco
pré-salé agnello allevato nei pascoli vicini al mare Atlantico
(à la) printanière con verdure novelle
prix prezzo
~ **fixe** prezzo fisso
profiterole au chocolat piccolo bignè ripieno di panna montata o crema, coperto di cioccolata calda
(à la) provençale spesso con aglio, cipolle, erbe, olive, olio d'oliva e pomodori
prune prugna (gialla)
pruneaù prugna (nera)
~ **sec** prugna secca
pudding sformato, crema inglese
puits d'amour pasticcino ripieno di crema al liquore
purée passato di frutta o verdure
~ **de pommes de terre** purea di patate
quenelle polpettina leggera di pesce o di carne tritata
queue coda
quiche crostata con ripieno di carne o verdure, uova e panna
~ **lorraine** crostata con formaggio, prosciutto, uova e panna
râble de lièvre parte del dorso della lepre
raclette porzione di formaggio caldo raschiata da un grande pezzo di formaggio posto davanti a una fonte di calore; si serve con patate lesse e cetriolini sott'aceto
radis ravanello
en ragoût ragù, intingolo in umido
raie razza
raifort rafano
raisin uva
~ **sec** uva passa
ramequin crostatina al formaggio
rascasse scorfano, uno degli ingredienti principali della *bouillabaisse*
ratatouille piatto mediterraneo a base di pomodori, peperoni, cipolle, zucchini e aglio; si mangia caldo o freddo
ravigote salsa all'aceto con uova sode sminuzzate ed erbe
reblochon formaggio dolce e cremoso della Savoia
(à la) reine con carne o pollo tritato
reine-claude susina regina claudia
repas pasto
rhubarbe rabarbaro
(à la) Richelieu contorno di pomodori, piselli, pancetta e patate
rillettes di solito carne macinata di maiale (talvolta di oca o anatra) cotta nel suo grasso
ris de veau animelle di vitello
rissole polpetta di carne macinata racchiusa in un involucro di pasta sfoglia
riz riso
~ **pilaf** bollito in brodo con cipolle
romarin rosmarino
roquefort formaggio a venature blu, saporito e piccante, fatto con latte di capra
rôti arrosto
rouelle de veau girello di vitello

roulade 1) involtino di carne 2) dolce a forma di rotolo ripieno di crema o marmellata
sabayon zabaione
safran zafferano
saignant al sangue
saint-pierre pesce San Pietro
salade insalata
~ **chiffonnade** lattuga tritata con acetosella in burro sfuso, servita con salsa
~ **de fruits** macedonia di frutta
~ **niçoise** lattuga, pomodori, fagiolini, uova sode, tonno, olive, peperoni, patate e acciughe
~ **russe** insalata russa
~ **verte** verde
salé salato
salmis salmì, intingolo di selvaggina
salpicon contorno o ripieno di verdure, funghi o altri elementi legati con una salsa
salsifis scorzonera
sandre luccioperca
sanglier cinghiale
sarcelle alzavola (uccello)
sauce salsa
~ **béarnaise** aceto, tuorli, burro, scalogno e dragoncello
~ **béchamel** besciamella
~ **(au) beurre blanc** burro, scalogno, aceto e talvolta succo di limone
~ **(au) beurre noir** burro rosolato
~ **bordelaise** salsa scura con porcini, vino rosso, scalogno e midollo di manzo
~ **bourguignonne** salsa con vino rosso, odori, cipolle e spezie (talvolta dragoncello)
~ **chasseur** alla cacciatora
~ **diable** salsa piccante con vino bianco, odori, aceto e pepe di Caienna
~ **financière** con madera, odori, spezie, funghi, tartufi e olive
~ **hollandaise** burro, tuorli e aceto
~ **lyonnaise** cipolle, vino bianco e burro
~ **madère** al madera
~ **Mornay** besciamella con formaggio
~ **ravigote** salsa con cipolle tritate, capperi e odori, servita fredda
~ **rémoulade** maionese arricchita con odori e senape
~ **suprême** a base di brodo di pollo, densa e delicata, servita con pollame
~ **tartare** a base di maionese, con cetriolini, capperi, olive ed erba cipollina
~ **vinaigrette** olio, aceto e odori (talvolta senape)
saucisse salsiccia
~ **de Francfort** wurstel
saucisson salsicciotto
saumon salmone
sauté rosolato in burro, olio o grasso
savarin pan di Spagna imbevuto di rum; di solito ricoperto di crema
sel sale
selon grosseur (ou **grandeur**) prezzo secondo la grandezza (ad esempio per l'aragosta), spesso abbreviato con *s. g.*
service (non) compris servizio (non) compreso
sorbet sorbetto
soufflé à la reine soufflé con pollo o carne macinata

soufflé Rothschild soufflé al gusto di vaniglia, con frutta candita
soupe zuppa
~ **au pistou** con verdure, tagliatelle, aglio, basilica e formaggio
~ **à l'oignon** zuppa gratinata di cipolle sminuzzate, crostini fritti e formaggio grattugiato
spécialité (du chef) specialità del ristorante
steak bistecca
~ **hâché** medaglione di carne macinata
~ **au poivre** ai ferri con grani di pepe macinati (talvolta alla fiamma)
~ **tartare** manzo crudo tritato con una salsa di tuorli, capperi, cipolle, olio, senape e prezzemolo
sucre zucchero
suprême de volaille petti di pollo con una salsa alla panna
sur commande su ordinazione
(en) sus in più, prezzo supplementare
tarte torta, crostata
~ **Tatin** crostata con mele caramellate
tartelette crostatina
tendrons de veau petto di vitello
(en) terrine carne, pesce, selvaggina o pollame sminuzzato cotto in un recipiente di terracotta, chiamato *terrine,* e servito freddo
tête testa
thon tonno
(en) timbale timballo
tomme formaggio morbido e dolce
tortue tartaruga
tournedos medaglione di filetto
~ **Rossini** guarnito con pasticcio di fegato e tartufi, servito con salsa al madera
tout compris tutto compreso
tranche fetta
~ **napolitaine** cassata
tripes trippe
~ **à la mode de Caen** cotte al forno, con piedini di vitello, verdure, acquavite di mele o sidro
truffe tartufo
truite trota
vacherin 1) formaggio a pasta molle 2) meringa o dolce alla mandorla su una crosta zuccherata, ricoperta da panna montata, frutta fresca o gelato
~ **glacé** dolce semifreddo servito come una fetta di torta
vanille vaniglia
(à la) vapeur cotto al vapore
varié misto, variato
veau vitello
velouté zuppa cremosa di verdure o pollame, resa densa con l'aggiunta di burro o farina
vert-pré contorno di crescione
viande carne
~ **séchée** carne di manzo essicata, servita come antipasto tagliata a fette sottilissime
viandes froides fette di carne fredda e affettati misti
vinaigre aceto
vinaigrette salsa per insalata composta di olio, aceto, odori e senape
volaille pollame
vol-au-vent sfogliatina ripiena di carne, animelle o pesce e talvolta funghi
waterzooi de poulet pollo cotto in vino bianco con verdure sminuzzate, panna e tuorli

Alsace produce in pratica solo vino bianco secco, specialmente *Gewurztraminer, Riesling, Sylvaner, Traminer;* 93 comuni situati sulla riva del Reno; le denominazioni *grand vin* o *grand cru* sono talvolta usate per indicare un vino di qualità eccezionale

Amer Picon aperitivo a base di vino e acquavite aromatizzato con chinina

Anjou regione del distretto della Loira; produce in particolare vino bianco e squisito rosato

apéritif spesso agrodolce; qualche aperitivo è a base di vino e acquavite, erbe e amari *(Amer Picon, Byrrh, Dubonnet),* qualche altro a base di anice ed è chiamato *pastis* (come *Pernod, Ricard*); un aperitivo può essere anche semplicemente il vermouth (come *Noilly Prat*) o una bevanda come il *blanc-cassis*

appellation d'origine contrôlée (A.O.C.) denominazione d'origine controllata applicata in Francia a oltre 250 vini; il livello costante della qualità è rigidamente controllato da ispettori governativi

armagnac acquavite della regione di Armagnac, a ovest di Tolosa

Beaujolais estesi vigneti principalmente a sud della Borgogna; producono soprattutto vino rosso, come, per esempio, *Brouilly, Chénas, Chiroubles, Côte de Brouilly, Fleurie, Juliénas, Morgon, Moulin-à-Vent, St-Amour*

Belgique Belgio; anche se la lavorazione del vino in Belgio risale ai Romani, oggi questo Paese produce vino solo incidentalmente; essenzialmente vino bianco, talvolta rosato e spumante

bénédictine liquore verde scuro a base di acquavite, erbe e scorza d'arancia con in più, forse, il segreto della formula

Berry distretto della Loira che produce vino rosso, bianco e rosato; come *Châteaumeillant, Menetou-Salon, Quincy, Reuilly, Sancerre, Sauvignon*

bière birra

~ **blonde** bionda, chiara

~ **(en) bouteille** in bottiglia

~ **brune** bruna, scura

~ **pression** alla spina

~ **des Trappistes** birra di malto fatta dai monaci trappisti

blanc-cassis vino bianco con l'aggiunta di liquore di ribes nero

Blayais regione di Bordeaux che produce principalmente vini rossi e bianchi

boisson bevanda, bibita

Bordeaux diviso in parecchie regioni: Blayais, Bourgeais, Entre-Deux-Mers, Fronsac, Graves, Médoc, Pomerol, St-Emilion, Sauternais; tra i vini ufficialmente riconosciuti, 34 sono rossi, 23 bianchi e due rosati, divisi in tre categorie: generale (come *Bordeaux* o *Bordeaux supérieur*), regionale (come *Entre-Deux-Mers, Graves, Médoc)* e comunale (come

Margaux, Pauillac, St-Julien, Sauternes)

Bourgeais regione di Bordeaux che produce vino rosso e bianco da tavola

Bourgogne la Borgogna, divisa in cinque regioni: Beaujolais, Chablis, Côte Chalonnaise, Côte d'Or (che comprende la Côte de Beaune e la Côte de Nuits) e Mâconnais; la Borgogna conta il maggior numero di vini a denominazione d'origine tra i distretti vinicoli francesi; vi sono quattro categorie di vini: generico o regionale (come il *Bourgogne* rosso, bianco e rosato), sottoregionale (come: *Beaujolais, Beaujolais supérieur, Beaujolais-Villages, Côte de Beaune-Villages, Mâcon, Mâcon supérieur, Mâcon-Villages*), comunale (come: *Beaune, Chablis, Fleurie, Meursault, Nuits-St-Georges, Volnay*) e vigneto (come: *Chambertin, Clos de Vougeot, Musigny*)

brut extra secco, riferito allo champagne

Byrrh aperitivo a base di vino e chinina, rafforzato con acquavite

café caffè

~ **complet** con pane, cornetti, burro e marmellata; prima colazione

~ **crème** con panna

~ **filtre** filtrato

~ **frappé** ghiacciato

~ **au lait** caffe latte

~ **liégeois** freddo con gelato e ricoperto con panna montata

~ **nature, noir** nero

~ **sans caféine** decaffeinato

calvados acquavite della Normandia distillata dalle mele

cassis liquore di ribes nero

Chablis regione della Borgogna nota per i suoi vini bianchi

chambrer portare un vino a temperatura ambiente

Champagne distretto diviso in tre grandi regioni: Côte des Blancs, Montagne de Reims e Vallée de la Marne, con circa 200 km di caverne per la fermentazione del vino; vi è il comune vino rosso, il bianco e il rosato, ma la produzione più abbondante è concentrata sullo spumante e sul rosato che fanno la fama della regione in tutto il mondo; le vigne hanno poca importanza nella classificazione dei vini di Champagne poichè, seguendo la tradizione, certe varietà di champagne si ottengono tagliando vini di vigneti diversi in proporzioni gelosamente tenute segrete; lo champagne è classificato secondo la quantità di zucchero che vi è stata aggiunta: *brut* (extra secco) contiene circa 1,5% di zucchero aggiunto, *extra-sec* (molto secco) dall'1,5 al 2,5%, *sec* (secco) dal 2,5% al 5%, *demi-sec* (semisecco) dal 5 all'8% e *doux* (dolce) dall'8 al 15%

Chartreuse liquore di erbe e droghe, dal colore giallo o verde, prodotto dai monaci della Grande-Chartreuse (Gran Certosa) nelle Alpi francesi

château castello, parola tradizionalmente usata nella regione della Gironda per designare un vino di qualità eccezionale; sinonimi sono *clos, domaine*

chocolat latte al cacao

~ **chaud** caldo

cidre sidro

citron pressé spremuta di limone

citronnade limonata

clos vigneto; di solito indica un vino di qualità eccezionale

cognac il famoso distillato di vino della regione Charente e Charente-Maritime

Cointreau liquore all'arancia

Corse Corsica; produce delicati vini nelle zone collinose di Capo Corsica; i vini rossi, bianchi e rosati sono caratterizzati da un sapore ricco e corposo; il miglior vino, prodotto vicino a Bastia, è un rosato, il famoso *Patrimonio*

Côte de Beaune la famosa Côte d'Or, la parte meridionale della Borgogna, produce soprattutto vino rosso, come, per esempio, il prestigioso *Aloxe-Corton* e poi *Beaune, Blagny, Chassagne-Montrachet, Meursault, Pernand-Vergelesses, Puligny-Montrachet, Santenay, Savigny-lès-Beaune, Volnay*

Côte de Nuits regione della Borgogna nota specialmente per i suoi vini rossi: *Chambolle-Musigny, Fixin, Gevrey-Chambertin, Morey-St-Denis, Nuits-St-Georges, Vosne-Romanée*

Côte d'Or nota regione della Borgogna formata dalle coste di Beaune e di Nuits; celebre per i suoi vini rossi e bianchi

Côtes du Rhône si estendono da Vienne ad Avignon lungo le rive del Rodano, tra i distretti vinicoli della Borgogna e della Provenza; oltre un centinaio di comuni offrono una grande varietà di vini rossi e rosati con caratteristiche varie; è divisa in regione settentrionale e meridionale, con rinomati vini: *Château-Grillet, Châteauneuf-du-Pape, Condrieu, Cornas, Côte-Rôtie, Crozes-Hermitage, Hermitage, Lirac, St-Joseph, St-Péray, Tavel*

crème 1) panna 2) liquore dolce come: *crème de menthe, crème de cacao*

cru produzione 1) riferito a un vigneto particolare e ai suoi vini 2) metodo di classificazione di vini: *premier cru, grand cru, cru classé*

curaçao nome originario delle Antille olandesi ora usato per un liquore a base di bucce d'arancia

cuvée miscela di vini di vari vigneti usata particolarmente, secondo la tradizione, nella lavorazione dello champagne

domaine proprietà, tenuta; usato nelle etichette di vini per indicare un vino di eccezionale qualità

eau acqua

~ **gazeuse** gasata

Entre-Deux-Mers vasta regione di Bordeaux chiamata «Tra due mari»; in realtà è tra due fiumi; produce vini bianchi

extra-sec molto secco (per champagne)

framboise liquore o acquavite di lamponi

frappé 1) ghiacciato 2) frappè

Fronsac regione di Bordeaux che produce principalmente vino rosso

Gueuzelambic birra fiamminga forte e amara distillata del frumento e dall'orzo

grand cru, grand vin indica un vino di eccezionale qualità

Grand Marnier liquore all'arancia

Graves regione di Bordeaux particolarmente nota per il suo vino bianco e rosso

Jura striscia di terra larga 6 km che si estende parallela, per 80 km, alla frontiera della Svizzera e della Borgogna; offre vini bianchi, rosati, dorati e spumanti; tra i vini ufficialmente riconosciuti: *Arbois, Château-Chalon, Côtes du Jura* e *l'Etoile*

kirsch acquavite di ciliege

Kriekenlambic birra di Bruxelles forte e amara aromatizzata con amarene

lait latte

~ **écrémé** scremato, magro

Languedoc distretto che si trova a sud-ovest del delta del Rodano; il suo comune vino da tavola si chiama spesso *vin du Midi*, ma vi si producono altri vini ufficialmente riconosciuti, in maggior parte bianchi, tra i quali: *Blanquette de Limoux* (spumante), *Clairette du Languedoc, Fitou* e i *Muscats* di Frontignan, Lunel, Mireval e *St-Jean-de-Minervois*

limonade 1) bibita al limone 2) bibita analcoolica

Loire distretto di 200 000 ettari che si estende attorno al più lungo fiume della Francia, la Loira; produce vini rossi, bianchi e rosati particolarmente fini, in quattro regioni: Anjou *(Coteaux-de-l'Aubance, Coteaux-du-Layon, Coteaux-de-la-Loire, Saumur)* Berry e Nivernais *(Menetou-Salon, Puilly-sur-Loire, Quincy, Reuilly, Sancerre)*, Nantais *(Muscadet)* e Touraine *(Bourgueil, Chinon, Montlouis, Vouvray)*

Lorraine rinomato e fiorente distretto vinicolo fino al XVIII secolo, oggi però ha minore importanza; produce buoni vini bianchi *(Vins de la Moselle, Côtes-de-Toul)*

Mâcon regione della Borgogna che produce principalmente vino rosso

marc grappa

Médoc regione di Bordeaux che produce vini rossi assai rinomati, come: *Listrac, Margaux, Moulis, Pauillac, St-Estèphe, St-Julien*

mirabelle acquavite di mirabella prodotta soprattutto nell'Alsazia-Lorena

Muscadet vino bianco della Loira

muscat 1) qualità d'uva 2) nome di un vino da dessert; particolarmente famoso il moscato di Frontignan (Linguadoca)

Nantais regione della Loira soprattutto rinomata per il *Muscadet* (vino bianco), ma anche per altri vini come: *Coteaux d'Ancenis, Gros-Plant*

Neuchâtel regione della Svizzera che produce principalmente vino bianco (qualche nome: *Auvernier, Cormondrèche, Cortaillod, Hauterive*)

Noilly Prat vermuth francese

orange pressée spremuta d'arancia

pastis aperitivo all'anice
Pernod aperitivo all'anice
pétillant spumeggiante, frizzante
Pomerol regione di Bordeaux che produce vino rosso (come: *Château Pétrus, Lalande-de-Pomerol, Néac*)
Provence Provenza, distretto vinicolo molto antico; i coloni Greci vi piantarono le prime viti circa 2.500 anni fa; vi si producono vini rossi, bianchi e rosati come: *Bandol, Bellet, Cassis, Coteaux d'Aix-en-Provence, Coteaux-des-Baux, Coteaux-de-Pierre-vert, Côtes-de-Provence, Palette*
quetsche acquavite di prugne
rancio vino da dessert prodotto in particolare nel Rossiglione; è invecchiato in botti di quercia sotto il sole del Mezzogiorno
Ricard aperitivo all'anice
Roussillon distretto con Perpignan come capoluogo; i suoi vini hanno caratteristiche simili a quelli della Linguadoca che è subito al nord: vi si produce buon vino rosso, bianco e rosato, per esempio: *Corbières du Roussillon* e *Roussillon Dels Aspres;* la regione produce circa i tre quarti del vino dolce naturale di Francia, di solito chiamato *rancio,* vino invecchiato in botti di quercia sotto il sole del Mezzogiorno; notevoli sono: *Banyuls, Côtes-d'Agly, Côtes-du-Haut-Roussillon, Grand-Roussillon, Muscat de Rivesaltes, Rivesaltes*
St-Emilion regione di Bordeaux che produce vini rossi: *Lussac, Montagne, Parsac, Puisseguin, St-Georges*
St-Raphaël aperitivo a base di chinina
Sauternais regione del Bordolese nota per il suo vino bianco; particolarmente rinomato è il prestigioso *Château d'Yquem*
Savoie Savoia; distretto alpino che produce principalmente vino bianco, secco, chiaro e spesso leggermente aspro (ad esempio *Crépy, Seyssel*), ma anche buone qualità di vino rosso, rosato e spumante, principalmente prodotte nelle vicinanze di Chambéry
Sud-Ouest distretto a sud-ovest della Francia; produce vini abbastanza diversi, soprattutto bianchi, ma anche qualche rosso e rosato; il distretto comprende le precedenti province dell'Aquitania, Béarn, Guascogna e Linguadoca; vini di fama particolare sono: *Bergerac, Côtes-de-Duras, Gaillac, Jurançon, Madiran, Monbazillac, Montravel*
Suisse Svizzera; i due terzi della sua produzione vinicola son dati dal vino bianco; circa 230 vigneti diversi sono sparsi su una dozzina dei 23 cantoni del Paese; comunque solo quattro hanno particolare importanza: Neuchâtel, Ticino, Vallese e Vaud
Suze aperitivo a base di genziana
thé tè
Touraine distretto vinicolo della Loira noto da 14 secoli, produce vini bianchi, rossi e rosati come: *Bourgueil, Chinon, Montlouis, St-Nicolas-de-Bourgueil, Vouvray*

Triple Sec tipo di liquore d'arancia
Valais regione della Svizzera che produce quasi un quarto del vino svizzero; la zona nella valle del Rodano è nota come produttrice del migliore vino rosso svizzero *(Dôle)* e di altri vini bianchi delicati come: *Arvine, Ermitage, Fendant, Johannisberg, Malvoisie*
Vaud regione della Svizzera che produce soprattutto vino bianco *(Aigle, Dézaley, Mont-sur-Rolle, Lavaux, Yvorne)*
V.D.Q.S. (vin délimité de qualité supérieure) vino di eccezionale qualità, prodotto secondo una caratterizzazione accuratamente definita e controllata da ispettori governativi
Vieille Cure liquore distillato dal vino
vin vino
~ **blanc** vino bianco
~ **chambré** vino a temperatura ambiente
~ **doux** dolce, vino da dessert
~ **gris** dal colore rosato
~ **mousseux** spumante
~ **ordinaire** vino da tavola, da pasto
~ **(du) pays** vino locale
~ **rosé** rosato, rosatello
~ **rouge** rosso
~ **sec** secco
V.S.O.P. (very special old pale) si riferisce al cognac e all'armagnac, invecchiato per almeno cinque anni nelle botti
(vin de) xérès sherry

Verbi francesi

In francese i verbi regolari si suddividono in tre coniugazioni le cui desinenze dell'infinito terminano in *-er, -ir* e *-re*. Alcuni verbi del gruppo che finisce in *-ir* aggiungono *-iss* alla radice (es.: *finir*, nous *finissons*). La coniugazione considerata la più regolare è quella che termina in *-er*. I verbi che non seguono una delle tre coniugazioni sotto elencate sono irregolari (vedi elenco dei verbi irregolari). Da notare ancora che alcuni verbi, pur seguendo la coniugazione regolare del gruppo al quale appartengono presentano piccoli cambiamenti nell'ortografia della radice, es.: *acheter, j'achète; broyer, je broie.*

		1ª coniug.	2ª coniug.	3ª coniug.
Infinito		**chant er** *(cantare)*	**fin ir** *(finire)*	**vend re**[1] *(vendere)*
Presente	je	chant **e**	fin **is**	vend **s**
	tu	chant **es**	fin **is**	vend **s**
	il	chant **e**	fin **it**	vend –
	nous	chant **ons**	fin **issons**	vend **ons**
	vous	chant **ez**	fin **issez**	vend **ez**
	ils	chant **ent**	fin **issent**	vend **ent**
Imperfetto	je	chant **ais**	fin **issais**	vend **ais**
	tu	chant **ais**	fin **issais**	vend **ais**
	il	chant **ait**	fin **issait**	vend **ait**
	nous	chant **ions**	fin **issions**	vend **ions**
	vous	chant **iez**	fin **issiez**	vend **iez**
	ils	chant **aient**	fin **issaient**	vend **aient**
Futuro	je	chant **erai**	fin **irai**	vend **rai**
	tu	chant **eras**	fin **iras**	vend **ras**
	il	chant **era**	fin **ira**	vend **ra**
	nous	chant **erons**	fin **irons**	vend **rons**
	vous	chant **erez**	fin **irez**	vend **rez**
	ils	chant **eront**	fin **iront**	vend **ront**
Condizionale	je	chant **erais**	fin **irais**	vend **rais**
	tu	chant **erais**	fin **irais**	vend **rais**
	il	chant **erait**	fin **irait**	vend **rait**
	nous	chant **erions**	fin **irions**	vend **rions**
	vous	chant **eriez**	fin **iriez**	vend **riez**
	ils	chant **eraient**	fin **iraient**	vend **raient**
Congiuntivo presente[2]	je	chant **e**	fin **isse**	vend **e**
	tu	chant **es**	fin **isses**	vend **es**
	il	chant **e**	fin **isse**	vend **e**
	nous	chant **ions**	fin **issions**	vend **ions**
	vous	chant **iez**	fin **issiez**	vend **iez**
	ils	chant **ent**	fin **issent**	vend **ent**
Participio passato		chant **é(e)**	fin **i(e)**	vend **u(e)**

[1] sono coniugati nello stesso modo tutti i verbi che terminano in *-andre, -endre, -ondre, -ordre* (eccetto *prendre* e tutti i suoi composti).

[2] Tutte le voci del congiuntivo sono precedute da *que*. Es.: *que je chante, que nous finissions, qu'ils aient.*

Verbi ausiliari

	avoir *(avere)*		**être** *(essere)*	
	Presente	*Imperfetto*	*Presente*	*Imperfetto*
j', je	ai	avais	suis	étais
tu	as	avais	es	étais
il	a	avait	est	était
nous	avons	avions	sommes	étions
vous	avez	aviez	êtes	étiez
ils	ont	avaient	sont	étaient
	Futuro	*Condizionale*	*Futuro*	*Condizionale*
j', je	aurai	aurais	serai	serais
tu	auras	aurais	seras	serais
il	aura	aurait	sera	serait
nous	aurons	aurions	serons	serions
vous	aurez	auriez	serez	seriez
ils	auront	auraient	seront	seraient
	Cong. pres.[1]	*Passato prossimo*	*Cong. pres.*[1]	*Passato prossimo*
j', je	aie	ai eu	sois	ai été
tu	aies	as eu	sois	as été
il	ait	a eu	soit	a été
nous	ayons	avons eu	soyons	avons été
vous	ayez	avez eu	soyez	avez été
ils	aient	ont eu	soient	ont été

[1] Tutte le voci del congiuntivo sono precedute da *que*. Es.: *que je chante, que nous finissions, qu'ils aient*.

Verbi irregolari

Elenchiamo qui di seguito i verbi e i tempi comunemente usati nel francese parlato. La lettera a) indica il presente, b) l'imperfetto, c) il futuro, d) il condizionale, e) il congiuntivo presente e f) il participio passato. Per il presente diamo tutte le voci mentre per gli altri tempi indichiamo solo la prima persona singolare poichè la loro coniugazione è simile a quella dei verbi regolari. Mettiamo un asterisco accanto a quei verbi che richiedono l'ausiliare *être*, invece di *avoir* al participio passato. Se non è indicato, i prefissi *ab-, ac-, com-, con-, contre-, de-, dé-, dis-, en-, entre(e)-, ex-, in-, par-, pré-, re-, ré-, sous-,* non modificano la coniugazione del verbo.

absoudre *assolvere* — a) absous, absous, absout, absolvons, absolvez, absolvent; b) absolvais; c) absoudrai; d) absoudrais; e) absolve; f) absous, absoute

accroître *aumentare* — a) accrois, accrois, accroît, accroissons, accroissez, accroissent; b) accroissais; c) accroîtrai; d) accroîtrais; e) accroisse; f) accru(e)

acquérir *acquisire* a) acquiers, acquiers, acquiert, acquérons, acquérez, acquièrent; b) acquérais; c) acquerrai; d) acquerrais; e) acquière; f) acquis(e)

aller *andare* a) vais, vas, va, allons, allez, vont; b) allais; c) irai; d) irais; e) aille; f) allé(e)

apercevoir *scorgere* →recevoir

apparaître *apparire* →connaître

assaillir *assalire* a) assaille, assailles, assaille, assaillons, assaillez, assaillent; b) assaillais; c) assaillirai; d) assaillirais; e) assaille; f) assailli(e)

asseoir *sedere* a) assieds, assieds, assied, asseyons, asseyez, asseyent; b) asseyais; c) assiérai; d) assiérais; e) asseye; f) assis(e)

astreindre *costringere* →peindre

battre *battere* a) bats, bats, bat, battons, battez, battent; b) battais; c) battrai; d) battrais; e) batte; f) battu(e)

boire *bere* a) bois, bois, boit, buvons, buvez, boivent; b) buvais; c) boirai; d) boirais; e) boive; f) bu(e)

bouillir *bollire* a) bous, bous, bout, bouillons, bouillez, bouillent; b) bouillais; c) bouillirai; d) bouillirais; e) bouille; f) bouilli(e)

ceindre *cingere* →peindre

circoncire *circoncidere* →suffire

circonscrire *circoscrivere* →écrire

clore *chiudere* a) je clos, tu clos, il clôt, ils closent; b) —; c) clorai; d) clorais; e) close; f) clos(e)

concevoir *concepire* →recevoir

conclure *concludere* a) conclus, conclus, conclut, concluons, concluez, concluent; b) concluais; c) conclurai; d) conclurais; e) conclue; f) conclu(e)

conduire *guidare* →cuire

connaître *conoscere* a) connais, connais, connaît, connaissons, connaissez, connaissent; b) connaissais; c) connaîtrai; d) connaîtrais; e) connaisse; f) connu(e)

conquérir *conquistare* →acquérir

construire *costruire* →cuire

contraindre *obbligare* →craindre

contredire *contraddire* →médire

coudre *cucire*	a) couds, couds, coud, cousons, cousez, cousent; b) cousais; c) coudrai; d) coudrais; e) couse; f) cousu(e)
courir *correre*	a) cours, cours, court, courons, courez, courent; b) courais; c) courrai; d) courrais; e) coure; f) couru(e)
couvrir *coprire*	a) couvre, couvres, couvre, couvrons, couvrez, couvrent; b) couvrais; c) couvrirai; d) couvrirais; e) couvre; f) couvert(e)
craindre *temere*	a) crains, crains, craint, craignons, craignez, craignent; b) craignais; c) craindrai; d) craindrais; e) craigne; f) craint(e)
croire *credere*	a) crois, crois, croit, croyons, croyez, croient; b) croyais; c) croirai; d) croirais; e) croie; f) cru(e)
croître *crescere*	a) croîs, croîs, croît, croissons, croissez, croissent; b) croissais; c) croîtrai; d) croîtrais; e) croisse; f) crû, crue
cueillir *cogliere*	a) cueille, cueilles, cueille, cueillons, cueillez, cueillent; b) cueillais; c) cueillerai; d) cueillerais; e) cueille; f) cueilli(e)
cuire *cuocere*	a) cuis, cuis, cuit, cuisons, cuisez, cuisent; b) cuisais; c) cuirai; d) cuirais; e) cuise; f) cuit(e)
décevoir *deludere*	→recevoir
décrire *descrivere*	→écrire
déduire *dedurre*	→cuire
détruire *distruggere*	→cuire
devoir *dovere*	a) dois, dois, doit, devons, devez, doivent; b) devais; c) devrai; d) devrais; e) doive; f) dû, due
dire *dire*	a) dis, dis, dit, disons, dites, disent; b) disais; c) dirai; d) dirais; e) dise; f) dit(e)
dissoudre *dissolvere*	→absoudre
dormir *dormire*	a) dors, dors, dort, dormons, dormez, dorment; b) dormais; c) dormirai; d) dormirais; e) dorme; f) dormi
échoir *scadere*	a) il échoit; b) —; c) il échoira; d) il échoirait; e) qu'il échoie; f) échu(e)
écrire *scrivere*	a) écris, écris, écrit, écrivons, écrivez, écrivent; b) écrivais; c) écrirai; d) écrirais; e) écrive; f) écrit(e)
élire *eleggere*	→lire
émettre *emettere*	→mettre
émouvoir *commuovere*	→mouvoir; f) ému(e)
empreindre *imprimere*	→peindre

enduire *spalmare*	→cuire
enfreindre *infrangere*	→craindre
envoyer *mandare*	a) envoie, envoies, envoie, envoyons, envoyez, envoient; b) envoyais; c) enverrai; d) enverrais; e) envoie; f) envoyé(e)
éteindre *spendere*	→peindre
étreindre *serrare*	→peindre
exclure *escludere*	→conclure
faillir *fallire*	a) —; b) —; c) faillirai; d) faillirais; e) faille; f) failli
faire *fare*	a) fais, fais, fait, faisons, faites, font; b) faisais; c) ferai; d) ferais; e) fasse; f) fait(e)
falloir *bisognare*	a) il faut; b) il fallait; c) il faudra; d) il faudrait; e) qu'il faille; f) il a fallu
feindre *fingere*	→peindre
frire *friggere*	→confire
fuir *fuggire*	a) fuis, fuis, fuit, fuyons, fuyez, fuient; b) fuyais; c) fuirai; d) fuirais; e) fuie; f) fui
geindre *gemere*	→craindre
haïr *odiare*	a) hais, hais, hait, haïssons, haïssez, haïssent; b) haïssais; c) haïrai; d) haïrais; e) haïsse; f) haï(e)
inclure *includere*	→conclure
induire *indurre*	→cuire
inscrire *iscrivere*	→écrire
instruire *istruire*	→cuire
interdire *interdire*	→médire
introduire *introdurre*	→cuire
joindre *unire*	a) joins, joins, joint, joignons, joignez, joignent; b) joignais; c) joindrai; d) joindrais; e) joigne; f) joint(e)
lire *leggere*	a) lis, lis, lit, lisons, lisez, lisent; b) lisais; c) lirai; d) lirais; e) lise; f) lu(e)

luire *brillare*	a) luis, luis, luit, luisons, luisez, luisent; b) luisais; c) luirai; d) luirais; e) luise; f) lui
maudire *maledire*	a) maudis, maudis, maudit, maudissons, maudissez, maudissent; b) maudissais; c) maudirai; d) maudirais; e) maudisse; f) maudit(e)
médire *sparlare*	a) médis, médis, médit, médisons, médisez, médisent; b) médisais; c) médirai; d) médirais; e) médise; f) médit(e)
mentir *mentire*	a) mens, mens, ment, mentons, mentez, mentent; b) mentais; c) mentirai; d) mentirais; e) mente; f) menti
mettre *mettere*	a) mets, mets, met, mettons, mettez, mettent; b) mettais; c) mettrai; d) mettrais; e) mette; f) mis(e)
moudre *macinare*	a) mouds, mouds, moud, moulons, moulez, moulent; b) moulais; c) moudrai; d) moudrais; e) moule; f) moulu(e)
mourir *morire*	a) meurs, meurs, meurt, mourons, mourez, meurent; b) mourais; c) mourrai; d) mourrais; e) meure; f) mort(e)
mouvoir *muovere*	a) meus, meus, meut, mouvons, mouvez, meuvent; b) mouvais; c) mouvrai; d) mouvrais; e) meuve; f) mû, mue
naître *nascere*	a) nais, nais, naît, naissons, naissez, naissent; b) naissais; c) naîtrai; d) naîtrais; e) naisse; f) né(e)
nuire *nuocere*	→cuire; f) nui
offrir *offrire*	→couvrir
ouvrir *aprire*	→couvrir
paître *pascolare*	a) pais, pais, paît, paissons, paissez, paissent; b) paissais; c) paîtrai; d) paîtrais; e) paisse; f) —
paraître *parere*	→connaître
partir *partire*	→mentir; f) parti(e)
peindre *dipingere*	a) peins, peins, peint, peignons, peignez, peignent; b) peignais; c) peindrai; d) peindrais; e) peigne; f) peint(e)
percevoir *percepire*	→recevoir
plaindre *compiangere*	→craindre
plaire *piacere*	a) plais, plais, plaît, plaisons, plaisez, plaisent; b) plaisais; c) plairai; d) plairais; e) plaise; f) plu
pleuvoir *piovere*	a) il pleut; b) il pleuvait; c) il pleuvra; d) il pleuvrait; e) qu'il pleuve; f) il a plu
pourvoir *provvedere*	a) pourvois, pourvois, pourvoit, pourvoyons, pourvoyez, pourvoient; b) pourvoyais; c) pourvoirai; d) pourvoirais; e) pourvoie; f) pourvu(e)

pouvoir *potere* — a) peux (puis), peux, peut, pouvons, pouvez, peuvent; b) pouvais, c) pourrai; d) pourrais; e) puisse; f) pu

prédire *predire* — a) prédis, prédis, prédit, prédisons, prédisez, prédisent; b) prédisais; c) prédirai; d) prédirais; e) prédise; f) prédit(e)

prendre *prendere* — a) prends, prends, prend, prenons, prenez, prennent; b) prenais; c) prendrai; d) prendrais; e) prenne; f) pris(e)

prescrire *prescrivere* — →écrire

prévoir *prevedere* — a) prévois, prévois, prévoit, prévoyons, prévoyez, prévoient; b) prévoyais; c) prévoirai; d) prévoirais; e) prévoie; f) prévu(e)

produire *produrre* — →cuire

proscrire *proscrivere* — →écrire

recevoir *ricevere* — a) reçois, reçois, reçoit, recevons, recevez, reçoivent; b) recevais; c) recevrai; d) recevrais; e) reçoive; f) reçu(e)

requérir *richiedere* — →acquérir

restreindre *ridurre* — →peindre

rire *ridere* — a) ris, ris, rit, rions, riez, rient; b) riais; c) rirai; d) rirais; e) rie; f) ri

savoir *sapere* — a) sais, sais, sait, savons, savez, savent; b) savais; c) saurai; d) saurais; e) sache; f) su(e)

séduire *sedurre* — →cuire

sentir *sentire* — →mentir; f) senti(e)

servir *servire* — a) sers, sers, sert, servons, servez, servent; b) servais; c) servirai; d) servirais; e) serve; f) servi(e)

sortir *uscire* — →mentir; f) sorti(e)

souffrir *soffrire* — →couvrir

souscrire *sottoscrivere* — →écrire

suffire *bastare* — a) suffis, suffis, suffit, suffisons, suffisez, suffisent; b) suffisais; c) suffirai; d) suffirais; e) suffise; e) suffi

suivre *seguire* — a) suis, suis, suit, suivons, suivez, suivent; b) suivais; c) suivrai; d) suivrais; e) suive; f) suivi(e)

taire *tacere* — a) tais, tais, tait, taisons, taisez, taisent; b) taisais; c) tairai; d) tairais; e) taise; f) tu(e)

teindre *tingere* — →peindre

tenir *tenere* — a) tiens, tiens, tient, tenons, tenez, tiennent; b) tenais; c) tiendrai; d) tiendrais; e) tienne; f) tenu(e)

traduire *tradurre* — →cuire

traire *mungere* — a) trais, trais, trait, trayons, trayez, traient; b) trayais; c) trairai; d) trairais; e) traie; f) trait(e)

transcrire *trascrivere* — →écrire

tressaillir *sussultare* — →assaillir

vaincre *vincere* — a) vaincs, vaincs, vainc, vainquons, vainquez, vainquent; b) vainquais; c) vaincrai; d) vaincrais; e) vainque; f) vaincu(e)

valoir *valere* — a) vaux, vaux, vaut, valons, valez, valent; b) valais; c) vaudrai; d) vaudrais; e) vaille; f) valu(e)

venir *venire* — →tenir

vêtir *vestire* — a) vêts, vêts, vêt, vêtons, vêtez, vêtent; b) vêtais; c) vêtirai; d) vêtirais; e) vête; f) vêtu(e)

vivre *vivere* — a) vis, vis, vit, vivons, vivez, vivent; b) vivais; c) vivrai; d) vivrais; e) vive; f) vécu(e)

voir *vedere* — a) vois, vois, voit, voyons, voyez, voient; b) voyais; c) verrai; d) verrais; e) voie; f) vu(e)

vouloir *volere* — a) veux, veux, veut, voulons, voulez, veulent; b) voulais; c) voudrai; d) voudrais; e) veuille; f) voulu(e)

Abbreviazioni francesi

ACF	*Automobile-Club de France*	Automobile Club Francese
ACS	*Automobile-Club de Suisse*	Automobile Club Svizzero
AELE	*Association européenne de libre-échange*	Associazione Europea di Libero Scambio
apr. J.-C.	*après Jésus-Christ*	dopo Cristo
av. J.-C.	*avant Jésus-Christ*	avanti Cristo
bd	*boulevard*	viale
c.-à-d.	*c'est-à-dire*	cioè
c/c	*compte courant*	conto corrente
CCP	*compte de chèques postaux*	conto corrente postale
CEE	*Communauté économique européenne*	Comunità Economica Europea
CFF	*Chemins de fer fédéraux*	Ferrovie Federali Svizzere
ch	*chevaux-vapeur*	cavalli (vapore)
Cie, Co.	*compagnie*	società
CRS	*Compagnies républicaines de sécurité*	polizia stradale e di pubblica sicurezza
ct	*courant; centime*	corrente mese; centesimi
CV	*chevaux-vapeur*	cavalli (vapore)
EU	*Etats-Unis*	Stati Uniti
exp.	*expéditeur*	mittente
F(F)	*franc français*	franco francese
FB	*franc belge*	franco belga
Fs/Fr.s.	*franc suisse*	franco svizzero
h.	*heure*	ora
hab.	*habitants*	abitanti, popolazione
M.	*Monsieur*	Signore
Me	*Maître*	titolo di avvocato
Mgr	*Monseigneur*	Monsignore
Mlle	*Mademoiselle*	Signorina
MM.	*Messieurs*	Signori
Mme	*Madame*	Signora
n°	*numéro*	numero
ONU	*Organisation des Nations Unies*	N.U., Nazioni Unite
OTAN	*Organisation du Traité de l'Atlantique Nord*	Organizzazione del Trattato Nord Atlantico (NATO)
PCV	*payable chez vous*	a carico del destinatario
PDG	*président-directeur général*	Presidente
p.ex.	*par exemple*	per esempio
PJ	*police judiciaire*	polizia giudiziaria

PMU	*pari mutuel urbain*	scommessa (sui cavalli)
p. p.	*port payé*	porto pagato
P & T	*Postes et Télécommunications*	Poste e Telecomunicazioni (Francia)
PTT	*Postes, Télégraphes, Téléphones*	Poste, Telegrafi, Telefoni (Svizzera e Belgio)
RATP	*Régie autonome des transports parisiens*	compagnia dei trasporti parigini
RF	*République française*	Repubblica Francese
RN	*route nationale*	strada nazionale
RP	*Révérend Père*	Reverendo
RSVP	*répondez, s'il vous plaît*	si prega rispondere
s/	*sur*	su, sopra
SA	*société anonyme*	società anonima
S. à r. l.	*société à responsabilité limitée*	società a responsabilità limitata
SE	*Son Eminence; Son Excellence*	Sua Eminenza; Sua Eccellenza
SI	*Syndicat d'Initiative*	ufficio informazioni turistiche
SM	*Sa Majesté*	Sua Maestà
SNCB	*Société nationale des chemins de fer belges*	ferrovie nazionali belghe
SNCF	*Société nationale des chemins de fer français*	ferrovie nazionali francesi
St, Ste	*saint, sainte*	Santo, Santa
succ.	*successeur; succursale*	successore; succursale
s. v. p.	*s'il vous plaît*	per favore
TCB	*Touring-Club royal de Belgique*	Touring Club Reale del Belgio
TCF	*Touring-Club de France*	Touring Club Francese
TCS	*Touring-Club Suisse*	Touring Club Svizzero
TEE	*Trans Europ Express*	treno di lusso, solo prima classe
t. s. v. p.	*tournez, s'il vous plaît*	vedi retro
TVA	*taxe à la valeur ajoutée*	I.V.A.
Vve	*veuve*	vedova

Numeri

Numeri cardinali

0	zéro
1	un
2	deux
3	trois
4	quatre
5	cinq
6	six
7	sept
8	huit
9	neuf
10	dix
11	onze
12	douze
13	treize
14	quatorze
15	quinze
16	seize
17	dix-sept
18	dix-huit
19	dix-neuf
20	vingt
21	vingt et un
22	vingt-deux
30	trente
40	quarante
50	cinquante
60	soixante
70	soixante-dix
71	soixante et onze
72	soixante-douze
80	quatre-vingts
81	quatre-vingt-un
90	quatre-vingt-dix
100	cent
101	cent un
230	deux cent trente
1 000	mille
1 107	onze cent sept
2 000	deux mille
1 000 000	un million

Numeri ordinali

1er	premier
2^{e}	deuxième (second)
3^{e}	troisième
4^{e}	quatrième
5^{e}	cinquième
6^{e}	sixième
7^{e}	septième
8^{e}	huitième
9^{e}	neuvième
10^{e}	dixième
11^{e}	onzième
12^{e}	douzième
13^{e}	treizième
14^{e}	quatorzième
15^{e}	quinzième
16^{e}	seizième
17^{e}	dix-septième
18^{e}	dix-huitième
19^{e}	dix-neuvième
20^{e}	vingtième
21^{e}	vingt et unième
22^{e}	vingt-deuxième
23^{e}	vingt-troisième
30^{e}	trentième
40^{e}	quarantième
50^{e}	cinquantième
60^{e}	soixantième
70^{e}	soixante-dixième
71^{e}	soixante et onzième
72^{e}	soixante-douzième
80^{e}	quatre-vingtième
81^{e}	quatre-vingt-unième
90^{e}	quatre-vingt-dixième
100^{e}	centième
101^{e}	cent unième
200^{e}	deux centième
330^{e}	trois cent trentième
$1\,000^{e}$	millième
$1\,107^{e}$	onze cent septième
$2\,000^{e}$	deux millième

L'ora

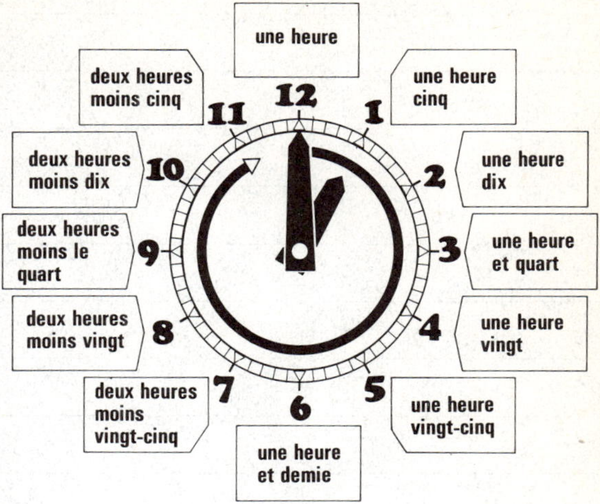

Si useranno, come nella lingua italiana, le espressioni *du matin* (del mattino), *de l'après-midi* (del pomeriggio), *du soir* (della sera).

Quindi:

huit heures du matin	8 del mattino
deux heures de l'après-midi	2 del pomeriggio
huit heures du soir	8 di sera

I giorni della settimana

dimanche	domenica	*jeudi*	giovedì
lundi	lunedì	*vendredi*	venerdì
mardi	martedì	*samedi*	sabato
mercredi	mercoledì		

Notes

Notes

Notes

Notes

Notes

Appunti

Appunti

Appunti

Appunti

Appunti

GUIDE TURISTICHE BERLITZ

Collana di guide turistiche internazionali di grande successo, per formato e prezzo alla portata di ogni tasca. 128 pagine arricchite di fotografie e piante a colori. Un indispensabile vademecum indicante cosa vedere, fare, quali ricordini comprare, che delizie gustare.

Africa
Kenia
Marocco
Tunisia

America Latina
Rio de Janeiro*

Austria
Vienna

Danimarca
Copenaghen

Estremo Oriente
India (256 p.)
Sri Lanka
Tailandia

Francia
Costa Azzurra
Parigi
Valle della Loira

Gran Bretagna
Londra

Grecia
Atene
Corfù
Creta
Isole dell'Egeo
Rodi

Irlanda

Italia
Firenze
Riviera Ligure
Roma
Sicilia
Venezia

Jugoslavia
Dubrovnik e Dalmazia del Sud
Istria e Costa Croata
Split e Dalmazia

Malta

Medio Oriente
Egitto
Gerusalemme

Olanda
Amsterdam

Portogallo
Madera

Spagna
Costa Brava
Costa Dorada e Barcellona
Costa del Sol e Andalusia
Ibiza e Formentera
Isole Canarie
Madrid
Maiorca e Minorca

Svizzera
Svizzera Francese
Svizzera Tedesca

Turchia
Istanbul*

Ungheria
Budapest*

URSS
Leningrado
Mosca

USA
California
New York

* in preparazione